汪晖 著

现代中国思想的兴起

上　卷

第一部

理与物

生活·读书·新知 三联书店

Copyright ⓒ 2015 by SDX Joint Publishing Company.
All Rights Reserved.
本作品简体字版权由生活・读书・新知三联书店所有。未经许可，不得翻印。

图书在版编目（CIP）数据

现代中国思想的兴起／汪晖著．—3版．—北京：生活・读书・新知三联书店，2015.1（2023.9 重印）
ISBN 978－7－108－05164－6

Ⅰ．①现…　Ⅱ．①汪…　Ⅲ．①思想史－研究－中国　Ⅳ．①B2

中国版本图书馆 CIP 数据核字（2014）第 276914 号

特约编辑	贺照田
责任编辑	舒　炜
装帧设计	陆智昌
责任印制	董　欢
出版发行	生活・讀書・新知 三联书店
	（北京市东城区美术馆东街22号 100010）
网　址	www.sdxjpc.com
经　销	新华书店
印　刷	河北松源印刷有限公司
版　次	2004年7月北京第1版
	2008年3月北京第2版
	2015年1月北京第3版
	2023年9月北京第6次印刷
开　本	635毫米×965毫米　1/16　印张 109
字　数	1568 千字
印　数	25,001－26,000 册
定　价	248.00 元

（印装查询：01064002715；邮购查询：01084010542）

全书总目

如何诠释"中国"及其"现代"?（重印本前言）—— *1*

前言 —— *1*

导论 —— *1*
    第一节　两种中国叙事及其衍生形式 —— *2*
    第二节　帝国/国家二元论与欧洲"世界历史" —— *23*
    第三节　天理/公理与历史 —— *47*
    第四节　中国的现代认同与帝国的转化 —— *71*

◎ 上卷
    第一部
    理与物 —— *103*

第一章　天理与时势 —— *105*
    第一节　天理与儒学道德评价方式的转变 —— *105*
    第二节　礼乐共同体及其道德评价方式 —— *125*
    第三节　汉唐混合制度及其道德理想 —— *155*
    第四节　理的系谱及其政治性 —— *187*
    第五节　天理与郡县制国家 —— *212*
    第六节　天理与"自然之理势" —— *254*

第二章　物的转变：理学与心学 —— *260*
    第一节　"物"范畴的转化 —— *260*

第二节　格物致知论的内在逻辑与知识问题 —— 270
　　第三节　"性即理"与物之自然 —— 279
　　第四节　乡约、宗法与朱子学 —— 284
　　第五节　朱子学的转变与心学 —— 291
　　第六节　此物与物 —— 298
　　第七节　无、有与经世 —— 310
　　第八节　新制度论、物的世界与理学的终结 —— 324

第三章　经与史（一） —— 345
　　第一节　新礼乐论与经学之成立 —— 345
　　第二节　经学之转变 —— 382

第四章　经与史（二） —— 411
　　第一节　辟宋与清代朱学的兴衰 —— 411
　　第二节　经学、理学与反理学 —— 429
　　第三节　六经皆史与经学考古学 —— 458

◎ 上卷
　　第二部
　　帝国与国家 —— 487

第五章　内与外（一）：礼仪中国的观念与帝国 —— 489
　　第一节　礼仪、法律与经学 —— 489
　　第二节　今文经学与清王朝的法律/制度多元主义 —— 519
　　第三节　今文经学与清王朝的合法性问题 —— 551
　　第四节　大一统与帝国：从礼仪的视野到舆地学的视野 —— 579

第六章　内与外（二）：帝国与民族国家 —— 609
　　第一节　"海洋时代"及其对内陆关系的重构 —— 609
　　第二节　作为兵书的《海国图志》与结构性危机 —— 619
　　第三节　朝贡体系、中西关系与新夷夏之辨 —— 643
　　第四节　主权问题：朝贡体系的礼仪关系与国际法 —— 679

第七章　帝国的自我转化与儒学普遍主义 —— 737
　　第一节　经学诠释学与儒学"万世法" —— 737
　　第二节　克服国家的大同与向大同过渡的国家 —— 744
　　第三节　《大同书》的成书年代与早期康有为的公理观 —— 753
　　第四节　作为世界之治的"大同" —— 765
　　第五节　经学、孔教与国家 —— 782
　　第六节　从帝国到主权国家："中国"的自我转变 —— 821

◎ 下卷

　　第一部
　　公理与反公理 —— 831

第八章　宇宙秩序的重构与自然的公理 —— 833
　　第一节　严复的三个世界 —— 833
　　第二节　"易的世界"：天演概念与
　　　　　　民族—国家的现代性方案 —— 844
　　第三节　"群的世界"：实证的知识谱系与社会的建构 —— 882
　　第四节　"名的世界"：归纳法与格物的程序 —— 897
　　第五节　现代性方案的"科学"构想 —— 920

第九章　道德实践的向度与公理的内在化 —— 924
- 第一节　梁启超的调和论及其对现代性的否定与确认 —— 924
- 第二节　"三代之制"与"诸科之学"(1896—1901) —— 929
- 第三节　科学的领域与信仰的领域(1902—1917) —— 956
- 第四节　科学与以人为中心的世界(1918—1929) —— 995

第十章　无我之我与公理的解构 —— 1011
- 第一节　章太炎的个体、自性及其对"公理"的批判 —— 1011
- 第二节　临时性的个体观念及其对"公理"的解构
  ——反现代性的个体概念为什么又以普遍性为归宿？—— 1021
- 第三节　民族—国家与章太炎政治思想中的个体观念
  ——在个体/国家的二元论式中为什么省略了社会？—— 1047
- 第四节　个体观念、建立宗教论与"齐物论"
  世界观对人类中心主义的扬弃
  ——在无神的现代语境中，什么是道德的起源？—— 1078

◎下卷

第二部
科学话语共同体 —— 1105

第十一章　话语的共同体与科学的分类谱系 —— 1107
- 第一节　"两种文化"与科学话语共同体 —— 1107
- 第二节　中国科学社的早期活动与科学家的政治 —— 1125
- 第三节　世界主义与民族—国家：
  科学话语与"国语"的创制 —— 1134
- 第四节　胡明复与实证主义科学观 —— 1145
- 第五节　作为"公理"的科学及其社会展开 —— 1169
- 第六节　现代世界观与自然一元论的知识分类 —— 1200

第十二章　作为科学话语共同体的新文化运动 —— *1206*
　　第一节　"五四"启蒙运动的"态度的同一性" —— *1206*
　　第二节　作为价值领域的科学领域 —— *1208*
　　第三节　作为科学领域的人文领域 —— *1225*
　　第四节　作为反理学的"新理学" —— *1247*

第十三章　东西文化论战与知识/道德二元论的起源 —— *1280*
　　第一节　文化现代性的分化 —— *1280*
　　第二节　东西文化论战的两种叙事模式 —— *1289*
　　第三节　东/西二元论及其变体 —— *1292*
　　第四节　新旧调和论的产生与时间叙事 —— *1296*
　　第五节　总体历史叙事中的东/西二元论及其消解 —— *1309*
　　第六节　总体历史中的"东西文化及其哲学" —— *1314*
　　第七节　从文化观的转变到主体性转向 —— *1327*

第十四章　知识的分化、教育改制与心性之学 —— *1330*
　　第一节　知识问题中被遮蔽的文化 —— *1330*
　　第二节　张君劢与知识分化中的主体性问题 —— *1343*
　　第三节　知识谱系的分化与社会文化的"合理化"设计 —— *1370*

第十五章　总论：公理世界观及其自我瓦解 —— *1395*
　　第一节　作为普遍理性的科学与现代社会 —— *1395*
　　第二节　科学世界观的蜕化 —— *1403*
　　第三节　现代性问题与晚清思想的意义 —— *1410*
　　第四节　作为思想史命题的"科学主义"及其限度 —— *1424*
　　第五节　哈耶克的科学主义概念 —— *1438*
　　第六节　作为社会关系的科学 —— *1454*
　　第七节　技术统治与启蒙意识形态 —— *1486*

附录一
地方形式、方言土语与抗日战争时期"民族形式"的论争 —— *1493*

第一节 作为"民族形式"的"中国作风"与"中国气派"
——共产主义运动中的民族主义政治与文学问题 —— *1495*
第二节 "地方形式"概念的提出及其背景
——战争对乡村与都市关系的重构 —— *1499*
第三节 "地方性"与"全国性"问题 —— *1503*
第四节 方言问题与现代语言运动 —— *1507*
第五节 "五四"白话文运动的否定之否定 —— *1526*

附录二
亚洲想像的谱系 —— *1531*

第一节 "新亚洲想像"的背景条件 —— *1531*
第二节 亚洲的衍生性：帝国与国家、农耕与市场 —— *1539*
第三节 亚洲概念与民族运动的两种形式 —— *1552*
第四节 民主革命的逻辑与"大亚洲主义" —— *1565*
第五节 多个历史世界中的亚洲与东亚文明圈 —— *1574*
第六节 互动的历史世界中的亚洲 —— *1592*
第七节 一个"世界历史"问题：亚洲、帝国、民族国家 —— *1603*

参考文献 —— *1609*

人名索引 —— *1666*

本册细目

如何诠释"中国"及其"现代"？（重印本前言）—— 1

前言 —— 1

导论 —— 1
    第一节　两种中国叙事及其衍生形式 —— 2
    第二节　帝国/国家二元论与欧洲"世界历史" —— 23
    第三节　天理/公理与历史 —— 47
        1. 时势与时间 —— 47
        2. 天理与公理 —— 63

    第四节　中国的现代认同与帝国的转化 —— 71
        1. 民族认同的两种解释方式 —— 71
        2. 中国认同与语言问题 —— 74
        3. 儒学与少数民族王朝中的中国认同 —— 81
        4. 帝国时代的地域扩张、国际关系与主权问题 —— 88
        5. 帝国建设、国家建设与权力集中的趋势 —— 93

◎ 上卷
    第一部
    理与物 —— 103

第一章　天理与时势 —— 105
    第一节　天理与儒学道德评价方式的转变 —— 105
        1. 理学与早期现代性 —— 105

2. 理学的成立与儒学转变 —— 114
第二节　礼乐共同体及其道德评价方式 —— 125
1. 以仁释礼与"理性化"问题 —— 125
2. 治道合一与周代礼乐制度 —— 134
3. 礼乐共同体与作为道德/政治论述的"述而不作" —— 141
4. 天理世界观与思孟学派 —— 147
第三节　汉唐混合制度及其道德理想 —— 155
1. "宗教的"还是"科学的"？巫术的还是王制的？ —— 155
2. 阴阳五行说与大一统帝国政治的合法化 —— 160
3. 象数与官制 —— 172
4. 宇宙论的转变、皇权中心主义与分权主义政治 —— 175
第四节　理的系谱及其政治性 —— 187
1. 理与礼 —— 187
2. 玄理与政治 —— 194
3. 天理概念的建立 —— 204
第五节　天理与郡县制国家 —— 212
1. 三代想像与礼乐/制度的分化 —— 212
2. "封建"想像：郡县制度下的宗法与家族 —— 221
3. "井田"想像：商业化过程中的田制、税法与道德评价 —— 225
4. "学校"想像：科举制度、官员任选与道德评价 —— 234
5. "内外"想像：南北问题、夷夏之辨与正统观念 —— 246
第六节　天理与"自然之理势" —— 254

第二章　物的转变：理学与心学 —— 260
第一节　"物"范畴的转化 —— 260
第二节　格物致知论的内在逻辑与知识问题 —— 270
第三节　"性即理"与物之自然 —— 279
第四节　乡约、宗法与朱子学 —— 284
第五节　朱子学的转变与心学 —— 291
第六节　此物与物 —— 298
第七节　无、有与经世 —— 310

第八节　新制度论、物的世界与理学的终结 —— 324
1. 心学的转变与新制度论 —— 324
2. 物的世界及其社会分工 —— 338

第三章　经与史（一） —— 345
第一节　新礼乐论与经学之成立 —— 345
1. "礼"和"文"的世界 —— 345
2. 经学考证与"物"概念的回归 —— 354
3. 经学考证、三代之制与社会思想 —— 373

第二节　经学之转变 —— 382
1. 经学考证与经学之脱魅 —— 382
2. "治道合一"与经学的困境 —— 386

第四章　经与史（二） —— 411
第一节　辟宋与清代朱学的兴衰 —— 411
第二节　经学、理学与反理学 —— 429
第三节　六经皆史与经学考古学 —— 458
1. 自然与不得不然 —— 458
2. 道器一体与知识的分类 —— 470

如何诠释"中国"及其"现代"?

(重印本前言)

《现代中国思想的兴起》两卷四册出版于2004年,初版很快售罄。两三年来,我读到过来自中国、日本、美国和欧洲同行的若干书评,也参加过分别在上海、北京和东京召开的四次专题讨论会。值此重印本书之际,我试着对我的研究思路做一些总结和反思,并对讨论中涉及的若干问题做一点初步的回应。

三组概念:帝国与国家、封建与郡县、礼乐与制度

在中国历史研究中,人们经常对用于描述历史现象的概念和范畴以及相关的研究范式产生疑虑。这些疑虑主要集中在两点:首先是对理论范畴和社会科学范式能否有效地描述和解释历史现象的疑虑,例如上个世纪90年代在美国的中国研究领域就曾发生过有关能否用市民社会(Civil Society)这一概念描述中国历史中的类似现象的争论;其次是对西方概念和范畴在解释中国现象时的有效性的疑虑,例如我在《现代中国思想的兴起》第一卷中有关西方思想中的"帝国—国家"二元论及其在中国研究中的衍生的质疑。由于这些问题经常被放在西方理论—中国经验之间的二元关系中加以检讨,问题的尖锐性反而由于被化约为所谓"西方—本土"或"普遍—特殊"的矛盾而失去了理论意义。也正是与上述两重疑虑相关，许多历史学者致力于激活传统范畴以解释历史现象。在我看来，单纯地依赖传统概念和范畴并不必然保障解释的有效性，因为这些概念和范畴往往是在现代思想和理论的烛照之下才显示出意义的；也因为如此，尽管我们需要对理论概念和社会科学范畴的运用保持审慎的态度（历史化的态度），但这些概念和范畴的运用本身仍然是不可避免的。要想让上述质疑的合理性获得真正的理论意义，就必须突破那种"西方—本土"、"普遍—特殊"的二元论，重新思考历史与理论之间的复杂关系。

在《现代中国思想的兴起》中，我提到三组涉及政治制度的概念。第一组概念是产生于西方思想的帝国和国家。在有关中国的历史研究中，存在着两组有所不同但又相互联系的理解框架，一种将中国理解为一个与西方近代国家相对立或形成对照的帝国（或者文明，或者大陆），而另一种则认为中国历史中早已出现了一种以郡县制为内核的早期民族国家。这两种表述相互对立，但都是从欧洲近代思想中的帝国—国家二元论发展而来。不过，我在批评帝国—国家二元论的过程中并没有完全放弃帝国或者国家的概念，而是试图在另一个层面上综合两种叙述中揭示出的中国历史的一些特点。第二组概念是中国传统的郡县和封建，这是中国历史中相当古老的范畴。在讨论宋代至清代儒学的时候，凡涉及具体政治解释的时候，我很少使用帝国或国家的概念，而是从儒学家们或士大夫们使用较多的范畴即郡县和封建着眼。比如在解释宋代天理之成立的时候，我特别提到了围绕着郡县和封建问题展开的儒学辩论，并力图从这个儒学辩论的内在问题着眼来分析历史变迁。第三组概念则是更为古老的礼乐与制度（先秦文献中为"制"，后来发展为"制度"）。在解释宋代的时候，我讲到礼乐和制度的分化，但我不是一般意义地将礼乐与制度作为两个截然不同的描述性范畴加以运用，而是将这一礼乐与制度的分化置于宋代道学和史学的视野内部，从而让这一表面看来的客观历史叙述同时变成了一个历史判断或价值判断的领域。

让我从最后一组概念谈起。对于先秦儒者而言，礼乐与制度具有相互重叠的关系，但宋代儒者却以不同方式将两者区分开来，进而发展出

"礼乐与制度的分化"这一命题,用于对历史的描述,即"三代之治"是礼乐与制度完全合一的时代,而后世制度却与礼乐的世界之间产生了分离和隔绝。因此,礼乐与制度的区分本身成为一个政治性的命题。由于宋代儒者用礼乐来描述古代的封建,用制度说明后世的以皇权为中心的郡县制国家,从而礼乐与制度的区分密切地联系着有关郡县和封建的政治思考,尤其是从这种思考出发展开的对当下政治的判断。宋儒力图在日常生活层面恢复宗法、井田、封建等三代之治的具体内容,但这种复归古制的行动不能单纯地被看作是复古,而必须置于对于科举制度和郡县体制的正规化的批判性的理解之中才能被理解;他们反对科举,但没有简单地要求恢复古代的选举,而是要在新的语境中对科举制度加以限制和补充;他们倡导古代的井田制度,目的是对抗唐代后期开始实施的两税法及其后果,但并不认为宋代社会必须重新回到井田制度之中;他们参与恢复宗法的实践,以对抗唐代以后谱牒散落、政治制度愈益形式化的历史状态,但也并不认为整个政治制度必须向古代分封的方向发展,毋宁是承认以皇权为中心的郡县制度的合法性的。复归古制是为了批评新制,但这个批评不是全盘否定,而是基于对时势的判断,要求在郡县的框架下吸纳封建的要素,进而改革当前的政治制度。在这个意义上,宋代道学虽然畅谈天道、天理、心性等比较抽象的哲学—伦理学范畴,但透过他们对于礼乐与制度的分化的历史叙述,我们可以清晰地看到道学思想中所深含的政治性思考。离开了郡县和封建的理念及其历史观,我们不能解释道学或理学的政治性;离开了这种政治/历史关系,我们也不能理解为什么宋儒对于天理的范畴如此用心。通过礼乐与制度的分化、三代以上与三代以下的对比,以及封建与郡县、井田与均田、学校与科举等等的辩证对立,天理世界观得以建立和展开的历史动力便内在地呈现出来了。

从北宋到南宋,道学家们的思考逐渐地集中到了天理这一范畴上,从而形成了后来称之为理学的儒学形态。天理概念看起来是很抽象的,与这一直接相关的概念如理、气、心、性以及格物致知等论题,也与先秦、汉唐时代的儒学关心的问题有所区别。许多受欧洲近代哲学影响的人立刻在本体论、实在论和认识论的框架中对宋代思想进行哲学分析,在我看来,这个方法本身是外在的,是按照欧洲哲学的范畴、概念和框架建立起来的解释体系。与此同时,许多学者出于对这种观念史方法的不满,试图对思想史做社会史的解释,这是一个重要的尝试。就像我在前面说过的,社会史分析的那些基本范畴是从近代社会科学中产生出来的,比如政治、经济、社会、文化等等范畴及其分类,是近代知识和社会分类的产物。当我们把许多历史现象放置在经济、政治或文化的范畴之内的时候,我们失去的是那个时代的内在视野,以及从那个时代的内在视野出发反思地观察我们自身的知识、信念和世界观的机会。在我的研究中,天理的世界观不是一个简单的抽象,通过追问为什么在宋代的特定语境中天理范畴成为一个新型世界观的中心范畴,以及哪些人提出这一范畴,这一范畴在怎样的条件下被具体化和抽象化,我力图在抽象的范畴与社会演化之间找到内在的联系。在这里,有一个中间的环节,就是通过分析宋学内部的形而上范畴——如天理——与宋代思想提出的那些直接的社会性命题之间的关系,重新接近宋儒视野中的历史变迁和价值判断。

但是,如何建立这种关系却是一个值得认真思考的问题:如果只是将天理或气、性或格物致知等概念或命题放置在一种经济史、社会史或政治史的叙述之上,我们不但会将复杂的观念问题化约为经济、政治或军事问题,而且也忽略了被我们归纳在经济、政治、军事或社会范畴内的那些现象在古代思想世界中的意义。因此,我们需要将这些观念放置在特定的世界观内部进行观察,并从这一世界观的内在视野出发解释那些被现代人归纳在政治、经济、军事或其他范畴中的现象及其与天理等范畴之间的关系。我一开始就从欧阳修和几个史学家的历史叙述当中寻找切入点,特别是历史写作中的三代以上和三代以下的区分,在我看来,这个区分并不仅仅是一种客观的历史陈述,而且是在儒学内在视野中展开的历史过程,从中我们可以看到宋儒的政治理想在历史叙述中的展开。宋代儒者的政治、经济甚至军事的辩论经常涉及封建与郡县、井田制与两税法、选举与科举等问题,每一组命题又被放置在三代以上与三代以下(或汉唐之法)的历史叙述之中。在现代知识的架构下,我们可以把这些有关封建与郡县、井田与两税法、选举与科举的问题放置在政治史和经济史的解释方式之中加以处理,但考虑到我在前面所说的"内在视野"问题,我们不能不追问:封建制或郡县制、井田制或两税法、选举制或科举制的问题在儒者有关三代以上和三代以下的历史叙述中究竟包含了怎样的意义呢？这些问题是政治问题、经济问题或制度问题,但在儒学的视野中,这些对立范畴之间的关系是和三代以上／三代以下的历史区分、"礼乐与制度的历史分化"密切相关的。在这个意义上,政治不能简单地用政治这个范畴来表述,经济也不能用经济这个范畴来表述,因为两税法的问题、井田制的问题、宗法的问题、皇权的问题、科举制的问题,是在封建的理念、三代的理念、礼乐论的内在框架中展开出来的,它们的意义无法简单地归结为现代社会科学所说的制度问题。如果把宋代天理观的诞生与宋儒的历史观联系起来观察,我们就可以发现天理在儒学世界中的地位的上升是和他们对于历史变迁的观察密切相关的:三代以上是礼乐的世界,道德、伦理与礼乐、自然完全一体化,对道德的叙述与对礼乐的叙述是完全一致的,因此并不需要一个超离于礼乐范畴的本体提供道德根源；而三代以下是一个经历了"礼乐与制度的分化"的世界,即现实的制度本身已经不能像礼乐那样提供道德根源,对制度的陈述并不能等同于对道德的陈述,从而关于道德的论述必须诉诸于一个超越于这个现实世界的本体。这个分化的过程也体现在"物"这一范畴的转化之上:在礼乐的世界里,物既是万物之物,又代表着礼乐的规范,从而物与理是完全统一的；而在宋儒置身的世界里,礼乐已经退化为制度,即不具有道德内涵的物质性的或功能性的关系,从而"物"在礼乐世界中所具备的道德含义也完全蜕化了,只有通过格物的实践才能呈现"理"。

正由于此,理解天理的诞生离不开儒者对于历史变迁的理解。我在书中特别地展开了对于"时势"这一范畴的分析,因为中国的历史意识或者说儒学的历史意识与此有特殊的关联。近代西方思想的一个核心范畴是时间,直线进化的、目的论的、匀质空洞的时间。19世纪的欧洲经历了一个历史观的转变,其实这个转变就是历史范畴与时间范畴获得了内在的一致性,目的论就是通过这两者的结合而被赋予历史的。《现代中国思想的兴起》的导论部分对黑格尔主义的批评就是在这个意义上展开的。现代民族主义叙述也是在这个时间的认识论中展开的，民族主体就是依赖这个认识论的构架建立起来的。用"时势"这一概念就是为了重构历史叙述的认识框架。在儒学的视野内，与时间概念一样，"时势"的意识也是和历史观、历史意识相关的，但它并不是一个直线向前的、空洞的概念；它是对历史变化的自然展开过程及其内部动力的叙述，这个自然展开过程本身并不依循什么目的；目的的问题存在于置身变化之中的人对于价值（天理、礼乐、三代等等）的寻求，从而天理、礼乐、三代之治等就存在于我们的日常生活和实践内部。"时势"的问题在宋代的思考中变得内在了，"理势"概念就直接地体现了这一转向内在的取向，但时势的问题并不仅仅依存于宋学，我们在顾炎武、章学诚的经学和史学中都能够找到这一历史观的不同的展现方式。

和其他的范畴一样，"势"也是很早就有的概念，但无论是"时势"的问题，还是"理势"的问题，在宋代思想中具有特别的一些意义。道学家们考虑到整个的社会变化或历史变化，特别地讨论了所谓的礼乐和制度的分化，他们不是简单地在两者之间加以褒贬，而是将这个分化看成是历史变迁的后果。宋儒一边追慕三代的礼乐，一边高举天理之大旗，为什么复归古制的诉求又转化到抽象的天理之上并落实在个人的道德实践之中呢？没有一种历史的看法，这两者就无法真正衔接起来。在这里，礼乐和制度的分化确实不是宋儒自己的表述，而是我从他们的各种表述中归纳而来，所谓三代以上与三代以下的区分不正是他们的基本的历史看法吗？我的这个归纳也受到钱穆和陈寅恪两位先生在解释隋唐史时就礼乐与制度的不同观点的影响。不过，在我的解释中，"礼乐与制度的分化"与他们讨论的具体语境是完全不同的。钱穆指责陈寅恪在分析唐代历史时对礼乐与制度混而不分，造成了问题，他批评陈先生把本来应该归到礼乐当中的东西都归为制度了。

但是，我们也可以问，先秦的时候也没有这样一个清晰的界限，那么，钱穆先生的这个二元性的看法是从哪儿产生出来的呢？从相反的方面说，在宋代以后的语境中，礼乐与制度被看成是两个相互区别的范畴，陈寅恪为什么在解释中古史时要混而不分呢？我们知道陈先生对宋代及其理念有很深的认同，他是一个史学家，但正像中国古代的历史叙述本身包含了历史理念一样，陈先生的叙述不会没有他的理念在里面的。要求将两者区分开来或将两者混而不分，不是一个简单的事实问题。在史学写作中，人们往往把礼乐与制度的分化看成一个历史的事实并加以展开，在南北朝或隋唐历史研究中，这个区分也许是必要的；然而，无论是陈先生的混而不分，还是钱先生的分而述之，都是在宋代以后有关历史变迁的视野中产生出的历史观。礼乐与制度可以是混而不分的，而在一定的时期又必须分而治之，为什么？从儒学的传统看，这个分与合的辩证与儒学、特别是孔子有关礼崩乐坏的表述有着内在的联系。在这个意义上，礼乐与制度的分化不是一般的历史事实问题，而是一个历史观的问题，一个从什么角度、视野和价值出发叙述历史的问题；我们可以把它表述为一个历史过程，但同时必须了解这个历史过程是从特定视野出发展开的历史判断。也是在这个意义上，宋儒恢复宗法和井田的实践、批判科举和严刑峻法的论述，都包含了一种以三代礼乐判断郡县制下的新的制度性实践的含义。三代以上与三代以下的区分，礼乐与制度的对立，由此也就获得了它们的直接政治性；这种政治性不是平铺直叙地展开的，而是通过天理世界观的建立在更为深广的视野内展开的。

在我看来，当我们从这样一个植根于儒学的历史视野出发展开天理之成立、展开那些被当代史家放置在经济史、政治制度史、文化史或哲学史范畴中的问题时，我们也就是从一个内在的视野中诠释历史。在这个视野中，我们今天单纯地当作经济政治范畴的那些问题，在另一个历史语境中是不能单纯地当作经济政治问题来解释的，例如，郡县、封建等等概念在儒学世界中是一个有着内在完整性的思想世界的有机部分，只有通过这个思想世界，现实世界及其变化才被赋予了意义，也才能够被把握和理解。内在视野是不断地在和当代的对话过程当中产生的。从方法上说，这不仅仅是用古代解释现代，或用古代解释古代，也不仅是用现代解释古代，而且也是通过对话把这个视野变成我们自身的一个内在反思性的视野。由三代以上和三代以下的区分，由礼乐和制度的分化的视野，我们也能够看到我们自身知识的局限。

历史叙述中的国家与帝国

既然从中国历史内部展开了郡县与封建的问题，为什么又要讨论帝国和国家的问题？很显然，这个问题是与全书的叙述主线——即对"早期现代性"问题的追问——密切相关的。我追问的是：理学的形成是否显示了宋代以来的社会、国家和思想已经开始了某种重要的、可以被称之为"早期现代"的转变？正是在这个问题的压迫之下，我重新回到半个多世纪以前由日本学者提出的一些有关中国历史的假设上来。"唐宋转变"是内藤湖南在上个世纪20年代提出的概念，其后宫崎市定等京都学派的学者发展了"东洋的近世"、"宋朝资本主义"的论题。他们从贵族制度的衰败、郡县制国家的成熟、长途贸易的发展、科举制度的正规化等方面讨论这个"早期现代"问题，宫崎市定还将理学明确地视为"国民主义"——即民族主义——的意识形态。关于京都学派与帝国政治之间的关系，我没有能力在这里做出详细的讨论，但他们对中国历史的研究提供了许多至今值得讨论的议题，其中唐宋转变及宋代作为东亚近世历史的开端问题，就是其中之一。我的讨论主要从"天理的成立与郡县制国家"的关系着眼，分析儒学形态的转变，其中包含了与京都学派所讨论的问题的某种对话和回应。这里需要提出的问题是：为什么对早期现代性问题的探讨会与帝国—国家问题发生关联？京都学派的问题与此又有何种关系？

霍布斯鲍姆曾说，假定19世纪以来的历史研究有一个什么中心主题的话，那就是民族国家；我们还可以补充说，它的另一个更为基本的叙述则是资本主义。在19世纪以降的政治经济学和历史叙述中，以民族国家为中心的叙述是通过和其他叙述的对立构造出来的，所谓帝国和国家的叙述，就直接地表现了这个对抗。历史的观念在19世纪发生了一个重要转变，所谓历史就是主体的历史，而这个主体就是国家。在这个意义上，没有国家就没有历史。因此，说中国不是一个国家，或者说，中国是一个帝国，也就是说中国没有历史、无法构成一个真正的历史主体。正是为了与西方现代性叙述相抗衡，京都学派提出了"东洋的近世"、"宋朝资本主义"等论题,在"东洋史"的构架下,重建了中国历史内部的现代动力。关于这个学派与日本帝国主义或殖民主义之间的政治性关系,在这里暂略过不谈。我在这里关注的是它的叙述方式:它在建立与西方现代性平行的东洋的近世的叙述时,叙述的出发点同样建立在国家这一核心问题上。如果没有这个国家中心的叙事,就不存在所谓近世的叙事。京都学派也谈到理学或道学,但它是把道学或理学视为新的国民主义意识形态来理解的,在这个解释背后是有关作为早期民族国家或原型民族国家(proto-nation state)的郡县制国家的历史阐释。总之,当京都学派以"东洋的近世"对抗西方叙述的时候,它的确构造了一个以国家和资本主义关系为中心叙述。这个叙述跟西方主流的叙述是倒过来的,即西方中心的叙述认为中国是一个帝国、一个大陆或者一个文明,潜在的意思是中国不是一个国家,而京都学派刚好相反。通过诉诸"成熟的郡县制国家"或"国民主义"等范畴,京都学派建立了有关"东洋的近世"的历史假说。

在上述意义上,我与京都学派的对话与区别也包含着对这个19世纪欧洲"世界历史"的批评。简要地说,我和京都学派——尤其是其代表人物——对于宋代特殊性的讨论的区别主要体现在这样几点上:第一,与宫崎市定将理学视为一种与他描述的宋代社会转变相互匹配的"近代的哲学"或"国民主义"意识形态不同,我认为理学及其天理观恰恰体现了与这个过程的内在紧张和对立,两者之间的历史联系是通过这种对立而历史地展开的。从方法论上说,京都学派带有强烈的社会史倾向,他们使用的范畴主要是从欧洲19世纪以降逐渐形成的知识体系中产生的,从而缺乏一个观察历史变化的内在视野。在这个意义上,京都学派的基本的理论框架和历史叙述是欧洲现代性的衍生物。如果宋代真的像他们描述的那样是一个更为中国的中国,那么从儒学的视野来看,这一转化应该如何表述呢?如果"东洋的近世"的实质内容是早期的资本主义和类似于民族—国家的郡县制,那么,宋代儒者据以观察历史演变的那种以"三代礼乐与后世制度"的尖锐对比为特征的历史观难道不是既包含了对历史演变的体认,又体现了对于郡县体制和"早期的资本主义"(如果这个概念的确可用的话)的抗拒吗?

与这一点密切相关,第二,京都学派在近代西方民族主义/资本主义的知识框架下描述宋代社会及其思想的"近世"特征,而我的描述——例如对"帝国—国家二元论"的分析——则试图打破这种单线进化的目的论叙述。京都学派通过将宋朝描述为一个成熟的郡县制国家而展开"东洋的近世"的论题,其基本的前提是欧洲现代性与民族—国家体制之间的历史关系,从而民族—国家构成了他们的现代性叙述的一个内在的尺度。京都学派有关"东洋的近世"的叙述明显地带有这一倾向。然而,如何描述元朝的社会构造,尤其是如何理解清代的社会体制?我所以加以限定地使用了"帝国"这一概念,目的就是打破那种将现代性与民族—国家相互重叠的历史叙述——毕竟,与被放置在"帝国"这一范畴内的漫长历史相比,民族—国家只是一个短暂的存在。从明到清的转变显然不能放置在类似于"唐宋转变"的模式之中,将清与民国的关系界定为从帝国到国家的转变也存在问题——否则,我们该如何解释民国在人口、族群构成、地域和一些制度性设置上与清代的明显联系?

因此,当我们说宋代包含了某种"早期现代"的因素时,我们需要在一个不同于京都学派的、摆脱现代性的时间目的论的和超越民族主义知识的框架中来重新表述这个问题。曾有朋友向我问及书的标题问题。"现代中国思想的兴起"——什么是"现代"?什么是"中国"?什么是"思想"?什么是"兴起"?"现代中国思想的兴起"看起来是一个平易的叙述,但从导论起到最后的结论,我的每一个部分都在挑战我们常识中的"现代"、"中国"、"思想"和"兴起"这些概念。我写现代中国思想的兴起,不是写一部现代中国思想史的起源;什么是"兴起"?你也可以把它解释为《易经》所谓"生生之谓易"意义上的"生生"——一个充满了新的变化和生长的过程。假定宋代是"近世"的开端,蒙元到底是延续还是中断?假如明末是早期启蒙思想的滥觞,那么,清代思想是反动还是再起,我们怎么解释这个时代及其思想与现代中国之关系?我注重的是历史中一些要素的反复呈现,而不是绝对的起源。在历史的持续变化中,不同王朝以各自的方式建构自身作为中国王朝的合法性,这一过程不能用直线式的历史叙述加以表达。正是基于这一历史理解,我没有把所谓"现代中国思想的兴起"看成一个类似京都学派的那种以宋代为开端直到现代的一条线。我对"时势"、"理势"等概念的解释就是要提供一个不同于时间目的论的历史认识框架，而这个框架同时也是内在于那个时代的儒学世界观和知识论的。如果我们参照本尼迪克特·安德森（Benedict Anderson）对时间概念与民族主义的关系的论述，时势范畴在王朝历史及其更替中的意义也许会得到更为充分的理解。

正是从这一视野出发，我批评了关于"中国"的各种论述。例如，我一方面对传统的尧、舜、禹、汤、文、武、周公、孔子，然后秦、汉、隋、唐、宋、元、明、清这一套自明的谱系提出了挑战，另一方面也不赞成简单地从少数民族史的角度挑战（否定）中国认同的方式。如果儒学、特别是理学的兴起包含了对于历史中断的思考和接续传统的意志，那么，连续性就必须被放置在断裂性的前提下思考，放置在一种历史主动性的视野中思考——从政治的角度说，也是放置在合法性的不断建构过程中来进行理解。所谓以断裂性为前提思考连续性，即不是把延续性理解为一个自然过程，而是将延续性视为历史中的主体的意志和行动的产物。这是什么意思呢？这个意思就是："中国"不是一个外在于我们的存在，也不是一个外在于特定的历史主体的客体。"中国"是和特定时代的人们的思想和行动密切相关的。当我把"天理的成立"与郡县制国家、宗法封建问题、土地制度、税法制度、两宋时代的夷夏之辨等问题关联起来的时候，也就是表明这一新型世界观的构成与一个社会重构认同和价值的过程密切相关；当我把儒学的经学形态与清朝国家作为中国王朝的合法性问题、多元法律制度问题、满汉关系问题、由朝贡和国际关系为中轴的内外问题等等关联起来的时候，同样也表明这一相对于理学或新学的不同的儒学形态的出现是和一个社会重构认同和价值的过程密切相关的；当我把公理世界观与民族—国家、社会体制、权利问题与文化运动等等关联起来的时候，也正是讨论一种新型的认同及其内在的矛盾和困境。我从不同角度、方面探讨了"中国"这一范畴的不同的含义，力图将这一概念从一种单纯的欧洲民族主义模式中的"民族认同"中解放出来；"中国"是一个较之民族范畴更为丰富、更具弹性、更能包容多样性的范畴，在重建少数民族王朝的合法性、重构王朝内部不同族群间的平等关系，以及塑造不同政治共同体之间的朝贡或外交关系等方面，这一范畴都曾展现出独特的弹性和适应性。

伴随着对于民族—国家体系的检讨和所谓全球化的研究，早期帝国历史中的一些经验，以及帝国向现代国家转化的动力等问题，重新进入了人们的研究视野，人们据此重新检讨那些被限制在现代化的目的论叙述中的早期帝国的国家结构、经济制度和跨区域交往。当代有关帝国的讨论包含了两个不同的方向，一个是对所谓"后民族—国家"的全球化问题的思考，奈格瑞（Antonio Negri）和哈特（Michael Hardt）的《帝国》（*Empire*）一书是这方面影响最为广泛的著作之一；另一个则是从对民族—国家体制的不满或反思出发而重新展开的"帝国研究"，它直接地表现在许多历史学者对各大前现代帝国历史的重新挖掘，以及对迄今为止仍然在历史研究领域占据支配地位的以民族—国家及其尺度为中心的叙述方式的超越。这两个方面我说的是对当代危机的回应与对历史的研究——当然是有联系的，但又不宜混淆，《帝国与国家》一册与后一方向关系更紧密一些。因此，重提帝国问题的目的不是加强民族主义的历史叙述，而是超越这个叙述。在帝国遗产的总结中，除了我已经提到过的跨区域的交往之外，帝国的多民族共存的政治结构和文化认同、帝国内部发生的殖民和权力集中趋势，以及帝国时代与民族—国家形成之间的复杂关系，都是学者们关心的课题。

但是，这一对于帝国与早期现代性问题的关心如果落入帝国—国家二元论的窠臼，就很容易陷入或反证19世纪的欧洲的历史观，即认为中国没有真实的政治主体。在这里，真正关键的问题不是承认还是否认中国的历史中是否存在"国家"，而在于重新澄清不同的政治体的概念、不同的政治体的类型，而不至让国家概念完全被近代欧洲资本主义和民族国家的历史所笼罩。近代国家有不同的政治文化，比如社会主义国家或资产阶级国家，它们各有自己的政治文化；如果连讨论近代国家也离不开不同的政治文化或政治传统问题，那么，仅仅在抽象的意义上讨论前20世纪的国家及其主体性就显然是不够的了。京都学派强调到了宋代，中国变成了一个成熟的郡县制国家,而所谓成熟的郡县制国家也就是一种准民族国家。当这个学派把这个郡县制国家与早期现代性关联起来的时候,又在另一方向上确证了帝国—国家二元论。帝国—国家二元论可以表现为截然相反的叙述方式,但万变不离其宗的是国家与资本主义之间的内在关联,宫崎市定那样的论述就是一个例证。在这个框架下,我们不大可能再去探讨一种非资本主义的国家类型了。

正由于上述多重考虑,我特别注重所谓帝国建设与国家建设之间的重叠关系,而不是在帝国—国家二元论内部纠缠。19 世纪以降,对于所谓前现代历史的研究都被放置在帝国历史的范畴内,我们可以举出上个世纪 60 年代的一部代表作,即艾森斯塔德(S. N. Eisenstadt)的《帝国的政治体制》(*The Political System of Empires*)一书做一点说明。这部影响广泛的著作在一种韦伯主义的框架内,综合了世界各大文明的历史研究,将所谓前现代历史放置在"帝国的政治体制"的概念之下。这一概念是在 19 世纪欧洲政治经济学的"帝国—国家二元论"中孕育出来的。正是在这一二元论中,"帝国"构成了一切与现代性相反的特征,即或承认帝国与现代性之间的联系,这种联系也总是被放置在一种特殊的追溯关系之中,例如:现代国家的专制和集权特性的根源是什么?为什么现代国家无法摆脱其固有的暴力性质?所有现代性危机的表征都被追溯到现代世界与帝国之间的历史联系之中。《帝国的政治体制》是一个例证,它说明在 20 世纪几乎所有"前现代的历史"均以不同的方式被纳入了"帝国"这一范畴之内。

在《帝国与国家》一册中,我主要讨论了这样几个问题:第一,儒学对清朝作为中国王朝的合法性论证是如何构成的?帝国体制内的多元认同、多元政治/法律体制是如何构成的?清代统治者利用儒学巩固自身的统治,其中的一个环节是通过儒学将自身界定为一个"中国王朝";而另一方面,士大夫也同样利用儒学这一合法化的知识对王朝体制内部的族群等级制提出批评,从而对于儒学的某些命题和原则的解释与特定历史语境中的平等问题产生了关联。第二,19 世纪以降的许多重要著作一直将帝国作为国家的对立面,那么,帝国建设与国家建设之间的历史关系究竟如何？例如在讨论清代经学、特别是公羊学的时候，我强调了包括朝贡体系的扩张在内的帝国建设与清朝的国家建设是同一进程的不同方面。实际上，那些被归纳为经典的民族—国家的标记的东西早在17世纪的清朝就已经存在或开始发展，像边界、边界内的行政管辖权等等。

然而，发生在17、18世纪清朝的这些现象是另一种政治文化和历史关系的产物，它不能简单地被看作是民族国家的雏形，诸如朝贡、和藩以及其他交往形态，均必须置于王朝时代的政治文化的框架中给予解释。但没有这个过程，我们很难理解辛亥革命之后建立的中华民国，乃至1949年建立的中华人民共和国，为什么与清朝的地域、人口和某些行政区划之间，存在着如此明显的重叠关系。在书中，我分析了朝贡体制与条约体系的重叠与区分，以及儒学典籍如何被挪用于现代国际关系的具体过程。我的问题是：在殖民主义的浪潮中，这些"帝国知识"如何与一种新型的"儒学普遍主义"结合起来？从儒学研究的角度说，这一研究也是对那种将儒学单纯地放置在哲学的、观念的、伦理的或学术史的框架内的研究方法的修正。儒学在政治历史中可以被理解为一种合法化的知识，它的不同形态与王朝体制及其合法性的建构之间有着复杂的关联。离开这个视野，我们不能全面地理解儒学的历史意义。

有一个朋友问我：为什么在分析中国问题时，不是使用"天下"这一更为"本土的"或"儒学的"概念，而继续使用"帝国"一词？《庄子·天下》对"天下"概念做出的解释是人们津津乐道的例子，而后代学者对这一概念的运用也极为丰富。"天下"的确是一个富于魅力也蕴含着许多值得探究的历史内涵和理论内涵的概念。事实上，已经有学者为了强调中国的特殊性，也为了回应这一对于民族国家的质疑，而认为中国不是一个国家，毋宁是"天下"——这个"天下"的概念虽然与帝国概念有所区别，但共同之处都是在帝国—国家二元论之中解释中国历史——通过"天下"这一范畴，人们要做的无非是将中国与国家——即以近代民族国家为基本内核的国家范畴——区分开来。这一论述忽略了中国历史中的中央集权的统一国家是从战国时代的"国"这一制度形式中发展而来，也没有探讨"国"的不同历史类型和含义，在历史观上实际上不是又回到了

19世纪欧洲"世界历史"的核心观点——中国没有历史或东方没有历史——之上了吗？我想对我在涉及"天下"概念的同时，仍然保留了"帝国"概念做几点限定。

首先，帝国这个词并不是我们的发明，中国古代典籍中也有帝国一词，但这些典籍中的帝国概念与近代从日本和西方输入的帝国范畴并无直接的对应关系。帝国一词在晚清时代被重新发明，并进入现代汉语之中，已经是现代中国历史传统的一个部分，是所谓"翻译的现代性"的表征之一。在19世纪末期的民族主义浪潮中，这一词汇逐渐成为中国思想和知识谱系中的概念，从而这一概念是经过翻译过程而内在于现代中国思想的范畴的。我们不能简单地将这一概念视为一个外在于中国历史的外来语汇。当然，如果能够找到更合适的概念，我完全乐意更换，但迄今为止，我还没有想出一个可以在这个平台上讨论相关问题的中心概念。

其次，"天下"概念是和中国思想有关宇宙自然和礼乐世界的思考密切相关的，有着极其古老的根源。但是，如果不是简单地将这个概念与欧洲民族—国家概念进行对比，而是将这一概念与其他的历史文明进行比较，我们也会在其他的文明和宗教世界观中找到相似的表述；在这个意义上，认为只有这一概念才代表了中国的"独特性"毋宁是从民族—国家的基本知识出发而展开的一种有关中国的特殊主义叙述，说不上是深思熟虑的结果。从政治分析的角度说，"天下"概念与作为特定的政治体的中国之间不能划等号，正如顾炎武力图在"亡天下"与"亡国"之间做出的区分所表明的，这一概念包含了特定的理想和价值，从而与"国"这一概念应该给予区分。如果将"天下"直接沿用于描述特定的王朝和政治实体，反而会丧失顾炎武等儒者所赋予这一概念的特定含义。

第三，很多学者曾经使用天朝国家、王朝国家等等概念描述中国的政治历史，这自然是可以的。但是，这两个概念不足以解释中国王朝之间的区别，尤其难以表示我在书中提出的宋、明王朝与元、清王朝之间的区别：它们都是天朝国家或王朝国家，但很明显，蒙古和满洲王朝的幅员、周边关系和内部政治架构与宋、明王朝——也就是宫崎市定称之为成熟的郡县制国家或准民族—国家的王朝——之间有着重要的区别。京都学派强调宋代的郡县制国家是近世的开端,但他们怎么来解释元朝和清朝在中国历史当中的位置问题?他们把宋明理学解释成"国民主义"或近代思想的发端,但他们怎么解释清代的经学和史学的作用与清王朝的政治合法性的关系?在上述两个问题上,京都学派的解释都是跛足的。中国学者也常常把清朝看作是某种历史的中断,比如在有关明末资本主义的讨论或早期现代性的讨论中,满清入主中原同时也就被解释为资本主义或早期现代性的中断,这样一来,清朝就被排除在所谓现代性叙述之外了。

在讨论清代公羊学时,我使用了礼仪中国的概念,并把中国疆域的改变、政治构架的转化和内外关系的新模式都放到对这一概念的解释之中。在我看来,不是重新确证中国是一个国家,还是一个帝国,而是充分讨论中国的政治文化的独特性及其转化过程,才是最重要的。蒙古王朝、满清王朝与通常我们所谓帝国有着某种相似性,但我并没有把这个帝国叙述放置在帝国—国家的二元论中进行解释,而是着重地阐明了为什么清朝能够被合法地纳入中国王朝谱系之中的内部根据。以清代为例,统治者通过变更王朝名称、祭祀元明两朝的法宝、贡奉两朝皇室后裔、恢复汉文科举、尊奉程朱理学、继承明朝法律等方式将自己确认为中国王朝的合法继承者,在这个意义上,清朝皇帝也即中国皇帝。与此同时,清朝皇帝也以特殊的制度(蒙古八旗、西藏噶厦制度、西南土司制度及多样性的朝贡体制等等)对蒙古、回部、西藏及西南地区实行统治,从而就中亚、西亚地区而言,清朝皇帝也继承了蒙古大汗的法统。不仅如此,清朝皇帝还同时是满族的族长,承担着保持满族认同及统治地位的重任。因此,清朝皇帝是皇帝、大汗和族长三重身份的综合,而清代政治的复杂性——如皇权与满洲贵族和蒙古贵族的矛盾以及汉人在朝廷中的地位的升降等等——也与皇权本身的综合与演化有着密切的关系。单纯地从满人及其皇室为保持满洲认同的角度论证满洲的自足性以致后来形成满洲国的必然性,即使从皇权本身的多重性的角度看,也是站不住脚的。如果只是从满汉关系的角度讨论清代的合法性问题,我们如何解释清代前期历史中反复出现的清朝皇帝与满蒙贵族的冲突呢?在我看来,这些冲突本身正是王朝合法性建立过程中的必然现象,也是多重性的皇权本身的内在矛盾及其演化过程的产物。礼仪中国的概念也正是在这多重关系中被反复重构的。

如果说帝国—国家二元论无法揭示出中国的政治文化的特征,那么,中国的传统概念如天下或王朝等也无法说明不同王朝在政治制度和政治文化方面的特点。事实上,在近代历史观的框架内,这些概念恰好构成了近代历史叙事的内在要素。与这种历史解释框架密切相关的,是中西二元论的叙述方式,即强调中国的特点是天下、王朝、朝贡体系,而西方的特点则是国家及其形式平等的主权概念。事实上,帝国与国家的二元论在近代也常常被殖民主义者所运用,他们用所谓"主权国家"的文化贬低传统的社会关系和政治模式。例如,1874年日本第一次入侵台湾时,借口就是台湾原住民与琉球人之间的冲突。日本统治者利用清朝官员的说法,以台湾原住民(所谓"生番")是中国的"化外之民",亦即不在郡县制度内部或在大清法律管辖内部为由,强辩说对台湾"生番"及其地区的侵犯,不算对大清的侵犯。在这个时代,欧洲国际法已经传入东亚,日本统治者正是根据欧洲国际法,把清代所谓"从俗从宜"的多样性的制度和帝国内部的内外分别放置在主权国家间关系的范畴内,从而为侵略寻找借口。在这一事件中,我们不仅应该注意日本与清朝之间的冲突,而且还应该注意日本据以入侵的原则与清代多元性的社会体制及其原则之间的冲突,尤其是这两种原则在区分内外问题时的不同的尺度及其应用范围。

历史的"延续与断裂"论题中的政治合法性问题

经常有一些老调说,中国历史是延续的,西方历史是断裂的。如果不理解我在前面谈及的转化的问题,即征服性的王朝将自身转化为中国王朝的问题,所谓延续就是一种盲目的迷信了。中国历史中不断地出现周边向中原地区的入侵和渗透,无论在政治上,还是在族群关系上,都不断地发生着断裂。所谓延续性是历史过程中不断出现的有意的和无意的建构的结果。例如,那些少数民族王朝的统治者不断地利用儒学,包括其不同形态如理学、经学或史学,以各种各样的方式把自己转化为中国。这个礼仪中国的问题不是一般所谓礼仪或道德的问题,而且更是一个政治问题,政治合法性问题。我在这里用"自我转化"这一范畴,是为了说明这一转化过程带有很大程度的主动性,即新的王朝统治者将自身(少数民族王朝或通过造反形成的王朝)置于中国王朝的历史谱系中或道统之中,并利用儒学的正统理论对自身的合法性加以论证。但这个"自我转化"还只是一个前提,新朝作为中国王朝的合法性是在一种多重的承认关系中才得以确立的,即"自我转化"必须在特定的"承认的政治"中获得确认。以清朝为例,对于许多汉人士大夫(以及一些周边王朝)而言,清朝作为中国王朝的合法性大概要到乾隆时代才逐渐得到承认。这不是说康、雍时代没有促进以满汉一体为中心的王朝转化过程,也不是说乾隆之后满汉问题完全解决了,而是说到这个时候,在一个广泛的范围内,满清作为中国王朝谱系中的一环的地位被确立下来了。我们讲清朝问题时,从早期一直讲下来,往往忽视这个转变的环节。为什么我说要反复定义"中国"这个范畴,是因为王朝统治者、士大夫阶级、周边王朝以及普通百姓对于中国的理解是伴随着这个过程而变化的。

正是在这里,我们需要重新展开一种历史的视野,超越民族主义叙事来展开丰富的历史关系。除了历史性地理解族群和地理关系之外,在进入对前20世纪的历史领域的解释时,我认为需要讨论两个问题:一个是我前面已经讨论过的"承认的政治"的问题,即统治的合法性的历史形成问题,另一个就是所谓"自我转化"所依据的政治文化问题。例如,清朝究竟依据怎样的政治文化来论证自身作为中国王朝的合法性,这种政治文化为什么能够将不同的族群、不同区域的人口和不同宗教信仰等因素纳入一种多元性的和富于弹性的政治架构之中?很明显,这是一种与依赖于种族、语言、宗教等范畴的民族主义知识截然不同的知识。这种知识有着自己的独特概念和形态。我可以举经学史上的例子说明这个问题。经学史上讲清代今文经学都是从常州学派开始,东汉以后,今文学衰落,除了元末明初赵汸等个别事例之外,好像今文学已经彻底中绝,直到乾隆晚期常州学派的出现才重续学统。但是,思想史家和学术史家在讨论清代经学的问题时,几乎完全没有考虑女真(金)、蒙古和满清入主中原时如何运用公羊思想,尤其是其"大一统"、"通三统"和"别内外"等主题,建立新朝之正统的过程。这些著述或倡议并不是专门的学术著作,也不是专门的今文经学的研究文章,而是政治性的论文或奏议,它们出自为女真、蒙古、满洲服务的女真人、蒙古人、满洲人和汉人之手。但这也恰恰说明,今文经学的许多主题已经渗透在王朝政治及其合法性建构的过程之中了。比如说,在金朝和宋对抗的时候,金朝的士大夫和大臣曾经用春秋学和公羊的思想来讨论正统问题,力图为自己征服中原提供合法性;在蒙古征服宋朝的过程中,蒙元帝国也曾考虑将自己建构为中国王朝,不但在蒙古人的朝廷中曾经争论过他们究竟应该承辽统、金统还是宋统的问题,而且在元朝建立之后,围绕泰和律废弛后的局面,儒学者们也曾讨论如何运用《春秋》以确立元之法统的问题。满清入主中原过程中,清朝政府不但恢复科举和以汉文考试,尊奉儒学尤其是朱子学,而且也从春秋公羊及其大一统学说中找到灵感,用以重新确定自己的政治合法性。如果没有这一以儒学为中心的政治文化或合法性理论,讨论王朝之间的连续性是完全不可能的。连续性是自觉建构的产物。

上述讨论不仅说明了从合法性知识的角度认识儒学的必要性,而且也是对于前20世纪中国王朝在处理不同族群的关系时的政治实践的检讨。帝国是一种统治的模式,一种权力关系的实践,这一点没有疑问。但是,在民族主义知识将上述知识贬低为不合时宜的知识的时代,重新检讨这种合法性理论及其实践,观察那个时代多族群共存的经验,对于理解民族主义知识及其限制(尤其是它的同质化倾向)显然是有意义的。

民族主义知识的构造及其质疑

东/西、中/西问题在一定时期占据主导地位是历史形势的产物,如果在方法上将这一二元关系绝对化就有可能带来许多遮蔽性。例如,在法学研究中,常常有人将中国的礼制与西方的法制相对立,这也不是没有一些道理;但这不但是对中国的简化——中国没有法律传统吗?也是对西方的简化——西方就没有礼乐教化吗?学术界常有人在方法论的层面讨论特殊主义和普遍主义的问题,在我看来,研究特定的一个历史时代和一个历史社会的经验当然要考虑它的特殊性,尤其要批评西方的普遍主义,但是从哲学上说,这两个东西大概都不太行,因为迄今为止的所谓特殊主义的叙述都是普遍主义的特殊主义,而所有的普遍主义的叙述都是特殊主义的普遍主义。这两个叙述看似对立,其实是相辅相成的。一定程度上,我们要做的,是所谓独特性的或关于独特性的普遍主义。在这个独特性的普遍主义的框架内,对独特性的追求不是简单地回到特殊主义,而是通过独特性本身展示出普遍的意义,并追问在何种条件下、为什么这种独特性能够转化为普遍性?

这里以《现代中国思想的兴起》的下部为例,讨论20世纪的政治合法性问题与现代知识问题的内在关联。我在上卷中讨论了天理世界观与郡县制的关系,讨论了经学与王朝合法性的问题,为什么下卷集中讨论知识问题?正像许多思想史研究者观察到的,无论对于现代性的发生年代和源起有着多么不同的看法,在欧洲历史中,所谓现代问题正是由科学和方法的新观念而得到界定的;"将有关人类知识的各种形式及其范围的研究成果直接用于政治学、伦理学、形而上学、神学等传统学科,旨在一劳永逸地结束它们的困惑,是19世纪的哲学家们竭力完成的规划。他们尝试运用的原理乃是17世纪新的科学规范;如果没有实验证据,就不会有自在中世纪被奉为金科玉律的'自然的'原理的先验演绎……"正是在这一认识论的转变中,"空间、时间、质量、力、动量、静止等力学术语逐渐取代了终极因、实体形式、神圣目的和其他形而上学概念。中世纪的本体论和神学那套玩意儿被完全抛弃了。"[1]这个新观念对所有知识领域都起了决定性的影响,它不仅渗透到洛克、休谟等对自然科学推崇备至的哲学家的著作中,而且在贝克莱这样的深切关注着否定自然科学的形而上学预设的人那里也同样清楚:它不仅渗透到美国革命和法国革命的主要宣言之中,而且对现代世界的所有方面都留下了深刻的印迹。因此,社会历史中的科学和方法的问题不可能仅仅停留在科学方法、科学观念的范畴里,它涉及的是世界观的转变。通过对科学观念与公理世界观的分析,我试图揭示现代知识谱系的构成。

---

[1] 以赛亚·伯林:《启蒙的时代:十八世纪哲学家》,南京:译林出版社,2005,页6—7。

《现代中国思想的兴起》一书中有一条贯穿全书的线索,即知识与制度之间的互动关系,例如天理与郡县制国家的关系、公理与现代民族主义及其体制的关系等。在讨论康有为时,我特别地提到了他对儒学普遍主义的再创造,而这个再创造的前提恰恰产生于一种历史意识,即儒学的普遍性与中国概念之间的那种自明的关系发生松动了。在这个前提下,当你要论证儒学具有普世性的时候,必须以承认中国只是世界的一个部分、中国之外存在着巨大的外部为前提——这个外部不仅是地理空间意义上的,也是文化政教意义上的。当儒学普遍主义与一个置身于众多国家或外部之中的中国形象相互连接的时候说明了什么呢?我认为说明了民族主义对于某种普遍主义世界观和知识谱系的依赖。换句话说,这种新型的儒学普遍主义的诞生是和作为一个新型世界体系中的主权国家的中国的诞生同时发生的。这里所谓儒学普遍主义实际上正是现代公理观的曲折的呈现方式。

　　普遍主义与近代国家或民族主义之间的关系就包含在这个逻辑之中。从晚清开始,这个普遍主义的知识构架被保留了下来,而康有为赋予这个普遍主义的儒学外衣则被彻底剥光了。现代国家的合法性建立在这个普遍主义的知识及其分类逻辑之上,现代国家的制度也建立在这个普遍主义的体制及其分工关系之上。无论是主权概念,还是各种政治力量对于自身的合法性论证,无论进化、进步的历史观念,还是以这一历史观念支撑起来的各种体制和学说的合理性,均离不开这个普遍主义知识的问题。现代国家的确立是和某种反历史的认识论框架相关的,民族主义知识虽然经常诉诸"历史"、"传统"和"本源"等等,亦即诉诸于文化的特殊主义,但它的基座是确立在这种新型的认识论及其知识谱系之上的。因此,讨论这个时代的知识体制和话语问题,也就是在讨论一种新型的政治合法性问题。民族主义的显著特征是追溯自身的起源,无论是祖先崇拜还是文化根源,但这些更为"本体的"、"本源的"、"特殊的"知识是在新型的认识论及其知识构架下产生出来的,从而不是"本体"、"根源"创造了这种新型的知识论,而是这种作为民族国家的认识论框架本身需要自身的"本体"和"根源"——于是它也就创造出了这个"本体"和

"根源"。

但是,要是以为指出民族主义知识的这种建构性,或者,通过对民族主义知识构架的解构实践,就可以简单地、一劳永逸地解决民族主义的问题,是一相情愿的幻想。在民族主义创造自身的"本体"和"根源"的同时,也在诉诸大众动员:正是在这一大众民族主义运动中,那些所谓"自觉者"力图把对置身于特定"时势"的民族命运的思考与对他们决心献身的价值的探索结合起来。中国革命,作为一场广泛的社会运动,一个以人类历史上罕见的规模和深度展开的民族解放运动,包含着民族主义这一范畴无法涵盖的历史内容。民族主义并不能够囊括20世纪中国的一切。因此,对于民族主义知识上的批判和否定,并不能等同于对于一个极为丰富、复杂的历史过程的简单拒绝。如果我们承认现代中国是建立在清代历史的地基之上的,那么,经由中国革命而产生的这个现代中国能够用民族主义的知识给予恰当地描绘吗?也是在同一个逻辑上,中国革命在怎样的意义上才能被描述为一个"民族革命"呢?《现代中国思想的兴起》没有对20世纪中国革命进行深入研究,但上述追问也多少提供了重新思考20世纪中国的一些思路。

我在书中,也在别的地方,提到过"反现代性的现代性"这个问题。下部第一册《公理与反公理》集中分析严复、梁启超、章太炎的思想,尤其分析了他们从不同的思想资源对于现代质疑:这个质疑不是总体性的,而是内在于他们对于现代的追寻的。当然,他们各自的思考深度和路径有着极大的差异,例如严复从朱子学出发接近近代西方的实证主义学说,从易学和史学出发展开了他对天演理论的翻译和论证,从老子学说出发触及了西方思想中的自由问题,但他的翻译和解说本身又都构成了与他所翻译的思想之间的一种对话、调适和紧张;梁启超从今文经学、阳明学等知识出发接近了西方各种政教知识,对于近代欧洲的科学学说、德国国家学说、康德哲学、詹姆士的实用主义及其宗教学说等等均给予翻译、介绍和倡导,但在他的思想中,也包含了对于资本主义、功利性的教育体制和价值危机的反思;章太炎的思想最为激进,他在佛教唯识学和庄子齐物论的框架下,形成了一个系统的对于现代性的激烈的批判。

不仅如此,在书的最后一册,即关于科学话语共同体的问题讨论中,我也分析了科学家共同体的内部复杂性,以及那些自觉地抵制科学主义霸权的人物和群体。所有这些讨论均说明:中国思想对于现代的寻求本身即包含了对现代的质疑,这一现象可以被解释为一种中国现代性的自我质疑或自我否定。

然而,在"反现代的现代性"的框架下,如果不仅是科学家共同体、胡适之和"五四"新文化运动带有科学主义的特点,而且梁启超、梁漱溟、张君劢等反对这种科学主义的人文主义者也可以被纳入这个科学主义的分类谱系之中,那么,究竟什么才是我们的出路呢?我把现代人文主义的诞生看成是通过与科学主义的对抗而产生的对于科学主义的补充,在这个意义上,这样的人文主义是不可能提供走出所谓现代的出路的。关于这个问题,我想特别地说一下我展开问题的方法:我没有简单地将这些人的思想看成出路,而是将他们提出的过程展开出来,也就是展示那些可能的出路是如何被纳入那个总体的过程之中的。我对严复、梁启超、章太炎的处理方式也是如此。在他们之间的错综纠葛之中,我展示不同的思考方向和不同的可能性的领域,置身于时势之不同位置所展开的对于时势的回应。事实上,展示出多样性本身就是对现代性的反思和对所谓出路的思考,我因此常常使用反现代性的现代性这个说法来描述中国的现代。但我们不能不顾及现代历史的一个基本潮流是如何将这些多样性裹胁而去的,否定了这一点,所谓"走出"不就变成了一个很简单的问题了吗?不就变成了一个不需要进行自我搏斗的问题了吗?在这里,不是一条简单的道路,而是对于现代性的多重性的反思,构成了一个或一组可能性的方向。这正是我想要做的。

《现代中国思想的兴起》的写作肇始于1989年以后的沉闷、悲观时代氛围中,这个情境与今天中国的状态相当不同。这部书分别以"理与物"、"帝国与国家"、"公理与反公理"和"科学话语共同体"等四个方面为中心,试图追问:宋明时代儒学的天理世界观是如何形成的,它的历史动力是什么?清代帝国建设与近代中国的国家建设之间究竟是怎样的关系?晚清思想对于现代性的复杂态度能够提供给我们哪些思想的资源?

现代中国的知识体制是如何构筑起来的？现代公理世界观与天理世界观之间究竟是怎样的关系？对这些问题的研究提供的是关于什么是"中国"，什么是"中国的现代"，以及中国思想的现代意义的历史理解。上述问题均与如下双重追问密切相关：什么是中国认同？——这一问题既是对现代性所包含的社会分裂趋势的思考，又是对多样性与认同之间的辩证的历史关系的探索；如何理解现代社会关系及其扩张趋势？——这一问题既是对现代性所包含的权力集中趋势的思考，又是对中国思想所包含的克服这一趋势的那些传统的探索。正如许多学者经历的那样，当你进入研究过程之后，历史的丰富性和内在的逻辑会引导你前进，以致最好的方法就是发展出最为宽阔的视野，在尊重其内在逻辑的前提下，穿越历史的迷津，给出一系列相互关联的、对我们当代人仍有启发的解释。但在这篇序言的末尾，我还是愿意说：上述追问的动力植根于特定的时势之中，而追问和探究也是穿越断裂的历史的尝试。

关于校订的说明

此次重印，我对书中的一些语句、标点、个别概念、引文和注释体例做了订正，其中更动较多的包括下面几个方面的情况：第一，调整引用文献的版本。这部书稿的写作持续了十二三年之久，使用的资料源于我多年寻访的各研究机构的图书馆。在初版付排之前，我已经筋疲力尽，无力再做统一校订工作，幸得一位友人根据文渊阁四库全书对部分引文做了查核。这一版听取了一位评论者的建议，对引用文献做了调整，尽可能地使用经过文献工作者校订的或更为通行的版本。第二，修订引文及少量的标点、误字和排印错误。第三，重新斟酌并修订个别概念的运用。例如，上卷中多处使用了"种族"这一概念，并在这一概念后面根据不同情况用括号加上了"族群"字样，用以说明中文中"种族"这一概念与西方语言中的 race 概念的区别。考虑到当代西方理论对 race, ethnic group 和 ethnicity 等语词所做的区分，我犹豫再三，最终根据不同的情况，将其中大部分直接改为"族群"，而下卷中涉及康有为、梁启超、章太炎等人的"种族"概念则未加改动，原因是他们的"种族"概念受到近代欧洲思想的浸染，已经与肤色、血液、基因等范畴联系在一起。全书篇幅较大，引用文献繁多，很难在如此之短的时间里全部复核，这次修订难免会有遗漏，希望将来有机会再做订正。在此次校订过程中，齐晓红、尹之光协助我做了部分校订工作，我向他们表示衷心感谢。

汪　晖
2007年8月14日星期二于清华园

前　言

　　什么是现代,什么是中国的现代?这些与时间有关的概念曾经是历史研究的中心主题。然而,一旦人们开始质疑历史决定论和现代人的自我确证方式,那些长期以来据以对历史进行分期的各种根据都变得可疑了。如果现代的意识必定与古代已经消亡的意识密切相关,那么,在一定意义上,这种古典的古代或礼乐的世界已然消亡的意识早已构成了孔子以降儒学的一个内在的主题。所谓"三代以上"与"三代以下"的区分、所谓"礼乐"与"制度"的分化正是这一历史意识的特殊表达,儒学形态的各种变化和转型总是与这一主题发生着这样的或那样的关系——无论是对儒学者们自身所处时代的理解,还是对于古典的礼乐世界的追寻,也无论是对历史演变的不同解释,还是对可能的未来的各种探索,这一与古典世界相互断裂的意识实际上构成了一种思想的基调,并被转化到各种修身治国的方案、历史理解的方法和文化/政治的认同的建构之中。我们应该如何表述这一独特的历史意识?

　　在19世纪工业化、殖民主义和民族主义的潮流之中,一种直线进化的时间意识及其支撑之下的进步意识占据了支配性的位置。正是在与前述历史意识的对峙之中,现代人将自身建构或理解为"现代的",却忘记了天演、进化等观念是如何通过与古典的历史意识的纠缠才得以确立自身的合法性的。事实上,19世纪形成的新的时间观念仅仅是现代历史叙事的一个要素,它为许多历史著作把现代/现代性理解为一种由资本主义文明为动力的客观的社会进程提供了认识论的框架。在这些著作中,构成现代的基本要素是相对于传统经济形式的市场经济,相对于传统政治结构(尤其是帝国)的民族—国家，相对于传统生产形式(游牧或农业等)的城市和工业文明，相对于传统社会结构(尤其是贵族制度)的市民社会，相对于传统文化(主要指神圣的宗教生活形态)的世俗社会，相对于传统艺术方式的现代艺术及其世界观，等等。无论在历史分期方面存在怎样的区别，这些要素总是被组织在一种时间性的叙事之中，即使那些致力于揭示个人的、主观的、想像性的世界的艺术史和思想史的学者，也倾向于将这些要素置于上述"客观的社会进程"之中给予解释。现代学术史上有关"东洋的近世"、"宋代资本主义"、"国民主义"(民族主义)、"明清资本主义萌芽"、"早期启蒙主义"等论题都是相关的例证。所有这些历史叙述均与对19世纪的"大转变"——亦即资本主义的产生——的理解密切相关：一切历史要素只有在与这一"大转变"(以及经由这一"大转变"而产生的社会形态)的关系之中才能获得界定。

　　思想、观念和命题不仅是某种语境的产物，它们也是历史变化或历史语境的构成性力量。究竟什么才是突破上述历史叙述的约束的途径呢？在本书中，我试图重新恢复那些传统范畴的意义，试图以"时势"、"理势"等儒学概念为切入点，形成一种历史理解的框架。这些概念将时间与空间组织在一种关系之中，从未将历史变化束缚于目的论的时间框架。这就是本书第一章首先从"天理与时势"(而不是"存在与时间"、"自然与历史"的构架)出发解释儒学世界观、人生观及其历史/政治意识的变化的根据。在这一分析框架中，我反复追问的是：如何理解"天理"之成立及其导致的儒学形态的变化，怎样解释儒学内部发生的变化及其与历史和政治之间的错综关系？在这里，如何将儒学的内在视野与对儒学的政治/社会史有机地综合起来是一个关键的环节——只有这一有机的综合才能摆脱仅仅将儒学作为对象的社会史方法。

　　后启蒙时代的欧洲东方论述在东方/西方的本体论和认识论差异之上建立关于东方的知识。这一知识为殖民主义知识和民族主义知识提供了共同的认识论框架。本书不仅分析了这一形而上学的认识论框架形成的历史、动力和机制，而且也试图通过将"中国"表述为一种在历史进化领域中由各种力量相互作用而形成的不断演化的存在来突破这一框架。

我努力追求而又总是难以达到的两个目标是:第一,力图在各种力量的相互关系中历史地理解思想、命题和知识,而不是将思想、命题和知识视为自足的体系;第二,不仅将儒学和其他思想作为历史及解释的对象,而且也将之视为活的亦即构成性的力量。这两个目标是相互联系的。也正由于此,我并没有致力于写作一部通史性的思想史著作,也从来没有准备提供一幅事无巨细的思想人物榜,而是通过对思想的历史解释,提供对现代问题的多重理解。但也因此,本书包含着许多有待补充的部分,例如有关中国革命及其意识形态的历史分析。在漫长的20世纪里,中国革命极其深刻地改变了中国社会的基本构成,我们不可能仅仅在"中国"这一范畴的延续性中说明现代中国的认同问题。我希望今后的研究能够在这方面提供新的历史解释。

我是在1988年完成了《反抗绝望:鲁迅及其文学世界》(原题为《反抗绝望:鲁迅的精神结构与〈呐喊〉〈彷徨〉研究》)一书之后转向这一课题的研究的。《预言与危机:中国现代历史中的"五四"启蒙运动》(《文学评论》1989年3—4期)和《赛先生在中国的命运——中国近、现代思想中的科学概念及其使用》(《学人》第1辑,1991)等两篇长文可以算做我进入这个领域的最初的论文。在此后十多年中,我发表了大量的思想史论文。20世纪最后十余年中国社会和整个世界发生的巨变超乎人们的想像,我至今不知道如何确切地叙述这个巨变对我的思想、生活和学术研究所产生的影响。尽管我一直在历史的领域里进行探索,但这个探索涉及的是一个或一组至今仍然影响着我们的生活进程的论题,任何单一的线索或抽象的观念都不可能对这一论题做出有力的解释。随着研究的深入,我一边展开对具体个案的研究,一边反复地修订我的写作计划,重新拟定论述的方向。在这个过程中,我涉足了许多从未涉足的领域,一再痛苦地面对自己的知识局限。如同在无际的大海中航行一样,探索的过程始终敞开着,每一个方向都蕴藏着可能性,每一种视角都可能产生不同答案。1997年,我第一次将书稿交给出版社,但反复考虑后又主动撤回。此后一次又一次的拖延不是把我引向完成预定的写作计划,而是引向一个又一个新的问题,以致完成这部著作成了一个越来越遥远的期待。面对朋友们的关心和询问,我逐渐从焦虑转向了习惯:习惯于在这本书所引发的问题中生活,习惯于在这些问题的引导之下去翻阅资料,也习惯于将我所涉及的任何看似无关的工作与"现代中国思想的兴起"这一论题关联起来。

但我最终不得不在没有结束的地方结束此书——与其把这本著作视为一个过程的终结,毋宁当作是重新出发的起点。如果没有许多师友的关怀和研究机构提供的帮助,我大概至今还不能完成这部未完的著作,在此我愿一并向他们表示感谢。1988年至2002年,我一直任职于中国社会科学院文学研究所。文学所给予了我选择课题的自由,使我得以在十几年的时间内从事一项与单纯的文学研究完全不同的课题。1992年至1993年,在李欧梵教授和韩南(Patrick Hanan)教授的安排下,我先后在哈佛大学燕京学社和加州大学洛杉矶分校中国研究中心做访问研究。那个时期的学习和研究为我重新调整和思考已经开始的课题提供了契机。此后,我先后在北欧亚洲研究所(Nordic Institute of Asian Studies)、香港中文大学中国文化研究所、柏林高等研究所(Wissenschaftskolleg Zu Berlin)、华盛顿大学(University of Washington in Seattle)担任研究员,并在华盛顿大学历史系、哥伦比亚大学(Columbia University)东亚系和海德堡大学(Heidelberg University)中国研究所开设有关中国思想史的课程。我从这些研究机构的同事们和选修相关课程的同学们那里得到了许多的鼓励和启发。陈方正教授、金观涛教授、刘青峰教授、白露(Tani Barlow)教授、P. 安德森(Perry Anderson)教授、王德威教授和瓦格纳(Rudolf Wagner)教授为我在上述研究机构的研究和教学工作提供了帮助。我也特别感谢高筒光义和高桥幸信两位先生,他们与伊藤虎丸教授、尾崎文昭教授等学者一道,为《学人》丛刊的创办提供了巨大的支持,我的若干思想史论文就是发表在这份丛刊上的。《中国社会科学季刊》、《中国社会科学评论》、《中国学术》、《天涯》、《视界》、*Positions*, *The UTS Review*, *The Stockholm Journal of East Asian Studies* 等刊物和其他一些中外文集也为我提供了发表的园地,我向这些刊物和它们的编者表示感谢。吴予敏、甘阳、陈燕谷、林春、王晓明、韩少功、慕唯仁(Viren Murthy)、陈维纲、商伟、董玥、杨念群、吕新雨、崔之元、张旭东、李陀、贺照田、靳大成等朋友曾对本书的不同章节提出过具体的评论和建议。沟口雄三教授、余英时教授、艾尔曼教授(Benjamin Elman)、胡志德教授(Theodore Huters)曾在不同场合对书中的一些作为论文发表的章节给予指点。罗多弼(Torbjörn Lodén)教授、叶文心教授和蔡元丰先生等为若干章节的翻译和发表花费了心血。贺照田、梁展、高瑾等友人曾为本书一些资料的查核提供帮助,使我避免了若干引文的脱漏和错误,其中贺照田先生出力尤多。不用说,我对书中可能包含的一切错误承担责任。全书的写作经历了漫长的过程,我无法一一向曾经帮助和关心这一工作的师长和朋友们致谢,但我还是不能不提及王得后、赵园、钱理群、刘再复、李泽厚、叶维力、董秀玉和黄平诸先生以及《读书》杂志的同事们多年来对我的支持和关心。

对我而言,这项研究是一个敞开的过程,即使在交稿之后,我也找不到"完成"的感觉。"我只得走,我还是走好吧……"十多年前,在完成了生平第一部著作之后,我曾经用这两句话激励自己,时至今日,我已经知道这是一种宿命。

汪晖　2003年11月于北京西坝河北里

导 论

在历史研究中,任何脱离具体的语境、文本而将问题提炼为简短的结论的努力都会牺牲太多的历史感。这篇导论不准备对全书内容进行全面概述,而只是将历史分析过程中涉及的一些理论问题整理出来,提供给读者在阅读全书时参考。我的讨论集中在两个反思式的问题上:第一,中国(尤其是现代中国)的含义是什么?这里所说的不是"中国"的概念史,[1]而是对如下问题的追问:现代的中国认同、地域观念和主权意识是如何历史地形成或建构的?任何对于现代中国思想的讨论都离不开对于"中国"的历史理解。第二,如何理解中国的现代?"现代"概念当然是一种现代人的自我确认,即现代人将自己区分于古代人及其世界的方式,从而是一种区分的概念——一种将历史区分为不同时期或形态的方式。这种自我确认所导致的思想转变究竟包含了哪些内容?构成这一现代人的自我认同的根据,或者,现代人据以对历史进行区分的条件,究竟是什么呢?任何对于中国的现代思想的分析也都离不开对于这个"现代"的自我理解。上述两个问题可以从不同的领域和视野展开讨论,本书的分析是从一个有限的角度——即思想史的角度——展开的:我从有关中国的历史叙事的分析出发讨论第一个问题,围绕着天理世界观和公理世界观的相互关系展开对第二个问题的分析。

---

[1] 关于中国的称谓的历史溯源,可以参见王尔敏《"中国"名称溯源及其近代诠释》一文,见氏著《中国近代思想史论》,北京:社会科学文献出版社,2003,页370—400。

第一节　两种中国叙事及其衍生形式

在各种有关中国的历史描述和分析之中，或隐或显地存在两种不同的中国叙事，我把它们归纳为作为帝国的中国叙事与作为民族—国家的中国叙事。这两种叙事与中国研究中常常提及的挑战—回应、传统—现代和帝国主义以及地方史取向等研究模式纠缠在一起，但远未引起足够的注意。在一定程度上，这是由于中国、中华帝国、民族—国家等概念已经成为一种非常"自然的"范畴，人们无须特别地对这些范畴本身加以界定。然而，中国究竟是一个帝国，还是一个国家，以及如何理解中国认同本身，对于检讨中国与现代性的关系却是一个至关重要的问题：在帝国叙事中，中国被描述为一种非现代的、专制主义的（反民主的）政治形式，一种与地域广阔的农业文化（非城邦的、商业的或工业的）相关联的生产形态的组织者，一种多民族的、依赖文化认同的（而非民族和政治认同的）"想象的共同体"或"文明"，一种自我中心的、朝贡体系的（而非形式平等的、条约体制的）世界体系或大陆；上述诸特征不但构成了中华帝国与欧洲近代国家及其文化的区别，而且也构成了中国与现代性之间的深刻鸿沟。与此相反，在作为国家的中国叙述中，中国至少从北宋时代起即已包含了民族主义的认同模式、商业主义的经济关系、繁荣昌盛的城市文明、高度发达的行政系统、超越社会阶层的社会流动模式、平民主义的社会文化、源远流长的科学技术传统和世俗化的儒学世界观，以及四通八达的国际交往形式——在对这些历史现象的调查和描述中，中国提供了一种平行于欧洲近代文明的现代性模式。上述两种叙事相互对立又相互补充，并从不同的角度灵活地转化为一些更为微妙的叙述。

将帝国叙事放置在与国家叙事的对应关系之中是欧洲民族主义叙事的衍生物，也是19—20世纪欧洲政治和经济理论的内在主题。我在下文中将对此给予详细的分析。这里首先讨论上述两种叙事在中国研究中各种不同的表现形态。在人们最为熟悉的、以中国的马克思主义学派和美国的由费正清(John King Fairbank)开创的"挑战—回应"模式为代表的历史叙述中,研究者们基于不同的立场将鸦片战争以降发生的变化解释为中华帝国向民族—国家(亦即传统社会向现代社会)转化的历史过程,从而帝国与国家的关系被放置在一种时间性的序列之中。以生产方式的演化为中心的历史进化论与帝国主义和民族自决权理论的结合,构成了马克思—列宁主义学派的主要叙述框架。在这个框架内,马克思主义学者谴责欧洲殖民主义和帝国主义的政治支配、军事入侵、经济剥夺和资本主义的国际劳动分工,但同时将资本主义力量对传统价值观和社会关系的摧毁性打击看作是历史发展的必然过程和人类历史通往未来的普遍发展形式。马克思主义者将现代性的成就(民族独立、工业化和人民主权)与被殖民地人民的觉醒、斗争、自我解放和以劳动为中心的日常生活实践(包括以生产工具的改进为中心的技术进步和知识发展)结合起来,以一种历史的辩证法将抗拒外来侵略和内部压迫的斗争转化为一种历史主体性的生成过程。马克思主义学派在殖民与被殖民的历史关系中处理东西方关系,但它不是将西方而是将资本主义这一普遍历史的特殊阶段作为叙述的核心,并致力于发掘中国历史内部的资本主义萌芽。[2]在阶级分析的构架中,马克思主义者用专制主义和小农经济范畴解释大一统政治和内部殖民,进而对中国社会内部的资本主义因素给予肯定。与马克思主义学派的生产方式演变和阶级论的构架不同,费正清开创的"挑战—回应"模式(以及"沿海—内地"模式等)、马克斯·韦伯(Max Weber)有关儒教中国的解释、列文森(Joseph R. Levenson)从思想史领域勾勒的历史与价值、情感与理性的冲突倾向于将中国视为一个有着独特的文化、价值、机制的相对自足的文明,由于缺乏内发的资本主义动力,这个文明——无论多么精致优美——的现代进程是在遭遇欧洲文明挑战的语境

---

[2] 在众多的中国马克思主义学派的思想史研究中,最为丰富和杰出的成果仍然是侯外庐、赵纪彬、杜国庠等人的《中国思想通史》五卷本,北京:人民出版社,1957。

中展开的。[3] 按照这一在18—19世纪欧洲思想中形成的"文明论"或"文化主义"逻辑，西方现代性与中国文明处于某种对立和紧张之中，从而只有改变中国传统才能使中国进入现代。因此，上述分析方式都能够被纳入某种传统与现代的对应关系之中。例如，费正清在讨论晚清中国面对的困境时特别地区分了文化民族主义和政治民族主义：所谓文化民族主义产生于多元性帝国的政治关系之中，即帝国需要诉诸一种普遍主义的文化作为多元社会的认同基础，而所谓政治民族主义则是民族—国家和资本主义的产物，它要求将政治性的民族认同作为国家的合法性条件，只有后者才构成了现代主权国家及其政治文化（公民文化及民主制度）的基础。上述两种不同的历史叙述共享着一些明显的预设：作为一个儒教主义的、专制主义的、宗法制的、农业的、朝贡体系的社会，传统中国（尤其是清代社会）没有能力产生出促成近代资本主义发展的政治文化、社会机制、生产方式和外交/贸易关系，从而现代中国产生于欧洲资本主义、帝国主义、殖民主义或现代性的冲击，以及中国社会对于这一冲击的回应过程。鸦片战争作为中国遭遇西方文明挑战的象征性事件而被这两个学派视为中国现代性发生的分期标志。

伴随19—20世纪欧洲及其政治/经济体系的扩张，中国和其他亚洲国家的士大夫、知识分子和政治家们以西方为楷模推动自强运动，也不断地从自身社会内部寻找认同的资源。在这一变革的潮流之中，产生了一种在中国（或亚洲社会）内部寻求现代性的努力。例如，在20世纪的前期，一些知识分子试图颠倒东方（中国）/西方的二元论，创造一套独立于西方现代性叙事的中国或亚洲现代性的叙事，梁漱溟在《东西文化及其

---

[3] 参见费正清（John King Fairbank）:《中国：传统与变迁》（*China: Tradition and Transformation*, Boston: Houghton Mifflin Company, 1989），张沛译，北京：世界知识出版社，2002；韦伯（Max Weber）:《儒教与道教》（*Konfuzianismus und Taoismus: Gesammelte Aufsätze zur Religionssoziologie*, Tübingen: Mohr, 1978），洪天富译，南京：江苏人民出版社，1993；列文森（Joseph. R. Levenson）:《儒教中国及其现代命运》（*Confucian China and its Modern Fate*, Berkeley: University of California Press, 1968），郑大华译，北京：中国社会科学出版社，2000；等等。

哲学》中勾勒的西方—中国—印度的文化进化模式就是一个将欧洲现代性观念(如历史进化论)与文明论综合为一种新的世界历史叙述的例证。(参见第十三章)但是,这一趋向不是单向的:在民族解放的浪潮中,那些对欧洲殖民历史和西方中心主义心怀内疚的西方知识分子也开始倒转他们的历史尺度,力图改变欧洲中心主义的"世界历史"叙述。在这个意义上,"在中国发现历史"这一号召是一个双重过程的产物:既是中国知识分子和其他亚洲国家的历史学者在建立自己的认同和主体性的过程中不断加以阐发的主题和方向,也是西方学者(尤其是费正清学派)的自我批判的产物。因此,当一部以"在中国发现历史"为题的著作被翻译为中文之后,立刻引起了众多中国学者的同情和赞同。[4]但就历史研究领域而言,在"中国发现历史"的努力远在20世纪70年代费正清学派的自我批评之前,其动力也极为复杂。1894年以降,日本先后击败了中国海军和向东方扩张的沙俄帝国,终于开始了对亚洲大陆和东南亚的扩张和支配。在与西方列强争夺太平洋、东南亚和亚洲大陆的控制权的过程中,创造一种新的世界史框架和战略性视野成为日本知识领域的重要的趋向。以内藤湖南、宫崎市定等杰出历史学家为代表的京都学派开创了独特的东洋史研究,他们将以中国为中心的东亚区域建构为一个具有自身的现代性动力和轨迹的历史世界。著名的内藤假说"唐宋转变"认为唐宋时代经历了贵族制衰败的伟大转变,从此开始了中国历史和东洋历史的新纪元。[5]追随这一假说的学者从不同的方面对公元10世纪前后发生在北宋王朝的一系列变化进行细致的观察和综合的分析,最终指认出一系列构成"东洋的近世"的社会的和文化的特征:贵族制的瓦解和平民文化(包括乡村地主制)的形成,具有世界史意义的长途贸易的发展和多边的民族意识的形成,以皇权、发达的官僚制和新的军事制度为骨干的国家结构,城市经济和文化的兴起,以及与上述发展相配合的世俗性儒学和"国民

---

[4] 柯文(Paul A. Cohen):《在中国发现历史——中国中心观在美国的兴起》,林同奇译,北京:中华书局,1989。
[5] 内藤湖南:《概括的唐宋时代观》,《日本学者研究中国史论著选译》(一),北京:中华书局,1992,页10—18。

主义"的发展,等等。[6]宋朝被视为一个典型的中国王朝,一个用清晰的民族意识界定出来的早期民族国家,一个在文化上"更为中国的"(亦即更为儒教主义的)中国,从而上述要素是以一种区别于汉唐帝国模式(以及元、清帝国模式)的郡县制国家或早期民族—国家为政治的和社会的构架的。在古代—中世—近世的时间框架中,以10世纪的宋朝、14世纪的朝鲜和17世纪的日本德川时代为中心,一种以儒教文化和早期民族—国家为文明特征的,能够将中国、朝鲜半岛和其他一些地区纳入"东洋"范畴的早期现代性(或"近世")叙事被构筑起来了。按照这一叙事,"东洋的近世"是独立于西洋的近代而发生的历史现象,如果它不是早于欧洲也是平行于欧洲的现代过程。这一"东洋的近世"的假说是在一种竞争性的或抵抗欧洲中心主义的"世界历史"构架中产生的,即使在当代有关新的世界历史的叙述中,我们仍然可以看到这一叙述的衍生形态:以中国中心的朝贡体系为构架形成的亚洲资本主义叙述,[7]以14—18世纪中国及其白银资本为中心的资本主义世界体系的叙述,[8]以及从这两种叙述中发展而来的亚洲论,都可以视为这一"东洋的近世"的假说的发展形态。

  京都学派始终是在一种与西方现代性的竞争性框架中建立自己的东洋现代性叙述。正是为了颠倒和打破欧洲"世界历史"的框架,京都学派从"国民主义"(nationalism)的立场出发将公元10至11世纪视为亚洲早期现代的开端;帝国的历史学家们将战略性视野与深刻的历史洞见结合起来,创造了一种新型世界史框架内的"东洋史"。但是,这一颠倒是欧洲现代性叙述的亚洲版,因为在这一历史叙述中,19世纪欧洲政治经济学所确定的帝国—国家二元论仍然居于"元历史"(meta-history)的地位。在京都学派的研究中,东洋这一概念并不仅仅是一个地域的概念,它还包含了对于社会形

---

[6] 宫崎市定:《东洋的近世》,《日本学者研究中国史论著选译》(一),页153—242。
[7] 滨下武志:《近代中国的国际契机——朝贡贸易体系与近代亚洲经济圈》,朱荫贵、欧阳菲译,北京:中国社会科学出版社,1999。
[8] 贡德·弗兰克(Andre Gunder Frank):《白银资本——重视经济全球化中的东方》(*Re-Orient:Global Economy in the Asian Age*,Berkeley:University of California Press,1998),刘北成译,北京:中央编译出版社,2000。

态、政治制度、文化认同和族群关系的理解,以及将这一理解安排在古代—中世—近世的时间性框架之中的方法。因此,东洋概念包含了用一种现代性尺度对历史和地域进行平行比较和区分的尝试(即将东洋范畴与近世范畴结合起来),这在内藤湖南、宫崎市定的论著中是极为鲜明的方法论特征。他们对"东洋"的界定与欧洲近代历史对于"西方"概念的界定无论在尺度上还是在时序上都是极为相似的。我们不妨把他们的"东洋"概念与近代西方概念的形成做一对比。伯尔曼(Harold J. Berman)在分析"西方"这一概念与现代性的关系时说:"西方作为一种历史文化和一种文明,不仅区别于东方,而且区别于在'文艺复兴'各个时期所曾'恢复'的'前西方'文化。……""从这个观点出发,西方不是指古希腊、古罗马以色列民族,而是转而吸收古希腊、古罗马和希伯来典籍并以会使原作者感到惊异的方式对它们予以改造的西欧诸民族。当然,西方信奉伊斯兰教的部分不属于西方——尽管西方的哲学和科学曾受到过阿拉伯的强烈影响,尤其是在与上述典籍研究有关的时期……"[9]伯尔曼在"西方法律传统"的语境中把"西方"概念与"西欧诸民族"联系起来,他所指的"西欧诸民族"是11至12世纪(亦即中世纪盛期)的英格兰、匈牙利、丹麦、西西里等,它们在与罗马天主教统治的斗争中形成了王室的、城市的和其他新的世俗法律体系。在这个时期,信奉东正教的俄国和希腊这类国家以及作为穆斯林领地的西班牙的大部分被排斥在"西方"之外。正是从西方、民族、世俗权力及其法律体制的角度——亦即与后来的民族—国家体制直接相关的历史因素的角度,这位法律史家将"西方"与"现代"这两个概念密切地联系起来:"在西方,近代起源于1050—1150年这一时期而不是此前时期,这不仅包括近代的法律制度和近代的法律价值,而且也包括近代的国家、近代的教会、近代的哲学、近代的大学、近代的文学和许多其他近代事物。"[10]京都学派正是

---

[9] 哈罗德·J·伯尔曼(Harold J. Berman):《法律与革命——西方法律传统的形成》(Harold J. Berman, *Law and Revolution: the Formation of the Western Legal Tradition*, Cambridge, Mass.: Harvard University Press, 1983, p. 3),贺卫方等译,北京:中国大百科全书出版社,1993,页3。

[10] 同上,页4。

在相似的框架中叙述"东洋的近世",即将现代政治、法律和文化传统诉诸于逐渐从政教合一的多民族帝国框架中脱离出来的近代的国家(成熟的郡县制国家)、近代的宗教(世俗性的儒教)、近代的哲学(宋代理学)、近代的学制(科举)和其他许多事物,并将这一制度性的转变放置在进化的时间序列之中。按照他们的叙述,这个过程在时间上与欧洲几乎完全平行。

帝国/国家的叙述框架也曾产生出不同的补充性的叙事,但并没有动摇这个框架的基本结构和判断尺度。马克思主义学派、美国的经济/社会史研究和当代文化研究均曾将研究的重心放置在对晚明资本主义萌芽、江南经济和城市文化的兴起等方面,从不同的角度将17世纪视为中国夭折的早期现代性的重要阶段,它们之间的差别也经常来源于各自对欧洲现代性或资本主义起源的不同理解。与京都学派讨论宋代经济、政治和文化的"资本主义"倾向的方式一脉相承,这些叙述致力于探索中国历史内部蕴含的现代性动力,其中明清资本主义萌芽的叙述包含了一个不言而喻的预设,即中国社会存在着与欧洲历史相似的资本主义发展,这一早期现代性(早期资本主义、早期海洋时代、早期都市文化)的夭折源于中国的封建性的社会构造,尤其是17世纪满洲人入关与清帝国的建立这一外在因素。但即使如此,这些经济领域的"资本主义萌芽"和文化领域的"启蒙思想"的因子并没有因此彻底消失,而是潜伏于帝国统治的内部,因应着18世纪以后的外来挑战。[11] 与上述叙述有所不同的是韦伯的

---

〔11〕关于资本主义萌芽的讨论集中在经济史的领域,其中的代表性作品见许涤新、吴承明主编《中国资本主义发展史 中国资本主义萌芽》(北京:人民出版社,1985)、傅衣凌《明清社会经济变迁论》(北京:人民出版社,1989)、傅筑夫、李竞能《中国封建社会内资本主义萌芽》(上海:上海人民出版社,1956)、李文治、魏金玉、经君建《明清时代的农业资本主义萌芽问题》(北京:中国社会科学出版社,1983)、南京大学历史系明清史研究室编《明清资本主义萌芽研究论文集》(上海:上海人民出版社,1981)等。黄宗智(Philip C. C. Huang)的《华北小农经济与社会变化》(*The Peasant Economy and Social Change in North China*, Stanford University Press, 1985)则在另一方向上对这一讨论的成果作出了回应和新的解释。在思想史研究中,侯外庐主编的《中国思想通史》,以及萧萐父、许苏民《明清启蒙学术流变》(沈阳:辽宁教育出版社,1995)等都曾在大致相近的方向上阐述这一问题。此外,在《红楼梦》研究、《金瓶梅》研究中,明清资本主义萌芽也构成了重要的叙述因素。

《儒教与道教》一书：在作者的理论视野中，现代性与理性化可以放置在同一范畴中加以理解，时间因素仅仅在与这一范畴发生关系时才具有意义。帝国—国家二元论原先是一种政治结构的对比（详细讨论见下文），但从其诞生之时即与东方（亚洲）—西方的二元关系有关，在后一重关系中，政治结构的问题也就被转化为历史研究中的文化主义的或文明论的方法论视野。韦伯即在一种文明论的构架内，将理性化或理性主义置于概述中国历史的中心位置。作为一种观察历史的尺度，理性化和理性主义是从对欧洲资本主义精神的理解中产生出来的，却同时构成了观察中国和印度文明和历史的内在尺度。在这部重要的社会理论和历史学著作中，韦伯认为先秦时代——主要指秦汉大一统王朝得以建立之前的周代——已经存在着某种"政治理性主义"，即由诸侯国相互竞争而产生出的与欧洲近代理性主义极为相似的政治理性主义。在欧洲/中国/印度三大宗教文明的对比关系中，韦伯提出的核心断言是：这一政治理性主义缺乏经济理性主义的配合，并在秦汉帝国的政治模式中消失殆尽，从而并未产生出只有在欧洲新教伦理中才最终得以产生的资本主义精神。[12]这一先秦"政治理性主义"的解释印证的是秦汉大一统帝国的框架与竞争性的民族—国家的对比，按照这一对比，大一统帝国的框架及其内部运作的机制——无论在中国还是在西方——都是阻碍现代性或资本主义发生的政治/经济条件。正如我在第六章有关"春秋国际公法"的讨论中所证明的：韦伯的上述中国观与19世纪西方传教士的中国描述有着密切的关系。为了说服中国人按照欧洲国际法行事，也为了说服欧洲人将原本限于基督教世界的国际法的运用范围扩展到包括中国在内的亚洲地区，19世纪的欧洲和美国传教士反复论证中国存在着一种与欧洲民族国家文化相似的政治理性主义，而国际法的最早起源很可能就是中国。与韦伯对中国古代的政治理性主义的分析完全一致，这一以《春秋》或《周礼》为典

---

[12] 马克斯·韦伯：《儒教与道教》，南京：江苏人民出版社，1993。有关韦伯的理性化视野与他对中国历史的叙述的分析，参见拙文《韦伯与中国的现代性问题》，见《汪晖自选集》，桂林：广西师范大学出版社，1998。

范的"古代中国的国际公法"是以周代封建条件下的诸侯国关系为历史前提的。秦汉一统体制导致这一政治理性主义和古代国际法完全丢失，从而晚清时代的中国需要从欧洲国际法那里寻回失传了两千年的政治传统。这一西周政治理性主义叙述建立在对秦汉以降的政治模式的否定之上，其内含的叙述正是帝国—国家的二元论。

以鸦片战争时代的中西冲突作为中国现代化的开端和以北宋时代的"资本主义"作为东亚早期现代性的滥觞是两种对立的现代性叙述，但它们都以探索中国或东亚"现代性"或"近世"的起源为宗旨；与此有所不同，明清资本主义叙述或先秦政治理性主义叙述虽然描述了中国历史之中存在的现代性因素，但最终的论题在于论证为什么中国历史内部的"现代性因素"没有能够最终产生欧洲式的资本主义或现代性，或者说，为什么现代资本主义只能发生于西方。在前一个叙述中，晚明现代性或资本主义的中断与满洲人入侵和清朝的建立有着直接的历史关系，而在后一个叙述中，产生于诸侯国家（一种接近于欧洲君主国家或民族—国家的政治形式）之间竞争的先秦政治理性主义为秦、汉之大一统帝国所阻断。很明显，上述诸种现代性叙事均把民族—国家、城市化、工业化和区别于儒学正统的新型伦理关系的出现视为现代性的标志，它们从不同的方面和方向共同地将帝国、农业帝国或大一统帝国（以及这一帝国的封建性的社会体制）视为现代性的对立面，却极少讨论帝国概念与中国传统的政治概念如封建、郡县等究竟是什么关系。按照京都学派的潜在标准，宋、明"资本主义"均产生于相对单一的汉民族王朝的政治/经济结构之中，而在韦伯式的理性主义视野内，大一统的、多民族的帝国体制始终是压抑性的政治结构。在上述框架内，秦、汉一统体制压抑了周代的竞争性的政治理性主义，蒙元帝国构成了宋代资本主义的中断，满洲人入侵摧毁了明末资本主义萌芽和以城市为中心的个人主义文化。尽管在清代社会内部包含着各种资本主义的或现代性的萌芽，帝国及其社会体制还是构成了一种压抑性的、阻止现代性生成的机制。正是在上述叙述的某些要素之上，一些更为激进和大胆的学者以"国家"和"民族"这两个尺度衡量"中国"，断言"中国"不是一个真正的现代国家，而是一个帝国；"中国"不是具有内在同一性的民族,而是一个由它的上层文化强制关联在一起的、缺乏内在联系和认同的社会体。在这两个预设之后是一个更为根本的(常常是作者未必完全自觉的)预设,即"国家"和"民族"是适应资本主义市场并形成民主体制的基本条件。[13]

然而,无论将19世纪欧洲在亚洲地区的扩张作为中国现代性的开端,还是将宋代或明代作为早期现代性的起点,如何说明清朝与现代中国如此明显和直接的历史关系构成了一个难以逾越的问题:如果将清朝仅仅作为现代的对立面,那么,究竟应该怎样解释现代中国在人口构成、领土范围、文化认同和政治结构方面与清朝之间的关系?难道"现代"可以超越这种具体而广泛的历史联系单独地构成或确立吗?为了克服上述现代性叙事的内在困难和明显缺陷,历史学家们做出了各种重要努力。第一种解释将古代、中世和近世的历史目的论叙述与中国王朝循环的模式结合起来,以市民社会的发展或生活世界的"近世转化"为中心,将宋、元、明、清诸王朝放置在"近世"范畴之内,从而弱化宋、明等相对单一的汉人王朝与元、清等多民族帝国的差异。例如,在解释元代为什么没有颁布新法这一现象时,宫崎市定拒绝从草原帝国与中原王朝的区别方面着手论证,认为宋代以降的持续性的社会变化造成了无法照搬传统法律体制的局面,从而元代没有颁布新法恰恰证明了元朝社会生活与宋代的延续性。这是一种在"中国王朝"的循环模式和社会生活的近代演化的框

---

[13] 当这些基本预设移入对近代中国或当代中国的危机的解读时,一些不言而喻的结论便在不同的语境中浮现出来:第一,中国的现代性危机与中国能否作为统一国家存在有着密切的关系;第二,中国的危机不是某种制度或意识形态的危机(如共产主义或资本主义),而是一种涉及中国社会的各个层面的总体性危机;第三,危机的各个方面存在着内在的联系,即它们植根于中国的历史或者过去,从而对于中国来说,摆脱危机的唯一道路就是与自己的过去实行最为彻底的决裂。上述三个方面相互联系,构筑了中国危机的"总体性",并最终被归结为包罗万象的"过去":自先秦时代和秦汉时代即已形成并在日后不断扩大的中国上层文化——皇权、官僚系统、法律、宗教,以及各种受到上层文化浸染、侵蚀的大众文化,其基本特征就是专制(从秦始皇到毛泽东的中央集权)、严酷(中国历史中的严刑峻法)、封闭(从夷夏之辨、万里长城到毛时代的封闭政策)和官僚体制(从科举制度、官僚体制到庞大的国家机器),等等。

架内描述"东洋的近世"的努力,它把王朝循环、生活方式的持续性演化与古代—中世—近世这两种不同的时间模式独特地结合起来。[14]这一解释的最为有力的方面是说明了蒙古、满洲的入侵没有导致宋代以降萌发的现代性因素的覆灭,恰恰相反,即使外族入侵也无法改变日常生活领域已然发生的转变,从而维护了"东洋的近世"这一论题的自洽性。第二种解释追寻清代社会的内部发展,将关于清王朝的总体性描述转化为局部的和地方性的历史演变,进而把这些地方性转变视为王朝解体和中国社会转化的内在动力。例如在社会史的领域,孔飞力(Philip Kuhn)研究了太平天国运动对以皇权和士绅两极互动型的清代社会构造的冲击和瓦解,发现这一历史运动导致了士绅阶层及其功能的巨大转化,从而清代的覆灭与传统社会构造解体的过程完全一致。从这一描述引申的结论是:清王朝终结的历史与现代性的开端有着某种内在的联系。[15]在思想史和文化史领域,不同学派均从17世纪至19世纪的清代历史内部,发掘出了一条发端于晚明时代的早期启蒙主义思想线索,以及清代学术内部包含的科学方法的要素,从而为19—20世纪的思想和知识的转变提供了一个内在的历史脉络。这个内在的历史脉络可以视为清朝专制主义王朝体制内部所包含的自我解构的因素,也可以被解释为鸦片战争之后中国士大夫接受西方新知的历史前提。[16]第三种解释产生于对民族主义和民族—国家体制的怀疑和对帝国内部的文化多元性的再发现,在这一解释

---

[14] 宫崎市定:《宋元时代的法制和审判机构》,《日本学者研究中国史论著选译》(八),北京:中华书局,1992,页271。

[15] 孔飞力(Philip A. Kuhn)对于太平天国与清代地方军事化的研究开创了中国史研究中的地方史取向,see Philip A. Kuhn, *Rebellion and Its Enemies in Late Imperial China*, *Militarization and Social Structure*, 1796-1864 (Cambridge, MA: Harvard University Press, 1970). 此后美国中国研究中出现了大量以汉口、浙江、江南等地方为中心的历史研究。

[16] 梁启超、胡适、侯外庐、余英时、艾尔曼等人的学术立场和方法均不一致,对于明清学术的评价也有很大差异,但在将明清转型的讨论放置在与现代性相关的视野之内,却有着相似之处,如梁、胡对清代学术的实证方法的推崇,侯外庐在启蒙主义范畴内对明末清初思潮的研究,余英时有关明清之际的士商互动和儒学转向的讨论,艾尔曼在社会史范围内对从理学到朴学的转变的阐释,都着眼于明清思想和学术方法的要素与现代性/资本主义的关系。

框架中,清朝不再是一个单面的专制主义的、种族统治的暴虐而反动的王朝,而是一个能够容纳多种制度、法律、文化和宗教的多元性帝国。对满洲、蒙古、准噶尔、西藏、西南各少数民族的认同、风俗、文化、法律体制的研究构成了这一多元性帝国描述的主要内容。[17]上述新的取向在某些方面可以视为对拉铁摩尔(Owen Lattimore)在大半个世纪前以长城为中心展开的对中国与中亚的历史互动的研究的遥远回声,[18]但不同的是:拉铁摩尔注重长城两侧农耕与游牧社会的长期互动和渗透关系,当代研究则以民族认同和多元性问题作为描述的出发点:多元认同、多元权力中心、法律多元主义、多元的制度构架等帝国描述与"地方史取向"中对宗法士绅社会的地方自治和封建价值的尊重相互呼应,共同地将多元性、分权主义和社会自治作为组织历史描述的中心范畴和价值尺度。[19]这一对于帝国多元性的历史描述是在反思民族主义的框架内展开的,其矛头所指是现代主权国家及其合法性:主权国家建立在对多元性的剥夺的前提之上,从而不是政治民主、工业发展和个人自由,而是内部殖民、文化单一性和大一统国家的专制主义构成了现代国家的特征。

在多元主义、分权主义和地方主义的框架中建立起来的帝国叙事正在成为一种新的潮流,但由于多元主义描述以民族认同、地域关系以及政治结构为基本的描述单位,对帝国内部的多元性的研究与对民族自决的历史前提的描述之间有着互相沟通的部分,从而在帝国叙事中,民族叙事(national narrative)也常常支配着描述的方向。事实上,为了批判国家的正统叙事,多元主义叙事经常利用(少数)民族主义叙事与之相对抗,这个取向在拉铁

---

[17] See Pamela Kyle Crossley, *A Translucent Mirror: History and Identity in Qing Imperial Ideology*, Berkeley: University of California Press, 1999, 以及 Mark C. Elliott, "The Limits of Tartary: Manchuria in Imperial and National Geographies," *The Journal of Asian Studies* 59, no. 3 (August 2000):603-646.

[18] See Owen Lattimore, *Inner Asian Frontiers of China* (New York: American Geographical Society, 1940); *Asia in a New World Order* (New York: Foreign Policy Association, Incorporated, 1942).

[19] Dorothea Heuschert, "Legal Pluralism in the Qing Empire: Manchu Legislation for the Mongols," *The International History Review* 20, no. 2 (June 1998):310-324.

摩尔、弗莱彻(Joseph F. Fletcher)等关于蒙古、回部和西藏的描述中已露端倪(他们对民族自决运动抱有普遍的同情),而在当代研究中亦回声不绝。[20]例如,关于清朝帝国内部的满洲认同的独特性的研究构成了满洲国叙述的历史前提,[21]关于准噶尔与俄罗斯和清朝的战争的研究提供了一幅具有完整政治结构、人口构成、地域范围(边界)和民族文化的准噶尔国家的轮廓,[22]关于云南、贵州、台湾和西南其他地区的穆斯林、苗族和其他族群的研究则被置放在"中国殖民主义"的框架之中。[23]满洲、蒙古、西藏或西南少数民族都有自己的独特认同并在不同时期拥有自身的政治结构(在汉人地区也存在不同的地区认同),但这些认同之间是什么关系,它们与"中国认同"之间又是什么关系?这些问题涉及如何理解在王朝的合法性模式中所包含的多元认同的条件,也涉及有无可能超越民族—国家叙事来描述中国的可能性。(例如,陈寅恪将隋唐制度放置在中原与北方各民族的长期互动之中,揭示出"中国制度"混杂性的内涵,在这样的意义上,中国认同自身也需要放置在互动条件之下加以讨论。)

在这里,有必要对当代中国研究中的"中国殖民主义"和"清帝国主义"这两个概念做一点分析。"中国殖民主义"概念必须以下述两点为前提:第一,承认中国王朝循环的叙述和现代中国与满清王朝的连续性(将满清对周边的扩张放置在"中国殖民主义"或"中国扩张主义"的范畴内,无疑必须首先承认清在中国王朝谱系中的正统地位);第二,将西南周边区域视为外在于中国的

---

[20] Joseph F. Fletcher, *Studies on Chinese and Islamic Inner Asia* (Aldershot, Hampshire: Variorum, 1995).

[21] Mark C. Elliott, "The Limits of Tartary: Manchuria in Imperial and National Geographies," *The Journal of Asian Studies* 59, no. 3 (August 2000):603-646.

[22] See Perdue, "Boundaries, Maps, and Movement: Chinese, Russian, and Mongolian Empires in Early Modern Central Eurasia", *The International History Review* 20, no. 2 (June 1998): 263-286.

[23] 一些研究清代西南历史的学者使用"中国殖民主义"的概念描述清代对西南的统治,其中对云南、贵州等族群状况复杂的地区的族群冲突的描述也时常被放置在这一概念之下描述。See Laura Hostetler, "Qing Connections to the Early Modern World: Ethnography and Cartography in Eighteen-Century China", *Modern Asian Studies* 34, no. 3(2000):623-662.

政治单位。在上述历史叙述中,由于对满洲王朝、汉人、中国以及汉人之外的少数族群这几个范畴之间的复杂的历史关系不做处理,"中国殖民主义"这一概念在历史描述中造成了解释上的混乱。首先,清朝作为中国王朝的合法性是在占据中原之后的漫长时期里逐渐确立的,在入主中原之后的相当一段时期里,中原地区的汉人以及西南少数民族和周边王朝不承认满清为中国王朝。因此,在清朝历史中,我们始终面临着究竟以什么为根据或以何时为界限将之区别为满洲王朝和中国王朝的问题,亦即究竟应该如何定义满洲与中国、汉人与中国、清朝与中国等范畴之间的关系?其次,清代开国之后,对于满蒙起源地东北和西北地区采取了封禁政策,但在18—19世纪的漫长时期里,大量的汉人移民进入这个地区,形成了新的族群关系,这个现象应该放置在"中国殖民主义"中解释,还是应该放置在清王朝的大一统局面所造成的社会流动关系中解释?第三,清朝以承明制为据,准许和鼓励汉人移民云贵等西南地区,并造成了与苗民、回民的大规模冲突和一系列重大灾难(19世纪70年代发生在云南的冲突导致当地回民人口下降90%),这是"中国殖民主义"、"汉人殖民主义"的产物,还是清朝帝国体制及其转化过程的产物?在一定意义上,上述解释过程中的混乱产生于三个因素:首先是帝国这一范畴的含混性——这是一个在历史中形成的、反复变化的、难以确切界定的概念,而在19世纪以降的理论知识之中,这一概念只能在与民族—国家或民族自决的对立描述之中才能构成相对稳定的含义;其次是对中国这一范畴的理解——这是一个古老的、仅仅在现代时期才直接用作国名的概念,在漫长的历史时期里,这一概念所指称的人口、地域和政治共同体持续地发生变化。因此,在检讨清代社会中的"中国殖民主义"这一概念时,不可避免的追问是:何为"中国"?第三是殖民主义概念的内涵和外延的变化。殖民主义概念产生于欧洲对非洲南部海岸(1488)和美洲大陆(1492)的发现和拓殖的过程之中,从那时开始,欧洲海洋霸权将争夺的中心从地中海转向了大西洋,葡萄牙、西班牙、荷兰、法国和英格兰等民族—国家的出现与这一海上扩张过程有着密切的联系。在描述从16世纪到19世纪这一时期里上述国家的扩张和统治时,殖民主义这一概念是和重商主义的资本主义和早期的工业资本主义联系在一起的。但在当代语境中,殖民主义这一范畴的含义逐渐扩展,其描述范围几乎涉及一切(帝国、国家、国家联盟等的)以攫取其他地区的经济和人口资源为目的的有组织的扩张活动,而不一定考虑这一范畴与资本主义范畴之间的历史联系。在这一变化之中,将这一概念垄断为谴责西方霸权、入侵和剥削的状态正在发生变化。

与殖民主义概念的转化相一致的,是帝国主义概念的运用范围的扩展。不同于注重文化多元而又以普遍统一性为特征的帝国概念,帝国主义概念注重国家及其扩张政策,与强调经济剥夺和种族冲突的"中国殖民主义"概念处于同一逻辑之上。沿着拉铁摩尔有关草原社会的描述逻辑,当代研究的趋向之一是将清朝描述为一个从内陆向沿海持续扩张的帝国主义主体,但与拉铁摩尔将亚洲腹地的扩张动力区分为前西方与后西方、农耕/游牧与工业化力量截然不同,"清帝国主义"概念不再关注帝国主义这一范畴与工业化/资本主义之间的历史联系。在这类研究中,满洲、蒙古、西北各少数民族、西南各少数民族和明朝中国均被描述为独立的政治实体或民族—国家,从而满洲对这些地区的扩张和占领就被描述为一个以国家为核心的帝国主义的扩张过程。这个描述逻辑与京都学派描述五代之际的民族关系和宋代与北方和南方诸"国"的关系的方式也有一脉相承之处,即它们都试图将"中国"放置在以族群意识为中心建构起来的国家体制的基础上,亦即放置在一种准民族—国家(或前民族—国家时代的民族—国家)的框架内。"清帝国主义"(Qing imperialism)或"满洲帝国主义"(Manchu imperialism)等概念就是在这一逻辑之下产生的。"清帝国主义"概念绕开了前述"中国殖民主义"概念在清朝或满洲与中国这几个概念之间可能造成的含混,将鸦片战争视为清帝国主义的持续扩张与英帝国主义的世界霸权之间的冲突。[24]这一论述方式与民族主义叙事实际上存在着重合的部分。[25]如果把这一解释模式放置在帝国主义理论的历史脉络中观察,我们可以清晰地观察到这一叙述与那

---

[24] James L. Hevia, *Cherishing Men From Afar* (Durham:Duke University Press,1995).

[25] 例如,章太炎在反满民族主义的框架中讨论种族与中国的关系,他有一篇文章题为《中夏亡国二百四十二年纪念会书》,明确地将整个满洲统治时期视为中国亡国的历史时期,从而拒绝承认在这二百四十二年中满清王朝已经将自身转化为中国王朝。见《章太炎全集》(四),上海:上海人民出版社,1985,页188—189。

种将古代中国、西亚和希腊的帝国扩张描述为帝国主义的欧洲传统之间的内在连续性,以及对于现代帝国主义理论的种种回应。"清帝国主义"叙事是在20世纪80年代以降西方学术界的帝国主义研究内部发生的一些新的变化的脉络中展开的,并与后殖民主义理论有着内在关联,其特征是强调宗主国与殖民地之间的双向互动关系。

在现代历史中,有关帝国主义的原因和价值的讨论大致包括了四个主要的论述,除了将帝国主义的产生归结为民族安全的需要和从暴政下解放人民这两种辩护性的帝国主义理论之外,最具有解释力的是两个内部各自存在重要差异的理论。第一种以斯密(Adam Smith)、李嘉图(David Ricardo)、霍布森(J. A. Hobson)[26]和马克思主义理论家如鲁道夫·希法亭(Rudolf Hilferding)、列宁(Vladimir Lenin)、布哈林(N. I. Bukharin)、罗莎·卢森堡(Rosa Luxemburg)、卡尔·考茨基(Karl Kautsky)为代表[我认为还应该加上《大转变》(*The Great Transformation*)一书的作者卡尔·博兰尼(Karl Polanyi)],他们从对经济资源(人口、自然资源和市场)的占有的角度论述帝国主义的动力,从不同方面将这一扩张性的国家政策与资本主义经济范畴联系起来。帝国主义是和资本主义的生产方式及其危机密切相关的:工业资本和银行资本相互融合而产生的金融资本、资本输出的扩张以及军事生产和军国主义的增长,为帝国主义创造了条件。斯密、李嘉图、霍布森与列宁、布哈林的主要区别在于:前者相信帝国主义只是有利于民族的少数人而非整个民族,而后者则提及了统治民族的概念,并认为帝国主义是资本主义的晚期阶段或最高阶段。[27]第二种以马基

---

[26] 在人们比较熟悉的经典作家之外,霍布森的帝国主义理论对当代理论有关帝国主义的讨论有重要影响,他的主要著作包括 *The Evolution of Modern Capitalism*(London: Walter Scott Publishing,1912)、*The War in South Africa: Its causes and Effects*(New York: Macmillan,1900)、*Imperialism: A Study*(Ann Arbor: University of Michigan Press,1965)、*The Conditions of Industrial Peace*(New York: Macmillan,1927)等。

[27] 关于帝国主义的理论解释及其当代发展,参见罗纳德·H. 奇尔科特(Ronald H. Chilcote)主编的《帝国主义的政治经济学:批判的范式》(*The Political Economy of Imperialism, Critical Appraisals*, Boston: Kluwer Academic Publishers,1999)一书,该书收录了一批重要学者有关帝国主义和发展问题的论文。北京:社会科学文献出版社,2001,施杨译。

雅维里(Machiavelli)、培根(Sir Francis Bacon)、古姆普洛维茨(Ludwig Gumplowicz)、希特勒(Adolf Hitler)、墨索里尼(Benito Mussolini)等为代表，他们从不同的立场出发认为帝国主义植根于人类群体的本性之中，即帝国主义是人类群体(尤其是国家)进行生存竞争的自然产物。在20世纪后半叶，随着新的历史形势的变化，一种从长时段历史中观察帝国主义现象的方法逐渐成型，构成了对上述经典范式的批评。例如，阿瑞吉(Giovani Arrighi)在布罗代尔的长时段历史叙述的影响下提出：金融资本并不像列宁、希法亭认为的那样是世界资本主义的一个特定阶段，而是长期存在和反复出现的历史现象。从中世纪内部的资本主义直至当代，金融资本始终是资本主义的特点。[28]在这个意义上，帝国主义概念也不能限于19—20世纪的历史时段之中。另一些学者在确认帝国主义首先是对经济问题的反应的同时，也强调文化方面的影响，尤其是宗主国与殖民地之间的文化影响。长时段历史视野提供了一种反斯密主义的框架，从而也对19世纪政治经济学所建立的帝国—国家二元论构成了一种批判：第一，它击破了经典自由主义为了对现代社会进行自我确证而对帝国所做的如下判断，即帝国统治的基本特点是暴力统治，从而不利于生产，而只有现代社会(国家和市民社会)才能像斯密所分析的那样依赖于生产、流通和劳动分工的体系；第二，它证明帝国统治中包含了资本主义成分，而以民族国家为核心政治构架的帝国主义及其经济体系对暴力的使用有着严重的依赖。因此，帝国与帝国主义之间并不像人们通常想象的那样具有截然区分的界限。

但即使如此，上述新的历史解释并没有离开资本主义和资本的形态这一基础范畴讨论帝国主义问题。"清帝国主义"概念主要在国家的扩张和生存竞争的范畴内看待帝国主义，也涉及清朝和大英帝国的礼仪之争，但很少关注生产方式和经济形态问题。将清朝从17世纪开始的扩张过程定义为帝国主义显然是离开资本主义范畴而作出的判断，就此而言，

---

[28] Govani Arrighi, *The Geometry of Imperialism: The Limits of Hobson's Paradigm*, London: Verso, 1983.

这一叙述与第二种帝国主义理论更为接近。因此,问题的关键不在于是否承认清朝存在着扩张、征服和拓殖现象(这一点没有任何疑问),而在是否承认在资本主义和非资本主义的类似现象之间——亦即在传统型帝国与19—20世纪的欧洲工业化过程中产生的帝国主义之间——存在着区分的必要性。现代帝国主义与殖民主义的根本特征不仅在于军事占领、武力征服和种族等级制,而且还在于彻底地改变殖民地社会的原有结构,并使之从属于工业化的宗主国的经济体系,进而形成一种世界范围的、不平等的国际性的劳动分工。这就是为什么大量有关帝国主义的研究集中在发展、积累与依附等问题上的原因。与其他帝国一样,中国王朝历史包含了武力征服和族群统治的因素,在某些地区和时期,这种征服活动也会导致当地社会风俗、习惯、社会结构和生产体系的转变(如明朝对大理国的改造)。但所谓"朝贡体制"在不同地区和时期差异极大,这一有时是正式的有时是非正式的体制,通常并不以彻底改变当地风俗和生产结构为目标。[29] 从这一角度看,关于帝国主义的不同解释势必涉及对现代国家建设及其动力的理解,其核心是:国家的政治—军事结构、国家的对外政策以及社会的重组与工业资本主义之间究竟是什么关系?

在族群、地域(边界)、宗教、语言等传统民族主义概念仍然支配着对于帝国内部的社会关系的叙述的条件下,帝国与民族之间的二元关系不可能真正被突破。"清帝国主义"叙述一方面省略了帝国主义与资本主义的历史性联系,另一方面也多少忽略了分离性的和竞争性的帝国主义范畴与普遍性帝国之间的差异。由于上述帝国叙述内部包含了民族—国家叙述的内在的、甚至是更为根本的要素,从而帝国叙述向民族—国家叙述或帝国主义叙述的过渡就是极其自然的。在这个过渡过程中,帝国主义这一在英语中介于帝国与国家之间的概念起到了独特的作用:这是一个将帝国范畴与国家范畴结合起来的概念。然而,这个结合并不能掩盖帝国与民族—国家的某些历史性区分:在罗马帝国衰落之后,作为统一力量的帝国概念再也没有真正实现;那些在罗马帝国、蒙古帝国和伊斯兰

---

[29] 参看本书附录二《亚洲想像的谱系》的相关论述。

帝国的废墟之上崛起的诸民族以一种分裂的态势相互竞争,进而产生了后来称之为帝国主义的现象。因此,尽管帝国主义分享着帝国的扩张性,但在世界范围内,它是一种在各民族和国家间发生的分裂性的而非统一性的势力,从而总是与一个国家以直接侵占他国或其他共同体的领土和经济资源的国家扩张政策、实践和宣传密切相关。正由于此,"清帝国主义"叙述只关注帝国的扩张性,但并不在意这一扩张的模式与所谓普遍性帝国的区别,也很少关注清代帝国统治模式在17—19世纪的长时段中发生的重要的转化。例如,清代前期的富于弹性的朝贡体制与清代后期行省制的扩张之间的关系应该如何解释?

　　帝国叙事和国家叙事及其衍生形式从不同方面建立它们的中国观。中国是一个经由历史循环而持续存在的政治实体吗?中国是一个帝国还是民族—国家或伪装成民族—国家的帝国?中国是一个政治性的概念还是一个文明或文化的概念?如何理解中国的民族主义和民族认同?在东方主义和后殖民主义等理论潮流之中,互动(interaction)、相互联结(interconnectedness)、混杂性(hybridity)等概念极大地激发了人们的灵感,与现代性相关的各种现象正在转化为一种混合范畴,并为人们重新描述一个社会体及其认同提供新的思路。"缠绕的现代性"(entangled modernity)这一概念形象地表达了人们对于现代性的新的想象方式,在这一想象方式之下,一些学者从不同方面揭示新的历史联系模式。[30]将现代性置于交往、互动和混杂性等范畴内的结果之一是"中国"范畴的去自然化,亦即"中国"这一自然的和自明的概念处于瓦解之中,而与此相伴随的,是一种混杂性的、在历史互动中生成的中国形象。如果互动性、混杂性是所

---

[30] 例如,Rebecca Karl 从中国近代革命与亚洲和被压迫民族的想象关系出发探讨中国民族主义的发生,(*Staging the World*:*Chinese Nationalism at the Turn of the Twentieth Century*,Durham and London:Duke University Press,2002);孟悦在她即将出版的博士论文中追溯了扬州、苏州的城市文化对上海都市文化形成的贡献,从而将上海研究放置在一种混杂性的关系之中——所谓两大帝国之间——观察上海文化的内涵;刘禾从跨语际实践和翻译理论出发探讨中国思想与西方思想之间的互动和创新(《跨语际实践》,北京:三联书店,2002),等等。

有文化和社会的特征,那么,通过互动性和混杂性所创造的中国形象还存在着内在的同一性吗?如果我们不被当代学术修辞弄得眼花缭乱,那么,这些问题其实也正是困扰晚清人物的重大课题——我们能够从晚清民族主义的两种主要模式——即康有为、梁启超的中华民族主义和孙文、章太炎的汉民族主义——中看到它们的原型。康有为、陈寅恪在这一混杂性范畴内讨论"中国"、"汉族"以及"中国文化"等问题,试图以这一"混杂性的中国观"对抗欧洲式的族裔民族主义(ethnic nationalism),形成一种包容性的"中国认同"或者说帝国式的"中国认同";(参见第七、九章)在他们的对立方面,章太炎以考证学的方法发掘华夏"种性"的根源,尽管他不无遗憾地发现了"汉种"的混杂性,但仍然坚持一种以族性为特征的汉民族主义叙事。(参见第十章)如果说在民族主义时代,对混杂性和互动性的发现仍然被组织在民族主义的不同形态的叙事之中,那么,在当代全球化的语境中,有关互动性、混杂性的讨论以解构西方中心主义和民族—国家叙述为主导取向,试图在这一叙述中确认集体认同的坚实根据变得格外困难。

正是在这一历史进程之中,如何理解中国问题变得极为迫切:首先,与所有前现代帝国相比,中华帝国的规模及其稳定性是罕见的。用伊懋可(Mark Elvin)的话说:"在最为宽阔的视野内,就长时段内领土和人口与中国相当的单位总是不稳定的这一类似规则的现象而言,中华帝国是前现代世界的一个重要例外。"[31]这个"例外"就是:为什么中华帝国能够在如此之长的时期里,保持地域、人口和政治统一的稳定性?其次,这个重要例外并不仅仅属于"前现代世界",在21世纪,中国是这个世界上唯一一个将前19世纪帝国的幅员、人口和政治文化保持在主权国家和民族范畴内部的社会。与所有帝国分裂为主权国家的形式不同,中国近代的民族运动和国家建设将前19世纪混合型的普遍主义帝国体制的若干特征和内容直接地转化到民族—国家的内部结构之中。在经历了20世纪前期的军阀混战、分裂割据之后,一种植根于统一帝国

---

[31] Mark Elvin, *The Pattern of the Chinese Past: A Social and Economic Interpretation* (Stanford: Stanford University Press, 1973), p.17.

时代的庞大的中央官僚机器及其分层机制（行省和自治区及其下属机制）通过近代革命而获得了更新,并有力地将中国的工业和农业组织成为一个完整的国民经济体系。从孙文的"五族共和"的理念,到毛泽东的"各族人民大团结"的召唤,在94%的人口被界定为汉族的状态下,一种新的中国民族认同逐渐成型。这一现实逼迫我们追问下述问题：一、为什么中国革命和国家建设的进程没有产生出在其他帝国体制中几乎无法避免的解体？亦即为什么清朝的帝国建设与近代国家建设之间能够形成一种历史性的重叠关系？二、为什么中国革命和国家建设的进程能够成功地将帝国遗产转化为革命与建设的要素,从而在帝国自身的转化这一基本形态中建构新的主权？三、前19世纪的帝国建设与19—20世纪的国家建设之间究竟是怎样的关系？混杂性、想象性或建构性等概念修改了"中国/西方"的二元性叙述,有助于在无限丰富和开放的联系网络中理解中国的国家建设和社会进程。但是,有关互动、混杂和纠缠的历史叙述并不能取消如下追问：如果每一个国家都是一个"想象的共同体",那么,中国的"想象"资源和前提是如何构筑的？以承认多元性和差异、内外相对化和追求统一性和普遍性为特征的帝国特征与"中国"这一范畴究竟是怎样的一种关系？在混杂性的叙述中,中国认同的可能性或想象性是如何存在的？四、作为一种建立在暴力和文化双重前提之下的控制机制,帝国内部包含了对不同的民族文化、宗教信仰、法律制度和政治自治的容忍；相比之下,民族—国家要求在政治制度、法律体制以及语言和文化等方面的高度的同一性,从而当一个主体民族将自身转化为主权的代理者时,边缘民族及其文化所受到的冲击和瓦解比之帝国时代要强烈得多。因此,我们有必要追问：政治专制问题能否仅仅在"帝国传统"的范畴内解释,而不必考虑民族—国家体制自身的问题？对于帝国时代内部的文化关系的描述能否提供一个批判性的视野和能够包容差异的民主方案？五、如果帝国时代有着比人们的想象丰富得多的内外交往关系,那么,帝国时代的国际关系及其内外关系的模式与现代中国的国际关系及其模式究竟是怎样的关系？

当代欧洲国家正在试图将民主与民族之间的互动逻辑转化到民主与

欧洲的互动逻辑之中,亦即用一种帝国式的或超级国家式的结构形成一种包容民族认同、承认文化差异的新的认同模式和合法性条件。在19世纪形成的民族—国家体制发生转型的时期,回顾这一被民族—国家叙事笼罩的历史,重新发掘历史的可能性,显然也包含了面向未来的意向——例如,帝国概念中包含的普遍性与多元性的辩证关系,以及对习俗、习惯和地方性传统的保存,与作为历史帝国的必然特征的暴力和控制的逻辑究竟是怎样的关系?我们能够从中发现一种后民族—国家的政治形态的萌芽或因素吗?对这一问题的思考不能混同于对帝国的怀旧的和理想化的态度或方式。在我看来,无论是对民族—国家的合法性论证,还是对于前19世纪帝国的理想化描述,都建立在帝国—国家二元论的前提之上。因此,在回答上述各项问题之前,我们需要对帝国/国家二元论的形成本身做一些分析。

第二节　帝国/国家二元论与欧洲"世界历史"

中国研究中的帝国/国家二元论植根于19—20世纪欧洲的知识传统之中。与民族—国家这一19世纪的产物相比,帝国概念在欧洲历史中有着漫长的历史。西方语言中的帝国(empire)一词是从拉丁文 imperium 演化而来,后者的含义是合法权力或支配(the legitimate authority or dominion)。但是,作为一个分析性的范畴,帝国概念只是在民族—国家概念得以形成的过程之中才获得其明确的含义,从而帝国这一古老的词汇实际上又是一个现代的、与民族主义问题密切相关的概念。在汉语中,帝国一词并非常用概念,遍查《四库全书》,除去数百个帝和国两字并列但并非合成词的例子,我只找到18条使用帝国一词的例证。通过对这些条目进行综合分析,我将汉语中的帝国一词归纳为两种含义:第一,以帝国概念指称地理意义上的中国范围和帝王治下的国家的结合体。如《鸿庆居士集》卷九《贺今上皇帝登极表》:"御六龙而乘乾,君临大宝。……皇帝陛下……诏皇策于千龄,嗣无疆之服,抚帝国于四大,包有截之区";[32]王子安《江宁吴少府宅饯宴序》:"蒋山南望,长江北流,五胥用而三吴盛,孙权困而九州裂,遗墟旧圹数万里之皇城,虎踞龙盘三百年之帝国";[33]陈棐《拱辰楼赋并序》:"尤驰想于斯晨,所以登兹楼也;南可望乎家山,北邀瞻乎帝国";[34]《宣邦直赠王贰守佐理开河序》:"盖河源发于昆仑,其流泛滥中国,始固不免疏凿之劳。及水患既平,然后人享其利,凡九州贡赋,若远若近,皆自河而至于帝国焉。"[35]第二,以帝国概念指称以德治为特征的五帝之制。此说源自文中子之"帝国战德"一语。如《中说》卷五《问易篇》(宋·阮逸注):

> 文中子曰:王泽竭而诸侯仗义矣,帝制衰而天下言利矣。文中子曰:强国战兵(惟恃力尔),霸国战智(不战而屈人之兵在智),王国战义(禁民为非不独任智),帝国战德(仁者无敌于天下,德可知矣),皇国战无为。[36]

宋·释契嵩《问兵》云:

> 文中子曰:亡国战兵,霸国战智,王国战仁义,帝国战德,皇国战无为。圣王无以尚,可以仁义为,故曰:仁义而已矣。孤虚诈力之兵而君子不与,吾其与乎。[37]

《黄氏日抄》云:

---

[32] 孙觌:《鸿庆居士集》卷九,页21ab,文渊阁四库全书本。又,"帝国"两字连在一起却不构成一词的情况如,司马光:《赐皇弟高密郡王顼辞恩命第二表不允断来章批答》:"禋宗类帝,国之盛仪。"见《司马文正公传家集》,上海:商务印书馆,1937,丛书集成初编。
[33] 王勃:《王子安集》卷六,上海古籍出版社,1992,页43。
[34] 陈棐:《拱辰楼赋并序》,《山西通志》卷二百二十。
[35] 张国维(1595—1646):《宣邦直赠王贰守佐理开河序》,《吴中水利全书》卷二十三,文渊阁四库全书本。
[36] 宋·阮逸注《中说》卷五《问易篇》页6b,四部备要本。
[37] 宋·释契嵩《镡津集》卷六,文渊阁四库全书本。

> 太古何尝有治,至后世圣人然后有治耳。且上果无为,则下亦乌能自足耶。若夫帝国战德,皇国战无为,德与无为,而以战言,虽老子未尝道。……呜呼! 曾谓文中子而有此,恐亦后世附会之尔。[38]

根据上述例证,我们可以在三个层面把握帝国的含义:其一,帝国与封建、郡县等政治制度的概念相并列,均指称包含特定价值与形式的政治共同体。其二,"帝国"是排列在三皇、五帝、周王、春秋之霸和战国之强的序列之中的政治形式,即五帝时代的,以"德"为特征,区别于强国、霸国、王国、皇国的政治形态及其价值取向。第三,帝国概念是对那些基于利益关系而耍弄阴谋、推行武力的政治体制的否定。

这一源自五帝之国的帝国概念与古代西方的帝国概念以及19世纪传入亚洲的帝国概念有着显明的区别:前者以德政为中心,而后者则是综合绝对皇权和统一国家的权力形式。在一定意义上,"战德"之"帝国"只是存在于与"战兵"、"战智"等政治形态的对比关系中的想象物。我们今天熟悉的帝国概念是19世纪的产物。1868年明治天皇以大日本帝国为国号,此后这一新型的帝国概念也在19世纪晚期传入中国;这一帝国概念与绝对国家的政治形式和军国主义的社会体制有着密切的联系,从而与中国典籍中的帝国概念截然不同。在一定意义上,19世纪形成的新的帝国概念毋宁与古代帝国概念所否定的政治结构(霸国、强国等)更为相近,甚至可以用于描述秦汉时代形成的皇帝及其统属之下的大一统王朝(即皇权—郡县体制之下的王朝体制)。在先秦典籍中,帝或上帝是天的别称,人格性、主宰性和普遍性是这一概念的特征。秦始皇征服六国,建立统一的国家,自称始皇帝,以之区别于周王的称谓。汉五年(前202),天下一统,诸侯尊汉王为皇帝,也表示皇权是超越于封建之上的普遍权力。皇帝概念包含三层含义:第一,区别于建立在分封制度基础上的(周)王的概念,皇帝概念建立在郡县一统的国家制度结构之上,从而帝制涉及郡县制与封建制的区别;第二,皇帝也是天子,秉承天的意志,而天意落实在礼乐和文化之中,从而天子也代

---

[38] 黄震:《黄氏日抄》卷五十五,页11ab。文渊阁四库全书本。

表着一种文化的同一性;第三,作为最高政治权力的皇帝是军事统帅,御驾亲征是皇权威势的最为重要的体现,在这个意义上,皇权与军事征服有着密切的关系。值得注意的是:欧洲的帝国概念也与皇帝(emperor)一词的拉丁语词根有关,而皇帝首先是军队的最高统帅,其次是帝国统一性的象征,例如,在罗马帝国的语境中,皇帝一词最早指称成功的将军,而后用于君主的称谓,两者都含有浓厚的军事内涵。日本天皇将帝国一词用于国号本身,除了受到大英帝国等欧洲国家的影响之外,他也是在实行倒幕、定都东京、建立统一的集权国家的条件下运用天皇和帝国这一范畴的。普遍权力与统一国家的结合是帝国这一汉字合成词得以成立的根据。

在有关前19世纪中国的历史研究中,中国士大夫和中国学者对西方学者最常使用的概念之一中华帝国(Chinese Empire)一直抱有疑虑。产生疑虑的原因有二:第一,中国学者大多不同意将欧洲帝国与中国王朝相提并论,认为中国及其世界模式主要依靠文化和礼仪的同化(所谓柔边御远的"王化"),从而不同于罗马、蒙古或奥斯曼等在武力征服的基础上形成的帝国。第二,在大量的使用中,帝国概念已经被置于与民族—国家、甚至现代性完全对立的关系之中,从而帝国的命名预设了中国社会和文化的封闭、专制和落后性质。就第一点而言,大多数研究比较帝国史的专家都承认中国王朝以儒士或士绅阶层为特殊中介,在实行"王化"的过程中,"文化"扮演着远较军事征服更为有力的角色;然而,这一点并不足以推翻帝国概念的运用:秦、汉、隋、唐、宋、元、明、清历代王朝哪一个缺乏武力征服的历史记录?那些以武力征服为重要特征的欧洲帝国或亚洲帝国(罗马帝国、奥斯曼帝国、莫卧尔帝国等)又有哪一个没有以普遍性的"文明"建构自己的世界图景和合法性?在这里,真正成问题的不是帝国概念的使用,而是如何打破帝国/民族—国家的二元论,并在历史研究中妥善地处理帝国概念与中国的政治概念——封建、郡县、大一统或朝贡等——之间的关系,以及中国王朝之间的历史区别。内藤湖南、宫崎市定将宋朝理解为一种接近于民族—国家(族群认同、有限共同体、官僚体制、贸易关系、平民文化等)的郡县制国家,从而区别于汉、唐或元、清那样的幅员巨大、族群众多、内含贵族制的权力无限的政治共同体。与宋、明王朝相比,清代在政治结构、文化意识形态和族群构成方面均显现出混杂性和非限制性的(这一概念是相对于民族—国家在疆域、人口等方面的有限共同体性质而言的)特点,后者更接近于人们通常所理解的帝国,我们可以从它们的体制构成中总结出下述特征:一、一种与单纯的封建制和郡县制不同的混合型的控制机制;二、通过军事扩张、贸易和移民而形成的幅员广阔、族群复杂的社会体和经济体;三、多重性的权力构架,即中央集权与从地方性文化中产生的权力结构的并存;四、力图将自身作为普遍的文化或文明的代表,但这种普遍的文化或文明是以混杂性而不是单一性为主要的特征的。在19世纪的民族主义浪潮中,对于这一多元权力中心的、族群混杂的和非限制性的帝国的严重质疑直接地为民族—国家的合法性提供了历史根据。然而,一个无法回避的历史问题是:现代中国建立在清朝奠定的历史地基之上,我们应该如何解释这一"帝国"与"民族"之间的连续关系?

多米尼克·列文(Dominic Lieven)在系统地检讨了帝国一词的历史之后得出的结论是:"在过去两千年中,帝国一词在不同的时候对于来自不同国家的不同的人而言,有着许多不同的含义。即使对于来自同一个国家、同一个时期的人而言,这个词也经常具有不同的含义。政治家们和政治思想家们有时也注意到这个概念的暧昧性,他们有意地在不同语境中通过这一词汇传达不同的意思。"[39]这位俄罗斯帝国史和比较帝国史专家为我们勾

---

[39] Dominic Lieven, *Empire: The Russian Empire and Its Rivals* (New Haven and London: Yale University Press, 2000), p. 3. 无论是在罗马时代指称在一定领土范围内行使统治权的政治实体的帝国,还是在中世纪的拜占庭、伊斯兰和西方基督教世界等在宗教或文化的统一性基础上建立起来的多民族帝国,甚至在19世纪后期至20世纪欧洲和美国的海上帝国称霸世界之时,这一概念都意味着强盛、繁荣和在武力与文化双重基础上的统一,从而是一个受到普遍肯定或羡慕的词。否则,竭力师法欧洲列强的明治日本怎么会自称为帝国呢?在人们的日常语汇中,帝国概念的贬值先是与西欧国家对奥斯曼帝国的冲突有关,而后则受到纳粹德国创建的第三帝国(das Dritte Reich)及其灭亡的影响。在第二次世界大战之后,这一用于描述"种族主义帝国"的帝国(Reich)概念遭到普遍地唾弃。当西方社会将苏联称之为帝国或邪恶帝国时,这一概念所承载的对于奥斯曼帝国、第三帝国的敌意被转化到了一种意识形态的斗争之中,并成为西方民主进行自我确证的工具。但无论是19世纪的大英帝国的自我标榜,还是当今将美国称之为"不得已而为之的帝国",帝国概念都包含了强盛、繁荣的含义。

勒了帝国这一概念的丰富而暧昧的历史,并在广阔的世界图景中描述了各大帝国的起落沉浮。即使在20世纪的前期,帝国概念也与繁荣和强大等概念联系在一起,它的贬值只是产生于纳粹德国对帝国概念的使用和冷战时代西方阵营对苏联的鞭笞等特定的时期。然而,为什么西方社会对纳粹和苏联的贬斥需要诉诸"帝国"概念呢?在我看来,这一通俗用法建立在深刻的知识背景之上:在19世纪的政治经济学传统和20世纪的社会学范畴中,帝国与扩张主义和专制主义的稳定联系早已建立起来了。[40]在这一知识传统的范畴内,帝国概念的贬值是民族—国家体制确立自身的霸权地位的结果,其中两个对比关系是最为重要的:第一,帝国是幅员广大、族群混杂、主权无限的政治体制,而民族—国家则是相对幅员较小、族群单一和主权有限的政治体制;第二,为了在广阔的地域和复杂的族群之间实行控制,帝国倾向于专制主义,而民族—国家的成员单一,更倾向于民主或共和制。

帝国—国家二元论的知识根源可以追溯至19世纪欧洲的"精神科学"所阐述的政治/经济理论。哈贝马斯描述德国民族国家的形成时说:"精神科学的世界观给出了一个视角,由此出发,我们可以把德国的政治统一看成是长期以来形成的民族文化同一性的进一步补充。文化和语言所确立起来的文化躯体,还需要一件合适的政治外衣。语言共同体必须在民族国家当中与法律共同体重叠起来。因为,任何一个民族看起来似乎从一开始就有权要求在政治上保持独立。"[41]文化和语言所确立的共

---

[40] 1963年,艾森斯塔德(S. N. Eisenstadt)的《帝国的政治体制》(*The Political Systems of Empires*)一书出版,第一次将帝国作为一种严格的政治体制类型进行分析,力图从中总结出民族—国家的民主与专制的历史性根源。在社会学的视野内,他将帝国区分为不同的类型,其中世袭制帝国和中央集权的官僚制帝国是两种最为主要的分析类型,前者以古埃及、印加、阿兹台克及众多的南亚王国为代表,后者以中国、罗马、拜占庭、萨桑、伊斯兰哈里发诸帝国以及欧洲早期绝对主义国家为代表。艾氏所做的是一种结构式的社会类型学分析,其中包含了不言而喻的历史观念,即帝国是前民族—国家的普遍的政治结构。尽管这是一部极为重要的社会学著作,但大多数历史学家并没有严格按照这一社会学分析模型来叙述帝国史或使用帝国概念。艾森斯塔德:《帝国的政治体制》,沈原、张旅平译,南昌:江西人民出版社,1992。

[41] 尤尔根·哈贝马斯:《何谓民族?》,《后民族结构》,曹卫东译,上海:上海人民出版社,2002,页12。

同体实质上是指在19世纪的"精神科学"——亦即区别于那一时代的自然科学的哲学、语言学和其他政治经济学范畴——中精确界定出来的民族范畴,这个范畴与"合适的政治外衣"——亦即民族—国家或法律共同体——的结合,形成了一种保持独立的主权范畴。就民族—国家的自我表述而言,哈贝马斯的这一历史描述是经典性的,我们可以从中找到某种并未出现的元叙述:民族在政治上的独立是指民族具有自我管理的排他性主权,这是君主国家拒绝神圣罗马帝国支配的直接表达。民族与主权的复合为民族成员获得平等的公民权利提供了前提,因为19世纪的新的潮流是将民族界定为一种以语言、种族、宗教、信仰、文化和历史等"自然属性"为特征的自然的存在,而民族这一自然的存在也就拥有建立自己的主权的国家和政府的权力。在这个前提之下,地域广阔、民族众多的普遍性帝国就成为一种违背自然的、专制的权力象征。因此,在"精神科学"中被确立的民族权利只有放置在帝国与民族的对立关系中才能确立。专制主义的、地域广大的、不是以民族性而是普遍性宗教为基础的帝国形象实际上是18—19世纪欧洲人为了论证民族—国家及其主权形式的合法性而建构出来的。

在19世纪的欧洲思想中,上述帝国—国家二元论不仅是对政治结构的描述,而且也是对欧洲与亚洲的社会/政治体制的差异的概括,即帝国是一种区别于欧洲国家政治体制的亚洲政治结构。帝国—国家二元论由此与亚洲—欧洲(或东方—西方)二元论缠结在一起,并为19世纪以欧洲为中心的"世界历史"的建构提供了制度与地域的双重根据。很明显,这一对亚洲帝国的理论认识产生于对西欧国家的政治结构及其合理性的自我认识和论证。正如安德森(Perry Anderson)所论证的,在18—19世纪欧洲思想中,所谓亚洲国家结构——专制主义帝国——是欧洲思想家通过对土耳其势力的观察而形成的。作为第一个把奥斯曼国家作为欧洲君主国的对立物的理论家,马基雅维里(Machiavelli)在《君主论》中将土耳其的君主官僚制作为与所有欧洲国家分道扬镳的制度;在他之后,伯丹(Bodin)对欧洲主权概念做出了经典性的阐释,而这个阐释是建立在欧洲的"国王主权"(royal sovereignty)与奥斯曼的"主子主权"(lordly power)

的对比之上的。这两个人物开创了把欧洲国家结构与亚洲国家结构进行对比的传统,从中产生了东方专制主义的概念。[42] 但是,在启蒙时代,莱布尼茨、伏尔泰和许多欧洲思想家似乎没有受到这一概念的影响,他们对中国和东方抱有极高的敬意:通过传教士的介绍、商人的活动和宫廷之间的往还,启蒙人物从中国社会的理性的生活方式、城市管理、数学和哲学,以及物质文明的各个方面汲取养料,进而将对中国、印度和其他文明的认识转化为"启蒙"的内在要素。上述帝国—国家二元论的真正影响是在18世纪后期以至整个19世纪。这一时代的三大潮流为马基雅维里—伯丹所开创的帝国—国家二元论的普遍化提供了可能性:法国大革命和欧洲及美国的民族运动确立了政治共同体的新的典范,为这一二元论提供了政治合法性;殖民主义为将这一二元论从欧洲历史转向普遍的世界历史提供了历史前提;19世纪的精神科学及其知识发展为这一二元论提供了"客观知识"或"科学知识"的形式。

19世纪的欧洲作者受到自然科学发展的激发,力图将科学的精神和方法运用于对人类社会的观察。帝国—民族或帝国—国家的二元论是在哲学、法学、政治理论、语言学、人类学、宗教学,以及其他被囊括在"政治经济学"这一范畴中的各种知识中建立起来的。在这一时代的欧洲知识的框架内,帝国概念及其运动具有如下特征:一、帝国是一个与民族—国家相对立的政治/经济范畴;二、帝国与民族—国家的这种对立关系被组织在一种时间性的关系之中,或者说,一种以政治结构和经济模式为基本单位组织起来的历史时间的进化过程之中;三、民族—国家与帝国的这一二元对立关系可以展现为西方与非西方的时间性的空间关系之中,即作为民族—国家的西方和作为帝国的非西方之间的关系可以用现在与过去、进步与落后等时间性范畴进行阐释。西欧封建国家与奥斯曼帝国的这一对比关系被转化为欧洲民族国家与亚洲帝国(中国、伊斯兰、俄罗

---

[42] 佩里·安德森:《绝对主义国家的系谱》(Perry Anderson, *Lineages of the Absolutist State*, London: Verso, 1979, p. 397),刘北成、龚晓庄译,上海:上海人民出版社,2001,页427。

斯、莫卧尔等）的对比关系；通过论证西欧国家与亚洲帝国的历史联系和区别，欧洲的国家、法律、经济、语言、宗教、哲学以及地理环境的诸种特征获得了自我确证的机会。这种欧洲自我确证的努力建立在一种特殊主义的普遍主义历史观和理论前提之上，从而我们今天已经很难理解被视为亚洲国家特色的专制主义帝国实际上是从欧洲人对奥斯曼帝国文化的归纳中衍生出来的。[43] 在这一背景下，国家成为欧洲的本质属性和"世界历史"的归宿地，而帝国概念则与亚洲——尤其是伊斯兰、中国和莫卧尔——这一地理范畴产生了历史性的联系。

在孟德斯鸠、亚当·斯密、黑格尔、马克思等欧洲作者所建立的那种亚洲与欧洲的对比关系中，亚洲和欧洲的形象按照一种目的论的框架展开为两种对立的政治形式和经济形态，即帝国与国家、农耕与工业或贸易。[44] 在这个二元论框架中，亚洲概念具备如下特征：与欧洲近代国家或君主国家形成对照的多民族帝国，与欧洲近代法律和政治体制构成对立的政治专制主义，与欧洲的城邦和贸易生活完全不同的游牧和农耕的生产方式，等等。只有从这个角度出发，我们才能理解那个时代的欧洲思

---

[43] 安德森描述说："到了十八世纪，随着殖民开发和扩张，最初同土耳其接触而形成的观念，在地理上的含义越来越向东扩展，先是扩大到波斯，然后是印度，最后是中国。随着这种地理含义的扩大，最初在土耳其发现和局限于土耳其的一组特征就逐渐成为一种普遍的概念。政治'专制主义'的概念由此而诞生……"《绝对主义国家的谱系》，页495。

[44] 这里需要对马克思的论述作一点特殊的说明。在《政治经济学批判》的序言中，他曾把西欧的历史经验说成是"人类……社会经济形态演进的几个时代"，但是这个序言自1859出版后在马克思生前没有再版过，他也从来没有在其他地方提过这一后来著名的规律。他去世后手稿（注为1857年8月23日）才被发现并由考茨基发表于1903年3月的《新时代》(Neue Zeit)。英文版于1904年首次附在N. I. Stone译的《政治经济学批判》中发表。1877年，一位俄国学者根据"马克思主义理论"提出：为了摆脱俄国封建社会，俄国需要建立资本主义制度。马克思说：在他的著作中，他"只不过想描述西欧的资本主义经济制度从封建主义内部出来的途径"，绝不能"把我关于西欧资本主义起源的历史概述彻底变成一般发展道路的历史哲学论，一切民族，不管他们所处的历史环境如何，都注定要走这个道路"，"这样做，会给我过多的光荣，同时也会给我过多的侮辱。"《马克思恩格斯全集》，人民出版社1963年版，第19卷，129—130页。

想家们对于中国的叙述及其修辞策略。例如,孟德斯鸠断然地否定一些传教士和欧洲启蒙运动关于中国的政治、法律、风俗和文化的较为肯定的描述(这些描述曾经为伏尔泰、莱布尼茨等对中国的肯定性描述提供过灵感),进而以"专制"和"帝国"概念囊括整个中国的政治文化。[45]根据他的经典描述,帝国的主要特征是:最高统治者以军事权力为依托垄断所有的财产分配权,从而消灭了可以制衡君主权力的贵族体制,扼制了分立的民族—国家的产生。在这个叙述中,不仅缺乏奥斯曼、莫卧尔、俄罗斯、清朝等"亚洲帝国"的各自特征的描述,而且也不可能提供一种产生于互动和混杂关系中的社会形象。在孟德斯鸠的想象中,中国历史中的战争、征服和各种社会交往均无法改变这个社会作为帝国的特征,用他的话说:"中国并不因为被征服而丧失它的法律。在那里,习惯、风俗、法律和宗教就是一个东西。"[46]这个看法与杜赫德(Jean Baptiste Du Halde)等早期传教士有关中国的观点极为相似,即认为四千多年来中国的政治、法律、语言、服装、道德、风俗和习惯始终保持着同一性,没有实质性的变化。在这一省略历史变化和历史互动的"文化主义"视野内,亚洲没有历史,不存在产生现代性的历史条件和动力——这个现代性的核心是"国家"及其法的体系,以及城邦的和贸易的生活方式。

在18—19世纪的一系列经典性叙述中,疆域辽阔、民族复杂的专制主义帝国体制与"亚洲"这一概念密切相关,这两个范畴正好产生于与希腊共和制和君主国家这一欧洲形式的对比之中——在19世纪的民族主义浪潮中,共和制或封建君主国家都被视为欧洲民族—国家的前身,这种欧洲民族—国家是区别于任何其他地区的独特的政治形式。在这种自我确证的论述方式中,作为东方专制主义的政治形式,帝国体制(奥斯曼、中国、莫卧儿、俄罗斯等幅员辽阔的多民族帝国)无法产生出资本主义发

---

[45] 孟德斯鸠将帝国与自然环境尤其是地理状态直接地关联起来,从而提供了帝国叙述的一种自然的基础,这在一定程度上也是那个时代日益高涨的科学叙述的产物。《论法的精神》上册,北京:商务印书馆,1997,页278。
[46] 同上书,页314。

展所需要的政治结构,[47]以及韦伯所论证的那种渊源于新教伦理的经济理性主义。因此,近代性的资本主义仅仅是西欧独特的社会体制的产物,从而资本主义的发展与以封建国家为历史前提的民族—国家体制之间存在必然的或自然的联系。这一论述有意或无意忽略的是:迄今为止的所有政治体制都是历史中的互动关系的结果,而罗马帝国、伊斯兰帝国、中华帝国和其他帝国形式恰恰是所谓"全球化之前的全球化"的最为重要的载体。那种将现代性归因于单一的文化或制度条件的论述方式,即使包含了深刻的洞见,也仍然是高度化约的。

由于欧洲民族—国家和资本主义市场体系的扩张被视为世界历史的高级阶段和目的,从而亚洲及其上述特征被视为世界历史的低级阶段。在这一语境中,亚洲不仅是一个地理范畴,而且也是一种文明的形式,它代表着一种与欧洲民族—国家相对立的政治形式,一种与欧洲资本主义相对立的社会形态,一种从无历史状况向历史状态的过渡形式。如果说帝国/国家二元论侧重于政治结构和认同模式的描述,亚洲/欧洲二元论侧重于地理关系的描述,那么,文明论的框架则将上述政治结构、认同模式和地理关系组织在传统与现代的时间逻辑之中。一方面,在从封建国家向民族国家过渡的西欧语境中,专制主义概念与广大帝国的概念存在紧密联系,从而"国家"这一与帝国相对立的范畴获得了它的价值上的和历史上的优越性;另一方面,当欧洲资本主义的触角逐渐覆盖整个地球之时,这一帝国与国家的二元论也就成为欧洲或西方确立自己的认同并建立自己的"世界历史"时的内在结构。这一亚洲帝国与欧洲国家的叙述为欧洲知识分子、亚洲革命者和改革者,以及历史学家提供了描述世界历史和亚洲社会、制定革命与改革方略和勾画亚洲的过去与未来的基本框架。在19世纪和20世纪的大部分时间里,有关亚洲帝国的叙述内在于欧洲现代性的普遍主义叙述,并为殖民者和革命者制定他们的截然相反的历史蓝图提供了相近的叙述框架,这个框架的三个中心主题和关键概念是帝国、民族—国家和资本主义(市场经济)。从19世纪至今,几乎所

---

[47] Perry Anderson, *Lineages of the Absolutist State*, pp. 400, 412. 中译本,页430,441.

有的亚洲话语都与这三个中心主题和关键概念发生着这样的或那样的联系。因此,亚洲农业帝国的形象又是在18—19世纪欧洲人形成新的欧洲认同的过程中产生出来的。

在19世纪欧洲的历史、哲学、法律、国家和宗教论述中,帝国—国家二元论不仅构成了结构性的对比关系,而且也被纳入一种时间的目的论之中,从而欧洲"世界历史"可以被概括为一种以政治形式的演进为基本线索建构起来的时间叙事。在德国形而上学的传统中,这一以政治形式为内涵的普遍历史被包裹在19世纪德国"精神科学"所提供的知识框架之中。例如,在欧洲语言学对欧洲语言与梵语之间的联系的发现的启发之下,黑格尔将这一历史语言的联系与19世纪欧洲知识的另外两个发现——种族理论和历史地理学——联系起来,将亚洲帝国视为欧洲国家得以最终产生的历史起点:

> 近二十余年以来,关于梵语以及欧罗巴语和梵语的联系的发现,真是历史上一个大发现,好像发现了一个新世界一样。特别是日耳曼和印度民族的联系,已经昭示出来一种看法,一种在这类材料中能够获得很大限度的确实性的看法。就是在今天,我们仍然知道还有若干民族没有形成一个社会,更谈不上形成一个国家,然而它们早就如此存在了。……在方才所说的如此远隔的各民族,而它们的语言却又有联系,在我们的面前就有了一个结果,所谓亚细亚是一个中心点,各民族都从那里散布出去,而那些原来关联的东西,却经过了如此不同的发展,都是无可争辩的事实……[48]

据此,亚洲所以构成了"起点"有两个条件:第一,亚洲与欧洲是相互关联的同一历史进程的有机部分,否则就不存在所谓起点和终点的问题;第二,亚洲与欧洲处于这一历史发展的截然不同的阶段,而构成这一阶段判断的根据的主要是"国家",即亚洲所以处于"起点"或缺乏历史的时期是

---

[48] 黑格尔:《历史哲学》,王造时译,上海:上海书店出版社,1999,页62—63。

因为它还不是国家、还没有构成历史的主体。在这个意义上,当亚洲地区转变为"国家"的时候,亚洲也就不是亚洲了——亚洲这一范畴本身不过是绝对精神自我复归过程的象征性的表达。为了论证绝对精神发展的历史,黑格尔认为需要"历史的地理基础",即"精神"得以展现的场地,从而以地理学的形式将"时间"建构为"空间":

> 在世界历史上,"精神的观念"在它的现实性里出现,是一连串外部的形态,每一个形态自称为一个实际生存的民族。但是这种生存的方面,在自然存在的方式里,属于"时间"的范畴,也属于"空间"的范畴。[49]

按照这一将"空间"组织为"时间"或将"时间"展现为"空间"的"哲学的历史",绝对精神的发展穿越了四个大的历史阶段,即包括中国、印度和波斯等在内的"东方世界"、"希腊世界"、"罗马世界"和代表着现代世界精神的"日耳曼世界"。"日耳曼世界"是先前各个世界的重复,亦即绝对精神的自我复归。亚洲的表面特性是地球的东部,是创始的地方,而深层的结构却是专制性的帝国。正是在帝国—国家的内在对比之中,黑格尔才能将产生于亚洲的欧洲视为旧世界的中央和终极或"绝对的西方"。"世界历史从'东方'到'西方',因为欧洲绝对地是历史的终点,亚洲是起点。……历史是有一个决定的'东方',就是亚细亚。……东方从古到今知道只有'一个'是自由的;希腊和罗马世界知道'有些'是自由的;日耳曼世界知道'全体'是自由的。所以我们从历史上看到的第一种形式是专制政体,第二种是民主政体和贵族政体,第三种是君主政体。"[50]

为什么黑格尔能够如此自然地将"时间"组织为"空间",并在"世界历史"和国家政治制度的范畴内解释精神的发展?从黑格尔理论的内在逻辑和知识前提来看,这一转换至少包含了两个条件:第一,黑格尔的历史哲学的主要源泉之一是一种心理学理论,它是从个人主义的、人类中心

---

[49] 《历史哲学》,页85。
[50] 同上书,页110—111。

主义的传统发展而来,其目的是通过世界历史与个人精神历史的一种类比关系的建构来解决从个人主义论述中产生出的哲学困难。个人作为一种普遍单位将世界及其无限丰富性想象为一个普遍主体的历史,而政治形式——亦即作为专制政体、民主政体和贵族政体的国家形式——则是这一普遍主体在自我展开过程中的时间轴线上的阶段性标志。正是在这一人类中心主义和政治形式主义的传统之上,黑格尔才能够将不同区域和不同历史形式理解为一个精神发展的过程,并以此来克服由于市场扩张、劳动分工和个人主义而产生的社会分裂。[51]在欧洲思想中经常处于对立位置的个人与国家在这里从属于同一历史进程本身。黑格尔从斯密那里借来了"市民社会"(以及与市场直接相关的财产权和契约关系)的范畴,但他的政治哲学的核心是国家的角色、政治领域和身份认同。19世纪的德国人生活在分裂的而且弱小的国家里,它们之间缺乏一种集中的政治媒介为德国文化提供统一的构架。正是在这一条件下,黑格尔将国家及其法的体系置于历史进化的最高范畴,以一种国家统一型的民族主义回应16世纪、尤其是18世纪以降中欧和德国分裂的政治和社会现实,以市民社会和国家的政治文化统一人们对家族、地方和宗教的多重认同。他在哲学层面对总体(wholeness)的恢复亦即对国家的总体性的恢复,其功能是提供市民社会的政治架构,克服市场及其分工体系所造成的人与他人的分裂。在他看来,离开国家及其法律机制,资产阶级社会的原子式的个人就无法构成市民社会。"利己的目的,就在它的受普遍性制约的实现中建立起在一切方面相互依赖的制度。个人的生活和福利以及他的权利的定在,都同众人的生活、福利和权利交织在一起,它们只能建立在这种制度的基础上,同时也只有在这种联系中才是现实的和可靠的。这种制度首先可以看成外部的国家,即需要和理智的国家。"[52]

---

[51] 关于19世纪政治经济学中的时间问题,参见我为《反市场的资本主义》一书所写的导论《经济史,还是政治经济学?》,见《反市场的资本主义》,许宝强、渠敬东编,北京:中央编译出版社,2000,页1—49。

[52] 黑格尔:《法哲学原理》(*Grundlinien Der Philosophie Des Rechts*),范扬、张企泰译,北京:商务印书馆,1995,页198。

其次,如果我们把黑格尔历史哲学中的东方、希腊、罗马、日耳曼的阶段性叙述与亚当·斯密从经济史角度对人类历史发展的四个阶段——即狩猎、游牧、农耕和商业——所做的归纳加以对比,我们不难发现黑格尔的以政治形态为中心的历史阶段描述与斯密以生产形态为中心的历史阶段描述有着内在的联系。斯密把农耕社会向商业社会的发展看成是欧洲封建社会向现代市场社会的过渡,从而以一种历史叙述的形式将现代、商业时代与欧洲社会等概念内在地联系起来。一方面,斯密是一个历史学家,他对经济的描述是一种历史描述,但另一方面,他所提供的市场运动模式是一个抽象的过程:美洲的发现、殖民主义和阶级分化都被归结为关于无穷尽的市场扩张、劳动分工、工艺进步、税收和财富的上升的经济学描述,一种有关世界市场的循环运动的论述就在这一形式主义的叙述方式中建立起来了。在这一叙述方式中,市场模式既是历史发展的结果,也是历史的内在的规律;殖民主义和社会分化的具体的空间关系在这里被转化为生产、流通、消费的时间过程。因此,时间与空间的互换关系建立在资本主义的生产过程与殖民主义的区域关系的历史联系之上:一方面,在斯密描述的资本活动过程中,生产、流通和消费的时间关系必须经过海外殖民、阶级分化和市场扩张等空间活动才能完成;另一方面,这种由资本主义市场和劳动分工所构筑的空间关系又不是外在于资本的连续活动的关系,从而地域上的空间关系可以被转化为市场活动中的时间关系。值得注意的是,正是通过对斯密所描述的这一重复性的生产和交换活动的观察,黑格尔发现这一循环往复的过程本身产生了阶级分野和帝国主义:生产和消费过程的无穷膨胀势必导致人口的上升、分工的限制、阶级的分化,从而迫使市民社会越出自己的边界、寻找新的市场、实行殖民政策。"于是工业在追求利润的同时也提高自身而超出于营利之上。它不再固定在泥块上和有限范围的市民生活上,也不再贪图这种生活的享受和欲望,用以代替这些的是流动性、危险和毁灭等因素。此外,追求利润又使工业通过作为联系的最巨大媒介物而与遥远的国家进行交易,这是一种采用契约制度的法律关系;同时,这种交易又是文化联络的最强大手段,商业也通过它获得了世界史的意义。"[53]在这里,黑格尔把市民社会、经济活动、消费主义与帝国主义扩张之间的联系诠释为"贸易在世界历史中的意义",从而为将市民社会、市场经济、法哲学和国家的科学组织到他的"世界历史"或"绝对精神"的发展构架之中提供了前提。[54]

按照黑格尔的"世界历史"的构架,由自主的个人组成的市民社会及其法律体系成为政治共同体(国家)的内在结构,这个政治共同体不是一个纯粹人为的构造,而是一个综合的演化过程的产物,从而构成了"世界历史"的目的本身。[55]黑格尔的东方概念是对欧洲思想中的亚洲论的哲学总结,其核心是以欧洲的国家结构与亚洲的国家结构进行对比。由于黑格尔有关市民社会和市场、贸易的论述源自苏格兰学派的政治经济学,从而他的专制主义的亚洲概念与特定的经济制度之间是存在着呼应关系的。在《国富论》中,斯密谈到中国和其他一些亚洲国家的农业性质与水利工程之间的联系,用以区别于欧洲城市的行业特点,即制造业和外贸。他对狩猎、游牧、农耕、商业等四个历史阶段的区分同时配合着对不同地域和民族状况的界定。例如,在谈论"最低级最粗野的狩猎民族"时,斯密提及了"现今北美土人";在论述"比较进步的游牧民族的社会状态时",他举出了鞑靼人和阿拉伯人;在谈论"比较更进步的农业社会"时,他又提及了古希腊和罗马人(稍前的章节中还提及了中国的农业)。至于商业的社会则是斯密称之为"文明国家"的欧洲。[56]斯密把农耕社会

---

[53] 黑格尔:《法哲学原理》,页246。
[54] 在1821年发表的《法哲学原理》中,黑格尔将政治和社会组织的发展区分为三个阶段,即家庭、市民社会和国家的建立,而国家则是家庭和市民社会的综合。"市民社会是处在家庭和国家之间的差别的阶段,虽然它的形成比国家晚。其实,作为差别的阶段,它必须以国家为前提,而为了巩固地存在,它也必须有一个国家作为独立的东西在它面前。"同上,页197。
[55] 20世纪末叶开始的有关"历史的终结"的争论只有放置在这一历史观的脉络中才能获得历史性的理解:由欧洲所代表的自由和民主的国家理念和市民社会所代表的生产关系在经过了各种各样的实验、暴政和虚无之后最终回到自身。参见弗兰西斯·福山(Francis Fukuyama):《历史的终结》(The End of History),呼和浩特:远方出版社,1998。
[56] 亚当·斯密(Adam Smith):《国民财富的性质和原因的研究》(An Inquiry into the Nature and Causes of the Wealth of Nations),下卷,北京:商务印书馆,1972,页254—284。

向商业社会的过渡视为欧洲封建社会向现代市场社会的过渡,现代、商业时代与欧洲社会具有内在的历史关系。正由于此,他对欧洲与其他地区的历史关系的分析最终产生的是一种有关经济运转的叙述,例如他论证说:欧洲从美洲的发现和拓殖取得了以下的利益:一、欧洲的享乐用品增加了;二、欧洲的产业增大了。……美国的发现与拓殖,促进了以下各国的产业:与美洲直接通商的国家,如西班牙、葡萄牙、法国、英国;不直接与美洲通商,但以他国为媒介,把大量麻布及其他货物送到美洲的国家,如奥属法兰德斯和德国的某几个省。这一切国家,显然都有比较广阔的市场,来销售他们的剩余生产物,因而必然受到鼓励来增加剩余生产物的数量。[57]斯密把美洲的发现及其与欧洲的关系与无穷尽的市场、劳动分工、工艺进步、税收和财富的上升密切联系起来,从而将殖民地的开拓和世界性的地域关系纳入一种有关世界市场的循环运动的论述之中。

在黑格尔的视野中,所有这些问题都被纳入有关国家的政治视野之中:狩猎民族之所以被认为是"最低级最粗野的"民族,是因为狩猎和采集的人群规模较小,无法产生构成国家的那种劳动的政治分工,用盖尔纳(Ernest Gellner)的话说,"对于他们来说,国家的问题,建立稳定的、专门负责维持秩序的机构的问题,实际上并不存在"。[58]正由于此,黑格尔在叙述他的"世界历史"时断然地将北美(狩猎和采集是其生活方式的特征)排除在外,而将东方——帝国体制加农业生产方式——置于历史的起点。如果说斯密将历史划分为不同的经济的或生产的形态,那么,黑格尔则以地域、文明和国家结构命名不同的历史形态,但他们都把生产形态或政治形态与具体的空间(如亚洲、美洲、非洲、欧洲等)联系起来,并将它们组织在一种时间性的阶段论的关系之中。安古斯·沃尔克尔(Angus Walker)论述道:"尽管这些苏格兰思想家赞成斯密的观点,即劳动分工促使社会追求财富的最大化和行为——经济的、社会的和知识的——多样性,……他们都认为劳动

---

[57] 《国民财富的性质和原因的研究》,下卷,页161—162。
[58] 厄内斯特·盖尔纳(Ernest Gellner):《民族与民族主义》(*Nation and Nationalism*),韩红译,北京:中央编译出版社,2002,页6。

分工……可能具有相反的社会后果。但进步的这种负面作用从来不是他们著述的主要主题……苏格兰思想中有关进步的理性的乐观主义叙述应该被德国作者用于说明他们的社会分裂。劳动分工被看作是社会分层、专门化的人类活动的理性。这种专门化的活动剥夺了人充分施展其潜能(自然赋予他的精神和体力的力量)的可能性。这被解释成社会与人的联系的削弱,社会的内在联系的衰落。"[59]无论从哪一种立场出发,上述作者都对"亚洲有自身的历史吗?"这一问题给予否定的回答,因为历史必须以一个主体为前提,而在19世纪的欧洲政治语境中,所谓主体即民族—国家。在这个意义上,这一回答并不产生于对亚洲或中国历史的具体叙述,而是产生于对"世界历史"的建构、产生于对欧洲在这一"世界历史"中的"终点"地位的建构:作为起点的亚洲是一种将农耕生产方式整合在帝国政治结构中的形式,而作为"终点"的欧洲则是将资本主义放置在民族—国家的政治结构之中的普遍法则。这一历史法则究竟是通过怎样的逻辑而被"自然化"的呢?

马克思在阐述社会的经济结构的演变时,采用了亚细亚的、原始的、封建的和资产阶级的四个历史阶段,从而表明他的独特的亚细亚生产方式概念产生于对斯密和黑格尔的历史观的综合。根据安德森(Perry Anderson)的归纳,马克思的"亚细亚生产方式"的概念建立在15世纪以降欧洲思想史对亚洲特性进行的一系列概括的广泛前提之上:国家土地所有制(哈林顿、贝尔尼埃、孟德斯鸠)、缺乏法律约束(伯丹、孟德斯鸠、贝尔尼埃)、宗教取代法律(孟德斯鸠)、没有世袭贵族(马基雅维里、培根、孟德斯鸠)、奴隶般的社会平等(孟德斯鸠、黑格尔)、孤立的村社(黑格尔)、农业占据压倒工业的优势(穆勒、贝尔尼埃)、公共水利工程(斯密、穆勒)、炎热的气候环境(孟德斯鸠、穆勒)、历史静止不变(孟德斯鸠、黑格尔、穆勒)。所有这些特征都被这些不同的著作家们归结为东方专制主义的表现,这一方式可以追溯到希腊思想对亚洲的论断。[60]

---

[59] Angus Walker, *Marx: His Theory and its Context* (London: Rivers Oram Press, 1978), pp. 64-65.

[60] 佩里·安德森:《绝对主义国家的系谱》(*Lineages of the Absolutist State*, p. 473), 页503。安德森对亚洲亚细亚生产方式的讨论是经典性的,但不知何故,他没有提及斯密和苏格兰学派对黑格尔和马克思的亚洲概念的极为重要的影响。

"'专制主义'概念的明确出现从一开始就是一种站在外面对'东方'的评价。人们发现了真正的希腊世界本身(这是一个不寻常的说法)的古典古代,一个主要的经典说法就是亚里斯多德的著名论断:'野蛮人比希腊人更有奴性,亚洲人比欧洲人更有奴性;因此,他们毫无反抗地忍受专制统治。……由于它们遵循成法而世代相传,所以很稳定。'"[61]亚洲人的"奴性"是从亚洲社会结构的稳定性这一历史观察中推衍出来的,而亚洲社会结构——包括中国社会结构——的一次又一次深刻的、内在的、革命性的变化完全不在这一历史观的视野之内。安德森没有提及马克思是否汲取了亚当·斯密对生产方式的描述,也没有涉及他的历史唯物主义的立场如何将黑格尔的以上层结构为线索的历史逻辑放置在生产方式演变的框架之内,从而颠倒了黑格尔思想中的上层结构与基础之间的关系。但是,马克思对黑格尔、斯密的综合和对黑格尔学说的"颠倒"并没有改变将政治形式和生产形态纳入时间的轨道的欧洲政治思想的核心逻辑。

20世纪初期发展起来的不同形式的民族自决权的理论(列宁主义和威尔逊主义)均服从于这一以国家政治形式为中心的时间逻辑。在列宁的资本主义与世界革命的思考框架内,落后地区(亚洲农业帝国)改变自身社会结构、寻求资本主义发展的努力同时也成为针对资本主义体系的"世界革命"的内在要素。但这一新的对"世界历史"的阐释仍然以帝国/国家、农业/工业或商业的二元论为前提,因为列宁对亚洲革命的期待、对欧洲资本主义的批判全部建立在以民族自决形式创造发展资本主义的条件这一核心论题之上。在中国辛亥革命爆发(1911)和中华民国临时政府成立(1912)之后不久,列宁连续发表了《中国的民主主义和民粹主义》(1912)、《亚洲的觉醒》和《落后的欧洲和先进的亚洲》(1913)等文,欢呼"中国的政治生活沸腾起来了,社会运动和民主主义高潮正在汹涌澎湃地发展",[62]诅咒"技术十分发达、文化丰富、宪法完备的文明先进的欧洲"正在资产阶级的领导下"支持一切落后的、垂死的、中世纪的

---

[61]《绝对主义国家的系谱》,页495。
[62] 列宁:《亚洲的觉醒》,《列宁选集》第2卷,人民出版社,1973,页447。

东西"。[63]列宁的判断是他日后形成的帝国主义和无产阶级革命理论的雏形,按照他的观点,随着资本主义进入帝国主义阶段,世界各地的被压迫民族的社会斗争就被组织到世界无产阶级革命的范畴之中了。这一将欧洲革命与亚洲革命相互联系起来进行观察的方式可以追溯到马克思1853年为《纽约每日论坛报》撰写的文章《中国革命与欧洲革命》。列宁与主张"脱亚入欧"的福泽谕吉的取向相反的结论建立在一个基本的共识之上,即亚洲的近代乃是欧洲近代的产物;无论亚洲的地位和命运如何,它的近代意义只是在与先进的欧洲的关系中呈现出来的。例如,列宁把俄国看作是一个亚洲国家,但这一定位不是从地理学的角度、而是从资本主义发展的程度的方面、从俄罗斯历史发展的进程方面来加以界定的。在《中国的民主主义和民粹主义》一文中,他说:"俄国在许多方面无疑是一个亚洲国家,而且是一个最野蛮、最中世纪式、最落后可耻的亚洲国家。"[64]尽管列宁对中国革命抱有热烈的同情态度,但当问题从亚洲革命转向俄国社会的内部变革时,他的立场是"西欧派"。构成这一"亚洲国家"的特性的究竟是什么呢?专制主义帝国和农业及农奴制。19至20世纪的俄国知识分子将俄国精神视为东方与西方、亚洲和欧洲两股力量的格斗和碰撞。在上述引文中,亚洲是和野蛮、中世纪、落后等概念联系在一起的范畴,然而恰恰由于这一点,俄国革命本身带有深刻的亚洲性质(即这一革命针对着俄国这一"亚洲国家"所特有的"野蛮的"、"中世纪的"和"落后可耻的"社会关系)而同时具有全球性的意义。

　　1917年的十月革命产生于欧洲战争的直接背景之下,并对中国革命产生了深刻影响。但是,人们很少注意如下两个事实:第一,十月革命发生在辛亥革命之后,由此开创的一国建设社会主义的方式在很大程度上可以视为对亚洲革命(中国的辛亥革命)的回应。列宁关于民族自决权的理论、关于帝国主义时代落后国家的革命的意义的解释,都产生于

---

[63] 列宁:《落后的欧洲和先进的亚洲》,《列宁选集》第2卷,页449。
[64] 列宁:《中国的民主主义和民粹主义》,《列宁选集》第2卷,页423。

1911年辛亥革命之后,并与他对中国革命的分析有着理论的联系。以国家形式回应欧洲资本主义的挑战,这一逻辑本身与马克思或19世纪社会主义理论没有什么关系,毋宁是在帝国—国家二元论中建立起来的,按照这一二元论的历史框架,国家是资本主义发展和市民社会形成的最为重要的条件。社会主义者只是将黑格尔的辩证逻辑注入这一二元论:只有国家形式才能提供超国家形式的内在动力,或者说,只有资本主义的生产形态和组织方式才能提供超资本主义的生产形态和组织方式。社会主义与国家的结合既是颠倒19世纪欧洲思想以政治形式和生产形态结构起来的"世界历史"的努力,也是这一世界历史的内在逻辑的革命性的展开形式。第二,俄国革命对欧洲产生了巨大的震动和持久的影响,它可以视为将俄国与欧洲分割开来的历史事件。从十月革命、二次大战和冷战时代,以东西对峙的格局为形式,在西欧的视野中,俄国(苏联)重新回到了亚洲的怀抱,即使"二战"时代的短暂的战时联盟关系也没有改变这一点。列宁的革命的判断与斯密、黑格尔对于亚洲的描述没有根本的差别:他们都把资本主义的历史表述为从古老东方向现代欧洲转变的历史进程,从狩猎、农耕向商业和工业的生产方式转变的必然发展。但在列宁这里,这一世界历史框架开始包含双重的意义:一方面,世界资本主义和由它所激发的1905年的俄国运动是唤醒亚洲——这个长期完全停滞的、没有历史的国度——的基本动力[65];另一方面,中国革命代表了世界历史中最为先进的力量,从而为社会主义者标出了突破帝国主义世界体系的明确出口。俄国知识分子和革命者中间发生的斯拉夫派与西欧派的持久论战从一个特殊方面说明亚洲论述背后隐含的上述双重的历史动力。[66]

亚洲及其政治/经济形态在世界历史修辞中的这种特殊地位也决定

---

[65] 列宁:《亚洲的觉醒》,《列宁选集》第2卷,页448,447。
[66] 俄国知识分子的欧洲观和亚洲观显然受到西欧近代政治发展和启蒙运动的历史观的影响。在列宁的使用中,亚洲这一与专制主义概念密切相关的概念是从近代欧洲的历史观和政治观中发展而来的。关于斯拉夫主义与西欧主义的论战,参见尼·别尔嘉耶夫:《俄罗斯思想》第一、二章,雷永生、邱守娟译,北京:三联书店,1995,页1—31,32—70。

着社会主义者对于亚洲近代革命的任务和方向的理解。十月革命创造了社会主义/资本主义两种体制性对立的格局，但列宁的理论其实延续着斯密、黑格尔和马克思对于资本主义的历史性的肯定，他关注的中心问题即如何在俄国和亚洲地区创造出能够为资本主义发展提供条件的政治结构。民族自决问题说到底是如何发展资本主义的问题。在评论中国革命者提出的超越资本主义的民主主义和社会主义纲领时，列宁批评这个纲领带有深刻的空想的特点，它毋宁是民粹主义的。在他看来，"亚洲这个还能从事历史上进步事业的资产阶级的主要代表或主要社会支柱是农民"，因而它必须先完成欧洲资产阶级的革命任务，而后才谈得上社会主义问题。他娴熟地运用历史辩证法，一方面断言孙中山的土地革命纲领是一个"反革命"的纲领，因为它背离或超越了历史的阶段，另一方面又指出由于中国社会的"亚洲"性质，这个"反革命的纲领"恰恰完成了资本主义的任务："民粹主义为了'反对'农业中的'资本主义'，竟然实行能够使农业中的资本主义得到最迅速发展的土地纲领。"[67]很显然，对于亚洲的理解部分地决定了他们对于革命的任务和方向的理解。列宁的亚洲观的前提是什么呢？这就是黑格尔和斯密的世界历史观对于亚洲的特殊规定（一个中世纪的、野蛮的、没有历史的和农业的亚洲），再加上资本主义与革命的逻辑。这个黑格尔＋革命的亚洲概念包含了古代（封建）、中世纪（资本主义）、现代（无产阶级革命或社会主义）的历史发展范式，它为在资本主义时代理解其他地区的历史提供了一个带有时间及其阶段论的框架。

上述两种亚洲观从不同方面提出了亚洲概念与资本主义之间的历史联系。在这个历史联系内部，我们可以清晰地看到那个帝国与国家、农业与工业的对比。列宁在1914年形成的民族自决权理论将殖民主义和社会革命理解为现代世界的两种截然相反的跨国主义或国际主义动力，但同时又把二者归结为民族自决或创造发展资本主义的政治形式——民族—国家——的根据。为什么以国际主义和社会主义为旗帜的革命同样

---

[67] 列宁：《中国的民主主义和民粹主义》，《列宁选集》第2卷，页428—429。

导向了民族—国家的历史形式呢？列宁说：

> 民族国家是资本主义的通例和"常态"，而民族复杂的国家是一种落后状态或者是例外情形。……这当然不是说，这种国家在资产阶级关系基础上能够排除民族剥削和民族压迫。这只是说，马克思主义者不能忽视那些产生建立民族国家取向的强大的经济因素。这就是说，从历史的和经济的观点看来，马克思主义者的纲领上所谈的"民族自决"，除了政治自决，即国家独立、建立民族国家以外，不能有什么别的意义。[68]

在这里，"民族—国家"与"民族状况复杂的国家"（亦即"帝国"）构成了对比，前者是资本主义的"常态"，而后者则构成了民族—国家的对立面。民族自决是"政治自决"，这一概念意味着民族自决不是简单地回向认同政治，而是在政治的意义上实行自决，从而形成发展资本主义经济的政治条件——政治民族或民族—国家的政治结构。因此，当列宁谈论"亚洲的觉醒"的时候，他关心的不是社会主义问题，而是如何才能在农业的和帝国的关系中为资本主义的发展创造政治前提的问题，亦即创造资本主义（工业和市场经济）的政治结构和分工模式——民族—国家——的问题。列宁欢呼"资本主义使亚洲觉醒过来了，在那里到处都激起了民族运动，这些运动的趋势就是要在亚洲建立民族国家，也只有这样的国家才能保证资本主义的发展有最好的条件"。[69]这里清楚地指出了民族主义与资本主义的内在的联系：不是革命，也不是亚洲的特殊文明，而是资本主义的发展要求着民族运动。在清理了列宁的革命理论和民族自决理论与19世纪欧洲政治经济学的关系——尤其是深深植根其中的帝国—国

---

[68] 列宁：《论民族自决权》，《列宁选集》第二卷，页511—512。
[69] 对列宁来说，亚洲问题是和民族国家密切联系在一起的。他说，在亚洲"只有日本这个独立的民族国家才造成了能够最充分发展商品生产，能够最自由、广泛、迅速地发展资本主义的条件。这个国家是资产阶级国家，因此它自己已在压迫其他民族和奴役殖民地了"。列宁：《论民族自决权》，《列宁选集》第二卷，页511—512。

家二元论——之后，我们能够理解为什么以列宁主义为重要理论依据的中国马克思主义学派与费正清学派在解释中国现代性的发生问题时有着结构上的相似性。如果综合他们对于中国国家危机和社会危机的分析，我们大致可以归纳出相似的论证逻辑：第一，中国的危机是一个幅员辽阔、种族复杂、地方文化差异极大的帝国的危机；第二，帝国的统治依赖于强大的和统一的中央国家，这正是中国危机的根源；第三，统一的中央国家以特定的政治文化为前提，而这一政治文化建立在儒教文化（以及汉字书面语言）的基础之上。由此推论：危机是统一帝国的危机，统一帝国总是趋向于用一种集权化的方式统治国家，从而瓦解专制的方式即瓦解这一帝国及其政治文化。因此，民族自决是解决专制问题的主要方式。[70]

19和20世纪欧洲思想中的帝国—国家二元论产生于一种普遍主义的知识体系，散落在政治学、经济学、法学、文化人类学、语言学、考古学、历史学、种族理论等各个方面。在不同形式的民族运动和国家建设过程中，这一知识建构的过程是极为重要的要素：为了将日本想象或建构为一个现代国民国家，明治维新以降的日本社会对西方政教、法律和科学进行了持续的大规模翻译介绍；为了转化沙皇俄国的政治结构和世界关系，列宁在建构民族自决权理论时对黑格尔和马克思反复地仔细阅读；为了在满清帝国内部实行变法或为了推翻帝制、建立共和，晚清以降的各种运动以前所未有的热情翻译、介绍和阐发欧洲的政治、法律、经济和文化理论。民族主义的知识及其政治性的运用催生了国家的和大众的民族主义运

---

[70] 中国共产党的早期文件和宪法大纲均明确地将支持少数民族的民族自决作为自己的政治纲领的一个部分。例如，由中国共产党提出、中国工农兵会议第一次全国代表大会中央准备委员会全体会议通过的《中华苏维埃共和国国家根本法（宪法）大纲草案》第五节"苏维埃国家根本法最大原则之四，就是彻底地承认并且实行民族自决，一直到承认各小民族有分立国家的权利。蒙古、回回、苗黎、高丽人等凡是居住在中国地域的这些弱小民族，他们可以完全自由决定加入或脱离中国苏维埃联邦，可以完全自愿地决定建立自己的自治区域。苏维埃政权还要努力去帮助这些弱小的或者落后的民族发展他们的民族文化和民族语言等等，还要努力帮助他们发展经济的生产力，造成进到苏维埃的以至于社会主义的文明的物质基础。"见《中国新民主主义革命时期根据地法制文献选编》第一卷，北京：中国社会科学出版社，1981，页5。

动。这一现象说明的是:民族—国家的构想、方案和设计与一种普遍主义(更准确地说,一种特殊主义的普遍主义)的知识有着深刻的联系。几乎所有的民族主义的思想——无论它是以民间社会运动的形式出现,还是以官方的政治、法律和经济改革的形式出现,抑或以感情的、文学的、信仰的形式出现——都以这种普遍主义的世界观和知识体系作为前提,在这个普遍主义的知识体系中,国家的知识构成了历史和政治叙述的中心点。因此,除了社会条件之外,以大众或人民主权为指归的民族运动和以政治主权为中心的国家建设运动的发生均与认识论的框架有着内在关联。我在稍后的部分还要就此展开论述。

第三节　天理/公理与历史

1. 时势与时间

　　在本书中,帝国与国家、封建与郡县等问题是在另一更为基本的思想史线索中展开的,即天理的成立以及围绕理与物之关系的转化而展开的思想变迁:上卷讨论这一问题在儒学范畴内的意义,而下卷则以此观察科学世界观的形成及其内在矛盾。理与物的关系问题处理的是变与不变、连续与断裂的主题,亦即事物的秩序及其自然演化的问题。在这一框架内,上述各种政治性的和社会性的主题可以视为这一秩序及其演化的历史形式。对天理世界观与公理世界观的讨论实际上是对不同时期中国认同的特征、演化和合法性的研究。简要地说:作为一个道德/政治共同体的普遍价值观,天理是"前西方"时代中国的道德实践、文化认同和政治合法性的关键概念,而以此为核心的世界观的解体意味着在漫长时代里形成的道德/政治共同体及其认同感正在面临危机;作为这一解体的结果的公理/科学世界观的产生标志着原有的认同形态已经难以为继。伴随资本主义/殖民主义体系的扩张,民族—国家模式正在成为一种支配性的政治形式,在中国自身的转变之中,传统的混合型国家的历史/政治认同不得不让位于一种新型的认同方式,这就是在公理世界观的框架内形成的民族认同形式。无论是早期民族主义意识形态对于公理世界观的依赖,还是中国共产主义运动及其意识形态与公理世界观之间的内在联系,都说明天理世界观及其体现的认同模式不再能够合法地提供中国认同的根据。

正如天理世界观利用日常生活知识、宇宙论和知识论的建构,以及礼仪制度的实践对抗并击溃佛教、道教的支配性影响一样,近代科学世界观(或称公理世界观)通过建构自己的宇宙论、历史观和方法论并诉诸常识挑战天理世界观的支配性地位。从晚清至"五四"时代的大量文献中,我们可以从几个方面归纳天理世界观与公理世界观的尖锐对立:第一,公理世界观逆转了天理世界观的历史观,将未来而不是过去视为理想政治和道德实现的根源。这一逆转瓦解了儒学世界观内部所包含的历史中断或断裂的意识,以及由这一意识而产生的接续道统的意志,代之以一种历史延续和无穷进化的意识,以及由这一意识而产生的与过去决裂的意志。在这一历史意识的支配下,不是以个人的道德/政治实践重构道统谱系,而是以一种投身未来事业的方式体现历史意志,构成了新的伦理。第二,公理世界观以一种直线向前的时间概念取代了天理世界观的时势或理势概念;时势和理势内在于物之变化本身,它们并没有将物之变化编织在时间的目的论的轨道上;而直线向前的时间提供了一种目的论的框架,将日常生活世界的变化、转型和发展全部纳入时间目的论的轨道。第三,公理世界观以原子论的方式建构了"事实"范畴,并以此冲击天理世界观的形而上学预设,试图按照事实的逻辑或自然的法则建构伦理和政治的根据。由于原子论式的事实概念的最终确立,任何对于事实的逻辑或自然的法则的反抗都必须以承认事实与价值的二元论为前提。这个伦理学方向与陆象山、王阳明、顾炎武、章学诚等人从心学、经学和史学的前提出发努力克服程朱理学的二元论正好处于对立的位置上。

但是,近代"科学公理观"在批判理学世界观的同时汲取了其中的自然的理序观。严复在比较赫胥黎的道德主义和斯宾塞的自然主义观念时,曾把他们之间的区别直接地与唐代中期柳宗元和刘禹锡的"天论"联系起来,实际上是用天论的模式对物竞天择、适者生存的进化法则进行"自然主义的"处理。[71]他从近代天演论追溯至柳、刘天论,并把刘禹锡的"交相胜、还相用"的天论与进化论的"物竞天择"结合起来,这一事实揭示了一种基本的历史关系:即使在进化论的历史观内部,天论作为现实秩序合法性依据的方式并没有改变。[72]与此同时,严复沿着朱熹的格物致知论的逻辑理解科学方法论的含义,并力图将科学认识与道德实践统一起来。因此,天理世界观的衰败和科学世界观的兴起不是简单的兴替关系,它们之间也存在着相互的渗透。例如,天演的范畴把现代国家、社会、市场以及各种权利范畴理解为自然进化的结果,并用一套社会科学的理论为改良主义的社会计划提供证明。这与理学家们用天理范畴为他们的各种社会思想提供证明有多大不同呢?

  天理和公理概念不仅被用于士大夫的社会批判、下层阶级的社会反抗、新秩序替代旧秩序的合法性论证,甚至现代的革命运动的道义目标,而且也被用于不同社会对于统治秩序的合法性论证。各式各样的批判运动和反抗运动将天理或公理理解为最终的、普遍的价值,进而剥离天理、公理与现实秩序的人为联系,揭露这个秩序的反天理或反公理的特质;但一旦这个绝对和普遍的价值脱离了反抗的实际运动,它就转而为新的等级关系提供合法性论证。在这方面,天理、公理等观念与古老的天命观的命运有着相似之处:以天或公的名义将既定秩序合法化,又以天或公的名义赋予革命和反叛以合理性。因此,现代社会没有摆脱对于某种能够将自身合法化的普遍原理的依赖,亦即现代社会从未像礼乐社会那样将社会的存在方式与这

---

[71] 严译名著丛刊赫胥黎著《天演论》,商务印书馆,1981,页92。
[72] 例如康有为对《论语》中以下这段话的解释:"子贡曰:我不欲人之加诸我也,吾亦欲无加诸人。子曰:赐也,非尔所及也。"康有为解释说:"子贡不欲人之加诸我,自立自由也。无加诸人,不侵犯人之自立自由也。人为天之生,人人直隶于天,人人自立自由……人各有界,若侵犯人之界,是压人之自立自由,悖天定之公理,尤不可也。子贡尝闻天道自立自由之学,以完人道之公理,急欲推行于天下。孔子以生当据乱世,尚幼稚,道虽极美,而行之太早……至升平太平乃能行之。"《论语注》,楼宇烈整理,北京:中华书局1984,页61。

一社会的道德评价形式完全同一。天理世界观与公理世界观均诉诸日常生活讨论道德和政治的合理性问题,但两者又都保留了某种形而上学的特征、保留了实然与应然之间的某种紧张和区分。在这个意义上,公理世界观是沿着天理世界观的逻辑确立自身的合理性和合法性,而不是相反。

理解天理或公理问题不能也不应从概念的精确定义出发,而应从天理或公理的历史展开过程自身出发。天理或公理的历史展开过程即它们在政治、伦理、经济等日常行动中呈现出的状态——在这一状态中,天理或公理不是抽象的概念、定义、戒律,而是人们每时每刻所面临的、所需要作出选择或决定的事情。因此,尽管儒学的不同学派、现代的思想史或哲学史学者给出了大量有关天理和公理的定义,但这些定义并不能提供和增进对天理或公理的实质性理解。在这个意义上,对天理与公理之间的关系的理解不能仅仅着眼于概念上的连续和断裂,而应该分析在这一替换过程之中发生的实质性的社会关系的转变。如果说天理世界观的支配地位产生于唐宋时代的历史形成和完善的过程之中,而公理世界观则是民族—国家的现代规划的合法性前提,那么,我们在探讨天理与公理及其相互关系的时候,完全没有可能绕开社会的制度性的演变。但是,天理或公理这两个概念始终联系着人们在具体情境中、在日常生活实践中所做的抉择和判断,从而只有将社会关系理解为一种伦理的和道德的抉择过程,才能把握这两个概念的实质含义。在一定意义上,社会想象的核心是关于道德秩序的想象:所有的社会关系都必须被诠释为一种道德关系。例如,科学世界观倾向于把伦理的关系理解为一种物质的关系、利益的关系和必然的关系,从而用一种关于自然和社会的知识(自然科学、社会科学和人文科学)去除这些关系的神秘性质,而天理世界观则恰好相反,它倾向于把各种物质关系或利益关系看成是一种道德的关系、心性的关系和形而上学的关系,从而用一种道德的知识(理学、经学和史学)去理解种种现实关系。因此,科学、社会科学和人文科学都应该被理解为道德知识,而理学、经学或史学等儒学形态也应该被理解为关于自然、物质、制度和行为的知识。前者把"理"视为"物"的关系,后者把"物"视为"理"的关系,从而对于"理"的探讨必须以对"物"的探讨为出发点,而对"物"的探讨则必须以对"理"的探讨为出发点。理与物的区分必须放置在理与物这两个概念的产生、转化及其条件之下进行理解。正由于此,我把"理"与"物"这两个古老而又年轻的范畴置于历史描述的中心,通过对它们的谱系的追踪,展现知识、制度与道德评价的不断变化的历史关系。

究竟应该如何理解天理世界观与公理世界观之间的关系呢?让我们从对天理世界观的一般理解开始。天理观的确立对于理学的形成具有决定性的意义,由此儒学的诸种问题均围绕这一中心范畴而被重组和展开。元代以后,程朱理学被统治者确立为官方儒学的标准版本,这一政治性的发展使得理学世界观成为一种支配性的意识形态,以致任何一种针对王朝体制的思想实践都在不同程度上带有对理学的批判意味——明清时代的心学潮流和朴学研究均包含着对这一官方化的理学的抗拒。但是,对官方理学的批判并不意味着这些批判性的思想已经溢出了理学的基本预设。这里有两点值得注意:第一,在官方化的理学与士大夫之理学之间需要作出适当的区分,进而将理学的官方化过程与理学家对王朝体制的批判放置在更为复杂的历史关系之中考察;第二,心学、朴学、史学等儒学形态均产生于对理学、尤其是官方化的理学的拒绝和批判,但又在不同的程度和方向上承续着理学的一些前提,回应着理学家试图回应的问题。清代思想中所谓"理学,经学也"的命题强调经学形式是回答理学提出的那些基本命题的惟一的合适途径,从而心学、经学、史学等儒学形式均可以视为理学世界观的转化、发展和延续。对于理学世界观的根本挑战是在晚清时代:在国家体制的改革过程中,一种新的、以实证主义的科学观念为核心的公理概念上升为能够为政治、道德和认识过程提供合理性和合法性的至高范畴。在这一公理观的支撑下,改革的士大夫和知识分子用一种新的科学宇宙观和社会学说对天理世界观进行全面地批判,并最终在意识形态上和知识体制上取而代之。(参见第八章、第十一章)

科学公理观确立自身霸权的过程经历了两个相互区别的阶段:在晚清时代,科学思想、科学实践和科学知识是整个社会思想、社会实践和新知识的有机部分,严复、梁启超、杜亚泉和许多科学期刊的编辑者和作者并没有构成一个完全专业化的科学共同体。无论是改革的倡导者,还是革命的宣传家,他们对于科学的意义的解释始终限制在科学/文明、科学/时代、科学/国家、科学/社会等修辞模式之中。然而,伴随民国的成立,专业化的科学共同体从其他社会群体和知识群体中分化出来,以一种与政治、社会、文化及其他领域无关的专业化姿态确立其合法性。这一为科学而科学的信念是新的劳动分工和知识体制的产物。为什么恰恰是这一与社会/政治无关的科学职业及其在教育和科技领域的实践构成了一种社会/政治领域中的权威力量?为什么恰恰是科学与人文的严格区分构成了科学宇宙观和科学话语对于人文领域的支配性影响?如果离开公理世界观及其方法论的霸权,我们无法解释这一现象。

公理概念与欧洲近代认识论的兴起具有密切的关系,后者构成了欧洲近代科学和精神科学的方法论前提。伽达默尔曾说:"不论关于现代性发生年代和源起有多少争议,这一概念还是由科学和方法的一种新观念的出现得到了明确界定。它最初由伽利略在局部的研究领域中形成,由笛卡尔首次哲学地奠定。所以,从17世纪以来,我们就发现,今天所说的哲学处在被改变的情势中。面对科学,它开始以过去从未有过的方式,为自己的合法性寻找证明;而且在直到黑格尔和谢林去世的整整两个世纪中,哲学实际上是在反对科学的自卫中被建构的。上两个世纪的系统的伟构(Edifices)表现为调和形上学传统与现代科学精神的一系列努力。此后,随着进入孔德以来所谓实证时代,人们从相互冲突的世界观的大风暴中,企图用一种对哲学底科学特性(the scientific character of philosophy)的纯学术的严肃态度,把自己挽救到坚实的土地上。哲学因而就进入了历史主义底泥塘,或者搁浅在认识论的浅滩上,或者徘徊在逻辑学的死水中。"[73]笛卡尔、霍布斯、洛克、休谟等从不同的方向和方面把原子论的和个人主义的观念发展为一种系统的观察世界的方法,从而以人的中心地位取代了神的中心地位。正是这种对于作为个人的人的关心,欧洲近代思想面对的第一个问题就是个人与他(她)所处的环境——物质对象和其他的

---

[73] 伽达默尔(Gadamer, Hans-Georg):《科学时代的理性》(Reason in the Age of Science),台北:结构群文化事业有限公司,1980,页6—7。

心灵——的关系:人如何了解外在于他的人与物？意识和对于世界的认识是如何发生的？是怎样的机制控制了获取知识的方式？我们把这样一种认识论的原则视为公理世界观,是因为从18世纪欧洲启蒙运动以降,人们企图通过这一认识论原则不仅发现宇宙自然的原则,而且还发现一套合乎理性而又公正的道德原则,并认为这一原则"对所有有理性的和反思性的存在物,不管其文化传统、宗教背景、政治秩序或道德结构的特殊性质如何,都是同样有效和同样具有制约力的。这个企图在政治上体现在美国革命和法国革命的主要宣言中。在哲学家中,休谟、狄德罗、边沁和康德等都企图从理论上阐述这些原则"。[74] 从天理到公理的转化是一个激烈的冲突过程。正如天理世界观的支配性产生于一种制度性的关系一样,公理世界观的支配性产生于现代国家的主权模式及其知识体制的确立。如果说天理世界观以礼制秩序作为自然的和合理的秩序,那么,公理世界观则以原子论和个人主义对天理世界观及其社会内涵进行解构和批判。

天理和公理均处理心物关系和事物的秩序问题:天和公代表着一种普遍性宣称,而理则表示超越于"物"而又内在于"物"的法则。值得注意的是:在公理世界观对天理世界观的激烈批判过程中,理这一代表着超越时空的普遍秩序的概念却在这一革命性转变中保留下来了。一个明显的例证是:在汉语中,天理与公理这两个概念都诉诸于"理"的概念和思想。晚清知识分子用"理学"、"穷理学"、"格物"和"格致"等范畴翻译科学(science)及其认识过程,从而公理这一自然科学概念与天理这一理学范畴之间不期然而然地产生了联系。(参见第十一章)因此,我们不可能回避如下问题:为什么古代秩序与现代秩序都需要诉诸"理"这一范畴？为什么"理"这一范畴能够被用于近代认识论？天理世界观与公理(科学)世界观究竟是怎样的关系——是连续的关系,还是革命性的替代？正如理学的发展伴随着一个体制化的过程一样,科学世界观及其知识谱系的发展和传播也经历了一个类似的过程。因此,为了回答上述问题,我们需

---

[74] A.麦金太尔:《德性之后》,龚群、戴扬毅等译,中文本序言,北京:中国社会科学出版社,1995,页1。

要对天理世界观的确立过程及其演化做出历史分析。为了理解天理的含义，我们需要考虑如下几个问题：

第一，天理概念产生于一种浓郁的复古主义的儒学氛围之中。从唐代后期开始，韩愈等人即声称儒学之道统至孟子时代已经中断，这个看法为北宋儒者普遍接受，他们均以恢复道统为己任。在这一复古主义的视野中，三代之治是真正的社会理想，我们可以在这一时代的历史编纂学和政治/道德论述中反复地看到那种将三代之治与秦汉以降的各种制度——田制、兵制、学制、官制等等——进行尖锐对比的论述模式。这一论述模式产生于一种历史中断的意识的前提之下。如果说三代想象是孔子以降儒学的一个内在要素或命题，那么，宋代儒学则将这一想象建构成为一种完整的历史意识和批判性资源。在这里，尤其值得注意的是：天理不是产生于一种历史延续的意识，而是产生于历史断裂的意识，从而对天理的追求本身必须诉诸一种主体的力量，一种通过主体的实践重新将断裂的历史接续下去的意志。在这个意义上，历史断裂的意识与主体性的生成具有内在的联系。这一断裂的意识对于儒学的诸种形态的形成——如理学、经学和史学等——均有重要的影响。

让我从对中断或断裂的历史意识与普遍之天理之间的关系开始讨论。首先应该考虑的是这一断裂的历史意识的表达方式：断裂不仅表现在一线单传的道统谱系的终止，而且表现为礼乐与制度之间的一种历史性的分化，即三代的礼乐制度在历史的流转之中发生了异化，例如封建变而为郡县、学校转而为科举、井田退而为均田、夷狄进而为中国、中国变而为夷狄……这些变化不是道统的延续，而是道统中断之后产生的现象。在道统中断的语境中，天理不仅成为判断礼乐与制度之分化的尺度，而且也成为儒者在变化的历史语境中确立自身认同的根据。正是通过这样一种历史意识的展开，宋代儒者能够通过天理的阐发而展开对于政治和日常生活实践的批评和介入。复古主义的时间概念——亦即历史的"非连续性"而非"连续性"——为天理的成立提供了内在的逻辑，即儒者必须通过天理和天道将自身连接到古代圣王的历史之中。天理是在道统或理想的秩序已然中断的语境中成立的，宋代儒者试图通过这一概念重新理解历史的变化与理想秩序或本然秩序之间的关系。由于断裂的意识是通过礼乐与制度的分化这一方式来表述的,从而围绕着天理和如何理解天理的激烈辩论总是与政治制度和日常生活问题密切相关。正是在这个意义上,天理成为宋代以降儒学士大夫的政治/伦理意识的核心。(参见第一章)

第二,从天理与历史之间的悖论关系出发,我们可以分析天理与时势之间的关系。在三代之礼乐已然解体的条件下,亦即现实之制度无法提供道德合理性的条件之下,天理被建构成为道德评价的最高尺度和根据。因此,与天理合一是重构历史延续性的惟一道路,从而对天理的追究与对历史的追究是同一过程。但是,在宋儒的思考中,与天理合一又不等同于回到古代理想政治之中,从而天理并不僵固地存在于理想的过去。天理不仅产生于历史断裂的意识,而且产生于一种面向当代和未来的态势,存在于所谓"自然之理势"或"时势"之中——"时势"或"自然之理势"构成了天理的内在的要素。"时势"是一个将断裂转化为连续的概念,如韩愈《闵己赋》云:"余悲不及古之人兮,伊时势而则然。"[75]在《四库全书》中,"时势"一词计约1458条,经部各类易书中约有154条,其他多为后人解释《语》、《孟》时所用,[76]子部中有216条,史部中也有大量例证。《论语》一书并无时势概念,但《孟子》卷十"以圣之时者"称孔子,认为"孔子时行则行,时止则止",从而后人以时势(或理势)概念注释《语》、《孟》者众多。程子曰:"知时识势,学《易》之大方也"[77];吕氏曰:"随时之义大

---

[75] 《韩昌黎文集校注》,马其昶校注,上海古籍出版社,1986,页9。
[76] 刘宗周撰《论语学案》卷四"泰伯第八":"子曰:泰伯其可谓至德也已矣,三以天下让,民无得而称焉"条下有:"圣人见端知末,逆知必至之势而早决其无待之机,真能让天下者也,故曰三让。今人事到临局处无可奈何只得听时势所转,时当汤武不合做征诛事,时当尧舜不合做揖让事,……故曰先天而天弗违,后天而奉天时,天且弗违也况于人乎,况于鬼神乎,泰伯之让直天地人鬼之所避者也。……"又如《四库全书·日讲四书解义》卷十五《孟子·上之三》云:"此二节书见齐之易王,以其时势可乘也。……凡人之作事,虽有智慧之巧,不如乘其可为之势,乃可以济其事。凡农之治田,虽有鎡基之备,不如待其可耕之时,乃可以利其用。观齐人之言,则知王天下者必有资于时势矣。吾之言以齐王犹反手者,正以齐有可乘之时势,真有至易而无难者也。"
[77] 《周易程氏传》卷三,程颢、程颐著,《二程集》,中华书局,1981,页921。

矣哉,先辈谓易三百八十四爻一言以蔽之只是一时字,如孔子大不可名,孟子只以圣之时尽之"。[78]将易理概括为"时势",亦即将变化及其法则,以及如何因应这种变化及其法则的思考,视为儒学的中心问题。从这一宇宙观出发,一方面,儒学构筑了时势与德行之间的内在联系,强调"由时势易而德行速也";[79]另一方面,儒学又提出了人在特定形势中行权的必要性,认为"是以圣人从事,必藉于权而务兴于时。夫权藉者万物之率也,而时势者,百事之长也。故无权藉倍时势而能事成者寡矣。"[80]

宋儒以理释天,逐渐地将时势的概念替换为"理势"的概念,从而为"适时"提供了一种内在性的根据。我在程颐著作中查得"时势"1条,在张载著作中查得"理势"3处,在朱熹著作中查得"理势"及"时势"63条,在陆象山著作中查得"理势"一词4条。"时势"概念本来与《易》关系密切,但张载的《横渠易说》不再使用"时势"概念而代之以"理势"概念:"理势既变,不能与时顺通,非尽利之道。"[81]朱熹著作中兼用"时势"与"理势",但"理势"概念出现的频率远高于"时势"概念,如云:"天下之理,其本有正而无邪,其始有顺而无逆,故天下之势,正而顺者常重而无待于外邪,而逆者常轻而不得不资诸人。此理势之必然也。"[82]"时势"或"理势"都是在历史变化的意义上使用的:这一概念的功能是说明圣王之

---

[78] 纳兰性德(1654—1685)编《合订删补大易集义粹言》卷十一,页10b。文渊阁四库全书本。又上引两句见元·胡炳文《四书通·孟子通》卷三,页6a,文渊阁四库全书本。

[79] 引文见元·胡炳文《四书通·孟子通》卷三,页6a,文渊阁四库全书本。《四书讲义困勉录》(文渊阁四库全书本)卷二十六,页1ab注《孟子·公孙丑》上亦云:"德是根本,时势是其所乘。孟子之能使齐王者是德,其反手处是时势。有德然后可以论时势,不可以时势德三平看。"

[80] 《战国策注释》,何建章注释,中华书局,1990,页419。再如明·来知德(1525—1604)注《周易》"九四不克讼复即命渝安贞吉"云:"盖二之讼者,险之使然也。其不克者,势也。知势之不可敌,故归而遽逃,曰:归者识时势也。四之讼者刚之使然也,其不克者,理也。知理之不可违,故复即于命曰:復者明理义也。九四之復,即九二之归,皆以刚居柔,故能如此,人能明理义,识时势,处天下之事无难矣。"(来知德:《易经集注》卷二,页29ab,上海书店影印康熙二十七年宝廉堂刻本,1988。)

[81] 张载:《张载集·横渠易说·系辞上》,中华书局,1978,页205。

[82] 朱熹:《四书或问·孟子或问卷五》,朱杰人、严佐之、刘永翔主编:《朱子全书》第六册,上海古籍出版社,2002,页948。

制为什么会发生转化。很明显,时势概念或理势概念产生在历史中断或道统断绝的前提之下,从而历史中断的意识与历史延续的意识是并存的。在历史中断的前提之下,延续不再能够直接地界定为具体历史存在的延续,因此延续成为一种内在的、本质的过程和状态,亦即延续必须用一种抽象的方式加以界定。时、势、时势、理势或自然等范畴就是在历史变迁之中用以界定和论证天理的普遍存在的概念。当历史演变以礼乐与制度的分化、三代以上与三代以下的严格分界来表述自身时,中断变成了历史过程的一部分,从而人们必须追问:究竟是什么力量支配着这一历史过程?如何在持续的变动或断裂之中把握天理?时势或理势概念就产生于这一追问过程之中。在这两个概念构成的视野之下,任何试图复归三代之理想的努力都必须以自然之理势或时势为前提,否则即无从理解为什么横亘在三代礼乐与后世制度之间的那个断裂本身恰好构成了历史延续的必然形式。孟子称孔子为"圣之时者",《礼记》宣称"礼时为大",这里所谓"时"既表示时代及其演变,也表示对时势变化的适应。在儒学的主流脉络中,"势"强调的是一种支配物质性变化的自然的趋势或自然的力量——这种自然的趋势或自然的力量固然总是落实在促成其自我实现的人物、制度和事件的身上,却不能等同于物质性过程本身。从"时势"到"理势"的过渡隐含了一种对时间含义的淡化——"理势"概念强调的是"势"之内在性。"时势"或"自然之理势"这两个概念的重要性在于:儒学虽然提供了一种复古主义的政治理想,但这种复古主义的政治理想不能等同于僵化地恪守先儒教条的"原教旨主义"。

在唐宋时代,时势的观念与一种历史的自然发展或自生的观念密切相关,它在宇宙论上所反对是汉代的天命论。例如,柳宗元把政治制度的演变视为时势的产物或适时的产物,否定了任何一种政治制度的绝对合理性,从而创造了以政治形式为中心的历史哲学。正像黑格尔将家庭、市民社会和国家视为历史演变的形式一样,柳宗元将分封制与郡县制视为历史变迁的内在结果:从"君长刑政"到"诸侯之列",从"方伯、连帅之类"的出现到中央集权的郡县体制,这是一个漫长的历史进化过程。柳宗元的时势观是对将封建关系永恒化的汉代天人构架的否定和对中央集权体制的合法性论证,但这一论证并不像黑格尔哲学那样需要诉诸一种目的论的历史观,它毋宁是建立在由《周易》、《庄子》所奠定、由郭象所阐释的那种"生生"或"自生"的历史观和自然观之上的。从这一生生或自生的历史观和自然观出发,柳宗元为之辩护的中央集权体制同样不具备永恒的合理性,而只是变动不居的时势的产物。(参见第一章)朱熹等理学家对三代之治持有与柳宗元不同的理想主义态度,但在以时势或"自然之理势"解释后代制度的历史合理性方面却完全一致。

在儒学思想——尤其是理学——的发展中,时势概念或时势的意识是一个很少为人注意但极端重要的命题,它至少在两个方面起到了关键性作用。首先,时势概念将历史及其变化纳入自然的范畴,解构了天命对人世的决定关系,为主体的历史行动提供了空间。在历史演化的视野中,作为道德/政治理想的三代之治处于隐含的而非外显的位置,亦即三代的理想存在于变化的过程之中,存在于每时每刻都必须做出的权衡和决断之中,而不是存在于现成的教条和对这些教条的机械复制之中。理学家以自然的概念区分事和物,即将事物区分为自然的和不自然的事物,并在时势变化的视野中衡量何为自然,何为不自然。宋儒常常将格物致知与"知止"的概念联系起来,而"止"即在自然与非自然之间的、需要主体进行把握的尺度。宋儒崇奉三代,但并没有用三代的具体措施作为实践的方案,而是标举天理,一方面在变化的历史之中寻找合理的解决方案,另一方面诉诸个人的修身实践在日常行为之中达到成圣的目标。从格物致知的反复争论,到如何处理经与权的认真思考,宋儒及其后继者均在一种历史演变、时势之流转或自然之理势之中把握道德/政治实践的尺度和分寸。在《孟子字义疏证》中,戴震提出了自然/必然之辨,并高度重视"权"这一概念的重要性:"权"意味着主体必须在儒学原则与具体情境之间进行权衡,进而达到自然、时势和人情的和谐。天理即存在于这一合乎自然的状态之中。(参见第四章)在将历史自然化的过程中,时势概念起到了重要作用;如果天理存在于时势之中,那么,个人就必须通过自我的修养和审时度势的能力随时做出抉择。在这个意义上,天理与时势的综合恰好为主体实践提供了空间。

其次,时势概念将断裂的历史重新组织在一种自然演变的关系之中,从而也创造了自然演变的历史主体;否则,人们如何能够将断裂之后的历史组织到以三代之治为开端的制度性演变的谱系之中呢?族群关系的转化、王朝谱系的更迭、社会结构的变迁、语言风俗的嬗变——所有这一切均可以纳入时势的变化之中、纳入一个历史主体所经历的无限丰富的转变之中。因此,这一概念为一种共同体的意识或中国认同提供了重要的认识框架。在理学和心学的视野中,"自然之理势"或"理势之必然"的概念在天理与历史之间找到了沟通的可能性;在经史之学的视野中,时势概念为一种历史方法论提供了前提:如果天理存在于时势之中,那么,按照形而上学的方式去追寻天理就是一种方法论的错误——天理是历史事件的自我展开的方式,任何离开历史变化(如风俗和政治形式的演变)探求天理的方法都不可能获得对天理的真实理解。理学和经学共同为儒学的历史观和方法论提供了前提:理学将道德实践放置在修身的实践程序之中,而经学则认为这一程序必须有礼乐论的根据。宋明理学和清代经史之学均以如下问题作为基本的出发点:如果三代以上与三代以下已经发生了深刻的断裂和转化,我们如何才能够达到真正的礼乐世界呢?如果说宋明儒者在格物致知论的框架中思考这一问题,那么,朴学家们则试图以一种独特的方法论穿透历史的变化,恢复礼乐世界的每一个细节。从这一问题出发,顾炎武发展了极为精密的考证方法,将考文知音的方法论置于历史演化的视野之中,要求按照时势的变迁去逐层追踪真正的三代之音和义。在顾炎武的音学、文字学以及对风俗、制度的讨论中,历史演变及其内在的线索构成了考证学方法论的核心。(参见第三章)章学诚的"六经皆史"的命题不仅提出了对于经书内容的理解,而且还把经书得以形成的历史条件及其演变作为理解经书的前提。他在道器一体的观念之下,将圣人的认识从属于"自然"过程自身,即视之为由于洞察自然而产生的"不得不然"的认识。正是以这一历史本体论为出发点,他发展了在礼乐制度及其历史演化的关系之中解释道的方法,进而在时势的关系之中判断六艺、七略和四部等知识分类的意义。在时势流变的视野之中,经/子、经/传的关系被彻底地颠倒了——不是子和传产生于对"经"的解释,而是"经"产生于子和传对"经"的构建;或者说,不是父亲产生儿子,而是儿子产生父亲。这一建构经典的过程本身是制度性演化的产物(如秦汉经学博士制度的确立)。在这里,时势的观念为一种经学考古学和经学谱系学的诞生奠定了基础。在经学考古学或经学谱系学的视野中,不仅是对经典文本的训诂考证本身,而且也是经典及其意义的获取过程与时势的关系——亦即经学的政治性和历史性——成为考察的中心。站在这样一种经史之学的立场,顾炎武、章学诚均将三代及其礼乐制度理解为理想的道德和政治的根源,并力图发展出一整套接近这一三代之治的方法。正是基于对于时势的理解,他们并没有以一种原教旨主义的方式建构其政治/道德理想。顾炎武的"寓封建于郡县之中"的政治观和章学诚在历史流变之中确立史学方法的讨论均以儒学的时势观为前提。(参见第三、四章)

将三代之治、时势(历史)与天理等三个理学主题放置在一起,我们可以理解为什么宋代以后"格物致知"成为儒学争论的焦点问题。对三代的仰慕和想象产生于一种历史中断的意识,而在时势变迁的视野中,这一中断在不同的方面被表述为礼乐与制度之间的分化。在理学和史学的表述中,礼乐与制度的分化的命题产生于对古代礼乐与现实制度之间的区分的理解,即古代的那种直接体现天意和道德规范的礼乐已经在历史的流变之中转化为一种功能主义的、无法与天意沟通的制度。但是,礼乐与制度的分化是时势演变的结果,而时势本身又是天意自我展现的方式。因此,尽管后代的制度、风俗和学说等等已经与古典礼乐完全分离,但作为时势流转中的现象,它们仍然是通达理想或圣人大义的"踪迹"。在这一视野中,一方面,一切现存的制度、法律、规范,以及一切假借圣人之言、祖先之传或君王之威的秩序,均不能等同于圣王之礼乐或普遍之天理,从而天理概念(以及礼乐与制度的二元论)体现了一种对制度性权威的质疑;另一方面,任何对于天理的探究又离不开对现实存在的制度、风俗、习惯和学说的探究。天理的求得是一个在儒学的普遍原则与历史的具体情境之间展开的过程,从而通过何种方法、途径和程序在时势的转变中发现、体验和显示天理就成为人们关心的中心问题。如果说道统中绝的意识激发了通过个人的修身和政治的实践去重构道统的连续性的意志和冲动,那么,时势的概念则激发出了一种强烈的方法论的需求:以何种方法穿透总是处于具体情境之中的"物"及其变化而获得对普遍秩序的理解?如何越过"物"的外在性和临时性而达到与"理"的合一?

这就是格物致知论成为宋代以后儒学争论的焦点问题的内在动力。格物致知论的悖论是:一方面,如果缺乏对于天理的理解,任何一种日常生活形式的正当性都是可疑的,任何一种对于日常生活形式的意义的理解也都不可能建立起来;另一方面,天理内在于日常生活的展开过程本身,从而任何将格物致知作为一个外在于日常生活实践的认识活动的方式都无助于把握天理。天理不是格物致知的产物,不是圣人的创造,而是内在于日常生活而又不同于日常现实的和有待发现的存在。从儒学的立场看,合乎天理的日常生活形式只是存在于礼乐的条件之下,一旦礼乐退化为空洞的形式或功能性的制度,天理与日常生活世界的关系就不再是透明的或直接的,从而只有透过格物致知的实践才能重新建立日常生活与天理之间的内在联系。在这个意义上,儒学对于方法论的需求深刻地植根于儒学的历史观之中。按照这一礼乐/制度分化的历史视野,"物"这一范畴发生了深刻的转变。在先秦礼乐论的范畴内,"物"既是道德秩序的体现,又是道德行为本身("物"与"事"的同一关系也是在礼乐实践的意义上建立起来的),从而"物"的概念与规范的概念完全一致;由于天意直接体现为礼乐秩序,从而这个秩序中的"百物"之"物"也与自然秩序的观念密切相关。但是,随着礼乐与制度的分化,天意与制度的关系暧昧不明,"物"在礼乐论范畴内所具有的规范含义逐渐消退,从而一种与规范无关的、主要表现对象之客观性的"物"概念(接近于现代之"事实"概念)出现了——在礼乐与制度发生了分化的条件下,即使"物"表达的仍然是礼仪实践中的"事",但由于礼仪实践本身是形式化或空洞化的,这一实践行为和过程并不具有道德的或规范的意义。然而,"物"的转化发生在时势关系之中,从而也包含了双重性:一方面,"物"的转化是礼乐与制度发生分化的结果,从而"物"不再等同于礼乐规范;另一方面,如果分化过程是时势的产物,那么"物"的转化本身又是自然过程的一部分,从而必然包含着天理的踪迹。因此，即物而穷理的方法论就成为在时势变化的条件下重归礼乐世界或天理世界的通道。在上述意义上，作为与价值或规范相对立的"物"（事实）概念是礼乐与秩序的持续分化的产物。（参见第二章）宋明理学内部关于"性即理"和"心即理"的辩论以及清代经史之学对理学的批判始终与"物"这一范畴的转化有关：如果"物"转化成为一种事实的范畴，那么，关于"物"或"物性"的追究如何能够为人的道德实践提供根据？"物"是万物，还是此物（心），抑或礼乐制度之规范本身？

"理"是中国思想的秩序观的集中表达。"理"与"物"的问题，说到底是一个不变与变、连续与断裂的关系问题，或者说是把历史的各种关系及其转变理解为合理的自然过程的问题。这是思想史研究的一个重要线索。在中国思想的范畴中，"理"概念一直是与道、气、性、心、物、名、言等范畴联系在一起的，但"理"显然处于一种逻辑的中心地位：它把世俗秩序与超越的秩序、循环的逻辑与变化的逻辑融为一体，从而成为一个遍在的和自然的范畴。所谓"遍在的"，即指"理"内在于事物的独特性；所谓"自然的"，即"理"不是一种僵硬的规则，而是体现在"物"的转变过程内部的秩序。对"理"的认识始终是和"物"概念所内含的独特性联系在一起的。"物"可以是事物，也可以是伦理规则，可以是客观的对象，也可以是主观的心灵，可以是纯粹的自然，也可以是人的实践。[83]在"理"的视野内，对物的认识过程总是包含了一种有关"理"的普遍主义预设；但在"物"的视野内，这种"理"的普遍预设总是落实在具体的情境之中。无论追究"物"的知识实践如何远离我们通常所说的道德行为，它总是具有道德论或伦理学的含义——这一判断同时意味着：道德评价和道德实践从来都是在具体的情境或关系中的道德评价和道德实践。

---

[83] 魏源解释"何谓大人之学本末之物？"时说："意之所构，一念一虑皆物焉；心之所构，四端五性皆物焉；身之所构，五事五伦皆物焉；家国天下所构，万几百虑皆物焉；夫孰非理耶性耶，上帝所以降衷耶？……"足见物的范围之广泛。见《默觚上·学篇一》，《魏源集》，上册，北京：中华书局，1976，页4。

2. 天理与公理

晚清以降,中国的思想、制度和知识谱系发生了极为重要的转变。从那时起,各派学者就开始追溯这种"现代"转变的历史渊源。正如人们习惯于将人道主义(从宗教专制中获得人的解放、从封建贵族专制中获得平等权利以及从对自然的控制中获得人的中心地位)作为现代性的核心价值一样,人们将明清之际的思想转变作为理解中国现代性之发生的历史线索。梁启超、胡适之、侯外庐等人的历史观截然有别,但以下两个判断却是贯穿他们的学术史和思想史研究的基本论断。首先,他们认为宋明理学向近代的转化表现为王门弟子如王畿(龙溪)、泰州学派的王艮(心斋)对"心"的本体地位的推重,李贽(卓吾)肯定欲望与私的新的秩序观被看作是这一潮流的最为彻底的表达。这一判断明显建立在下述两个参照系之上:一、欧洲近代思想中个人和自我观念的兴起;二、近代思想对于理学及其社会基础的激烈批判。其次,他们认为清代考据学的兴起内含了实证的科学方法和为知识而知识的目的论,这种方法论和知识观的革命不仅是对心性论的反拨,而且也蕴含了现代科学的方法论因素。这一判断同样建立在近代欧洲科学思想和中国反理学潮流的双重背景上。这两个基本观念构筑了理解宋明理学和清代思想演变的基本脉络:自我观念(以及新的私有权思想)和实证方法不断突破形而上学的天理观念的束缚,并为中国思想向现代的转化提供了内部的动力。按照这一思路,现代思想的兴起就可以被描述为:(1)人的解放、自我的发现和私人的平等权利的建立;(2)通过科学的力量祛除巫魅或理性化的过程。按照这一逻辑,我们还有可能进一步推论:现代平等观与现代科学观(它们在某种意义上是完全一致的)否定任何先天等级的存在,力图按照科学的公理重建社会,从而认为将传统等级关系自然化的天理观与现代公理观之间存在着截然的对立关系。这两个基本观念意味着一种自然哲学的转换:现代社会已经不再需要诸如天、天理等自然主义范畴作为自己的合法性基础了。在这个意义上,天理观与近代社会是格格不入的,现代世界观的兴起在时间上平行于天理观的衰败。

我们需要在不同的方向上对这两个观点重加检验。首先，上述判断均建立在对理学的否定性判断之上，即在反理学的方向上界定中国思想中的现代因素——从近代个人主义出发将理学视为封建等级结构的意识形态，从实证主义的科学观出发将理学界定为一种缺乏事实根据的形而上学。然而，从朱子的"性即理"到王阳明的"心即理"，从左派王学的无善无恶到李卓吾的无人无己，从顾炎武、黄宗羲的自私自利到孙文的"天下为公"，儒学的形态虽然发生了深刻的变化，但这些变化仍然在儒学的范畴内部或包含着儒学的内在要素，并共享着理学所奠定的理序观。这些批判性的思想揭露了笼罩在天理观的外衣之下的等级—控制关系，但它们赖以批判和揭露这些关系的根据却在天理自身——对天理的重新理解和解释。例如，明末王学对于心性、自我的探讨是在理学的前提之下发展而来，它对于程朱理学的批判本身也可以视为理学内部发生分化的结果；清初经史之学不但在知识的取向和方法上继承了理学倡导的格物致知的传统，而且也试图以经史的方式回答理学所提出的基本问题。黄宗羲对政治制度的思考，顾炎武对风俗习惯的分析，戴震对于"以理杀人"的揭示……所有这些都是在儒学范畴内部发生的事件，其动力均在恢复和确立天理、天道的本义。因此，如果确认明末清初的思想潮流包含了现代性因素，就必须追问理学本身是否包含了这些因素，而不能仅仅在理学与反理学的框架中把握这一问题。两宋理学以天理概念替换了汉代以降的主宰性天观，并将天理视为每一个人能够通过修身和认知的实践而抵达的境界，这一转变显然是将唐宋时代以贵族制衰败为重要标志的社会转变作为一种前提承受下来，从而在天理与每一个人主体的道德实践之间确立了内在的联系。从这一历史视野来看，如果仅仅把天概念或理概念的衰败视为现代性的标志，也就不能理解"现代思想"或"现代思想因素"与天理世界观的复杂的历史联系。

其次，对于明清思想中的现代性因素或"早期启蒙主义"思想的发掘是在一种社会史的背景中建立起来的，即将这些注重个人、自我的观念及其平等观念与资本主义的历史进程联系起来。这是将现代性的时间目的论与资本主义关系的发展关联起来的结果。然而,对等级制的否定或对内在性的关注并不是一种单纯的现代现象,我们需要了解的毋宁是对哪一种等级制的否定。例如,魏晋时代的"理"观经历了重要的转变:在秦汉郡县制度的扩张之后,这一时代出现了重新肯定贵族门第制度与限制皇权的思想,魏晋人物的理观和崇尚个人、自我、自然的取向与在皇权—门阀共治的历史条件下恢复古代封建(分封制)的精神有着内在的联系;与此相反,在唐代安史之乱以后,人们有感于分裂、割据和战争的危机,重新思考以皇权为中心的集权体制的必要性问题。柳宗元的《封建论》讨论封建的衰落和社会流动性的上升,以"大中之理"对抗品级制度,这一概念隐含的大一统思想是和唐代郡县制度的扩张及其与贵族等级制度的冲突密切相关的。两宋时代,科举制、两税法和官僚制度的成熟为中央集权的政治秩序以及城市经济的发展提供了前提,以分封为特征的贵族制度彻底瓦解。在这一背景条件下,宋儒把理和天理转变成为一种道德的起源性概念,以之与郡县制国家的各种制度及其标准相抗衡,他们的天理概念在复古的外衣下包含了分权要求。从总的取向来看,天理概念与柳宗元以打击品级制度、建立中央集权的皇权体制为政治内涵的天道观(或"大中之理")截然不同,强调的恰恰是对皇权和郡县体制的限制和抗衡。因此,一方面,天理概念的产生与古典等级制破产有着内在的历史联系,它对新的社会关系的期待和论证表现为一种平等主义的形式;另一方面,这一平等主义的形式并不能等同于对于郡县制条件下的新的社会关系的完全确认,例如,宋儒以井田之制对抗均田制和两税法、以宗法之制对抗官僚行政制度、以学校的理想对抗科举制度,等等。因此,宋儒对于现代人将社会变化与时间的目的论联系起来的方式是陌生的,他们衡量变化的尺度不是时间,而是一种内在的尺度,即"理势"。

第三,由于明清时代的宗法制度以天理世界观作为论证其合法性的根据,"五四"新文化运动在批判宗法制度及其意识形态的过程中,将个人、自我的价值观与天理世界观相抗衡,并在平等主义的框架内将天理世界观界定为等级制的意识形态。这一论述方式掩盖了现代平等主义与新型社会等级制的历史关系。原子论的个人观念是一种法理的抽象,它在现代国家制度的背景上把人从血缘、地缘和其他社会关系中抽离出来,建构成为一个责任与义务关系中的个体。这一法理的抽象不是对人的现实关系的排除,而是要求用一种新的现实关系的模式规范个人的行为,从而按照新的规则重新对社会进行编制。当法的关系无法完整地规范人的行为时,个人的观念转化出一种内在的自我概念,它把个人理解为一种具有内在深度的存在,并以此作为道德和情感领域的根据。这就是自律的道德范畴和情感范畴产生的背景条件。在原子论个人与自我范畴之间存在着一种内在的紧张,即自我概念本身蕴含了对于个人主义的社会体制的抗拒。现代社会的发生是一种体系性的转变,它涉及的不止是某种认识方法或个别权利,而且是整个社会体制及其合法性基础的转变。

第四,正是在这里,我们可以在天理世界观与公理世界观的社会性对立之中找到某种相似的结构:一、这两个观念均诉诸平等的价值,但同时也都是对各不相同的社会等级制的再编制的合法性论证。二、理学和心学的心性论及其自我观与现代自我概念存在着某种联系,在各不相同的语境中,它们都蕴含了对新型社会关系的某种抗拒和批判。换句话说,天理世界观与公理世界观将新的社会变化(如贵族制度的衰败和新的国家制度的出现等)作为历史的前提接受下来,从而包含了对于新的历史变化("时势")的确认,但这两个观念本身又蕴含了与这一变化及其合法性的内在紧张。正由于此,它们又同时构成了各自时代的批判性的思想资源。天理和公理既内在于各自的时代,又是各自时代的他者。正是最后这一点,将我对宋明理学的论述与内藤湖南、宫崎市定等人的看法区分开来:京都学派在确认宋王朝已经是一个国民国家(即民族—国家)的前提下,将理学视为与发达的交通、繁荣的都市、相对自由的市场、新的货币制度和税法、日益发展的劳动分工、以科举制为基础的官制和普及教育、政府与军队的分离等"宋代资本主义"的要素完全配合的"国民主义"意识形态,[84]从而没有发现理学世界观与被归纳在"宋代资本主义"范畴内

---

[84] 参见内藤湖南:《概括的唐宋时代观》、宫崎市定:《东洋的近世》等文,均见《日本学者研究中国史论著选译》(一),页10—18,153—241。

的社会进程之间的紧张关系或批判性对立。因此,我们需要在宋儒所体认的"理势"与我们今天归纳在现代性和资本主义等范畴内的历史因素之间做出区分,从而将这些"要素"从历史决定论(现代化理论是这一决定论在历史叙事中的最完全最重要的表现)的逻辑中解放出来。正是这一区分,有助于我们重新理解"现代中国思想的兴起"这一问题:为什么在康有为、梁启超、严复、章太炎、鲁迅(以及两场现代中国革命的领导者孙文和毛泽东)等人的身上能够看到一种悖论式的思想方式,即在追求现代性的过程中程度不等地保持了对资本主义及其政治形式的批判性思考?如何理解宋代以降的思想传统与现代思想之间的复杂关系?如果没有一种内在的尺度和经验,我们无法理解他们对于历史变化的既拥抱又反抗的方式,无法理解他们既追求公理又对各种假借公理名义的普遍主义宣称做出的坚定拒绝。

第五,天理世界观与公理世界观均诉诸"自然"和"必然"的范畴论证道德/政治实践的合理性。由于在自然与必然、自然与非自然、必然与偶然之间做出了区分,从而这两个世界观都把方法论的思考置于中心的地位:前者以格物致知为通达天理的惟一途径,后者以科学方法为认识公理的不二法门。天理世界观与公理世界观均以一种普遍而内在的绝对存在——即天理和公理——为核心,从而瓦解了那种把道德评价与具体的背景条件融为一体的世界观——如礼乐论的世界观。理观的内在矛盾及其转化的动力主要表现在两个方面:首先是理与求理的方法论之间的悖论。无论是天理世界观,还是公理世界观,理都是贯穿宇宙论、形而上学和心性论的概念,但这几个领域之间的关系始终存在着不可通约的部分。理作为一种形而上学预设(信仰)是非实证的,作为一种宇宙论预设是可认知的,作为一种伦理秩序又必须是能够通过日常实践加以把握的。一方面,普遍之理预设了通过具体的认知和修身实践而复归于自身的途径,从而构成了天理概念与带有实证性的格物致知论或科学方法论的关联。然而,如果格物致知的修身实践逐渐地被理解为带有实证性的方法论,那就会将格物致知的道德含义转化为一种对于世界的认知实践,从而将理降低为一种客观的规律或事实。另一方面,理预设了天(自然)与人之间的内在相关性，从而为道德实践提供了心性论的前提。按照这一心性论的逻辑，"理"不是一种外在的客体，从而格物致知应该被理解为一种内在于心灵自身的活动，而不应与对客观世界的认识混为一谈。那种将"即物穷理"或科学方法理解为对事物进行分类的理解的方式恰恰是对"理"的歪曲。

其次是天理与制度之间的悖论关系。理作为一种超越性的概念包含着个体与天理之间的关联，即每一个人都可能通过日常的道德实践抵达天理，因而理表达了一种超越具体权力关系和制度的力量和诉求。但理概念始终是以一种秩序观——如礼乐制度或法律体系等——为内在的动力，它力图在另一个层面建立道德与现实体制的统一关系，从而理与秩序之间存在着无法分割的关系。理与制度的悖论关系是：一、理将自身建立在天道或自然运行和主体认知的双重基础之上，力图在道德/政治评价上摆脱支配性制度及其评价体系的控制，从而构成了与理概念所预设的那种应然与实然相互统一的秩序观的自我否定。二、为了摆脱对理的任意的和个人化的解释，人们强调方法论的客观性质，从而在认识与实践之间划出了难以逾越的鸿沟。上述两个因素均内在于理概念及其运用过程内部。正由于此，方法论既是天理和公理世界观的内在需求，又是导致天理和公理世界观不断发生危机或自我瓦解的动力。

天理世界观和公理世界观的内在困境为三种不同的思想取向铺平了道路。第一种表现为理学内部的反理学倾向和现代思想内部的反人道主义取向：由于对天理与格物致知的方法论之间的关系的怀疑，理学内部分化出了一种将理进一步内在化的努力，即将理与本心、心、寂体和虚无联系起来，否认任何知识的取向和制度性的设置能够提供道德实践的根据。从性体、心体到寂体、虚无的转变实质上也是从以人及其内在性到对人及其内在性的自我否定的过程。这一将内在性发挥到极致的逻辑也是对包含着认识取向的格物致知论的彻底否定。在现代思想中，这一逻辑也大致相似：例如章太炎综合庄子齐物论、佛教唯识学与费希特、尼采的思想，对于公理、进化和科学主义进行激烈地批判，并最终以一种齐物平等的自然观否定了人类中心主义的宇宙论和世界观。第二种表现为理学内部和现代思想中的新制度论。天理世界观和公理世界观均预设了一种理想社会(三代之治或礼乐世界、未来社会或大同世界)作为道德/政治实践的根据,从而也预设了理想社会与现实世界之间的紧张关系。人与天理的合一包含了一种制度上的目的论,即天理体现在一种道德/政治实践与理想秩序之间的完美结合之中。正是从以天理为目的的道德/政治实践内部产生了一种制度论的思考:任何缺乏制度性或礼仪性依托的实践均无法达成天理预设的道德目标。从理学家恢复宗法、井田的实践到晚期王学力图按照孔子的礼仪服饰行事的努力,从以古代典制为蓝本构想政治/经济制度的尝试(如黄宗羲)到在格物的范畴中恢复六艺的实践(如颜元、李塨),这些各不相同的努力都把制度性的实践作为思考的中心,从而在不同程度上瓦解了天理的内在性特征。这一将天理与制度紧密关联的思想方式也为现代乌托邦主义提供了根据:从康有为《大同书》对未来制度的设想到社会主义者立足于对现实世界的否定而产生出的未来世界,都试图将天理或公理从一种内在性的状态转化为现实性的制度,并为道德/政治实践提供根据。在这一新制度论的框架内,天理/公理与现实制度之间的对抗关系被转化为不同制度之间的对抗关系。第三种表现为儒学内部的新礼乐论或新风俗论与现代思想中的新古典主义。与新制度论一样,新礼乐论和新古典主义拒绝凌空蹈虚和将天理过度内在化的取向,并将天理/公理世界观本身视为现代性危机的征兆。它们坚持道德/政治实践必须建立在一种真实的礼乐关系或制度关系之中。但是,与新制度论者有所不同,新礼乐论或新古典主义强调礼乐制度是传统及其演化的结果,任何离开风俗、习惯、语言和传统来谈论和从事道德/政治实践都无法达至与天理的合一。新礼乐论/新古典主义包含了两种态度:其一是激进方面——以古典理想抨击现实制度,力图在历史的脉络中重构礼乐形式和古典制度,并以此作为改革实践的根据;其二是保守方面——重视礼乐和典制的演化,强调任何道德/政治实践不能脱离礼乐、风俗、习惯及其演变过程本身,拒绝任何脱离这一演变过程本身来构想未来的思想方式。

上述三种取向从不同方面解释了天理/公理世界观的内在矛盾,但同时又以三种不同的天理/自然观为前提:第一种在人为与自然(天理)的对立关系中界定自然/天理;第二种在自然与必然的关系中界定自然/天理;第三种在自然与时势的关系之中界定自然/天理。这三种自然/天理观都建立在对自然的去自然化或天理的去天理化的基础之上,即拒绝承认现实存在本身就是天理自然,并从不同的方向建构区别于这种现实存在的自然状态。值得注意的是:公理世界观的主要特点是利用科学及其实证主义方法揭示天、天道、天命、天理等自然主义范畴的虚构性质,进而将自然放置在客观实在的位置上,从而改变了自然一词所具有的本体论(本然的)意义。现代公理观将自然视为可以认知并加以控制的对象,并认为对自然的控制过程本身正是主体自由的实现。将主体从自然中分离出来是将自然作为客体并加以控制的前提,但控制自然的过程在任何情况下都离不开对社会——亦即控制自然的主体——的控制。在这个意义上,如果要对这一现代化进程本身进行思考和批判,就必须对公理世界观及其自然概念进行去公理化或去自然化。例如,在近代历史中,进化论被视为一种公理:它既是一种客观的历史描述,也是一种道德命令。从国家伦理到社会伦理,从种族到性别,从家庭到婚姻,现代社会的各种变化都被纳入进化的模式之中。市场社会被理解为演化的结果,从而是一种"自然的"或符合公理的制度。从这方面看,现代世界通过将另一套范畴自然化,进而提供现代社会的合法性。

  在漫长的岁月里,人们围绕着"理"的观念不断地发生争论,每一次争论都导致了"理"的去自然化。"理"是宇宙的实在或本有,还是内在于我们心灵的秩序?"理"是历史形成的礼乐关系或道德规范,还是自然过程的产物?对"理"的解释总是把人们重新引向对于人们的现实世界的理解:这是一个物的世界,还是一个心的世界?这是一个制度的世界,还是一个自然的世界?人们应该通过对于物理的世界的认识才能达到"理",还是必须经由日常的生活实践才能体会"理"的内在性?人们究竟应该依循制度和礼仪的规范践行"理",还是应该摆脱所有外在的规范、重新回向自己的本质以重现"理"?对"理"的探讨密切地联系着人们对于"物"的理解,而对"物"的理解又是把握"理"的惟一通道。对"理"与"物"的追溯是对批判和解放的源泉的追溯,也是对秩序与控制的根据的分析。从不断变动的"物"的关系中叙述"理"的历史变化,这一方法本身已经包含了对于普遍主义的理概念(天理、公理)的历史化的处理或解构。我的主要目的和方法是以理与物的关系为中心,观察"事物的秩序"的诸方面:第一,道德评价方式的变化,这种变化的历史条件;第二,道德评价的变化与人们对于知识体系和求知方法的重构的关系;第三,知识谱系的重构与社会体制的变动的关系。所有这些问题均与中国的现代认同问题密切相关:认同问题不可避免地导向世界观、知识及其体制问题。民族主义、现代性及其他问题是在制度和知识的巨变中产生的现象,从而对这些问题的历史理解不可避免地涉及19世纪发生在世界观、知识体系、制度条件和物质文明方面的巨大转变。如果近代中国革命的主要任务之一是将传统中国转化为一个民族—国家,那么,天理世界观的解体与公理世界观的支配地位的形成正适应着这一转化过程。

第四节　中国的现代认同与帝国的转化

1. 民族认同的两种解释方式

在19世纪文化主义的方法论的框架内,现代中国与"中华帝国"之间的连续性得到了广泛的承认。这一连续性叙述产生出两种政治上经常相互对立而历史观却极为接近的宿命论观点:第一种即体现在现代以降的所有"国史"写作的基本框架之中的民族主义叙述,其特点包括两种类型:一、以中国的共同祖先神话为开端,将尧、舜、禹、汤、文、武、周公、孔子的道统谱系和王朝更迭的时间性排列作为叙述的框架,构筑一个连续性的中国叙述;二、以古代、现代、近代的时间性叙述为框架,辅之以生产方式的进化和阶级关系的发展,构筑一个单线进化和发展的中国叙述。大众传媒和课本中的炎黄子孙、龙的传人的现代版本,以及在国家主导下的现代祭祀意识(祭黄帝或孔子等)和考古—历史工程,均是上述两种历史神话的不同的表达方式。第二种是以解构中国的共同祖先神话和王朝连续谱系为前提的文化主义叙述,其特点与前一叙述表面上正好相反:它论证三代叙述的虚构性质,揭示中国的大部分王朝由外来民族建立,证明那种王朝循环的连续性谱系完全无法成立。[85]但在解释现代中国与"中华帝国"的关系时,这一叙述也诉诸前一叙述经常诉诸的连续性论据,用以证明现代中国的危机完全是不断循环的历史自身的产物。一位历史学家论证说:纪传编年体的王朝史学和方块汉字均缺乏历史时间的意识,而以这种缺乏时间感的语言为载体的中国文学、戏剧、音乐、故事和大众文化必然复制这一"无时间"的时间感,从而中国的"过去"能够不断地再生为"现在"。如果说中国民族主义叙事以连续性的历史神话为自身提供合法性,那么,文化主义的方法论虽然否定中国在人口、地域和政治结构合法性方面的连续性,但承认一种超越族群认同和王朝更迭的文化连续性,并以此证明现代中国仍然是一个"伪装成现代民族—国家的帝国"。[86]这一文化主义的观点隐含了两个重要的历史判断:一、中国尚未经历从帝

---

[85] 这一论题或者是为了论证中国缺乏通往民主社会的内在动力,或者是暗示中国的现代化或资本主义进程必将导致分裂解体。See Lucian W. Pye, *The Spirit of Chinese Politics* (Cambridge, Mass: The MIT Press, 1968), p. xviii.

[86] 简纳(W. J. F. Jenner)论证说:与英语或其他欧洲语言相比,汉语是一种更为落后的、原始的、天然专于专制传统的书写文字,由这一语言书写的历史不仅是"暴政的历史",而且也是"历史的暴政"。See W. J. F. Jenner, *The Tyranny of History: The Roots of China's Crisis* (London: The Penguin Press, 1992). 正如将中国的历史学的地位等同于欧洲宗教的地位的观点植根于19世纪传教士们的历史观一样,用汉语与欧洲语言的差异来说明中国的统一性及其保守性质同样是18、19世纪欧洲传教士们的遗产。例如,1862年,佩特森(R. H. Patterson)在他的《中国的国家生活》(*The National Life of China*, Edinburgh, 1862, pp. 235-318.)中分析了中华帝国的封闭性与地理上的隔绝状态的关系,同时特别提出了这一状态与"它的书面语"的独特之处之间的内在联系。这位欧洲作者承认中国语言的优美与活力,没有简单地将汉语书面语看成是落后和专制的象征,但明确地指出:"这一特征(指中国的书写语言)是维系一个国家统一的一条重要的纽带。因为这种语言的文字不是表音文字,而是用文字的最广泛的含义来表达事情和思想,它比表音文字优越,不受发音的变化和方言的影响。因此,中国人的言论和思想能够限制在一定的范围内,同口语的不断变化和停顿相比,书面语言有它的优越之处。"

国向民族国家的自然转变;二、中国是一个缺乏民族同一性的、仅仅由帝国传统(儒教的文化认同和作为帝国语言的汉语)维系的社会。

在晚近二三十年的学术潮流中,伴随着对民族主义的反思和批评,一种以"想像性"和"建构性"为核心概念的民族叙述逐渐取得支配地位。这两个概念突出地强调了民族作为一种现代性创新的成果,从而有助于打破那种在历史延续性的表象下建立起来的民族主义的和文化主义的历史叙述。在《想像的共同体》这一影响广泛的著作中,本尼迪克特·安德森(Benedict Anderson)将民族界定为一种"想像的政治共同体",一种在想像中被设定为有限的和享有主权的共同体——所谓有限的和享有主权的共同体是和无限的帝国及其权力结构相对应的。作为一种世界性的现代现象,这一"想像的共同体"的产生取决于下述因素:一、构成前工业社会的社会意识的统一性的那些基本要素日渐衰微,如古典王朝的没落,宗教信仰与地域关系的结合,以及共时性的时间观念的改变;二、印刷资本主义(尤其是报纸、文学和教科书)大规模扩展,为新的国家方言的形成和一种能够将不同人群组织到本雅明所谓"匀质的、空洞的时间"之中提供了可能(《历史哲学论纲》)。在安德森的描述中,民族主义从北美、欧洲向世界其他地区扩散,形成了一波又一波的官方的或大众的民族浪潮,前一波提供的政治模式总是为后一波所复制,最终为一个民族—国家的世界体系的降临铺平了道路。[87] 识字率、商业、工业、传播和国家机器的普遍成长成为19世纪欧洲的特色,各王朝内部形成了寻求方言统一的强大的新的驱动力。正是在这一方言民族主义的潮流之中,拉丁文尽管身为国家语言,但却无法成为商业语言、科学语言、印刷语言或者文学语言。[88] 无论是19世纪欧洲的群众性民族主义,还是东南亚地区的方言民族主义,作为想像工具的"语言"和印刷文化构成了民族想像的至关重要的媒介。

---

[87] 本尼迪克特·安德森(Benedict Anderson):《想像的共同体》(*Imagined Communities*),上海:上海世纪出版集团,2003,吴叡人译。

[88] 同上书,页91。

2. 中国认同与语言问题

正如"想像的共同体"不是"虚构的共同体"一样,"想像"这一概念绝不等同于"虚假意识"或毫无根据的幻象,它仅仅表明了共同体的形成与人们的认同、意愿、意志和想像关系以及支撑这些认同和想像的物质条件有着密切的关系。历史的延续性、共同体的感觉都是想像的产物,但并不是虚构的故事,这里存在着想像得以产生的条件:例如,在王朝更迭条件下日常生活方式的延续性,儒学所提供的将"外来王朝"转化为中国王朝的历史观和礼仪论,深藏在日常生活和儒学观念之中的一种独特的、不断变化的时间和空间观念,以及随着资本主义的扩张而产生的政治形式,等等。王朝的衰微和印刷资本主义的发展,以及在这两重条件下产生出来的以民族为单位的进化式的时间/历史观念,在晚清以降的中国历史中同样扮演着重要的历史角色。然而,这些因素与其说是中国认同得以产生的动力,毋宁说为中国认同的现代更新提供了条件。如果现代中国是帝国自我转化的产物,那么,作为一种政治共同体意识的民族认同就一定植根于帝国传统内部,而不是一个纯粹的现代现象。在这个意义上,印刷资本主义不可能构成中国这一"想像的共同体"的不可或缺的前提。这里以方言问题为例作一点说明。现代民族国家的形成与以方言为基础创造书写语言的过程明显地具有历史联系,雅各布·布克哈特在《意大利文艺复兴时期的文化》中就曾描述过但丁的方言写作如何在与拉丁文的对抗中使得托斯卡纳方言成为新的民族语言的基础。[89] 大众文学和印刷资本主义为方言民族主义提供了载体和动力。在东亚地区,日本和韩国相继采用自己的方言抵抗汉语的影响,创造了自己的民族书写语言。

---

[89] 雅各布·布克哈特(Jacob Burckhardt):《意大利文艺复兴时期的文化》,何新译,页371—372,商务印书馆,1979。布克哈特还描述说:"更重要的是人们普遍无须争辩地把纯正的语言和发音当作宝贵而神圣的东西来尊重。这个国家一个地方接着一个地方正式采用了这种典范语言。"同上书,页373。

正是基于这样的原因,柄谷行人认为语音中心主义(phonocentrism)——其实更准确地说是方言民族主义——并不仅仅是"西方的"问题,因为在民族国家形成过程中"世界各地无一例外地出现了同样的问题",18世纪日本的古学运动就是例证。[90]然而,晚清以降的印刷文化和语言革命并没有以方言民族主义为方向,而是以帝国的书面语为中心,促进方言统一,将地方性纳入到"全国性"的轨道之中。中国语言运动的这一独特现象与近代国家建设得以展开的帝国前提有着密切的关系。

即使从语音中心主义与民族主义的关系的角度观察,这一历史前提也同样重要。中国社会的方言运动产生于明清时代欧洲传教士的"教会罗马字运动",即用罗马字拼写各地方言、翻译和传播《圣经》和基督教读物的运动。这个运动既不以形成地方认同为目的,也不以形成民族形式为指归,而是将方言拼写与天主教的普遍教义结合起来——方言运动与宗教认同之间有着内在的联系。在晚清时代,这一"教会罗马字运动"的成果逐渐向"国语罗马字运动"转化,这就是晚清时代由士大夫推动的以罗马字拼写汉语,并在语音调查的基础上,寻找各地方言之间的共同语音的努力。这一运动是在日本等国的方言民族主义的激发之下产生的,但并没有重复欧洲国家或日本的方言民族主义道路。首先,"国语罗马字运动"并不以摆脱普遍语言——汉语书面语——为取向,而是以力图在各种方言之间找到一种能够与汉语书面语的普遍性相互匹配的语音为目的。正由于此,我们可以将这一运动视为民国初期"国音统一会"(1913)得以发起和成立的前提。其次,以语音为中心的运动与其说是民族主义的特产,毋宁说是帝国时代的语言变革计划的发展。雍正八年,因为福建、广东人不通官话,朝廷下令在四个城市设立正音馆教学官话发音,规定举贡生童不能说官话的人不得参加考试,并以三年为限。雍正十一年,又展限三年。从帝国时代的文化政策来看,这一王者"整齐民风"之政实际上是以书写语言为中心的,因为正音的标准是官话的发音,而官话在这里不是一般的京畿地区的方言,而是以官方书写语言为内在规则的语言,

---

[90] 柄谷行人:《民族主义与书写语言》,《学人》第9辑,页94。

从而方言所必有的俗字俗语并不进入正音的范畴。康有为在论述这一问题时说："今当编书名之书达于四方,凡天地、鬼神、人伦、王制、事物,酌古准今,定为雅名,至于助词皆有定式,行之天下。……操此为言,行之直省藩部,罔有不通。……书名既定,凡公私文牍、传记、序论,百凡文体皆从定式。府县不得称都邑,官不得称守令,山西、陕西不得称秦、晋,一切名号断从今式,不得引古,俾学士、野民咸通其读,则民智日开,学问益广。至文体、文句皆有制度,不得擅自为言。"[91]据此,晚清的语音中心主义与民族主义和创造新型的民族语言的确发生了关联,但这一关联是沿着帝国语言的基本方向而不是方言民族主义的基本方向形成的。

当以语音为中心的语言运动让位于以书写语言为中心的语言运动时,这一取向就更为清晰了。"五四"至30年代的语言革命是近代民族文化运动的重要内容,但其主要的取向不是在方言民族主义与帝国语言之间展开的,而是在贵族与平民、精英与大众、传统与科学之间的阶级性的和文化性的对立之中展开的。语言运动的中心问题从语音问题转向了普遍语言——书面语——问题。在新文化运动、国家教育政策和现代都市商业的推动下,文学、科学读物和中小学及大学教材逐渐地去除文言文的影响,代之以能够在商业、科学、报纸和其他大众读物中运用的白话文。但是,白话文运动完全不能被看作是一个方言运动,作为一种书面语系统,白话文对文言的替代也不能被描述为语音中心主义。在这里,并不存在用一种民族语言去取代另一种帝国语言的问题,如用意大利语、法语、英语取代拉丁语的问题,或用东京方言、汉城方言创造新的民族语言以取代汉语的问题。这里存在的是用一种汉语书面语系统取代另一种汉语书面语系统的问题。这一时代还出现了并未实行的废除汉字运动和成效不大的世界语运动,但两者均未向方言民族主义方向发展,而是将一种世界主义的取向纳入中国书面语改造的轨道之中。在这个意义上,上述语言运动更为单纯地宣告着一种"现代认同"或民族认同的现代形式。

---

[91] 康有为:《教学通义·言语第二十九》,《康有为全集》(一),上海:上海古籍出版社,1987,页159。

在整个20世纪,最大规模的方言运动发生在抗日战争时代(1937—1945)。随着大都市的失陷,民族文化的中心从城市转向广阔的乡村,从印刷文化转向了以口头文学形式展开的文化运动。政治、文化和经济的中心从发达的都市转向了遥远的内地,这是现代中国的社会流动方向发生逆转的例外时刻。方言运动与抵抗战争、军事动员和社会动员有着密切的关系:这一时代的文化与政治必须与目不识丁的广大农民和战士打交道,从而不是书面语和以报刊和文学期刊为主的印刷文化,而是地方性的口语与地方性的文化形式成为这一时代的社会交流和社会动员的主要媒介物,不是小说、散文、现代诗和话剧等文学和艺术形式,而是鼓词、歌词、说唱、对口词、街头剧、地方戏等等成为文学和艺术的主要体裁。与口语、方言和地方文化的地位上升相伴随的,是一种新型的、迥异于汉语书面语的拼写语言和印刷文化的出现,这就是用拉丁语拼写方言的印刷物——杂志、课本和其他印刷物——的大量出现。拉丁化运动源自苏联远东地区的红军和工人的语言实践,后经瞿秋白等人的介绍进入中国,并在抗日战争时期广泛传播。从形式上看,这是最为接近于欧洲和其他地区的方言民族主义的语言运动,它既涉及方言语音,也涉及书写形式,并彻底地改变了帝国普遍语言的形态。然而,从一开始,这一方言运动和拉丁语运动就被纳入了"民族性"的逻辑之中:大众性民族运动没有向方言民族主义方向发展,而是将方言和地方文化与民族性或"全国性"问题综合起来。在这个运动中,我们实际上看不到方言民族主义的政治取向。随着抗日战争的结束,这一方言性的文化运动也随之终结。[92]因此,既不是方言,也不是地方性,而是一种能够包容方言和地方性的文化/政治认同,成为中国这一"想像的共同体"的前提,是战争所导致的大规模的社会流动激发了中国农村社会的民族意识。这个"想像的共同体"及其认同与其说是全新的现代创制,毋宁是民族形成的漫长历史中不断衍生

---

[92] 详细的讨论见本书附录一《地方形式、方言土语与抗日战争时期"民族形式"的论争》。

的话语、制度、信仰、神话和生活方式的产物,[93]是民族战争和现代政党政治在民族运动中将地方性文化综合在民族主义的诉求之中的方式和能力。[94]与欧洲方言民族主义的发展一样,日本、朝鲜、越南的方言民族主义以抗拒和摆脱中文这一帝国语言为取向,与此相比,中国的方言运动与中国民族认同之间的关系构成了一种独特的现象。方言运动没有构成一种威胁中国认同的民族主义运动:一方面,民族认同并不是将所有群体和个人纳入统一的身份认同之中的单一过程,另一方面,现代民族语言的形成也从未以取消方言甚至少数民族语言为前提或目标。正如抗日战争时期的地方性文化的复兴和方言运动的发展并不必然构成民族认同的障碍一样,民族认同也并不能消解地方性、方言文化,以及族群的、地方的或宗教的认同。

在这个意义上,任何脱离实质性的政治—历史内涵而仅仅在方言、印刷文化和书面语的形式方面探讨民族主义和民族认同的方法都是跛足的。在晚清以降的文化运动中,真正的新事物不是民族主体,而是主权国家的政治形式,是商业和工业资本主义的长足发展与民族—国家之间的内在联系,是科学技术及其世界观的革命性力量与民族主义之间的有机互动,是以现代教育和都市文化为中心展开的知识谱系与新的国家认同的关系,是一种能够将个人从家族、地方性和其他集体认同机制中抽离出来并直接组织到国家认同之中的认同方式以及由此产生出的义务和权利

---

[93] 杜赞奇(Prasenjit Duara)以中国史为例,认为民族和民族认同是一个前现代即已存在的现象,一种民族记忆和历史因果共同发生作用的产物。神话、书面语言和口头语言的历史性的混合体,而不是印刷资本主义,构成了中国民族想象的主要载体。"促使汉族中国人在与其他群体相遇时意识到'他者'并相应地认识到自己的群体的(即民族意识的萌发),并不仅仅是,或主要不是印刷媒体。"(见氏著《从民族国家拯救历史》(*Rescuing History From The Nation, Questioning Narratives of Modern China*),王宪明译,北京:社会科学文献出版社,2003,页41。)

[94] 政治和商业是统一语言的最大动力(例如在1950年之后推行的普通话运动和当代市场化过程中少数民族语言教育的衰落),这一点在世界各地是普遍的,但各自的社会条件和方式极为不同。例如,与19世纪中叶沙皇亚历山大三世强制推行"俄罗斯化政策"相比,我在这里所描述的情况也是极为不同的。

的新概念,是在上述条件之下民族主体本身的更新。所有这一切均需要放置在中国的帝国传统与现代民族文化的相互转化关系中、放置在社会变迁的国际性条件之下观察。在"五四"文化运动的世界主义取向中,民族认同与国际主义之间甚至构成了一种相互支持的关系。在这个意义上,现代认同并不等同于单纯的民族认同(尤其不能等同于族群认同),其中包容着地方性的、国际性的和其他多重层次的认同模式。这些认同模式在战争和危机时刻被组织到民族认同的系统之中,也经常被纳入民族—国家话语的支配性轨道之中,但中国认同从未取消多重认同的意义和不断变化的方言文化(方言文化和少数民族语言的衰落与当代市场扩张过程有着更为密切的关系)。在19—20世纪的文化辩论和历史研究中,围绕着民族认同问题,地方性、国际性和文化的混杂性始终是人们关注的中心问题。当代民族主义研究强调民族认同对地方认同的收编和压抑,如果放弃对于这一收编和压抑的社会动力——尤其是近代资本主义——的深入探讨,而将这一压抑机制视为帝国传统的结果,则不能说明为什么清帝国的官方文化中能够包容满、蒙、汉、回、藏等多种官方语言和多元性的政治/法律体制,以及极为丰富的地方性文化。上述简略的讨论至少能够证明:将民族这一"想像的政治共同体"视为纯粹的现代现象无法说明中国所经历的转化。

经典的民族主义特征之一是通过语言来界定民族性。文化主义者将中国的统一性归结为汉语的统一性,而后现代主义的民族叙事也从印刷文化和语言运动等方面解释现代中国的民族认同。这两种截然不同的方法论视野均受到民族主义对民族的界定的影响。在这一知识框架中,中国的统一性被归结为方言民族主义的匮乏(或汉语的统一性和稳定性),从而中国的政治危机也就被归结为政治民族主义的缺席和帝国文化的连续性。然而,即使是19世纪欧洲的民族主义语言学家也不曾将语言与民族的关系说成是一种简单的宿命。19世纪的德国比较语言学的代表人物洪堡曾经致力于论证语言对人类精神的结构性影响,但他也承认:语言的形式和规律产生的作用是静态的、有限的,而人施与语言的作用力则是动态的、无限的,"在任何时候,任何情况下,一种语言对人来说都不可能形成绝对的桎梏"。[95]由于殷商甲骨卜辞的发现,方块汉字的奇特的持续性得到了证实,汉语书面语无疑促进了今天中国幅员内各民族、各地区之间的融合和同化。这是不同人群能够共存和共享一种文化经验的例证。但即使如此,汉语的统一性与政治架构的统一性也不能等同起来。中国的历代王朝都不是单一语言帝国,也不是单一民族帝国,更不必然是汉人建立和统治的帝国。中古时代鲜卑、拓拔等北方民族对中原地区的渗透,蒙古、女真建立的庞大帝国,均为今天中国的地域、文化和人口构成创造了极为重要的历史前提。中国的人口、民族和地域是无数次混杂、迁徙、战争和交流的产物。在持续不断的民族改姓、易服饰运动和异族通婚的发展中,我们已经不可能确切地将汉族视为一个单一的民族,也不可能从所谓汉族中再"科学地"分离出不同的血缘关系了。从古至今,完全不同语系的语言和无穷丰富的方言(语言学家们将汉语区分为北方、吴、湘、赣、客家、闽、粤等七种主要方言,每一种方言又可区分为无数种小的方言)构成了我们称之为中国文化的语言特点。[96]每一次时代的变动和人口的混杂都带来了语言上的巨大变化,这就是以历史演变的方式逐层追究古音的清代考证学方法(尤其是音学考古学)得以成立的根据。

汉语语言的统一性并不能直接地过渡为帝国的政治统一性:满、蒙、藏、回均有自己的书写文字,但在蒙古、满洲王朝内,这并没有构成分裂型民族国家或民族帝国的根据;与此相反,朝鲜、日本、越南长期使用方块汉字,但在近代民族主义浪潮中,这些国家不但没有因为拥有共同的书写语言而成为中国的一部分,反而通过各自的方言民族主义建立了新的民族认同。为什么在文字和文化上如此接近的王朝、在革命过程中如此亲密

---

[95] 洪堡(Karl Wilhelm von Humboldt):《论人类语言结构的差异及其对人类精神发展的影响》(Flitner and K. Giel eds, *Schriften zur Sprachphilosophie*, in *Wilhelm von Humboldt Werke in fünf Banden*, vol. 3(Darmstadt: Wissenschaftliche Buchgesellschaft, 1963), p.657.),姚小平译,北京:商务印书馆,1997。

[96] 胡三省注《资治通鉴》卷一〇八云:"自隋以后,名称扬于时者,代北之子孙十居六七";《颜氏家训·音辞篇》描述北方汉语受到鲜卑语影响的情况时说:"南染吴越,北杂夷虏。"

合作的群体并没有通过革命或改革过程转化为统一国家呢？这里至少包含两重因素：第一，即使在前19世纪的漫长时代里，这些与中国文化和中国王朝有着密切关系的王朝始终保持着自己的认同感和独立的政治结构，在朝贡体系的框架中，它们是自主的政治实体。在这个意义上，文化同质性并不是形成统一国家的唯一条件，而文化的异质性也不是必然分离为不同政治实体的历史前提。那种认为中国只有文化认同而缺乏政治认同的说法是极为简化的。第二，19世纪民族—国家的构成取决于殖民国家势力范围的划分与王朝时代的差异极大的政治/经济关系，在早期中国革命的历史中，任何直接触犯英国、法国、日本、俄国等殖民利益的联盟关系都是不可能的。1907年，当章太炎第一次提出"中华民国"概念时，他曾经以欧洲民族—国家的模式为样板，试图建立一个以族群（汉）和文化的同一性为基础的中国。在这篇影响深远的文章中，他用中国传统的甸、服等概念分析说：朝鲜、越南、缅甸等国在历史上和文化上与中国有着密切联系，但如果中国与这些国家建立统一的联盟国家势必引发日本、法国、英国等列强对新生的中华民国的武装干预；与此相反，中国的西北地区在族群、文化和宗教方面与内地有重要的差异，但鉴于历史和地缘因素，将这些地区纳入新生的共和国不致引发欧洲殖民者的直接干预。正由于此，这位晚清时代最激进的民族主义者并没有严格按照族群、语言、宗教等因素构想他的"中华民国"。[97] 殖民主义世界秩序及其武装干预的威胁是形塑20世纪前期中国建国运动及其主权范围的最为重要的力量之一。

3. 儒学与少数民族王朝中的中国认同

政治制度是活的存在，它们总是在不断地适应社会和经济变化，避免由于不适应而来的矛盾状态。法国历史学家谢和耐（Jacques Gernet）曾

---

[97] 章太炎：《中华民国解》，《章太炎全集》（四），上海：上海人民出版社，1985，页252—262。

经明智地断言:在总体上将中国界定为一个帝制社会或帝国是一个方法论上的错误。例如,宋明时代的郡县制国家及其皇权与综合了汗统和皇权的清朝体制无论在文化构成上还是总体制度上都存在重要的区别。在中国的皇权一统体制的延续表象下,始终存在着由国家组织、社会集团、区域、族群和宗教信仰的差异而产生的变化。没有这样一种复杂的历史理解,我们就无法说明"中国"的不断变化的、不断被创造的历史含义。正是在这样的视野中,历来被归纳在中国的制度(田制、官僚制度、兵制、科举制度、皇权等等)、文化(语言、习俗、儒学、佛教和道教等等)、族群(通过语言、文化、制度的碰撞、融合和转化而产生的新的社会关系)等范畴中的历史关系既不能按照尧、舜、禹、汤、文、武、周公、孔子的儒教主义线性谱系来加以勾勒,也不能被放置在王朝更迭的汉族中心主义的政治图式之中。所谓单纯的汉民族及其帝制文化的想象从来就是一个幻觉。也正由于此,在讨论"中国"这一概念的含义时,我们不能不追问如下问题:鲜卑、拓拔、穆斯林、犹太和其他一些族群在入主或迁徙至中原之后,是如何逐渐地融合在一个更大的社会共同体之中的,又是如何在一种共处的关系中保持自己的认同的?为什么北方民族——包括蒙古和满洲——在击败中原王朝之后最终将自己转化为中国王朝,并在一定时期和范围内实施多元中心的权力构架?王朝循环的表象包含了统治的合法性问题:所谓"外来王朝"如何将自身转化为中国王朝,中原地区的其他族群(主体族群)如何将这些王朝指认为中国王朝,这些王朝又为什么能够在朝贡/国际关系中被承认为中国王朝的合法的代理者?不回答这些问题,也就无法了解历史变迁之中的"中国"的含义,也就难以理解为什么对线性历史观和汉族中心主义的中国观的批判并不能导致解构"中国"的结论。中国研究中有关"汉化"或"胡化"的讨论需要放置在具体的历史关系之中而不是在"政治正确性"的宣称之中,才能产生出一些具有实质意义的成果。

　　语言、伦理和风俗对于政治统一及其象征固然有着一定的作用,但后者还需要一种特殊的政治文化和一种特殊的王朝合法性理论作为历史前提和政治性的根据。汉代以后逐渐形成的儒学"正统"理论或仪式主义,以及以此为根据而形成的王朝循环模式在其中扮演了极为重要的角色。正是这一模式,在不断变化的地域和族群关系之上创造了"中国"的政治连续性。换言之,构成与其他多民族帝国重要差异的是:中华帝国的政治统一不仅诉诸于中央权力与周边权力之间的权力动力学,而且也还诉诸于一种纵向的连续关系,即建立在儒学正统理论之上的王朝循环谱系。中国历史的线性谱系的构筑与这一正统理论和仪式主义有着密切的关系,因为正是按照这一"正统"理论,那些击败汉人王朝并入主中原的少数民族王朝才能将自己纳入王朝循环的模式。对春秋公羊学在清代复兴的研究证明:春秋公羊学并没有随着东汉以降今文经学的消失而消失,相反,这一儒家学说的正统理论(尤其是大一统和通三统理论)已经成为历代新朝建立自身合法性的理论资源和礼仪根据。与宋朝长期对峙的金朝曾经援引儒学正统主义——尤其是大一统观念——论证自己的正统地位;取代金朝并继而消灭宋朝的蒙古帝国也曾利用儒学的正统说(尤其是春秋学)论证自己作为中国王朝的正统地位,这个时代的士大夫还曾援用公羊学将《春秋》视为新朝的法统;[98]清朝的开创者在三统说的框架内汲取蒙元之汗统和明朝之皇权一统,并利用儒学的正统地位将自己纳入中国王朝的谱系。正由于此,儒学正统理论及其仪式恰恰为外来少数民族提供了一种跨越民族性、甚至语言文化差异来建立"中国王朝"正统的根据。在这个意义上,"中国"认同不是产生于汉族中心主义的叙述,而是产生于不同民族在建构新王朝时期所采用的合法化方式,即将自身改造或转化为中国王朝的方式。因此,儒学正统论不能等同于先秦时代确立的儒学教条,也不能归结为一种汉族中心主义的历史观。正统主义的不断发展与不同王朝——其中也包括各少数民族王朝——对于自身的政

---

[98] 曾经有学者将蒙元政治文化概括为"蒙汉二元性",即所谓既行汉法,又存"国俗":一方面采用汉地仪文礼法、官制军制、农桑赋役等礼仪和制度,但另一方面又保留和推行蒙古制度,如怯薛宿卫制、投下分土分民制、驱奴制、朝会滥赐制、贵族选汗制、官工匠制、商业上的斡脱制等。与清代情况不同的是:蒙古语始终是法定的官方语言,多数蒙古皇帝和贵族只懂蒙语,不懂汉语。参阅李治安、王晓欣编著《元史学概说》,天津:天津教育出版社,1989,页4。

治合法性的论证密切相关,也与在不断混杂和更迭的历史关系之中重新界定新的伦理价值、制度形态和生活方式的需要纠缠在一起。(参见第五章)

正是在这个意义上,我们就不能不越过对儒学夷夏之辨的简单斥责,重新追问如下问题:儒学内部究竟蕴含了怎样的潜力,使它的运用者能够超越种族和文化的差异并为外来王朝提供合法性?在晚清以降的文化潮流和历史著作中,儒学的"夷夏之辨"经常被视为中华帝国及其人文传统的自我封闭的根源。马克思曾将长城作为与敌视外国人的野蛮习俗相并列的自我隔离的象征,认为惟有资本主义的廉价商品的冲击终于导致它的轰然倒塌。[99]然而,长城真的像人们想象的那样是夷夏之辨的产物吗?早在20世纪40年代,拉铁摩尔描述了一个以长城为中心的内亚洲的生动画面。这一中国和内亚洲叙述中的长城中心论不仅超越了以农业为主的黄河中心的历史叙事和以城市、贸易和农业经济为主的运河或江南中心的历史叙事,而且也超越了以政治制度和国家边界为框架的历史视野。所谓"长城中心",指的是长城两侧并行存在着两个社会实体,即农耕社会和游牧社会。这两个社会围绕着长城而展开了长时期的交往,从而将对方的烙印深深地嵌入了各自的社会。游牧民族不是天然的游牧民族,他们是在农耕社会的发展潮流中被排斥出去的一个部分,并在草原地区定居下来。为了适应草原地区的环境,他们逐渐地放弃了农耕,转化为游牧民族。只是在这种劳动分工发展到一定阶段的时刻,这个社会才将自己从农耕社会的边缘状态转化为草原社会。因此,农耕社会与游牧社会是同时发展、有机互动的社会,它们两者之间历史地形成了一种边疆风格(the frontier style)。[100]在漫长的时期里,长城是联系和互动的纽带。谢和耐曾经举

---

[99] Karl Marx, *The Communist Manifesto*: *The Centenary Edition*, ed. Harold Laski (London: Published for the Labour Party by Allen & Unwin, 1948), p. 125. 人们用以讽喻中国的封闭性的惯用例子是长城的建立和反复修筑,因为中国正统观念的确包含了以这一人为构筑的战争工具划分内外的习惯。然而,用长城这一古老的比喻来暗示中国文化的封闭性也会碰到许多意想不到的困难。拉铁摩尔对长城的分析就是极好的例证。

[100] Owen Lattimore, *Inner Asian Frontiers of China* (New York, 1940).

出三个联系与互动的主要形式:经商潮流(海上贸易和陆路骆驼队)、军事扩张和外交关系、大宗教传播和朝圣进香。[101] 随着清朝一统局面的形成,长城不再是内外边疆的象征,而是清帝国的腹地,1691年康熙帝颁布禁令禁止重修长城正反映了这一新的现实。

但这并不等同于说帝国内部已经取消了由族群统治而产生的封禁和隔离,以及建立在这种封禁与隔离基础上的等级制度。满洲、蒙古等地是满、蒙的起源地,王朝颁布了许多法规限制内地居民进入,并严禁汉人与满人、蒙古人缔结婚姻。在一种新的内(满蒙八旗)外(汉人)之别的视野内,朝廷不但实施了一系列封禁政策,而且还以法律或政令的方式确定了族群差别。真正突破内外隔绝的运动与其说是帝国的统一,毋宁说是伴随帝国对中原地区的征服而发生的方向相反的移民运动和日常生活领域的不断混杂:几乎与清兵入主中原、关外居民大量涌入关内的同时,大批内地居民合法地和非法地迁徙到这些地区,他们租赁土地,开展贸易,与当地人通婚,形成了所谓旗民杂处的局面。长城再次成为连接农耕社会与游牧社会的纽带。所有这一切冲破官方的隔绝政策的社会迁徙是对内外夷夏的绝对尺度的冲击,也是对一种新型的认同关系的塑造。作为一种具体的、不断变化的历史关系,"中国"的含义是无法脱离这样的实践——其中包括不同族群和地区的人民冲决政治隔绝的藩篱而进行的交往与共存的实践——来加以讨论的。官方正史对于文化多样性的压制同时也是对这一交往与共存的民间历史的压制。

夷夏之辨、内外之别是孔子时代儒学的重要内容,这些命题涉及儒学礼仪的规范问题。正如许多概念、命题的命运一样,夷夏和内外范畴的历史延续性背后掩藏着截然不同的历史动力和内涵。鸦片战争之后,魏源提出"师夷长技以制夷"的主张,为洋务运动提供了理论的根据,但这一口号保留着夷夏之辨的历史痕迹。民族—国家的主权形式和民族主义理

---

[101] 这种联系随时代而不同,从而在不同时期与中国发生联系的也不是这个世界的同一个部分。谢和耐(Jacques Gernet):《中国社会史》(*Le Monde Chinois*, Paris: Armand Colin, 1990, p. 26.),耿昇译,南京:江苏人民出版社,1995。

论包含了种族区分、地域划界和主权关系上的内外之辨，这是否也是一种有关隔绝和封闭的理念呢？晚清时代有关夷夏问题的辩论掩盖了一个基本的事实：在清朝统治的二百多年中，"夷夏之辨"的儒学命题并不居于主流地位；晚清时代的"夷夏之辨"与其说是儒学传统的直接呈现，毋宁为对外来入侵和欧洲民族主义的回应。清王朝长期被汉人视为外来政权，它的合法性无法建立在儒家"夷夏之防"的传统之上。17世纪以降，清王朝一方面建立了一个少数民族的贵族专政体制，另一方面又用"满汉一体"口号批判"夷夏之防"的观念，并通过祭祀朱子、恢复科举、扶助宗族、继承明朝律令、起用汉人官员等方式，缓解满汉矛盾。为了确立自身的合法性，帝国意识形态的一个主要特点恰恰是消除夷夏、内外的绝对差别。明末清初，"攘夷论"（王夫之）、"夷夏之辨"（吕留良）在明遗民中一度流行，但始终受到清朝官方的压制，雍正皇帝为批驳吕留良弟子曾静而编撰的《大义觉迷录》就是对于"夷夏之辨"的强烈斥责。

如果说清朝官方的"满汉一体论"是为了缓解汉人的反抗，并以此将满清王朝顺利地转化为一个多民族的"中国王朝"，那么，18世纪在汉人士大夫中逐渐流行的"夷夏相对论"则体现了处于族群等级底层的汉族士大夫在承认清朝法统的前提下对于清王朝的族群隔离、族群等级和族群体制的批判。他们以礼仪为中心将"中国"概念与族群、地域范畴区分开来——尽管政治的立场已经迥然不同，这个看法与清代初期顾炎武对"亡天下"与"亡国"的区分一样，均植根于儒学的礼仪观念和从儒学视野出发产生的对于历史变迁的理解。在这个意义上，将封禁与隔绝归结为儒学的结果是本末倒置的。例如，清代中期的今文经学重申《春秋》尊礼重信而信重于地、礼尊于身的原则，强调任何以地或以身（族群身份）为标准裁定是非或界定是否为"中国"的方式均违背了礼仪原则。庄存与、刘逢禄、龚自珍、魏源等人在经学的框架内批判清朝国家的族群等级政策。他们作品中的"中国而夷狄则夷狄之"、"夷狄入中国则中国之"或"中国亦一新夷狄也"等经学命题强调了礼仪和文化（而不是地域与族群）在界定"中国"时的重要性，并对倡导夷夏之防的宋代理学及其中国观进行了尖锐批判。"夷夏相对化"既非《春秋》的义旨，也非《公羊》的教条,而是西汉时代董仲舒《春秋繁露》对《春秋》大义的诠释:随着西汉帝国的扩张,周代内外夷夏的地域观念无法运用于大一统帝国内部,昔日的夷现在必须获取夏的地位。在清代的语境中,汉人士大夫为了消除王朝内部的族群差别而倡导内外相对化,实际上也重新定义了"中国"的含义:如果礼仪是区分夷夏的最为重要的标准,那也就意味着一种转化的可能性,即一旦夷狄臣服于礼仪,它也可以成为"中国",而一旦"中国"违背了礼仪,"中国"即不复为"中国"。(参见第三章和第五章)这一论点至少在规范的层面表明:不是族群、地域和政治权力,而是礼仪关系构成了清代认同政治的重要尺度。这是古典的"共和"理念在清代政治中的回响。

清代士大夫以这一以礼仪关系为中心的相对化的夷/夏、内/外观批判帝国内部的族群关系,从一个极为隐微的方面提出了帝国内部的权利平等问题。这一夷夏相对化的观念同时也扩大了"中国"的含义,从而为一种超越族群认同的中国认同提供了框架。在鸦片战争前后,龚自珍、魏源等人将这一相对化的夷夏观带入了中西关系之中,进而为学习西方、促进改革提供了内在于儒学的前提。(参见第五章、第六章)在上述意义上,"中国"这一观念的确不能被视为一个不变的本质,而是一个不断被建构的概念;"中国"这一概念既为统治民族挪用于对自身王朝的合法性论证,也为被统治民族用于民族平等的诉求;"中国"这一变化的历史关系既为多数民族王朝所界定,也为少数民族王朝所界定。北方民族征服中原和中原王朝征服"夷狄"的过程充满了血腥和残酷,以"中国"这一范畴取消内外夷夏的绝对差别,在承认各族群及其文化的独特性的前提之下形成一种平等主义的中国认同,这为民族和解、族群共存和消弭战争提供了一种理念。这的确仅仅是一种理念,但如果认为这一理念仅仅是一种历史虚构(或者中央之国狂妄自大的表现),而与具体的历史关系、特定的政治文化、丰富的生活形态,以及古老的政治合法性理论没有关系,那就变成了一种真正的历史虚无主义。王朝一统的格局、旗民杂处的局面和汉人士大夫在夷夏相对化的前提下形成自身认同的方式,对于清朝的多元社会格局和制度结构产生了重要的影响。

这里仅仅扼要地勾勒康有为的今文经学的四个主题就可以了解上述

夷夏论如何在晚清时代转化为现代中国认同的要素:第一,确认当代世界正在进入一个如同春秋战国时代一样诸国并立的时代,认为"中国"应该重构自身与世界的关系。康有为拒绝用民族—国家的观念来界定中国的含义,认为"中国"是通过历史演化而获得了自身同一性的整体。在这个前提下,变化与多样性而不是单一起源和单一民族构成了"中国"的实质性内容,而他的儒家学说即是在总结这一变化与多样性的基础上形成的理论。第二,在与古文经学的对立中,尊奉孔子为圣王和新王,拒绝承认周公的崇高地位,实际上将孔子塑造为王者,进而在文化认同的基础上建立皇权的绝对中心和正统地位,拒绝任何以摄政形式形成的权力关系。这一姿态既是在慈禧摄政的条件下重构皇权中心的努力,也是在理论上确认主权的单一性。第三,通过建立孔子的新王地位来确认皇权中心的思想,一方面将儒学的礼仪/政治体系置于高于皇帝个人的地位,从而为新的国家政治变革构筑理论前提,另一方面则以此重构皇帝的代表性:作为儒家礼仪的最高象征,皇权并不代表特定的族群(满族),也不代表特定的阶级,而是代表"中国"。第四,以近代科学知识重构宇宙论,把儒学普遍主义组织到一种以自然法则为根据的世界关系之中,从而构筑了一种有关宇宙、人类和伦理的自然法则体系。(参见第八章)

4. 帝国时代的地域扩张、国际关系与主权问题

作为一个多民族帝国,清朝的政治统一建立在皇权与封建权力的多重结构关系之中(那种认为帝制完全扼杀了封建贵族制度的看法至少犯了简单化的毛病),但从总的趋势来看,这种多元格局并不稳定。从17世纪开始,帝国建设过程就包含着多元性与一元性的张力,而制度的趋同过程是一个长远的趋势。帝国权力的多中心化集中体现在如下两个方面:一、在汉人聚居地区,清朝政府采用了明代的郡县制度,中央权力具有绝对的权威性,但这种权威性并没有直接渗入基层社会之中,宗族—乡绅体制在清代居于极为重要的地位。(参见第三章)二、清代中央皇权与蒙古、西藏、新疆以及西南土司之间的领属和臣服关系建立在一种多中心的

权力构架内部,前者并无权力直接干涉后者的内部事务,后者拥有自己独特的法律、宗教信仰和自主权。宗法—乡绅体制的瓦解与太平天国运动和近代国家建设有着更为密切的关系,而导致中央与少数族群的权力关系的变化的是三个主要因素:第一,在面临外部威胁(如俄罗斯)和内部反叛(如三藩战争和随后发生的"改土归流")的过程中,帝国力图用各种制度的方式收回各地区拥有的自主权;第二,随着旗民杂处和民族混居的大规模发展,多元法律和多元制度所造成的差异成为帝国内部成员地位不平等的根源之一,从而王朝为确立自身合法性的"满汉一体"等帝国宣称成为汉人和其他民族成员要求获取平等地位时运用的口号。(夷夏相对论和内外无别论即是从认同政治的角度提出的平等诉求。)第三,从18世纪末开始,欧洲海上霸权和鸦片贸易开始侵蚀清朝的经济和社会,沿海地区开始感受到严重的压力。为了获取更多的税收和稳定边疆,清朝开始将内地的行省制度扩张到原来的朝贡区域,从而在帝国内部产生了新的权力集中趋势。龚自珍于1820年就有在西域设立行省的奏议,因书法不合规范而未获皇帝的注意,但半个世纪之后这一建议最终实施。我们可以将这一建议归纳如下:一、行省体制保障中央可以不受地方干扰地从内地移民,形成对抗沙俄帝国向东方扩张的人力资源;二、行省体制增强中央对西域地区的直接管理,为国家从该地区获取更多的税收提供制度保障,从而缓解18世纪末期以降与日俱增的鸦片贸易造成的中央财政困难;三、欧洲海洋军事霸权与走私贸易结伴而行,中国必须寻找东南沿海之外的对外通道,而西域则是通向印度洋出海口的必经之路。(参见第五、六章)

19世纪前期的西北舆地学是对清代帝国建设过程和俄罗斯东扩的压力的回应,但也在极大程度上修改了明代以来士大夫习惯的中国观,从而以舆地学方式重新定义了"中国"的疆域和含义。值得注意的是:顾炎武《日知录》中置于"外国风俗"条下的诸多内容在这一时代已经成为帝国舆地知识的有机部分。这一时代在汉人士大夫中兴起的舆地学研究与上面谈及的龚自珍的战略性思考有着内在的联系。这些舆地学研究的内容远远超出了地理学的范畴,其中包含了边疆区域的语言、宗教、习惯、人口、水地状况和其他资源的调查。清代前期，汉人士大夫无权深入西北和东北边陲进行舆地研究，大多数汉人士大夫还习惯于明代形成的中国观念。但在帝国的合法性获得承认之后，夷夏相对化的观念逐渐地从身份问题渗入了地域观念之中。中央与地方的关系和中国与外国的关系是舆地学研究的内在动力。早在1689年，清朝与沙皇俄国签订了《中俄尼布楚条约》，雍正时代又有《中俄恰克图条约》的签订，其内容涉及边界的划分、双边贸易的发展和边界地区人民的归属和迁徙问题。为了形成双方能够共同承认的划界条约，康熙邀请欧洲传教士用先进的制图技术协助划定边界，并以拉丁文作为条约的正式文本、以满文和俄文作为条约的副本。帝国扩张所导致的战争与和平关系是这些边界得以确立的重要动力，这也表明后来作为民族—国家区别于早期帝国的标志的边界实际上产生于帝国之间的竞争关系之中。

如果说西北舆地学产生于帝国扩张所产生的地域关系的变化，那么，一个以海洋为中心的新型世界图景的出现则将中国放置在众多"海国"之中。伴随鸦片贸易、尤其是鸦片战争的爆发，舆地研究的中心从西北转向了东南沿海、南洋和欧洲。在徐继畬之后，由林则徐授意、魏源完成的《海国图志》集中了当时能够收集到的各种地图和说明资料，不但构筑了一个极为丰富和完整的世界图景及其历史脉络，而且也包含了对于世界权力关系的政治/经济解释。这部著作的主要贡献是：第一，魏源精确地计算了鸦片贸易与清朝贸易逆差的形成，阐明了18世纪英国的工业革命如何导致了世界性的贸易关系的转变，以及东印度公司的运作机制和英国海上军事力量的支配地位在这一转变过程中的作用，从而说明了正在形成之中的新的世界权力关系及其动力和中国面临的挑战。他提出的基本方略是：以朝廷和民间的双重力量加速发展造船、航运和海军力量，将军事保护与商业联系起来，并以军事和商业的双重要求重新组织政府管理体制；这一军事工业化过程为清末国家建设奠定了重要的前提。第二，通过在知识上恢复宋明时代的海洋联络路线，重新绘制了一幅以海洋网络为中心的新的世界图景，将南洋在中国朝贡体系中的重要性突显出来。由于对郑氏台湾的围剿和封锁，清朝初期实行禁海政策，但康熙帝并未放弃海上通商的努力。我们可以找到大量事实说明17至18世纪的清朝如何通过与周边国家和欧洲国家订立条约、发展朝贡关系,形成了颇为复杂的经济和文化关系。[102]自乾隆晚期,清朝对于贸易的限制日益严格,[103]这一政策的形成不能简单地归因于闭关保守的心态,毋宁是对新的国际贸易关系的回应:18世纪英国的工业革命导致了世界性的贸易关系的转变,东印度公司和英国海上军事力量的支配地位成为这一时代的重要特征。在危机日益深重之时,魏源发现:闭关和限制贸易的方式不可能维护中国的最终利益,大清必须在经济、军事和政治诸方面实行以开放与自我保护相并行为取向的改革。

现代主权是一种新型的国际性的承认关系的产物,条约即是这一承认关系的契约形式。由于条约体系预设形式平等的主权概念,从而民族主义也以此抗拒帝国时代的不平等关系。帝国之间的贸易和外交关系包裹在朝贡体系的名义之下,而朝贡概念隐含了等级性的意义。正由于此,人们通常将朝贡体系置于与条约体系相互对立的关系之中。然而,只要我们稍微观察一下1840年以前的众多双边条约,就可以了解朝贡关系不仅包含了贸易通商性质,而且也与所谓条约关系并行不悖。在朝贡关系中,不同的主体对朝贡关系存在着不同的解释方式,从而朝贡礼仪中的等级体系在实践中也可能通过各自表述而产生出实质性的平等含义。朝贡/条约体系的失败是新型国际关系和霸权结构的结果,而不是形式平等的主权关系战胜不平等的朝贡模式的结果。与1689年《中俄尼布楚条约》和此后与欧洲国家签订的双边条约不同,鸦片战争之后的条约不再允许清朝维持朝贡体系的表象,但仍然维持了在更早时期的条约中对于

---

[102] 康熙曾多次派人前往日本寻求贸易通商的机会,但由于日本奉行的锁国政策而告失败。1683年平定台湾后,东南各省疆吏请开海禁,康熙随即应允,并于1685年设置广东澳门、福建漳州、浙江宁波、江南云台山四榷关与外国通商,宣布对荷兰、暹罗等国的市舶免税,对其他各国来华商船也实行减免税。康熙时代江、浙、闽、粤四地的开关,雍正时《中俄恰克图条约》的签订,以及清朝与朝鲜、越南、南洋各地的商业往还,都证明清朝并不像后来人所指责的那样闭关。
[103] 乾隆曾下令在广州一口通商,禁止外商到厦门、宁波等地贸易,并加重了关税。

清朝主权的承认。欧洲殖民主义者将清朝与欧洲列强的冲突界定为前者对自由贸易的拒绝和对国际法的无知，但一个历史性的讽刺是：为了让清朝合法地签署不平等条约，就必须赋予清朝在欧洲国际法意义上的形式平等的主权，而在欧洲国际法笼罩下的条约远较朝贡体制时代的条约更不公平。在17至19世纪的漫长过程中，欧洲国家相互承认的主权关系限制在以基督教为背景的欧洲"文明国家"之间，但在鸦片战争之后，欧洲国家需要欧洲之外的形式平等的主权单位签订不平等的条约，进而将清朝纳入欧洲国家主导的条约体系之中。尽管欧洲殖民国家不断利用中国内部关系的复杂性——如族群关系及地方与中央的关系——牟取自己的利益，但主权国家的概念的确预设了单一主权的含义，即民族—国家拥有单一的主权源泉，其他民族—国家必须以这一单一主权为一个国家的唯一政治主体。主权的单一性诞生于欧洲绝对国家形成的历史之中，它瓦解了封建时代的多元权力中心格局，为民族—国家的形成提供了历史根据。当这一单一的、形式平等的、以国际承认为尺度的主权概念扩展到中国和其他地区时，实际上也就将传统的朝贡体系及其内外关系模式贬低为次要的、不合时宜的模式，这从另外一个方向促成了清帝国向单一主权国家的转化。《万国公法》的译介过程正是这一主权转化过程的参与者和结果。(参见第六章)

  在这一历史语境中，士大夫和敏感的朝廷官员终于将对一种新的世界格局的认识转化到王朝的自我认识之中，他们将欧洲的科学知识、政教知识与儒学的观念结合起来，重新拟定中国的内外关系，并从《春秋》、《周礼》以及其他典籍中找到了国际法观念和世界性的舆地学视野。这一时代盛行将民族—国家竞争的时代描述为"列国并争"的战国时代，在这个意义上，将《春秋》和《周礼》作为国际法的早期典范意味着对于西周和春秋时代的尊崇：战国时代是缺乏礼与信、崇尚权诈和暴力的时代，如张仪骗楚怀王入关而不返即是典型的例证；而春秋间的国际活动包括战争仍然以诚与信为准则，如晋文公伐原三天未下而自动撤兵。这是一种将儒学原则扩大到国际关系之中的方法。康有为为朝贡体系的深刻危机而震惊，他以"列国并争"时代的到来作为再造以皇权为中心的主权国家的理由。康有为对皇权中心的强调除了有针对太后摄政的直接政治动机之外,更为重要的还是考虑中国主权的象征性问题:皇权代表了帝国幅员内的各民族和疆域,一旦皇权解体,以儒学为中心形成的中国认同将为欧洲式的民族认同所取代,从而帝国的分裂就不可避免了。康有为的改革主张是以皇权的象征性为前提的,他要求将帝国直接地转化为一个主权单位,并以中央和地方体制的改革支撑这一新的主权形态。(参见第八章)晚清革命党人曾经以反满的汉民族主义相号召,但辛亥革命创建的仍然是一个以对外实行民族自决、对内实行民族平等的五族共和的政治架构。革命党的共和主张与康有为的君主立宪相互对立,但在将帝国直接转化为主权国家这一点上他们之间差别甚微。对于新生的共和国来说,政治自治首先是对皇权、贵族制度而言的人民自治,其次则是对于欧洲殖民者而言的国家自治。这一共和国的自治模式与针对欧洲帝国的统治形式而产生的民族—国家模式有着重要的区别。从结构上看,作为现代主权国家的中国与中华帝国之间存在着明显的连续性,这也是为什么民国的缔造者能够用"道统"的连续性为新的国家提供历史合法性。中央权力的集中和政治结构的单一化既是应付内外压力的结果,也是为了新的民族—国家体系的单一主权的承认关系的产物。殖民主义的霸权格局、欧洲国际法的承认关系以及清朝的自我改革从不同的方面对作为主权国家的"中国"做出了界定。

5. 帝国建设、国家建设与权力集中的趋势

清代的帝国建设(empire building)过程中的权力集中趋势与清末的国家建设(state building)存在着明显的重叠过程和方面,但其中两个最为重要的因素与以公民权为核心的民族认同模式和单一主权的政治结构有关。我们可以将这两者作为帝国建设与国家建设之间的明确边界。第一,早期王朝的统一性承认各民族和各地域的多重政治结构和文化认同,而清末以降的国家建设则致力于将多重社会体制纳入一个相对单一的政治构架。帝国内部的多元权力中心和自治因素是在帝国向主权国家转化

的过程中逐渐弱化和消失的。鸦片战争以来的所有社会变革都围绕着一个目标,即重建强大的中央集权国家,以致必须破坏旧制度中的所有与这一集权国家有所矛盾的制度因素。从现代化的角度说,这既是一个伟大的历史进步,因为没有一个权力集中的国家就无法实践工业化的目标,也无法抗拒殖民主义和外来侵略,形成社会的自主性,但同时这个进步本身也孕育着新的危机,因为还从来没有一个传统王朝像现代社会这样彻底地拒斥各种自治因素、摧毁原有的社会结构。现代革命摧毁了满、蒙八旗制度、西藏噶厦制度、西南土司制度、新疆地方制度、乡村宗法制度,以及内含其中的不同形式的自治权,从而为推动国家建设提供了条件。在这里特别值得注意的是:晚清政治改革包含了分权改革和地方自治的因素,但这一分权和地方自治是以制度的统一性和主权的单一性为前提的,从而区别于帝国时代的制度和法律多元主义。在朝贡体制内,各个地域和民族并没有被纳入单一的政治结构之中,而近代国家建设的核心是形成单一的政治架构。凯杜里对中欧地区民族主义的讨论对我们这里的讨论也许有所帮助:"由于民族自决原则的运用而产生的国家就像它们所代替的多民族帝国那样,遍布畸形地区和混居地区。然而,在一个民族国家,由于多民族的存在而产生的问题比在一个帝国要尖锐得多。在一个混居地区,如果一个民族实现了领土要求,并建立了一个民族国家,其他民族将感觉受到威胁,并会表示不满。对于他们来说,被一个宣称在它自己民族的领土实行统治的民族统治,比被一个不是基于民族的土地实行统治的帝国来说统治要更糟糕。因为在一个帝国政府看来,在一个混居地区生活的各个民族均应被平等地给予某种考虑,而在一个民族政府看来,他们则是在一个或者将被同化、或者被排斥的国家中的外来的群体。这种民族国家宣称将所有臣民视为平等的民族成员,但是,这种听起来公平的原则仅仅有助于掩盖一个民族对另一个民族的暴政。"[104] 中国的民族自决运动面临相似的问题,从而如何将帝国时代的遗产放置在民族平等的原则之中,以克服民族—国家的主权单一性所带来民族不平等问题,

---

[104] 埃里·凯杜里:《民族主义》(*Nationalism*),北京:中央编译出版社,2002,页121—122。

始终是中国认同和国家建设的重要问题之一。中国的区域自治制度即是综合了民族主权与帝国遗产的制度,自治权的落实与民族平等原则的实施之间有着不可分割的联系。

第二,现代国家的权力集中趋势依赖于一种新型的认同模式的产生,即一种超越家族、地方、族群的民族认同模式的产生。公民或国民概念及其在法律上的地位以将个人从族权、神权和宗法等地方性关系中解放出来并直接组织到国家主导的社会网络之中为目标。"民族国家的民族主义是公民性的同时也是官僚性的。因为民族国家通过官僚制及其与公民相关的机构得以制度化,并得到表现的。因此官僚制及其机构日益成为民族国家的民族主义的所在地,这不是简单地从官僚部门的现任者们的物质利益和地位利益方面来说,而是就民族国家自身的权力、团结和利益而言。"[105]宗法力量在清朝社会获得了重要的发展,成为一种与中央集权和官僚体制并存的分权结构。为了巩固满清王朝的体制,康熙、雍正和乾隆时期大力扶植宗族体制,后者甚至替代了部分地方政府的职能。在18世纪,宗法权力不断扩张,甚至出现了宗族与地方政权争夺权力并逾越国家法律界限的格局。为了平衡这一格局,乾隆皇帝曾对宗族的权力进行限制,也曾惩罚过一些逾越权力、私自将族人处死的族长,但中央政权并没有彻底瓦解宗族体制。晚清时代的改良派从分权的角度将中国的宗族体制等同于欧洲的市民社会,认为它构成了一种分权体制和社会自我管理的社会基础。然而,近代中国革命的主要任务之一是要将农民从血缘和地缘关系中解放出来,并将他们转化为革命的主力、国家的"公民"和城市工业化过程中的廉价劳动力。在这个意义上,"公民"及其权利与国家认同及其工业化计划具有直接的关系,即他(她)的首要责任和义务不是对于家庭或社区的责任和义务,而是对于民族或国家的义务。如同史密斯(Anthony D. Smith)所说:"不仅是族裔民族主义,而且公民民族主义也可能要求消灭少数群体的文化和少数群体共同体本身。它

---

[105] 安东尼·史密斯(Anthony D. Smith):《全球化时代的民族与民族主义》(*Nations and Nationalism in a Global Era*),龚维斌、良警宇译,北京:中央编译出版社,2002,页117。

们……不仅要求通过整齐划一来实现平等,而且认为'高等文化'和'大民族'必然比'低等'文化和小民族或者小族裔更有价值。因此西方民主国家的说教式叙述结果和那些非西方的独裁的国家式民族一样苛刻和严格——实际上实行的是族裔的一边倒,因为它要求在民族国家里,将少数族裔濡化进同质的主体族裔的文化,实现对少数民族群体的同化。公民的共同的民族平等,摧毁了所有横在公民和国家之间的组织和团体,公民民族主义的意识形态将传统的和本土的文化归入社会的边缘,归入家庭与民俗的范畴。为了达到此目的,它还有意识地、故意地贬低和压制定居的少数族裔以及移民的族裔文化。"[106]因此,现代建国运动没有沿着明末和清末的地方分权思想向前发展,也没有遵循17—18世纪清朝帝国建设的框架来进行,而是朝向瓦解基层社会组织和制度多样性的方向发展。辛亥革命时期的民族主义革命者、"五四"时代的启蒙知识分子和中国共产主义革命的领袖毛泽东在宗族和族权等问题上持有极为相似的观点,即将之视为中国"封建"传统的最为重要的遗产、中国社会动员的最大障碍(即孙中山所谓"一盘散沙")和中国革命的基本对象。在民族平等、公民权利和人民国家的合法性宣称之下,现代国家在"革命"、"解放"和"合法权利"等名下将个人重新组织到国家主导的集体体制之中,从而赋予了现代国家对于个人的更为直接的控制权。当人们将现代专制的根源溯源于帝制传统时,却忽略了现代集权形式与帝国时代的社会控制在社会组织形态上的重要区别。离开上述复杂的内外历史关系,尤其是离开海洋时代的军事和贸易关系,离开欧洲主权体系在世界范围内的扩张,我们无法说明现代国家的权力集中趋势和行政结构的趋同化的社会条件。

大约一个半世纪之前,托克维尔通过对各种档案和文件的分析,从昔日法国的历史中看到了当代法国的面影,论定许多原以为源于大革命的感情、来自大革命的思想和产生于大革命的习惯竟然如此之深地植根于法国的旧制度之中。托克维尔坚持认为现代法国的中央集权制度不是大革命的成就,而是旧制度的产物、是旧制度在大革命后仍然保存下来的政

---

[106]《全球化时代的民族与民族主义》,页120。

治体制的唯一部分,因为在旧制度中只有这个部分能够适应大革命所创建的新社会。[107]在一定意义上,晚清革命在政治制度上的后果是在清帝国的幅员和人口结构内恢复了宋、明时代郡县制国家的结构,从而沿着清代帝国建设的制度趋同过程将郡县制扩展为帝国的行政结构。中国革命没有遵循那种将原有的君主国家与帝国统治相互分离的欧洲模式,而是在清朝的基础之上通过民族与国家的结合形成单一主权国家。孙中山的民族主义以对外寻求民族自决、对内实行民族平等的双重面向为特征,即在瓦解原有的帝国体制的过程中,并不鼓励各民族形成独立的政治结构,而是在原有的地域和人口基础上实现对于清帝国的政治结构的转化,消除民族特权,使之成为世界民族国家体系中的一个主权单位。从清末的革命到1949年中华人民共和国成立,其间地方割据、军阀混战、经济破产、外敌入侵,直到内战结束,中国最终以一个独立的人民主权国家的形式重新出现在世界的面前,但它的地域和人口的边界与清代差异甚微。中国革命被广泛地视为一场民族革命,但这个民族革命的真正后果是将中国从一个帝国转化为民族—国家体系中的主权国家。

然而,为什么这个新社会需要并且放大旧制度的集权特征呢?比托克维尔早不了多久,马克思也在总结1848年法国的事变。像托克维尔一样,他慨叹"一切已死的先辈们的传统,像梦魇一样纠缠着活人的头脑",但同时提醒我们:"在观察世界历史上这些召唤亡灵的行动时,立即就会看出它们中间的显著的差别。"[108]再现的历史幽灵听从着完全不同的历史声音的召唤,完成着和他们第一次出现时截然不同的历史角色。对于历史学者而言,与其论定一个社会的困境不过是由传统和历史造就的宿命,不如去追问造成新的历史命运的动力何在:为什么有些因素彻底地消失了,而另一些却改头换面重新出现?当民族—国家的合法性理论将所有的罪过加之于"帝国"之上时,究竟哪些真实的历史动力从我们的视野

---

[107] 托克维尔:《旧制度与大革命》,冯棠译,北京:商务印书馆,1992。
[108] 马克思:《路易·波拿巴的雾月十八日》,《马克思恩格斯选集》第一卷,北京:人民出版社,1972,页605—606。

中逃遁了？又有哪些不断滋生灾难的机制成为我们最为习惯的、亦即完全自然化了的秩序？如果民族—国家是资本主义的"常态"，那么，这个新的国家建设的核心就是围绕着发展资本主义或现代化的逻辑而发展起来的。在以民族—国家的形式进行资本积累、劳动分工和组织再生产，形成能够参与国际竞争的国民经济体系等方面，历史资本主义和国家社会主义两者并无根本区别。正如列宁对孙中山提出的超越资本主义的民主主义和社会主义纲领所做评论那样，这个纲领所体现的"民粹主义为了'反对'农业中的'资本主义'，竟然实行能够使农业中的资本主义得到最迅速发展的土地纲领"，[109] 但正是这个反资本主义的纲领为发展资本主义提供了最为有效的方式。亚洲民族主义的这个新典范首先是与资本主义条件下的新的劳动分工及其带动的对旧有社会关系的改造密切联系在一起的。资本主义积累必须重构原有的农村关系和人口构成，进而创造出一种工业化的前提。所有这一切意味着民族—国家建设必将形成一种新的等级关系：城市与乡村、城市人口与农村人口、重新划分的阶级结构和以及在民主和平等的合法性诉求下形成的不平等的政治权力系统。

现代国家和资本主义要求复杂而有效的制度和法律结构，从而制度改革和法律创制构成了清末以降的改革运动的普遍特征。以制度论为中心的思想运动构成了现代思想发展的一个重要特征。盖尔纳在讨论民族与民族主义时论证说："现代性的出现，总的来说取决于许多约束力强的小型地方组织的衰败，取决于它们被流动的、无个性特征的、识字的、给人以认同感的文化所取代。正是这种普遍化的状况，使民族主义规范化，并具有普遍性。而偶然带上上述两种类型的忠诚，偶然利用血缘关系去对新秩序进行一种间歇性、寄生性和不完全的适应，也并不与此相矛盾。现代工业在上层会表现为家长式的统治、裙带关系的盘根错节；但是，它不可能像部族社会那样，以血亲或者地区原则为基础来发展自己的生产单位。""现代社会始终并且必然是集权的，这是因为维持秩序只是

---

[109] 列宁：《中国的民主主义和民粹主义》，《列宁选集》第2卷，页428—429。

一个机构或者一群机构的任务,而不是分散在全社会里的。复杂的劳动分工、互补性、依存性和不断的流动:所有这些因素,使人们无法同时扮演生产者和暴力的参与者两个角色。在有些社会里,特别是一些游牧社会,这是行得通的:牧羊人同时又是士兵,而且常常还兼任本部落的议员、法官和诗人。整个社会的全部或者几乎全部的文化似乎浓缩在每个个人身上,而不是以不同形式分散在他们中间,社会似乎至少在男性成员中间,在很大程度上排斥专业化。这种被社会容忍的专家又是社会蔑视的对象。……"[110] 清初和清末,中国思想中两度出现了对于宋明理学的批判潮流,前者导致了经世之学和经学的兴起,后者为各种政教和技术知识的传播铺平了道路。也正由于此,晚清思想也常常诉诸于清初经世之学的族群思想和实践理论,进而为民族认同和政治变革提供思想的资源。然而,如果将顾炎武与康有为做一对比,两者均以儒学为底色建构各自的理想社会模型,但前者以礼乐论为基础,后者以制度论为前提:顾炎武注重地方性的风俗、习惯、自治传统与"中国"范畴的内在联系,所谓"寓封建于郡县之中"一语说明了这一政治观的核心价值;康有为注重皇权中心的国家结构,力图将立宪、国会、西方式的行政体制和法律规范作为国家建设的核心条件。(参见第三章和第七章)晚清思想的最为重要的特色之一是大规模地介绍、翻译和解释西方知识,并力图将这一知识的规划与国家制度的建设密切地结合起来。尽管郡县制国家的各种机能和法律传统提供了一个完整的构架,但改革的方向始终是将这一构架彻底地改造成为适合单一主权国家的政治结构和能够促进资本主义发展的法律/权利体系。(参见第七、八、九章)

当国家/社会制度的合法性和权威性成为晚清思想的基本前提之时,针对这一制度所造成的新的压抑的批判性思考就在新的规范之内展开了:康有为以今文经学为框架,综合各种西方政教知识,形成了一种大一统的国家建设理论,但与此同时,他又将儒学、佛学的理念与欧洲的乌托邦思想结合起来,在科学宇宙论的配合之下,建构了一个以消灭国家和其

---

[110] 盖尔纳:《民族与民族主义》,页114,117。

他社会单位的大同世界;(参见第七章)严复大规模地翻译了斯宾塞、穆勒、孟德斯鸠、赫胥黎、亚当·斯密等欧洲作者的国家理论、法哲学、经济理论、社会理论和科学方法,以及历史思想,但又以黄老无为的思想综合欧洲自由主义的理念(尤其是关于个人权利的理念)提防他所追求的富强学说转化为一种制度性的压抑;(参见第八章)梁启超倡导国家有机体学说和大民族主义观念,但又从阳明学传统和康德等欧洲哲学中发掘个人自主、地方自治的思想,并力图赋予进化学说以道德的色调,调和科学与伦理之间的尖锐矛盾;(参见第九章)章太炎用古文经学综合西方民族主义的知识,为建立一种汉民族主义的认同提供了知识上的谱系,但又从佛教唯识学和费希特、尼采等德国哲学的命题出发,发掘其中激烈反对国家和社会专制的个人观念,最终综合庄子齐物论和佛教哲学建构了一种针对欧洲已经出现、中国正在确立的现代性体制的否定性的乌托邦。(参见第十章)所有这些不同的思想取向均在不同程度和方向上体现了一种悖论式的特征,从而为中国的现代认同的确立及其自我反思提供了极为重要的资源。

晚清以降以国家改革为中心的社会运动综合了清代形成的中国认同、帝国扩张过程中的地域关系及其知识发展、国际间的承认关系,并将所有这些放置在国家建设和经济重组的现代化的方案和时间意识的轨道内。王朝的衰落为共和政治体制的合法性提供了前提,但王朝时代的认同和制度建设的要素也被组织到了共和时代的政治认同和制度结构之中;从城市印刷文化(媒体、文学和课本等等)的大规模发展,到战争时代城市力量向乡村的渗透和扩展,民族认同的形成经历了由上至下和由下至上的曲折过程。资本主义及其创造的世界关系既是新型国家认同和主权形式的最为重要的动力,也是导致民族认同和主权形式发生危机和转化的最为重要的动力。20世纪世界历史上的最为重大的历史现象——中国革命及其意识形态——就发生在这一危机与转化之中,正是这一革命过程转化了传统的认同形式,重构了国家的主权形态,创造了新的政治/社会结构和认同形式,为各不相同的政治取向提供了基本的历史前提。然而,随着苏联、东欧体系的瓦解、中国的改革开放和其他地区发生的历史性变化,19—20世纪形成的政治概念如殖民主义、帝国主义和民族主权等概念正在一种发展主义的框架中被整合或吸收到"全球化"这个通行的术语之中。如果说这一概念主要表示渗透至世界每一个角落的世界经济,那么另一个套用旧的帝国术语而浮出地表的"帝国"概念则试图表述这个世界经济的政治形式。[111]这一"帝国"概念与传统的帝国概念有着重要的区别,以至人们怀疑这一概念的有效性。假定一定要谈论它的来龙去脉,这一概念毋宁与帝国主义这一作为资本主义的特定形式的概念关系更为紧密。很明显,世界经济意义上的全球化并没有产生出一种如同早期帝国的那种界定清晰的政治结构,从而不能与传统的帝国范畴相提并论。然而,有一点仍然是可以确定的:无论对于使用何种政治语汇表述当代世界的统治形式有着多么不同的看法,人们普遍地相信由现代革命所创造的主权形式、认同模式和世界关系正在面临深刻而广泛的危机。因此,重新解释19—20世纪的革命和变革所产生的主权形式及其合法性危机,对于理解当代世界的变化及其前景具有至关重要的作用。本书研究了现代思想的一些基本问题和合法化知识,但没有对中国革命以及更早时期的社会反抗运动做出直接的和正面的解释,我希望在以后的研究中能够对这一课题做出比较完整的分析。这是一个无法回避的历史课题。

在对我的基本思路做出了交代之后,我在这里简要地勾勒本书的基本结构。全书分别以"理与物"、"帝国与国家"、"公理与反公理"和"科学话语共同体及其分化"等四个方面为中心,从思想史的角度追问如下问题:从北宋时代逐渐形成的天理世界观形成的历史动力是什么?清代帝国建设与近代中国的国家建设之间究竟是怎样的关系?晚清思想对于现代性的复杂态度能够提供给我们哪些思想的资源?现代中国的知识体制是如何构筑起来的?对这些问题的研究提供的是关于"中国"、"中国的现代"以及中国思想的现代意义的历史理解,也是从中国思想和社会的变化出发展开的对于现代性问题的理解。"中国"、"现代中国"、"中国

---

[111] Michael Hardt & Antonio Negri, *Empire*, Cambridge, MA: Harvard University Press, 2000.

思想"或"现代性"等概念在历史叙述中是历史性的范畴,任何将这类概念自然化的方式都会影响和限制我们思考的深度。正如本书对"天理"的历史分析所显示的那样,没有什么概念或范畴可以躲藏在自然的范畴之中,甚至天理和自然这样的概念也需要给予历史的分析。但是,历史的分析的意思不是取消这些概念及其历史内涵,本书对中国思想的分析恰恰是从概念及其问题的形成过程展开的。在这一反思性的视野中,我的研究和思考大致涉及这样几个方面:一、以儒学及其转化为中心的思想传统;二、在多民族王朝内部,儒学如何处理不同族群的关系和界定"中国"的含义;三、清代帝国传统与近代国家传统的形成之间的关系,以及它们的内外关系的模式;四、民族主义与现代知识和制度的形成。在本书的框架内,所有这些问题均被置于思想史的内在线索——尤其是儒学的转变——中加以思考。我没有打算写作一部事无巨细的编年史,也不打算用概念史的方式或哲学的方式处理思想史问题。我的方式是将思想史的人物、事件和问题放置在一定的问题结构之中加以讨论,并以这些问题作为统领全书的线索。这里既有综合的分析,也有个案的讨论:第一、二两章对于宋明理学的分析采用了综合的分析方式(但也集中在天理之成立这一问题上),其他各章均从不同个案出发,通过对文本、人物和历史语境的解读,将我所要讨论的主要问题展现出来。以思想和人物为章节结构全书的目的,是尽可能地展现每个具体的思想和人物的情境和复杂性,避免将这些思想和人物勉强地按照我的目的服从于总体的叙述。因此,一方面,这些章节的历史意义需要放置在总的叙述脉络中才能充分地呈现,另一方面,各个章节的分析又可以相对地独立成篇。上、下卷的安排是在历史叙述中自然形成的,但也考虑了各自处理的主要问题及其联系和差异。对于没有时间阅读全书的读者而言,选择任何一个相关部分进行阅读也完全可行。导论部分主要对本书上卷的思路做一点背景性的说明,对下卷所做的总结集中在最后一章"总论"里,但二者是一个整体,它们之间的某种紧张正是这一整体性的显现。由于写作过程历时十余年,我已经不可能将理论思考及其变化的整个脉络勾勒出来,这一点需要做出交代。

上卷 第一部

理与物

第一章

天理与时势

> 天道行而万物顺,圣德修而万民化。
> ——周敦颐:《通书》

第一节　天理与儒学道德评价方式的转变

1. 理学与早期现代性

20世纪20至40年代,内藤湖南、宫崎市定相继提出了"唐宋转变"、"宋代资本主义"和"东洋的近世"等重要命题。从那时至今,学术界对于这些命题的内容和性质的争议、修正和完善不绝如缕,但京都学派所论定的唐与宋的基本区别以及宋代的特殊历史地位却得到了普遍的肯定。内藤湖南说:"唐和宋在文化的性质上有显著差异:唐代是中世的结束,而宋代则是近世的开始,其间包含了唐末至五代一段过渡期。"[1]归纳对宋代特殊地位的论述,我们可以列出下列几个方面:第一,宋代虽以武力统一天下,但其统治与商业或经济统治的关系获得了

---

[1] 内藤湖南:《概括的唐宋时代观》,《日本学者研究中国史论著选译》(一),北京:中华书局,1992,页10。

前所未有的加强。宋朝是"以商业统制作为中央集权基础君临万民的第一个统一王朝。这个经济的中央集权制取得了成就,使以后历代王朝的基础固若金汤"。[2]形成商业统治的两个决定性的因素是交通和经济制度的改变:运河促进了长途贸易和人口流动,为都市化的发展、新型的社会关系和劳动分工提供了社会基础;土地制度、税制和货币制度等等领域发生了重大改变,促成了以实物经济为主的经济形态向货币经济的转化,其中两税法取代租庸调制是一个特别重要的制度因素,它改变了将人民束缚于土地的状态。正是从这些转变之中,宫崎市定看到了"显著的资本主义倾向",进而把这一时期作为区别于黄河中心或内陆中心时代的新时代的标志,这就是运河中心时代的确立。[3]第二,与经济变化相伴随的,是以九品中正制为中心的贵族社会结构和文化的衰落;代之而起的是成熟的郡县制度、中央独裁和官僚系统,其中由于科举制度的正规化而发生的士绅——官僚阶级的崛起极大地影响了宋代以降的中国文化,为一种区别于汉唐帝国的政治文化的形成奠定了基础。第三,由于五代纷争和此后形成的以民族单位为主体的诸国并峙局面,宋代以后的中国王朝具有了民族共同体的特点,其认同感产生于"彼此有强烈的自觉和意识的国民主义相互对立"。[4]与汉唐多民族帝国的文化认同不同,宋代社会代表了早期民族主义(国家与民族的结合以及文化上的排外主义)的出现。第四,与上述各项条件相应,理学取代汉唐经学而起,确立了一种综合了"国民主义"、平民主义(反贵族的平等主义)和世俗主义等等"近世"取向的新型儒学世界观,构成了思想史领域的"早期现代"或"近世"的标志。宫崎市定论述道:"宋代实现了社会经济的跃进、都市的发达、知识的普及,与欧洲文艺复兴现象比较,应该理解为并行和等值的发展。特别在中国文艺复兴的初期阶段,可以见到独特印刷术的发达。""中世的思想界,以儒佛道三

---

[2] 宫崎市定:《东洋的近世》,同上,页159。
[3] 同上,页168。
[4] 同上,页159—160。

教为代表,其中影响最广泛的是佛教。……有时佛教在俗界活动过度,扩张寺田,匿藏民丁,紊乱治安,影响政府财政,因而触及主权者的忌讳,受到镇压,但这时在主权者背后策划的大多是道士。……从唐宋开始,随着科举的隆盛,儒生建立了以科举出身为中心的社交界,开始兴起儒教独掌政治和民众的领导权的运动,结果是儒教方面出现以排佛论为形式的攻势,文豪韩退之谏迎佛骨即是其先声。"[5]在他的心目中,宋学是适应着上述社会关系演变而产生的一种世俗性的"宗教"。[6]京都学派将宋王朝的统一天下视为"东洋的近世"或"早期现代性"的开端,引发了历史研究中有关中国历史(以及东亚历史)的早期现代性的长期辩论。也正由于此,一部以探讨"现代中国思想的兴起"为中心的著作,却不得不从对宋代思想的重新解释开始。

两宋道学(尤其是程朱理学)的某些特性也为现代儒学研究者以欧洲近代哲学和历史为参照诠释其意义提供了方便。在胡适之的实用主义、冯友兰的新实在论和牟宗三的康德主义的哲学框架中,儒学的基本命题不但被组织在本体论、认识论等欧洲的哲学范畴之中,而且也被组织在"转向内在"、"理性化"、"世俗化"等欧洲的历史范畴之中。在启蒙主义的潮流之中,18—19世纪的欧洲思想经历了理性主义和个人主义的转变,其核心是与宗教专制相对抗的世俗主义和与绝对王权相对立的自主性观念。因此,现代儒学研究中的"转向内在"、"理性化"以及在这一视野下形成的"日常生活及其伦理"的概念都是以近代欧洲形而上学、个人主义价值(以自我为中心的内在化的道德视野)、市民社会文化和实证主义科学观为参照而

---

[5] 宫崎市定:《东洋的近世》,《日本学者研究中国史论著选译》(一),页217。
[6] 京都学派的论述包含极为深刻的历史洞见,但"唐宋转变说"及其"东洋的近世"的目的论叙述也面临着一些困难:从长时段的历史描述来看,如果宋明理学和宋明社会代表了中国早期的"现代性"或"理性化"过程,那么,我们如何估价在社会体制和思想形态上与宋明时代形成了重大差异而又对近代中国的人口结构、幅员范围、交往关系和制度条件产生了巨大影响的元朝和清朝社会及其经史之学?它们是中国早期"现代性"的中断或倒退吗?元代和清代思想是"反现代的"或"反理性化的"吗?与此相应,思想史领域中的"转向内在"和"理性化"等范畴也需要重新加以定义——如果不是彻底地抛弃的话。

第一章 天理与时势

形成的范畴,它们预设了世俗化的个人及其理性对于宗教权威和绝对王权的反叛。李约瑟甚至明确地认定"理学家的反对佛教,实质上是一种科学的世界观在反击一种否定世界的苦行主义信仰",[7]其口吻几乎与"五四"时代中国的新文化人物对理学的攻击和嘲笑一样。尽管中国学者很少使用"近世"或"早期近代"等概念,但上述概念本身暗示了宋代思想的某些区别于"中世纪"的特征。事实上,对于宋明理学的"理性化"描述与京都学派在"资本主义"(市场经济)、"国民主义"(民族主义)、长途贸易(劳动分工)、城市化(社会流动)等欧洲范畴内对宋代社会的描述相互呼应——它们都是一种有关中国或东亚的现代性叙事,都是在欧洲现代性的参照之下构筑起来的历史想象。[8]

自晚清以降,对于天理世界观的形成及其意义存在着两种截然不同的理解方式,它们都深刻地植根于现代价值观之中。在"五四"新文化运动的解释框架中,天理世界观是一种反动的(维护皇权的)、中世纪的(以宗法家族制度和礼教为制度基础的)、导致中国丧失现代机遇的(反科学的和反市场的)意识形态;与此相反,京都学派和现代新儒学出于不同的考虑将宋学的出现视为中国和东亚早期现代性在文化领域的标志,认定其中蕴含了民族主义(国民主义)的、平民主义的(反贵族主义的)、个人主义的、世俗主义的(反宗教的)和分权主义的取向。这两种截然相反的评价均以近代欧洲启蒙主义的道德谱系——尤其是主体性和内在性的观念——作为衡量的尺度。[9]例如,牟宗三在解释孟子"求则得之,舍则失之,是求有益于得也,求之在我也"一语时,将孟子之"我"定义为个人

---

[7] 李约瑟(Joseph Needham):《中国科学技术史》(*Science and Civilisation in China*)第二卷,北京:科学出版社,1990,页444。

[8] 徐复观将这一意思表达得最为明确:"西方在近代初所作的从宗教权威中求得理性解放的工作,我们第一次在老、孔时代已经彻底的作过了,第二次又在程、朱、陆、王手上彻底的作过。中国传统文化的主干,本来就是理性主义;不过他是发展向道德和艺术方面。"见氏著《反传统与反人性》,《徐复观杂文补编·两岸三地卷·上》,李明辉、黎汉基编,中国文哲专刊21,2001,页201。

[9] 参见杜维明:《儒家思想新论——创造性转换的自我》,南京:江苏人民出版社,1991,页8—9。

自主性的范畴,从而把儒学这一从未远离政治的意识形态解释成"反政治的"和"非政治的"个人独立的宣言:

> 使儒家不与政治纠缠于一起,不随时代为浮沉,而只以个人之成德为人类开光明之门,以保持其永恒独立之意义。……此"内圣之学"亦曰"成德之教"。"成德"之最高目标是圣、是仁者、是大人,而其真实意义则在于个人有限之生命中取得一无限而圆满之意义。[10]

把儒学抽离开"政治"和"时代",也即将圣、仁者、大人等成德要义抽离这些概念的背景条件。从理学的内部逻辑来看,这一解释所以可能,是由于理学的诸多判断建立在一套关于天理的叙述框架之中,从而道德/政治的判断是以对宇宙秩序和内在本性的认知的方式展开的,而思孟学派正是理学的上述方式的重要源头。但是,以宇宙论、本体论的框架包裹儒学判断的政治性并不能证明儒学的"反政治的"和"非政治的"的本质,恰恰相反,宇宙论、本体论或其他"非政治的"论述形式本身即政治性的论述形式,从而"非政治的"论述形式需要放置在"政治的"脉络之中才能加以理解。[11]如果个人的成德被抽离了具体的等级性的彝伦关系,成为"永恒独立之意义"的证明,这一范畴在多大程度上还可以被理解为孔孟的思想,又在多大程度上是对新文化运动所代表的近代价值观的确认?[12]没

---

[10] 牟宗三:《心体与性体》上,上海:上海古籍出版社,1999,页4—5。
[11] 不待言,这里的"政治"概念不同于牟宗三的"政治"概念,它包含了"反政治的政治"。牟宗三的摆脱"政治"的概念强调的是个人对于污浊政治本身的拒绝。
[12] 现代新儒学把"成德之教"与个体的践履及其与天的关系关联起来,其根据之一就是《易·乾·文言》所谓:"夫大人者,与天地合其德,与日月合其明,与四时合其序,与鬼神合其吉凶。先天而天弗违,后天而奉天时。天且弗违,而况于人乎?况于鬼神乎?"牟宗三认为这就是"成德之教"的极致。他说:"此'成德之教'本非是宋明儒无中生有之夸大,乃是先秦儒者已有之弘规。孔子即教人作'仁者',而亦不轻易以'仁'许人,其本人亦说:'若圣与仁,则吾岂敢?'然而其'教不倦、学不厌'即是'仁且智'。是以其践仁以知天即是'成德之教'之弘规。《中庸》说:'肫肫其仁,渊渊其渊,浩浩其天',即是就此弘规而说,亦是对于圣人生命之'上达天德'之最恰当的体会。"牟宗三:《心体与性体》上,页6。

有近代欧洲的那种以摆脱宗教关系、贵族政治和绝对王权的世俗主体性和内在性概念为背景，我们很难理解牟宗三对于孟子的分析。在一种历史类比的意义上，如果将宗族伦理关系视为一种外在于人自身的权威主义约束，那么，理学就是"中世纪的"；如果将心性哲学视为内在性（自我）观念的起源、将理学倡导的宗法关系视为对抗绝对王权的社会条件（或中国式的"市民社会"的形成）、将"格物致知"的理学命题视为实证主义科学方法的起源，那么，理学又可能蕴含了"早期现代性"的因子。上述对立并没有越出现代性叙事的基本框架。

两宋道学（理学）在复古主义的框架内以两种古典观念来攻击所处时代的新规范和新制度：一方面是综合了天、道、天道等古典观念而发明出来的新古典观念天理，另一方面是三代之王制和礼乐；前者是高扬的旗帜，后者是隐含的尺度。我们可以将理学的基本姿态归纳为：以天道／天理对抗政术（郡县制条件下的皇权—官僚政治），以恢复宗法对抗市场流动，以倡导井田对抗贸易和税法，以学校对抗科举，以成德对抗功名，以复古的形式对抗外来文化和历史变迁，等等。在"五四"新文化运动和马克思主义学派的叙事中，理学的上述取向经常被视为贵族主义、复古主义和"反动的"意识形态。如果上述被归纳在宋代社会特征之下的要素——中央集权、市场经济、长途贸易、"国民主义"或"准民族主义"（proto-nationalism）、个人主义等等——可以被归结为某种"早期现代性"的话，那么，以天理为中心的儒学思潮的政治内涵或社会内涵就可以被概括为针对这些所谓的"早期现代性"因素的批判理论。然而，理学的批判性建立在承认历史变化的合理性的前提之下，从而其理论结构的要素——如理、气、心、性等等——是以新的历史关系作为其前提的，天理本身包含了对时势的权衡。在这个意义上，天理概念的建立既是要在时势的变迁中寻求确定性和存在的基础，又是要将圣人之学的基本原则适应于不断变化的形势。因此，与其说理学是站在由上述要素构成的社会关系和文化取向的外部对其进行批判，毋宁说它以批判性的、复古性的态度构筑了一种悖论式的思想方式。例如，道学家们以道学及其封建理念对抗"政术"，但承认皇权中心主义及其郡县体制；以义抑利、以理抑欲，但又承认利与欲的某种正当性;以宗法井田对抗田制、税制改革,但又承认这些改革的历史合理性;以古代学校的理念对抗科举取士,但也承认贵族制度衰败的必然性;以宗族和封建为道德理想,但又将成德的实践落实在个人的修身实践之中;以"辟二氏"(佛教和道教)相号召,但其理论形式(宇宙论、本体论或心性论)却深受释道二教的影响,以致后世将之批评为"阳儒阴释",等等。即使宋代社会的上述变化能够被放置在"早期现代性"(或"近世")这一有些勉强的概念中加以概括,那么,理学的主要取向只能被归结为一种"反早期现代性的现代性"的思想结构。事实上,理学家的"理势"或"时势"概念并不含有时间的目的论的意义,从而用诸如"近世"、"现代"等概念对之进行描述并无内在根据。宫崎市定用国民主义概念将理学与郡县制国家放置在一种对应关系之中至少有简单化之嫌。天理世界观的悖论式姿态可以概括如次:第一,天理概念及其思想方式以一种复古的方式构成了对于宋代社会的各种新的发展的批判,但这一批判及其形式本身发生在宋代转变内部,并以这些转变的历史内涵为理论的前提。第二,以天理为中心的思想谱系并不只是一种抽象的、形而上学的或哲学的体系,它同时还是以这一方式展开的道德/社会/政治理论,从而这一思想和世界观的历史含义是不确定的。正由于此,理学的概念和命题成为一种"共用空间":统治者努力将之体制化和官方化,"士"阶层力图保持和更新其批判性和纯洁性,造反者可以其最高价值(天理)作为反抗性的资源,从而围绕天理的解释和实践的辩论和斗争成为宋代以后长期的思想史现实。以天理为中心的思想谱系最终卷入了大量的政治/道德辩论,这一事实证明的恰恰是:天理的成立标志着儒学道德/政治评价方式的转型。

"近世"、"早期现代"等概念带有明显的历史目的论色彩,我们不妨暂且绕过由于这些概念而产生的争论,专注于对理学的形态及其历史含义的理解。两宋道学破除二氏(佛教和道教)的迷误、废弃汉儒的传注之学、恢复儒学的真实面目,这一儒学运动的结果是确立了以天理为中心概念的儒学宇宙论、心性论和知识论。天理概念由天与理综合而成:天表达了理的至高地位和本体论根据,理则暗示了宇宙万物之成为宇宙万物的根据。天与理的合成词取代了天、帝、道或天道等范畴在传统宇宙论、天命论和道德论中的至高地位,从而为将儒学的各种范畴和概念组织在以天理为中心的关系之中奠定了前提。有赖于天理概念的确立,儒者得以用一种既内在于现实世界又与现实世界相对峙的形式去观照自身及其置身的世界,并将关于理想世界的想象放置在"理"的框架之中。从后设的视野来看,开创这一概念的二程和发挥这一概念以创制普遍体系的朱熹在道学中有着不同于其他道学家——包括北宋道学的先驱者——的特殊地位,葛瑞汉说:"二程认为天、命、道只不过是理的不同称谓而已。这样,他们就把根据人类社会的类比而设想出来的自然法则转化为理性的法则。"[13] 天、命、道均带有天道论(自然法则)的痕迹,而理却代表了这一法则的理性转化。在现代新儒学研究中,所谓"转向内在"[14] 或"理性化"等概念正是适应着这一历史理解而产生的。所谓"转向内在"通常用于描述道学思想对于天之绝对性的拒绝,所谓"理性化"或"理性的法则"通常用于描述"理"这一概念把道德判断的根据从天的意志转向内在于人的理性,从外在的礼仪制度转向内在性的锤炼,从宇宙论的描述方式转向本性论的描述方式。

然而,"理性化"概念是在世俗/宗教的对立范畴中建立起来的。如果宋学的"转向内在"等同于建构了"理性法则",又如何理解宫崎市定将宋学规定为"世俗的宗教"的论断,以及所谓"儒学的宗教性"的命题?[15] 为了

---

[13] 葛瑞汉(A. C. Graham):《中国的两位哲学家:二程兄弟的新儒学》(*Two Chinese Philosophers: The metaphysics of the brothers Ch'eng*),程德祥译,郑州:大象出版社,2000,页46。佛尔克(A. Forke)在另一个意义上说:"理是与物质原则相对立的理性原则,实际上也就是创造和主宰物质的理性。" see *Geschichte der Neueren Chinesischen Philosophie* (ie. From beg. Of Sung to modern times). De Gruyter, Hamburg, 1938, p. 171,转引自李约瑟《中国科学技术史》第二卷,页505。

[14] 对于这一转向内在的评价各不相同,新儒学从近代欧洲道德理论的内在化方向中获得支持,认为这一转变包含了"近代性"的因子,这在以心性之学为中心阐释理学的新儒学中占据了论述的中心地位。但也有人从社会发展的方向上批评这一内向化过程,后一观点参见刘子健《中国转向内在——两宋之际的文化内向》(*China Turning inward: Intellectual changes in the early twelfth century*),赵冬梅译,南京:江苏人民出版社,2002。

[15] 参见杜维明:《论儒学的宗教性》,武汉:武汉大学出版社,1999。

展开对于宋代儒学特征的描述,有必要简要地说明将"理性化"、"转向内在"放置在"世俗"/"宗教性"的对立范畴中解释时可能面临的一些困难。首先,在与佛道二教的论争中,儒学通过对日常生活及其伦理的肯定表述去佛的社会动机和理论理由,但无论在唐代晚期,还是北宋时代,儒学与佛、道的斗争背后均隐含了深刻的政治性。其次,在儒学的范畴内,对现世生活的肯定很难被说成是非宗教的或世俗化的,从而上述斗争亦难以用世俗与宗教的二元论给予界定。针对佛教出世主义,儒学以肯定日常生活的姿态与之辩论。正是这一"日常生活取向"让现代研究者相信:正如欧洲启蒙哲学一样,宋学是对宗教生活或彼岸生活的批判。在欧洲的语境中,"日常生活"范畴与欧洲基督教的生活范畴互相对应,它暗示了伴随近代市场和市民社会的发展而产生的非宗教的世俗生活。但是,儒学的日常生活是指在"礼"的范畴中的日常生活,如同佛教在"律"的范畴规范下的日常生活一样。理与礼直接相关,理即礼之为礼的原理、根源或本质,亦即人们按照礼仪行事(实践或践履)的根据。在佛教昌盛的唐宋时代,对礼的尊奉从未停止。第三,理学家们在礼之外别提一个"理"以界定礼的实践,认为现实的礼及其体制本身已经丧失了其内在价值(沦为空洞的形式),从而力图重构理与礼的内在联系,进而恢复礼及其实践的神圣性和价值。在这个意义上,理学对日常生活的肯定包含了对于礼的神圣性的肯定;在儒学的视野内,日常生活所呈现的不是某些偶然的、任意的结构或过程,而是与礼的本质直接相关的结构和过程,从而也是与天的本质直接相关的结构和过程。因此,天理的确立与其说是世俗化的过程,毋宁说是将礼仪实践或日常生活实践再度内在神圣化的过程——在日常生活实践(礼仪性的和制度性的实践)正在沦为空洞的、随意的和偶然的形式之时,道学要求通过主体的诚与敬赋予礼仪性实践以实质性的内容。[16]理学在一定意义上即帮助人们重新获得诚与敬的道德学说。

---

[16] 从欧洲思想的方面看,世俗/宗教的二元论也包含了对欧洲基督教的现代转化的忽略。杜维明特别提出施莱尔马赫、克尔凯廓尔等宗教哲学家作为例证,说明世俗化过程与宗教的现代转化是内在关联的。同上,页4—5。

在儒学的演变中,对于礼乐制度、习惯风俗和语言修辞的崩坏、衰落和形式化的忧虑始终是一个内在的基调。孔子以仁释礼,即试图在礼乐崩坏的情境中,通过"仁"这一范畴重新赋予礼以内在的、实质性的内容(以仁作为礼乐的核心,又以礼乐为天,从而仁既为天之本质,又为人之本质);宋儒以理代礼,也是在礼乐与制度分化的情境中通过"理"这一范畴重新为制度/礼乐的实践提供内在的规范(以理或心为天和人之本性);清儒以礼代理则试图通过"礼"这一范畴克服由于礼之理学化或心学化而导致的礼乐体制的解体。对于儒者而言,礼乐、礼义、制度、天理、心性都是天或天的存在形式,从而天及其神圣性并不是外在于人的日常生活的存在。在这个意义上,仁、理、心、性等等儒学范畴都是以克服制度、礼乐、仪式、日常生活等等的形式化和空洞化为宗旨的,从而与其说这些概念产生于理性化的趋势,毋宁说是对理性化趋势的回应———一种反理性化的理性化趋势。如果仍然希望将理学对于礼仪关系中的日常生活的肯定置于"世俗化的"或"理性化的"范畴之中,那么,我们就必须对这两个概念做出全新的解释。

2. 理学的成立与儒学转变

在展开对于天理世界观的历史含义的讨论之前,我们需要对下述问题给出恰当的回答:第一,天理世界观的成立标志着儒学的道德/政治评价方式的转变或突破吗?第二,如何在理学的道德/政治评价方式与先秦儒学和汉唐经学的主要差异中理解这一转变或突破?第三,天理世界观得以确立的社会政治条件究竟是什么?按学术史家的考证,理学是晚起的概念,元修宋史仍称"道学传"即是例证。宋代学者也使用理学一词,但含义完全不同,例如在朱熹、陆九渊、黄震等人的使用中,理学指与辞章、考据、训诂相对待的义理之学。[17]元末张九韶(张和美)的《理学类编》一书被视为理学概念的起源,但其时尚无与之对峙的心学概念,从

---

[17] 陈来:《宋明理学》,沈阳:辽宁教育出版社,1991,页10。

而这一理学范畴与后来的理学范畴并不一致。在明代陈真晟(字剩夫,初字晦夫,后以步衣自号,福之镇海卫人)《心学图》之后,心学概念始得通行,但陈氏学宗程朱,[18]其心学概念与此前的陆象山和此后的王阳明均无内在联系。心学是从阳明学的一些命题上推至象山之学而告成立的,[19]但它的确立其实依托于与程朱理学的对立。现代新儒学将理学视为一种形而上学或哲学体系,并以此区别于先前各派儒学,其中理学与经学、义理与考证的对立是显著的标志。然而,我们如何概括那些以注疏、考据和训诂方式探求义理的思想方式?又根据什么对不同的义理之学进行划分?程朱等理学家不但做了大量的经学研究,而且还对日常生活领域中的宗法仪式、规范和伦理做了仔细的设计和研究;他们对待经典的态度与其说是哲学性的,毋宁说是阐释性的或解经性的。这是为什么也有学者将宋明理学放置在"经学"范畴内来进行研究,并按照历史演变的脉络将宋明经学的发展概括为四个相互衔接的阶段。[20]在这个意义上,无论是义理之学与传注考据之学的区别,还是形而上学与具体实践之间的差异,都不足以解释理学在中国思想中的开创性的意义。

---

[18] 陈真晟初读《中庸》,次研《大学》,撰《程朱正学纂要》。但黄宗羲认为陈氏学术"无师承,独得于遗经之中"。他在《心学图》中拟了一个"心学"传承谱系,即伏羲、尧、舜、禹、汤、文、武、周公、孔子、颜回、曾子,至孟子而后失其传,"至周、程、张、朱氏出,然后此学大明。及朱氏没而复晦者,只由宋、元学校虽皆用程、朱之书,而取士仍隋、唐科举,是以视此心为无用,故多不求,遂又多失其真传焉。"见《明儒学案》卷四十六,《黄宗羲全集》第八册,杭州:浙江古籍出版社,1992,页387—388。

[19] 关于理学概念运用,学者们常引的例证如次。陆象山云:"秦汉以来,学绝道丧,世不复有师……惟本朝理学,远过汉唐,始复有师道。"(《与李省幹书二》,《陆九渊集》卷一,北京:中华书局,1980,页14。)黄震云:"宋兴八十年,安定胡先生(瑗)、泰山孙先生(复)、徂徕石先生(介),始以其学教授,而安定之徒最盛,继而伊洛之学兴矣。故本朝理学,虽至伊洛而精,实自三先生而始。"(《黄氏日抄》卷四十五,页24,"墓志",文渊阁四库全书本。)关于理学概念与心学概念的最早使用及其解释,参见劳思光:《新编中国哲学史》(三上),台北:三民书局,1983,页41。

[20] 章权才:"第一阶段是唐宋之际,中心是'明道'思潮的泛起;第二阶段是两宋时期,中心是程朱学派主流地位的确立;第三阶段是宋元以后,中心是'四书'统治局面的形成;第四阶段是明代,中心是经学中由理学到心学的发展。"见氏著《宋明经学史》,广州:广东人民出版社,1999,页3—4。

第一章 天理与时势 115

朱熹在《伊洛渊源录》中勾勒了理学形成的主要线索,他以周敦颐为理学开山、以北宋五子为理学先驱、以二程为一代宗师,同时还提及了这一运动的许多参与者。这一线索是朱熹为了突出自己师承的学术路线而建构起来的谱系,并不能反映理学发生的多重渊源。[21]包弼德(Peter K. Bol)论证说:那种由宋初三先生的儒学复兴直接开启了程朱学派的看法缺乏坚实的历史根据,"道统由周敦颐传到二程的论点既不能在历史方面站住脚,在哲学方面也是不可信的。甚至,对所谓11世纪道学大师的细致分析已经证明,他们并没有一种共有的哲学体系。"[22]道学内部包含了许多对立和歧异,从而"道学"的某种一致性与其说取决于"一种共有的哲学体系",毋宁说取决于道学与这些对立物的关系(如道学与新学、理学与经学、道学与文学、义理之学与致用之学,等等)。朱子构筑的道学线索和历史变化正是在这一不断变动的关系之中展开的,如果仅仅限于发掘道学的"共有的哲学体系",甚至不能把握朱子构筑这一道学谱系的真正含义。正由于此,在论及两宋思想时,许多学者主张用道学而不是通行的理学来谈论周敦颐、张载、邵雍、二程和朱熹等儒者的思想。[23]

---

[21] 也有学者将中唐以后的儒学复兴运动归纳在"早期理学"的范畴之内(见徐洪兴著《思想的转型——理学发生过程研究》,上海:上海人民出版社,1996,页8、9),从而将中唐以后的儒学思想的阐述者们放置在一种他们从未设想过的思想形态的先驱者位置上。包弼德批评说:"这个毛病可以追溯到朱熹本人,但它已经通过全祖望(1705—1755)对于黄宗羲(1610—1695)的《宋元学案》这本迄今为止最全面的宋代思想研究著作的发挥更直接地进入当代学术。"见氏著《斯文:唐宋思想的转型》(Peter K. Bol, "This Culture of Ours": Intellectual Transitions in T'ang and Sung China, Stanford: Stanford University Press, 1992, p.28),刘宁译,南京:江苏人民出版社,2001,页31。
[22] 同上,页31—32。
[23] 关于宋明儒学究竟应称之为道学还是理学是有争议的问题。在《略论道学的特点、名称和性质》一文中,冯友兰根据程颐、朱熹以及其他史书的资料,认为既然道学概念运用在前,则就应该运用道学概念,而不是理学概念。理学概念只是在与心学概念对举时,才可运用,而它们都可以纳入道学的范畴。(见《论宋明理学》,杭州:浙江人民出版社,1983,页48—52。)不过,按陈来的看法:"道学是理学起源时期的名称,在整个宋代它是理学主流派的特称,不足以囊括理学的全部。"(见氏著:《宋明理学》,沈阳:辽宁教育出版社,1991,页8。)

但是,程朱对于天理及其系统的阐发标志着一种儒学的特殊形态的出现,不但此后儒学的发展、分化、转型几乎都是在理学的内部关系或与理学的对话关系中发展和演变的,而且任何试图确立新的思想范式和价值观的思潮和运动都必须处理它们与理学世界观的关系。例如,在宋元之际,人们注意到道学的概念、著作和具体实践构成了一场颇有声势的运动,确立了一种言谈的方式,从而即使是反对道学的人也承认道学是一个值得重视的存在。那么,这些反对者心目中道学的基本形态和特征究竟是什么呢?[24] 又如,在清代思想的发展中,顾炎武、黄宗羲、戴震、章学诚,以至康有为、梁启超的思想和学术探索都是在与"理学"这一思想形态及其内部关系的对话中展开的。在这些对话中,不是唐宋时代理学形成过程的那些细微末节,而是宋、元、明、清时代逐渐形成和建立起来的这个重大的思想史现实及其制度条件,构成了后代思想家们思考、对话和论辩的前提。认为道学家们共享同一种"哲学体系"是一回事,认为道学或理学完全缺乏思想形态上的某种"同一性"则是另一回事——拒绝承认这一点也就等于拒绝了"道学"或"理学"这一命名的意义。命名本身意味着对某种"同一性"的确认——"同一性"并不意味着体系的绝对统一,在历史过程中,同一性范畴本身包含着流动性、不确定性、差异性、自我解构和内部裂变等等要素,从而同一性是一种历史性的建构。在这个意义上,对"理学"形态进行总体观察既不意味着重复对道学的现代哲学阐释,也不意味着从一个目的论的框架出发叙述理学的特征,它毋宁需要一种系谱学的工作:将这一形态特征的产生与儒学家们置身其间并与之对话的历史条件关联起来,并在理学家们的对话、论辩中把握这一思想形态的建构过程、历史条件和自我瓦解。

道学/理学谱系的确立标志着儒学的道德/政治评价方式的重要转变。理学的确立涉及儒学转变的各个方面,为什么我在这里突出道德评价方式作为这一转变的中心环节和理学形态的主要特征?第一,儒学是

---

[24] 参见包弼德借助周密(1232—1308)对道学的讥评所做的描述,见氏著《斯文:唐宋思想的转型》,页342—343。

一种以道德论为中心展开的、以礼乐/礼制为基本框架的有关政治、经济、文化和自然的知识体系，一种力图以重新沟通天人关系为中心的道德/政治论述。儒学的所有评价最终都必须归结为道德评价，从而理解儒学演变的最为重要的方式是观察儒学的道德评价方式是否发生或如何发生了转变；第二，儒学的道德评价遍及政治、经济、宇宙万物和其他社会生活各个领域，从而道德评价的概念不能混同于现代知识中的道德范畴。在儒学的范畴内，道德范畴与礼仪、制度、习俗等具有密切的关系，从而理解道德评价方式的转变的方法应该是将道德评价与制度、礼仪、习俗的转变联系起来。第三，在儒学的诸种形态中，理学突出了评价过程的内在方面，这部分地是因为理学确立了一种以理或天理为最高评价标准的思想形态，从而摆脱了汉唐儒学的评价方式。因此，仅仅纠缠于性、心、理、气诸范畴及其脉络渊源不足以理解理学的历史含义，更为实质性的问题毋宁是：为什么这些范畴在儒学的道德评价中上升为核心范畴？作为道学的关键范畴，它们与"政术"、礼乐、制度和日常生活的关系究竟如何？换句话说，如果理学标志着儒学的道德/政治评价方式的范式性的转变，那么，理学以何种形式展开其道德、政治和其他社会论述？促成这一形式转变的动力和历史条件究竟是什么？

　　首先，理学的道德/政治的论述形式被放置在一种支配性的秩序观之中，其重要根源是在先秦思想中居于中心地位的天概念。冯友兰曾将中国文字中的"天"概括为五个方面："曰物质之天，即与地相对之天。曰主宰之天，即所谓皇天上帝，有人格的天，帝。曰运命之天，乃指人生中吾人所无奈何者，如孟子所谓'若夫成功则天也'之天是也。曰自然之天，乃指自然之运行，如《荀子·天论篇》所说之天是也。曰义理之天，乃谓宇宙之最高原理，如《中庸》所说'天命之谓性'之天是也。"[25]这一概括大致准确，但五层含义之区分过于接近于今人的理解。例如，用"物质之天"表述"天地"对称范畴中的天并不准确。《史记·天官书》云："自初生民以来，世主曷尝不历日月星辰？及至五家、三代，绍而明之，内冠带，

---

[25] 冯友兰：《中国哲学史》上册，北京：中华书局，1992，页55。

外夷狄,分中国为十有二州,仰则观象于天,俯则法类于地。天则有日月,地则有阴阳。天有五星,地有五行。天则有列宿,地则有州域。三光者,阴阳之精,气本在地,而圣人统理之。"[26]《左传》昭二十五年亦云:"礼,上下之纪,天地之经纬也。""子产曰:夫礼,天之经也,地之义也,民之行也。天地之经,而民实则之。"[27]这里天地对称,不仅与天文、地理等物质现象有关,而且也与五帝、三代之礼制相互对应和关联,从而与现代之"物质"概念有异。阴阳五行之运行亦即礼之运行,而礼之运行亦即自然之运行,从而在这一宇宙运行之中不存在自然之天与价值之天或自然物与"有价值"之物的区分。事实上,先秦语境中并无表示单纯物质概念的"自然"概念,自然即世界存在的本然状态,在这个范畴中,"有价值之物"的概念也是难以理解的。上述天之五义中,理学秩序观扬弃的主要是集中在《诗》、《书》、《左传》、《国语》和《论语》中的天的主宰性因素,尤其是体现在汉代天人学说中的那种主宰性的和带有人格神特点的天(这一取向与唐代后期韩愈、柳宗元、刘禹锡对天人关系的论辩一脉相承),并将天所内含的一种内在约束性的(但不是外在约束的)秩序作为最高的和内在的道德源泉。[28]通过天与理的合一,理学创造了一种以理、气、心、性等范畴为中心的整体的秩序体系。按照这一新的秩序观,一方面,天道、天理构成了宇宙的本体、万物的标准和道德的起源,另一方面,天道、天理内在于万物和我们自身,从而理学的中心任务即指明我们的日常世

---

[26]《史记》卷二十七《天官书第五》,见《史记》,北京:中华书局,1982,页1342—1343。
[27] 同上,页1459。《春秋左传注》,杨伯峻编著,中华书局,1981,页1459。
[28] 曾有学者根据汉魏之际直至唐宋时代的社会变化,把天观的变化概括为从主宰者的天过渡到作为存在依据的天的线性过程。但若查考历史文献,先秦时代的典籍如《诗经》中即已包含了作为天之法则及方向、理序之根据或形而上学实体的天观念,这种天观念与在先秦时代占据主导地位的主宰性的天及天命、天意观念并行不悖。如《周颂》中所谓"维天之命,于穆不已。于乎不显,文王之德之纯"。这里"天之命"就是指天之法则及方向。又如,《易十翼》虽系后人伪作,但一般认为易卦爻自身的组织及卦爻辞的形成不会晚于周初,它们所构筑的宇宙秩序及其变化法则也摆脱了人格天的范畴。这些观念并没有被组织到理的观念之中,却能够说明理观或天理观的变化难以被描述为一种线性的进化过程。

界中的天理，以及通过何种方式与天理合一。由于天代表着一种内在的秩序，从而体现这一内在秩序的概念"理"也就成为一个至关重要的范畴；由于天内在于我们自身，从而服从天的命令与顺应我们的内在的自然的要求相互关联；由于天是一种"内在的"自然，从而需要发展接近这一"内在的"自然的方法；由于天所体现的秩序是内在的和本质的而非外在的和现象的，从而天与现实秩序（气的世界或现象世界）之间存在某种紧张关系，以致人们总是可以诉诸于天来表达对现实秩序的抗议和批判。

因此，这是一个在天理之上不再有任何终极实在的思想体系，一个将天、道、心、性等等视为"理"的各个方面的思想体系。以天理观的确立为前提，儒学学者对于道德、知识、政治和其他各种社会问题的判断方式均被置于这一秩序观内部：礼乐、制度、事功、先王之言是重要的，但它们所以重要是因为体现了普遍而又内在的"理"或"天理"；一旦礼乐、制度、事功和知识与"理"相分离，就将全部退化为没有实质内涵的形式或不具有价值的事实。在这个意义上，不是礼乐、制度、事功、先王之言，而是理或天理，构成了道德判断的最终根源和标准，从而有关礼乐、制度、事功、先王之言和道德状态的判断和解释都必须置于"天理"的构架内部。理学提供的是一种有关宇宙和世界的秩序的视野，一种理解宇宙和人的生活世界的基本框架，一种以内在的秩序作为根据的道德/政治评价方式，即一种从天理这一基础范畴或存在论范畴去理解世界的世界观。与天道论注重于对宇宙运行过程的描述不同，天理观试图揭示宇宙（包括人自身）的内在原理，从而脱离了那种通过描述自然过程以显示天意的方式。由于"理"的内在化特性，对理的描述势必产生在一种二元论的架构之中：理与气、理与物、先天之性与气质之性、德性之知与闻见之知，等等。如果理、性、心为应然的范畴，那么气、物、气质就为实然的范畴，宇宙即由这两重世界构成。理实现于万物，却不因万物的好恶、善恶而变化，从而理与现实（气的世界）之间构成了一种紧张性的关系：理在万物之中，万物以理为本质、目的。理学的主要课题即发现和解决理气之间的隔阂，进而达到天人合一、理礼合一、治道合一的最终境界。程颐和朱熹对理气二元论的阐发引发了儒学内部的长久争论，此后各代儒者对心一元论、气一元论和新礼乐论的发挥均可视为克服理气二分所带来的道德/政治论述的困难的努力。

其次,将天理世界观放置在儒学道德评价的变化之中进行观察,我们可以发现理学与孔子儒学的深刻区别:孔子儒学以礼乐论为骨干,将巫史与王制放置在"礼乐"的范畴内,以礼乐为天、为道德/政治判断的根据,而宋明理学以天理、心性为骨干,对礼乐制度的道德评价系统进行"理学化"的改造,即以理为天。在理学的视野内,道德评价产生于一种普遍而又内在的秩序。说这一秩序是内在的,是因为这一秩序不能等同于现实存在的礼仪、制度、法律和规范,它需要通过主体的认知、体悟及其与理的合一才能获得或呈现;说它是普遍的,是因为这一内在的秩序并不外在于礼仪性的、制度性的、日常化的实践过程本身,它只是需要通过对经书的学习、对礼仪的实践、对日常事务的处理以获得"真正的"礼仪、制度、习俗和事件的知识。在理学的框架内,道德评价与制度评价之间构成了一种紧张或差异,即置身于制度性的或礼仪性的实践本身并不能保证道德的完成;但与此同时,对制度性的或礼仪性的实践的质疑与其说是对制度、礼仪及其实践的否定,毋宁说是以重构制度性的和礼仪性的实践的神圣性为宗旨——通过理这一范畴重新沟通礼仪、制度及其日常实践与天的内在关联。张载说:"朝廷以道学、政术为二事,此正自古之可忧者",[29]道出了道学家忧虑的主要问题乃是道学与政治的分化,他们发明天道、天理的努力正是为了重构治道合一的新格局。把宋明理学与先秦儒学、汉唐经学等儒学形态区别开来的正是这一道德评价方式上的差异。在这个意义上,理学是以"哲学的"或"形而上学的"方式展开的礼乐论、制度论和道德论。这一判断以下述两个判断为前提:一,在儒学的语境中,理学、经学、实学、史学等形态各异,但它们最终回答的仍然是一个基本的儒学问题,即如何在变化的历史形势中重新建立道德的尺度。("理学,经学也"或"六经皆史"等命题即以此为前提:前一个命题认为只有通过经学的方式才能回答理学的问题,后一个命题认为只有史学的形式才是接近先王

---

[29] 张载:《答范巽之书》,《张载集》,北京:中华书局,1978,页349。

之道的唯一通道,但它们最终都必须回答究竟何为道德或者何为正当这一基本问题。)二,儒学在知识形态上的差异反映了道德评价的根源、尺度和标准的差别,例如,我们究竟应该以天理还是先王之典制、宇宙之达道还是圣人之言、内心之自然还是功利之关系作为道德评价的最高源泉?如果说孔子在礼崩乐坏的语境中(道学与政术分离的格局)以祖述先王的形式重构天道与礼乐为一体的道德评价体系,那么,理学则试图以天理为中心"格"出古今道德之正理以重构道德评价体系。在这个意义上,道德论必须以礼乐论、礼制论或天道论为前提。

第三,与上述道德评价方式的转变密切相关,理学的中心问题从礼乐制度转向了致知的方法论。如果道德的可靠基础是对最高秩序和最高本质的认知、体悟和实践,而这种最高秩序或本质又存在于"气"的世界之中,那么,理学及其提供的认知、体验和实践的程序本身就构成了一种最为适当的道德理论。因此,尽管理学家们也像孔子一样关心制度、礼乐及其具体规范问题,但占据理学中心地位并引导理学内部的思想辩论的恰恰是认知问题:在"格物致知"和"格物穷理"问题上的纷纭解说构成了理学内部(包括心学)的众多分歧的关键点。在对宋明儒学进行归类时,牟宗三越过理学与心学的习惯划分,把"致知"方法的差异视为理学分类的根据。他说:

> 宋明儒之发展当分为三系:(一)五峰蕺山系:此承由濂溪、横渠、而至明道之圆教模型(一本义)而开出。此系客观地讲性体,以《中庸》、《易传》为主,主观地讲心体,以《论》、《孟》为主。特提出"以心著性"义以明心性所以为一之实以及一本圆教所以为圆之实。于工夫则重"逆觉体证"。(二)象山阳明系:此系不顺"由《中庸》、《易传》回归于《论》、《孟》"之路走,而是以《论》、《孟》、摄《易》、《庸》而以《论》、《孟》为主者。此系只是一心之朗现,一心之伸展,一心之遍润;于工夫,亦是以"逆觉体证"为主者。(三)伊川、朱子系:此系是以《中庸》、《易传》与《大学》合,而以大学为主。于《中庸》、《易传》所讲之道体性体只收缩提炼而为一本体论的存有,即"只存

有而不活动"之理,于孔子之仁亦只视为理,于孟子之本心则转为实然的心气之心,因此,于工夫特重后天之涵养("涵养须用敬")以及格物致知之认知的横摄("进学则在致知"),总之是"心静理明",工夫的落实处全在格物致知,此大体是"顺取之路"。[30]

这一分类表明:宋明儒学的分化是以如何论证、抵达、实践宇宙本性或秩序为轴心展开的。性体、心体和理等范畴之间的差异产生于对宇宙秩序的不同认识方式。由于道学宇宙观和天理概念的建立,任何合理化的论述都必须以天道、天理为前提,从而如何解释天道和天理及其内含的秩序同时成为道德、政治、经济和社会论述的前提。在这个意义上,北宋以降,儒学的基本问题、分类形式、内部分歧和形态转化都必须放置在与道学或理学的关系之中来进行理解——在近代西方的科学宇宙观、方法论和分类标准进入中国之时,它们所面对的抵抗也首先来自理学世界观。

以天理统摄宇宙秩序和道德根源的方式始自二程、集大成于朱熹,但将心性论、道德论置于宇宙论和本体论构架之中却是道学家们的普遍追求。在程颐的时代,天理概念不过是多种竞争性观念之一种,但在此之后,天理概念在极大的范围内逐渐取代了天道概念而居于理学的道德评价方式的核心部分,天理所体现的至善的道德本质和道德秩序逐渐地被理解为所有事物的所以然或应然。值得一提的是:所以然与应然问题在道德评价中的出现标志着道德评价与礼乐过程之间的脱节,从而也标志着儒学道德评价方式的巨大转变。以天理概念为核心构筑道德评价体系的关键含义在于:像传统儒学一样,理学认为各种事物只有在与天之秩序合一的状态下才构成该事物的应然状态,亦即道德的状态,但它尤其强调的是:这个秩序存在于整个现象世界之中而又不能等同于现象世界,从而实现这一道德本质或道德秩序的基本方式是充分地发展我们的认知或体悟能力,呈现和印证这个内在于世界和我们自身而又不同于世界和我们自身的秩序、本质、自性,进而达到世界和我们与自身的合一。宋学中绵延不绝的有关道学与政术

---

[30] 牟宗三:《心体与性体》(上),页42—43。

分离的忧虑正起源于这一基本的判断:政术本身已经背离了道学所探讨的价值,从而追求道学与政术合一需要从内在的方面来实现;人的礼仪实践已经背离了道学所确认的宗旨,从而道德实践也需要从内在的方面来实现。这里所谓内在不是指人与物之间的那种内外关系意义上的内在,而是一种普遍的内在——人与物都包含着内在可能性,它们都需要一种自我实现(亦即扬弃自身的外在性)的过程。在这个意义上,道德状态是一个通过内在的努力以摆脱自身限制的状态,道德实践与其被视为顺从外在的规范,毋宁说是顺从内在之自然,而自然正是宇宙秩序或本质自身。

概括地说,理学试图建立宇宙秩序与礼序之间的一种本质性的联系(而不是直接性的或对位式的联系)。天理概念在伦理学上的结果就是宇宙论和内在论与道德论证的关系的建立。这种追求合一的道德论证方式恰恰是以道德论证与制度(分位)的某种分离或紧张为前提的。作为一种内在的、普遍的但又未必是实现的(或显现的)范畴,天理必须通过认知、体悟和实践过程才能呈现,从而道德实现与主体之间的内在联系经由"理在事中"的观念而被突显出来了。这种新的道德论证方式建立在一个基本前提之上,即认为制度已经从礼乐的世界中分化出来,从而按照这一制度所提供的规范行事并不能体现天意——天意是道德实践的基础,如果制度及其规范不能体现天意,则天意即成为评判制度的根据。这一有关制度与礼乐分离的观念对于形成北宋道学与先秦儒学以及汉儒的道德论证方式的差别有着重要的意义。因此,我们可以从理学的论述中看到一个双重现象:一方面,理学家们不断地探讨礼序关系,但另一方面,他们又认为人对天道的体悟不能等同于制度性的实践。

让我对上述讨论做几点归纳。天理世界观的确立标志着儒学道德/政治评价方式的转变:按照这一道德评价方式,道德和政治必须遵循一种自然之势、一种内在于万物和我们自身的秩序。天或天理将自然之势和内在本性统合在同一范畴之内,从而宋学的基本特点是将宇宙、自然和人事的体系融会在天理的世界之中。天理世界观一方面拒绝用现实存在的制度和秩序作为道德和政治评价的尺度,另一方面也拒绝用天人相类的方式将天的秩序与人世秩序的关系理解为一种直接的对位关系,从而将汉代宇宙论中作为至上神的天转化为一种内在于我们自身和世界的、有待自我实现的本质。那么，这一道德评价方式与我在开头提及的那些社会政治变迁之间的关系究竟是什么呢？为了回答这一问题，我们需要对理学与先秦儒学和汉代思想的一些规范性特征进行比较性的分析，以深化对理学的道德评价方式的理解。

第二节　礼乐共同体及其道德评价方式

1. 以仁释礼与"理性化"问题

正如程朱理学的道德评价系统被系统地解释成"理性化"一样，现代儒学研究的另一传统是将周公"制礼作乐"、孔子"述而不作"归结为"'巫史传统'的理性化过程"。[31]傅斯年说："儒家的道德观念，纯是一个宗法社会的理性发展。"[32]他所谓"理性发展"指周"德"从原始巫术礼仪向君王行为、礼仪和制度的转化。在这个意义上，"孔子的国际政治思想（关于诸侯国之间的政治的思想——作者注），只是一个霸道，全不是孟子所谓王道，理想人物即是齐桓管仲。……孔子的国内政治思想，自然是'强公室杜私门'主义。"[33]傅斯年完全回避王制之中包含的天人关

---

[31]　李泽厚将周代儒学的"德"与"礼"等概念全部归结为"这一理性化形态的标志。"见氏著《说巫史传统》，《波斋新说》，香港：天地图书公司，1999，页50。《说巫史传统》一文对于周、孔儒学与巫史传统的关系的解说包含了许多精彩的洞见，这里对"理性化"一词的讨论并非对于该文的总体批评。

[32]　傅斯年：《论孔子学说所以适应于秦汉以来的社会的缘故》，《傅斯年全集》，台北：联经出版事业公司，1980，页1492。下文中，我循惯例使用"礼乐与制度"的概念，但需说明的是，"制度"一词在秦以后始渐形成和传播，在先秦文献中一般只用"制"。

[33]　同上，页1490。

系，并将孔子思想与周代的制度现实划上了等号。这一论述建立在对孔子"述而不作"的理解之上：孔子思想客观地记载了周制的基本内涵，即国际关系中的霸道与国内关系中的专制，而这两个方面都是原始宗法关系理性化的产物。在这里，从巫术到王制的过渡被类同于欧洲历史中从宗教统治向世俗统治（国王统治）的过渡，而"祖述王制"的孔子之礼学也就自然地被界定为中国文化"世俗化"和"理性化"的象征。与傅斯年不同，李泽厚看到的不是"强公室杜私门"的王权主义，而是"由'神'的准神命令变而为人的内在欲求和自决意识"，即某种排拒"宗教性神秘性的"、个人主义的（"自己"、"心理欲求"）和世俗主义的（肯定情欲的"人"）倾向。他评论说："（孔子之学）把一种宗教性神秘性的东西变而为人情日用之常，从而使伦理规范与心理欲求融为一体。'礼'……由'神'的准神命令变而为人的内在欲求和自决意识，由服从于神而为服务于人、服务于自己，这一转变在中国古代思想史上具有划时代的意义。"[34]但这两种不同的论述均被归纳在"理性化"的范畴之内。

从周孔传统的形成到宋代理学的确立，"理性化"构筑了一个永久的历史视野，其前提是：中国思想或文化是"非宗教的"，儒学的道德判断从一开始就注目于人及其生存世界自身。孔子被认为是中国思想从对自然的探究、对神圣事物的关注转向人自身的第一人，他的著名的"仁"概念为此提供了证明。然而，人与自然、人与神圣之物的这种分界究竟建立在什么前提之上呢？儒学对于人的日常生活的关注是一个显著的事实，但正如上文所述，这里的关键是如何界定儒学的"日常生活"或"人情日用之常"，以及"人"及其"内在欲求和自决意识"是在怎样的关系中被界定的。在儒学的语境中，"人情日用之常"与孔子再三致意的"礼"有着密切的关系。礼是从原始祭祀和军事征伐等仪式中发展起来的，它所内含的人情物理与天帝、鬼神的观念并不相悖："孔子曰：'夫礼，先王以承天之道，以治人之情，故失之者死，得之者生……是故夫礼必本于天，殽于地，列于鬼神，达于丧、祭、射、御、冠、昏、朝、聘。故圣人以礼视之，故天下国

---

[34] 李泽厚：《中国古代思想史论》，北京：人民出版社，1985，页20—21。

家可得而正也。"[35]在这个意义上,日常生活即在丧、祭、射、御、冠、昏、朝、聘等礼仪实践中的日常生活,亦即礼仪生活本身。"人"的概念同样如此。按照儒者们对于三代之治、尤其是周代封建的描述,早期儒学的道德评价方式可以归纳为一种整体性的和连续性的体系,在这个体系中,自然、制度、礼乐和道德,甚至在一定条件下形成的法令、礼俗等规范,构成了难以截然区分的领域。作为一种道德性的存在,人的概念与礼义的概念是一致的,因为一旦脱离了礼义范畴也就不存在界定人的基础了。《礼记·冠义》云:"凡人之所以为人者,礼义也。礼义之始,在于正容体,齐颜色,顺辞令。容体正,颜色齐,辞令顺,而后礼义备。以正君臣,亲父子,和长幼。君臣正,父子亲,长幼和,而后礼义立。故冠而后服备,服备而后容体正,颜色齐,辞令顺。故曰:'冠者,礼之始也。'是故古者圣王重冠。"[36]又云:"成人之者,将责成人礼焉也。责成人礼焉者,将责为人子、为人弟、为人臣、为人少者之礼行焉。将责四者之行于人,其礼可不重与?"成人的标志是在礼的秩序中确立的。[37]吕大临注曰:"所谓成人者,非谓四体肤革异于童稚也,必知人伦之备焉。亲亲、贵贵、长长,不失其序之谓备。"[38]牟宗三认为《礼记》所谓成人之礼仅仅是形式的规定或荀子所谓"王者尽制"之礼,而"君子自觉地实践人伦以成其德"才是所谓"圣者尽伦"。[39]但按照上文的叙述,王者尽礼与圣者尽伦不可能截然区分,它们都是以分位或礼制为依据的实践。"他是一个君子"这一事实判断不仅包含

---

[35]《礼记·礼运》,见《礼记集解》,中,孙希旦撰,北京:中华书局,1989,页585。
[36]《礼记集解》,下,页1411。
[37]《礼记集解》,下,页1414。《礼记》是否体现了孔子的思想仍有争论的余地,但根据1993年湖北荆门郭店楚墓出土的竹简,研究者已经认定《礼记·中庸》出于子思子,因而《中庸》及《礼记》中的部分内容体现了孔门思想不为无据。参见李学勤:《先秦儒家著作的重大发现》,《人民政协报》1998年6月8日第3版。
[38]《礼记集解》,下,页1414。
[39] 牟宗三:《心体与性体》上,页12—13。我认为牟宗三的区分本身是有根据的。他曾举《中庸》"君子之道造端乎夫妇,及其至也、察乎天地"评论说,此"则是成德之教中的夫妇之道。君子自觉地实践人伦以成其德即从这里开始,及其至也,无穷无尽,故云'察乎天地'。……此种成德之教是孔子之所开启,与王者尽制中之礼乐人伦不同也。"同前,页13。

着"他应该如何做"的价值判断,而且还包含着他正在自觉地实践君子的道德法则的含义。先秦儒学的道德判断与特定的制度背景(制或伦)的连续关系构成了道德论述的内在结构。在这个意义上,无论是人的范畴本身,还是"人的内在欲求和自决意识"都是由一定的礼乐关系所确定的,从而在"人的内在欲求"与"'神'的准神命令"之间并不存在世俗与宗教之间的二元对立,以及由此对立而产生的"理性化"过程。在儒学思想的范畴内,欧洲启蒙运动所制定的从神到人的"理性化"叙事并不具有真正的解释力,[40]我们毋宁将"理性化"范畴视为现代思想的自我确证:它把历史编织在"理性发展"的框架内以确立"现代"的权威,并逃避对于"现代"自身的检验。

将周代制度与孔子对儒学的阐发一道放在理性化的视野之中,这一做法本身是综合清代经学的主要结论与西方社会理论有关理性化的论述而产生的结果。在批判宋学的过程中,清代儒学逐渐地形成了一个不同于孟子的观点,即儒起源于周代典制本身,文王、周公具有始作俑者的地位,而孔子只是"集大成者"。[41]这里的关键是如何理解周代典制的形成与孔子的"述而不作"和"以仁释礼"的关系。孔子记述、总结了周代礼乐制度的精髓,以"祖述王制"的方式重新构筑礼乐的完整性,并通过对道与德、诚与敬、仁与礼、君子与小人等范畴的发挥,重新沟通天人关系,创造性地阐释了礼乐制度的意义。这些创发的工作为后世儒学提供了动力和灵感,我们不能简单地在"周文"、"王制"(对巫史传统的扬弃或理性化)与孔子要求主体献身于王制、周文的实践过程(其宗旨是赋予日渐形式化的"礼乐"、"王制"以"天"的性质)之间划上等号,将二者一道归结在"理性化"的范畴之内。孔子之学是对上述"理性化"过程所导致的礼乐之形式化、空洞化和规范的破坏(礼崩乐坏)的一种批判,其中也包含对王制的发展所导致的天人关系断绝的忧虑。在周制衰败的过程中,孔子力图阐明周制的规范和神圣性的内在根源,并以"仁"为中心力图恢复

---

[40] 如果孔子时代、宋明时代的转变可以用"理性化"这一概念进行描述,那么,我们如何理解19世纪以降以理性和自我等西方概念为核心的近代科学世界观和个人主义价值对理学世界观的冲击——理学世界观为什么再次被描述为反理性的迷信?

[41] 章学诚《文史通义》的相关论述是代表性的观点。参见本书第四章。

能够促成天人沟通的品质和信念:德、诚、敬、仁、义等等。在孔子的道德世界中,惟有获得这些品质、情感和信念,礼乐才真正构成为礼乐。这些在孔子这里被归纳在礼乐论范畴中的概念与巫之传统有着紧密的关联。

因此,所谓以礼乐为天、以仁释礼,表明孔子试图在周代礼乐制度的基础上恢复天人一体的基本价值和天人沟通时的那种情理兼容的基本状态。这两者均表明了礼乐制度与巫文化的内在共生关系。在周代礼乐制度的范畴内,天人沟通并不必然需要早期巫师在行法作业时的癫狂、昏迷状态,它现在诉诸的是在日常礼仪实践中的天人沟通。这也构成了孔子之礼学与早期巫术仪式之间的基本区别。但是,西周礼乐制度与巫术礼仪并无截然的断裂,孔子之学与巫的精神和礼仪之间的关系绝不如此单纯。周代王制以宗法、王制及其礼仪形式作为沟通天人的途径,然而,根据《周书·吕刑》记载的上古时代的君王"绝地天通"的神话,以及《国语·楚语》所记观射父对这个神话的解释,君王时代的天人关系并不总是顺畅的。早期社会"民神异业,敬而不渎,故神降之嘉生,民以物享,祸灾不至,求用不匮",巫觋运用其降神能力而沟通天人;但此后"民神杂糅,不可方物,夫人作享,家为巫史",颛顼"乃命南正重司天以属神,火正黎司地以属民是谓绝地与天相通之道也"。[42]徐旭生、杨向奎和张光直在解释这段话时均强调:早期的巫觋专业降神,为民服务,而在后世,天地之门为君王所派的重和黎所把持,天地遂不再沟通。这里所谓"不通"主要对民而言,因为皇帝垄断了巫觋的位置,仍然拥有通天地的特权。[43]在这个意义上,王制虽然能够沟通天人,但同时蕴含着阻碍天人沟通的可能性,在孔子生活的时代,周代的礼乐制度正面临着这一危机。天人关系的断裂在礼乐制度上的表现就是礼乐的空洞化、形式化,亦即蕴含天意的礼乐转化成为没有意义的仪规和制度。如果人们仅仅以玉帛、钟鼓为礼乐,礼乐即不复为礼乐;孔子因此大声疾呼:"礼云礼云,玉帛云乎哉!乐

---

[42] 《国语》卷十八《楚语下》,上海古籍出版社,1978,页559。
[43] 徐旭生:《中国古史的传说时代》增订本,北京:科学出版社,1960;杨向奎:《中国古代社会与古代思想研究》,上海:上海人民出版社,1964;张光直:《中国考古学论文集》,北京:三联书店,1999,页393。

云乐云,钟鼓云乎哉!"[44]如果礼乐失去其实质内涵,真伪善恶即无从辨别,《论语·八佾》悲叹的不正是在上者"为礼不尽"、在下者无所适从以致"事君尽礼,人以为谄也"[45]的局面吗？孔子叹息道:"人而不仁,如礼何？人而不仁,如乐何？"[46]正是从礼乐与制度的分化状态出发,孔子提出以"仁"释"礼",从而"仁"所处理的是在形式化或空洞化的条件下产生的"礼"的真实性问题——如果真正的"礼"是能够体现天意之礼,那么"以仁释礼"的核心即在以仁通天,恢复礼的内在神圣性。这里所谓礼乐与制度分别指能够体现天意或具有道德内涵的礼仪关系与丧失了与天之间的内在联系的仪规和体制。孔孟设想的礼乐亦即没有礼乐与制度之区分之礼乐,而礼崩乐坏的结果则是礼乐与制度的分化:礼乐不复为礼乐,制度不再具有任何道德含义。

礼乐的"真实性"问题是隐含在孔子的道德/政治理论背后的重要概念,前引各条不正是在真正的礼乐与形式的礼乐之间作出的判断吗？[47]"述而不作"强调典制本身的严格性,它是对礼崩乐坏的局面作出的反应;"以仁释礼"注重礼仪过程的真实性,它是对礼仪实践过程和内在状态本身的关注。上述两重判断最终落实在孔子对君子的期待之中:以敬天畏命的忧惕之情、以天降大任于斯人的承担之心、以恪守先王礼仪的复古形式、以通情达礼和通今博古的会通精神,在"行与事"的过程之中恢复礼乐与制度之间的同一性,亦即通过主体的实践和品质赋予日益衰败的、形式化的礼乐形式以丰满的、实质性的意义。从恢复礼制的角度看,这一过程涉及具体的政治观点和制度性实践;从成德的角度看,这一制度性实践亦即道德行为的过程。礼乐与制度的合一是道德实现的前提,从而道德实现过程本身必然同时是制度性实践的过程。在这个意义上,所谓礼乐与制度的合一不是指形式化的礼乐与理性化的制度之间的结合,而是指在礼仪性的和制度性的实践过程之中体现出的天人合一、治道合

---

[44] 孔子:《论语·阳货》,《论语正义》下册,刘宝楠撰,北京:中华书局,1990,页691。
[45] 孔子:《论语·八佾》,《论语正义》上册,页115。
[46] 同上,页81。
[47] 孔子:《论语·阳货》,《论语正义》,下册,页691。

一、道器一体的状态。形式化的礼乐不能视为真正的礼乐,形式化的制度也不能构成礼乐制度意义上的制度。因此,无论是"述而不作",还是"以仁释礼",都不能用"理性化"来加以解释:"述而不作"不是为了客观地呈现先王典制,而是为了对行为实践进行严格的礼仪规范;"以仁释礼"不是以内在性替换礼仪的严格性,而是在礼乐解体或形式化的条件下唤起严格遵循礼仪的内在激情。一方面,孔子以礼乐为天,不语"怪、力、乱、神",体现了对早期巫术传统的扬弃,而另一方面,他以仁释礼,将礼仪实践放置在与人的品德、激情的关系之中,以克服礼乐的形式化所导致的文化危机。

如上所述,由于礼的形式化,孔子面对着两种不同的"礼",其一是完整的、理想的、能够体现天意并沟通天人之礼,亦即"真正的"礼;其二是现实中异化了的、形式与实质相互分离的"礼",亦即"虚假的"礼。在前一个意义上,仁与礼完全统一,而在后一个意义上,仁与礼相互脱节。"以仁释礼"寄望于主体的诚与敬,试图通过将献身于天的精神态度(如同原始巫术活动中的那种对于天的敬畏怵惕之情和与"天"合一的冲动)转化到"爱人"的礼乐实践之中,以重新沟通天人,再建礼的完整性或神圣性。因此,恰好与所谓"理性化"相反,孔子"仁学"的重要范畴——如"德"、"诚"、"敬"、"信"等——均渊源于巫君祭祀治事的传统。"德"的起源最早,下文将专做解释。这里仅以"敬"字为例。周初文诰中多有"敬"字,如《书·皋陶谟》:"天聪明,自我民聪明;天明畏,自我民明畏。达于上下,敬哉有土";[48]《礼记·祭统》:"诚信之谓尽,尽之谓敬,敬尽然后可以事神明,此祭之道也。"[49]前一例论事天、事民与君王之敬,突出了王制与天的关系,后一例论祭祀之道,证明诚、信、敬和尽等范畴渊源于祭祀的礼仪和实践,两者都证明"敬"概念与早期巫术实践中的恐惧、惊怖、景仰等情绪有着密切地联系。徐复观、牟宗三等学者强调周初之"敬"不同于将主体投身于上帝的那种宗教迷狂,[50]是"人的精神"的体现。[51]

---

[48] 《尚书今古文注疏》,卷二《皋陶谟上》,清孙星衍撰,中华书局,2004,页87。
[49] 《礼记·祭统》,《礼记集解》下,页1238—1239。
[50] 牟宗三:《中国哲学的特质》,台北:台湾学生书局,1984,页20。
[51] 徐复观:《中国人性论史》,台北:台湾商务印书馆,1990,页22。

若从早期巫术与周代王制之形成的角度看,这一判断还是抽象了一些:第一,从龙山文化遗址和其他墓葬发现可知:与祭祀仪式有关的遗物存在着向"大人物"墓葬集中的趋势,从而为"王出于巫"的假说提供了证明。[52]其次,礼乐与巫术存在密切的关系,它们均预设天的至高地位,由于王制的发展,仪式活动中的迷狂式的体验和交感与沟通天人的礼乐活动之间并没有绝对的区分。如果说孔子之敬是"原始巫术活动中的迷狂心理状态的分疏化、确定化和理性化",[53]我们又如何把握孔子之敬与形式化的礼乐制度的关系?孔子"以仁释礼",即通过"仁"的认知与实践,在礼仪实践中恢复祭祀等仪式中的和谐状态,它虽然不以神秘体验为指归,却主动地呈现了对于天的敬畏。如同在巫术礼仪中一样,"敬"是主体沟通天人关系的自觉追求,不同的是:君子在"分疏化、确定化和理性化"的历史语境中重构天人关系,而巫师则将这一过程视为一个完全没有分化的自然过程。"仁"对主体的要求与巫术对巫师投身迷狂过程的要求是接近的。在这个意义上,一,"人的自决意识"可以界定为投身礼仪实践的决心和信念,从而与近代世俗主义的取向无关;二,不是"分疏化、确定化和理性化",而是对"分疏化、确定化和理性化"的反抗,亦即对敬畏本身的自觉追求,才构成了孔子之主张"仁"与"敬"的动力。对礼的恪守产生于一种敬畏之情,从而难以归结为单向的"理性化"的取向,否则我们就无法解释"述而不作"的孔子不是以礼释礼,而是以仁释礼了。三,这种敬畏之情不是表现为巫术过程的迷狂状态,而是礼乐过程的内在神圣性,从而我们可以将之归纳为"反理性化的理性化"取向,用以说明这一"反理性化"过程对于周初"制礼作乐"过程(理性化过程)的依赖。

在上述意义上,"以仁释礼"也不能解释为由外在的礼转向人的内在性。孔子明确地说:"一日克己复礼,天下归仁焉"——"仁"是通过"克己复礼"而达到的一种状态,也是推动人们"克己复礼"的最终动力。当礼的神圣性重新建立起来之时,天下归仁与天下归礼即完全合一。这里所

---

[52] 陈梦家:《商代的神话与巫术》,《燕京学报》20(1936),页535。
[53] 李泽厚:《说巫史传统》,《波斋新说》,页51。

谓礼的神圣性不是指礼的外在形式的神圣性,而是经由人之践仁而充实了的礼乐精神的神圣性。神圣性与日常性之间不存在紧张或对立。因此,"仁学"非但不是对礼乐制度及其道德评价形式的否定,反而是对礼乐共同体的道德评价形式的再确认,但这个再确认尤其突出了礼乐实践的内在的精神条件。"以仁释礼"以礼乐范畴为中心:礼仪的严格性、严肃性和庄严性是"仁"的必要条件,而"仁"则是礼仪能够获得其严格性、严肃性和庄严性的根本前提。"仁"概念与近代的"自我"概念有着遥远的距离。孔子不语"怪力乱神",罕言天道,认为对天的尊崇必须通过礼乐制度及其实践才能实现,这是以周代礼制及其基本价值与敬天礼地的巫术的密切关系为前提的,否则就不存在以礼乐为天的根据。按《论语·乡党篇》的描述,孔子对于一套形式礼仪极为讲究,举凡饮食起居生死婚葬无不存在一套规矩,甚至连走路也受到礼的制约。[54]这种对于天命、大人或圣人之言的敬畏以及对于仪式的恪守是"理性化"的情感,还是敬天畏地的态度？晚清(1899)以来的甲骨卜辞研究证明:祖先崇拜与上帝(以及天)崇拜的合一乃是殷周甚至更早时期的上古社会及其信仰体系的特征。[55]上帝助人丰收、赢得战争,但他并非特定族群的上帝;君王的祖先是族群的象征,他能够向上帝进言;君王本人通过祭祀活动与祖先沟通,从而也能够察知上帝的意志。就殷周时代的祭祀活动和信仰而言,上帝、天与祖先之间的差别和距离极为有限。[56]"这三类神明是同时并存的,因

---

[54] 孔子:《论语·乡党篇》,《论语正义》上册,页368—436。
[55] 王国维、郭沫若、董作宾、陈梦家、胡厚宣、徐复观、张光直、何炳棣、李学勤、凯特利（David N. Keightley）、顾理雅（G. H. Creel）、史华慈（Benjamin Schwartz）等中外学者对上古中国社会形态及其神明崇拜作出了各不相同的阐述,但他们在确认殷商文明崇仰帝或上帝、自然神祇、祖先三类神明方面有着大致的共识。何炳棣断言:"构成华夏人本主义最主要的制度因素是氏族组织,最主要的信仰因素是祖先崇拜。制度和信仰本是一事的两面。"见氏著《华夏人本主义文化:渊源、特征及意义》,《二十一世纪》总第33期,1996,页93。
[56] 关于天概念的起源,学术界有两种看法:一种认为天由周的氏族神演化而成,另一种认为天在周朝立国之前即已存在。有关的讨论和分歧意见,见傅佩荣:《儒道天论发微》,台北:学生书局,1985,页11—14。

第一章 天理与时势

此凡是主张神明演化论——亦即,自然神祇演变为祖先神,再演变为上帝——的说法都难以得到证实。"[57]没有这一前提,我们就很难解释《礼记·祭义》所谓"文王之祭也,事死者如事生"和孔子所谓"未能事人,焉能事鬼"等说法——它们确切地体现了上帝与祖先的同一关系。正是由于上帝与祖先的同一关系,孔子才能够将对天的忾惕之情转化为尊崇礼乐的内在激情——礼乐是将祖先崇拜与上帝崇拜综合为一的实践过程和礼仪形式。

2. 治道合一与周代礼乐制度

在这个意义上,以仁释礼同时表明道德实践是一个制度性的过程,"述而不作"或"祖述王制"的叙述形式表达的是礼仪制度的严格性和恪守礼仪的必要性。《论语》中直接记述王制的内容有限,但孔子以六经为教,这一事实可以帮助人们理解孔子所谓"述而不作"的制度性含义。关于《礼记》一书的真伪及成书年代历来有不同意见,但可以确定的是:其中所载各种礼仪和制度至少可以部分地作为了解孔子之学的制度性或礼仪性内涵的根据。[58]为了展开下文的叙述,我们需要对包罗万象的"周道"、尤其是其核

---

[57] 同上,页2。
[58] 六经与孔子的关系历来争论不休,这里不作讨论(关于这一问题,请参见周予同:《"六经"与孔子的关系问题》,朱维铮编:《周予同经学史论著选集》(增订本),上海:上海人民出版社,1996,页801—802)。但六经之所以具有示范的价值,是因为它体现了先王政教和官司典守,这是许多儒者的基本信念。又,在《论语》之外的其他典籍如《礼记》中,我们可以找到孔子以六经为教的前提。《礼记》的真伪及时间问题历来有争论。根据最近考古发现,《礼记》的内容至少可以追溯到战国时代。李学勤对郭店楚简的研究证明:"《缁衣》收入《礼记》,竹简中还有不少地方与《礼记》若干篇章有关,说明《礼记》要比现代好多人所想的年代更早。按《汉书·艺文志》于《礼》类著录'《记》百三十一篇',云'七十子后学者所记也'。郑玄的《六艺论》说:'汉兴,高堂生得《礼》十七篇,后得孔氏壁中、河间献王古文《礼》五十六篇,《记》百三十一篇',可知《汉志》的《记》都是古文,有的是孔壁所出,有的是河间献王所征集,都是孔门七十子后学的作品。高堂生五传弟子戴德、戴圣所传的《礼记》、《大戴礼记》,都是根据这些材料编成的。现在由郭店楚简印证了《礼记》若干篇章的真实性,就为研究早期儒家开辟了更广阔的境界。"《郭店楚简研究》,《中国哲学》第二十辑,页21。

心制度略作归纳。"周道"之核心是从古代圣王那里沿袭而来并加以发展了的封建、井田和学校等制度,而祖先崇拜、君王之礼、上下分位,以及孝悌忠信等等价值、礼乐征伐等等规范均以宗法封建制度为基础。离开祖先崇拜、宗法分封的内涵,我们无从对各种形式的礼乐作出解说。[59]周初封建始于何人并不确定,王国维《殷周制度论》主张宗法制度为周公所创,并以此作为周制与殷制的主要区别之一,有人更论定周公让位于成王(奠定传嫡长子的宗法原则)为宗法分封制的确切开始。[60]但根据考古发现,上述观点均有质疑的必要。在龙山文化的考古发掘中,考古学家们发现山西襄汾县的陶寺和山东诸城县的呈子均由分组墓葬布局,每组之内均有大、中、小不同等级的墓葬。张光直推断说:"墓葬的组显然是亲族的宗,而组内的墓葬等级便代表宗族内不同等级的成员。"因此,"不但殷商时代已有宗法制度,这种制度在龙山时代就已经可以由考古资料推断出来了。"[61]这里的问题是:周代将宗法制度发展为王朝的政治结构,从而形成了封建体制,而上述考古发现并不能证明殷商时代已经将宗法制度扩展为一种分封性的王制。但可以肯定的是:如果龙山文化即已包含宗法制度的内容,那么,那种截然地将巫文化与礼乐文化区分开来的观点就很难立脚了。

所谓宗法封建即按照"别子为祖,继别为宗,继祢者为小宗"原则,通过周天子的册封仪式("锡命"),将王畿之外的土地和人民封赐给周王的未继王位的别子,并建立诸侯国。[62]受封的别子亦即诸侯国之祖,仍按

───

[59] 康有为说:"古之王者,创业垂统,安定其民,上出其宪章以为教,下奉其宪章以为学,皆一朝之法令、典章也。创之于君,存之于官,守之者师儒,诵习奉行者士民。上之法令易知,下之情意易通,其学之势至易,其施于用也至便,此先王所以致治也。今所称经义皆周道也。"《教学通义》,《康有为全集》(1),上海:上海古籍出版社,1987,页135。
[60] 徐复观:《两汉思想史》第一卷,上海:华东师范大学出版社,2001,页15—16。
[61] 张光直:《中国古代王的兴起与城邦的形成》,《中国考古学论文集》,北京:三联书店,1999,页389,388。
[62] 《礼记》的《丧服小记》和《大传》是历来考察周代宗法的主要资料,其要点为:别子为祖,继别为宗,继祢者为小宗;上治祖祢,尊尊也,下治子孙,亲亲也,旁治昆弟,合族食,序以昭穆,别之以礼义……《礼记集解》,中,页867—878,902—905,914—918。

第一章 天理与时势

嫡长子继承的原则,继承爵位。宗周与封国的关系既是天子与诸侯的关系,也是元子与别子的关系,各封国内部的政治关系也同样具有血缘性的宗族关系的性质。《荀子·儒效篇》说周公"兼制天下,立七十一国,姬姓独居五十三人",[63]他们均为文王、武王之昭穆和周公之胤。周初分封包括一些异姓诸侯,大多为归附周人的小国后裔(如神农、黄帝、尧、舜、禹的后裔)或周人的亲戚,但基本原则仍是按照宗法制度分封同姓诸侯。因此,宗法原则保留了氏族血缘关系及其基本秩序,并构成了周代的普遍原则。在西周语境中,"中国"即在这一普遍原则基础之上、由周王与分封的叔伯兄弟甥舅各国所构成的、以一定的地域为中心的一个政治/宗法共同体。

宗法分封不仅是一种政治制度,而且也是一种经济制度和军事制度。《左传》僖公二十四年云:"昔周公弔二叔之不咸,故封建亲戚以蕃屏周",[64]清楚地说明了封建作为一种屏藩周室的制度的特殊功能。[65]分封的具体内容是授民授疆土,但"封建时代分疆而治,本无整齐划一之典制,亦无一成不变之宏规",[66]分封之后实行的土地制度因而也有所差异。例如,周室将居住在晋国的夏遗民"怀姓九宗"封赐叔虞,该地近戎而寒,风俗与"中国"不同,王室要求"启以夏政,疆以戎索",即援用异于周制的土地制度疆理土地。但在"中国"范围内,土地制度与分封制度相并而行,周统治者要求鲁、卫之君对待殷遗民"皆启以商政,疆以周索"。[67]这为后世儒者将"中国"范畴转化为一种礼仪的范畴提供了根据(即通过礼仪或文化的转化而将其他族群并入"中国"范畴)。[68]井田之说主要见于《孟子》、《周官》二书,汉代的著作《王制》、《公羊》、《谷梁》、《韩诗外传》、《毛诗传》等续有补充。近代胡汉民、胡适、吕思勉、郭沫若、徐中舒、

---

[63] 荀子:《荀子·儒效篇》,《荀子集解》上,中华书局,1988,页134。
[64] 《左传》僖公二十四年,杨伯峻:《春秋左传注》,北京:中华书局,1981,页420。
[65] 关于井田与兵制的关系,徐中舒《井田制度探源》一文最为详备,见氏著《徐中舒历史论文选辑》下,北京:中华书局,1998,页713—760。
[66] 同上,页724。
[67] 《左传》定公四年,同前,页1538—1539。
[68] 参见本书第五章。

徐复观等学者对于井田之有无和具体的内容各有不同的论述,这里不能深论。[69]我们大致可以确认:井田是分封制度在经济和军事方面的具体设置。《孟子·滕文公上》:

> 夏后氏五十而贡,殷人七十而助,周人百亩而彻。其实皆什一也。彻者,彻也。助者,藉也。……《诗》云:"雨我公田,遂及我私。"惟助为有公田,由此观之,虽周亦助也。
>
> 使毕战问井地。孟子曰:"……夫仁政必自经界始。经界不正,井地不钧,谷禄不平。是故暴君汙吏必慢其经界。经界既正,分田制禄,可坐而定也。……请野九一而助,国中什一使自赋。卿以下必有圭田,圭田五十亩;余夫二十五亩……方里而井,井九百亩,其中为公田,八家皆私百亩,同养公田。公事毕,然后敢治私事,所以别野人也。"[70]

这里论及三代田制而区分为贡、助、彻三种,其中彻为周制,但孟子仅以"彻者彻也"一语带过。从这段论述中,我们大致能够得出的结论是:第一,井田是封建的产物,也是支撑封建制度的经济体制,它体现了封建时代的占有关系;第二,井田规定了生产、劳动的方式和赋税的形式,从而规定了基本的社会组织形式;第三,井田也是一种兵农合一的军事制度,分封诸侯和设置井田都带有向外扩张、护卫后方、稳定"中国"与夷狄接壤部分的军事形势的作用。在上述意义上,井田是一种将经济、军事、政治等各个方面结合为一体的制度,从公田和私田的划分到田间沟洫的结构,从什一税的交纳到主管土田的官职,以及以井田为基础构成的战阵或工事,无不与宗法分封制密切相关。由于宗法分封制将亲亲尊尊的原则扩大到政治和经济等范围,从而与这一宗法分封相关的体制也可以被理解为亲亲尊尊原则的扩展,例如作为一种屏藩周室的军事制度,井田遵循着

---

[69] 参看朱执信等著:《井田制度有无之研究》,上海,华通书局,1930,该书收录了胡适、胡汉民、廖仲恺、朱执信、季融五、吕思勉等人的文章。
[70] 《孟子》卷十,见焦循撰《孟子正义》,北京:中华书局,1987,页334—361。

宗法分封的原则和内外夷夏的礼仪标准。我们可以将井田的典制与一种共同体的道德谱系关联起来。

作为后代儒者反复谈论的三代之制之一,学校是维系和传承礼仪关系的纽带。《礼记·经解》云：

> 孔子曰：入其国，其教可知也。其为人也，温柔、敦厚，《诗》教也；疏通、知远，《书》教也；广博、易良，《乐》教也；絜静、精微，《易》教也；恭俭、庄敬，《礼》教也；属辞、比事，《春秋》教也。故《诗》之失，愚；《书》之失，诬；《乐》之失，奢；《易》之失，贼；《礼》之失，烦；《春秋》之失，乱。[71]

如果入其国方可知其教，那么，礼乐体系就是以"国"（制度条件）为其物质前提的。[72]《礼记·学记》："君子如欲化民成俗，其必由学乎！""……古之王者建国君民，教学为先。"[73]古代之学是一套制度和礼仪的结合体，亦即王制之有机部分。古代学校有小、大之分，体现了教人、传道、授受之次序。[74]"古之教者，家有塾，党有庠，术有序，国有学。"按之郑玄注孔颖达疏可知：根据周礼，百里之内，二十五家为闾，同共一巷，巷首有门，门边有塾；民在家时，朝夕出入，就教于塾，故云"家有塾"；五百家为一党，于党中立学，教闾中所升者，这就是庠；"术有序"之术为"遂"的误字，按周礼，一万二千五百家为遂，于遂中立学，教党中所升者，则为序；国指天子所都及诸侯国，"天子立四代学，诸侯但立时王之学也"。[75]关于庠序及其所学，尚可有更进一步的解释。我在这里关心的是：这些概念相互关联，构成了封建制度下的一套等级性的秩序。这一制度配合着学习的内容和

---

[71] 《礼记》卷四十八《经解》第二十六，见《礼记集解》，上，页1254—1255。
[72] 侯外庐认为孔子"在形式上更多地保存了所谓'君子儒'的成分"，理由即在此。《中国思想通史》第一卷，北京：人民出版社，1957，页40—41。
[73] 见《礼记集解》，中，页956—957。
[74] 朱子解《礼记·学记》："言古者学校教人传道授受之次序，与其得失兴废之所由，盖兼大、小学言之。"同上，页956。
[75] 同上，页958。

程序,构筑了一种礼仪的系统,而礼仪的系统本身即"成人"的过程。"比年入学,中年考校:一年视离经辨志,三年视敬业乐群,五年视博习亲师,七年视论学取友,谓之小成。九年知类通达,强立而不反,谓之大成。夫然后足以化民易俗,近者说服而远者怀之。此大学之道也。"[76]"学"以培育"人"为中心要务,而人之为"人"即在于知礼义。按照《学记》的描述,"学"的时间、内容和形式均适应着体系性的礼仪程序,从而"学"本身体现了礼仪之分位及其制度前提,任何一种具体的知识和训练都连接着整体的目标。循序渐进,触类旁通,因材施教,敬学尊师,最终百川归海,达于大本。[77]

在礼乐论的框架内,制度性的设置同时也是一种道德性的关系,从而封建、井田和学校也是一种以制度为前提的道德体系。上古和周代文献中有很多德与道、德与行、德与刑等字连用为辞的现象,表明"德"既是一种内在的品德,又是一种与共同体的礼仪和制度密切相关的规范,它们均渊源于天道本身。《马王堆老子甲本》后《佚书》云:"善,人道也;德,天道也。"又云:"君子之为善也,有与始也,有与终也。君子之为德也,有与始也,无与终也。"在同篇《佚书》中还有德之成亦如乐之成的表述:"乐者,言其流体也。机……者,悳之至也。乐而后有悳;有德而后国家与;国家与者,言天下之与仁义也。"[78]饶宗颐评论这段引文说:"德为天道,故可舍体而专一其心,不以形求之,自然如天道之流行,悬诸天地而皆准。此当为子思之五德终始说。……曰善曰德,……一为人道,一为天道,天与人正相应也。"[79]我们可以从其他的文献中找到相似的用法,如《书》:"皇

---

[76] 同上,页959。

[77] 值得注意的是:《礼记》的成书时代已经是这一学的礼序分崩离析的时代,故而其中又有这样的慨叹:"今之教者,呻其佔毕,多其讯,言及于数,进而不顾其安,使人不由其诚,教人不尽其材,其施之也悖,其求之也佛。夫然,故隐其学而疾其师,苦其难而不知其益也。虽终其业,其去之必速。教之不刑,其此之由乎!"正是在这个意义上,详细地描述这一学的谱系,重构学与礼之间的内在联系,正起源于对学制与礼义之间的分化的一种理解和批判。同上,页964。

[78] 关于"德"在《佚书》中的各种表达方式,参见饶宗颐:《中国史学上之正统论》(上海版),页10—12。

[79] 同上,页12。

第一章 天理与时势 139

天无亲,唯德是辅"、"在昔上帝割申劝宁王之德,其集大命于厥躬";[80]《诗》:"民之秉彝,好是懿德"、"无念尔祖,聿修厥德"。[81]古人所谓"以德和民"表示"和民"以顺应天道,这一概念已经隐含了对于君王的要求,与《佚书》中所谓"有德而后国家与,国家与者,言天下之与仁义也"正相呼应。但是,与"乐而后有德"相似,对于君王治理天下而言,德之成也与制度密切相关,上古"刑德"的观念就暗示了秉承了天的意志之制度及其赏罚。在殷商时代,"德"是"赏"的另一提法,《康诰》中有"告汝德之说于罚之行"的说法,已经寓含赏罚的观念。[82]上古天观念带有审判者的含义,从而能够生发出后来的刑、法等范畴。王国维论周之道德与制度之关系云:"周之制度典礼,乃道德之器械,而尊尊亲亲贤贤男女有别四者之结体也。此之谓民彝,其有不由此者,谓之非民彝。"[83]宗法分封体制及其衍生的政治、经济和文化谱系决定了自然、道德与制度之间的高度的合一,而西周道德评价的分位观念体现的是宗法分封的原则及其衍生性

---

[80] 《书·蔡仲之命》,《十三经注疏》,尚书部分,页254,247。
[81] 《诗·大雅》,《十三经注疏》,诗经部分,页674,537。
[82] 杨向奎把"赏"与后来法家的"二柄"("刑赏")联系起来,推断这二柄在西周至春秋时代就是"刑德"。见氏著《关于西周的社会性质问题》,《绎史斋学术文集》,上海:上海人民出版社,页43。
[83] 王国维:《殷周制度论》,《观堂集林》卷第十,《王国维遗书》(二),上海:上海古籍书店,1983,页14。又,郭沫若讨论周代"德"的观念时说:"从《周书》和周彝看来,德字不仅包括着主观方面的修养,同时也包括着客观方面的规模——后人所谓'礼'。礼是后起的字,周初的铭彝中不见有这个字。礼是由德的客观方面的节文所蜕化下来的,古代有德者的一切正当行为的方式汇集下来便成为后代的礼。德的客观上的节文,《周书》中说的很少,但德的精神上的推动,是明白地注重在一个'敬'字上的。"(郭沫若:《青铜时代·先秦天道观之进展》,《郭沫若全集》历史编,第一卷,北京:人民出版社,1982,页336。)对此,杨向奎发表了有所不同的见解,他认为礼既不是德的派生物,也不是"古代有德者的一切正当行为的方式汇集下来",情况恰好相反,因为礼的起源很早,"礼的规范行为派生出德的思想体系,德是对礼的修正和补充。"(杨向奎:《宗周社会与礼乐文明》(修订本),北京:人民出版社,1997,页337)今人郭开在其博士论文《略述先秦思想史中"德"的源流》中分别从"德刑"关系、姓氏问题和原始巫术的意识形态等三重背景中研究"德"的原始含义,对上述几种观点进行研究,突出了前辈学者如王国维、郭沫若、杨向奎等人从礼与德的关系出发研究"德"的路径,我以为是符合周代思想的特点的。(北京大学博士研究生学位论文,1999,页15。)

的制度和礼乐关系。

3. 礼乐共同体与作为道德/政治论述的"述而不作"

如果礼乐与制度合二而一,那么道德判断即以共同体的制度为客观前提,从而道德判断与分位之间有着内在的联系。"分位"既是政治制度的原则,也是道德判断的根据,这是将血统的嫡庶及亲疏长幼的身份系统与封建政治体制的爵位、权利和义务系统合二而一的结果。[84]在孔子的道德叙述中,仁与礼无法分开叙述,不存在与社会结构性质不同的道德,不存在道理与事理、义理与情理的分化。由于道德与社会结构(礼制秩序)是同一回事,评价问题就是社会事实问题,[85]从而维持这一同一性的最为重要的途径即"正名"。君臣、父子、夫妇、昆弟、朋友,此五者为儒家伦理所谓"天下之达道也"。在这五者之中,以夫妇、父子、君臣为最重要,古人称之为"六位"或"六职",圣、智、仁、义、忠、信则是与此相应的"六德"——由此,人的定位和道德要求是以他们的分位、职责为根据的。[86]在礼制论的语境中,君、臣、父、子、夫、妇、友、朋等概念既是功能性的也是实践性的(道德的)概念,从而不可能脱离"明君"、"忠臣"、"慈父"、"孝子"等评价性概念而加以界定。在这一道德论述中,我们无法确定近代思想

---

[84] 徐复观:《两汉思想史》第一卷,页12。

[85] 这一点与欧洲思想家描述的英雄时代的道德非常相似,按照麦金太尔的说法,在这个时代里,"既定的规则不但分派了人们在社会秩序中的位置和身份,而且还规定了他们应该付出的和应该得到的东西;规定了他们如果不能遵守这些规则,应该如何处置和对待;当其他人不能遵守,又应如何处置和对待。""在社会秩序中,一个人如果没有这样一种位置,不仅他人无从认识他,也无从回应他,无人知道他是谁,而且就连他自己也不知道他是谁。"A.麦金太尔(Alasdair MacIntyre):《德性之后》[After Virtue (University of Notre Dame Press,1984),pp.123-124],龚群、戴扬毅等译,北京:中国社会科学出版社,1995,页156。

[86] 参见荆门市博物馆编辑《郭店楚墓竹简》之《六德》篇(北京:文物出版社,1998),及廖名春:《荆门郭店楚简与先秦儒学》,《郭店楚简研究》,《中国哲学》二十辑,页62—63。

所构筑的那种实然与应然、事实与价值的矛盾。从逻辑上看,除非君、臣、父、子等概念的背景条件发生了剧烈变化,实然与应然才有可能成为一个矛盾命题——它不是一个普遍的逻辑命题,而是一个具体的历史命题——只有当制度体系与道德评价分离的时候,亦即当制度从礼乐体系中蜕化出来并转化为一种不具有道德含义的事实的时候,实然与应然才会发生冲突。[87]

由于礼乐与制度之间存在内在联系,从而对于礼乐、道德的追究同时也是对于制度问题的探讨。在王权绝对性日益强化的语境中,礼与刑进一步产生了分化,那些后来被归纳在法家门下的儒者以法为礼,以致孔孟之徒趋向于将刑视为与人的道德实践无关的、外在性的和强制性的规范。在这个意义上,德刑分化与礼乐解体是一事之两面。在宗法分封体制内,礼乐与制度高度一体化,无法将礼与刑区分为两种无关的、甚至对立的体制,道德判断必须以礼乐制度为前提才能符合天意。孔子以六经为教,正是为了在危机的条件下重构共同体的礼乐制度及其实践的价值,昭示礼乐制度与道德之间的内在关系的根据,从而礼乐论即制度论和政治论。"后人不见先王,当据可守之器,而思不可见之道。故表章先王政教与夫官司典守以示人,而不自著为说,以致离器言道也。夫子自述《春秋》之所以作,则云:'我欲托之空言,不如见诸行事之深切著明',则政教典章,

---

[87] 在这个意义上,郝大维、安乐哲的如下判断是成立的:"在孔子思想中,影响最深远的、一以贯之的预设是:不存在任何超越的存在或原则。"他们还指出:把中国经典引入非汉语世界的尝试是从基督教传教士开始的,他们以及其他的西方哲学家诉诸超越的概念对《论语》进行解释。随后,又有人用存在主义来解释孔子。"孔子是以人类为中心的环境道德论者,而西方哲学中的存在主义者则不太注意人与人的相互依赖。他们较注重独立地实现个人的价值,认为决定性的超越原则是站在自我实现顶峰之上的个人,个人独立于他们所创造的世界。"(郝大维、安乐哲:《孔子哲学思微》,南京:江苏人民出版社,1996,页5—6。)为了与超越性这一概念相对抗,这两位作者将孔子思想的原则归之于一种强烈的内在论的先决设定。在我看来,这一概念仍然不能准确揭示孔子的思想特点,因为礼乐的道德判断方式不但不以有或无的本体论为前提,而且也根本不建立在实然与应然、内在与外在的二元论关系之中。因此,内在论和超越论均无法说明孔子的道德评价方式。

人伦日用之外,更无别出著述之道,亦已明矣。……"[88]如果道德论述等同于对政教典章和人伦日用的陈述,那么,道德就必定是以共同体的制度、礼仪和习俗为客观基础的行为规范。

在上述意义上,"述而不作"即以先王典制为名而展开的政治理论,而"以仁释礼"则是对理想政治的动力和途径的探寻,孔子将之归结为人的内在的、以爱人为特质的品质。但是,以"爱人"为特质的"仁"不是一种抽象的、纯粹个体的激情和品质,而是一种制度原则的扩展,即宗法封建所依据的亲亲原则的扩展。正如巫术礼仪依赖于巫师的仪式性的行为过程一样,在礼的世界里,任何离开"行与事"来表达天意的方式都无法真正沟通天人,而任何离开"礼"之形式的"行与事"甚至不能作为"行与事"的范畴来考虑。因此,"述而不作"或"祖述王制"应该视为对于礼仪的严格性的训诫。孟子曰:"天不言,以行与事示之而已。"[89]"行与事"是展示天意的方式,而不是单纯的个人的行为:一方面,"行与事"即在一定的礼乐制度之中展开的过程,从而个人之成德是制度性的/政治性的行为;另一方面,制度性的/政治性的行为只有与"行与事"的过程内在地联系起来才能构成道德实现的过程,从而任何离开成德的冲动、激情、表现形式的制度/政治均不能构成道德实现的充足条件。前者要求礼仪的纯粹,后者要求内心的真诚。这一古典的道德观念为孔门儒学的两个特点提供了历史前提:一,以"述而不作"的形式展开古代典制的运行过程,强调道德行为与礼乐制度的同一关系;二,以"以仁释礼"的形式论述道德行为的实质内涵,强调任何缺乏内在冲动和实质内容的礼乐形式均不能被视为"真正的"礼乐形式。

---

[88] 在章学诚看来,道德实践必须以先王之制作为其客观根据,离开了礼乐制度,又怎么谈得上道德呢? 孔子理想中的圣王之制是一种礼乐共同体,治道合一是这一礼乐共同体的基本特征。章学诚用道器合一归纳孔子的思想,并将六经视为这一礼乐共同体的遗迹:"后世服夫子之教者自六经。以谓六经载道之书也,而不知六经皆器也。……夫子述六经以训后世,亦谓先圣先王之道不可见,六经即其器之可见者也。"见《文史通义·原道中》,《章学诚遗书》,北京:文物出版社,1985,下同,页11。
[89] 孟子:《孟子·万章上》,《孟子正义》,下,北京:中华书局,1987,下同,焦循撰,页643。

如果道德论述中实然与应然的矛盾或事实与价值的矛盾产生于礼乐与制度或法律的分化,那么,一个非常自然的问题就是:孔子不正生活在一个礼崩乐坏的时代吗?这个时代不正是新的制度和法律突破礼乐的西周形式而攫取自身的正统地位的时代吗?为什么在这一变化了的历史条件下,孔子恰恰以重构实然与应然完全合一作为他的道德论述的出发点?1926年,顾颉刚曾经这样发问:"在论语上看,孔子只是旧文化的继续者,而非新时代的开创者。但秦汉以后是一新时代,何以孔子竟成了这个时代的中心人物?用唯物史观来看孔子的学说,他的思想乃是封建社会的产物。秦汉以下不是封建社会了,何以他的学说竟会支配得这样长久?"这一问题的另一面则是:商鞅、赵武灵王、李斯等人都是新时代的开创者,何以他们造成了新时代之后反而"成为新时代中的众矢之的?"[90]这里的真正问题是:应该如何估价孔子对于西周伦理现实的重构与上述制度性的演变的关系?

首先,礼乐与制度、礼制与道德的合一(亦即"三代之治")是孔子观察自身所处时代及其危机的方式。孔子以西周礼乐和制度的古典形式作为道德论述的全部依据包含了双重内容:一,最为强烈地抗议礼乐与制度(包括刑法)、礼制与道德之间的严重分化,二,号召以"敬"与"礼"的精神恢复以王制为中心的礼乐共同体。换言之,德与位的统一这一命题本身针对的正是德位分离的时代状况。"虽有其位,苟无其德,不敢作礼乐焉;虽有其德,苟无其位,亦不敢作礼乐焉。"[91]"述而不作"提供的正是上述"不敢"的礼仪根据,而"不敢"在这里可以视为一种戒律的表达形式,即对一切越位之行的警告。在这个意义上,礼乐、制度和道德评价的完全合一是孔子据以观察所处时代的一种伦理学的建构、一种在分裂的情境之中的对于合一的追求。孔子学说的批判力量来源于这一复古的伦理建构与现实制度之间的紧张关系:由于这一伦理建构,现实制度的合法

---

[90] 顾颉刚致傅斯年,民国十五年十月十八日,见傅斯年:《论孔子学说所以适应于秦汉以来的社会的缘故》,《傅斯年选集》,页297。

[91] 《礼记》卷五十三《中庸》,《十三经注疏》阮刻本,《礼记正义》,北京:中华书局,1980,页406。

性危机被解释为制度与礼乐的分化。

其次,分位观念并不足以概括孔子的伦理思想。在《论语》中,寄托了古代德行的"君子"和"士"是在大转变时代创造新的道德典范(以复古的形式)的真正承担者。按顾颉刚、余英时诸家的解释,"士"初为武士,经过春秋、战国时代的激烈转化才转化为文士。所谓激烈转化指"上层贵族的下降和下层庶民的上升。"士阶层"处于贵族与庶人之间,是上下流动的回合之所,士的人数遂不免随之大增。这就导使士阶层在社会性格上发生了基本的改变。"[92]战国时代的有职阶层的"士"已经与农、工、商并列为"四民",从而表明春秋以降发生的转变是结构性的,完全不能等同于王朝更替过程中的贵族败落的周期性现象。在这一转变之中,上升为士的庶人阶层取得了阐述和确立道德规范的机会和权利,而从贵族下降为士的人或怀念昔日礼乐制度的人则获得了重申封建礼序的机会。《论语·子路》:"子贡问曰:'何如斯可谓之士矣?'子曰:'行己有耻。使于四方,不辱君命。可谓士矣。'曰:'敢问其次。'曰:'宗族称孝焉,乡党称弟焉。'曰:'敢问其次。'曰:'言必信,行必果,硁硁然,小人哉。'曰:'今之从政者何如?'子曰:'噫,斗筲之人,何足算也。'"[93]在位者不足为虑,因为位与德已经完全分化;士能够挺身而出,因为他拥有重构礼序与道德的内在联系所必需的内在勇气和德行("行己有耻")。如果将宗法分封制所规定的礼仪等级作为绝对的尺度,我们就无法理解这种对身份等级制度的蔑视。可以由此推断:孔子并非执着于礼的形式,毋宁是要通过士之"行与事"恢复礼之为礼的形态,进而达到礼的形式与内容的完全合一。[94]孔子之学与士这个阶层的成长有着内在的联系。

---

[92] 余英时:《古代知识阶层的兴起与发展》,《士与中国文化》,上海:上海人民出版社,1987,页12—13。
[93] 孔子:《论语·子路篇》,见刘宝楠著《论语正义》,下册,页538。
[94] 士体现着一种主体的能动的和内发的力量,所谓以仁释礼,即"礼"需要经过一层主体的转化。《论语·学而》:"子曰:……人不知而不愠,不亦君子乎?"《论语·里仁》:"士志于道。而耻恶衣恶食,未足与议也。"《论语·泰伯》:"曾子曰:'士不可以不弘毅,任重而道远。'"见刘宝楠《论语正义》,上册,页4,146,396—397。

正由于此,孔子的仁概念并不是对"礼"的超越,他将礼转化到仁的范畴中叙述,目的是突出礼制性的道德实践对于"过程"、对于礼仪实践者的状态(诚、敬、畏、信或爱人等)、对于精神冲动的依赖。"超越"概念预设了道德实现与外在规则之间的一种对立,而"仁"必须体现为具体的德目,并在具体的礼乐关系之中沟通天人。《论语·学而》:"孝弟也者,其为仁之本与。"[95]《礼记·哀公问》:"仁人不过乎物,孝子不过乎物。"章太炎解释说:"故曰:君子言不过辞,动不过则,谓有轨度,不可逾也。其在《易》曰:'言有物而行有恒。'格物者,格距于其轨度。"[96]辞、则、物既指一定的法度或规范,也指一定的具体关系,事实陈述与规范陈述完全统一:衡量仁人孝子的尺度是看他们的言行能否自然地与这些法度和规范相吻合。但仁人、孝子行事的标准是"不过乎物"——"不过"一词恰当地表达了主体的分寸感。[97]再看《论语·颜渊》:"颜渊问仁。子曰:'克己复礼为仁。一日克己复礼,天下归仁焉。……'颜渊曰:'请问其目。'子曰:'非礼勿视,非礼勿听,非礼勿言,非礼勿动。'"[98]用"非……勿……"的句式表达的不是外在权威的训戒,而是敬畏之心使然,从而"复礼"与"归仁"均以主体的内在品质、勇气和修养所决定。"子张问仁于孔子。孔子曰:'能行五者于天下,为仁矣。''请问之。'曰:'恭,宽,信,敏,惠。'"[99]把孔子之仁与君子或士等历史性范畴联系起来,我们可以发现孔子思想的结构性特征同样是悖论式的——以"宗教式的"

---

[95] 孔子:《论语·学而》,《论语正义》上册,页7。
[96] 章太炎:《说物》,《太炎文录初编》卷一,《章太炎全集》(四),页41。
[97] 阮元考证说:"春秋时孔门所谓仁也者,以此一人与彼一人相人偶,而尽其敬礼忠恕等事之谓也。相人偶者,谓人之偶之也。凡仁必于身所行者验之而始见,亦必有二人而仁乃见,若一人闭户斋居,瞑目静坐,虽有德理在心,终不得指为圣门所谓之仁矣。盖士庶人之仁,见于宗族乡党,天子诸侯卿大夫之仁,见于国家臣民,同一相人偶之道,是必人与人相偶,而仁乃见也。……《论语》己立立人、己达达人之旨,能近取譬,即马走水流之意。"阮元:《研经室一集》卷八《论语论仁论》,《研经室集》,北京:中华书局,1993,页176—177。
[98] 孔子:《论语·颜渊》,《论语正义》,下册,页483—484。
[99] 孔子:《论语·阳货》,《论语正义》下册,页683。

态度恢复古典的神圣性,将献身情怀寄托于作为古典瓦解的产物的"士"的身上,从而他对礼乐制度的异化的批判同时包含了对于这一异化过程的必然性的确认。在这个意义上,将孔子的历史姿态单纯地诠释为复古和贵族主义势必忽略其对历史变化的敏感和道德承担,将孔子视为礼乐制度的理性演化的集大成者又无法解释孔子思想对于这一演化过程本身的顽强拒绝和批判。

4. 天理世界观与思孟学派

孔子以礼乐为天,从而礼乐制度的解体可以解释为天之晦暗不明或天人关系的中断。如果恢复礼乐的努力依赖于士或君子之践仁知天,那么君子或士的身上必然有某种与天道相沟通的东西。宋儒复归孔孟之道的努力尤其集中在思孟学派及其对性与天道的阐释之上,正是从这一逻辑发展而来。所谓复归孔孟之道,实际上是在思孟学派的视野中重新阐述孔子的思想。他们通过抬高四书地位,将孔子思想与六经的复杂联系区分开来,进而弱化了孔子的道德评价方式与礼仪制度之间的内在关系。北宋时代,李觏站在经学和事功的立场对道学潮流给予批评,从一个特定的方向揭示了新儒学的特点:

> 今之学者……是孟子而非六经,乐王道而忘天子。吾以为天下无孟子可也,不可无六经;无王道可也,不可无天子。故作《常语》以正君臣之义,以明孔子之道,以防乱患于后世尔。[100]

"是孟子而非六经"点明了道学注重性与天道、轻视先王典制;"乐王道而忘天子"解释了道学重视封建(分权政治)的价值并对郡县制度下的绝对皇权置而不论。孟子上承孔子,以古制或尧舜之"仁政"作为道德/政治

---

[100] 李觏:《常语》,转引自《宋元学案》卷三《高平学案》,《黄宗羲全集》(三),杭州:浙江古籍出版社,1992,页222—223。

的理想。但孟子学说中最为重要的观念是孔子所罕言之"性"或"人性"。不是经书所载之典籍,而是礼乐制度所依托的人性,才构成了孟子之仁政的精髓。"孟子道性善,言必称尧舜",[101]但相比之下,他更推崇孔子,其原因概在孔子之仁学包含了经书所载之古制所难以表达的道德勇气和内在品质。孟子追慕的君与师乃"代天行教"之人,所谓"圣人之于天道也,命也。有性焉,君子不谓命也",[102]明确地表达了在道德实践之中恢复巫君传统以沟通天人的问题。在这个意义上,不同于孔子在礼与仁之间解释"仁",孟子直接地将仁归之于天。"三代之得天下也以仁,其失天下也以不仁。国之所以废兴存亡者亦然。"[103]又曰:"仁人无敌于天下",[104]而无敌于天下者"天吏也"。"夫仁,天之尊爵也,人之安宅也。"[105]由此可见,"'天'、'仁'、与'人'三者之间必有密切的关系。……'仁'为天人聚之所;这是孟子性善论的重要线索。"[106]在孟子的思想体系中,仁义礼智被归于"君子所性"或"根于心",[107]而"存其心,养其性,所以事天也。身以俟之,所以立命也。"[108]他又说:"民之归仁也,犹水之就下,兽之走圹也。"[109]仁是一种自然之势,亦即天意,"克己复礼"无非符合天意而已。循着这一思路,思孟学派能够将礼仪问题与性的讨论联系起来,从而进一步将天或礼仪内在化,故而孟子能够说:"仁义礼智,非由外铄我也,我固有之矣。"[110]

尽管孟子的思想和《中庸》均出于孔门,但他们的解释与孔子所描述的作为道德根据的礼乐之西周形式之间已经有着重要的区别:将人的内

---

[101] 孟子:《孟子·滕文公上》,《孟子正义》,上,页315。
[102] 孟子:《孟子·尽心下》,同上,下,页991。
[103] 孟子:《孟子·离娄上》,同上,下,页492。
[104] 孟子:《孟子·尽心下》,同上,下,页959。
[105] 孟子:《孟子·公孙丑上》,同上,上,页239。
[106] 傅佩荣:《儒道天论发微》,页133。
[107] 孟子:《孟子·尽心上》,《孟子正义》,下,页906。
[108] 孟子:《孟子·尽心上》,页878。
[109] 孟子:《孟子·离娄上》,同上,下,页505。
[110] 孟子:《孟子·告子上》,同上,下,页757。

在力量直接地归因于本体论或天道论而不是礼乐制度,也就扬弃了孔子所阐述的严格恪守西周形式的观念——孔子几乎没有谈论人与天之关系。徐复观论《中庸》地位时说"儒家思想以道德为中心;而中庸指出了道德的内在而超越的性格,因而确立了道德的基础",以"内在而超越"一语点出《中庸》的意义。[111]思孟学派显然强化了孔子之"仁"概念中的内在性的和主体性的冲动与天命、上帝之间的关系。杜维明解释说:"儒家不仅将自我概念当作种种关系的中心,而且当作一种精神发展的动态过程。在本体论上,自我,我们原初的本性,为天所赋予。因而说到底它是天赐的。在这个意义上,自我既是内在的,又是超越的。它为我们所固有;同时,它又属于天。"作者提请读者注意天的超越性与上帝的超越性的区别,但还是认定:"这个概念看起来似乎类同于基督教的作为神性的人性概念。根据类比,儒家所说的自我,或人的原始存在可以看成是人自身的上帝。"[112]宋儒推崇的《中庸》之"中"指的是"一个人绝对不受外在力量骚扰的心灵状态",而这一个自我的内在力量的源泉则被归结为"一种本体论状态"。[113]值得注意的是:清代以降,儒学典籍中的宇宙论因素或天命论曾被视为混入儒学内部的"非儒学因素",以致《中庸》作为儒学典籍的地位也受到质疑,[114]但近期的考古发现(特别是郭店楚简的发现)证明《中庸》的确出于子思、《大学》可能与曾子有关,从而宋儒的文献编排(又其是四书的编排)是有坚实的文献依据的。[115]从《中庸》的开篇

---

[111] 徐复观:《〈中庸〉的地位问题》,《中国思想史论集》,台中:中央书局,1959,页78。
[112] 杜维明:《儒家思想新论——创造性转换的自我》,南京:江苏人民出版社,1991,页127—128。
[113] 作者进一步将这一本体论状态诠释为"儒学的宗教性"。杜维明:《论儒学的宗教性》,武汉:武汉大学出版社,1999,页21。
[114] 钱穆《中庸新义》以庄子(以及孔孟)解释《中庸》,徐复观则有《〈中庸〉的地位问题》与之商榷,认为《中庸》思想出自《论语》。见氏著《中国思想史论集》,页72—88。关于《中庸》是否为受道家思想或佛家某些学派的影响的思想作品的相关讨论,参见杜维明:《论儒学的宗教性》,页13。
[115] 李学勤说:"这些儒书的发现,不仅证实了《中庸》出于子思,而且可以推论《大学》确可能与曾子有关。《大学》中提出的许多范畴,如修身、慎独、新民等等,在竹简里都有反复的论述征引。《大学》有经有传的结构,与《五行》经传非常相像。由此(转下页)

所谓"天命之谓性,率性之谓道,修道之谓教",我们可以发现一种在孔子学说中甚为罕见的浓郁的"宗教"色彩(其时并无"宗教"的概念和范畴,这里只是借喻);我们甚至还能从别的地方找到对于天命、人性的理解与祭祀等仪式过程的直接关系。《中庸》论"诚"云:"诚者自成也,而道自道也……诚者非自成己而已也,所以成物也。成己,仁也;成物,知也。性之德也,合外内之道也,故时措之宜也。""诚者,天之道也;诚之者,人之道也。诚者,不勉而中,不思而得,从容中道,圣人也。诚之者,择善而固执之者也。"[116]在这里,"诚"不仅是一种人的状态,而且也是天道的状态,从而对于"诚"的描述必然展现为一种宇宙论的形式:

> 故至诚无息。不息则久,久则征,征则悠远,悠远则博厚,博厚则高明。博厚,所以载物也;高明,所以覆物也;悠久,所以成物也。博厚配地,高明配天,悠久无疆。如此者,不见而章,不动而变,无为而成。[117]

这一在宇宙论的框架内论述"诚"的方式在周敦颐的《易通书》中留下了深刻印记,如云:"'大哉乾元,万物资始',诚之源也",[118]"诚精故明,神

(接上页)可知,宋以来学者推崇《大学》、《中庸》,认为《学》《庸》体现了孔门的理论理想,不是没有根据的。"见氏著《先秦儒家著作的重大发现》,《人民政协报》1998年6月8日第3版。在另一篇文章《郭店楚简与儒家经籍》中,他还说,"《礼记》内的《大学》、《中庸》,传为曾子、子思所作,宋明以来备受重视,与《论语》、《孟子》合称《四书》。郭店简虽然没有这两篇,但两篇中许多观念范畴,在竹简儒书各篇中有所申述,例如诚、慎独、格物、修身等,都是读《大学》、《中庸》的人们熟悉的。《大学》讲'大学之道,在明明德,在亲民,在止于至善',下文则引《康诰》'作新民'。宋程子说'亲,当作新',朱子也这么解释,后来许多人不相信。现在看郭店简,凡'亲'字都写作'新',《大学》的'亲民'原来也应该是'新民',程朱所说还是有道理的。"关于"荆门郭店楚简中的《子思子》"请参见李学勤的同题文章和姜广辉《郭店楚简与"子思子"》,以上各篇引文均见《郭店楚简研究》,《中国哲学》第二十辑,沈阳:辽宁教育出版社,1999,页16,21,75—80,81—92。

[116] 《中庸》第二十章,第二十五章,引自朱熹《四书章句集注》,北京:中华书局,1989,页31,33—34。
[117] 《中庸》第二十六章,同上,页34—35。
[118] 周敦颐:《周元公集》卷一《通书》诚上第一章,页10a。文渊阁四库全书本。

应故妙,几微故幽。"[119]将"诚"的内在状态与天的存在状态关联起来的方式源自巫文化中天人沟通的过程。对于早期巫术礼仪及其实践过程的恢复与孔子严守礼乐之西周形式的姿态构成了鲜明的对比,但如果我们深入到孔子以仁释礼、以君子献身的激情召唤礼乐的内在精神之中,我们不难发现两者之间的一脉相承的方式:孔子之礼乐不仅是礼乐,而且也是天的存在方式,从而任何将孔子之仁学等同于历史存在的礼仪形式和规范的看法——无论其在文献的和考古的意义上多么有据——都没有理解孔子思想的真正含义。与孔子以仁释礼一样,思孟学派的宇宙论或本体论的论述方式起源于对于制度之解体和礼乐之形式化的反动,从而绕过礼乐形式的严格性而直接诉诸天命和性、道等原始范畴恰恰以恢复礼乐之神圣性为目的。[120]

宋明儒者将"天理"视为万物之特性、道德之起源和实践之标准,并以此为基点综合道德实践、礼仪关系和形而上学这三个方面。这是理学之别于孔子之"礼"学的最为重要的特色。关于理学的政治内涵,我在后面的讨论中将集中展开,这里先说"是孟子而非六经"的取向。沿着思孟学派由礼而仁、由仁而性、由性而心、由心而天的逻辑,宋儒将天、天道、天理置于道德实践的中心。这一"转向内在"的趋势与其被放置在"理性化"的范畴中考虑,毋宁视为在礼乐制度解体的语境中重新沟通天人关系的努力。在这个意义上,这是一种内在化的"态度":道德评价不再发生在礼乐制度与道德评价之间,而发生在道德行为与天之间。我们不妨比较朱熹、王阳明之仁与孔子之仁以明此理。朱熹《仁说》云:

> 天地以生物为心者也,而人物之生,又各得夫天地之心以为心者也。故语心之德,虽其总摄贯通,无所不备,然一言以蔽之,则曰仁而已矣。[121]

---

[119] 周敦颐:《周元公集》卷一《通书》圣第四章,页14b。
[120] 如果仅仅根据《中庸》等儒学文献中的天命和性等学说论述"儒学的宗教性",则无法说明这些范畴在儒学内部发生的动力,也没有澄清《孟子》、《中庸》和《大学》中对于天命、人性和自我的高度重视与孔子礼乐论之间的关系。
[121] 《晦庵先生朱文公文集》,见朱杰人等主编《朱子全书》,第23册,上海古籍出版社,2002,页3279。

在天理观的构架里,他把"克己复礼"之"己"解释为"身之私欲",把"礼"解释为"天理之节文",[122]从而仁、义、礼、智、忠、恕与先王典制之间的内在的和紧密的联系松动了。王阳明《传习录》上第九三条以理释仁云:

> 仁是造化生生不息之理,虽弥漫周遍,无处不是,然其流行发生,亦只有个渐,所以生生不息。……墨氏兼爱无差等,将自家父子兄弟与途人一般看,便自没了发端处;不抽芽便知得他无根,便不是生生不息,安得谓之仁?孝弟为仁之本,却是仁理从里面发生出来。[123]

上述解释省略孔子之仁对礼仪形式的依赖,强化了仁学所内含的天人相通的神秘体验的气息。

由于从礼乐论中归纳出了普遍而又内在的"性"这一范畴,道德自觉的含义发生了重要的转变。程颐说:"理也,性也,命也,三者未尝有异。穷理则尽性,尽性则知天命矣。天命犹天道也,以其用而言之,则谓之命,命者造化之谓也。"[124]与孔子践行分位的观念不同,程颐邀请人们"安于义命",他解释《易经》之《未济》卦云:"居未济之极,非得济之位,无可济之理,则当乐天顺命而已。……至诚安于义命而自乐,则可无咎。"[125]朱熹的解释也极为相似:"如说父子欲其亲,君臣欲其义,是他自会如此,不待欲也。父子自会亲,君臣自会义。"[126]"自会"表明君臣父子的礼义内容产生于一种内在的本质。在这段叙述中,父子君臣的实践就是"性"这

---

[122] 参见戴震:《孟子字义疏证》,《戴震全集》(一),北京:清华大学出版社,1991,页207。戴震在解释"克己复礼"时说:"克己复礼之为仁,以'己'对'天下'言也。礼者,至当不易之则,故曰,'动容周旋中礼,盛德之至也'。凡意见少偏,德性未纯,皆已与天下阻隔之端;能克己以还其至当不易之则,斯不隔于天下,故曰,'一日克己复礼,天下归仁焉'。"戴震的解释把德性、"为仁由己"的自由与"中礼"关联起来,承续了宋学把"礼"抽象为"理"的方式,但还是揭示了德性与"中礼"的必然联系。

[123] 《传习录》上,《王阳明全集》,上,上海:上海古籍出版社,1992,页26。
[124] 《河南程氏遗书》卷二十一下,《二程集》,北京:中华书局,1981(下同),页274。
[125] 程颐:《伊川易传》,《二程集》,页1025—1026。
[126] 《朱子语类》卷六,北京:中华书局,1986,页112。

一内在本质的外在化。[127]很明显,两宋道学将儒学的基本问题纳入宇宙论和本性论的架构之中,其目标是重新回归先秦儒学的那种将道德评价与普遍秩序内在关联起来的道德评价方式。但是,同样关心道德评价与普遍秩序之间的内在联系,孔子之仁与礼远比宋学的"天理"更为具体;[128]在他所想象的唐虞时代,礼乐制度本身就是天和天意的展现,并不存在礼乐之上的道德起源。一个人的道德与他在礼的秩序中的角色直接相关,从而道德无法离开礼序中的分位来加以评说。[129]郝大维、安乐哲将孔子的哲学归结为一种"事件的本体论"而不是"实体的本体论"是有道理的,[130]因为在礼乐论的范畴内,了解人类事件并不需要求助于"质"、"属性"或"特性"等等。但是,孔子从不关心事件与本体的对立之类问题,在他的世界中,"事件"不是孤立的事件,而是礼乐秩序中的事件,如果没有礼乐秩序的

――――――――――
[127] 朱熹的另一段话也可作为对上述判断的注解:"文章,德之见乎外者,威仪文辞皆是也。性者,人所受之天理。天道者,天理自然之本体,其实一理也。言夫子之文章,日见乎外,固学者所共闻;至于性与天道,则夫子罕言之,而学者有不得闻者。"朱熹:《论语集注》注《公冶长》篇"子贡曰夫子之文章可得而闻也夫子之言性与天道不可得而闻也"条,见《四书章句集注》,北京:中华书局,1983,页79。
[128] 明清之际的儒者对"礼"的解释保留了一些先秦思想的内核,但经过宋学的洗礼,他们对"礼"的解释已经带有内在化和自然化的(或曰内在超越式的)特点:"礼"可以被看作是"自然",并因其为自然而为必然。如邹守益《邹东廓集》卷九《论克己复礼章》云:"礼者,天然自有之中……己之所本有也……身外无道,己外无礼。"在戴震那里,这个礼是在"天然自有"与"己之所本有"之间展开的。他说:"自然之与必然,非二事也。就其自然,明之尽而无几微之失焉,是其必然也。如是而后无憾,如是而后安,是乃自然之极则。"自然本身意味着必然,因而不存在背离了必然的自然,如果"任其自然而流于失,转丧其自然,而非自然也"。(戴震:《孟子字义疏证》,《戴震全集》(一),北京:清华大学出版社,1991,页170。)
[129] 钱大昕说:"古书言天道者,皆主吉凶祸福而言。"(《十驾斋养新录》卷三,上海:上海书店,1983,页45)。孔子思想中的天也是这样一种主宰性的天。他对君子的要求中包含了"畏天命"的内容,所谓"君子有三畏:畏天命,畏大人,畏圣人之言。"(《论语·季氏》,《论语正义》下,页661。)但是,天命并不直接规定人的道德准则和行为,故而孔子说:"不知命,无以为君子也;不知礼,无以立也;不知言,无以知人也。"(《论语·尧曰》,《论语正义》,下册,页769。)
[130] 郝大维、安乐哲强调:"孔子更关心的是特定环境中特定的人的行动,而不是作为抽象道德的善的根本性质。"见《孔子哲学思微》,页7。

前提,"事件"不但不能在道德判断中构成"本体",它甚至不能成为"事件"。因此,在孔子的道德论述中,道德评价并不需要一种宇宙论和本体论的框架,因为礼乐论本身即内含了古典的自然观。宋儒不是以礼乐或先王典制而是以天理和天道为中介建立道德评价与秩序的同一关系,从而这一回归孔孟之道的努力本身恰恰显示了儒学道德评价方式的重大转变。作为普遍性的道德概念,天理、良知的范畴不同于君臣、父子、兄弟、朋友等范畴,也不同于君子、大人和士等范畴,前者摆脱了社会结构和道德的具体性,从而能够为道德实践提供超越而又内在的动力。

为什么宋儒不是直接采用先秦礼乐论的形式重构道德谱系,而是通过确立天理及其相关概念寻找合一的可能性呢?宋学的道德评价方式与孔子之学的区别之中同时寓含了内在的联系:对于孔子而言,礼乐秩序的崩解触发了重构分位秩序与道德的内在联系的努力,通过对践仁知天的君子这一道德典范的描述,一种能够将道德行为与礼乐秩序完全合一的道德世界被重新构筑起来了。孔子没有将个人或自我建构成为道德的本源,恰恰相反,个人和自我仅仅是恢复和重构礼乐的西周形式的动力和主体,从而个人或自我即能够通过个人的努力而体现礼乐之德与位的统一的士或君子。这个士或君子以敬天畏地的态度将自己献身于"行与事"。宋学产生在郡县制度趋于成熟的时代,它在理念上拒绝这一制度的道德合理性,从而也拒绝将道德评价与制度形式直接关联的道德评价方式。沿着孔子以仁释礼、孟子言性与天道、《中庸》说天命与中庸的逻辑,宋学将道德评价问题放置在天理的范畴之中,力图通过格物穷理的主体实践,让人们越过异化的制度评价体系以复归于天理和本性自身。因此,尽管"格物致知"的实践经常采用知识的、理性的或反思的形式,但其性质却与巫师投身于沟通天人的礼仪实践的过程一样。王阳明说:"礼字即是理字。理之发见,可见者谓之文;文之隐微,不可见者谓之理,只是一物。约礼只要此心纯是一个天理,须就理之发见处用功"。[131] 以心"就理之发见处用功"与巫师以身体动作、舞蹈和灵魂的投入祭祀天地自然有所不

---

[131] 王阳明:《传习录》(上),《王阳明全集》上,上海:上海古籍出版社,1992,页6—7。

同,但出发点却是一致的:在诚与敬的状态中,通过主体投身于一个内在的或仪式的过程,以沟通天人。在这个意义上,王阳明的解释并不错:"礼字即是理字。"如果说孔子针对封建、井田、学校及其相关的礼乐制度的衰败而以仁释礼、述而不作,那么,宋学的抽象的天理范畴及其道德/政治评价方式又包含怎样的历史内涵呢?

第三节 汉唐混合制度及其道德理想

1. "宗教的"还是"科学的"? 巫术的还是王制的?

佛、道二氏,汉唐传注之学,以及以制度论为核心的功利主义儒学,构成了理学在确立自身的过程中力图超越、否定和批判的三个主要对象。对于汉唐经学的批判起源于唐代后期,韩愈、柳宗元、刘禹锡、李翱等重新探讨天人关系,试图对天道、自然、人事提出合理的解释。这一潮流一直延伸到宋明理学内部。韩愈论定"轲之死,不得其传焉"等于勾销了两汉以来的经学正统的合法席位,从而越过汉唐经学而接续孔孟儒学也就成为接续道统的不二途径。在宋儒的道德论述中,最为突出的论述方式之一是以三代之治非议汉唐之法、以孔孟之道批判传注之学,从而明确地将汉唐制度及其伦理思想与三代礼乐及其道德论述区分开来。程颐《伊川易传》释《蒙》卦云:"若舜之征有苗,周公之诛三监,御寇也;秦皇、汉武穷兵诛伐,为寇也。"[132]同为征伐,含义完全不同:前者为封建礼乐的范畴,而后者则是帝国制度的产物;前者遵循宗法原则,后者源于郡县体制。在宋代儒学的语境中,这一三代礼乐与汉唐制度的对比方式遍及政治(封建与郡县)、田制(井田与两税法)、教育(学校与科举)以及军事等各个方

---
[132] 程颐:《周易程氏传》;程颢、程颐著:《二程集》,中华书局,1981,页723。

面。在先秦礼乐论的框架中,礼乐与制度合二而一,从而如果没有一种道德评价方式的转变,这一将汉代制度区别于三代礼乐的看法就不可能产生。在这个意义上,对于制度的批评首先起源于区分礼乐与制度的历史视野。因此,我们需要追问:为什么宋儒认为汉唐制度及其经学背离了礼乐共同体的道德评价方式呢?这种将三代之礼乐论与汉唐之制度论加以明确的区分的历史视野对于理学的形成又有什么意义呢?

汉承秦而起,如何在秦之郡县与封建传统之间、中央集权与分封贵族之间、"中国"旧部与由于帝制扩张而纳入内部的"夷狄"之间形成平衡,成为汉代政治理念的中心问题。这是《春秋》和《周礼》在汉代居于如此重要地位的主要原因,前者可以在历史变化的范畴内提供对于法律、制度和道德的解释,后者能够在一个普遍主义的宇宙论之中展示制度的合法性和原则。汉代儒学通过邹衍之五行学说、[133]《吕氏春秋》之阴阳学说和汉代的科学知识解释天道自然,而后再以天人相感、天人相类的原则为据,将阴阳、五行、四时和象数等范畴作为诠释《春秋》和《周礼》的基本框架和概念。顾颉刚在《秦汉的方士和儒生》中将汉代阴阳学说衍生出的政治学说归纳为三个方面,即源自邹衍的五德终始说、与五德终始说大同小异的"三统说"和按照《吕氏春秋·十二纪》的月令制度而产生的明堂说,[134]足见汉代政治学说与阴阳五行观念之内在的联系。从《汉书·艺文志》可知汉儒对古代"巫史"传统进行重构和发展的基本方式:将河图、洛书、八卦、周易对于吉凶、祸福、未来、行止等等的结构性的数字演算与《春秋》等儒学典籍的历史性叙述联系起来,并从中推衍和发展出适合当世的政治理念。与孔子相比,汉代儒学的重心从对人及其礼仪实践的关注转向了对天与人事、制度之间的对应关系的探讨。如果我们可以将孔孟对"仁"之内在品质的追究视为一种"宗教的态度"的话(这里使用"宗教的"概念只是比喻性的),那么,汉儒对天的理解更接近于一种"科学的态度"——即试图通过对天人关系的认识以确立

---

[133] 历来人们以为五行说出于邹衍,但饶宗颐综合各种新旧资料认为五行说其实起于子思。具体论证见《中国史学上之正统论》(上海:上海远东出版社,1996),页10—16。
[134] 顾颉刚:《秦汉的方士与儒生》,上海:上海古籍出版社,1998,页2—4。

合法性的原则。在这个意义上,在许多著作中被批评为"宗教迷信"或"神秘主义"的汉代儒学反而更具有"科学主义的"或"理性化的"特质。

对天、宇宙和自然的描述在汉代思想中占据如此突出的地位,这种自然主义的叙述方式究竟是"宗教神秘主义的",还是"科学主义的"?是巫术性质的,还是王制性质的?此一问题需要从巫术与王制的关系开始讨论。殷周礼乐制度体现了氏族、部落等以巫文化为中心形成的血缘共同体与早期国家之间的历史联系:国家制度及其礼仪是从氏族社会的组织、信仰和仪式的基础上发展起来的。从巫到君、从氏族到国家、从直接血缘关系构筑的共同体到以血缘为纽带结构起来的国家共同体——这一制度扩张的过程始终与礼乐体系的发展有着内在的联系。在这里,"从……到……"的表述结构并不暗示后一阶段是对前一阶段的简单否定或超越,例如,巫史传统与周代礼乐并没有截然的区分,周代礼乐本身即包含了巫史的内涵;又如,直到唐代,巫术礼仪中的裸体仪式仍然盛行,而"妖道"、"法术"、"邪术"、"邪法"等形式迄今仍然存活在民间宗教和信仰里。在有关殷周时代的人类学和历史研究中,人们逐渐指认出殷周制度演化过程中的"巫君合一"传统,从而将上古时代的王制与信仰体系视为事物的一体两面。以礼乐王制为天的前提即王为巫首、巫通天人。[135]在甲骨文中,巫舞同字,象征巫觋手执羽毛或其他法器起舞作法。"舞蹈始终是(巫术的)一种特别重要的因素,但似乎也使用腹语术以及那些教士们借以自释其束缚的各种幻术手法。"[136]巫术与医术、医药(包括毒药)、祈雨术等等有关系,从而巫术内含了对身体、宇宙和天命之间关系的理解。从氏族部落向早期国家的转化过程可以巫君合一为标志:作为人神之间的中介,巫君能够借助于一种异常的

---

[135] 参见陈梦家:《商代的神话与巫术》,《燕京学报》第 20 期,1936,页 535;K. C. Chang, *Art, Myth and Ritual*(Cambridge, Mass: Harvard University Press, 1983),p.73. 又,李泽厚概括说:"自原始时代的'家为巫史'转到'绝地天通'之后,'巫'成了'君'(政治首领)的特权职能。""这种'巫君合一'(亦即政教合一)与祖先—天神崇拜合一(亦即神人合一),实际上是同一件事情。……"在这个意义上,从上古的大巫师到夏商周时代的政治领袖"都是集政治统治权(王权)与精神统治权(神权)于一身的大巫。"见氏著《说巫史传统》,《波斋新说》,页 36—37。
[136] 李约瑟:《中国科学技术史》第二卷,北京:科学出版社,1990,页 148—159。

或癫狂的状态与神相通。从巫术与早期国家文化的关系看,巫的转化与共同体的组织结构的正规化有着密切的关系,在这一过程中,由巫而史和制礼作乐象征着早期的巫传统逐渐转化为国家的文化的两个环节。

由巫而史和制礼作乐的过程均与"数"的范畴有着内在的联系。根据殷商甲骨卜辞有关占卜活动的记载,商周时代的卜、筮包含双重因素:一方面,它以数的演算替换巫的身体性的仪式活动,作为沟通天人和测定吉凶、祸福、行止的方式;另一方面,它又以测天象的方式记录王事、预测未来,从而成为"史"的起源。[137] "数"可以转化为史,是因为"数"体现了典章制度与天的内在联系,二者均为对人的活动的说明或记述。《曲礼》云:"龟为卜,筴为筮。卜、筮者,先圣王之所以使民信时日、敬鬼神、畏法令也;所以使民决嫌疑,定犹与也。故曰:疑而筮之,则弗非也;日而行事,则必践之。"[138] 卜、筮各有所用,但在以数为形式上则完全一致,吴澄解释说:"卜、筮之用有二:占日与占事也。用以占日,使民信时日;用以占事,使民决嫌疑。"[139]《郊特牲》又云:"礼之所尊,尊其义也。失其义,陈其数,祝、史之事也。故其数可陈也,其义难知也。知其义而敬守之,天子所以治天下也。"[140] 祝、史只通数之形式,不解数的精髓,孙希旦释云:"礼之数,见于事物之末;礼之义,通乎性命之精",[141]因此,"数"本身尚不足以构成天命,它需要制度、礼乐、人情等等因素的充实。《仲尼燕居》:"制度在礼,文为在礼,行之在人乎!"又云:"礼也者,理也。乐也者,节也。君子无理不动,无节不作。"[142]《乐记》云:"乐也者,情之不可变者也。礼也者,理之不可易者也。乐统同,礼辨异。礼乐之说,管乎人情矣。"[143] 如果卜、筮以数的形式体现了巫文化的"形式化"或"理性化",

---

[137] 李泽厚:《说巫史传统》,《波斋新说》,页43。
[138] 《礼记·曲礼上》,见《礼记集解》,上,页94。
[139] 同上,页95。
[140] 《礼记·郊特牲》,见《礼记集解》,中,页706—707。
[141] 同上,页707。
[142] 《礼记·仲尼燕居》,同上,下,页1272。
[143] 《礼记·乐记》,同上,下,页1009。

那么,儒则重视人之"行与事",所谓无理不动、无节不作、管乎人情。数与王制关系密切,而儒则关心具体的礼乐实践过程。

章学诚的"六经皆史"说将《周易》视为"史"更具体地证明早期典籍中的象数关系与先王之制度、仪式和活动有着历史的联系。《文史通义·易教上》论证了易"所以为政典,而与史料同科之义",其言曰:

> 夫易开物成务,冒天下之道,知来藏往,吉凶与民同患。其道,盖包政教典章之所不及矣,象天法地,是兴神物,以前民用;其教,盖出政教典章之先矣。周官太卜掌三易之法,夏曰连山,殷曰归藏,周曰周易,各有其象与数,各殊其变与占,不相袭也。[144]

按此说法,《周易》为占卜之书,同时又是以数的推演为形式的"史"。深受章氏影响的龚自珍断言:"周之世官,大者史。史之外,无有语言焉。史之外,无有文字焉。史之外,无人伦品目焉。史存而周存,史亡而周亡。……夫六经者,周史之宗子也。易也者,卜筮之史也。书也者,记言之史也。春秋也者,记动之史也。风也者,史所采于民而编之竹帛,付之司乐者也。雅颂也者,史所采于士大夫也。礼也者,一代之律令。……冠昏之杀、丧祭之等,大夫士制度曲仪,咸以为数。夫舍数而言义,吾未之信也。"[145]构成"史"与"巫"的某种区别的即"史"通过卜筮——对"数"的掌握——而超越了巫对巫术舞蹈等等形式的依赖,礼乐制度的理性化具体地体现为数的形式。"与巫一样,但卜筮更突出了与君王活动特别是政治活动的联系,因之便记录、保存也声张着某些重大政治军事事件的经验。"[146]

---

[144] 章学诚:《文史通义·易教上》,《章学诚遗书》,北京:文物出版社,1985,页1。
[145] 龚自珍:《古史钩沉论二》,《龚定庵全集类编》,北京:中国书店,1991,页99。
[146] 陈梦家、李镜池、饶宗颐等学者均曾依据古籍论证卜筮与史的历史联系,李泽厚综合诸说并将《礼记·礼运》"王前巫而后史"这一空间的说明展开为时间的演变,即将"'史'视作继'巫'之后进行卜筮祭祀活动以及服务于王的总职称"。李泽厚:《波斋新说》,香港:天地图书公司,1999,页46—47。

2. 阴阳五行说与大一统帝国政治的合法化

龚自珍所谓"舍数而言义,吾未之信也"恰好可以说明汉代儒学综合象数、历史和大义的方式。如果说孔子以仁释礼是要以一种内在精神充实"王制"的内涵,那么,汉儒寻觅的却是以卜、筮传统中的天人关系为大一统体制提供合法性。这里以董仲舒(前179—前104)的《春秋繁露》为例。《汉书·五行志》云:"汉兴,承秦灭学之后,景武之世,董仲舒治《公羊春秋》,始推阴阳,为儒者宗",[147]点出了董仲舒联结阴阳五行学术与儒学的思想特点。《春秋繁露》包括两个主要思想取向:一,以《公羊传》的阐释为尺度解释《春秋》的道德/政治原则;二,以源自邹衍和《吕氏春秋》的阴阳、五行、四时和灾异的宇宙论将那些从《春秋》中引出的道德/政治原则加以重新的解释。这两个方面的结合构筑了一个无所不包而又相互联系的宇宙系统。全书计17卷,通行本为82篇(其中第39、40、54篇不存),大体分为两个部分:《俞序》第十七概括地说明了孔子作《春秋》之动机和效果,表示此前十七篇以公羊阐释《春秋》,推导理想的道德/政治模式;对照《符瑞》第十六以《春秋》结束时之"西狩获麟,受命之符是也"做结尾,可以明确地判定此篇为前十六篇的跋。第18至82篇以阴阳、五行、四时、灾异等宇宙论模式论证道德/政治的实践和原则如何与宇宙自然的运行完全一致,从而建构出一个以天道运行为框架的、囊括道德、政治和社会生活各领域的宇宙系统。[148]这一部分又可以区分为以阴阳四时为主和以五行为主的两种类型:天地、阴阳体现了宇宙间的一种对应的等级关系,君臣关系、君民关系都是这一等级秩序的对应物;五行是宇宙间的自然分类,人事间的分工性的专门职能(如官职)和人伦间的规

---

[147] 《汉书·五行志》,北京:中华书局,1962,页1317。
[148] 董仲舒在日常政治实践中采纳他的这一套主张,《汉书·董仲舒传》云:"对既毕,天子以仲舒为江都相……仲舒治国,以《春秋》灾异之变,推阴阳所以错行。故求雨闭诸阳,纵诸阴;其止雨反是;行之一国,未尝不得所欲。"《汉书》,页2523—2524。

则(如忠孝之道)则是其分类关系的对应物。四时显示了空间、时间和顺序的格局,仁、义、忠、德被描述为天之四德,宇宙和历史的演化在这个结构性的转化中自然地和合目的地发展。[149]汉代的礼仪制度大多承自殷周以来的各种礼仪并加以损益,《通典》卷四十所列"吉礼"、"嘉礼"、"宾礼"、"军礼"、"凶礼"中的绝大多数与皇帝有关。为了强化天的绝对性和至高无上地位,董仲舒展开了礼仪、祭祀(尤其是郊祀)的描述,将国君的礼仪活动直接地与天的意志联系起来。[150]在上述描述中,包括祭祀在内的礼仪是一种与天沟通的途径,也是展示皇帝至高无上地位和威仪的一种方式。这些礼仪本身构成了一个特殊的系统,从而与功能性的政治制度、经济制度和军事制度有所区分。

将阴阳、五行、四时等观念与政治、经济和其他社会关系描述为一个自然过程必须有一个前提,即天人之间以某种关系相互关联和交流,此即天人相感和天人相类的原理。《春秋繁露·同类相动》云:

> 今平地注水,去燥就湿;均薪施火,去湿就燥。百物其去所与异,而从其所与同。故气同则会,声比则应,其验皦然也。试调琴瑟而错之。鼓其宫,则他宫应之;鼓其商,而他商应之。五音比而自鸣,非有神,其数然也。
>
> 美事召美类,恶事召恶类,类之相应而起也。如马鸣则马应之,牛鸣则牛应之。
>
> 帝王之将兴也,其美祥亦先见;其将亡也,妖孽亦先见。物固以类相召也。故以龙致雨,以扇逐暑,军之所处以棘楚。美恶皆有从

---

[149] 徐复观认为全书还可列出第三部分,即《郊语》第六十五、《郊义》第六十六、《四祭》第六十八、《郊祀》第六十九、《郊事》第七十一、《祭义》第七十六等。这些篇章"乃由尊天而推及郊天及一般祭祀之礼,与当时朝廷的礼制有关。《贤贤》第七十二,乃礼之一端。《山川颂》第七十三,是董氏因山川起兴的杂文。这便构成了《春秋繁露》的第三部分"。见氏著《两汉思想史》第二卷,页192。

[150] 关于《春秋繁露》的研究很多,对于该书的结构性的清晰简要的叙述,参见戴维森、鲁惟一为《中国古代典籍导读》所写的相关条目,见该书页81—91。

来,以为命,莫知其处所。……

非独阴阳之气可以类进退也。虽不祥,祸福所从生,亦由是也。无非已先起之,而物以类应之而动者也。……

故琴瑟报弹其宫,他宫自鸣而应之,此物之以类动者也。其动以声而无形,人不见其动之形,则谓之自鸣也。又相动无形,则谓之自然。其实非自然也,有使之然者矣。物固有实使之,其使之无形。[151]

这段引文包含如下要点:第一,董仲舒的天人感应学说完全是巫术性的。按照弗雷泽有关"交感巫术"的论述,"如果我们分析巫术赖以建立的思想原则,便会发现它们可归结为两个方面:第一是'同类相生'或果必同因;第二是'物体一经互相接触,在中断实体接触后还会继续远距离的互相作用。'前者可称为'相似律',后者可称作'接触律'或'触染律'。……巫术,作为一种自然法则体系,即关于决定世上各种事件发生顺序的规律的一种陈述,可称之为'理论巫术';而巫术作为人们为达到其目的所必须遵守的戒律,则可称之为'应用巫术'"。[152]其次,董仲舒的天人感应学说又是"科学性的"。他用音乐之和鸣、帝王之兴起为例解释"自然的法则体系",带有一种以"科学的"观点看待天人关系的取向。李约瑟曾将董仲舒以声学和鸣现象作为划分五类范畴的根据和例证视为科学思想的体现:"对那些一点也不懂得声波的人来说,他的实验一定是非常令人信服的,这证实了他的论点,即宇宙间凡属于同类的事物都彼此共鸣或者激励。这并不是单纯的原始无差别状态,即其中任何一种东西都可以影响别的任何一种东西;它是一个紧密吻合的宇宙的一部分,在其中只有一定种类的事物才会影响同类的其他事物。"[153]李约瑟用有机论解释中国思想的特点,但在这里却没有点明声学实验与礼乐制度的内在关

---

[151] 董仲舒:《春秋繁露》卷13《同类相动第五十七》,凌曙注,中华书局,1991,影印本,页207—208。
[152] 詹·乔·弗雷泽(J. G. Frazer):《金枝》(*The Golden Bough*),上,北京:中国民间文艺出版社,1987,页19—20。
[153] 李约瑟:《中国科学技术史》第二卷,页307。

系,缺乏对上文所引《佚书》中有关乐之成、德之成与家国天下的关系的洞见。《乐记》所谓"礼以别异,乐以主和"不正是超越"单纯的原始无差别状态"的、能够包容多样性和差异性的礼乐现象吗？在这里,天人感应的巫术观念、天人相类的"科学论述"与礼乐制度之间存在着一种有机的和类比的联系,从而天意可以在这三个状态中同时呈现出来。第三,以上述有机联系为前提,董仲舒提出了物以类相召的观念,为以祥瑞说明帝王的出现提供了条件。"相动无形,则谓之自然。其实非自然也,有使之然者矣。物固有实使之,其使之无形"——帝王的出现既是一个自然现象,又不是一个纯粹的自然现象,因为在这一现象的背后存在着"有使之然者矣"。因此,在自然现象与天意、天命之间存在着依存关系,从而观察自然现象成为理解天意或天命的方式。

如果说孔子"述而不作"即以礼乐王制为天,"以仁释礼"即将礼乐制度放置在主体满怀敬畏的实践之中,那么,董仲舒的天人感应学说再一次将礼乐王制的神圣性转化为对自然现象的"科学认知"和自然过程背后的至高意志的"巫术性体验"。在孔子那里,巫之遗产主要体现为一种内在的品质及其礼乐实践,而在董氏这里,巫之遗产却是经由卜、筮传统转化了的有关天的形式化的或"科学化的"表述。[154]但正是这一"科学化的"表述形式使得后人将这一论述的若干内容归结为"宗教神秘主义"。弗雷泽说:巫术是"一种被歪曲了自然规律的体系,也是一套谬误的指导行动的准则;它是一种伪科学,也是一种没有成效的技艺"。[155]然而,只要人类没有充分把握宇宙自然,那么任何有关自然的知识均可以归结为"一种被歪曲了自然规律的体系"。就儒学的道德/政治判断的转变而言,董仲舒显然将道德/政治判断与对自然的认识更为紧密地联系起来,进而致力于在对自然之天的描述中呈现道德/政治的法则。在这个意义上,汉儒的上述思想方式既是"科学主义的",又是"神秘主义的";既是

---

[154] 《史记·封禅书》、《史记·秦始皇本纪》和《前汉书·郊祀志上》均提及邹衍弟子羡门高和他的方术等,根据李约瑟的推测,羡门这个词很可能就是萨满(shaman)一词的来源,而萨满即巫。同上,页148—149。

[155] 弗雷泽:《金枝》,上,页19—20。

"巫术的",又是"王制的"。科学主义/神秘主义、巫术/王制的二元论同样是现代性自我确证的产物。

胡伯特(H. Hubert)和莫斯(M. Mauss)有力地论证说:"巫术哺育了科学,而且最早的科学家就是巫术家。巫术从神秘生活的大量裂隙中发生,并从其中取得力量,以便与俗人的生活混合在一起并为他们服务。巫术倾向于具体事物,而宗教则倾向于抽象观念。巫术在与技术、工业、医学、化学等相同的意义上发生作用。巫术实质上是一种做事的艺术。"[156]汉代的天文历算、农学、医学以及化学(由方士求仙丹的实验而发生的对于汞、铅、硫磺等物质属性及其变化规律的认识)都有长足的发展,除了农业发展的需求之外,是否还与汉代交通的扩大(如张骞之通西域等)有着内在联系至今不得而知。天象的研究与农时的推定密切相关,汉代对天体结构的理解极为丰富。在三种天体学说中,宣夜说已失传,《周髀算经》及其盖天学说在武帝时代已经流行,而较为科学的浑天说在两汉时代均有出色的研究成果。汉武帝时,落下闳、射姓、邓平、司马迁等人修改《颛顼历》,作《太初历》,以正月为岁首,采用利于农时的二十四节气,并插入闰月,调整太阳周天与阴历纪月不相合的矛盾,改变了"朔晦月见,弦望满亏,多非是"的局面。[157]落下闳、耿寿昌等设计的浑天仪为东汉张衡设计新的浑天仪及在观察天象上的进步提供了基础。《史记·天官书》和《汉书·天文志》详细记载了周天二十八宿的名称和部位,汉人从星辰运行中推算出一年的二十四节气,其名称和顺序与后世通行的完全一致。与天文学的发展相伴随的是数学方面的新发现:《周髀算经》记载了用竿标测日影以求日高的方法,发现了勾股定理;《九章算术》虽定型于东汉和帝时期,但形成、修改和补充的过程却要早得多;其中的各种计算方法和数学概念均是在解决田亩计算、土地测量、比例分配、仓库体积、赋税摊派等"与俗人生活混合在一起并为他们服务的""做事的艺术"。与天文、历法的发

---

[156] H. Hubert & M. Mauss, "Esquisse d'une Theorie Gennerale de la Magie", AS, 1904, 7, 56, 转引自李约瑟《中国科学技术史》第二卷,页281。

[157] 《汉书·律历志》,卷二十一上,中华书局,1962,页974。

展相互呼应,汉代农学已成为专门的知识,《汉书·艺文志》记载了九种农学著作,其中崔寔的《四民月令》成书于东汉后期,但在西汉时期,相传为秦国宰相吕不韦所著的《吕氏春秋》的"月令"对于董仲舒等儒者已经产生了巨大的影响。[158]《吕氏春秋》由纪、览、论三个部分构成,其中最为值得注意的是每个部分的分类形式在天人关系上的象征意义。纪共十二卷,与一年十二个月对应,每卷五篇,共计为六十,符合干支纪年的六十一甲子的循环模式。在纪中,每三卷对应四季中的一季,每一季均有一个中心主题,如春为养生,夏为音乐和教育,秋为战伐,冬为死亡。十二卷首篇借自《逸周书》的"月令"一章,讨论一年中在某一时刻该做何事,以确保国家大事的顺利进行;后接四篇分别探讨相应季节中的恰当的观念和行为。览分八卷,每卷八篇,总数为六十四,与《周易》所论述的八卦和六十四卦相符。论含六卷,每卷六篇,除了最后四篇谈论农业问题外,前面的三十二篇以论述仁义之君的行为为中心主题。论的六和三十六总数对应何种自然关系不能确知,但按全书结构,似应必有所指。[159]在《十二纪·纪首》中,除了由十二月构成的四时之外,最为重要的是把阴阳二气运行于四时之中,将五行与四时相互配合,如春为"盛德在木"、夏为"盛德在火"、秋为"盛德在金"、冬为"盛德在水",并在季夏之月(六月)的末段添上"中央土,其日戊己,其帝黄帝,其神后土"的说法,用以弥合四时与五行在数字上的差异。[160]由阴阳五行构造出来的天是一种介于人格之天和秩序之天之间的存在,它不是人格神,但又有赏罚的能力和意志。

由此出发,我们可以重新理解董仲舒的天人相应的观念:为什么在他

---

[158] 徐复观说:"两汉人士,许多是在《吕氏春秋》影响之下来把握经学,把《吕氏春秋》对政治所发生的巨大影响,即视为经学所发生的影响;离开了《吕氏春秋》,即不能了解汉代学术的特性……"见氏著《两汉思想史》第二卷,页1。
[159] 关于《吕氏春秋》各卷数字及其对应关系的简明清晰的叙述,参见鲁惟一主编《中国古代典籍导读·〈吕氏春秋〉》,沈阳:辽宁教育出版社,1997,页344—351。
[160] 参见徐复观:《两汉思想史》第二卷,页11—12。徐又论证说,五行原为国计民生所实用的五种材料,后来演变为宇宙间的五种基本元素,并与阴阳二气联系起来,这一过程只能追溯到邹衍。同上书,页182。这一观点亦可见李约瑟《中国科学技术史》的相关论述。

第一章 天理与时势

那里儒学理想必须与《吕氏春秋》的阴阳观念、邹衍的五行学说和汉代天文学和农学有关周天、四时的"科学发现"结合起来？为什么"数"在儒学中的地位显著上升，几乎重新获得了其在卜、筮传统中的地位？（以五行解释"国"之命运源于阴阳家的方式，与子产所谓"礼以顺天，天之道也"的儒学方式形成鲜明对照，而阴阳家的方式可以说直接来自卜、筮传统。）为什么董仲舒对《春秋》大义的发挥和修正必须在秉承天之自然法则的名义下完成？让我们先从《春秋繁露》的天人相通的叙述结构与《吕氏春秋》的关系开始讨论。按照《吕氏春秋》的天人结构，帝王政治与天的规律完全贯通，帝王为天授之职，其行为必须以符合天意为目标，从而政令、行为须顺时而行。天以及体现天意的阴阳、五行、四时，构成了帝王政治的合法性依据和行为规范。《春秋繁露》依循这一逻辑，通过对《春秋》中的各种事例的阐释，表达了天意及其秩序绝对不可违逆的基本原则，为皇权中心主义提供了宇宙论的根据。董仲舒综合公羊与阴阳五行的目的是要以天论的构架为大一统政治提供合法性：以《春秋》附会天意，盖因天是这一宇宙系统中的最高尺度；以《春秋》为孔子为后王所立之法，所以又不得不用附会的方式确认孔子为"新王"；要确立《春秋》作为汉代法的地位，就必须发展出一套特殊的阅读这一文本以猜测"至意"的方式。《公羊传》中本有权变的观念，《春秋繁露》对此加以发挥，[161]因为只有引入权变的观念，董仲舒才能发展出一套阅读和理解《春秋》之微言大义的套路和方法，进而将分封体制下的礼制论转化为郡县体制下的大一统理论。

汉代确立了以皇权为中心的中央集权国家，但"楚汉之际，六国各立后"，贵族分封体制仍然存在，从而汉帝国可以被概括为一种以郡县体制为主体的郡县/封建混合型体制。汉代实行郡国并行体制，以中央集权为特点的郡县体制与诸侯分权之间存在深刻的紧张。汉初曾分封八个诸侯王，后遭翦灭；后又仿周代封建，分封同姓王，再度形成中央皇权与诸侯王

---

[161] "《春秋》之道，固有常有变。变用于变，常用于常，各止其科，非相妨也。"董仲舒：《春秋繁露·竹林第三》，《春秋繁露义证》，苏舆撰，北京：中华书局，1992，页53。

之间的冲突。文帝、景帝分别接受贾谊、晁错的建议,削弱诸侯势力,武帝时更颁行推恩令和《左官律》,在各王国中分封子弟,对诸侯国进行分解。[162]《盟会要》第十将《春秋》大义归结为:"辞已喻矣,故曰立义以明尊卑之分。强干弱枝,以明大小之职。别嫌疑之行,以明正世之义。采撷托意,以矫失礼……"[163] 所谓强干弱枝,指中央皇权对于诸侯权力的绝对支配性,而尊卑之分、大小之职,也以这一绝对秩序为前提。董仲舒的这一看法改变了《春秋》中天子、诸侯、大夫之间的带有相对性的职分关系,创造了一种与封建关系分割开来的"大一统"观念。"是故《春秋》之道,以元之深,正天之端。以天之端,正王之政。以王之政,正诸侯之位。以诸侯之位,正竟内之治。五者俱正而化大行。"[164]《春秋繁露》所发挥的孔子受命改制说,以及根据阴阳、五行和五德终始说发展出来的赤、白、黑三统之说,均必须在历史权变与新的大一统学说的背景上加以阐释。天的绝对性与皇权绝对主义有着明显的匹配关系。[165] 傅斯年概括道:"西周的封建是开国殖民,所以封建是谓一种特殊的社会组织。西汉的封建是割裂郡县,所以这时所谓封建但是一地理上之名词而已。"[166] 在儒者的视野中,西周分封制与汉代封建的区别也可以表述为礼乐与制度的分化,前者体现了封建的价值,后者体现了皇权中心的观念。郡县制条件下的官僚政治体制与礼乐关系相互分离,从而礼乐已经不能作为新的政治体制的合法性前提。

除了皇权中心主义之外,大一统观念还涉及帝国的地域扩张。汉代帝国向周边扩张,它与外部世界的关系达到了前所未有的发达程度。内外关系构成了帝国自我理解的主要尺度之一。帝国扩展了先秦"中国"

---

[162] 参见《后汉书·志第二十八·百官五》,北京:中华书局,1965。
[163] 董仲舒:《春秋繁露·盟会要第十》,《春秋繁露义证》,页141—142。
[164] 董仲舒:《春秋繁露·二端第十五》,《春秋繁露义证》,页155—156。
[165] 冯友兰说:"汉高虽犹封建子弟功臣,然此时及以后之封建,只有政治上的意义,而无经济上的意义。及汉之中叶,政治上社会上之新秩序,已渐定。在经济方面,亦渐安于由经济自然趋势而发生之新制度。《汉书》曰:'其为编户齐民,同列而以财力相君,虽为仆虏,犹无愠色。'由贵族政治之眼光观之,编户齐民,何能同列以财力相君!……"冯友兰:《中国哲学史》上册,北京:中华书局,1992,页41—42。
[166] 傅斯年:《论孔子学说所以适应于秦汉以来的社会的缘故》,《傅斯年全集》,页1492。

的范围,大一统观念与夷夏相对化的观念也因此产生了联系,在这一条件下,对《春秋》所含的封建礼仪关系进行改造就是必然的了。董仲舒的夷夏相对论极大地改变了《春秋》和《公羊》在内外、夷夏问题上的态度。《春秋繁露·竹林》第三云:

> 《春秋》之常辞也,不予夷狄而予中国为礼。至邲之战,偏然反之,何也? 曰:《春秋》无通辞,从变而移。今晋变而为夷狄,楚变而为君子,故移其辞以从其事。夫庄王之舍郑,有可贵之美;晋人不知其善而欲击之;所救已解,如挑与之战,此无善善之心,而轻救民之意也。是以贱之,而不使得与贤者为礼。[167]

夷夏之辨是《春秋》和《公羊传》的核心命题之一,但在帝国扩张的条件下,重新划定夷夏之别以适应新的内外关系显然是一个极为重要的问题。在董仲舒的相对化的礼仪论与汉代流行的自然学说——尤其是邹衍之舆地学说——之间,我们可以找到以阴阳五行学说装备起来的内外相对论。《史记》卷七十四以《孟子荀卿列传第十四》为题,但邹衍及其学说在其中占据了重要的地位:

> 邹衍睹有国者益淫侈,不能尚德,……乃深观阴阳消息而作怪迂之变,……其语闳大不经,必先验小物,推而大之,至于无垠。……先序今以上至皇帝,学者所共术,大并世盛衰,因载其禨祥度制,推而远之,至天地未生,窈冥不可考而原也。先列中国名山大川,通谷禽兽,水土所殖,物类所珍,因而推之,及海外人只对所不能睹。称引天地剖判以来,五德转移,治各有宜,而符应若兹。以为儒者所谓中国者,于天下乃八十一分居其一分耳。中国名曰赤县神州。赤县神州内自有九州,禹之序九州是也,不得为州数。中国外如赤县神州者九,乃所谓九州也。于是有裨海环之,人民禽兽莫能相通者,如一区中者,乃

---

[167] 董仲舒:《春秋繁露·竹林第三》,《春秋繁露义证》,页46—47。

为一州。如此者九,乃有大瀛海环其外,天地之际焉。其术皆此类也。然要其归,必止乎仁义节俭,君臣上下六亲之施始也滥耳。……[168]

邹衍感于礼序的混乱而转向对宇宙自然的观察,并将这种自然之学的方法推广到古今中外的政治和礼仪关系之中。他对大小九州的说明提供的是礼仪政治的自然基础和非中心化的中国观念。与邹衍在舆地学的意义上区分大小九州、重新定义中国相呼应,[169]董仲舒一改《春秋》和《公羊》的传统看法,在大一统观念的指导下,展开了夷夏相对化的论述。

大一统观念的第三个方面是天的自然分类与官制的对应关系。汉代大一统与郡县体制密切相关:不同于完全以血缘关系为基本网络的封建体制,郡县制度依赖于皇权与形式化的官僚政治体制所共同构筑的统治模式。秦灭六国而成一统,六国贵族夷为平民,封建、井田和学校等周制也随之瓦解。在这一条件下,以宗法、血缘关系为纽带形成的礼乐论的道德评价体系势必面临根本性的改造,统一帝国的官僚行政体制及其非人格的和功能主义的特性成为汉儒思考、表述和阐释的对象,那些仍然在沿用的礼乐体系已经不再具有周代制度条件下的意义。在礼乐与制度发生分化的语境中,如果要把官僚和法律的功能系统同时理解为一种道德性的谱系,就必须在制度之外寻找合法性和合理性资源。绝对性的天与制度或法律之间的内在联系就是在这一道德困境中发生的。董仲舒依《春秋》先例作《春秋决狱》232 例,即以圣人之微言大义和天意作为断案的根据,这是先秦法家思想在帝国一统体制内的进一步发展。为了赋予汉代制度论以道德理想和道德尺度的意义,董仲舒以象数方式沟通天与官制,《春秋繁露·官制象天第二十四》云:

> 王者制官,三公、九卿、二十七大夫、八十一元士,凡百二十人,而

---

[168] 司马迁:《史记·孟子荀卿列传第十四》,中华书局本,七,页2344。
[169] 邹衍关于大小九州的论述在晚清时期重新为廖平等经学家复活,目的是在地理上阐明中国与外部世界的关系,参见本书第六章有关廖平的论述。

列臣备矣。吾闻圣主所取仪,金天之大经,三起而成,四转而终,官制亦然者,此其仪与?三人而为一选,仪于三月而为一时也。四选而止,仪于四时而终也。三公者王之所以自持也。天以三成之,王以三自持,立成数以为植而四重之,其可以无失矣。……是故天子自参以三公,三公自参以九卿,九卿自参以三大夫,三大夫自参以三士。三人为选者四重,自三之道以治天下。若天之四重,自三之时以终始岁也。一阳而三春,非自三之时与?而天四重之,其数同矣。天有四时,时三月;王有四选,选三臣,……尽人之变合之天,唯圣人者能之,所以立王事也。……分人之变以为四选,选立三臣,如天之分岁之变以为四时,时有三节也。[170]

所谓"四选"即三公、卿、大夫、士各为一选;所谓"天以三成之,王以三自持,立成数以为植",即以三为基数,而后面所接之"四重之"则是说三公为三的一重,九卿为三自乘的二重,二十七大夫为三乘九的三重,八十一元士为三乘二十七的四重。四重即三的四次乘积。所有这些官制上的数字均与四时变化的法则相互关联,从而以数为中介,将官制的合法性追溯到天的运行之中。在《春秋繁露·爵国第二十八》中,他又由三公九卿的数字附会出"天子分左右五等,三百六十三人,法天一岁之数",突出了三百六十这一数字。[171]三百六十对应着周天三百六十度,是为象天。

在一统与封建的混合关系之中,封建构成了帝国一统体制的附属部分,从而礼乐与制度也不是截然分离的。例如,针对秦汉时代重刑罚的取向,他倡导"立大学以教于国,设庠序以化于邑,渐民以仁,摩民以谊,节民以礼,故其刑罚甚轻而禁不犯者,教化行而习俗美也。"[172]这是要将郡县一统与三代礼乐之"学"综合为一。再如,董仲舒批判秦"用商鞅之法,

---

[170]《春秋繁露义证》,页214—218。

[171]《春秋繁露义证》,页238。关于《春秋繁露》中官制与数的关系的讨论,徐复观的分析最为精当,这里的讨论参见氏著:《周官成立之时代及其思想性格》,见《徐复观论经学史二种》,上海:上海书店出版社,2002,页224—226。

[172] 董仲舒:《贤良对策》,《汉书》,页2503—2504。

改帝王之制。除井田,民得买卖。富者田连仟陌,贫者无立锥之地",倡导三代之制之一的井田。他比较说:"古者税民不过什一,其求易供。使民不过三日,其力易足",而当今"田租口赋盐铁之利,二十倍于古。或耕豪民之田,见税什五",这是富者腐败、荒淫、残暴与穷者穷愁、逃亡以致转为盗贼的根源。他参照井田的构想,但并未以回到井田相号召,而是以权变的精神提议说:"古井田法虽难卒行,宜少近古,限民名田,以澹不足。塞并兼之路,盐铁皆归于民。去奴婢,除专杀之威。薄赋敛,省徭役,以宽民力,然后可善治也。"[173]

《春秋繁露》的宇宙论既提供了一种道德/政治的法则,又提供了一种理解这一道德/政治法则的认识论。对于天人关系的这种神圣化描述明显地改变了周孔时代的礼乐论的叙述方式和结构,表述了新的道德/政治哲学的取向。《春秋繁露·仁义法第二十九》概述了董仲舒的以仁、义为中心的道德/政治理想的基本原则:

> 是故《春秋》为仁义法,仁之法在爱人不在爱我。义之法在正我不在正人。我不自正,虽能正人,弗予为义。人不被其爱,虽厚自爱,不予为仁。……故王者爱及四夷,霸者爱及诸侯,安者爱及封内,危者爱及旁侧,亡者爱及独身。独身者,虽立天子诸侯之位,一夫之人耳,无臣民之用矣。如此者,莫之亡而自亡也。……故曰:仁者爱人,不在爱我,此其法也。义云者,非谓正人,谓正我。虽有乱世枉上,莫不欲正人,奚谓义?……故曰:义在正我,不在正人,此其法也。……君子求仁义之别,以纪人我之间,然后辨乎内外之分,而著于顺逆之处也。是故内治反理以正身,据礼以劝福;外治推恩以广施,宽制以容众。……[174]

董氏在这里表述的道德理想接近于孔子的道德理解,但差别在于:在礼乐

---

[173] 《汉书·食货志》,《汉书》,页1137。
[174] 董仲舒:《春秋繁露·仁义法第二十九》,《春秋繁露义证》,页250—254。

论的构架内,孔子将礼乐本身视为一套相互关联的制度,这套制度构成了道德/政治行为的基本规范;而在董仲舒的天人感应的构架内,制度性的关系必须服从天意和天命的支配才能获得合法性。前者与天的关系是内在的(礼乐为天),后者与天的关系是象数对位式的,从而天意成为需要测知之物。祭祀等礼仪就是测知天意的途径。因此,董仲舒的叙述原则与祖述圣王典制的孔子完全不同,他试图根据变化的历史关系重构制度和礼仪,并以天的名义赋予这一新的制度和礼仪以合法性。在这一宗旨的指导下,"述而不作"和"以仁释礼"均不再构成合适的理论方法。

3. 象数与官制

以象数对位为纽带陈述官制与宇宙的关系的方式,在后来被尊为古文经经典的《周礼》中获得了更为系统的表达。天与形式化的制度、法律的这一连接是以礼乐共同体的道德/政治谱系的瓦解为前提的:与礼乐关系不同,制度、法律需要一套外在于自身的合法性源泉。西汉、东汉之学有今文、古文之别,但在经学体现的王制论方面又一脉相承。东汉建国时,统治者即重申武帝时颁布的《阿党附益之法》,限制诸侯王的权力。上述限制诸侯王的措施配合着一系列法规,如诸侯王不得窃用天子仪制、诸侯王置吏需用汉制、诸侯王定期入朝朝贡、诸侯王无虎符不得发兵、诸侯王不得在国内私自煮盐冶铸、诸侯王不得与外戚私自交往,等等。[175] 在这个意义上,东汉思想中的天的绝对性和支配性仍然涉及天子与诸侯、百官之关系。[176]《周礼》原名《周官》,最早以《周官》之名提及它的是《史

---

[175] 参见白钢主编:《中国政治制度史》,天津:天津人民出版社,1991,页246。
[176] 邹昌林认为春秋以降有所谓古礼与新礼的区分问题,所谓古礼即由《周礼》和《仪礼》综合而成的形式与内容统一的礼仪体系,而汉代以后出现了"以义制仪"的新礼,从而形成了礼义与礼仪的区分。"在《仪礼》这种结构中,宗权是中心,一切都是围绕宗权展开的,而在《仪礼》与《周礼》的统一结构中,君权是中心,作为国家打法的礼制,是以君臣、贵贱的严格等级秩序来展开各种关系的。"见氏著《中国古礼研究》,北京:文津出版社,1992,页165。

记·封禅书》,此后《汉书·艺文志》著录"《周官经》六篇",表明该书在汉代已经成为经书。按传统看法,《周礼》产生于公元前二世纪中叶,但到汉代才为人所知,其中混合了刘歆、王莽等人的许多思想,[177]根据之一即刘歆(前46—23)曾试图立《周礼》于学官。[178]

《周礼》的主要特点是以数的关系组织官制系统,又以官制系统表达政治理想。如前所述,"数"在礼制秩序中的重要性可以溯源至殷商卜、筮传统,又在阴阳家的著作中获得了新的发展。在汉代自然之学的突发性的进步过程中,"数"的重要性还代表了一种以对自然的认知作为体察天意和人事的思想方式,我们也不妨将之称为一种"准科学主义"的认知方式。《周礼》一书以年、月等数字配合阴阳、五行、四时等范畴,在数的关系之上构筑了一个完备的官制体系。值得注意的是:成帝时,刘歆根据《太初历》作《三统历》,规定一年的时间约合365.25日,一月约合29.53日,已接近今天我们习用的时数,是当时世界上最为精密的历法;他对《周礼》的数的关系的解释与周天的数字有着内在的联系。《周礼》以周代官制的结构和组织为中心,共分六个部分:一,天官冢宰(掌管邦治,全面政务);二,地官司徒(掌管邦教,即教化);三,春官宗伯(掌管邦礼,即祭祀等);四,夏官司马(掌管邦政,即军事);五,秋官司寇(掌管邦刑,即刑罚);六,冬官考工记(掌管邦事,即工艺审核记录)。每官下属六十官,六官总计三百六十官,以此周天之度数配四时和天地,完整地构筑一个天人相关的系统。《天官冢宰第一》条下郑注云:"象天所立之官。冢,大也。宰者,官也。天者统理万物,天子立冢宰使掌邦治,亦所以总御众官,使不失职。不言司者,大宰总御众官,不使主一官之事也。"[179]按此,官

---

[177] 《四库全书总目提要》十九卷《周礼注疏》云:"夫《周礼》作于周初,……其东迁以前三百余年,官制之沿革、政典之损益,除旧布新,不知凡几。……于是以后世之法窜入之,其书遂杂。……"又,关于该书的作者和成书时代,北宋司马光(1019—1086)、胡安国(1074—1138)、洪迈(1123—1202)和苏辙(1039—1112)等的说法最为特别,他们论定《周官》为刘歆伪造,可以视为晚清康有为的观点的先声。这一说法产生在王安石援《周礼》以变法的条件下,完全缺乏学术史上的坚实根据。
[178] 荀悦(148—209)认为该书书名从《周官》变为《周礼》就是刘歆所为。
[179] 见孙诒让撰《周礼正义》第一册,北京:中华书局,1987,页1。

制为象天所立,天官不言司者,表明天体现着一种严格的等级秩序,而众官分设则是按照"事"之分类。政治共同体的运行需要官制及其分工系统,即使在礼乐社会中也同样如此,但以官制表达社会理想则是新的发展。[180]巫史传统以数呈义,而《周礼》通过将官制与数的关系结合起来,从而使得官制本身成为表达"义"的方式。以官制表达理想与孔子祖述王制的方式有着形式上的类似,即这两种方式均以一定的制度作为道德理想的依托。但在礼乐论的范畴内,圣王典制本身即礼乐共同体之制度,礼乐与制度合二而一,从而此一制度构成了道德评价的客观依据;而在中央集权体制之下,官制是与封建礼乐相互区分的形式化的职能系统,从而官制本身并不含有道德评价的意义。通过恢复、重构和发展巫史传统中的"象天"关系,赋予官制以道德的合理性,这一道德理想的构筑过程是以礼乐与制度的分化为前提的。

天及其象数关系论证的并不是皇权本身,而是以皇权为中心的郡县/封建体制。在中央政府,这一体制以三公九卿制为基本体制,丞相等官是行政体系的中心角色;在基层,这一体制以县和乡、亭、里为基本单位,各级政府的政治分工与中央政府略相仿佛,也是行政、司法、军事和财政合一的体制。由于只有一个权力中心,地方政府易于形成对中央权力的离心倾向,从而构成集权与分权的矛盾。郡县体制的运作依靠行政法规和朝廷发布的诏、令、制、敕等。在这样的条件之下,行政和法律体制成为一套功能性的结构,郡县制下的封建失去了周代分封制的真正内涵,从而殷周分封制下的亲亲原则不可能适用于中央集权国家的政治条件,继续援用礼乐论的道德/政治原则无法提供新的以皇权为中心的郡县制度的合法性。这就是汉儒

---

[180] 在《周官成立之时代及其思想性格》中,徐复观对此作出了极为精彩的分析,他说:"官制表现政治理想,是在政治思想史中所发展出的一种特别形式。……从《诗》、《书》、《左氏传》、《国语》、《周书》及由孔子开始的诸子百家等的有关典籍看,只是从'知人善任'、'近君子、远小人'这些问题着眼,很少有由官制本身的理想以达到政治理想的思想。以官制表现政治理想,是战国中期前后才逐渐发展出来的,我怀疑始于'三公'一辞之出现。"他又推断说:"王莽、刘歆们顺着以官制代表政治理想的统系,在莽以大司马专政的时候,将政治的共同理想,运用他们可以运用的儒生集团,集此一统系的大成,作实现政治理想的蓝本,……"《徐复观论经学史二种》,页213,245。

诉诸君权神授观念为皇权中心主义提供政治合法性的前提。因此,汉代天人感应学说是以皇权为中心的官僚制帝国的合法性理论。

但是,以严密的象数关系阐述官制系统也表明了官制自身的严格性,从而也包含了限制君权的某种含义。在中央集权制度之下,形式化的法律和官制并不能够自我运作,主要原因是:一,皇帝具有最终裁决权;二,法律制度不完备或有法不依;三,决策带有随意性。[181]武帝时,由加衔领、平、视、录尚书事的大将军、侍中、尚书等组成的"中朝"成为中央决策机构,丞相府作为"外朝"权力受到削弱。光武帝时"虽置三公,事归台阁",[182]尚书台比三公权力更大。在这一条件下,以象数的方式建立天意与官制的对位关系,强化官制系统的神圣性,显然也包含尊重中央行政体系、限制任意更改官制和干预行政过程的意义。西汉王朝推行的加强皇权和中央集权的政策附带着许多经济和政治的后果,例如由于允许商人买官,鼓励地主兼营商业,造成了官、商、地主三者合一的局面和由土地兼并引发的农民破产。在这一背景下,王莽以宗法地主为主要社会力量,通过恢复三代之制,重构宗法贵族的世袭制度,此即所谓新政(公元9—23)。新政修改了行政区划和行政建制,恢复了公、侯、伯、子、男五等封爵,重建井田之制,并在商业领域恢复"工商食官",实行五均六管,等等。利用《周礼》及其象天的结构是配合着上述政治实践的。在后来被奉为今文经学的经典《春秋繁露》和古文经学的经典《周礼》之间,我们可以看到某些相似的表述形式,原因之一即它们都试图在天及其象数关系的支配之下,通过对制度本身的严格性的阐述,对皇权的运行提出某些限制性的诉求。

4. 宇宙论的转变、皇权中心主义与分权主义政治

北宋道学的形成与唐代后期儒学有关天人关系的讨论有着历史联系,而唐代后期有关天人关系的讨论针对的恰恰是汉代政治和儒学中的

---

[181] 白钢主编:《中国政治制度史》(同前),页228—232。
[182] 《后汉书》卷49《仲长统传》,《后汉书》,北京:中华书局,1965,页1657。

天人感应学说。韩愈(768—824)、柳宗元(733—819)和刘禹锡(772—842)从不同方面批判唐代政治中盛行的着意佞佛、制造祥瑞的现象和以《五经正义》为中心的传注之学。对于汉代经学的批判其实是这一潮流的延伸。在破除天人感应学说方面,最为值得关注的是柳宗元的《时令论》,它对汉代以降盛行不已的阴阳五行学说给予直接和尖锐的批判:

> 观《月令》之说,苟以合五事,配五行,而施其政令,离圣人之道,不亦远乎。凡政令之作,有俟时而行之者,有不俟时而行之者。是故孟春修封疆,端径术,相土宜,无聚大众;季春利堤防,达沟渎,止田猎,备蚕器,合牛马,百工无悖于时。孟夏无起土功,无发大众,劝农勉人。仲夏班马政,聚百药。季夏行水杀草,粪田畴,美土疆土功,兵事不作。孟秋纳材苇,仲秋劝人种麦,季秋休百工,人皆入室,具衣裘……孟冬筑城郭,穿窦窖……斯固俟时而行之,所谓敬授人时者也。其余郊庙百祀,亦古之遗典,不可以废。诚使古之为政者,非春无以布德和令,行庆施惠,养幼少,省囹圄,赐贫穷,礼贤者。非夏无以赞杰俊,遂贤良,举长大,行爵出禄,断薄刑,决小罪,节嗜欲,静百官。非秋无以选士厉兵,任有功,诛暴慢,明好恶,修法制……非冬无以赏死事,恤孤寡,举阿党,易关市,来商旅,审门闾,正贵戚近习,罢官之无事者,去器之无用者,则其阙政亦以繁矣。斯固不俟时而行之者也。[183]

《时令论》拆除了政事、制度与天命的关系,从而为人事自身的发展和变化留下了余地。

为什么同样是为皇权中心主义的政治体制辩护,董仲舒需要诉诸天人感应学说,而柳宗元却力图瓦解阴阳、五行、四时、灾异、祥瑞与政事、法律、道德的对位关系?首先,董仲舒的皇权是诸侯、贵族和官僚的代表,将天与皇权直接联系起来也是对在汉代仍有重要影响的分封制度的反应,

---

[183] 柳宗元:《时令论》上,《柳宗元集》,北京:中华书局,1979,页85—86。

而柳宗元的皇权中心主义却是对贵族制度瓦解过程中的社会关系的论证。唐代初年即有分封和郡县之争，其结果是郡县与侯国杂处局面的形成。高宗中年以后，由中央直接控制军事力量的府兵制度破坏，南衙十六卫仅作仪式之用，朝廷只能依靠北衙禁军。为了沿边军事需要，唐朝设置了节度使，而府兵的破坏直接地导致节度使的武人势力迅速膨胀。平定安禄山叛乱后，朝廷不得不授平乱功臣和降臣藩镇为节度使，从而导致节度使制度遍布全国。在这一背景之下，河北三镇各专其地，拒绝向中央交纳赋税，其他藩镇抗命朝廷，唐王朝逐渐衰亡。柳宗元对于天人感应学说的批评正是发生在这样的语境中，他试图摆脱天命的纠缠而将注意力集中在历史发展的动力和过程之上。

在《封建论》一文中，柳宗元从他所谓"势"的观念出发，将分封制与郡县制视为历史变迁的内在结果，从而否定了任何一种政治制度形式的绝对合理性。在他的视野中，"君长刑政"的形成是早期人类生存斗争的结果，"诸侯之列"是不同的人类部落相互竞争的产物，诸侯相争导致"方伯、连帅之类"的出现，而中央集权的郡县体制则是这一漫长历史进程的产物。柳宗元在此创造了一种以政治形式为中心的历史哲学，其中心任务是论证以皇权为中心的中央集权体制的历史合法性和道德合理性。"则其争又有大者焉。德又大者，方伯、连帅之类，又就而听命焉，以安其人。然后天下会于一……自天子至于里胥，其德在人者，死必求其嗣而奉之，故封建非圣人意也，势也。""彼封建者，更古圣王尧舜禹汤文武而莫能去之，盖非不欲去之也，势不可也。"[184]作为一种世袭贵族制度，分封制度容易导致割据和战争，又阻碍了贤能的征用，而郡邑制度能够通过有效的等级制度确保贤者居上和不肖者居下。"势"在这里不是天命，而是内在于历史运动的趋势和动力。正是从"势"出发，柳宗元认为郡邑制取代分封制是一个自然的和合理的历史过程。

柳宗元所以要打破天人之间的直接对位关系，除了唐代政治中灾异、祥瑞等观念已经变得极为陈腐而无用之外，另一个原因还因为唐代政治

---

[184] 柳宗元:《封建论》,同上,页70。

结构中包含了浓厚的分封制的内容,而这些分封制度又常常被追溯至《周礼》所确定的周代礼仪。正如上文所述,《周礼》一书的特点是将天人关系以象数对位的方式关联起来。在这一条件下,对周代分封制下的世袭贵族和藩镇势力的批判和否定同时也就成为对于将封建关系永恒化的汉代天人构架的否定。然而,诉诸于"势"这一范畴为新的社会关系提供合理性,势必面临难以克服的困境:第一,"势"变动不居,从而依赖于"势"而产生的社会结构也会受到不断变化的"势"的威胁和解构;第二,以确保贤与不肖的上下等级关系为由论证郡县制度的优越性是一个功能主义的论证方式。总之,天人感应学说的废弃再次突显了如下事实:功能性制度严重缺乏道德资源。

韩愈在天人关系问题上的妥协性观点部分地可以视为对于上述制度与道德合理性之间的分离的反应。在《原人》中,韩愈以"形而上"、"形而下"以及"命于两间"等概念来描述天道、地道和人道,从而将人之道区别于天之道。[185]韩愈明显地把社会秩序和礼仪关系归之于人的创造性活动的结果,但仍然保留了对天和天命的信仰:"夫为史者,不有人祸,则有天刑,岂可不畏惧而轻为之哉!"[186]"三子者之命则悬乎天,……故吾道其命于天者以解之。"[187]他的性三品说也同样被笼罩在天命观的结构里:"后稷之生也,其母无灾,其始匍匐也,则岐岐然,嶷嶷然;文王之在母也,母不忧,既生也,傅不勤,既学也,师不烦。"[188]从天命观的视野出发,韩愈的道统谱系和建立道统的努力本身全部被归结为"天命"使然:"其有作者知教化之所繇废,抑诡怪而畅皇极,伏文貌而尚忠质;茫乎天运,窅

---

[185] 《原道》一篇将"相生相养之道"归之于圣人而非天命——举凡衣、食、住的方式,以及工、贾、医、葬、礼、乐、政、刑等社会分工,均是圣人指导我们进行生存斗争的产物。在《与卫中行书》中他又说:"贤不肖存乎己,贵与贱、祸与福存乎天,名声之善恶存乎人。存乎己者吾将勉之,存乎天,存乎人者吾将任彼而不用吾力焉。"马其昶:《韩昌黎文集校注》,上海:上海古籍出版社,1986,页194。
[186] 韩愈:《答刘秀才论史书》,同上,页667。
[187] 韩愈:《送孟东野序》,同上,页235。
[188] 韩愈:《原性》,同上,页21。

尔神化,道之行也,其庶已乎!"[189]如果道统本身亦需要天命的护卫,那么,道德论述本身又怎么可能真正摆脱汉代的天人学说的影响呢?

周敦颐、邵雍、张载、程颢和南宋的朱熹在建构他们各自的宇宙论时均不同程度地留有汉代天人学说的印记,在天人问题上,他们面临着与韩愈相似的困境。作为确立北宋天道论的中心人物,周敦颐、邵雍、张载发展了各自不同的叙述途径和关键概念,但又共享一种以整体秩序为中心、从宇宙论中引申出道德和价值的方式。周敦颐(1017—1073)被奉为"道学宗主",他的《太极图说》和《通书》以解易的方式建立具有形而上学和宇宙论双重特征的体系:前者由"无极而太极"的宇宙论归于人极的建立,后者则从天道论及道德心,再由道德心推广而言礼乐,开创了北宋道学合宇宙论、形而上学、道德论和礼乐论为一体的理论方式。《太极图说》以无极、太极、阴阳、五行为天的层次,以五行和万物的关系为第二个层次,以人的世界为第三个层次,以圣人和人极为第四个层次,以天道、地道和人道总括上述几个层面,构筑天人一体的宇宙观。这个"无极而太极"的宇宙本体论为人们提供了无极—太极—阴阳—五行的生成变动的宇宙图景,揭示出天道、地道、人道皆本一理的要旨,从而在一种宇宙论的框架中构筑了一种整体性的秩序观。周敦颐以解易的方式展开宇宙图式的描述,明显地汲取了汉唐时代道家、道教和阴阳家的易学成就。[190]"天以阳生万物,以阴成万物。生,仁也;成,义也。故圣人在上,以仁育万物,以义正万民。天道行而万物顺,圣德修而万民化。"[191]按照这一易学宇宙观,仁、义是天道运行的常理,也是圣人之德的根据。

邵雍(1011—1077)精通象数之学,极其圆熟地运用数来说明宇宙和历史的生成与展开,从而表明他所关心的是隐含在宇宙万象背后而又支配着宇宙万象的整体秩序。在《观物外篇》中,他说:"圆者星也,

---

[189] 韩愈:《本政》,同上,页50—51。
[190] 《太极图》第二、第三图分别取自《周易参同契》之水火匡廓图和三五至精图。冯友兰:《中国哲学史》下册述承续关系甚详,页823。
[191] 周敦颐:《周濂溪集》第二册,卷之五《通书一》顺化第十一,页97—98,商务印书馆(丛书集成本),1936。

历纪之数,其肇于此乎!方者,土也。画州井地之法,其仿于此乎。盖圆者,'河图'之数,方者,'洛书'之文,故羲文因之而造《易》,禹箕叙之而作《范》也。"[192]朱熹后来解释说:"圆者星也。'圆者《河图》之数',言无那四角底,其形便圆。"[193]又曰:"河图既无四隅,则比之洛书固亦为圆矣。""方者土也,方者'洛书'之文,言画州井地之所依而作者也。"他同样以数的关系将宇宙、画州和井田联系起来,认为井田之制"皆法'洛书'之九数也",[194]表明邵雍、朱熹的学说和思想中均留有汉代宇宙论的若干因素。邵雍的《皇极经世》与陈抟先天图之关系历来多有论述,但值得一提的是:《先天图》论证八卦和六十四重卦的次序,以象数沟通天、地、人,但又将宇宙万物归结于"心"这一本体之中。如果将他的象数之学与《周礼》或董仲舒的《春秋繁露》进行比较,我们可以清楚地看到两者之间的区别:董仲舒在完整的制度之上构筑了与天的对位关系,而邵氏的象数之学却没有如此明确的与制度的对位关系。邵雍说:"所以谓之理者,物之理也;所以谓之性者,天之性也;所以谓之命者,处理性者也;所以能处理性者,非道而何?是知道为天地之本,天地为万物之本。以天地观万物,则万物为物;以道观天地,则天地亦为万物。"[195]

邵雍"先天学"的一个重要特点是视心为万物之源,不但直接地把道与心关联起来,而且把宇宙秩序放置在"心"的范畴之中。在这个意义上,这一秩序首先是与观察或呈现这一秩序的一种内在视野密切相关的:彻底地回到"心"才能获得有关宇宙本质的知识,因为"心"本身就是宇宙的起源。"天由道而生,地由道而成,物由道而形,人由道而行",[196]"天分而为地,地分而为万物,而道不可分也。其终,则万物归

---

[192] 邵雍:《观物外篇》,《观物篇》,上海:上海古籍出版社,1992年影印道藏本,页33。
[193] (宋)黎靖德:《朱子语类》卷65,王星贤点校,中华书局,1986,页1611。
[194] 前一句见《朱文公易说》,后一句为胡渭《易图明辨》注文。
[195] 邵雍:《观物内篇》,《观物篇》,页4。
[196] 同上,页17。

地,地归天,天归道。"[197] 天、地、人、万物是可以分解的,但道却是"一"、是绝对无法分解的秩序、是本体和根源。这个"道"的绝对性和客观性来源于人们通常归入主体或主观领域的"心":"先天学,心法也,故图皆自中起,万化万事生乎心也。"[198] 如果宇宙万物产生于"心"、宇宙图式"皆自中起",那么宇宙秩序就是内在地生成的,而这个"内在地生成的"秩序恰恰构成了无法分解的、不受万物和情境影响的、最为客观的秩序。从这一客观而又内在的秩序视野出发,邵雍提出了"道为太极"和"心为太极"的双重命题,从而在"太极"的意义上将道与心合而为一。[199] 道、太极和宇宙秩序在这里被解释为在我们的内在本心中得以呈现或发现的图式。

邵雍的"心"与个人的主观独特性或者与人类情感的特殊性毫无关系,万物惟心也不是说宇宙万物的最后质料为心。"心为太极"和"万物惟心"意味着宇宙万物根源于一种内在的秩序,从而只有从一种内在的自然秩序的目光或视野出发才能洞察这个秩序。也许我们可以将之归纳为一种存在的秩序或存在的目光。程颢评论说:"尧夫之学,先从理上推意,言象数,言天下之理须出于四者。推到理处,曰:'我得此大者,则万事由我,无有不定。'然未必有术……"[200] 在这里,道、太极、心、理等概念相互关联,从而"心"不是主观的、内在于我们的肉体的、与我们无时不在波动的情感和判断密切相关的"心",而是一种在心物合一条件下呈现的秩序或本体。邵雍之学具有一种看似矛盾而实质统一的品质,即它一方面带有深刻的命定论色彩,另一方面又极重主体及其认知能力。这两个方面所以能够综合在一个有关宇宙秩序的描述之中,是因为邵雍判定道、太极、心与一乃是一物,故而人对物的认知不但不能局限于个体的经验,而且需要摆脱了人的地位来观物。这就是所谓"不我物,则能物物"——"物物"即以自然秩序或天下之理的视野和目光来观察物,从而这一视野

---

[197]　邵雍:《观物外篇》,《观物篇》,页41。
[198]　同上,页57。
[199]　同上,页49。
[200]　程颢:《河南程氏遗书》卷二上,《二程集》,页45。

和目光本身具有了客观性。[201]钱穆将"以道家途径而走向儒家之终极目标"的邵雍的立场归结为"新人本位之客观主义"或"客观的唯心论",[202]但客观概念似乎仍然不能切中邵雍的思想核心,因为他的"心"包含了对"认识"作为一种存在方式的理解,从而毋宁是"存在论"的。"内在的自然秩序的目光或视野"这一概念也许能够揭示邵雍所谓"物物"的内涵。在这里,"内在的自然秩序的目光"与我们今天称之为具有内在深度的自我这一概念有着重要的区别,代表了两种截然不同的秩序观和理解秩序的方法论,但在修辞的层面,这两种不同的秩序观和方法论都带有转向内在的倾向。

张载(1020—1077)之学"尊礼贵德,乐天安命,以易为宗,以中庸为体,以孔孟为法。黜怪妄,辨鬼神"[203],为关学之奠基。在这个意义上,他与先秦礼乐论的联系最为深刻。但是,在张载的思想世界中,礼乐论已经被置于一种新的宇宙论或自然秩序的视野之中了。《西铭》论万物一体、理一分殊,首先确认天地万物与人同为一体,而后归结为天地乃人与万物之本。所谓"民吾同胞,物吾与也"一语真切地揭示了张载思想的核心。[204]在《正蒙》中,他用"太和"描述万有生成变化之总体,但同时又不满足于这一描述性的概念,进而提出"太虚"为宇宙的本体:"太虚无形,气之本体;其聚其散,变化之客形尔。至静无感,性之渊

---

[201] 邵雍:《观物外篇》,《观物篇》,页49。
[202] 这种要求在认知实践中否定个体经验、达到与天地合一的境界的方式,"能以心迹相融,把心的范围放宽了,把人的地位提高了,把主观与客观的界线也冲破了",从而开启了朱子"格物致知"的先河。钱穆:《濂溪百源横渠之理学》,《中国学术思想史论丛》(五),台北:东大图书公司,1978,页60,63,64。
[203] 《宋史》卷四百二十七,《道学传》,《宋史》(三六),北京:中华书局,1977,页12724。理学家们十分重视礼制,但在理论上却把道德论证与天道论关联起来。这反映了宋代社会的过渡性的特征。在贵族制瓦解的过程中,如何建立真正的道德谱系包含着重要的政治含义。二程多次谈及"宗子法",倡导巩固世家的谱系宗法;张载也承认"宗子法"的必要性,但他似乎更重视的是"宗子法"的功能,而不是"宗子法"作为贵族传统世系的意义。参见《张载集》,北京:中华书局,1978,页259。
[204] 张载:《正蒙·乾称篇》,《张载集》,页63。

源;有识有知,物交之客感尔。"[205]这就是许多学者所说的张载的气一元论或气本论的宇宙观,它表现为"气"("太虚")"聚"而为"物"、"散"而为"气"的思辨结构。气本论突破了道家以无为本体的宇宙论,以致被认为是"直接将当世自然科学的最高成果,同传统的《易传》思想融诸一途,从根本上力辟二氏的'浅妄'的'有无'之说,创立了朴素唯物的、辩证的'气本论'。"[206]由于承认物与气的外在性和物质性,张载的气本论以及学以致用的主张为认识自然的活动提供了某些前提。[207]在他的影响之下,关学传统"大抵以实用为贵,以涉虚为戒",[208]并倾向于在实用的意义上解释"道",[209]例如,李复、李冶明确提出"自然之理"和"自然之数"的概念,甚至把天看成是运动中的"物",多少越出了周、邵易学的范畴。[210]

气本论引导人们从世界内部来理解宇宙的本质和根源,从而与出

---

[205] 张载:《正蒙·太和篇》,《张载集》,页7。
[206] 陈俊民:《关学思想流变》,《论宋明理学》(宋明理学讨论会论文集),杭州:浙江人民出版社,1983,页109。
[207] 张载回答二程"关中之士,语学而及政,论政而及礼乐兵刑之学,庶几善学者"的评论时说:"如其诚然,则志大不为名,亦知学贵于有用也。"见《二程粹言·论学》,《二程集》,页1196。
[208] 这是张栻评论关学弟子孙昭远的话。见《张南轩先生文集·跋孙忠愍帖》,丛书集成初编本,1936,页109。
[209] 如李冶说:"由技兼于事者言之,夷之礼、夔之乐,亦不免为一技;由技进乎道者言之,石之斤、扁之轮,岂非圣人之所与乎?"(见《测圆海镜·序》,文渊阁四库全书本,页1。)又如李复认为:"物生而有象,象滋而有数","数出天地之自然也。盖有物则有形,有形则有数也。"(《潏水集·答曹钺秀才书》文渊阁四库全书本,页5,2。)这种观点与邵雍《观物外篇》中所谓"神生数、数生象、象生器"的观点截然相反。参见周瀚光:《浅论宋明道学对古代数学发展的作用和影响》,《论宋明理学》(宋明理学讨论会论文集),杭州:浙江人民出版社,1983,页544。
[210] 李冶说:"谓数为难穷斯可,谓数为不可穷斯不可,何则? 彼其冥冥之中,固有昭昭者存。夫昭昭者,其自然之数也。非自然之数,其自然之理也。……苟能推自然之理,以明自然之数,则虽远而乾端坤倪,幽而神情鬼状,未有不合者矣。"(见《测圆海镜细草·序》,商务印书馆,丛书集成本,1936,页3)李复谈及历法错误引致的"灾异"时说:"此自然之理也。天行不息,日月运转不已,皆动物也。物动不一,虽行度有大量可约,至于累日为月,累月为岁,盈缩进退,不得不有毫厘之差。始于毫厘,尚未甚见;积之既久,弦望晦,朔遂差。"见《潏水集·又答曹钺秀才》,文渊阁四库全书本。

世、归隐的佛、道取向划清了界限。气本论与自然之学的探讨可以视为北宋道学的逻辑结果,因为对道德法则的追究一旦与宇宙论的模式相结合,就会要求一种有关自然秩序的知识形式,在这种知识形式中,每一层次的认识都能被安排在一个演绎等级体系中,而处于这一演绎体系的最高位置的就是天道自身。[211]无论张载的思想有如何的特殊性,构成其气论的更为根本的特点的仍然是一种宇宙秩序的观念,从而不应过分夸大张载的气本论与周敦颐、邵雍的"太极图说"、"先天"象数说的区别。周、邵、张三家都试图构筑宇宙本体论以安置道德伦理和心性理论,从而在基本的思想方式上遵循着天、道、性、心的逻辑结构。张载之学的中心意图不是讨论自然哲学问题,而是如王夫之所说"以立礼为本",[212]从而气本论应该为"正心"、"尽性"提供依据。[213]换言之,以"立礼为本"的张载之学同样必须从自然秩序之中引申出日常伦理实践的法则。这就是为什么《正蒙》十七篇遵循了一种内在的逻辑结构或整体秩序:《太和篇》总论万物一体,《参两篇》至《动物篇》(2—5)分论天、地、人、物的"气化"过程,《诚明篇》至《王谛篇》计十一篇则以人道为中心形成人性论、致知论、道德论、政治论,最后之《乾称篇》则再次把"人道"合于"天道",重申"万物本一"、"天人一气"的本体论。"天地之性"与"气质之性"的二分论开启了宋明理学中的一个持久课题,但如果没有"太虚"概念所包含的内在的本质或内在的秩序的含义,上述二分法就缺乏理论的根据。[214]在这个意义上,张载的气论提供了一种整体性的内在秩序的观念。

---

[211] 朱熹批判地继承了张载对气的看法,在《太极解》和《朱子语类》(一、二)中,他叙述了一种地中心的星云说,具体地表述作为太极之理的呈现的自然现象。
[212] 王夫之:《张子正蒙注》卷八,《船山全书》(一二),长沙:岳麓书社,1992,页335。
[213] 张载云:"由太虚有天之名,由气化有道之名,合虚与气有性之名,合性与知觉有心之名。"《正蒙·太和篇》,《张载集》,页9。
[214] 张载的"性论"仍偏重于宇宙论,故均列入《诚明篇》中,并无专论,这一点似无疑问。关于张载学术渊源的辩证,请参见陈俊民:《张载哲学与关学学派》,台北:台湾学生书局,1990,页7—14;关于张载的心、性观念与宇宙论的关系,参见劳思光:《新编中国哲学史》(三上),台北:三民书局,1981,页179—183。

上述汉宋天论的粗略比较显示了"天理世界观"确立的思想史意义：第一，道学承续了汉代宇宙论的若干因素，如以象数关联天道与人事的方式、如河图洛书等论题的延续、如由宇宙论而延伸出的"科学倾向"，等等。但在上述延续之中，我们也能够发现深刻的差异和区别：道学宇宙论是在有关宇宙实在的描述和形而上学的描述之间建立起来的，后一方面的内涵越来越居于中心地位。沿着北宋道学的这一方向，二程、朱熹发展了宇宙万物归于一理和理一分殊、物各有理、各当其分的理论，从道德理论内部提出了认识事物的要求。在理学的框架内，物既是外在的事物，也是人的行为。程颐答"格物是外物，是性分中物？"的提问曰："不拘。凡眼前无非是物。物物皆有理。如火之所以热，水之所以寒，至于君臣父子间，皆是理。"[215] 物物皆有理的预设要求对具体事物进行认知，而不是按照天人相关的学说进行象数推理，[216] 从而"物"内在化了。很明显，在形而上学的天理世界中，天与人的对应关系不再如汉代天人感应学说中那样具体和明确，天的绝对性逐渐为理的秩序观所取代。第二，沿着初期道学的上述取向，二程提出了天理或理的范畴：理或天理保持了天人之间的内在相关性，但放弃了以自然主义方式建立天人关系的取向，进而将天转化为一种形而上学的范畴。程颢曰："天者，理也。神者，妙万物而为言者也。帝者，以主宰事而名。"[217] 在这里，天命的观念被保留下来了，但对天、神、帝之间的区分得到了明确，以此为前提，宋儒得以将天命转化为性和理——性和理即自然之理，其中已经没有汉代天命观的那种天与人之间的对位关系。[218] 因此，第三，理或天理不是由上而下的绝对命令，而是一种内在于宇宙、万物和人自身的有待实

---

[215] 程颐：《河南程氏遗书》卷十九，《二程集》，页247。
[216] 伊川批评治象数之学的邵雍云："尧夫之学，先从理上推意，言象数，言天下之理须出于四者。……要之亦难以治天下国家。其为人则直是无礼不恭，惟是侮玩。"程颐：《河南程氏遗书》卷二上，《二程集》，页45。
[217] 程颢：《河南程氏遗书》卷十一，《二程集》，页132。
[218] 如云："天命之谓性，此言性之理也。……若性之理也，则无不善。曰天者，自然之理也。"程颐：《河南程氏遗书》卷二十四，《二程集》，页312。

现的本质,从而服从天理亦即服从我们的内在之自然。从太极无极的命题,到物各有理的命题,天理概念构成了对单一中心的宇宙论的有力挑战。在天理观的视野内,现实世界的物质性秩序与理或天理存在着紧张,从而对理或天理的服从既是一种内在的道德行为,又是在物质性秩序之中保持自主性的根据。[219] 由此出发,宋儒确立了宇宙论上的理/气二元论、认识论上的理/物二元论,本性论上的天地之性/气质之性两分法、道德论上的理/欲二分法,以解决所谓应然与实然、价值与事实的矛盾。在这一理气二分的构造中,那种以象数关系直接沟通天人的模式不再有效了。第四,格物穷理的认识论既是修身和自我实现的前提,也是政治共同体的自我完善的途径。"致知在格物,则所谓本也,始也;治天下国家,则所谓末也,终也。治天下国家,必本诸身;其身不正,而能治天下国家者,无之。格,犹穷也;物,犹理也;犹曰:穷其理而已也。穷其理,然后足以致之;不穷则不能致也。"[220] 天下国家之治依赖于"士"的修身和认知实践,这一转变表明儒学与帝王政治的直接关系松动了,理学是由新型的"士"这一阶层发展起来的,他力图在皇权制度与道德判断之间保持一种紧张性的关系。

总之,从汉代宇宙论到北宋天道观的建立是一个转变,后者不再专注于天人感应和天人之间的象数对位关系,而把关注的中心转向人的内在道德品质和道德行为。由天道观演化为天理世界观或所谓"本性论"则是又一个重要转变,由此儒学的道德/政治实践的尺度和根据发生了深刻的转化。这个转化可以归结为:宇宙论转向内在论,道德/政治实践由顺从天的主宰或命令转向顺从内在之自然,人与世界之间的认识关系由对象数关系的建构转向对于事物的具体认知。在上述两重意义上,我们可以看到宋明理学与孔孟之道之间的相似的道德/政治姿态。

---

[219] "性即理也。所谓理性是也。天下之理,原其所自,未有不善。"程颐:《河南程氏遗书》卷二十二上,《二程集》,页292。
[220] 程颐:《河南程氏遗书》卷二十五,《二程集》,页316。

第四节　理的系谱及其政治性

1. 理与礼

为了充分地理解天理成立之意义,在讨论天理世界观的道德/政治内涵之前,我们需要对"理"这一范畴的历史演化作一初步的说明。周初至春秋时期的儒家文献中"理"字仅仅表示疆界的划分和对某种官职(如法官)的称呼,其中《诗经》里有四则、《春秋左传》里有五例,而《书经》、《论语》中均无此字。[221]"理"在战国时代开始流行,但在相关著作中均非居于中心地位的概念。许慎《说文》解释"理"字说:"理,治玉也,从玉,里声","知分理之可相别异也"。[222] 段玉裁对此加以引申:"《战国策》郑人谓玉之未理者为璞,是理为剖析也。以成器不难谓之理。凡天下一事一物,必推其情至于无憾,而后即安,是之为天理,是之谓善治。"[223] 段氏此说出自《孟子字义疏证》:"理者,察之而几微,区而别之之名。"[224] 戴震强调天理就是自然之分理。如果一事一物各有条理,那么"理"就暗含了不同于单向的支配关系的相对性的概念。惠栋引用法家经典,得出"理"字故训说:"理字之义,兼两之谓也。人之性禀于天,性必兼两。在天曰阴与阳,在

---

[221] 谷方:《理的早期形态及其演变》,见《论宋明理学》(宋明理学讨论会论文集),页57—75。本节有关"理"在战国时期的含义的讨论参考此文。此外,张立文主编的《理》(中国哲学范畴精粹丛书,北京:中国人民大学出版社,1991,下同)对理概念进行了系统的梳理和研究,本节关于魏晋和隋唐时期的"理"的讨论,参考了这本书。
[222] 许慎:《说文解字·玉部》,北京:中华书局,1963,页12,1。
[223] 段玉裁:《说文解字注》,上海:上海古籍出版社,1981,页15。
[224] 戴震:《孟子字义疏证》卷上,《戴震全集》(一),北京:清华大学出版社,1991,页151。参见刘师培:《理学字义通释》,《北京大学百年国学文粹·哲学卷》,北京大学出版社,1998,页90。

地曰柔与刚,在人曰仁与义,兼三才而两天,故曰,性命之理。"[225]"兼两"即是相对之意:理以一种对应的方式存在,治道在于情理兼容。[226]

"兼两"之意在早期天道观中有其根据。从商代到周代,天、帝的观念发生了变化,即以礼乐制度来体现天的意志,由君王代行天职,直接担当人民的父母和教师的角色。按照《书经》、《诗经》中的例子,天意并非由君王单方面来表达,而是由君王与人民两个方面共同呈现,君的道德("事天")需要通过能否尊崇民意("事民")来检验。兹举几例:

> 天亦哀于四方民,其眷命用懋,王其疾敬德。[227]
> 天矜于民,民之所欲,天必从之。[228]
> 天视自我民视;天听自我民听。[229]
> 天聪明,自我民聪明,天明畏,自我民明威。达于上下,敬哉有土。[230]

天意呈现为民意这一训诫的核心在于告诫君王不能将自己的意志作为天意,从而天意具有某种客观法则的品质。因此,顺从民意与顺从天则相辅相成:

> 帝谓文王:……不识不知,顺帝之则。[231]

---

[225] 惠栋:《周易述·易微言下·理》。在清代考据学的反理学氛围中,惠栋以为好与恶均是理,从而从"兼两"的意义上否定理学家所谓存天理、灭人欲的观点。他说:"《乐记》言天理谓好与恶也。好近仁,恶近义。好恶得其正,谓之天理;好恶失其正,谓之灭天理。《大学》谓之拂人性。天命之谓性,性有阴阳刚柔仁义,故曰天理。后人以天人理欲为对待,且曰天即理也,尤谬。"

[226] 惠栋在《周易述·易微言下·理》引用《韩非子》说:"凡理者,方圆、短长、麤靡、坚脆之分也,故理定而后可得道也。"见《韩非子·解老》,《韩非子集释》上,陈奇猷校注,上海人民出版社,1974,页369。

[227] 《尚书正义·召诰》卷15,北京大学出版社,1999,页395。

[228] 《尚书正义·泰誓》卷11,页274。

[229] 《尚书正义·泰誓中》卷11,页276。

[230] 《尚书正义·皋陶谟》卷4,页109—110。

[231] 《朱子全书》第一册,《诗集传》卷16,上海古籍出版社,2002,页667—668。

> 维天之命,于穆不已,于乎不显,文王之德之纯。[232]

惠栋之"兼两"说在语义学上是否成立一向是有争议的。但从相对性的观念出发概括"理"概念的内涵不仅可以在殷商时代的典籍中找到例证,而且也能在战国时代的新的政治观或社会观中找到根据。战国时代是宗法分封制度发生危机的时代:在政治上,周室衰微,各路诸侯纷纷崛起,争夺霸权的过程促进了社会流动,在出身庶人的才智之士转化为士大夫阶层的同时,一些战败的贵族正在失去他们的尊荣,从而导致了原有的贵族封爵体制的危机和解体;在经济上,农民、商人和手艺人等平民阶层获得了发展的机会,经济关系的变化与他们日益增强的对于社会地位和权益的要求相互促进。因此,君主与诸侯、贵族与平民的权力关系发生了相对化的趋势。在这一背景之下,周代天观中那种以民意代表天意并对君王提出制约的观念获得了发展。

我们先看庄子的论述。首先,他认为"理"代表了天的意志和万物的原理。作为原理,"理"这一概念的特性是其抽象性、本质性和绝对性。《庄子·刻意篇》云:"去知与故,循天之理。"循天理的方式在去知与故,而知(智识)与故(诈伪)是与"圣人之生也天行"、"虚无恬惔,乃合天德"的状态相对照的。在庄子看来,天理流行,贯穿万有一切,超越生、死、动、静、祸、福、物、人、鬼、生、死、思、谋、寝、觉等日常现象,从而有关这些现象的"知与故"反而构成了循理的障碍,必须去之。[233]《知北游》:"天地有大美而不言,四时有明法而不议,万物有成理而不说。圣人者,原天地之美而达万物之理,是故至人无为,大圣不作,观于天地之谓也。"[234] "理"在这里是一种普遍主义的原理,而不是关于任何具体事物的知识。其次,庄子将天意与一种自然之天的观念结合起来,并在自然之天的意义上将"民之理"合法化。《庄子·天下》云:

---

[232] 同上,卷19,页723。
[233] 见郭庆藩:《庄子集释》第三册,北京:中华书局,1961,页539。
[234] 同上,页735。

> 以事为常，以衣食为主，蕃息畜藏，老弱孤寡为意，皆有以养，民之理也。
>
> 诗以道志，书以道事，礼以道行，乐以道和，易以道阴阳，春秋以道名分。[235]

"民之理"的概念暗示君主不能单纯地按照自己的意志进行统治。作为一种符合天意的自然之秩序（"天地之理"、"天之理"或自然之条理），"理"或"名分"意味着世界是由具有各自原理的不同力量构成的，从而仅仅按照一种单向的权力关系和意愿行事的方式有违天意。

将人的应然之理与宇宙的本然秩序内在地关联起来的方式并不是道家独有的观念。《韩非子·解老》云：

> 道者，万物之所然也，万理之所稽也。理者，成物之文也。道者，万物之所以成也。故曰："道理之者也。"物有理不可以相薄，故理之为物之制，万物各异理，万物各异理而道尽。[236]

道是万物的所以然，而理则为万物的构成原理，这个原理因事物的差异而各有不同。"春秋以道名分"之"名分"即指按照各自的道理或分理而形成的秩序。熊十力解释说："从来解者皆以名分为辨上下之等，此以帝王思想附会，实非春秋旨也。案分者分理，辨物之理以正其名，是为名分。"[237] 名分与礼制秩序相关，所谓物之理即指礼序中的名分。若把这段话与《荀子·儒效》中所谓"诗言是其志也，书言是其事也，礼言是其行也，乐言是其和也，春秋言是其微也"，以及汉代扬雄《法言·寡见》篇所谓"说理者莫辩乎春秋"相对照，那么，"名分"或"微"都是在描述《春秋》大义，即按照礼制的观念明辨是非，以为治理的根据，其中均蕴含着相对性的

---

[235] 同上，第四册，页 1066—1067。
[236] 《韩非子集释》上，页 365。
[237] 熊十力:《读经示要》卷三，台北：广文书局，1960，页 145。

观念。

在庄子的著作中,"理"的普遍性和内在性及其对具体知识的否定为"无为"提供论证,而在法家的著述中,"理"的观念则为超越君主意志和君权统治的直接支配关系提供根据。《管子》强调"缘理而动",明显地受到道家学说的影响,但他所谓"循理"并不是在无为的意义上展开的。管子云:"明之以察其性,必循其理";又云:"知得诸己,知得诸民,从其理也。"[238] "人主出言,顺于理,合于民情,则民受其辞。"[239] 君主必须从"理"而行,亦即从"民情"、"民理"而行。如果说庄子将循理与自然之天的观念综合起来,那么,法家则将天所包含的约束性观念与法理联系起来,从而"循理"不仅表现为体察民意,而且也表现为法度的严肃性。《管子·法禁》:"君不能审立其法,以为下制,则百姓之立私理而径于利者必众矣。""君之置其仪也不一,则下之背法而立私理者必多矣。"[240] 类似的看法在其他著作中也可见到,如《吕氏春秋·适音》:"胜理以治国则法立"。法度是一种超越君主个人意志和私人事务、指导君/臣、师/徒关系的普遍秩序,所谓"从道不从君"[241] 或"从理不从师"[242] 的训诫就是明

---

[238] 《管子·君臣下》,《管子校正》卷一一,戴望著,《诸子集成》本,上海:上海书店,1986,页177。
[239] 《管子·形势解》,《管子校正》卷二十,页325。
[240] 《管子校正》卷五,页78、77。
[241] 从臣方面说,"其群臣明理以佐主,故主明";从君主方面说,则需"治之以理,终而复始,主牧万民,治天下,莅百官,主之常也"(《管子·形势解》,见《管子校正》卷二十,页326、324)。此外如:"贤者之事也,虽贵不苟为,虽听不自阿,必中理然后动,必当义然后举,此忠臣之行也。"(《吕氏春秋·不苟论》,《吕氏春秋》卷二四,高诱注,《诸子集成》本,上海:上海书店,1986,页307)"言必当理,事必当务,是然后君子之所长也。"(《荀子·儒效》,《荀子集解》卷四,王先谦注,《诸子集成》本,上海:上海书店,1986,页79)"以理督责于其臣,则人主可与为善而不可与为非。"(《吕氏春秋·行论》,《吕氏春秋》卷二〇,高诱注,页272)"君身论道行理,则群臣服教,百吏严断,莫敢开私焉。"(《管子·七法》,《管子校正》卷二,页30)
[242] 从师的角度说:"故士师之务,在于胜理,在于行义。理胜义立,则位尊矣。王公大人弗敢骄也。"又云:"上至于天子,朝之而不惭。凡遇合也,合不可必。遗理释义,以要不可必,而欲人之尊之也,不亦难乎?故师必胜理行义然后尊。"均见《吕氏春秋·劝学》,《吕氏春秋》卷四,页37。

第一章 天理与时势 *191*

显的例证。在宗法封建制发生危机的时代,血缘宗法的分封关系已经无法有效地对社会进行统治,从而法的关系应运而生。如果"理"代表了一种超越师徒、君臣的绝对等级关系的法度,那么,作为理的制度化的法度也构成了天意的形式。

战国时代的法的关系仍然包裹在礼制秩序的范畴内部,从而"理"与"礼"是可以互换的概念。《管子·立政·爵位》:

> 朝者,义之理也。是故爵位正而民不怨,民不怨则不乱,然后义可理。理不正,则不可以治,而不可不理也。故一国之人不可以皆贵;皆贵则事不成而国不利也。为事之不成国之不利也,使无贵者,则民不能自理也。[243]

按谷方的考证,"理"概念是从礼范畴中转化而来,它一方面是在"礼崩乐坏"的局面下对"礼"的替代,[244] 另一方面也包容在礼范畴之中,例如在荀子那里,"理"即"礼"的一部分。[245] 但理与礼的相互关系不是固定的,它们既可能相互等同,也可能相互臣属、置换和颠倒。《孟子》、《吕氏春秋》和《荀子》中各有许多理、礼通用的例证,[246] 其中"理"高于"礼"的情

---

[243] 《管子校正》卷一,页14。又云:"是故以人役上,以力役明,以刑(形)役心,此物之理也。"(《管子·君臣下》,《管子校正》卷一一,页177)"是故别交正分之谓理。"(《管子·君臣上》,同前,卷十,页165)

[244] 《老子·下篇》第三十八章:"夫礼者,忠信之薄而乱之首也。"见《老子校释》,朱谦之撰,北京:中华书局,1984,页152。

[245] 《荀子·礼论》云:"礼之理诚深矣。'坚白'、'同异'之察入焉而溺;其理诚大矣,擅作典制辟陋之说,入焉而丧;其理诚高矣,暴慢恣睢轻俗以为高之属,入焉而队(坠)。"《荀子集解》卷十二,页237。

[246] 如《孟子·告子下》:"至于心,独无所同然乎?心之所同然者何也?谓理也,义也。圣人先得我心之所同然耳。故理义之悦我心,犹刍豢之悦我口。"在《孟子》一书中,与"义"对举的"理"仅此一见,这里所谓"理"与"礼"相同。又如:《荀子·议兵》中的一段对话:"陈嚣问孙卿子曰:'先生议兵,常以仁义为本。仁者爱人,义者循理,然则又何以兵为?凡所为有兵者,为争夺也。'孙卿子曰:'非汝所知也。彼仁者爱人,爱人,故恶人之害之也;义者循理,循理故恶人之乱之也。'"

况——即"理"作为一种现实秩序的内在本质而存在——仍然是个别的。[247]理与礼的互换证明:理需要依托于具体的礼乐、制度或其他秩序才能获得呈现。

在礼崩乐坏的时代,究竟什么才是真正的礼乐秩序构成了一个问题。儒家的正名学说、墨子的名学思想从不同方向体现了"认识"在"复礼"过程中的重要性,从而在礼乐论的范畴内为一种"认识论"提供了根据。"理"与认识或知识问题发生联系的契机即在于此。《墨子·小取》倡导"察名实之理","摹略万物之然,论求群言之比",要求用一种知识的方式说明理事关系。[248]所谓"察名实之理",即要求对各种事物进行重新审定,按照一定的"理"加以分类和命名,从而厘清名理关系的混乱。"理"的条理含义隐含了对于事物秩序的分类把握,从而这一范畴与一种认识方法("察"、"摹略"、"论求"以及"正名")的概念发生了联系。在上述意义上,"认识"的必要性产生于礼制危机,而与这一认识过程密切相关的"理"范畴与现实的"礼制"之间的某种区分变得不可避免了。由于认知本身以"礼"与"理"的完全合一为目标,从而理与礼的区分仍然是临时的。在战国时代的典籍中,存在大量的例证说明知识问题与道德实践问题是同一问题,如《吕氏春秋》把"理"与某种天命或天志的观念联系起来,要求人们"申志行理"、"当理不避其难",而《韩非子·解老》将"从事"与"缘理"看作是实践过程的有机部分,[249]认为"缘道理以从事者,

---

[247] 如《荀子·乐论》:"礼也者,理之不可易者也。"
[248] 《墨子闲诂》卷一一,孙诒让著,《诸子集成》本,上海:上海书店,1986,页250。
[249] "缘道理以从事"将"理"与"事"密切地关联起来,一方面暗示了在道德/政治实践中认知和遵循"理"的必要性;另一方面也表明对理的认知并不在"事"外,而"事"这一范畴必须在礼乐的范围内进行理解。从战国时代的荀子到晚清时代的严复,他们在构思和理解宇宙和道德行为的过程中都试图建立一种"学"的谱系,前者之学建立在"正名"的基础之上,而后者之学则建立在归纳与演绎的逻辑和概念体系之上(所谓"名学")。在这个意义上,作为分类学的"理"概念与近代的科学概念存在着某种内在的关系,这种关系不仅表现为近代中国科学家或科学教育家用"穷理学"、"理学",以及与此密切相关的"格致"概念指称科学的语言实践,而且还表现为科学的知识谱系也被运用于政治、经济和道德的实践。

无不能成。"[250]相对于"天"、"道"等概念而言,战国时代的理仅仅是一种从属性的概念,[251]它不具有天道的那种超越性和本体性,而仅仅是作为一种制约和构成现实关系的内在的秩序力量而起作用的。

2. 玄理与政治

汉承秦制,是一个在政治上中央集权的庞大帝国。为了团结六国贵族势力并从先秦传统中获得政治合法性,汉朝的创建者和统治者不得不把中央集权的官僚制与贵族制度相结合,在皇权一统之下部分地恢复宗法分封制。汉儒言理皆训理为"分"或"离",强烈地暗示了汉代郡县体制与封建潮流并存的格局。《贾子新书·道德说》:"理,离状也。"[252]郑玄《乐记》篇注云:"理,分也。"[253]《白虎通》云:"礼义者,有分理。"[254]《说文·自序》:"知分理之可相别异也。"[255]分理的概念从汉代至清代绵延不绝,它在普遍主义的道德概念内部寻求事物和情境的某种自主性,并在政治的层面为分权主义的(封建的或贵族的)政治观提供认识论的根据。在两汉时代,这一"分"的观念始终约束在君权一统的范畴之内,我们可以将这一状况解读为将郡县与封建综合为一的帝国体制在天道系统中的

---

[250] 《韩非子集释》上,页343。
[251] 沟口雄三指出:"相对于普遍法则的'道',理则是就'事''物'的秩序领域而开始确立的观念领域。""'万物之理'及'道理'等词句所显示的是,相对于万物的超越性实体的'道','理'则是要认识'事''物'亦即万物的内在或本身具有的秩序的一个概念。"战国时代的"理"不像"道"那样具有超越性和实体性,这一概念从"'物之理'、'逆顺之理'等指称某种事物的法则或条理的附属意义成分","转变为含有事物的自然性或必然性意义的概念,从而形成了与'道'和'义'并列的独立的概念领域",已经是汉代之后才发生的事情了。沟口雄三:《中国理气论的形成》,见沟口雄三等编:《在亚洲思考(7)·世界像的形成》,东京:岩波书店,页77—130。
[252] 贾谊撰、阎振益、钟夏校注:《新书校注》,北京:中华书局,2000,页325。
[253] 郑玄:《礼记注疏》卷三十七《乐记》。文渊阁四库全书本。
[254] 班固:《白虎通义》卷下。文渊阁四库全书本。
[255] 见刘师培:《理学字义通释》,《北京大学百年国学文粹》,北京:北京大学出版社,1999,页90。

呈现方式。董仲舒云:"名伦等物,不失其理",[256]"是故春俱南,秋俱北,而不同道。夏交于前,冬交于后,而不同理。"[257]他把礼制秩序和阴阳五行观念相互贯通,从而将事物之理笼罩在他所建构的天人构架内部。

汉末魏晋时代,皇权与贵族的权力关系发生了重大的变化。由皇族和官僚势力构成的世家大族的力量不断扩展,最终从内部瓦解了帝国的统一力量。汉代官吏的选举,地方用察举,朝廷用征辟,但东汉末年,"士流播迁",[258]名实颠倒成为社会混乱的象征。曹丕采纳陈群的建议,设九品中正制,在州郡设大小中正,取在京为官而具才德的本籍人为中正,按德才、门第定为九品,而吏部任官也以此为根据。九品中正制的形成不仅是选举制度史上的划时代事件,而且也是新的贵族制度形成的关键。宫崎市定曾经建议用"九品官人法"称九品中正制,以显示选举制度与贵族官僚制的关系。[259]正是在汉魏之际有关名实的讨论中,"理"成为衡量人的标准。刘劭是曹魏时期以循名质实著称的思想家,所谓循名质实包含了对授官制度的评论和建议。《人物志·九征第一》云:

> 盖人物之本出乎情性。情性之理甚微而玄,非圣人之察,其孰能究之哉![260]

《人物志·材理第四》又云:

> 夫理有四部,明有四家。……若夫天地气化,盈虚损益,道之理也。法制正事,事之理也。礼教宜适,义之理也。人情枢机,情之理也。四理不同,其于才也,须明而章。明待质而行。是故质于理合,合而有明。明足见理,理足成家。是故质性平淡,思心玄微,能通自

---

[256] 董仲舒:《春秋繁露·盟会要》,《春秋繁露义证》,页142。
[257] 董仲舒:《春秋繁露·阴阳出入上下》,《春秋繁露义证》,页342。
[258] 《通典》卷14,《选举二》。
[259] 参见宫崎市定:《九品官人法的研究——科举前史》,东洋史研究会,1965。
[260] 《人物志·九征第一》,(汉)刘邵撰,文渊阁四库全书,第848册,页762。

然,道理之家也。质性警彻,权略机捷,能理烦速,事理之家也。质性和平,能论礼教,辩其得失,义理之家也。质性机解,推情原意,能适其变,情理之家也。[261]

道理即天道之理,事理即政事之理,义理即礼乐教化之理,情理则涉及人事之情感、习惯或意志等方面。[262] 对理进行分类的动力是品评人物,即从一理中转换出一系列德目,进而为划分品类提供依据。刘劭根据"理"的分类把人分为"四家",从而为"理"概念转变为一种有关客观世界的分类学提供了基础。在这个意义上,"理"的分类学并非起源于一种认识论或知识论的诉求,而是渊源于汉末魏晋时期有关品评人物的标准(即道德评价的标准)的讨论。[263] 正是在这一重构道德谱系和制度关系的过程中,理概念开始把形而上学的道德论与新的社会分工及其知识论联系起来。[264]

郭象(卒于312年)的《庄子注》体现了魏晋玄学的某些新动向。荒

---

[261] 见《人物志·材理第四》,文渊阁四库全书,第848册,页767。牟宗三在《心体与性体》一书中引用了这段话,他认为此段论述将理分为四部,即道理、事理、义理、情理,"宋明儒所讲者当是兼涉'道理'与'义理'两者而一之之学。'道理'是儒家所讲的天道、天命之理。'义理'是自觉地作道德实践时所见的内在的当然之理,亦不只是如刘劭所说之'礼教宜适'之只为外部的。"牟宗三:《心体与性体》,页2。

[262] 牟宗三认为"情理"与"情理之家"大体可包括于"事理"与"事理之家"中。"'事理'是政治性的、历史性的,'情理'则比较偏于社会性的。明'情理'者不必能进而为'事理之家',然'事理之家'必通'情理'。"同上,页2。

[263] 汤一介说:"汉魏之际由于儒家思想统治地位的削弱,因而出现了儒、道、名、法合流的趋势。刘劭的思想正反映了这种发展的趋势,而成为过渡到魏晋玄学的一个环节。"见氏著:《郭象与魏晋玄学》(增订本),北京:北京大学出版社,2000,页19。

[264] 现代新儒学把"理"范畴用于知识分类,其根据即汉魏之际的道德谱系。唐君毅在《中国哲学原论》中区分出"文理之理"(先秦思想)、"名理之理"(魏晋玄学)、"空理之理"(隋唐佛学)、"性理之理"(宋明理学)、"事理之理"(清儒)、"物理之理"(现代思想)等"理"的类别。但唐氏分类按历史的轨迹划分,并不符合刘劭的分类意义。牟宗三的《心体与性体》提出了另一种分类表,把名理归入逻辑、把物理归入经验科学(自然的或社会的)、把玄理、空理、性理归入道德宗教学、把事理归入政治哲学与历史哲学。在理论形式上,牟宗三的观点近于现代知识的分类谱系,但在分类的方法上更像刘劭的分类法。理的分类学意味着,探究"自然"之理始终是和"合理地"建立某种道德/政治秩序相关的。这种秩序首先表现为一种对于宇宙和世界的分类(转下页)

木典俊将郭象著述中的"理"的特征概括为人文主义的转变,即"理"从先秦帝王政治的原理转变为新的一切以人为中心的文化的哲学原理,实现了向"实践哲学"的"一大转变"。[265]这一关于理的人文主义理解包括两个层面:在政治上,"理"的确立标志着古代帝王式圣人的绝对权威发生崩解,从而贵族、僧侣等也能代之而起,成为圣人;在天道论上,理的范畴解构了主宰性的、命定式的天观,将万物齐同的观念发展为每个人都可有志于悟理的"理的哲学"。[266]然而,"理"概念与自然概念的连接并不是郭象的独创,毋宁是对先秦"理"概念(尤其是庄子之"理"概念)的发挥。重要的问题在于,为什么这种作为自然的"理"概念在郭象这里具有了类似于"道"概念的地位? 如果郭象的"理"摆脱了帝王政治之理,而成为"以人为中心的文化的哲学原理",那么,这个人又是谁? 在这里,与其用"以人为中心的文化"这样的范畴来描述郭象之"理"观,毋宁揭示这一"理"观的政治性。

郭象的"理"概念产生于玄学内部的论辩之中,这些论辩——如曹魏正始年间(240—249)的王弼(226—249)、何晏"贵无"而永嘉前后(290年前后)的裴頠"崇有"——与魏晋时代的政治条件有着密切的关系。王弼认为"物无妄然,必由其理。统之有宗,会之有元,故繁而不乱,众而不惑";[267]进而提出"夫不能辨名,则不可与言理,不能定名,则不可与论实也"。[268]他断言理的成立依赖于名之成立,但最终名与理会归为一,统于

(接上页)学的理解,而在历史的关系中则是对于人的分类的理解,它不可避免地联系着政治、经济和道德关系中的分类标准或等级关系。《心体与性体》,页2—3。

[265] 这种哲学的转变隐含的是圣人观的转变:"在帝王的圣人那里,有至极的'理';在臣民以下的万物那里,也有至分的'理',在这点上两者是齐同的。'理'具有存在的根本之道的意义,所以任何人都可以通过体悟'理'、进行'逍遥游'而成为圣人。"荒牧典俊:《中国对佛教的接受——"理"的一大转变》第2节,《日本语·日本文化研究论集》第4集,大阪大学文学部,1988;转引自沟口雄三:《中国理气论的形成》,见《在亚洲思考(七)·世界像的形成》,页77—130。

[266] 沟口雄三指出:郭象哲学中"自然"概念与"理"概念的组合(如"自然之理","理之自然","天理自然"),为作为"存在的根据性的理"奠定了基础。同前。

[267] 王弼:《周易略例·明象》,《王弼集校释》,楼宇烈校释,北京:中华书局,1980,页591。

[268] 王弼:《老子指略》,《王弼集校释》,楼宇烈校释,页199。

无体、无名、无不通、无不由的大"道",亦即万物之本体。王弼对"理"的解释建立在其本体论的"无"概念之上,但"无"本身并非没有实质性的内容。就在上引的前一段话的后面,他提供了以简驭繁、层次分明的"理"与品级制度及其宗主关系的历史说明,并将两者一并归纳在王权一统之下的礼仪法制体系之中。他说:"夫古今虽殊,军国异容,中之为用,故未可远也;品制万变,'宗主'存焉。""夫少者多之所'贵'也,寡者众之所'宗'也。"[269]

郭象与王弼的差异集中体现在有与无的关系方面。他一面承续裴𬱟关于"无"不能生"有"的观点与王弼相对抗,[270]另一面又在有无之间开辟了第三范畴,即"自生"的观念:"夫天地万物,变化日新,与时俱往,何物萌之哉?自然而然耳!"[271]所谓"自然而然"即强调万物皆本,否定万物存在最终的、唯一的起源。在这个意义上,"自生"既表示事物变化的形态,又说明这一变化的无本无根的特性。如果"自生"就是"自生",那么"无"既不能变"有","有"亦不能变"无",生生者即是生者。《齐物论》注:"无既无矣,则不能生有,有之未生,又不能为生,然则生生者谁哉?块然自生耳!"[272]由于事物自生,事物的所以然亦即"自然而然",从而不存在什么绝对的造物主。"明物物者无物,而'物自物'耳,'物自物'耳,故'冥'也。"[273]郭象在有无之间创造出了一种"生生"的"本体论"。

"理"内在于万物,是自然而然之所以然,从而郭象的"理"不像王弼、裴

---

[269] "总其会,理虽博,可以至约穷也,譬犹以君御民执一统众之道也。"《论语》皇疏引王弼,《王弼集校释》,页622。

[270] 裴𬱟《崇有论》把"理"视为事物的具体规律和内在必然性,但与王弼、何晏的"以无为本"针锋相对,这个"理"不仅有迹可寻,而且它所根据的本体乃是实有,所谓"化感错综,理迹之原也。""生而可寻,所谓理也,理之所体,所谓有也。"关于王弼、何晏等人的"理"概念,参考张立文主编的《理》一书的第三章《魏晋南北朝时期理的思想》,页69—96。

[271] 郭象:《齐物论》注,《庄子》郭象注,上海:上海古籍出版社影印浙江书局本,1989,页10。

[272] 同上,页10。

[273] 郭象:《知北游》注,《庄子》郭象注,页114。

颉论"道"那样非"有"即"无"。郭象用"冥"、"自然"、"必然"等范畴来表述"理"的特征,暗示"理"即自生的本体。《徐无鬼》注:"至理有极,但当'冥'之,则得其枢要也。"[274] 什么又是"冥"呢?《逍遥游》注:"'冥'乎不死不生者,'无极'者也。""夫唯'与物冥'而循大变者,为能无待而常通。"[275] "理"一方面有"至极",另一方面又"畅于无极",[276] 从而对于这一内在的、自然的"理"的追寻只能遵循任性自然、体与物冥的方式。"夫神全心具,则体'与物冥','与物冥'者,天下之所不能远。""既禀之自然,其理已足。""生理已自足于形貌之中,但任之则身存。"[277] 物之自然是内在的,从而"与物冥而无迹"。[278]

但是,"理"并非"无"。郭象思想中的一个极为重要的概念是"迹",它是理解理与礼仪典制的关系的一个关键性的中介。按照"迹"的观念,汉魏经师们奉若神明的"六经"无非是先王之陈迹,从而经典与天道并无直接关系。《天运》注:"'所以迹'者真性也,夫任物之真性者,其'迹'则六经也。况今之人事,则以自然为履,六经为迹。"[279] 按《应帝王》注的说法,"真性"即"所以迹",而"所以迹"即"无迹"。作为"所以迹"的呈现,六经、尧舜不能等同于"所以迹"本身。《外物》注:"诗礼者,先王之陈'迹'也。苟非其人,道不虚行,故夫儒者乃有用之为奸,则'迹'不足恃也。"[280]《则阳》注:"名法者,已过之'迹'耳,而非适足也。"[281] 郭象认为:与其循"迹"寻理,不如在无对、无待的"寂"中"与物冥而无迹";与其机械地复制先王典制,不如顺从自然之理以行事。[282] 郭象关于"迹"与

---

[274] 同上,页131—132。
[275] 同上,页4—5。
[276] 郭象:《齐物论》注,同前,页19。
[277] 郭象:《德充符》注,同前,页35。
[278] 郭象:《人间世》注,同前,页29。
[279] 同上,页82。
[280] 同上,页140。
[281] 同上,页133。
[282] 郭象说:"礼者,世之所以自行耳,非我将;刑者,治之体,非我为;知者,自时之动,非我唱;德者,自彼所循,非我作。"《大宗师》注,同前,页38。

第一章 天理与时势 199

"所以迹"的关系的讨论,明显地产生于庄子"无为而治"的自然思想。他把礼、刑、知、德看作是一个自然的过程,否定主观意志和人为力量的创生作用。"自然"的范畴把理与非自然的人为之礼(无非是"迹"而已)在逻辑上彻底地分离开来了。[283] 理与迹的区分为宋明理学的理气二元论提供了前提。

从政治的意义看,将理/迹相互分离的目的是通过消解六经和礼法的绝对性以反对"一己专制天下"。但反对一己专制天下不等于非礼无君,无为而治也不同于无治。《逍遥游》注:"夫能令天下治,不治天下者也。故尧舜以'不治'治之,非'治之'而治者也。"[284] 所谓不治而治即循自然之序,在魏晋时代,自然之序的要义在于君臣之"共治"。《齐物论》注:"君臣上下,手足外内,乃天理自然,岂真人之所为哉!"[285] 按此,"天理自然"超越绝对的控制关系,建构相对的分位关系。六经之礼不过是天理自然,如果我们循"理"而直往,自然就是合乎君臣上下、手足内外的秩序了,又有什么必要执着于圣人之言呢?《齐物论》注说:"夫物有自然,理有至极,循而直往,则'冥'然自合,非所言也。"[286] 在这个意义上,郭象虽然不同于裴頠、孙盛之以有攻无、以儒攻道,为帝王秩序提供合法性,但也绝不是蔑视礼法(竹林七贤)、力倡"无君"(鲍敬言)、主张"儒道离"的人物。他上承王弼、向秀、庾峻,代表了晋朝朝野两宜、君臣各守其分的主流思想,[287] 属于"儒道合"(名教与自然的结合)的一派。在郭象这里,提升"理"概念的位置并不是对道统为一的秩序进行彻底否定,毋宁是要求

---

[283] "迹"这一概念在消解经典的绝对权威性时,重视的是历史变化的观念。除了将这一概念与"自然"相结合之外,另外一个方向则是重视"权变"。北宋王安石在《禄隐》一文中区分迹与道云:"如时不同而固欲为之同,则是所同者迹也,所不同者道也。……世之士不知道之不可一迹也久矣。……如圣贤之道皆出于一,而无权时之变,则又何圣贤之足称乎?圣者,知权之大者也;贤者,知权之小者也。"见《临川先生文集》卷67,北京:中华书局,1959,页730—731。

[284] 郭象:《逍遥游》注,《庄子》郭象注,页6。

[285] 郭象:《齐物论》注,同前,页11。

[286] 同上,页17。

[287] 参见侯外庐:《中国思想通史》第三卷,页201,230。

在本体论与认识论合一的基础上把自然与礼序视为冥合的关系。

这种合本体论与认识论于一体的方式渊源于道学,实为理学之先声。[288]我们可以将郭象的"理"概念归结为对"一种没有绝对支配权力的秩序"或"非单一支配性的秩序"的诉求、向往和论证。田余庆把门阀政治看成是士族与皇权的共治,所谓"皇帝垂拱,士族当权",这"是中国古代皇权政治在特定条件下的变态"。尽管"从宏观考察东晋南朝近三百年总的政治体制,主流是皇权政治而非门阀政治",但后者的势力在特定时期内也可能平行于皇权或超越于皇权。[289]这一观点与日本学者所说的魏晋时代的国家的"大豪族的形态"的看法相互呼应。宇都宫清吉说:"相对于秦汉时代的政治性,统领六朝时代所有事物的是自律性。秦汉时代是由皇帝在一端,人民在另一端的政治原理统治的时代;六朝时代则不问个人或集团,都由本身的自律原理统制。"所谓个人的自律性并不属于一般人,而只属于豪族,人民、个人等概念在这里都需要历史地理解。在政治形态上,"豪族在社会经济的自立自存性得以强化,庶民为国家和豪族所分割,豪族阶级和社会的分化变得明显。""这时的国家可说采取了大豪族的形态,而豪族好像以庄园作为领土的小国家。"[290]宫崎市定在分析魏晋时代的地方分权时使用了"分裂时代"这一概念。他所谓"分裂"不但指南北的分裂,而且也指国内的割据倾向。"这种割据的地方势力虽然有封建制度的基础,却没有采用封建制度的形式,个中理由,在于豪族懂得聪明和合理地运用他们势力的方法。这就是说,在当时最下层的乡,豪族的代表者形成了县政府,县的豪族形成了州政府,州的豪族形成了中央政府。地方长官虽然由中央政府推戴的军阀天子任命,但这个

---

[288] 既然圣人礼法不过是"迹",而通达"理"的道路又必须"与物冥而无迹",那么,理与迹这两个范畴就共同构成了对于圣人礼法的绝对权威的质疑——在郭象的时代,这一质疑无疑指向托周典之名所制作的礼仪和制度。对于郭象来说,不是圣人有为而创制礼乐,而是"信行容体,而顺乎自然之节文者,其'迹'则礼也"。《缮性》注,同前,页133。

[289] 田余庆:《东晋门阀政治》,北京:北京大学出版社,1991,页349,359,362。

[290] 宇都宫清吉:《东洋中世史的领域》,《日本学者研究中国史论著选译》(一),页130。

长官正是豪族的代表者,豪族彼此互相承认既得权利,努力保全自己的阶级利益。地方豪族这样做,纵然没有采用封建制度,却因为采用了封建的身份制度,仍然可以将财产传给子孙,又可以让他们的社会地位得以世代相传。从反面去看,豪族是地方的土豪,从正面去看却是官僚的贵族。"[291] 在上述意义上,与其说"理"概念反映了从帝王之理向人之理的转换,毋宁说反映了在皇权与门阀共治的条件下皇权与士族的权力平衡关系。

郭象所勾勒的"物各自造而无所待焉"的世界图景与宋儒的"理一分殊"概念也许没有直接的关系,但两者都包含着历史内涵极为不同的分权主义的共治倾向。理的概念拒绝承认外在于"理"的任何终极实在,蕴含了"治"或分治之治的意义。在这个极为隐秘的方面,我们看到了魏晋玄学与以佛法、佛性、玄悟妙理释理的佛教取向的差别,也看到了玄学与唐宋儒学在解释"理"概念时的更为深刻的一致性。理在物中的观念取消了汉代天观中的皇权和圣人的绝对支配地位,从而为一种在门阀士族与皇权之间建立平衡关系的政治秩序提供了根据。[292] 绝对的君权被消解了,但自立性形式的政治仍然是一种"共治"的形式。更重要的是:根据一种古老的秩序观,道德评价的中心是礼序关系,从而即使仅仅在名义上或形式上维持这一礼序也是必需的。这就是"理"概念地位上升的政治条件:它取消礼序关系的实质内容,但保持其形式内容。我们可以从中看到郡县与封建、中央集权与地方分权、官僚政治与贵族政治相互渗透的历史关系。因此,郭象的自然、生生的本体论和无为而治的政治观仍然保持着君臣上下的秩序观,这是因为门阀政治形式不是一种没有皇权的自治形式,而是以分权形式出现的皇权的妥协形式。

魏晋玄学确立了"理"的形而上学性质,为其后佛教哲学对这一概念

---

[291] 宫崎市定:《东洋的近世》,《日本学者研究中国史论著选译》(一),页158。
[292] 陈寅恪说:"司马氏之帝业,乃由当时之儒家大族拥戴而成,故西晋篡魏亦可谓之东汉儒家大族之复兴。"见《金明馆丛稿初编》,上海古籍出版社,1980,页129。关于郭象思想与门阀政治的关系,参见陈燕谷:《没有终极实在的本体论》,《学人》第9辑,页534,541。

的运用提供了理论资源。[293]魏晋以降,佛教渐盛,以佛性、法性、空无释理之风绵延不绝,支道林、竺道生、僧肇、谢灵运等人莫不如此,其中如支道林以"所以无"、"所以存"为"理",相当于向秀、郭象的"所以迹"、"所以存";僧肇以不有不无、非有非无、又非不有、非不无为理,在思辨水平上超越了郭象的非有非无说,但其论述的方向却一脉相承。[294]及至隋唐,天台、三论、华严、法相、律宗、禅宗各宗以真空、空无道理、佛性、真如、妙悟之心释理,那种是非双遣、双重否定的思辨方式把"理"的非本非始、亦非非本非始的特性在本体论层面极为复杂地表现出来。从后世理学或道学的发展来看,不仅宋学的本体论和宇宙论深受玄学和佛学的启发,而且它界定天理的方式也大受影响。例如,律宗的道宣以妙悟的心释理,禅宗的玄觉以不可思议的玄理释理,三论宗的吉藏以佛性或诸众生觉悟之性释理,都为宋明理学中的心性论提供了思想资源。

柳宗元承续道家自然无为思想,在政治上倡导"克成不战之功,遂洽无为之理"。[295]但在唐代政治语境中,他"取圣人大中之法以为理",[296]让我们感到他的自然之说实为言治之语——这个"理"是"经权统一"的治国之道。[297]柳宗元拒绝豪族、藩镇的封建论,认为封建非圣人之意,不过是时势所成,其"言治"的重心脱离了郭象言理的方向,转向了恢复道统的大中至正的原则,后者可以视为对中央集权的合法化论证。在这个意义上,柳宗元对冥悟玄理的否定产生于他的"大中之理"与玄学之理在政治取向上的对立。直到宋代理学的形成时代,普遍而又内在的、拒绝任何终极实在的"理"概念才得以在新的社会/政治条件下重新焕发出巨大

---

[293] 张立文等学者得出的结论是:"王弼、郭象以'所以然'、'必然'释理,而佛教则把理作为甚深法性、佛性,把体理成圣与修禅成佛联系起来,从而体现了佛教哲学范畴的特色。继王弼以无为本之后,理开始作为虚幻的本体,出现在哲学范畴史上,这对于宋明理学以理为本体起了萌发作用。"张立文主编:《理》,北京:中国人民大学出版社,1991,页89—90。
[294] 同上,页95,91。
[295] 柳宗元:《为裴中丞贺破东平表》,《柳河东全集》,北京:中国书店,1991,页543。
[296] 柳宗元:《答元饶州论政理书》,《柳宗元集》,页833。
[297] 柳宗元:《断刑论下》,《柳宗元集》,页91。

的能量——以承认天理(理一)的至高地位为前提,强调理的内在性、分殊性和具体性为特征,宋明学者构筑了不同以往的思想形态。

3. 天理概念的建立

"理"概念的上述运用方式明显地为宋明儒学所继承和发展,格物、穷理、知行合一等范畴包含了早期"理"概念的某些因子。[298]但宋代天理概念的建立仍然是一个包含了全新的历史含义的事件。汉宋之际,佛道二教盛行,"理"与"礼"的分化或多或少地显示了释道二教对于儒学的影响。[299]禅宗讲究至理无言,言语道断,但也承认"至理""假文言以明其旨"。[300]如果理依言备,在名言的基础上对"理"进行分类就成为必不可少的工夫。但是,宋明儒者的"理"带有鲜明的入世倾向,如果仅仅在宇宙论、本体论或本性论的范畴中释"理",也就不能把握天理世界观得以成立的更为广阔的历史动力。正如我们需要从皇权/贵族的共治状态出发来理解郭象的"理"观,探讨宋代天理概念的成立的必由之路是建立这一概念与特定的政治条件的历史联系。但在此之前,我们需要对宋儒的理概念进行扼要的归纳。

天道论的叙述方式承续了汉代天论的一些因素,而"理"概念的建构构成了宋代儒学的一个重要转折和道德评价方式的突破。周、邵、张各家分别提出或运用过"理"这一概念,但"太极"(周敦颐、邵雍)、"太虚"(张载)等范畴在他们的思想体系中居于更为中心的地位。真正在理气二元论(而不是张载的气一元论或邵雍的心一元论)的框架中奠定"理"概念

---

[298] 牟宗三认为宋明儒学的"理"主要指"道理"和"义理"两方面,并强调"'义理'是自觉地作道德实践时所见的内在的当然之理,亦不只是如刘劭所说之'礼教宜适'之只为外部的"。见氏著《心体与性体》,页2。

[299] 支道林《大小品对比要钞序》:"智存于物,实无迹也;名生于彼,理无言也。""理冥则名废,忘觉则智全。"见《中国佛教思想资料选编》第一卷,北京:中华书局,1981,页60。

[300] 玄觉:《禅宗永嘉集》,见《中国佛教思想资料选编》,北京:中华书局,1983,页131。

的地位的,是程颢(1032—1086)、程颐(1033—1108)兄弟,他们断言万物最终归于一理,天、命、性、道只不过是理的不同称谓而已,从而将汉代思想中的那种根据人类社会的类比而设想出来的自然法则转化为"理性的法则"。[301]汉宋思想的真正分野就是从这里展开的。现代新儒学研究对于二程兄弟的思想作出了严格的区分,除了《二程遗书》中有一部分未注明究竟是二人中哪一位的语录这一技术性的原因之外,问题的真正焦点也集中在如何解释"理"这一范畴。对于二程的仔细区分,尤其是对程颐的特殊推崇,反映了现代新儒学的一个基本预设,即道学家所共同认可的那些道德原则与天道论的自然主义倾向之间存在着难以逾越的鸿沟,北宋道学的宇宙论面临着休谟和康德在他们的道德理论和知识理论中所提出的所谓实然与应然的矛盾。上述预设的确切含义是:第一,如果道德和伦理旨在教化、更正和发展人的德性,它就不可能从实际存在的宇宙世界和人性状况的描述中推演出来;第二,任何按照知识的路径追寻道德法则的努力都将走向歧途。冯友兰的《中国哲学史》对此做了详细的梳理,而牟宗三的《心体与性体》和《从陆象山到刘蕺山》、劳思光的《新编中国哲学史》等著作则将这一观点推到了极致——虽然他们对于道学各有所取,但都试图在实然与应然的矛盾关系中解说道学的思想结构,并把朱子之理与象山之心及其衍生的问题视为摆脱道学宇宙论所带来的固有矛盾的不同方式。二程的重要性即在以"理"这一范畴沟通了天道论的自然主义与道德实践的理性根据,如果说程颢的思想仍然留有道学宇宙论的自然主义倾向,那么,程颐的理气二元论则构成了认知上的突破,为一种成熟的道德理性主义提供了框架。从政治的层面说,"理"这一概念化解了天或太极与君权的直接对应关系,将一种内在条理的观念以及物各有理或理一分殊的预设置于宇宙和世界的中心地位。

  程颢在宇宙论的范畴中言"理",从而把"理"视为一种"自然的趋

---

[301] 葛瑞汉(A. C. Graham):《中国的两位哲学家:二程兄弟的新儒学》(*Two Chinese Philosophers:Cheng Ming-tao and Cheng Yi-chuan*, London:Open Court Publishing Company, 1992),郑州:大象出版社,2000,页45—46。

势"。"万物皆只是一个天理,己何与焉?至如言:'天讨有罪,五刑五用哉;天命有德,五服五章哉。'此都只是天理自然当如此,人几时与;与则便是私意。"[302]这段话与注明为明道所言的其他部分的文意是接近的。[303]所谓在宇宙论的框架中展开对"理"的论述,即以理气一元论为"理"这一范畴的前提;如果理为道德的根源,那么,道德实践的唯一取向就是顺从自然之趋势。[304]这一"不言理离物而独存"的取向在坚持宇宙一元论方面与周、邵、张各家非常接近,从而也难以克服他们的宇宙论框架带来的困难。这个困难可以归纳如下:如果万物的运行受到天道的指导,或者就是天道运行的表现,那么,又如何解释万物中那些逆"道"而行的事情呢?如何说明"恶"的可能以及道德生活及其价值判断呢?由于"天道"概念具有强烈的宇宙论特色,因而对"天道"的描述有可能被理解为对事实世界的描述。为宋儒推崇的宗密(780—841)的《原人论》就曾诘问说,如果万物生于"大道",为什么生出了虎狼和桀纣,为什么让颜回这样的圣人早死,为什么婴儿有爱恶之情?正是在这个意义上,天道论的叙事方式很可能包含着事实描述与价值描述的矛盾(亦即实然与应然的矛盾)。[305]换言之,如果天道是万物的起源并存在于万物的运行之中,那么,它就不可能提供确定的价值判断或"善"的依据;如果天道是价值和"善"的起源,那么,它就不可能是一种宇宙实有。从这个角度看,程颢虽然率先将自家体贴出的"理"概念提升到空前的高度,但这一范畴本身并没有克服

---

[302]　《河南程氏遗书》卷二上,《二程集》第一册,页30。

[303]　例如:"天地万物之理,无独必有对,皆自然而然,非有安排也。每中夜以思,不知手之舞之,足之蹈之也。"《河南程氏遗书》卷十一,《二程集》第一册,北京:中华书局,1981,下同,页121。

[304]　《二程遗书》中有一段没有标明是程颢或程颐所言的话被朱子判定为程颢所言,其言曰:"'生之谓性',性即气,气即性,生之谓也。"此可为证。《河南程氏遗书》卷一,《二程集》第一册,页10。

[305]　劳思光把这一矛盾归结为三个方面:(1)实际世界中"生"与"生之破坏"常相依而立,从而宇宙运行之"生生不息"也是不断的"生之破坏";(2)如果"生生不息"被视为道德的原理,而"生生不息"又与"生之破坏"相并而行,则宇宙运行就是善恶不离;(3)如果以这一包含悖论的宇宙运行为基础建立道德实践的标准,则善恶就成为一个相对的概念。见氏著《新编中国哲学史》(三上),页54—55。

上述天道观的矛盾。

程颐对"理"的论述颇为不同,从而被现代儒学研究者推崇为"两千年来最伟大的儒学思想家"。[306] 首先,程颐试图把理这一范畴与"气"或具体的事物明确地区分开来,即以气为质、以理为式、以具体事物为形而下、以理为形而上。程颐有关理的论述很多,不能详引,下述各条可以说是代表性的看法:

> "寂然不动,感而遂通"者,天理具备,元无欠少。不为尧存,不为桀亡,父子君臣,常理不易,何曾动来。因不动,故言寂然。虽不动,感便通,感非自外也。[307]
> 物物皆有理,如火之所以热,水之所以寒……[308]
> 物我一理,才明彼即晓此,合内外之道也。语其大,至天地之高厚;语其小,至一物之所以然,学者皆当理会。[309]

在这一理气二元论中,"理"类似于象数之学中的那种抽离于具体事物的象数,它既统摄宇宙之存在,又能说明万物之应该;但不同于汉代思想中的那种"象天"模式的是:理和具体事物的关系不是象数对位式的。理是永恒的,不因人之知与不知而存在或增减,不因宇宙万物中有无相应的实例而兴废,不因事物和形势的变化而存亡。理所以能够将天、道、命、性等儒学范畴统合为一,原因在于它能够将下述看似矛盾的关系综合在这一范畴之中:一方面,天下只有一理,推之四海而皆准,另一方面,万物皆有理,一物之理即一物之所应该;一方面,万物之理都在我心中,"反身而诚"即能把握天理,另一方面,物各有理,不因人的主观喜好而变动,从而人必须通过具体的认知和实践才能把握事物之理。[310]

---

[306] 葛瑞汉:《中国的两位哲学家:二程兄弟的新儒学》,页32。
[307] 《河南程氏遗书》卷二上,《二程集》第一册,页43。
[308] 《二程遗书》卷十九,《二程集》,页247。
[309] 《二程遗书》卷十八,《二程集》,页193。
[310] 冯友兰:《中国哲学史》下册,页875—876。

其次，由于明确地在理与气之间作出区分，从而从万事万物（即气的范畴）"推"出所以然或应然之理，也就成为儒学必须面对的问题。但这个"推"的过程与汉代象数之学的推类关系有所不同，它十分关注事物的具体性和认知的主体性：

> 格物穷理，非是要尽穷天下之物，但于一事上穷尽，其它可以类推。至如言孝，其所以为孝者如何，穷理如一事上穷不得，且别穷一事，或先其易者，或先其难者，各随人深浅，如千蹊万径，皆可适国，但得一道入得便可。所以能穷者，只为万物皆是一理，至如一物一事，虽小，皆有是理。[311]

理是宇宙之自然，顺从天理亦即顺从自然；自然之理是万物之所以然，从而顺从自然并不等同于随顺万物，而是追究万物之理。由于万物之理皆备于我，从而穷理与一种诚敬的修养工夫密切相关；又由于一物皆有一物之理，从而穷理又无法离开格物的认知程序。上述两个不同的方面共同地将自然法则转化成为理之法则，对于此后儒学的发展和演变有着极为深刻的影响。程颐的理将普遍性（万理归于一理）与多样性（分殊之理，物物皆有理）、内在性（所以然之故，所当然之则，据物以推理）与实在性（天下无实于理者）综合为一，构筑了一个不同以往的"事物之秩序"。

关于朱熹（1130—1200）和陆象山（1139—1193）的不同取向，我在后面的章节中会做较为详细的分析，这里只能扼要地概括其特点，以便展开对于天理世界观的历史含义的讨论。朱子被称为道学的综合大师，他以周濂溪之《太极图说》为骨干，融合邵雍所讲之数，横渠所说之气，及程氏弟兄所说形上形下及理气之分，通过对理/气、太极/无极、性/情、格物/穷理等范畴的解释，创造了一个以天理为中心的形而上学体系。象山之学的要义在"先立其大"，强调道即吾心，但这个心亦即理。"万象森然于方

---

[311]《二程遗书》卷十五，《二程集》，页157。

寸之间,满心而发,充塞宇宙,无非是理。"[312]朱陆有所谓"性即理"与"心即理"、"格物"与"格此物"的路径差别,但他们的宇宙论和道德论均以理及其秩序观为中心。朱子之"性即理"与象山之"心即理"都在理学的范畴之内,他们之间的区别是以确认"理"这一基本的宇宙秩序为前提的。朱子的"性即理"的命题上承程颐的论述,建立在理气二元论的前提之上,现实事物——包括心——构筑了一个不断变化的、偶然的世界,而"理"却是一个内在于这个世界的、多样而统一的和永恒存在的秩序。象山的看法与邵雍、特别是程颢关系更为密切,他将"宇宙"与"吾心"同一起来,声称"此理塞宇宙,所谓道外无事,事外无道。舍此而别有商量,别有趋向,别有规模,别有形迹,别有行业,别有事功,则与道不相干,则是异端,则是利欲。谓之陷溺,谓之旧窠。说即是邪说,见即是邪见。"[313]因此,象山之"心即理"的命题建立在心物一元论的前提之上。

天理概念的确立标志着伦理道德必须以一种先验的理为根据和标准,这一点无论对于朱子还是象山都是适用的:不是具体的制度、礼仪和伦理,而是抽象而遍在的"理",构成了道德的源泉和最高的标准。所有的现实存在都必须经受"理"的检验。正是理概念的确立,使得宋代道学突破了唐代后期儒学所确立的道统论模式。我们不妨对照韩愈和柳宗元的"道"论对开头的论述加以补充。韩愈论道直接体现为"其文诗书易春秋,其法礼乐刑政,其民士农工商,其位君臣、父子、师友、宾主、昆弟、夫妇,其服麻丝,其居宫室,其食粟米、果蔬、鱼肉"。[314]他从《孝经》的"有至德要道"出发,将道落实为由道统谱系所确认的儒家伦理秩序。柳宗元从《易传》的"一阴一阳谓之道"的宇宙论出发构筑了以"道"为核心范畴的逻辑结构,从理论形式方面的贡献看,柳宗元的道论对两宋道学的影响不在韩愈之下。[315]柳宗元说:

---

[312] 陆象山:《象山全集》(四部丛刊本),卷三十四,页38。
[313] 陆象山:《象山全集》卷十五,页55。
[314] 韩愈:《原道》,《韩昌黎集》卷十一。
[315] 张立文:《走向心学之路》,北京:中华书局,1992,页5。

>   故自天子至于庶人,咸守其经分,而无有失道者,和之至也。
>
>   物者,道之准也。守其物,由其准,而后其道存焉。苟舍之,是失道也。凡圣人之所以为经纪,为名物,无非道者。命之曰官,官是以行吾道云尔。是故立之君臣、官府、衣裳、舆马、章绶之数,会朝、表著、周旋、行列之等,是道之所存也。则又示之典命、书制、符玺、奏复之文,……是道之所由也。则又劝之以爵禄、庆赏之美,惩之以黜远、鞭扑、……是道之所行也。[316]

所谓以"物"为"道之准"表示"道"的存在取决于"守物"、"由准"和"咸守其经分","物"构成了直接的判准。在这里,尽管"道"已经被展开在一个宇宙论的架构之中,但纲常、礼仪和制度等物质性存在仍然构成了"道"的前提或衡量"道"的标准。

理学重视道德实践的具体情境和礼仪,但在它的逻辑结构中,"理"是一个内在性的、超越性的和永恒性的存在,不以任何物质性的事物作为标准或前提。在这个意义上,不是具体事物、典章制度和伦理实践提供了判断"理"的标准或赋予了"理"以道德的意义,而是"理"构成了事物、典章、制度、礼乐和伦理实践的标准和根据,并赋予这些物质存在以意义。六经的价值在于它们体现了"天理"。对于朱子而言,"理"是人和物得于天者,它构成了万事万物所以然之根据。[317] 各种事物皆有其理,但事物——礼仪、制度、国家和道德实践的形式等等——在时空中的存在与否并不能决定"理"的状态。所谓理气二元的根本意义即在于此。正由于此,"工夫"范畴在朱子理论体系中占据着特别重要的地位,因为"工夫"是沟通实然与应然的唯一途径。"古之圣贤,从本根上便有惟精惟一功夫,所以能执其中,彻头彻尾,无不尽善。后来所谓英雄,则未尝有此工夫,……不能尽善……所谓三

---

[316] 柳宗元:《守道论》,《柳宗元集》卷三,北京:中华书局,1979,页82。

[317] 朱熹云:"太极,形而上之道也;阴阳,形而下之器也。是以自其著者而观之,则动静不同时,阴阳不同位,而太极无不在焉。自其微者而观之,则冲穆无朕,而动静阴阳之理,已悉具于其中矣。"《〈太极图说〉注》,《濂溪集》卷一,页7。

代做得尽,汉唐做得不尽者,正谓此也。"[318] 在这里,构成衡量标准的不是三代礼乐或汉唐制度,而是"尽"与"不尽",即符合或体现"理"的程度。

象山将宇宙与吾心合二而一,试图通过心一元论消解了理气二元论所创造的理与物质性世界之间的内在紧张,但他的"心"并不是一种物质性的心,而是充塞宇宙间的理本身。象山派学者杨慈湖(1140—1226)云:"天地,我之天地;变化,我之变化;非他物也。……礼仪三百,威仪三千,非吾心外物也。故曰:'性之德也,合内外之道也,故时措之宜也。'言乎其自宜也,非求乎宜者也。"[319] 理充塞于宇宙,宇宙即吾心,心就是理,从而心一元论以一种内在性的方式将"理"归结为"心"。朱子、象山均重视以三纲五常为基本内容的礼仪和制度,但在他们的语境中,三纲五常并不等同于一种物质性的礼仪和制度,而是一种内在的自然秩序。在这个意义上,构成道德判断的基本尺度的仍然是"理"——礼乐、制度或伦理实践的价值和意义取决于它们是否体现或符合永恒而又内在的"理"。

道学宇宙论所体现的道德评价方式既是对先秦礼乐论和汉唐经学所倡导的道德评价方式的一种扬弃(后者的传注形式预设了一种物质性的、命令式的和神学目的论的原初秩序,并把遵循这一秩序作为道德合理性和政治合法性的前提),也是对唐代晚期儒学的一种改造。如果人的道德立场必须从宇宙秩序或本质秩序中引申,那么,如何理解或接近这个秩序就成为一个道德理论的中心问题。那些只是在事物的表面领会宇宙的秩序和意义的人、那些将宇宙理解为与我们的本性(或内在的秩序)没有关系的冷酷事实或抽象命令的人,不能被看作是理解了宇宙秩序的人,因为宇宙秩序或天的过程本身是一个能够而且应该在我们的内在方面获得印证或确认的秩序和过程。正是基于上述判断,以什么方式(认识的、体验的、实践的等等)、从宇宙万物中接收何种信息,也就成为道德理论必须关注的问题。沿着这一逻辑,北宋道学对人、万物和道德的起源的追问必然与一种知识的或认识的理论联系在一起。与天理的合一的道德焦

---

[318] 朱熹:《晦庵先生朱文公文集·答陈同甫》,卷三十六,《朱子全书》第21册,页1590。
[319] 杨简:《慈湖遗书》(大西山房刊本)卷七,页1—10。

虑最终被转化为如何理解、认识、把握和抵达天理的认知实践。是"性即理"还是"心即理"？是"格物"还是"格心"？是投身现世的实践，还是回归寂静的本心？……道学内部在宇宙论、本体论、心性论和方法论上的分歧、分类和分化几乎全部与此有关。

第五节　天理与郡县制国家

1. 三代想像与礼乐/制度的分化

在天理世界观确立自身的过程中，我们可以看到几个明显的取向：第一，天理世界观是在恢复古代儒学、尤其是孔孟之道的名义下展开的，但宋儒并不准备全盘恢复礼乐论的道德评价方式，也不准备将三代之治的理想直接运用于当代实践；第二，天理世界观在天人关系之中发展道德评价体系，但拒绝将天人关系放置在天人感应的框架内，也拒绝将制度与天之间的关系视为一种神秘的象数对应体系，从而拒绝在自然主义的和主宰性的天观的支配下将现实制度和行为规范理解为符合天意的制度和规范；第三，天理世界观发展为学、修身的程序，在天道与"士"的道德实践之间建立起了直接的桥梁，从而将道德实践再次放置在与"制度"的紧张关系之中。

从上述三重取向，我们可以得出如下的判断：一，天理世界观既以恢复先秦礼乐制度为目标，又拒绝将现实的礼乐和制度作为道德评价的客观基础，这一姿态只能建立于如下判断之上：汉唐以降的制度已经是一种与礼乐相互分离的制度，不能提供道德评价的客观基础，从而必须在制度论之外构想道德评价的前提；二，天理世界观是建立在一种承认变化的历史观之上的，它的复归三代、重构礼乐与制度的统一关系的姿态最终落实在认知、体悟和实践天理的过程之中。因此，它在道德评价上对汉唐天命观和制度论的拒绝并不是对先秦礼乐论的恢复，而是重构天人关系，形成适应时代变化的道德评价体系。三，天理世界观将礼乐与制度的合一作为道德理想，但这一道德理想最终必须落实在"士"的道德实践之中。在上述诸多特点之中，有关礼乐与制度发生了分化的历史意识构成了一个中心问题——如果没有这一分化的意识和视野，就不存在复归先秦儒学和典制的问题，也不存在以天理的范畴重构天人关系的必要性。

礼乐与制度的分化是从儒学的一种特殊视野出发展开的历史描述。因此，一个无法回避的问题是：这一历史视野究竟产生于谁的历史意识？孔子述而不作的方式将圣王典制描述为一种礼乐与制度完全合一（或治道合一）的状态，但这一叙述方式本身，以及他对"君子"的期待，都暗示了礼乐与制度的关系（尤其是礼乐的形式化、空洞化和解体）构成了那些以"士"自任的儒者观察所处时代的内在视野。如前所述，"士不可不弘毅"的道德承担恰恰产生于"礼崩乐坏"的时代，因为正是在封建等级关系溃散的时代，那些从平民阶层中挺身而出的人才能够以天下自任。"礼崩乐坏"既是这一新型的"士"得以产生的条件，又是这些"士"用以描述所谓礼乐与制度分化的道德视野。用礼乐或道德对抗制度的演进是先秦儒学的历史遗产之一，例如，井田制度兵农合一，田赋的目的是为诸侯供给军队，但在战国时代这一制度逐渐演化为一种军械和粮食的分担额（税），[320]从而鲁国的礼仪学派就曾将法律和税收的发展视为对传统礼仪的侵犯。战国时代各国以君权建设为中心，推动法律和制度的变革，目的是促进生产力和提高军事能力。儒家与法家的分化正是这一过程在思想上的反映。上述潮流最终转化为秦汉时代的郡县制度的形成和皇权中心主义及其相关的法律制度、军事制度和经济制度的确立。在这个新的体制内，即使皇权保留了宗法内容，即使汉代先后分封了异姓和同姓诸侯，封建性的礼乐、制度和文化也早已沦为中央集权政治的附属形式。在这一条件下，礼乐和制度的分化的实质也就是中央集权的郡县体制取代

---

[320] 谢和耐将这些制度的发展解释为军事因素在一个属于宗教和祭祀范畴的社会发生作用和加强诸侯独立性的结果。见氏著《中国社会史》，耿昇译，南京：江苏人民出版社，1995，页55。

第一章 天理与时势　　　　　　　　　　　　　　　　　　　　　　　　　　213

周代封建制度的过程。秦汉时代归纳在五礼之中的礼仪大多是为适应皇权体制的至高无上而损益殷周礼仪才发展起来的,它们与所谓三代礼乐已经有了根本的差异。无论是皇权及其礼仪体系,还是郡县制国家的官僚系统和司法、监察制度,无论是王朝的军事制度,还是经济制度和人事制度,都区别于周代封建体制及其原则。从儒学的视野来看,封建向郡县的转化或过渡正好可以被归纳在礼乐与制度的分化这一命题之下。

在礼乐与制度之间作出清晰的区分,并力图在制度之外构筑道德视野,这一努力本身可以视为道学家们与王安石等儒学官僚进行斗争的策略之一。王安石、李觏,以及南宋的程亮都高度重视政府功能,并将解决制度性问题作为思考的重心。借助于这一区分,以及道学观念的确立,他们力图在制度之上形成一种超越性的道德制高点。但这里需要提醒的是:作为一种历史视野,礼乐与制度的分化构成了北宋时代宋儒观察历史的一个普遍性的视野。《新唐书》本纪、志和表为同样重视政府和制度功能的欧阳修(1007—1072)所撰,其《礼乐志》云:

> 由三代而上,治出于一,而礼乐达于天下;由三代而下,治出于二,而礼乐为虚名。
>
> 古者,……凡民之事,莫不一出于礼。由之以教其民为孝慈、友悌、忠信、仁义者,常不出于居处、动作、衣服、饮食之间。盖其朝夕从事者,无非乎此也。此所谓治出于一,而礼乐达天下,使天下安习而行之,不知所以迁善远罪而成俗也。
>
> 及三代已亡,遭秦变古,后之有天下者,自天子百官名号位序、国家制度、官车服器一切用秦,其间虽有欲治之主,思所改作,不能超然远复三代之上,而牵其时俗,稍即以损益,大抵安于苟简而已。其朝夕从事,则以簿书、狱讼、兵食之急,曰:"此为政也,所以治民。"至于三代礼乐,具其名物而藏于有司,时出而用之郊庙、朝廷,曰:"此为礼也,所以教民。"此所谓治出于二,而礼乐为虚名。……[321]

---

[321] 《新唐书》卷十一《礼乐志》,北京:中华书局,1975,页307—308。

欧阳修的描述显示:在北宋时代,以礼乐与制度的分离来描述古代历史、权衡三代与秦、汉、隋、唐等后代王朝、说明当世现实的道德/政治状况,已经成为影响深远的历史的、道德的和政治的视野。"礼乐为虚名"说明礼乐仍然存在,但已经形式化了,不但与实质性的政治、经济和军事制度完全分离,而且也无从化民成俗。

司马光(1019—1086)的《资治通鉴》提供了另一例证。该书卷一《周纪一》崇礼尊王,从礼序崩坏的角度论诸侯乱政,其言曰:

> 臣闻天子之职莫大于礼,礼莫大于分,分莫大于名。何谓礼?纪纲是也。何谓分?君、臣是也。公、侯、卿、大夫是也。……故曰天子之职莫大于礼也。[322]

正是站在以礼"辨贵贱、序亲疏、裁群物、制庶事"的立场上,司马光将周代的历史变化放置在"礼"/"智力"、"德"/"才"、"圣人"/"愚人"、"君子"/"小人"等两分法中加以叙述。在论述三家分晋时,温公曰:

> 周室微弱,三晋强盛,虽欲勿许,其可得乎!……今请于天子而天子许之,是受天子之命而为诸侯也,谁得而讨之!故三晋之列于诸侯,非三晋之坏礼,乃天子自坏之也。呜呼!君臣之礼既坏矣,则天下以智力相雄长,遂使圣贤之后为诸侯者,社稷无不泯绝,生民之类糜灭几尽,岂不哀哉![323]

在稍后的段落中,他又说:

> 臣光曰:智伯之亡也,才胜德也。夫才与德异,而世俗莫之能辨,

---

[322] (宋)司马光编著、(元)胡三省音注:《资治通鉴》第1册,卷一,周纪一,北京:中华书局,1987,页2—3。
[323] 同上,页6。

通谓之贤,此其所以失人也。……是故才德全尽谓之"圣人",才德兼亡谓之"愚人";德胜才谓之"君子",才胜德谓之"小人"。[324]

上述二分法是从孔子关于"礼崩乐坏"的叙述中发展而来,并没有明确地使用礼乐/制度的二分法。但是,《资治通鉴》叙述战国时代到五代的历史,战国之变乱正是秦制的历史根源。礼以"德"和"君子"为中心,而孕育了后来的制度的社会力量却以"智力"和"小人"为中心,两者的差别产生于三代礼乐与后代制度的道德/政治评价尺度的差别。因此,司马氏的历史评价方式与北宋道学的道德评价方式是有着内在的相似性的。

以三代以上和以下对礼乐与制度的关系作出区分显示了宋儒追慕圣王典制和区分封建/郡县的态度,但具体到对唐代制度的判断,这一区分还包含了更为具体的历史内涵。钱穆在评论陈寅恪《隋唐制度渊源略论稿》时把封禅、郊祀、舆服、仪注等等与职官、田赋、兵制等区别开来,其依据之一即欧阳修有关三代上下礼乐的演变。他说:陈氏"详举唐代开国,其礼乐舆服仪注,大体承袭南朝。然礼乐、制度,秦汉以下,早有分别。史书中如职官、田赋、兵制等属'制度',封禅、郊祀、舆服等属'礼乐'。宋欧阳修新唐书礼乐志,辨此甚明。隋唐制度,自是沿袭北朝。陈君混而不分,仅述南朝礼乐,忽于北方制度,此亦不可不辨"。[325] 在这里,钱穆把职

---

[324] 同上,页14—15。
[325] 钱穆:《略论魏晋南北朝学术文化与当时门第之关系》,《中国学术思想史论丛》(三),台北:东大图书公司,1977,页141。我在此还可以补充一点有关南北土地制度的材料,作为钱氏观点的旁证。宫崎市定在《晋武帝的户调式》(《东亚经济研究》十九)中认为"魏屯田继承了(晋的课田法),成为日后隋唐土地法的模范。正是这个魏晋土地法,成为中世和古代区别的一件划时代的重大事件",并把魏的屯田看作是土地国有制度的滥觞。前田直典在《古代东亚的终结》一文中把土地国有制看作是北方民族的影响。他说:"由南北朝时代南朝的占田、公田、课田等与汉朝风习相近一事来看,可以认为,土地制度由汉经魏晋,再传南朝,有其一贯的连续性。而北朝的均田法虽然亦是以以往的公田、屯田、课田为基础,实在是一种飞跃的进步,有征服民族的北方民族的影响,自然不同。北方民族中,现在仍施行强力的土地公有制,古代更加如是。在北方民族成为统治者后,始颁布均田制,明确表示出以土地国有制为主制。"见《日本学者研究中国史论著选译》(一),页142。

官、田赋和兵制统统归入制度,而与礼乐无涉,明确地把这些"制度"从礼乐关系中分离出来,这个看法与上文对周代宗法分封制下礼乐与制度合一的描述并不一致,而是与汉末以降南北关系的演变密切相关的。

对陈寅恪而言,北方制度与南方制度既有明确的区别,又可能"混而不分"。以府兵为例,其"前期为鲜卑兵制,为大体兵农分离制,为部酋分属制,为特殊贵族制;其后期为华夏兵制,为大体兵农合一制,为君主直辖制,为比较平民制。其前后两期分划之界限,则在隋代。"[326]唐代藩镇(如薛嵩、田承嗣之徒)"虽是汉人,实同藩将,其军队不论是何种族,实亦同胡人部落也"。正由于此,他批评欧阳修对于五代的议论"仅限于天性、人伦、情谊、礼法之范围,而未知五代义儿之制,如后唐义儿军之类,实出于胡人部落之俗。盖与唐代之藩将同一渊源者。若专就道德观点立言,而不涉及史事,似犹不免未达一间也",[327]明确地将唐代府兵制度归之于北方传统。[328]再以礼律为例,北方制度与南方礼乐又有相互渗透的部分:"古代礼律关系密切,而司马氏以东汉末年之儒学大族创建晋室、统制中国,其所制定之刑律尤为儒家化。既为南朝历代所因袭,北魏改律,复采用之,辗转嬗蜕,经由(北)齐、隋以至于唐,实为华夏刑律不祧之

---

[326] 陈寅恪:《隋唐制度渊源略论稿》,《陈寅恪史学论文选集》,上海:上海古籍出版社,1992,页534。
[327] 陈寅恪:《论唐代之藩将与府兵》,同前,页383。
[328] 康有为曾有《府兵说》一文(1891年前),所述与陈氏的讨论着眼点不同。他认为府兵恰恰得到了三代的好处,而府兵制废后,三代之兵的精义才开始丧失。但除了在兵制问题上的看法不同之外,他们的论述也有近似的部分,即寓含了将后代兵制与三代兵制作对比的意趣。康有为说:"余读史至唐玄宗去府兵之法,变为彍骑,不禁掩卷而三叹也。曰:古时设兵所以卫国,后世设兵适以病国,则民兵与募兵之为效异也。宋臣苏轼有言曰:'三代之兵,不待择而精。'故何也?出兵于农,有常数,而无常人,国家有事要人,一家备一正卒。是故老者得以养,疾病者得以为间民,而役于官者莫非其壮子弟。……唐初,府兵之制,无事将居于朝,兵居于府;有事则下符契文州刺史与折冲勘契,乃发。国家无养兵之费,将帅无握兵之重,最为近古。开元中,其法寖坏,宰相张说请一切募士宿卫,于是尽废民兵而用募兵,而古者寓兵于农之良法荡然矣。"见《康有为全集》(一),页527—528。

正统。"[329]孝文帝改制明确地以《周礼》为参考,并以制度改革的形式推进北方民族与南方文化的融合。

欧阳修所表述的制度与礼乐的区别是宋代正统主义的表达。礼乐与制度的合一是儒家的道德理想,但在南北关系的范畴中讨论这一问题表明有关"礼乐与制度的分离"涉及更为具体的历史关系,其中尤其重要的是东汉末期以降形成的南北分裂。"南北的中国史"格局是历史的产物,这是随着长江流域在中国政治生活中的地位的上升才出现的。傅斯年说:"到孙吴时,长江流域才有独立的大政治组织。在三代时及三代以前,政治的演进,由部落到帝国,是以河、济、淮流域为地盘的。在这片大地中,地理的形势只有东西之分,并无南北之限。"[330]公元四世纪,塞外民族匈奴、羯、鲜卑、氐、羌进入北方地区,形成了所谓"五胡乱华"的局面。永嘉之乱之后的三百年间,进入北方的塞外种族占据了居民的一半,族群矛盾极为尖锐。在南北冲突的背景下,礼乐作为一种政治合法性的标志变得极为重要。孝文帝改革的主体部分即礼制改革,其核心是"稽参古式,宪章旧典"、"齐美于殷周",亦即以《周礼》为根据的周典化体制改革。孝文帝改革以降形成的北朝礼制大致可以区分为祭祀宗庙、葬仪丧服、婚姻定姓氏、三老五更及乡饮等。[331]太和九年(485年)实行的均田制改革也是同一潮流的产物。在南方,东晋、宋、齐、梁、陈的三百年间,始终奉戴汉族天子,原先居住北方的大族、显贵、甲姓随之迁往南方,造成了皇权衰落、门阀当政的局面,后者在制度、礼乐、学术、文化等方面呈现了自己的力量。上述局面显示出强烈的封建色彩,构成了与注重君主集权的北方制度的重要差别。这一时代的南方礼乐文化是在战争、迁徙和族群冲突的历史过程中产生和传播的,所谓南北冲突不可避免地含有族

---

[329] 陈寅恪:《隋唐制度渊源略论稿》,上海:上海古籍出版社,1982,页100。

[330] 傅斯年:《夷夏东西说》,见《傅斯年全集》,页823。傅先生的这个看法随着三代考古的发展,也许有可以补充、修正的地方。但是,所谓"南北的中国史"产生于东汉末期的社会转变是完全成立的。

[331] 李书吉:《北朝礼制法系研究》,北京:人民出版社,2002,页2。

群冲突的内涵,并促成争夺文化正统性的斗争尖锐化。[332]儒学的正统主义的视野表现为以南北为视野看待礼乐和制度,并将北方文化归入"制度"的范畴,即不承认北方制度具有礼乐的道德实质。在宋儒的视野内,上述经济、政治制度的变迁不能简单地看作是制度演变的历史,而且还需要看成是礼乐与制度发生分化的历史,即制度从礼制关系中分离出来、不再作为道德合法性的基础的历史。

宋儒以这一方式对汉唐制度与道德的关系作出评价显然有着更为现实的动力,因为宋初制度也是汉唐制度的延伸。在他们看来,唐代以降逐渐实行并在宋代获得扩展的两税法、科举制和皇权一统及其官僚政治取代了三代之礼制的最为重要的内容,即封建、井田和学校。如果说唐虞三代体现了一种德治原则,那么汉唐之制却是一种与道德无涉的制度实施;如果说礼乐包含着品位观念所提供的道德含义,那么制度却具有相对独立的含义,它无法提供道德的普遍基础。换言之,礼乐与制度的分化与其说是一种客观的历史陈述,毋宁说是宋代儒者对于秦汉以来各种社会和伦理变化的总结,他们从礼乐与制度的分化这一视野来判断所处时代的制度和道德状况,并将各种政治、经济和社会问题的讨论纳入一种伦理叙述之中。叶适(1156—1223)是道学的批判者,但同样以三代礼乐与汉唐之法的对比建立评断历史的框架,足见"礼乐与制度的分离"构成了宋代儒学的普遍命题:汉唐"以势力威令为君道,以刑政末作为治体,汉之文宣,唐之太宗,虽号贤君,其实去桀纣尚无几"。与这种汉唐之制形成对照的,是唐虞三代的德治:"唐虞三代,内外无不合,故心不劳而道自存。今之为道者,务出内以治外,故常不合。"[333]因此,礼乐与制度的分化这一历史观本身蕴含了两种不同的解释方向:应该在现实制度及其政策(包括改革性的制度和政策)之外寻找道德判断的根据,还是通过制度本

---

[332] 晋室南渡与宋室南迁相隔八百年,但情形也有若干相似之处,南方的儒学和文化从此获得了长足的发展,以至桑原骘藏觉得有必要从南北关系的角度重新叙述中国的历史。桑原骘藏:《历史上所见的南北中国》,《日本学者研究中国史论著选译》(一),页19—68。

[333] 转引自钱穆:《象山龙川水心》,《中国学术思想史论丛》(五),页269—270。

身的完善化构筑道德的视野？在两宋时代的政治争论中，道学家们选择前一个方向——这一选择涉及宋学不同派别争论中的各种问题，例如从北宋绵延至南宋的有关王霸问题的争论：司马光、李觏从尊崇皇权出发对霸持肯定态度，而邵雍、程颢则从各自的角度强调无为自然的政治理想和以道德意愿为根据的王道。[334]

"礼乐与制度的分化"这一历史/道德视野密切地联系着唐宋之间的社会结构的转变，而作为这一历史/道德视野的主体的"士"也是这一转变本身的产物。构成唐宋转变的标志的是：一，贵族政治的式微和君主独裁的出现；二，世家大族组织的消亡和以祠堂、家谱和族田为特征的新型家族制度的出现；三，贵族选举制度的衰败与官僚士大夫体制的空前扩展；四，多民族和多权力中心的帝国体制的瓦解与成熟的郡县体制的形成，以及由于"五代十国"的历史和持续的民族冲突而产生的浓烈的族群意识。在"礼乐与制度的分化"的儒学视野内，这四个标志也可以归结为封建与郡县的持久斗争的一部分。从阶级结构的角度看，上述转变孕育于唐代后期，尤其是五代十国时期，其标志是由门阀士族和部曲、奴客、贱民、番匠、奴婢等构成的唐代阶级结构转化为由官僚地主和佃客、乡村下户、差雇匠、和雇匠、人力、女使等构成的宋代阶级结构，在此期间扮演了过渡性角色的是出身科举的衣冠户（宋代的官户）的继续存在和形势户的发展，而这一发展的环节之一是"士"这一社会范畴发生的深刻转变。包弼德将这一发展概括为由唐代以出身为标志的门阀/世家大族到北宋以政事为标志的学者—官员/文官家族再到南宋文人/地方精英的历史过渡。[335]正如孔子时代宗法分封制度的解体让平民阶层的"士"脱颖而出并以天下自任一样，唐代贵族制度及其礼仪关系的解体，为新的"士"登上历史舞台提供了契机；也正像孔子以"礼崩乐坏"的视野重构圣王的礼制一样，宋儒将他们观察到的各种社会问题和危机概括在"礼乐与制度

---

[334] 参见田浩(Hoyt Cleveland Tillman)：《功利主义儒家：陈亮对朱熹的挑战》(*Utilitarian Confucianism: Ch'en Liang's Challenge to Chu Hsi*, Cambridge, MA: the Council on East Asian Studies, Harvard University, 1982)，南京：江苏人民出版社，1997，页35—36。
[335] 包弼德：《斯文：唐宋思想转型》，页37。

分化"的道德/历史视野之中,并通过重构儒学的基本问题介入当代的社会问题,奠定自身的历史位置。

从政治的角度看,"礼乐与制度的分化"的观点是封建向郡县过渡的历史过程的产物,它把郡县制度概括为一种与礼乐相互分离、从而背离了三代封建的道德含义的制度。然而,尽管宋儒普遍地采取复古的姿态,他们还是承认郡县取代封建的历史合理性,从而问题不是简单地恢复古代封建,而是如何在郡县体制之下重构封建的精神及其礼仪条件,构成了理学家的主要关切。他们或者通过科举致仕,直接参与政治实践,将道德与政治凝聚在"士"的角色之上;或者通过重构宗族和地方谱系,形成士绅分权政治的基础,在新型的宗法关系之上确立道德的根据;或者以道学实践为杠杆,远离政治或与制度性实践相抗衡,以"士"的自主性构筑新的道德中心的前提。两宋道学的理论与实践从不同的方面反映了"士"对于所处时代的基本问题的理解、阐释和争论,但我们不能庸俗地将理学归结为以"士"为中心的理论。理学包含了广泛的社会政治思考,它以天理为中心,以格物致知和修身养心的为学方法和道德实践为主要内容,以复宗族、建祠堂、辩田制、论科举、别夷夏、主张地方自治等为主要社会/政治内涵,最终成为内容广泛的形上学、政治和社会辩论的中心话语。

2. "封建"想像:郡县制度下的宗法与家族

东汉至唐末的数百年间,世家大族制度实际上是庄田制经济与门阀士族制度的结合体,这一体制在政治上的分权形态与封建礼仪有着密切的关系。在魏晋门阀体制之下,族长不仅拥有大量土地和财产,而且也将同宗子弟和一些异姓农民纳于自己的户籍,从而使之成为脱离国家户籍的田客、庄户。在战争条件下,门阀制度十分易于发展兵农一体的制度,即将田客、庄户转化为宗部、宗伍、宗兵或部曲,而族长即"宗帅"。唐代社会保留了世家大族体制,但军事化的情形已经逐渐消失。[336] 随着均田

---

[336] 徐扬杰:《宋明家族制度史论》,北京:中华书局,1995,页84。

制解体和贵族制瓦解,唐代后期政府不得不建立新的各级政府机构负责征税、组织兵役、管理社会,社会的精英阶层不再单纯地由贵族组成,而包括了地主、商人、职业军人和各类专家。

五代之际是贵族体制彻底崩溃的时代,谱牒之学散乱不堪。李焘(1115—1184)说:"唐末五代之乱,衣冠旧族多离去乡里,或爵命中绝,而世系无所考。"[337] 钱大昕(1728—1804)描述魏晋至唐以及五代以降的宗法关系时也说:"自世禄不行而宗法废,魏晋至唐,朝廷以门第相尚,谱牒之类,著录于国史,或同姓而异望,或同望而异房,支分派别,有原有委。五季以降,谱牒散亡。"[338] 在唐朝的九品官阶体制中,五品和五品以上的官员的子孙享有为官(需经吏部铨选)的资格。据统计,唐朝三百六十九名宰相,出于九十八家门阀士族,其他各级官僚任官也大略相似。但北宋七十二名宰相中继世为相的仅吕、韩二家,前者三世为相,后者二世为相,且两家原系寒族,均非累代世家。在这一情境中,没落的门阀后裔视为命根子的谱牒之学已经被视同敝屣,伦理和道德法则需要从过时的社会组织形式中解放出来。南宋郑樵(1104—1162)云:

> 自隋唐而上,官有簿状,家有谱系。官之选举,必由于簿状;家之婚姻,必由于谱系。历代并有图谱局,置郎、令史以掌之,仍用博古通今之儒,知撰谱事。凡百官族姓之有家状者,则上之,官为考定详实,藏于秘阁,副在左户;若私书有滥,则纠之以官籍,官籍不及,则稽之以私书。此近古之制,以绳天下,使贵有常尊,贱有等威者也。所以人尚谱系之学,家藏谱系之书。自五季以来,取士不问家世,婚姻不问阀阅,故其书散佚,而其学不传。[339]

北宋时代的大家族并不是唐代贵族的后裔,他们多半依靠科举而进入仕

---

[337]《续资治通鉴长编》卷一〇三,天圣三年四月条,第八册,中华书局,1985,页2380。
[338] 钱大昕:《周氏族谱序》,《潜研堂集》(吕友仁校点),上海古籍出版社,1989,页451。
[339]《通志·氏族略》,《通志二十略》,北京:中华书局,1995,页1。

途,并获得显要的地位。在新的社会条件下,宋朝统治者和道学家们出于不同的目的,均试图再建宗法,重修谱牒,确立地主阶级的长久利益,并在政治上为新的集权/分权政治提供理论基础。正由于此,郡县体制之下的封建问题集中在宗法家族制度的演变问题上。

宋代统治者和士绅阶级均试图通过《礼记》所谓"敬宗收族"来重构道德/政治共同体,而具体的方法就是建祠堂、置族田、修家谱。[340] 所谓集权/分权政治是从朝廷和士绅阶级这两个方面来看的。宋朝的绝对君权体制是在与藩镇割据势力的斗争中产生出来的,它的行政、军事和经济制度均以取消贵族体制、防止割据势力为目标。庄田制的瓦解有利于国家将农户纳入国家户籍,形成以个体家庭为中心的、租佃关系普遍化的农业经营体制。这一生产和雇佣关系的相对自由为社会流动性打开了方便之门,原有的社会组织关系面临解体的危险。因此,朝廷鼓励"敬宗收族",目的是以地主制为中心形成支撑中央集权的行政、赋税和兵役体制的社会基础。从士绅地主阶级的角度,以宗法和乡约的形式,在地主制的基础上形成基层地方自治,是在变化的历史条件下形成皇权与宗族共治的政治结构的唯一途径。

正是在这一背景下,道学家们卷入了恢复宗法、重修谱系的努力。宗子法指的是西周的宗法式家族制度,谱牒之学指的是魏晋隋唐时期的世家大族式的家族制度,而他们希望通过重构宗法和谱牒,平息仇怨纷争,均分财富,人人各得其分。张载说:

> 宗子法废,后世尚谱牒,犹有遗风。谱牒又废,人家不知来处。无百年之家,骨肉无统,虽至亲,恩亦薄。
>
> 宗子之法不立,则朝廷无世臣。……宗法若立,则人人各知来处,朝廷大有所益。……今骤得富贵者,止能为三四十年之计,造宅一区,及其所有,既死则众子分裂,未几荡尽,则家遂不存。如此则家

---

[340]《礼记·大传》:"是故人道亲亲也,亲亲故尊祖,尊祖故敬宗,敬宗故收族。"《礼记集解》,页916—917。

第一章 天理与时势 223

且不能保,又安能保国家!

公卿各保其家,忠义岂有不立?忠义既立,朝廷之本岂有不固?[341]

程颐主张建立严格的家法和族规,完全遵循了"齐家治国"的逻辑。他说:

宗子法坏,则人不知来处,以至流转四方,往往亲未绝,不相识。[342]
若立宗子法,则人知尊祖重本。人既重本,则朝廷之势自尊。[343]
虽一家之小,无尊严则孝敬衰,无君长则法度废,有严君而后家道正。

治家者,治乎众人也,苟不闲之以法度,则人情流放,必至于有悔,失长幼之序,乱男女之别,伤恩义,害伦理,无所不至。[344]

与张载、程颐的主张一脉相承,南宋朱熹编辑了《古今家祭礼》、《家礼》等书,并详细地设计了聚族而居的祠堂,通过祭祀祖先和设立族田和宗子,朱熹在郡县时代的地主制的基础上恢复了早期宗法分封的精神或微意。[345]

在《跋三家礼范》中,朱熹明确地将礼与封建问题剥离开来,从而将礼的问题纳入到郡县制度的政治架构内部:

呜呼!礼废久矣。士大夫幼而未尝习于身,是以长而无以行于家。长而无以行于家,是以进而无以议于朝廷,施于郡县,退而无以教于闾里,传之子孙,而莫或知其职之不修也。[346]

---

[341] 张载:《经学理窟·宗法》,《张载集》,页259。
[342] 程颐:《河南程氏遗书》卷一五《入关语录》,《二程集》,页150。
[343] 程颐:《河南程氏遗书》卷一八《伊川先生语》,《二程集》,页242。
[344] 程颐:《周易程氏传》卷三《家人》,《二程集》,页885。
[345] 参见《朱子家礼》,《朱子全书》第7册,页875。
[346] 朱熹:《跋三家礼范》,《朱子全书》,第24册,页3920。朱熹有关宗法和家礼的论述,参见徐扬杰《宋明家族制度史论》,页94—95。

朱熹和王阳明在各自时代倡导和从事的乡约实践可以视为这一宗法与家族实践的扩展：它们都试图在郡县条件下以士绅地主制为基础创造一种与郡县体制相互配合的地方自治形式。由于适应了中央集权的郡县体制而在宋代之后获得了持久的发展，以祠堂、家谱和族田为主要特征的"近代家族制度"成为宋、元、明、清时代的普遍的社会组织形式。然而，也正由于恢复宗法的努力是在郡县体制下的新的社会实践，它无法简单地"回到"宗法分封的西周形式之中。在这一条件下，如何适应变化了的历史条件而汲取封建之精意，也就成为需要认知、理解、体验和实践的事情。天理世界观及其致知的程序为人们综合先儒遗教与历史变化提供了根据和方法，从而也为郡县条件下恢复宗法的努力奠定了前提。

3."井田"想像：商业化过程中的田制、税法与道德评价

贵族制度的瓦解并不是一个突发的和孤立的事件，唐宋之际田制和税法的变化即是贵族制度瓦解的一个环节。北魏以降，土地制度的变革遵循着一个基本的方向，即改变身份性或品级性的豪族地主阴占户口的局面，在均田制基础上发展新的税制。均田制最初施行于孝文帝太和九年，名为"均田"有师法和总结三代井田制度以降的田制传统的意味，其特点是将授田与限田综合在同一土地制度之中，从而在产权形式上造成了土地国有制和私有制并存的土地所有关系。在这个意义上，以损益周代制度相标榜的均田制代表着传统田制形态向土地私有制形态的过渡，而它的废弛正是这一制度内部两种并存的制度形式相互冲突的结果。唐朝的均田令和租庸调法以均田制为前提，颁布于武德七年（624 年）。[347]唐均田令按照性别、年龄、官爵等授田，取消了奴婢、部曲和耕牛的受田，禁止在受田不足的狭乡过限占有土田，官人永业田和勋田只能在受田足的

---

[347] 关于租庸调与均田的关系，20 世纪 50 年代在《历史研究》上曾经发生过一场争论，邓广铭认为租庸调与均田制没有关系，而岑仲勉、韩国磐、胡如雷等则持相反意见。参见《历史研究》，1954 年 4 期，1995 年 5 期，等。

宽乡授予。唐中叶时,土地兼并日益严重,人口流亡,均田令保护下的以均田农民和中小地主的经济占据优势的经济关系遭到破坏。[348]均田制的瓦解是土地兼并和土地私有制确立的结果。

　　土地占有关系的改变在赋税制度上反映为租庸调制的瓦解,这是因为人口流亡,以人丁为本的租庸调中央正税难以为继。在土地、人口、赋税被地方势力大量侵夺的情况下,唐王朝不得不推行财赋制度的整理和"两税法"改革。代宗大历年间,唐朝赋税收入已经逐渐改为以户税和地税为主。德宗建中元年(780年),宰相杨炎制定了两税法,其大致的内容包括:中央根据财政支出定出总税额,各地按照中央配额向当地人户进行征收;土著户和客居户均编入州县户籍,按丁壮和财产定出户等;春夏两季(六月和十一月)征收两税;取消租庸调和其他徭役;两税按户等纳钱,依田亩纳米粟;田亩税以大历十四年的垦田数为准,平均征收;商人在旅居地交纳其收入的三十分之一的税。[349]

　　两税法的施行不仅要求门阀豪族在名义上纳贡,而且也试图借此将他们阴占的隐户客户争夺过来,从而改变了"从口计税"、"以人丁为本"的传统税制。由于两税法以财产的多少为征税的标准,扩大了赋税的承

---

[348] 傅衣凌在谈及均田制为什么不能真正施行时说:"秦汉以后的公田、垦田、屯田、占田、均田都不是夺富者之田,以予贫民,只是国家通过这些制度把荒废的土地和流散的劳动力重新再组织起来,而投入生产,在国家与私人地主进行斗争中,争取一部分的土地和劳动力而已。因而隋唐时代虽继续推行均田制,但地主土地所有仍在继续发展中。特别由于商品经济的发展,工商业的进步,城市成为商业经济的中心,原来中国的商人没有占有土地的权利,而商业资本的发达,却更主张着地主豪强势力的发展,唐宋以后中国土地的集中多通过抵押、典卖而后达到卖断的阶段,就充分说明商业资本和高利贷资本已促使均田制的施行成为不可能。"见氏著《明清土地所有制论纲》,上海:上海人民出版社,1992,页10—11。关于均田制问题,请参见武建国:《均田制研究》,昆明:云南人民出版社,1992。

[349] 关于两税法的内容请参见《新唐书》及《旧唐书》之《杨炎传》,《唐会要》卷83《租税》(上),《陆宣公翰苑集》卷22《均节赋税恤百姓》第三条,关于杨炎及其两税法问题,历来研究甚多,李志贤近著《杨炎及其两税法研究》(北京:中国社会科学出版社,2002)一书论述十分详备。

担面,课役不再集中在贫苦农民的头上。[350] 又由于以"以资产为宗",两税法的实施从税制上间接地界定了土地私人占有的产权,同时还将"输庸代役"的庸并入两税征收,从制度上取消徭役派征,劳动力不再成为土地产权的附着物。伴随土地私有产权和农民人身权利在税制上得到法律上的明确界定,中央王权和地方地主割据势力在均田授田制下形成的土地产权纠结的关系相对淡化了,两者成为具有各自独立利益的行为主体。[351] 这是市场关系和商业文化的基础,也是土地兼并再度扩展的制度的和政策的前提。李翱在《进策问第一道》中批评两税法之后"百姓土田为有力者所并,三分逾一",[352] 完全印证了"富者兼地数万亩,贫者无容足之居"的说法。[353] 李翱被视为道学先驱,但几乎没有人将他的《疏改税法》、《进士策问第一道》与他对天道的论述联系起来进行理解。

据宫崎市定的研究,两税法的初衷是用铜钱收税,后因钱货绝对量不足而不得不承认用米谷绢帛折纳。[354] 宋平定南方诸国之后,整理五代时各国所行的铅钱、铁钱,增铸铜钱,散布民间,政府价格体制和刑法上赃罪的标准也以铜钱结算。[355] 这种空前的铜钱经济无疑促进了社会生活的商业化和市场化。在南方铜钱化的同时,南方流行的银块反过来又影响华北,从而形成了官方的价格体制(包括刑法上赃款的计算)以铜钱结算,而民间生意却仍然沿用银块的货币制度,从而形成了"以华北的通货制度扩充和强制南方的政策得到成功"的时代。[356] 所谓

---

[350] 参见翦伯赞:《中国史纲要》第二册,页199。
[351] 参见陈纪瑜:《中国封建社会土地及其赋役制度变迁的探讨》,《扬州大学学报》,1998年第3期,总第9期,页70—71。
[352] 李翱:《李文公集》卷三,页6b。
[353] 《陆宣公翰苑集》卷二二《均节赋税恤百姓第六条》。
[354] 关于两税钱的折纳,请参见船越泰次:《唐代两税法的斛斗徵科及两税钱的折耀和折纳问题》,《日本中青年学者论中国史·六朝隋唐卷》,上海:上海古籍出版社,1995,页485—508。
[355] 关于宋代铜钱和铁钱的流通情况,亦可参见高聪明:《宋代货币与货币流通研究》,保定:河北大学出版社,2000,页35—49。
[356] 宫崎市定:《东洋的近世》,《日本学者研究中国史论著选译》(一),页172。

"通货制度"的扩充表明这一时期长途贸易已经成为重要的经济形式，在这方面，大运河提供的交通便利是一个重要因素，因为沿运河流域流动的商业活动与田制和税法改革相互配合，有力地促进了由商业带动的社会流动。[357]经济史家保罗·贝罗奇(Paul Bairoch)在分析19世纪以前非欧洲传统贸易政策时曾经以宋代为例说，欧洲人关于中国实行自我封闭和对外商的怀疑态度产生于16世纪至19世纪这一时期，而10至13世纪的情况完全不是这样。1137年，宋高宗发布的诏书中有"市舶之利最厚，所得动以百万计，若措置合宜，岂不取胜于民？"等语，足见当时的中国不仅容许与外部世界建立商业联系，而且积极寻求和鼓励这种联系，许多外国商人获准在一些城市开业，并受到热烈欢迎。[358]总之，贸易的发展、城市的扩张、人口的增加和流动性的上升，以及由于宋代在军事上的无能而造成的土地资源的紧张，势必产生出新的社会关系和社会矛盾。

两税法改革为一种更为自由的市场关系提供了条件，但也为土地兼并和两极分化开辟了道路。随着货币经济的发展，实物经济势必深受影响。[359]两税法初施行时，纳绢一匹抵钱三千二三百文，但到贞元十年（794年）前后，纳绢一匹，仅当钱一千五六百文；宪宗元和十四年（819

---

[357] 关于宋代商业和城市发展的情况，参见 L. J. C Ma, *Commercial Development and Urban Change in Sung China* (Ann Arbor: University of Michigan Press, 1971)。

[358] 保罗·贝罗奇认为这种自由贸易政策实行了五百多年，直至1490年，即哥伦布抵达新大陆的前两年，中国才开始实行"贸易保护主义"，并在两个多世纪之后的西方入侵时代才进一步得到加强。贝罗奇关于中国实行贸易保护主义的年代仍然值得争论，他对1490年到1800年前后中国对外贸易的估计也许过于保守了。见氏著《经济学与世界史》，见许宝强、渠敬东选编：《反市场的资本主义》，北京：中央编译出版社，2000，页117。

[359] 内藤湖南等学者早就注意到唐宋时代在货币流通方面的变化：唐代铸造了开元通宝，但流通量不大。货币的大量流通到宋代才开始。唐代虽然不是实物经济，但不少物品在利用货币表示价值之余却以绢布来交换。宋代则以铜钱代替绢布、绵等使用，甚至还有纸币流通。参看内藤湖南：《概括的唐宋时代观》，《日本学者研究中国史论著选译》（一），页17—18。

年)绢价已经落至初定两税时的三分之一。[360]《宋史·食货志》说两税法的确立造成了"势官富姓,占田无限,兼并冒伪,习以成俗",[361]《宋会要辑稿·食货·一二》描述了"户口税赋帐笈皆不整举,吏胥私隐税赋,坐家破逃,冒佃侵耕,鬼名挟户,赋税则重轻不等,差役则劳役不均"所导致的矛盾。[362]由于两税法是均田制破产之后的产物,而均田的理念又承自先秦,故儒者们极易在一种三代之治与汉唐之法的框架内批评均田。李觏(1009—1059)以研究《易》和《周礼》见长,也是道学的有力的批判者,他发表了《平土书》、《富国强兵安民策》、《周礼致太平论》和《潜书》等政治性的著作,其中最为重要的思想即"平土"、"均役"和"平准"、"平糴",而"平土"(均田)又是其中的核心部分。针对"法制不立,土田不均,富者日长,贫者日削,虽有耒耜,谷不可得而食也"的局面,他倡导"平田",[363]其原则源自井田:"吾乃今知井地之法,生民之权衡乎!井地立则田均,田均则耕者得食,食足则蚕者得衣。不耕不蚕,不饥寒者希矣。"[364]

宋代道学家们对于宗法和井田的吁求与新市场关系的形成、土地买卖和兼并的发展、皇权的大幅度扩张、严刑峻法的实行以及流民的出现等有着历史的联系。道学家们把封建、井田和学校看作是一种对抗性的、批判性的制度构想,即封建、井田、学校是对皇权和法律扩张、商业文化发展、土地与人口的矛盾、社会流动性上升所做的批判性回应。张载在《经学理窟·周礼》中谴责死刑的泛滥和市场的扩展,他批评说:死刑的泛滥反而导致"今之妄人往往轻视其死",而"市易之政,止一市官之事耳,非王政之事也"。[365]如果把他的批判性观点与恢复井田的主张联系起来考

---

[360] 《陆宣公翰苑集》卷二二《均节赋税恤百姓第二条》、《李文公集》卷九《疏改税法》、《唐会要》卷八四,元和十五年,翦伯赞《中国史纲要》第二册,页199—200。
[361] 《宋史》卷173《食货志》,北京:中华书局,1977,页4164。
[362] 《宋会要辑稿·食货·一二》,台北:新文丰出版公司,1976,页4994。
[363] 李觏:《李觏集》卷第19,《平土书》,中华书局,1981,页183。
[364] 李觏:同上,卷第20,《潜书十五篇并序》,页214—215。
[365] 张载:《经学理窟·周礼》,《张载集》,页248—249。

虑的话,我们可以窥测到一种广泛的社会变动的消息:死刑的泛滥是和社会流动性上升、流民的出现以及宗法关系的破坏密切相关的。正是在这一新的情境中,我们从理学家的著述中听到了《孟子·滕文公上》中那种对于井田和宗法关系的怀旧式的调子:"死徙无出乡,乡田同井,出入相友,守望相助,疾病相扶持。"[366]

张载的《西铭》用乾坤天地包容国家,用孝弟仁爱的家族伦理规范君主和国家的行为,而井田制和宗法制则为家国伦理提供客观的基础。我们可以从他的天道观的逻辑结构之外发现一套按照周代宗法、井田之制进行社会实验的努力。张载说:"治天下不由井地,终无由得平。周道止是均平。""井田至易行,但朝廷出一令,可以不笞一人而定。盖人无敢据土者,又须使民悦从,其多有田者,使不失其为富。借如大臣有据土千顷者,不过封与五十里之国,则已过其所有;其他随土多少与一官,使有租税人不失故物。治天下之术,必自此始。"[367]由于井田与宗法封建有着密切的关系,他因此又将井田与宗法在一种新的历史形势下结合起来。五十一岁归横渠镇时,张载一边著述,一边置田进行井田的实验,这种土地制度的小规模实验其实是恢复宗法古制的努力。在《经学理窟·宗法》中,他详细地描述了宗子法在财产权方面的含义,从而证明宗子的祭祀权也是一种特殊的经济制度:宗子祭祀时,诸子及其支属中参加祭祀的需要

---

[366] 周代的井田制度带有农奴制的特点,农民的迁徙受到严格的限制。按《管子》中的记载,齐国治都用彻法,治鄙用임法。杨向奎分析说:"居住在都内的是君子,居住在鄙中的是野人。野人居鄙,实在等于农奴,这些农奴行动是不自由的。"这与《周礼》中有关农民迁徙的叙述完全符合,而《周礼》,按杨向奎的解释,反映的是齐国的社会制度。(杨向奎:《从"周礼"推论中国古代社会发展的不平衡性》,《绎史斋学术文集》,上海:上海人民出版社,1983,页25。)孟子在战国时代礼乐分崩的环境中以旧的礼制批判他所面临的问题,同样带有怀旧的特点。我不赞成根据早期井田制度的特点而把孟子的这些说法看成是"骗人"的说法,因为一种论述的出现更为紧密地联系着这一论述的背景条件,孟子的看法不是一般地为早期制度进行合法性论证,而是针对战国时代混乱的局面所作的批判性回应。我们也可以把这种思想看作是以封建的理想对抗正在形成之中的、日渐居于主导地位的郡县体制及其社会风习,这也正是张载的说法如此接近于孟子的原因。

[367] 张载:《经学理窟·周礼》,《张载集》,页248—249。

"以身执事"(即服劳役),不参加的"则以物助之",实则是纳贡。[368]这是一种不同于两税法、不同于流动性的商业经济的经济形式。在道学家看来,这些经济活动本身包含着道德的意义,这就是古制的精髓。宗法制度是古代礼制的重要基础,也是一个社会得以维系的条件。战国时代士庶关系的混乱起源于由宗法的颓败而产生的阶级分野的变化,所谓大宗不宗小宗崛起,礼崩乐坏,而唐宋时代贵族制度及其礼仪体系的瓦解也具有相似的含义。因此,重修宗法的基本动机起源于重振礼制,而重振礼制的过程不是一个单纯的道德教化的过程,而且也是一个经济性的和政治性的过程。[369]

与张载的看法相互呼应,胡宏(1105—1155)把均田视为恢复"封建"和"井田"等古制的前提,并将井田、封建问题纳入到天理/人欲、公/私等道学范畴之内:

> 均田,为政之先也。田里不均,虽有仁心而民不被其泽矣。井田者圣人均田之要法也。[370]
>
> 井法行然后智愚可择,学无滥士,野无滥农,人才各得其所而游手鲜矣。君临卿,卿临大夫,大夫临士,士临农与工商,所受有分制,多寡均而无贫苦者矣。人皆受地,世世守之。无交易之侵谋也。无交易之侵谋则无争夺之狱讼,无争夺之狱讼则刑罚省而民安,刑罚省而民安则礼乐修而和气应矣。[371]
>
> 故封建也者,帝王之所以顺天理、承人心、公天下之大端大本也。

---

[368] 张载:《经学理窟·宗法》,《张载集》,页260。
[369] 清代吴派学者惠士奇详考周礼,他论"宗"曰:"族繁则涣,族盛则强,是故立大宗以纠合之,检弹之,使一族爱而亲,敬而尊,由是老穷不遗,桀黠者不敢为非,故人人各宗其宗而天下治。所谓族则任宗,宗以族得民者,盖如此。降及春秋,族不任宗,宗不收族,……而宗法坏矣。"杨向奎补充说:"宗以族得民,乃宗法封建社会之基础,春秋而后,宗法制毁,于是周天子不王,大小宗不分,族不得民而七国起,士庶不分矣。"见杨向奎著《清儒学案新编》(三),济南:齐鲁书社,1994,页111。
[370] 胡宏:《知言》卷三,页2b。文渊阁四库全书本。下同。
[371] 胡宏:《知言》卷一,页11a。

第一章 天理与时势

不封建也者，霸世暴主之所以纵人欲、悖大道、私一身之大孽大贼也。[372]

值得注意的是，胡宏对井田、封建的论述紧密地联系着他对郡县制度的批判，而对郡县制度的批判又密切地联系着封建关系中的夷夏之辨，从而将田制与礼仪、军事和内外关系密切关联起来。他一方面说"邦国之制废而郡县之制作矣。郡县之制作而世袭之制亡矣"，[373]另一方面又断言"制侯国，所以制王畿也。王畿安强，万国亲附，所以保卫中夏，禁御四夷也"。"自秦而降，郡县天下，中原世有边鄙之祸矣。悲夫！"[374]按萧公权的看法，"胡氏隐以南渡责任归之宋代郡县集权之制，尤与后来王夫之孤秦陋宋之说相契"。[375]

降至南宋，朱熹的态度一脉相承。在《开阡陌辨》中，朱熹深刻地分析了分封授田制的崩溃所产生的后果，指出"阡陌之地，切近民田，又必有阴据以自私，而税不入于公上者"。他认为商鞅的"开阡陌"、杨炎的两税法等土地制度改革虽然有利于克服井田、授田制破坏的弊端，但却失去了古代圣贤之制的那种精微的道德含义。"尽开阡陌，悉除禁限，而听民兼并买卖，以尽人力；垦辟弃地，悉为田畴，……以尽地利。使民有田即为永业，而不复归授，以绝烦扰欺隐之奸。使地皆为田，而田皆出税，以覈阴据自私之幸。此其为计，正犹杨炎疾浮户之弊，而遂破租庸以为两税。盖一时之害虽除，而千古圣贤传授精微之意，于此尽失矣。"[376]为什么朱子能够从田制的改革中得出"千古圣贤传授精微之意"丧失的结论呢？没有"礼乐与制度的分化"这一儒学视野就无法得出这一结论。因此，宋儒的经济和政治观点必须被纳入一种道德判断方式的转变过程中才能获得恰当的理解。

传统宗法制度所确立的以宗子为中心、以血缘关系界定分位的原则

---

[372] 胡宏：《知言》卷六，页6b。
[373] 同上，页4b。
[374] 胡宏：《知言》卷五，页14b—15a。
[375] 萧公权：《中国政治思想史》（二），沈阳：辽宁教育出版社，1998，页471—472。
[376] 朱熹：《开阡陌辨》，《朱文公文集》，商务印书馆缩印明刊本，页311。

建立在土地占有关系之上,从天子按照宗法分封授田的角度看,这一制度可以被看作是分田制禄的国家行政管理制度的派生物,宗法制的基础在分封世禄,而分封世禄制的基础在于禄田(土地);无禄田则无所谓世禄,无世禄则无所谓宗法。这种宗法伦理及其对土地和劳动力的分配方式要求情法兼容、重义轻利,它势必不赞成用法的形式界定过分明确的土地产权关系。从一种历史的观点来看,井田制度与"开阡陌"的斗争也可以归结为封建与郡县的矛盾,我们从《汉书·食货志》对于秦孝公时代商鞅变法而"坏井田,开阡陌"的记载就可以了解这一点。在朱熹之前,汉代的晁错、董仲舒已经有过类似的言论,他们批评说,"坏井田、开阡陌"造成了土地兼并,贫富分化,商人兼并农人,而农人所以流亡。只有在儒学与制度改革的长久关系中,我们才能了解朱熹对于两税法等制度革新的看法,才能了解为什么他对"乡约"以及宗族伦理投以极大的热情,为什么他的"天理"概念拒绝以现实制度为客观基础,却同时又以宗族伦理为主要内容。

　　从唐代后期的李翱,到北宋时代的张载,再到南宋王朝的朱熹,我们看到了一条双重联系的线索,即在批判汉唐以来的各种制度及其后果的同时,建构以天道或天理为中心的新的道德谱系。一个自然的问题是:道学家们以三代之治对抗汉唐之法,但为什么他们不以三代礼乐论作为道德/政治评价的基本框架,而是以天道或天理为中心在天道论或本性论的架构内形成新的道德/政治评价方式? 在这里,历史演变和顺应这一演变的意识——亦即对于"时势"的意识——扮演了重要的作用。道学家们以三代之治批评现实制度及其社会后果,但并不认为可以通过恢复井田等旧制就可以解决问题,在整体上,他们毋宁是承认郡县条件下的权力结构的。朱熹说:"封建井田,乃圣王之制,公天下之法,岂敢以为不然!但在今日恐难下手。设使强做得成,亦恐意外别生弊病,反不如前,则难收拾耳。"[377]他评论程颢的井田构想说:"程先生幼年屡说须要井田封建,到晚年又说难行,……想是它经历世故之多,见得事势

---

[377]　朱熹:《朱子语类》卷108,页2680。

不可行。"[378]

从上述讨论我们可以得出几个基本结论:第一,朱子赞成遏制土地兼并的趋势及其后果,但认为新的制度创新付出了长远的道德代价;第二,朱子对古代制度的道德含义的追慕并不等同于要求恢复贵族制,因为他所致力的以乡村地主制为基础的"乡约"恰恰是贵族制瓦解之后的产物;第三,朱子对于现实制度的批评建立在一个预设之上,即这一制度无法提供道德评价的客观依据。因此,复归孔孟之道并不意味可以用孔子和孟子所谈论的礼乐制度作为现实的政治方略,而必须重新构思道德实践和道德评价的出发点或客观前提。"理"是一种内在于事物的秩序、尺度和本质,从而对"理"的肯定既不能简单地转变为对事物的肯定,也不能简单地转变为对事物的否定。朱子对于田制、税法以及商人文化的这种既历史地肯定又道德地批评的双重态度典型地体现在他的理欲之辨之中。《朱子语类》卷一二云:"圣贤千言万语,只是教人明天理,灭人欲",但卷一三回答人问:"饮食之间,孰为天理,孰为人欲?"则云:"饮食者,天理也;要求美味,人欲也。"[379]因此,究竟何者为需要去除的人欲,何者为需要保存的合理的愿望,关键在于状态是否恰当,而天理即衡量这一状态是否恰当的尺度。

4."学校"想像:科举制度、官员任选与道德评价

宋明理学通过重建血缘和地缘共同体的伦理学,扬弃了汉代以降日益发达的制度论,它不像汉代经学那样直接地从属于皇权和政治。天道观的超越性特征产生于儒者对于制度与礼乐分化的历史判断,从而天道和天理的成立包含着一种否定的面向,即从礼制/道德、功能/德性的关系中论证道德合理性的方式不再有效了。因此,道德判断必须诉诸于天理或自家的身心,而不是诉诸现实的制度和业绩。在宋儒的视野中,汉唐以

---

[378] 朱熹:《朱子语类》卷97,页2495。
[379] 朱熹:《朱子语类》卷12、13,页207、224。

降的制度改革创造了一种分离,一种制度、有关这种制度的知识与其他语境(规范、礼仪、目的等等)的分离。科举制、两税法、双丞相制等等只是一些功能性的制度设计,它们不像三代之制那样包含道德的含义,从而被分离出原有的语境。致力于制度改革的王安石就曾慨叹说:"古者一道德以同俗,故士有揆古人之所为以自守,则人无异论。今家异道,人殊德,士之欲自守者,又牵于末俗之势,不得事事如古,则人之异论,可悉弭乎?"[380] 在儒者的眼中,汉武表彰六经,光武投戈讲艺,魏孝文欲改戎俗,唐太宗文饰治具,"皆铺张显设以为美观,非见得理义之在人心不可已处"。[381]

隋代之后,从汉文帝开始正式实行的、延续了八百年的选举制正式地为科举制所取代,以知识为主的选材标准逐渐取代了以德行为主的选择标准。唐代后期,特别是北宋时代,科举制及其内涵经历了重大的变革,它不仅成为选拔官员的途径,而且也是检验士子人格和能力的标准。在这个意义上,科举制度改变的不仅是教育和任官的体制,而且也是道德评价的前提。士大夫阶级正是据此取代贵族阶级成为社会的中间阶层。值得注意的是,在宋儒对三代之治的慨叹中,学制问题居于中心地位。马端临(1254—1323)《文献通考》记载上古到宋宁宗时的典章制度沿革,综合了宋儒的诸多观点。卷四十二考"学校",引吕东莱(1137—1181)的话并发挥说:

> 东莱吕氏曰:"先王之制度,虽自秦汉以来皆弛坏绝然,然其他如礼乐法度,尚可因影见形,因枝叶可以寻本根。惟是学校,几乎与先王全然背驰,不可复考……只举学官一事可见,在舜时命夔典乐教胄子,在周时大司乐掌成均之法……何故皆是掌乐之官掌教?盖其优游涵养,鼓舞动荡,有以深入人心处。……至于不率教者,屏之远方,终身不齿。这又见体用本末无穷。大抵学校大意,唐虞三代以前

---

[380] 王安石:《临川先生文集》第八册,卷75,《与丁元珍书》,商务印书馆,万有文库本,1929,页32。
[381] 参见康有为:《教学通义·立学第十二》,《康有为全集》(1),上海:上海古籍出版社,1987,页132。

不做官司看,秦汉以后却做官司看了。所以后世之学不可推寻,求之唐虞三代足矣。"秦汉之事当束之不观。今所详编者要当推此意。大抵看后世,秦汉一段错认教为政,全然背驰。自秦至五代,好文之君,时复能举,如武帝表章六经、兴太学,不足论;如光武为诸生投戈讲义,初建三廱,亦不足论;如后魏孝文,迁都洛阳,欲改戎狄之俗,亦不足论;如唐太宗,贞观之初,功成治定,将欲文饰治具,广学舍千二百区,游学者至八千余人,亦不足道。这个都是要得铺张显设,以为美观。惟是扰攘之国,僻陋之邦,刚明之君,其视学校若敝屣,断梗然而有不能已者,见得理义之在人心不可已处。今时学者多是去看武帝、光武、魏孝文、唐太宗,做是不知这个用心内外不同,止是文饰治具,其去唐虞三代学校却远……如南北朝虽是草创,若不足观,却不是文饰自有一个不能已处,其去唐虞三代学校却近,惜乎无鸿儒硕师发明之。这般处,学者须深考,其他制度,一一能考,亦自可见学校之所以得失。三代以上,所以设教命官,至理精义当深考……[382]

在吕氏眼中,三代礼乐与秦汉以后之制度本末完全不同,学校之制尤其如此。即使后世法度具举,不过以法制相临,完全丧失了礼乐之深入人心的道理。上述这段议论是在三代/秦汉、教/政、理义/文饰的对比关系中展开的,唯一能够体现三代学校之精义的是带有封建意蕴的南北朝。在"礼乐与制度的分化"这一特定视野之中,宋儒要求对这一制度性的评价标准进行重新审议,他们认为唐宋之际的改革(特别是九等户制、科举制和两税法的设立)产生了一系列不同于礼乐的、不适合于进行道德论证的制度,从而重新确立道德/政治评价的基本尺度就成为"礼乐与制度的分化"这一历史视野的逻辑结果。

鉴于五代武将专权的教训和门阀贵族制度的瓦解,宋代统治者建立了前所未有的庞大的文官体系和复杂的科举考试科目。据张希清统计,宋代每年科举入士的平均人数为361人,约为唐朝的5倍,元朝的30多

---

[382] 马端临:《文献通考》卷四十二,《十通》第七种,商务印书馆,1936。

倍,明朝的4倍,清朝的3.4倍,举凡大臣、近侍、边防将军、钱粮官员、知州等官均出于科举之文士。[383]通过罢"公荐"之制、确立殿试制度、推广抑制权贵子弟的"别头试"、实行"锁院"制度和糊名、誊录法等措施,宋代科举制度为地主阶级和上层农民各阶层士人提供了平等竞争的制度条件。宋代大批名臣官僚出身科举,士大夫阶级的社会地位空前提高。从俸禄的优厚到刑制的礼遇,从官职的数量到言路的空间,"宋朝对士大夫的礼遇是无与伦比的"。[384]

宋初科举承自唐代,但科目减少,贡举常科为进士、诸科、武举、童子等,而以进士科为主。蔡襄是天圣进士,在英宗朝官至三司,他描述科举取士的情形说:"择官在于取士,今之取士,所谓制科者,博学强记者也;进士者,能诗赋、有文词者也;明经者,诵史经而对题义者也。是三者,得善官至宰辅皆由此也。"[385]与士阶层社会地位的提高密切相关,进士考试重视文词、诗赋,许多出身科场的官员不但是一代名公贤相,而且也是一代儒者文人。诸科考试有所不同,它包括九经、五经、三史、三礼、三传、学究、开元礼、明法等贡举科目,基本内容是死记硬背汉唐注疏。唐代的经学正统《五经正义》在宋初科举中仍有重大影响。按《贞观政要·崇儒学》和《旧唐书·儒学上》的记载,《五经正义》的撰定起于贞观四年唐太宗的诏命,它所以采用注疏的方式,是因为当时的儒者传习师说,"儒学多门,章句繁杂"。[386]唐太宗要求孔颖达(574—648)和诸儒根据古本考定诸经,以训诂经学的方法统一汉代以来的各派经学。按《新唐书·选举志》,唐代明经取士明确归定了诸经的地位:"凡《礼记》、《春秋左氏传》为大经;《诗》、《周礼》、《仪经》为中经;《易》、《尚书》、《春秋公羊传》、《谷梁传》为小经。"[387]而明经、进士两科考试,又须"依《六典》所

---

[383] 张希清:《论宋代科举取士之多与冗官问题》,《北京大学学报》1987年第5期。
[384] 苗书梅:《宋代官员选任和管理制度》,开封:河南大学出版社,1996,页3。
[385] 蔡襄:《端明集》卷22《国论要目·择官》,页2ab,文渊阁四库全书本。
[386] 《旧唐书·儒学上》,卷一八九上,中华书局,1975,页4941。
[387] 《新唐书·选举志》卷四十四,页1160,中华书局,1975。相关论述,参见章权才:《宋明经学史》,页16—17。

举,都经过三关"。[388]经学正统与科举考试制度共同构筑了儒学的官方体系。以此为背景,针对科举考试中的经学正统的批判思潮构成了贯穿唐宋儒学的一个重要线索。从庆历新政时期颁布的《详定贡举条制》到王安石变法,改变墨守经义而主张发挥经书义理成为贡举改革中的一个重要潮流。

在上述背景下,北宋时代出现了义理之学与传注之学的尖锐对立。这里所谓义理之学主要针对科举考试中的汉唐传注之学,范围比道学广泛。道学亦为义理之学,它的兴起与批判科举制度及其内容的潮流有着密切的关系。但是,义理之学内部存在深刻的冲突,从李觏、王安石的义理之学与道学之间的尖锐对峙,下延到南宋时期陈亮与朱熹的激烈辩论,不同义理之学的分歧构成了较之义理之学与传注之学的冲突更为尖锐和持久的矛盾。李觏以《周礼》为中心,将礼解释为圣人之法制,在礼的架构中讨论政治体制、土地制度和税制问题,[389]以一种制度论的形式将道学的讨论贬低为玄谈。无独有偶,王安石(1021—1086)也同样高度重视在汉代始列为经典的《周礼》。在熙宁三年被任命为宰相之后,他随即推行新政:熙宁四年二月改革考试制度,六年置经义局,修撰《诗》、《书》、《周礼》三经义,八年颁《三经新义》于学官,"先儒传注,一切废不用。"[390]除了《三经新义》中的三篇序文之外,王安石亲自撰写了《周礼新义》。《周礼新义》序云:

> 士弊于俗学久矣!圣上闵焉,以经术造之,乃集儒臣,训释厥旨,将播之学校,而臣安石实董《周官》。惟道之在政事,其贵贱有位,其先后有序,其多寡有数,其迟速有时。制而用之存乎法,推之行之存

---

[388] 岑仲勉《隋唐史》记载说:明经初试"帖一大经(《礼记》或《左传》)及《孝经》、《论语》、《尔雅》,每经帖十条,能通五条以上者入取",二试"口问大义十条,能通六条以上者入取",三试"答时务策三道,取粗有文理者与以及第。"见氏著《隋唐史》,石家庄:河北教育出版社,2000,页182。
[389] 参看谢善元《李觏之生平及思想》第五、六、七章,北京:中华书局,1988。
[390] 《宋史·列传第八十六》,卷三百二十七,中华书局,1977。

乎人。其人足以任官,其官足以行法,莫盛乎成周之时。其法可施于后世,其文有见乎载籍,莫具乎《周官》之书。[391]

李觏、王安石均以汉代经学为途径,阐发经学义理,以作王朝改革的蓝本。在很大程度上,北宋道学对于汉唐经学的批判同时伴随着与新经学及其改革理论的对峙。我们大致可以将这一对峙概括为:新经学质疑的是科举内容对于治理国家的无用,而道学质疑的则是科举取士制度无法提供道德/政治评价的基础。

我们不妨以王安石改革及其与道学的关系为例。在北宋儒者中,从先王之意的角度批评科举弊端是普遍的看法,王安石后来因推行新政而受到理学家们批评,但他与理学家们在法先王这一点上并没有根本区别。嘉祐四年(1059)王安石赴汴京就度支判官之任,也在此任上,他给仁宗上了万言《言事书》,批评"今之法度多不合乎先王之政",要求师法先王之意("法其意")以行改革。在论及科举制度时,他对北宋实行的"贤良方正"、"茂才异等"、"进士"、"明经"、"学究"、"明法"等等给予全盘拒绝,尤其反对以父祖恩荫入仕的办法,提出了由乡党推举、朝廷审知其德、行、才、言,然后录用的办法。王安石这些看法并不孤立,他的政敌司马光、吕公著(1018—1089)、韩维(1017—1098)、程颢、孙觉(1028—1090)等均主张废止诗赋、采用经义,在他们的批评意见背后,我们可以清晰地看到一种将三代学校与隋唐科举相对立的思路。王安石的万言书云:"古者天子诸侯,自国至于乡党皆有学,博置教导之官而严其选,朝廷礼乐刑政之事,皆在于学,学士所观而习者,皆先王之法言德行治天下之意,其材亦可以为天下国家之用。"但新的取士制度只是注重博诵强记和文辞,"大则不足以用天下国家,小则不足以为天下国家之用。……今士之所宜学者,天下国家之用也"。[392]在熙宁元年的奏折中,程颢声称:"方今

---

[391] 王安石:《〈周礼义〉序》,《王文公文集》,上海:上海人民出版社,1974,页426。
[392] 王安石:《言事书》,《王文公文集》,页3—6。

人执私见,家为异说,支离经训,无复统一,道之不明不行,乃在于此。"[393]吕公著的见解也相差不远:"学校教化,所以一道德,同风俗之原。今若人自为教,则师异说,人异习。"[394]

上述对于制度的怀疑经常被放置在科举制度与古代礼乐传统(尤其是其学校之制)的对比关系之中,即认为制度的腐败和无能起源于对于传统礼乐制度的背离,从而重新确立礼乐与制度的统一关系就成为儒者们切入当代问题的基本途径。在《乞改科条制》开头,王安石说:"古之取士,皆本于学校,故道德一于上,而习俗成于下,其人材皆足以有为于世。"王安石希望复兴三代的学校制度并非文饰,但又说:"今欲追复古制,以革其弊,则患于无其渐。"[395]可见他的贡举新制仅仅是恢复古制的第一步。王安石的改革除了涉及制度改革(如在中央设立了太学内外上舍,在地方设立地方学校)外,还在内容上废除了诗赋取士和记诵传注经学,转而用经义和论策试士。在新制的有关条目中,进士罢试诗赋、帖经、墨义,改试经义、论、策,从《诗经》、《尚书》、《周易》、《礼记》五经中任选一经为本经,以《论语》、《孟子》为兼经。由于新制规定"务通义理,不须尽用注疏",从而为传注之学的衰亡和义理之学的兴起提供了制度的条件。正是在这个背景下,王安石主持《三经新义》的纂写,以恢复三代之制相标榜以完成新制改革。[396]

新制改革反映了唐宋之际价值的中心日渐从文学转向伦理,废除诗赋、重视策论显示了选官制度日益重视"能力"、"功能"、"制度"而不是"教养"、"道德"、"礼乐"。道学与新经学的冲突就是在这一制度改革的

---

[393] 程颢:《请修学校尊师儒取士劄子》,《二程集》,页448。
[394] 《宋名臣奏议》卷七十八《上神宗答诏论学校贡举之法》,页10,文渊阁四库全书本。
[395] 王安石:《乞改科条制》,《王文公文集》,卷三一,页363。王安石文中提及的改革包括三方面内容:一,进士科考试改为以经义为中心;二,分阶段废止诸科;三,西北五路对策。他的最终构想是废止科举、整顿学校制度,以太学毕业生为官僚。用近藤一成的话说,是要"实现庆历以来许多论者所反复提出的取士与养士的一元化,这是可以肯定的"。参见近藤一成:《王安石科举改革》,《日本中青年学者论中国史·宋元明清卷》,北京:中华书局,1995,页137。
[396] 关于王安石撰定《三经新义》的情况,参见章权才《宋明经学史》,页108—113。

背景之下发生的。王安石没有遵循汉儒惯例,将《春秋》列为一般举子研习和应试之经典,他重视的是作为制度之书的《周礼》,显示了他在经典与制度的关系上更注重整体性的、结构性的关系,而比较忽略历史性的、时间性的关系。熙宁四年(1071)十月,他明令所有"奏补初仕"和得替应"守选"者,均须经流内铨试断案或律令大义,然后再按等第高下分别注官。熙宁六年三月,又扩展此一规定,"凡进士诸科同出身及授试监簿人"若要注官,均须经由这类考试才行。熙宁八年七月又下令,进士高科者亦须试律令大义、断案。[397] 对《周礼》的推崇与制度变革有着密切的关系。为什么王安石要如此推重这部为王莽、刘歆用作复古改制的蓝本之用的官制著作呢?皮锡瑞评论说:"王安石创新法,非必原本《周礼》,赊贷市易,特其一端。实因宋人耻言富强,不得不上引周公,以钳服异议。后人谓安石以《周礼》乱天下,是为安石所欺。安石尝云:法先王之正者,法其意而已。此言极其通达。故知其所行法,非事事摹周也。"[398] 王安石对制度弊端的总结落在了制度与礼乐的分化这一点上,但他从事的仍然是制度性的改革。在王安石的心目中,《周礼》以官制形式所展示的理想性的制度系统提供了一种制度与道德评价完全合一的模式,从而能够为适应新的政治、经济和社会关系的新制提供道德性的论证。非常明显:王安石倡导新的义理之学有着直接的政治动机,《三经新义》的撰写体现了宋王朝试图统一对经书的解释以实行新政革新的意向。[399] 尽管王安石的出发点是三代礼乐与汉唐制度的分化,但他的制度革新和义理之学并不真正在意制度与道德的内在联系,毋宁是以制度性的实践取代儒学的礼乐论,从而在一定程度上让儒学的礼乐论落入了法家制度论的轨道。

---

[397] 相关材料见《续资治通鉴长编》卷二二七、二四三、二六六,相关讨论见邓广铭:《宋朝的家法和北宋的政治改革运动》,氏著《北宋政治改革家王安石》,石家庄:河北教育出版社,2000,页364。

[398] 皮锡瑞:《经学通论·三礼·论周礼在周时初未举行亦难行于后世》,北京:中华书局,1954,页58。

[399] 按李焘《续资治通鉴长编》熙宁六年三月的记载和陈振孙《直斋书录解题》的相关说明,《三经新义》的撰写不但云聚了一批学者,而且也体现了当时最高统治者的意志。

王安石采用的方法是改变教育内容,强化士大夫与制度(国家之用)的统一关系,但在新的制度条件下,师法三代的理想性建议难以完全落实在制度和政策之中,等到王安石自己把持权力推行熙宁变法之时,他所能做的也主要是调整科名、科目。[400] 更为严重的是,改革政策没有获得预期效果,却带出了新的问题。一方面,采用经义把太学的师生关系(私情)带进了科场,元丰二年的太学之狱就是在这种情况下发生的;另一方面,王安石废止明经、诸科,转而在进士科中采用经义的做法,仍然不能保障在传统有所不同的北方士人与南方士人之间获得平衡。通过新制革新而重构制度,统一思想和知识,并没有取得礼乐与制度合一的效果。正是针对新制所体现的事功论和新制实施过程中的那些事与愿违的情况,我们在新儒学中可以发现大量用三代礼乐对抗汉唐之法的文字。如《二程文集》卷之六收录《论改学制事目》、《回礼部取问状》以及《论礼部看详状》等文,详尽地叙述了以"利诱"和"好争"为特征的学制之蔽,力图重新恢复"庠序之礼",延揽"天下道德之士",保存礼乐的完整性。[401] 这一论述的方式影响深远,并不限于北宋时代。《象山先生全集》中就有类似的文字,如卷三一《问制科》、《问唐取民、制兵、建官》谈论唐代以降实行的科举制、均田制、租调制、府兵制和各种官制渐遭破坏或滋生弊端的情况,建议"复三代之法,期月而可,三年有成"。[402] 将求道与举业相互对立构成了道学论述中的一条内在的脉络。[403]

在这里,新旧制度的弊端同时提供了把道德与制度加以区分的极好理由——对于那些无法通过科举出仕的人而言,重新建立一种道德的尺度以确定自己的追求是一种自然的选择。在变化了的历史情境之中,以重归三代相标榜可能是一种有力的批判方式,但很少有人真的认

---

[400] 参见邓广铭:《北宋政治改革家王安石》,页51—52。
[401] 《二程集》,页562—576。
[402] 陆象山:《陆象山全集》,北京:中国书店,1992,页231—232,233—235。
[403] 伊川为明道作行状说:"先生为学,自十五六岁时,闻周茂叔论道,遂厌科举之业,慨然有求道之志。……明于庶物,察于人伦,知尽性至命,必本于孝悌,穷神知化,由通于礼乐。"《二程集》,页638。

为三代之制能够成为现实的方案和尺度。如果新制的倡导者以国家社稷之用相标榜,那么,怀疑者就必须确立一种新的道德源泉,它既能够体现三代的道德理想,又不是简单地将三代之制作为具体的变革方案。天理世界观正是这一历史夹缝中的产物:一方面,它恢复了道德评价与秩序的内在联系,另一方面,它又没有将这一合一的道德评价方式直接地放置在制度关系之中,从而将自身放置在以皇权为中心的制度一边。在这里,能够体现三代之制的精义的秩序已经被抽象化为一种内在的本质——它的表达方式是"理"、"性"和"心",等等,而通达这一内在秩序的途径也不再是照搬和诠释经学,而是格物或格心以致知。只有通过格物穷理才能把握道德的精义、也只有能够格物穷理的人——而不是制度评价所确认的人——才能获得道德的合理性。这一独特的道德论证方式使得道学不仅区别于新学制度论,而且也区别于这种制度论所依赖的经学形式:经学及其训诂学方法的核心是追寻古代的礼及其与当世制度的关系,期待古制的复兴,而道学家们大多不再把经书中的内容视为能够沿用于当世之礼,他们更注意追究和思考经书的思想或精神,进而产生了否定汉唐、复兴古代的复古思想。在两宋道学的发展中,四书的地位逐渐超过五经,这与宋代儒者注重经义而非传注考证的态度一脉相承。

理学与新学的冲突的确与新、旧党之争密切相关,因此历来有学者把理学视为名豪大族的意识形态。但是,党争发生在青苗法实施之后,与贡举改革无关。理学家们虽然多与新政相对立,但他们代表的是地主士大夫阶级的社会舆论,或者说是作为地方精英的"士"的政治诉求,并没有对于熙宁变法采取全盘否定态度。正是从实际政治问题出发,朱熹肯定王安石变法"合变时节","熙宁更法,亦是势当如此。"[404]他本人的著作中存在着大量的经世作品。他与陈亮辨王霸义利,也是对王安石与道学家们的分歧的遥远的回应,其中隐含的问题是如何估价汉唐制度(特别

---

[404] 朱熹:《朱子语类》卷130,页3101、3097。

是吏治)与道的关系。[405] 这里的关键是:批评现实制度不合三代法度并不意味着必须恢复三代之制,而是以"自然之理势"为据构筑新的制度形式,从而弥合制度与礼乐之间的分裂。因此,问题并不在是否重视事功,而在究竟以什么为基础确立道德/政治评价的前提。理学体现了伴随制度改革而产生的伦理判断方式的变化。新政革新实际上顺应着唐代后期以来的历史变化,它的强烈的制度改革的倾向改变了礼乐与制度的传统关系,因而也改变了道德判断的方式:把道德判断的根据确定在制度与功能层面,从而构成了与道学所推崇的儒家礼乐论的冲突。朱子承认变法有"势不容已"的根据,但又强调变法本身不合"三代法度";[406] 但他并不要求简单地回复三代旧制,以求得制度与礼乐的同一关系,而是以道德涵养为根本的为学处世的方式,要求"读书史、应事物之间,求其理之所在而已"。[407]

正是这一以"理"为中心的道德论与王安石、陈亮(1143—1194)等人的王霸事功论构成了真正的分歧。王安石的王霸论包含着道德/事功合一论,而道学家们却更倾向于把事功与道德分离开来,因为道德渊源于"理"这一内在于万物而又不等同于万物的范畴,而不是王霸及其政治制度本身。朱子批评浙东学派的王霸论掩盖了历史中的天理,而洞悉天理的唯一方式是反身穷理:"浙中一般学,是学为英雄之学,……全不点检身心。某这里须是事事从心上理会起,举止动步,事事有个道理。一毫不然,便是欠缺了他道理。"[408] 在以唐虞三代之制批评汉唐以降的制度改革的氛围中,道学提出的核心问题是:新制是功能性的制度,而不是包含了道德意义的礼乐。在制度本身不再提供道德资源的情境中,对道德的

---

[405] 钱穆在论述朱陆异同时谈及浙东学派对宋学正统的冲击,他认为其学术根源可以上溯到北宋荆公温公的经学和史学的分岐。他发挥朱子的话说:"象山只注意在人心哀敬上,东莱重史学,似乎更注意在墟墓宗庙上。故朱子要说,伯恭失之多,子静失之寡。"而陈亮、叶适对朱学的攻击也涉及对历史的看法,他们认为道是从人事现实中生,不承认道可以离人事现实而独立。因此,这一路人更注意研究汉唐制度,尤其是吏治。见《象山龙川水心》,《中国学术思想史论丛》(五),页266—269。
[406] 朱熹:《朱子语类》卷130,页3098。
[407] 朱熹:《答陈师德》,《朱子全书》第23册,页2671。
[408] 朱熹:《朱子语类》卷116,页2801。

追究却变得更为强烈的了,从而宋儒面临了双重的困境:一方面,道德评价不得不诉诸一种超越于现实的制度关系的力量,另一方面,汉唐宇宙论所假定的超越于现实制度的天又恰恰从属于现实制度本身,从而宋儒必须在这一从属于政制论的宇宙论之外发现道德论证的资源。这就是天道观和天理概念得以成立的基本前提:天理、天道是一种超越而又内在于宇宙万物的绝对真理。道德判断中的认识作用和内在性转向是从道德与制度已经分离这一历史判断中产生出来的。

从道德论证的角度看,与其说道学家们更接近于孔子遗教,倒不如说王安石更像是周代传人,因为他把道德与制度看作是完全统一的关系。但为什么王安石反而被看作是背离了儒学精髓的人呢?这是因为在儒学视野中,所谓制度与礼乐的关系反映着封建与郡县的历史演变,制度论是以皇权为中心的郡县制的合法性理论,而道学家们把体现宗法封建的礼乐视为道德/政治判断的依据。在这里,时势已经成为内在于天理的要素。这就是儒学正统主义和历史观的政治核心。朱子所谓不合"三代法度"的批评只有置于这一语境中才能理解。钱穆归纳王安石的王霸论说:

> 依荆公理论,则道德神圣皆即事业。大事业始是真道德,真神圣。佛家以法身为主,依法身而有报身应身,是谓由真转俗。荆公则恰来一倒转。以大人为主,依大人而有圣人神人,则为由俗显真。何以大人即为圣神,事业即为道德,其本在心地。……荆公新政即本此等见解,故青苗均输持筹握算,不害其为王政。[409]

又说:

> 若以二程比之荆公,则荆公虽论性道而更重实际政事。二程鉴于熙宁新法之流弊,故论学一以性道为先,而政事置为后图,……[410]

---

[409] 钱穆:《初期宋学》,《中国学术思想史论丛》(五),页8。
[410] 钱穆:《二程学术述评》,《中国学术思想史论丛》(五),页114。

更为准确地说,理学家与新学的冲突不能被归结为性道与政事之先后问题,而应被理解为两种不同的道德评价方式的矛盾。隐藏在这两种道德评价方式背后的,是它们把皇权及其政治制度置于何种道德地位的分歧。在这个意义上,宋代以降的儒学理论中所谓"实然"与"应然"、"事实"与"价值"的对立产生于关于历史演变的道德/政治判断,即礼乐与制度的分化。

5."内外"想像:南北问题、夷夏之辨与正统观念

在宋儒那里,礼乐与制度的分化表现为现实制度与理想秩序的差别,而理想秩序直接地表现为一种复古的正统观念。这一正统观念不仅能够提供儒者判别礼乐与制度的具体条目(何为制度,何为礼乐),而且还能够建立一种看待制度的判断标准。为什么礼乐与制度的差别需要诉诸正统或道统意识呢?

首先,宋学的正统观、宇宙论及其"知识主义"是在隋唐以降的三教合流的文化氛围中产生的,而三教中真正居于主导地位的是佛教。历经唐朝的灭亡、五代之乱离,以及宋朝立国之后与北方民族的长期对抗,宋代思想要求以儒学统一儒释道三教、扬弃以文字注解为主的汉唐训诂学,并综合复古的倾向和探究真知的努力于一体。正是在与佛、道二教和汉唐经学的斗争中,理学家把"天"置于一种宇宙论和形而上学的框架之中,建立肯定世界的世界观,使之成为统摄宇宙论、自然观、人性论和修养论的基本范畴。这一方式有着古老的根源。[411] 从理学与二氏的关系来看,我们需要注意下述两个方面的问题:第一,理学的观念不是对这些思

---

[411] 新近发现的郭店楚简《成之闻之》篇即以天道论的方式论证求己问题。简文计十段,从君子身教、治民之术、返求诸己、取信于民等方面专论"求之于己"的重要性。最后两段把君子治人伦看作是顺从天德、君子"求之于己"是顺应天常。若从"天降大常"语观之,则天仍含有主宰之天的意味,但从求己以顺天的逻辑看,则"天德"、"天常"带有自然之德或自然规律的含义。参见廖名春:《荆门郭店楚简与先秦儒学》,《郭店楚简研究》,《中国哲学》第二十辑,页52。

想资源的简单复制,相反,它在汲取这些资源的同时包含着对这些资源的反抗和过滤。王夫之说:"庄、老言虚无,言体之无也;浮屠言寂灭,言用之无也。而浮屠所云真空者,则亦销用以归于无体。"[412] 宋儒要想从"本然全体"上击倒佛、老,就必须在宇宙论和本体论上破"无"立"有"、由"虚"返"实",建立一个在体系上与佛、老相对抗的肯定感性现实世界的世界观及其道统谱系。[413] 第二,理学对于佛教、道教的排斥和批判并不仅仅停留在单纯的观念论层面,我们可以在日常生活的礼仪和风俗的演变中看到激烈的斗争。佛教出世主义不仅以抽象的哲理与以孝为中心的宗法伦理进行斗争,而且渗入到家庭内部的仪式如丧葬等活动之中,构成了对传统家庭礼仪的重要威胁,从而辟佛并不是抽象的理论斗争。唐代晚期,李翱(卒于844年前后)著《去佛斋论》一文,批评佛教使"夷狄之风而变乎诸夏",他针对的就是杨垂的《丧仪》,其中有对"七七斋,以其日送卒者衣服于佛寺,以申追福"等佛教仪轨的描述。[414] 在宋代以前,儒者和朝廷官员很少直接关心普通百姓的家庭和宗教实践,但宋儒在发展和更新他们的儒教伦理之时,发现他们不得不与许多日常的习俗进行斗争。按照伊沛霞(Patricia Ebrey)研究,这些新的习俗包括婚俗(嫁妆等)和墓地祭祖仪式(如火葬、祭祖仪式中画像的使用、和尚在葬礼中的角色等等)的变化等。在宋代,人们在坟地祭祀,同宗的亲戚也在春节时于此聚会,坟墓成为祖先崇拜的最为重要的场所。宋儒深知把坟地作为仪式场所并无文献上的根据,但他们力图把这种新的风俗与儒教的"孝"的观念

---

[412] 王夫之:《张子正蒙注》卷九,《船山全书》(一二),长沙:岳麓书社,1992,页362。

[413] 这一特点也体现在北宋道学所依据的经籍上:《论语》、《孟子》和《荀子》并未成为主要文献,《易经》以及受道教影响的"图书"(据河图洛书以言象数)派之易学、《礼记》之《中庸》、可能出于曾子之《大学》成为主要的资料。除了孔孟原典缺少宇宙论和本体论兴趣,宋儒重新发现了儒学典籍也可能是另一原因。张载就曾谈及佛老二氏攻击儒学"有用无体","以为大道精微之理,儒家 所不能谈,必取吾书为正",北宋儒者因而觉得"'吾之六经未尝语也,孔孟未尝及也',从而信其书,宗其道,天下靡然同风,无敢置疑于其间。"(《张载集》,中华书局,1978,页4—5。引文为范育《正蒙》所撰序)侯外庐正是据此认为辟佛的宋儒经常"不是佛学的批判者,而是批判的佛学者"。

[414] 李翱:《去佛斋论》,《全唐文》卷637,上海:上海古籍出版社,1990,页2846。

结合起来。朱子的《家礼》及程颐的更早的议论就表现了这种取向。但是,另外的一些佛教习俗则很难被儒教吸收,例如火葬。火葬在10至14世纪一直很流行,这一仪式不但与传统儒教的仪式差别甚远,而且它所内含的超度的观念也与儒学的世俗价值相互冲突。司马光、程颢和朱熹均对火葬深表震惊,认为这是一种野蛮的习俗。[415]北宋道学关于宗法和祠堂问题的大量讨论在某种意义上可以看作是对上述习俗作出的直接反应。理学的宇宙论、心性论与它的仪式主义有着内在的联系,而这种联系的方式我们也可以从佛教哲学与它的仪式和习俗的联系中找到。

针对佛教在礼仪实践中的影响,道学家重新查核先儒的教导和古代的礼仪,夷夏之辨在确立正统潮流的过程中扮演了重要角色。韩愈《原道》推尊孟子,特引《大学》,提出了"道"的概念,并以孔子之道力辟释老之说,为宋代新儒学的出现提供了历史线索。韩愈的"道"论最终归结为对道统的追溯或建构,而不是对"道"本身进行哲学式的追问。单一明确的道统线索包含着直接的政治意义,即以此拒绝佛老的正统地位,重新奠定儒家之礼仪和制度。正由于此,韩愈辟佛是在夷夏之辨的范畴中展开的。在佛教东传的历史中,我们可以找到若干利用儒学夷夏之辨反对佛教的例证。例如:西晋王浮的《老子化胡经》以旧闻贬损佛教;东晋蔡谟以"佛者夷狄之俗,非经典之制"排诋佛教;[416]南朝宋末顾欢崇老黜佛,以为"佛是破恶之方","道是兴善之术",前者为夷俗,后者为华夏之正统。[417]韩愈的论说方式与此有着明显的连续性:"佛者,夷狄之一法耳,自后汉时流入中国,上古未尝有也。""佛本夷狄之人,与中国言语不通,衣服殊制,口不言先王之法言,身不服先王之法服,不知君臣之义,父子之情。"[418]"今也举夷狄之法而加之先王之教之上,几何其不胥而为夷也。"

---

[415] See Patricia Ebrey, "Women, Marriage, and the Family in Chinese History," in *Heritage of China: Contemporary Perspectives on Chinese Civilization*, ed. Paul S. Ropp (Berkeley: University of California Press, 1990), pp. 214-215.

[416] 《晋书》卷七七《蔡谟传》,页16b,文渊阁四库全书本。

[417] 《南齐书》卷五四《顾欢传》,页10a,文渊阁四库全书本。

[418] 韩愈:《论佛骨表》,《韩昌黎文集校注》,页613—616。

"斯道也,何道也?曰:斯吾所谓道也,非向所谓老与佛之道也。尧以是传之舜;舜以是传之禹;禹以是传之汤;汤以是传之文、武、周公;文、武、周公传之孔子;孔子传之孟轲。轲之死不得其传焉。……"[419]在这个意义上,道统说是和区别夷夏的社会政治动机密切相关的。李翱的《复性书》引证《中庸》、以礼乐为尽性之方法、对《大学》格物致知说加以阐发,但他也与韩愈一样将"道"追溯为一线单传的统系,并以自己为孟子的继承者。冯友兰认为这一道统说受到禅宗传述的宗系的重新启发:禅宗以为佛之心传经历代佛祖,一脉相传,直至弘忍和慧能,而韩愈、李翱以及宋代新儒家也谈论孔门传授心法,并连接起上述谱系。[420]在这个意义上,认定《中庸》与思孟学派的关系并不能为宋明理学找到一线单传的正统根据,理学确立自身的过程始终包含着排斥性的观念。

其次,在夷夏之辨的正统主义的框架内排斥佛、老,呼应了唐宋之际南方与北方的历史冲突。北宋从建国伊始即面临北方和西部民族的压力,始终没有能力收回燕云十六州。北宋王朝北临契丹(辽)、西临党项(西夏)、河西则有吐蕃和回鹘,与西北少数民族的和与战成为北宋时代社会生活中的重要事件,甚至云南大理也对宋朝构成了挑战。1115年女真建立金国,1125年灭辽,1127年北宋颠覆,从此开始了偏安南方的南宋王朝与雄踞北方的金朝的长期对峙。直至统一的蒙古国兴起,并于1234年灭金,南宋王朝从未摆脱源自北方的威胁。1279年,南宋亡于蒙古之手。从公元四世纪的永嘉之乱或晋室南迁与公元十二世纪的靖康之难或宋室南迁,中国历史中两度出现了南北对峙的时代,士大夫阶级有着强烈的分辨夷夏的意识。宋代经学中除《易》、《礼》为大宗外,《春秋》学极为兴盛,《宋史·艺文志》中著录北宋《春秋》学著作竟达一百二十八部之多。被称为道学先驱的"宋初三先生"和其后的知名大儒欧阳修、孙觉、苏辙(1039—1112)等均有《春秋》学著作,两宋之际的胡安国(1074—1138)更是宋代《春秋》学的代表人物。在道学家中,程颐著有《春秋传》、

---

[419] 韩愈:《原道》,《韩昌黎文集校注》,页17—18。
[420] 冯友兰:《中国哲学简史》,北京:北京大学出版社,1985,页298。

张载著有《春秋说》、杨时著有《春秋说》。南宋时代,朱熹未著专门的《春秋》学著作,但他著于孝宗时期的《资治通鉴纲目》却是一部类似《春秋》的著作。他的弟子李方子评论该书云:"义正而法严,辞覈而旨深,陶铸历代之偏驳,会归一理之纯粹……"[421] 在这部著作中,"会归一理"与辨别夷夏的正统主义有着内在的联系,如朱熹释"讨伐"例云:"凡正统,自下逆上曰'反',有谋未发曰'谋反',兵向阙曰'举兵犯阙'。""中国有主,则夷狄曰'入寇';……中国无主,则但云'入边'。""凡正统,用兵于臣子之僭叛者曰'征'、曰'讨';于夷狄若非其臣子曰'伐'、曰'攻'、曰'击'。"[422] 他在《壬午封事》中说:"为天下国家者,必有一定不易之计。而今日之计,不过乎修政事攘夷狄而已矣。"[423] 两宋《春秋》学的重心是尊王攘夷,前者适应着中央集权政治的发展,而后者则因应两宋时代尖锐的民族冲突。胡安国的《春秋传》师承孙复和程颐,以尊王攘夷为中心阐发大一统、正人伦、恤民固本、伸君抑臣、诛乱贼、严夷夏之防以及复仇问题,构筑了一个完整的春秋学体系。[424] 正是在这一思想背景之下,道学对佛、老二氏的排斥与尊王攘夷的观念发生了内在的联系。

然而,同样谈论夷夏之辨,道学家的讨论仍然注重如何形成德政、辨别邪正,从而他们在对外斗争之中经常将夷夏关系放置在内部问题之中。这与注重功利效果的儒者对"中国"与"夷狄"所作的明确的空间区分有所分别,如陈亮云:"臣窃惟中国,天地之正气也,天命之所钟也,人心之所会也,衣冠礼乐之所萃也,百代帝王之所以相承也,岂天地之外夷狄邪气之所可奸哉!不幸而奸之,至于挈中国衣冠礼乐而寓之偏方,虽天命人心犹有所系,然岂以是为可久安而无事也!"[425] 在这个"中国"与"夷狄"

---

[421] 李方子:《资治通鉴纲目后序》,《御批资治通鉴纲目》卷首下,页7,后序,文渊阁四库全书本。
[422] 朱熹:《御批资治通鉴纲目》,卷首上,页38,文渊阁四库全书本。
[423] 朱熹:《壬午封事》,《朱子文集》,台北:财团法人德富文教基金会,2000,页348。
[424] 关于两宋《春秋》学和胡安国《春秋传》的讨论,参见章权才:《宋明经学史》,页151—181,203—208。
[425] 陈亮:《龙川文集》,四部备要本,卷一,1页上。

的对峙关系中,南宋"中国"的问题主要是在空间上的偏安,换言之,夷夏关系直接地体现为空间上的内外关系。这种从空间关系上将夷夏绝对化的看法也影响到他在时间上注重三代与汉唐之间的联系和连续性,目的是维持对于后代制度的肯定性态度。道学者的论述方式有所不同,他们在三代礼乐与汉唐制度之间构成对比,并以复归三代礼乐制度作为批判汉唐时代形成的各种制度的根据,因此,夷夏关系作为一种道德和礼仪关系不仅存在于内外之间,而且也包含对"中国的"后世制度本身的评价,即夷夏关系不仅存在于内外之间,而且也存在于"中国"内部。例如,唐宋之际的田制和税法改革密切地联系着土地兼并促发的社会矛盾,以及皇权与贵族争夺人口和赋税的持久斗争,而新制度的根源往往源自北方。道学家们批评汉唐制度有违三代之封建、井田和学校的原则,认为它仅仅是一种功能性的制度安排,而不具备道德含义。如果将这一批评与所谓南方礼乐和北方制度的区分相联系,我们可以清楚地观察到这一批评方式中所内含的以南北关系为中心的正统意涵。换言之,正统的观念不仅需要在南北关系、族群认同和文化权力的斗争中进行理解,而且还需要在礼乐道统与制度革新的关系中加以诠释。在这个层面,南北问题不仅是一种民族冲突或内外夷夏的问题,而且已经是如何评判社会制度的合理性和合法性问题。

以天理为中心的理学谱系与现实的制度及其评价体系存在着深刻的紧张,这是因为理学家们对于科举、税法和土地制度的批判采用了重修谱牒、再建礼仪和追慕三代的思想方式,表达了一种从礼乐正统出发批判(外在的和外来的)制度的意味。陈寅恪对隋唐制度的研究是对多民族的郡县制国家的形成过程的观察,他注意到隋唐"文物制度流传广播,北逾大漠,南暨交趾,东至日本,西极中亚,而迄鲜通论其渊源流变之专书,则吾国史学之缺憾也",并将隋唐制度溯源于(北)魏、(北)齐、梁、陈和(西)魏、周等三大渊源。[426]在《唐代政治史述论稿》开篇,他引《朱子语

---

[426] 陈寅恪:《隋唐制度渊源略论稿》,上海:上海古籍出版社,1982,页515。

类》卷一一六所云:"唐源流出于夷狄,故闺门失礼之事不以为异",[427]用于说明唐代习俗与北方民族的关系,从另一方面揭示了宋代儒学的节操观与北方民族风俗南下的互动关系,亦即夷夏之防的意识如何转化为一种保守的伦理意识。汉魏时代寡妇守节的风俗与区分汉人与鲜卑有关,因为守节被看作是一种传统的德性,这一南朝风俗也为宋儒所继承。根据霍尔姆格仑(Jennifer Holmgren)的研究,宋代妇女再婚的比例很高,寡妇守节的风行在明清时代才达到高潮,宋代政府和道学家把守节作为一种传统德性加以大力倡导、鼓励和奖赏是和区分夷夏风俗直接相关的。[428]歌舞伎和上层妓女的缠足之风起源于晚唐,在宋代开始流行,伊沛霞(Patricia Ebrey)认为这与宋代文化崇尚儒雅的士大夫风尚有关,即在尚雅的男性文化的影响之下,需要构造更为柔弱和儒雅的女性文化。[429]

宋代社会的较为成熟的郡县体制密切地联系着这一时代的族群关系、长途贸易和军事冲突,它的官制、田制和科举制均为沿袭前朝、略作改革的结果,深受北方制度文化的影响。道学家们出于各种原因批评这些制度,而质疑这些制度的合法性和合理性的有效手段之一,便是诉诸正统的观念,以礼乐正统对抗汉唐制度的权威性,并在这一对比中暗示这些制

---

[427] 陈寅恪:《唐代政治史述论稿》,上海:上海古籍出版社,1982,页1。

[428] 霍氏指出这种道德主义与新的财产关系的调整相呼应,促成了后代对于妇女再婚的法律限制和伦理约束:妇女再婚即不能取得她们的嫁妆。她认为这一习俗源自蒙古。按蒙古习俗,丈夫的家族可以将寡妇再嫁给丈夫兄弟,目的是将妇女财产保留在家族范围内,而上述法律即在蒙古习俗影响下形成的。这一论点是否成立,尚待进一步论证。See Jennifer Holmgren, "Widow Chastity in the Northern Dynasties," in *Papers on Far Eastern History* 23 (1981):165—86,185—86; "Observations on Marriage and Inheritance Practices in Early Mongol and Yuan Society: With Particular Reference to the Levirate," *Journal of Asian History* 20 (1986):127—92.

[429] Patricia Ebrey, "*Women, Marriage, and the Family in Chinese History*," in *Heritage of China*, pp. 220—221. 类似的情形在清代也有明显的例证:在异族统治的初期,汉族士大夫对于气节、道德和礼仪的推尊达到了极为苛严的程度。女性特征及其贞操观念成为民族意识的一个部分。例如,清廷曾多次规定废除妇女缠足,并制定相应的惩罚措施,但均未奏效。

度本身不过是有违三代之夷制而已。以土地制度为例,南朝的占田、公田、课田承续了汉代公田和屯田的传统,因此可以说,土地制度由汉经魏晋,再传南朝,有着内在的连续性;而北朝的情形却很不一样,因为它的均田法虽然也以公田、屯田和课田为基础,但在制度形式上却是一种有力的土地公有制度,与汉代土地的大量私有化的情形有所不同。这种土地制度在北方民族成为统治者之后始行颁布,构成了隋唐时代以降土地制度的基本前提。唐朝以公田、屯田、课田为基础,承续并发展了北朝均田制的形式。这是在北方的游牧部落首先实行,而后传播到其他地区的土地制度。在孝文帝确立均田制度之前,拓跋魏就有过计口授田的事实,如《魏书·食货志》说:"既定中山,分徙吏民及徒何种人、工伎巧十万余家以充京都,各给耕牛,计口授田。"[430]《魏书》本纪如《太祖纪》、《太宗纪》以及《恭帝纪》也有类似记载。值得注意的是:初期的政府佃客全部是汉人,而鲜卑部族则别列户籍,这一民族区别直到隋朝才逐渐消除。在一定程度上,北魏时代的六镇起义就是因为那些沦为贱役的鲜卑贵族对于均田制等制度改革的不满。[431] 很明显,均田制及其征税办法是和集权国家的官僚行政组织的发展相伴随的,中央政府试图以此安置流民就业,使之成为政府的佃客或农奴。但在意识形态上,这一制度的创设却需要孟子井田制和《周礼》中的均田制作为合法性证明。杨炎两税法改革同样包含了中央政府与贵族争夺户口和赋税的斗争,宋代儒者在三代之井田与汉唐之田制的框架中论述其缺陷,与上述过程一脉相承。在这样的历史语境中,通过确立"天理"的尺度,以对各种历史制度进行审慎地评价,从而在郡县条件下重新确立封建的精神,构成了道学赋予自身的历史任务之一。

天理及其相关主题提供了构建一种道德共同体的思想资源,而复古的取向、尤其是道统的追溯本身也为这一道德共同体提供了区别于其他社会群体的历史根据。"士"以天下为己任的道德承担在一定的条件下可以转化为对于道德共同体的历史命运的责任感。正是在这一逻辑之

---

[430] 《魏书·食货志》,北京:中华书局,1974,页2849—2850。
[431] 杨向奎:《试论东汉北魏之际中国封建社会的特征》,《绎史斋学术文集》,页58—61。

下，理学有可能转化为一种准民族主义的资源。但是，从理学的内在逻辑来看，这一转化仍然主要集中在一种道德主义的取向之内（如仁政或德政的养成），从而区别于被人们称之为"功利主义儒家"的儒者，后者把军事行动及其策略置于解决危机的中心地位。这两种不同的现实取向植根于两种不同的夷夏之辨。

第六节　天理与"自然之理势"

尽管"礼乐与制度的分化"这一认识框架带有浓厚的复古主义和正统主义倾向，但宋儒对于三代的追慕仍然是以承认历史变迁为前提的。天理这一概念本身即蕴含了对时势的理解：既是对时势的抗拒，又是对时势的包容——在宋儒这里，时事日渐被"自然之理势"所取代。天理的观念如果能够得到充分发展，就会与对最好的礼乐制度的思考完全吻合，因为两者都包含了按照自然的理势对究竟何为正当和至善进行判断的内涵。这就是天理的政治性，但这种政治性也可以被解读为它的自然本质。中央集权的政府形式、形式化的考试制度和选官制度、更为自由的税法和商业关系、发达的长途贸易和货币政策、世袭贵族制度的彻底瓦解、地主制的确立和士在社会生活中的地位的大幅度提高，构成了宋代社会体制的主要特征。道学批评这一体制丧失了先秦礼乐的精神，但并未要求完整地恢复三代之制，而是企图在郡县制国家内部恢复封建的精义。"理"这一范畴为损益、评价和探求合适的制度、规范和礼仪提供了根据。天理与郡县制国家的紧张关系，以及天理世界观所内含的对于三代礼乐的想像关系，都使得以天理为中心的宋代思想不可能简单地落入所谓"国民主义"的框架内——虽然它对郡县制国家的批判本身包含了对于郡县制国家的历史合理性的确认。

在这个意义上，天理世界观包含着一种面向历史变化的开放姿态，时势本身构成了天理的内在要素。在与程亮的辩论中，朱熹曾经批评陈亮通过否认三代和汉唐的区别使三代降低到汉唐的水平,以至让后者觉得他将古代与近世历史绝对地区分开来。[432]南宋时代的这场著名的王霸论战更强化了人们的这一印象。然而,朱熹更为重视的是人的内在品质,在他看来天理人欲不必求王伯之遗迹,毋宁求索于吾心义利邪正之间。这一判断方式本身即包含了对时势变化的承认。朱熹说:"使夫子而得邦家,则将损益四代以为百王不易之法,不专于从周也。"[433]又说:"若夫古今之变,极而必反,如昼夜之相生,寒暑之相代,乃理之当然,非人力之可为者也。是以三代相承,有相因袭而不得变者,有相损益而不可常者,然亦唯圣人为能察其理之所在而因革之,是以人纲人纪得以传之百世而无弊。"[434]"察其理之所在而因革之"之"理"变成了对历史变迁所内含的合理性的确认。因此,道学家们追慕三代,却没有直接地提出三代之制作为道德评价的客观基础,而是重构天理的概念作为道德的根源,因为后者能够帮助我们洞察历史变化的趋势并产生出顺应这一趋势的意志。

《朱子语类》卷139记载朱熹对陈仲蔚问柳宗元论封建的回答,以"自然之理势"等范畴为郡县取代封建的历史提供了合法性:

> 子厚说"封建非圣人意也,势也",亦是。但说到后面有偏处,后人辩之者亦失之太过。……且封建自古便有,圣人但因自然之理势而封之,乃见圣人之公心。且如周封康叔之类,亦是古有此制。因其有功、有德、有亲,当封而封之,却不是圣人有不得已处。若如子厚所说,乃是圣人欲吞之而不可得,乃无可奈何而为此!不知所谓势者,乃自然之理势,非不得已之势也。[435]

不是封建,也不是郡县是"自然的",而是封建取代更早的制度、郡县取代封建的历史过程是"自然的"。这里用合于"自然之理势"(或"势不容

---

[432] 参见田浩:《功利主义儒家:陈亮对朱熹的挑战》,页96—97。
[433] 朱熹:《答黄直翁》,《朱子文集》卷44,页1986。
[434] 朱熹:《古史余论》,《朱子文集》卷72,页1297。
[435] 朱熹:《朱子语类》卷139,页3303。

已")来描述圣人之意和封建之建立,等于将历史变迁本身纳入道德合理性的论证之中。如果秦击败六国、郡县取代封建均为自然之理势使然,那么追慕三代的宋儒就不能以三代封建的体制本身作为道德评判和政治想像的根据。[436]"秦既鉴封建制之弊,改为郡县,虽其宗属,一齐削弱。至汉,遂大封同姓,莫不过制。"正是从这个角度,朱熹肯定熙宁变法也"势有不容已者",他所批评的仅仅是变法本身"但变之自不中道"。[437]从朱子批评熙宁变法的这两句话我们可以推断:第一,变法是必然的,从而不能以三代封建之陈规指斥变法;第二,"变之自不中道"表明变法本身不能体现历史和道德评价的价值,这里需要一个内在于历史变化而又不能等同于具体变化的自然法则作为评判的标准。自然概念包含了对自然与不自然的区分,而能够帮助人们损益天下变化或区分自然与不自然的即"理",所谓"合天地万物而言,只是一个理","万一山河大地都陷了,毕竟理却只在这里"。[438]从士绅、贵族和皇权的关系来看,理所体现的道德系统是和郡县制度下士绅阶级及其代表的历史趋势密切相关的。

"天道"、"天理"概念一方面直接地标志着道德论证与制度的脱离,另一方面又以恢复礼乐为目的。对礼制的追慕和重申既是对日益脱离礼乐而发展的"制度"的抗拒,又是对"乡约"和"礼制"的必要性的论证,其目的是重新发展以血缘和地缘关系为基础的伦理关系。道学家们关心的是道德评价与制度评价之间的关系问题,他们要求将三代之礼乐转化为一种内在尺度和道德实践的方法。这个实践不是简单地复古,而是通过格物致知,获得对于正确的、合当的、恰如其分的事物之理的认识,从而达到与理的合一。以三代之治对抗汉唐之法,这一论述方式显示出道学家们不是汉唐之际门阀豪族的代表,而是崛起之中的庶族地主利益的传人。在这个意义上,他们对宗子法及其谱牒之学的怀念与其说是要恢复贵族

---

[436] 针对分封与郡县之争,朱熹明确地评论说:"周自东迁之后,王室益弱,……至秦时,是事势穷极,去不得了,必须如此做也。"
[437] 朱熹:《朱子语类》卷24,页599。汤福勤曾在对朱子"史学思想"的探讨中详细地分析理、势等范畴在朱子历史观中所起的作用。参见汤著《朱熹的史学思想》,页23—31。
[438] 朱熹:《朱子语类》卷1,页2、4。

制,不如说是要形成新的社会体制——道学是一种郡县条件下的以宗族、乡约和较为完善的王朝体制为现实基础、以天理或天道为超越的原则的道德理论。与孔子一样,道学家们强调道德的秩序是人的实践的结果,但对孔子而言,圣王典制构成了理想秩序本身,而宋儒对三代礼乐的追溯却是达到天理或理的方法。孔子的伦理学的内在紧张存在于他所理想的三代之制与现实秩序之间,而天理世界观的内在紧张则存在于超越而又内在于万物的理与现实秩序之间。

在作了上述解释之后,让我们回到天理之成立这一更具有哲学意味的命题上来。如果按照朱熹所说,山河大地塌陷也不能影响理的永恒存在,则理是一个纯粹的"存在"领域,与物的世界分属两个世界;在这个意义上,天理概念将汉代宇宙论支配下的天道观转化为一种内在的法则,从而严格地在道德评价中将"实然"与"应然"区别开来。然而,道德理论中的这一命题究竟是普遍的法则,还是历史关系的产物?若干世纪之后,在18世纪的欧洲启蒙运动之中,"实然与应然的不可通约性"构成了近代欧洲伦理学的普遍法则,迄今仍然是困扰西方政治理论、伦理学和形而上学的中心问题。麦金太尔在评论欧洲伦理思想中的事实与价值的冲突时说:"由于取消了道德戒律和事实上的人性之间的任何联系而造成的道德特性的变化,在18世纪道德哲学家们的著作中已有所表现。尽管……各个思想家都试图在其正面论证中把道德置于人性基础之上,但他们在各自作出的反面论证中都走向这样一种越来越无限制的主张:没有任何有效论证能从纯粹事实性的前提中得出任何道德的和评价性的结论"。[439]他把这一近代伦理学法则与贵族制的衰败联系起来,并断言:仅仅是在"这种古典传统在整体上遭到基本否定时,道德论证的特性才被改变,从而落入某种形式的'是'前提中得不出'应该'结论这一原则的范围之内。"亦即只有在把人视为先于和分离于这全部角色的独立个体时,才可能不再把"人"作为功能性概念。[440]在这个意义上,实然与应然的冲突或

---

[439] A. 麦金太尔(Alasdair MacIntyre):《德性之后》(*After Virtue*, p. 56),页72。
[440] 同上书,页75。

事实与价值的悖论是欧洲近代个人主义文化的产物。然而,我们早已从宋代天理观的成立过程中看到了某种相似的逻辑,上文即是将理展开为一种历史形式的尝试。

把道德论证从制度规范中分离出来,与其说是一个哲学问题,毋宁是一个历史问题。先秦儒学的道德论证始终体现了一种包含了内在的本质和目的("仁"、"人心")的人概念,但这种内在的本质和目的不是抽象的本质,而是礼乐制度所体现的客观价值。我们可以说一个不具有这种本质、目的的人就很难称之为人,我们也可以说一个不能在礼乐制度中找到自己的客观位置的人就很难称之为人。人和仁正是在这一意义上存在着基本的同一性。从孔子的视野出发,道学家们将所处时代的道德危机解释为礼乐与制度的分化,进而抨击礼乐的形式化、政治制度及其法规与乡约及其血缘伦理的分途、以皇权为中心构筑从上至下的官僚行政制度与以乡约和士绅阶级为基础构筑封建的社会统治的歧异。他们试图对历史关系进行总结,以弥合制度与礼乐的矛盾,并在个人的道德实践中达到与天理的合一。在宋儒的世界中,"礼乐与制度的分化"构成了一个观察历史和现实的道德/历史视野,我们与其把它视为一个历史事实问题,毋宁看作一种历史想像和历史理解问题。通过三代之治与汉唐之法的对比,他们揭示了现实的制度评价与道德评价之间的矛盾。在这个意义上,天理世界观的成立与特定的历史条件和历史动力密切相关:超越以皇权绝对主义为中心的君权神授的天命观念,超越以品级性伦理和门阀豪族体制为中心的礼仪关系,超越郡县条件下的制度评价体系,以一种整体性的、理一分殊的秩序观为前提寻求和论证新的伦理和政治模式。

因此,摆脱礼制论的框架讨论道德问题不是由于北宋道学发现了实然与应然的二律背反这一普遍伦理法则,而是由于如下双重的历史条件:第一,礼乐与制度的分化、特别是科举制和官僚制度的发展,改变了礼乐体系中人与制度的关系,由制度所提供的社会身份和角色不再能够提供道德评价的客观基础和自我理解的礼仪条件;第二,"新阶级"(庶族地主和士绅)拒绝承认传统的贵族制度及其道德正当性,又需要为新的地主制和宗法制提供道德的理论基础,从而构想一种摆脱传统礼制论和天命观的道德评价方式变得极为迫切。[441]礼乐在先秦儒学中代表了一种伦理/政治的法则或规范,而在道学中却是明心见性的"致诚"方法。在天理世界观的框架内,人道的最终根源不是现实秩序中的位置,而是人与天理之间的关系,从而发展一种内在的道德实践方法成为理学家们关注的重要问题。由于"理"内在而又超越,经验世界中的事物及其秩序未必合于该事物的内在的本质或自然,从而"物"的世界与"理"的世界被区分开来了。又由于物与理(或理与气)的区分,"即物穷理"的认识论构成了理学的中心问题,并引发了理学内部的长期争论。在理学的范畴内,认识论问题是道德/政治评价问题的延伸,而道德/政治评价又是一个与内在性密切相关的问题。正是在这个意义上,宋明时代的儒学是一种"性理之学",它已经从一种规范伦理学或制度伦理学转变成为一种道德/政治领域的"形上学"、"心理学"和"认识论"。但是,在这一"性理之学"的背后始终存在着一种有关"礼乐与制度分化"的复古主义的历史视野,而这个历史视野与现实政治之间存在有力的互动关系,从而重构礼乐、政治和经济关系以作为道德判断的客观前提的努力构成了"性理之学"的另一面。

如果建立在应然与实然的区分之上的道德论述标志着某种现代伦理学的起源,那么,天理即是对这一区分的社会基础和历史条件的激烈批判;然而,恰恰是这一批判性的理论本身预设了理/气二元论,从而将克服二元论的分割设定为此后儒学的道德/政治论述的中心课题。在这个意义上,建立在礼乐与制度的分化这一复古主义历史视野之上的天理观本身恰恰提供了实然与应然相互区别的理论论述。我们现在可以转向理学知识论中的理与物的分野说明这一问题。

---

[441] 这一转变的知识基础也是清楚的:从宇宙论方面看,宋明理学在批判汉代儒学及其人格性的天观的同时,在思想和典籍两方面承续了汉代思想的宇宙论兴趣;从心性论方面看,它以儒学的入世观念批判佛教出世观,但也汲取了佛学对主体及其自由的理解。程颐在《明道先生行状》中谈及程颢的一段话可以说是最为精要的概括:"泛滥于诸家,出入于老释者几十年,返求诸六经而后得之。"《河南程氏文集》卷十一,《二程集》,页638。

第二章

物的转变：理学与心学

> 所谓致知在格物者，言欲致吾之知，在即物而穷其理也。
>
> ——朱熹：《大学章句》

第一节 "物"范畴的转化

伴随着天理的成立，古典宇宙论的模式发生了以理气二分为中心的重大变化；程朱以降，不是理、道、太极等有关起源与本体的概念，而是"格物"这一在儒学思想中处于次要地位的主题，成为儒学反复争论的焦点。理学与心学的分化，宋学与清学的殊途，以及儒学内部的其他一些更为细微的差异，几乎均与对这一主题的不同理解有关。这是为什么？

在天道/天理世界观的思想体系里，由于理与气的区分，出现了一个新的概念，即作为事实的"物"概念；又由于这一区分，产生了一个新的主题，即格物致知。"物"与"格物致知"当然不是全新的词汇，但在宋代思想的发展中，它们获得了不同以往的意义。从逻辑上说，"物"的转变源自"气"这一宇宙论概念的转变，而"气"概念的转变则源自"理"概念的确立。中国古代的气概念与阴阳有关，二者均为地理名词，但又非纯地理概念。《汉书·艺文志·数术略》："形与气相首尾，亦有有其形而无其气,有其气而无其形,此精微之独异也。"[1]在古代一元论的宇宙观中,天地宇宙与礼乐制度完全一体,不能将之区分为两个不同的领域。《天官书》云:"天则有日月,地则有阴阳。"[2]太史公以天地同构,列宿与州域并举,从而将天文、地理、制度与礼仪一并放置在精气的范畴之内。在另外的段落中,司马迁还赋予天象与地理以历史变化的含义,将上古至秦汉的时势变迁——如中国与外国、华夏与四夷的关系——纳入阴阳形气的转化之中。饶宗颐将甲骨、金文等资料与《国语》、《左传》等材料相互印证,说明与"形气"相关的天地现象均与"德礼"相关,此亦为佐证。"'德礼'既成为一专词,在《春秋》之世,'礼'亦赋予新之天地意义,与周初之'文'一词,具同等重要位置。"[3]三事(天德—厚生、人德—正德、地德—利用)为德礼之三大目的,而从正德、利用、厚生三事的角度观之,六府(水、火、金、木、土、谷)亦属德礼的范畴。形气/德礼之间不存在宋代理气二元论式的关系。

在先秦儒学的想像和实践之中,礼乐秩序以天为中心和根据,从而礼乐制度本身即天意的展现。在事实评价(形气)与价值判断(德礼)完全合一的语境中,我们很难发现那种纯粹的、孤立的作为事实的"物"范畴。在礼乐范畴中,"物"以类相属,是自然/本然之秩序的呈现,如《周礼·夏官·校人》:"辨六马之属,种马一物,戎马一物,齐马一物,道马一物,田马一物,驽马一物。"郑玄注:"谓以一类相从也。"[4]《左氏春秋》:"百官象物而动",杜《解》曰:"物犹类也……百官皆象其物类而后动,无妄动

---

[1] 《汉书》,北京:中华书局,1962,页1775。
[2] 《史记》卷二十七,中华书局本,页1342。
[3] 饶宗颐:《阴阳五行思想有"形"、"气"二原与"德礼"关联说》,《中国史学上之正统论》,上海:上海远东出版社,页285—288。关于文与礼的问题,请参见本书第三章有关顾炎武的论述。
[4] 李学勤主编:《十三经注疏·周礼注疏》,北京大学出版社,1999,页859。又,《周礼句解》卷8,载宋·朱申解:"一物者谓以一类相从也。"文渊阁四库全书。

也。"〔5〕《正义》曰:"类谓旌旗画物类也。百官尊卑不同,所建各有其物象。"〔6〕在这里,自然之分类与制度之分类是完全一致的,从而自然之评价与制度之评价也是完全一致的。礼乐的功能和意义以这一自然观为前提。《周礼·春官·大宗伯》:"以礼乐合天地之化、百物之产,以事鬼神,以谐万物,以致百物。"〔7〕一方面,礼乐能够让万物处于一种和谐的关系之中,从而"物"或"百物"不是孤立的、客观的事实,而是处于一定的关系、制度、秩序、规范之中的"物";另一方面,礼乐之能如此,又根源于人神相通的宇宙论前提。《礼记·中庸》:"诚者物之终始。"郑玄注:"物,万物也。"〔8〕《礼记·乐记》:"其本在人心之感于物也。"孔颖达疏:"物,外境也。"〔9〕诚为宇宙之本性和物之终始,而这也是礼乐的本性和终始,从而"人心之感于物"能够直接地成为乐的根源。如果礼乐秩序亦即宇宙之秩序,那么万物之"物"也就是礼的规范,所谓"百官皆象其物类而后动"可以说是这一判断的最好注解。《周礼·地官·大司徒》:"以乡三物教万民,而宾兴之。"〔10〕"三物"即六德(知、仁、圣、义、忠、和)、六行(孝、友、睦、姻、任、恤)、六艺(礼、乐、射、御、书、数),从而"物"概念与一整套礼制规范的范畴有着无法分解的关系。由于"物"与"诚"一致,而"诚"为自然的本性,从而"物"即自然秩序的呈现;又由于礼乐直接地体现了自然的秩序(以礼乐为天),从而体现自然秩序的"物"亦即礼乐/制度之

---

〔5〕《左传杜林合注》卷19,页11a。文渊阁四库全书。
〔6〕《春秋左传注疏》卷23,页8b。文渊阁四库全书。
〔7〕 有关礼乐与万物的这种合一关系,还有许多例证。裘锡圭辑录了《周礼》、《尚书》、《吕氏春秋》和《淮南子》中若干以乐致物的例证。如《周礼·春官·大乐》:"以六律、六同、五声、八音、六舞,大合乐以致鬼神示……凡六乐者,一变而致羽物及川泽之示,再变而致蠃物及山林之示,三变而致鳞物及丘陵之示,四变而致毛物及坟衍之示,五变而致介物及土示,六变而致象物及天神。"见裘锡圭:《说"格物"》,《文史丛稿——上古思想、民俗与古文字学史》,上海:上海远东出版社,1996,页8—9。
〔8〕 李学勤主编:《十三经注疏·礼记正义》,北京大学出版社,1999,页1450。
〔9〕 同上,页1076。
〔10〕 李学勤主编:《十三经注疏·周礼注疏》,页266。

规范。[11]在这个意义上,"物"包含了规范的意义。张载之学能够在气一元论的框架中追求"以立礼为本"的道学目标,正是根源于这一极为古老的宇宙论与"德礼"之关联。[12]

但是,由于物与自然的关系取决于物的状态,物与自然的关系存在着变数,亦即我们可以根据自然概念将"物"区别为自然之物与非自然之物。在周人以礼乐为天的氛围中,庄子认为仁、义、礼均为自然的状态,但他坚持说:如果有意去"为仁"、"好义"和"行礼"反而是反自然的和伪善的根源,从而现实之礼乐并不能体现天意。这一判断可以归纳为两个层面:第一、仁、义、礼均为自然之物,从而自然之物与仁、义、礼是同构的;第二,一旦人为因素破坏了自然秩序,仁、义、礼即成为不自然的"物",亦即不具有道德含义(宇宙本性)的事实。因此,庄子在这里构筑了自然之仁、义、礼与非自然之仁、义、理的对立。他进一步说:"'失道而后德,失德而后仁,失仁而后义,失义而后礼。礼者,道之华而乱之首也。'……今已为物也,欲复归根,不亦难乎!"[13]"为物"的结果是物失去在自然秩序中的应然位置,从而"为物"之"物"已非"自然的"存在。在这里,自然即仁、义、礼的状态,非自然即非仁、非义、非礼而又以仁、义、礼的形态出现的状态。按照这一逻辑,"自然"范畴与应然秩序的概念密切相关,而"非自然"则表示应然秩序的紊乱,后者仅仅是不具有应然、本然、自然意义的事实。我们也许可以在前述排比句的最后加上"失礼而后物"的说法:仁、义、礼一旦脱离了自然本性就会转化为不具备道德含义和价值之"物"——在这里,反仁、反义、反礼亦即反自然,而反自然意义上的"物"

---

[11] 例如《易·系辞下》:"仰则观象于天,俯则观法于地……近取诸身,远取诸物,于是始作八卦。"(同上,《周易正义》,页298。)物在这里与身相对,但它被组织在象、法等抽象的概念之中。关于先秦"物"的用法,章太炎有《说物》一文,见《太炎文录初编》卷一,《章太炎全集》(四),上海:上海人民出版社,1985,页40。

[12] 宋明理学中的"气"是一个极为重要的范畴。关于这一范畴,海内外许多儒学学者已经做了仔细的分析和梳理。这里限于论题和篇幅,不能全面讨论气这一概念的形成和发展,但需要说明的是:本章所论"物"的变化是在宋明理气论的形成和变化中发生的。

[13] 《庄子·知北游》,见《庄子集释》,郭庆藩撰,北京:中华书局,1961,页731。

即与自然之应然状态相脱离的、作为事实的"物"。

尽管庄子的看法被归于道家的范畴,但他所陈述的天道自然、礼乐秩序与物的转化这三者之间的关系其实正是理学的先声。理学的一个突出特征是将成德的问题与认知及其程序的问题密切地联系起来。正是这一联系构筑了理学道德论述中的一个争论不休的问题,即道德与认知的关系问题。所谓实然与应然、事实与价值的悖论是在道德论述与认知问题的内在连接的过程中被构筑出来的。由于将道德评价从礼乐论的范畴中抽离出来,评价过程与对礼的客观陈述不再是同一的,从而应然与实然或价值陈述与事实陈述从合一转向了对立,即事实陈述(如制度系统提供的客观评价)与道德评价(对于个人道德状况的评价)之间不再具有必然的关系。从认知的角度看,所谓与价值判断完全分离的事实陈述必须预设作为事实的"物"概念,即一个与规范、价值、判断无关的范畴。这是一个与在古典礼乐体系中的"物"概念完全不同的范畴。在理学体系内,作为事实的"物"概念源于礼序的异化:当礼乐制度不再体现天意(天理、本性)之时,礼乐制度也就不再具备道德评价的能力,从而礼乐制度及其设定的规范、形式等就会从评价的体系中飘逸出来,并成为不具有道德含义或价值的事实范畴。程颢《定性书》云:"夫天地之常,以其心普万物而无心,圣人之常,以其情顺万事而无情。故君子之学,莫若廓然而大公,物来而顺应。"[14]他把"仁"解释成与物同体,与庄子的看法是接近的。这与孔子仅在人心人事上说"仁"相去已远。二程、朱子之后,格物致知被置于道德实践的中心位置,恰当地说明了道德实践已经不能与对"物"的认知、体悟分离开来理解。

在这个意义上,儒学范畴内的"物"的转化源于道德评价方式的转变。孔子礼乐论的道德判断建立在礼乐体系的"分位"观念之上,而宋儒天理观的道德判断需要"天理"提供客观基础。宋儒将《论语》、《孟子》的礼乐论和人性论与《中庸》、《大学》所提供的宇宙论和知识论密切地关联起来,从而在孔孟儒学中的作为礼仪规范的"物"概念逐渐地演变为天

---

[14] 程颢:《答横渠张子厚先生书》,《二程文集》卷二,《二程集》,页460。

理框架中的作为一种认识/实践对象的"物"概念。在孔子的礼乐论的框架内,礼乐、制度、规范和行动都是在天的内在秩序之中展开的,从而礼乐、制度、规范和行动自身即是应然之秩序。然而,在天理世界观的范畴内,现实的礼乐、制度、规范和行动与天理之间有着深刻的鸿沟,它们既不体现应然秩序,也不能等同于应然之理,从而成为理与物的二元关系中的"物"。理与气、理与物的分野意味着道德评价与事实评价的分离,也意味着由物寻理的认知实践在道德评价中所具有的重大意义。这里略举一例。《诗》曰:"天生烝民,有物有则,民之秉彝,好是懿德。"这里所谓"物"与《周礼》中"三物"的用法相似,故与"则"同义,都表明特定的制度、行为和规范,或者说物即礼乐规范。程颢在解释这段话时说:"故有物必有则,民之秉彝也;故好是懿德。万物皆有理,顺之则易,逆之则难。各循其理,何劳于己力哉。"[15]有物必有则并不等同于物即是则。程颢将"物"解释为万物,并在"万物皆有理"的范畴内谈论"物",从而懿德不是遵循物之规范而是顺应内在于物之理。根据前者,"物"包含了由制度所规定的道德价值,根据后者,"物"是一种内含了天理却又不同于天理的事实范畴。与程颐、朱熹的理气二元论有所不同,程颢的上述解释带有天道观的深刻印记,但这里有关"顺理"的提法已经将"物"从礼乐体系抽离出来,成为一种宇宙万物意义上的"物"概念。

对"物"的不同解释实际上体现了道德理解的变化,即从礼乐论向宇宙论或本性论转变。在上述《诗经》的例子中,道德评价包含了具有三重因素的结构:人、每一个人置身其间的礼仪(物,则),以及构成了人和礼乐之目的天或帝。作为一种道德体系,这一结构的特点是:人由天所生,天意直接地呈现为"物"和"则",从而人随顺天意的方式即服从体现了天的意志、命令和规范的"物"与"则"。与此相对照,在宋代思想的框架中,"物"不再是一种礼仪制度的规范,以及由此规定的人的行为的内在目的,而是宇宙或自然的、有待自我实现的"物"。在上述转变中,作为事实的"物"上升为重要范畴,同时作为物的认识者和运用者的人(而不是一

---

[15] 程颢:《河南程氏遗书》,第十一,《二程集》,页123。

般礼仪实践者的人)也上升为重要范畴。这一过程是儒学摆脱礼乐论的道德框架的过程。朱子曰:

> 问:虎狼之父子,蜂蚁之君臣,豺獭之报本,雎鸠之有别,物虽得其一偏,然彻头彻尾得义理之正。人合下具此天命之全体,乃为物欲气禀所昏,反不能如物之能通其一处而全尽,何也?
>
> 曰:物只有这一处通,便却专。人却事事理会得些,便却泛泛,所以易昏。
>
> 问:枯槁之物亦有性,是如何?
>
> 曰:是。他合下有此理。故云:天下无性外之物。
>
> ……
>
> 问:枯槁有理否?
>
> 曰:才有物,便有理。天不曾生个笔,人把兔豪来做笔。才有笔,便有理。
>
> 又问:笔上如何分仁义?
>
> 曰:小小底不消恁地分仁义。[16]

人、物,以及人为之物均各有理,这一判断以"天下无性外之物"为前提。按照"性即理"的判断,天下无性外之物的另一表述即天下无理外之物。但是,理一分殊、物各有理的命题不能等同于物即理的命题,恰恰相反,物各有理的判断正好表达了物与理的区别。

在儒学道德论述的转变中,如果没有对礼乐/制度框架的怀疑,"物"就不可能蜕化为事实范畴;如果不能预设一个隐藏在物背后的秩序(天理或性),也不能出现"格物致知"范畴中的物概念。尽管在其他道学家的论述中也已经蕴含了相似的命题,但格物致知的主题仍然是程朱理学的特色。例如,邵雍在《皇极经世》(卷一一、一二)中反复提及"天地亦万

---

[16] 《御撰朱子全书》卷四十二,性理一,性命条,页31a—32a,文渊阁四库全书本。此条部分内容又见《中庸或问》,《朱子全书》第6册,上海古籍出版社,2002,页551。

物也"、"人亦物也,圣亦人也",力图在"物"的范畴中发现和理解人的地位和价值。他的主观论中包含着"认识"的因素。[17]但是,这里所谓"认识"不是指在主客关系之间展开的认识和研究活动,而是一种反思式的活动,亦即邵雍所谓"反观"——"反观"既不以建立一种人与万物的对立关系(即所谓认识论的关系)为条件,也不以形成一种"以我观我"的反省式的关系(即现代思想之自我意识及其延伸)为前提,"反观"要求的是"以物观物"。以物观物与程朱之格物穷理都以达到所谓"总体之客观"为目的,[18]但其前提是有所区别的:后者清楚地预设了"格"与"穷"的主体和客体,前者却没有说明物与理的区别——所谓以物观物即要求以物的眼光来看待物,而不涉及"物"与"物之性"的分化。

天、地、人等"物"范畴最终从属于"天"或"理"这一内在的本性或正确的秩序。在以天理为中心的世界中,尽管"物"范畴的实在性大大增强了,但"物"并没有完全脱离价值范畴——在这个新的物概念中,价值成了一种内在的和有待实现的范畴。[19]作为宇宙和世界的本质,"天"、"天道"、"天理"均不能通过对于宇宙实在或现实制度的描述而自然呈现,但又内含在宇宙实在或现实制度之中。在朱熹的世界中,事物或个体各有自身的"分殊"之性、道理或"太极",正是这些性、道理或太极使得"物"之类属性成为可能。如果物与其类属性的合一预设了一种至善与和谐的

---

[17] 正由于此,钱穆把邵雍之学概括为"新人本位论":"非离人于物言之,乃合人于物而言之。即就物的范畴中论人,即于物的范畴中发见人之地位和其意义与价值。"他还认为,正是"物"范畴的重要性,使"康节于象数外实别别有见地,其得力在能观物,此一派学问,在中国颇少出色人物。"见氏著《濂溪百源横渠之理学》,《中国学术思想史论丛》(五),台北:东大图书公司,1978,页60—61。

[18] 钱穆:《濂溪百源横渠之理学》,《中国学术思想史论丛》(五),台北:东大图书公司,1978,页62。钱穆比较康节与朱子说:"康节主性情分别论,亦主以理观物论。此与朱子之格物穷理,似乎本末倒置,惟朱子亦主莫不因其已知之理而益穷之,则朱子仍是以理观物也。"这都与庄子的以道观物有所不同。

[19] 钱穆比较孔孟的性命与宋儒的天理,认为两者其实很接近。但"惟孔孟从性命向下言到道,便把物的一部分忽略了。宋儒从性命向上言到理,则物的位置便显。横渠《西铭》言,民吾同胞,物吾与也,大抵孔孟注重前一语,不注重后一语。易系传言形而下,亦举器不举物。此亦先秦儒与宋儒不同处。惟中庸多言物,故宋儒言孔孟,必兼阐及于中庸。"见氏著《程朱与孔孟》,见《中国学术思想史论丛》(五),页206。

宇宙秩序的话,那么,这一"物"概念与机械论自然观支配下的事实概念仍然是有距离的。近代欧洲道德理论中的实然与应然的矛盾产生于双重的分离:一,以机械论的和实证论的秩序观为前提,将事实范畴从价值论中分离出来构成一个独立的领域,二,以自我论的内在性概念为前提,将道德范畴从制度论中分离出来构成一个超越的领域。在理学的语境中,这两个条件至多只是部分的存在:天理概念及其秩序观将事实与价值以一种内在的方式关联起来,从而道德认知的过程并没有彻底摆脱礼制论的框架,只是这种礼制论现在只能以一种内在性的方式来获得表达。因此,从历史的角度看,不是实然与应然的矛盾,而是礼乐论的道德论向天理观的道德论述的转化,构成了宋明理学的中心问题,前者不过是从后者中衍生出的问题。上述道德论述的转变必然影响宋儒对于学术方法的观点:认知的实践包括了校订、考证、注疏等经学方法,但又不能用校订、考证或注疏的方法来加以界定,因为经学方法以复原古代典制及其具体分位为取向,理学方法则试图在一种宇宙秩序关系中通过对万物和自身的本质的知来获得天理——尽管天理必须通过对"物之理"的认知来把握,但"物之理"并不同于物(包括形式化的礼乐制度)本身。从注疏考证向格物(或格心)、格心和穷理的转变不是一个单纯的方法论转变,而是道德评价方式转变的后果。牟宗三曾经从天道观和性理之学的立场将礼教称之为"外部的",从而清晰地说明了宋明理学已经将个人的道德状态从礼乐关系中抽离出来,并与天理或天性直接地关联起来。[20]

"物"范畴的转变对于确定"格物致知"的含义具有关键性的作用。我在上一章已经论证:唐宋之际发生的身份制度的变化与道德论证方式的转变之间存在着某种相互呼应的关系,即由于新的制度方式(如科举取士制

---

[20] 牟宗三对宋明儒学之"新"的解释可以说从另一方面印证了上述看法。他拈出五点"新"意,其核心观点是:先秦及汉代儒学虽然涉及了践仁知天(孔子)、尽心知性知天(孟子)、"天命之谓性"(《中庸》)、"乾道变化,各正性命"(《易传》)以及"明明德"(《大学》)等命题,但却未能明确地提出仁与天之合一、心性与天之合一、天道性命通而为一、天道实体内在于各个体而为其性等等命题。牟宗三:《心体与性体》,上海:上海古籍出版社,1999,页14—15。

度、土地制度及官制)并不必然地保证制度内部的成员的道德状态,制度本身也就不再能够成为道德评价的客观性基础。例如通过举业而官居高品的人并不见得就是一个道德的人。在这种情况下,道德论证在一定意义上恰恰表现为对于制度框架的否定。但这种否定不是简单地表现为对制度的批判,而是表现为在天理观的框架内重新建立规范与事实、伦理与制度之间的统一关系。道德判断与制度的分离起源于制度本身的异化,而在天道观和天理观的框架内重建道德根据的目的是重构道德判断与秩序之间的关系——这个秩序不是现实存在的事物所构成的秩序,而是这些事物的本性所构成的秩序。总之,由于道德论证的背景条件的转变,道德结论无法像以前那样被合理地论证了。这就是朱子之格物致知论的起源。

道德不再以礼制规范(流品、分位、名器)为客观性基础,而是以天道或形而上学的天理预设为客观性基础,这一转变构成了天道和天理概念在儒学思想中的独特地位:道德论证不再在道德与制度之间进行,而在人与天道或天理的关系中进行。从逻辑上看,天道和天理概念的瓦解可能来自两个方面:第一,如果这一概念再度与现实秩序产生了紧密的联系,天理概念就会丧失其超越性;第二,如果对天理的论证或把握需要诉诸一种摆脱了任何价值含义的"事实"范畴,那么,道德论证就不可避免地陷入实然与应然的矛盾。天理的形而上学性质既无法通过现实的道德和政治实践提供共同的或客观的标准,也不能通过经验的或实证的方式获得论证:天理的客观性依存于人与天的关系的独特的论证途径。因此,理学面临的基本困难是:一方面,它对以礼制或分位为基础的道德论证的超越并不是对礼乐制度的否定,毋宁是对礼乐制度与其内在本性的合一的一种要求;在理学制度化和正统化的过程中,理学对于礼乐制度的批判会不会指向理学自身呢?另一方面,理学不断地诉诸理、性、气、物等范畴对僵化的礼制论进行批判,从而把格物致知置于道德论证的中心,那么,这种"格物"的实践会不会最终从道德评价的视野中分离出来而成为纯粹的认知实践,进而导致整个理学大厦的坍塌呢?这里有必要提及的是:近代科学世界观对于理学的致命攻击建立在原子论的"事实"或"物质"概念之上,它们是古典的"物"概念彻底"去魅"的产物。

第二节 格物致知论的内在逻辑与知识问题

二程对"物"的解释遵循着事理一致、显微一源的原则。一方面,他们注重随事观理,拒绝把事物之本性或天理视为一种外在的规范;另一方面,他们又认为"事"、"物"之"理"是内在的,从而"事"或"物"本身不能直接地等同于规范本身。"物之理"或"物之性"的概念提示了认知的必要性和可能性。如果物各有理,那么,一,格物穷理的含义不可能离开"物"及其特殊的情境来把握;二,格物穷理的目的并不以"物"为宗旨,而是以恢复"物之理"为宗旨。

"物"概念和格物致知命题的重要性集中体现在宋儒对于《大学》的反复论辩与解释之中。《大学》原为《小戴礼记》之一篇,宋代始独立刊行。韩愈的《原道》、李翱的《复性书》均倚重《大学》作为弘扬儒家义理、判别儒与佛的重要文件。北宋司马光亦以格物新解分析道德衰败的根源。[21]但是,直到二程以"入德之门"和"为学次第"论述《大学》的意义,《大学》在理学中的地位才真正确定。他们整理篇次,重修定本,为朱子与后儒反复改订《大学》、重新诠释其意义开辟了先河。朱子说:"子程子曰:'《大学》,孔氏之遗书,而初学入德之门也。'于今可见古人为学次第者,独赖此篇之存,而《论》、《孟》次之,学者必由是而学焉,则庶乎其不差矣。"[22]在朱子看来,《大学》源自三代大学之教法,其功能是通过礼乐秩序保留仁、义、礼、智的先天之性,"而其所以为教,则又皆本之人君躬行心得之余,不待求之民生日用彝伦之外,是以当世之人无不学。"为学次

---

[21] 关于《大学》改本在理学、考据学与政治三者关系中的作用,参见黄进兴:《理学、考据学与政治:以"大学"改本的发展为例证》,《优入圣域:权力、信仰与正当性》,台北:允晨文化实业股份有限公司,1994,页352—391。
[22] 朱熹:《四书章句集注》,北京:中华书局,1989,页3。

第的根据是礼乐秩序的结构,从而唯有循序渐进,才能"无不有以知其性分之所固有,职分之所当为,而各俛焉以尽其力。此古昔盛时所以治隆于上,俗美于下,而非后世之所能及也!"[23]《大学》通过"为学次第"的表述把身、家、国、天下连接在一起,其最初的根据与礼制论有着密切的关系。但是,朱子认定三代之礼乐已经荡然无存,从而必须另觅蹊径,通过格物追究天理或先天之性,这样才有可能恢复礼乐的精神。正由于此,他明确地把"格物致知"从《礼记》中独立出来,并同《易传》中的"穷理尽性"相结合,使之成为理学方法论的重要范畴。[24]在他拟订的三纲领、八条目中,格物、致知具有为学次第上的优先地位。

朱子学的众多方面具有内在的联系,其核心是以天理为存在根据展开求得天理的程序和过程。根据《大学章句序》的表述,朱熹的"物"概念和"知"概念没有彻底偏离伦理道德行为和伦理道德知识的范畴,从而很难用实然与应然的区别来描述这两个范畴。但格物致知论的确包含着对物的认识。朱熹不喜欢谈论"病根"、"本原"、"心之全体",认为只有通过具体的物的探究才能把握天理。如果把朱子与孔子相比,"物"在朱子思想中的重要性是显而易见的。孔子曰:"五十而知天命",朱注:"即天道之流行而赋予物者,乃事物所以当然之故也"。钱穆评论说:"命为天道,可谓是孔子意,但谓其赋于物,似与孔子意不同。孟子言性,亦仅言人性,中庸始兼及物性。……今朱子言事物所以当然之故,则命赋于物,即在物内,命在物自身而不在外,即亦无命可言。"[25]这是极为精确的观察。朱子论知与行,取知先行后,原因在于行之依据在礼序,而"及周之衰,圣贤

---

[23] 同上,页1。
[24] 一般而言,朱子为《大学》作格物补传,目的不是整理典籍,而是为重新确立道德论证的前提和途径提供经典依据。朱子在《名堂室记》中说,他把《易》之"敬以直内,义以方外"作为"为学之要",却不知从何着手。"及读《中庸》,见其所论修道之教而必以戒慎恐惧为始,然后得夫所以持敬之本。又读《大学》,见其所论明德之序而必以格物致知为先,然后得夫所以明义之端。"(《朱子全书》,第 24 册,页 3732)关于《大学》与理学之关系,尤其是朱子《大学章句》补格物致知传之情况,陈来《朱熹哲学研究》(北京:中国社会科学出版社,1993)一书有详尽考订。此不赘。
[25] 钱穆:《程朱与孔孟》,见氏著:《中国学术思想史论丛》(五),页206。

之君不作,学校之政不修,教化陵夷,风俗颓败",[26]如果不能从格物致知开始,怎么才能找到"行"的根据呢?我们可以把这一问题视为格物致知论的根据。

朱子言格物,其最后结论见于《大学章句》之格物补传:

> 所谓致知在格物者,言欲致吾之知,在即物而穷其理也。盖人心之灵莫不有知,而天下之物莫不有理。惟于理有未穷,故其知有不尽也。是以大学始教,必使学者,即凡天下之物,莫不因其已知之理而益穷之,以求至乎其极。至于用力之久,而一旦豁然贯通焉,则众物之表里粗精无不到,而吾心之全体大用无不明矣。此谓物格,此谓知之至也。[27]

综合诸说,朱子的格物致知论包含了下述几个要点:首先,"格物致知"是朱子理学体系的有机部分,它要解决的问题是"理"的自我回归。"理"是宇宙本原和最高伦理道德原则的本体,它经由"气"而派生了万物,所谓"理"的自我回归就是指它如何通过世界万物重新回到自身。但这个回归仅仅是逻辑上的过程,而不是从外到内的过程,因为按照性即理的意思,性无内外,理无内外,天下无性外之物,无理外之物。因此,尽管格物致知的直接表述是人对每一事物的"理"的认识过程和认识的诸形式,但在理学结构中却只是本体"理"自我复归的过程。在这个意义上,"格物致知"是"理"达到自己与自己合一的不可缺少的环节。

其次,理与物的上述关系既为认识过程提供了先验的结果,又为这一过程规定了道德实践的含义。这里所谓道德不是单纯的、如同现代社会作为特定的合理分化的道德领域,因为人伦之理法与庶物之条理之间没有应然与实然的区别。所谓"性即理"的要义即在天为理、在人为性。朱熹在《大学章句》文末强调他所作格物补传"乃明德之善",最终把格致之功归结为使"吾心之全体大用无不明"的道德境界,从而表明格致既是学

---

[26] 朱熹:《四书章句集注》,页1。
[27] 钱穆:《朱子新学案》(中),巴蜀书社,1987,页707。

问之道,更是正心诚意、明明德、止至善的基本方法。在这里,朱熹远离了西周时代"德"概念与礼制的紧密联系,而把"德"解释为一种内在的、建立在宇宙论框架内的道德境界。用他自己的话说:"所谓格物云者,河南夫子所谓'或读书,讲明义理,或尚论古人,别其是非,或应接事物而处其当否',皆格物之事也。"[28]"为此学而不穷天理、明人伦、讲圣言、通世故,乃兀然存心于一草木一器用之间,此是何学问?"[29]格物致知是一种主体的道德实践("心工夫")、一种对于内在本性的反思,而不仅仅是对宇宙万物的认知。因此,明末王塘南说:"朱子之格物非逐外,而阳明之良知非专内";钱穆甚至提出了"朱子心学"的概念,用以批评那些仅仅从知识取向来理解朱子学的观点。[30]但是,格物致知论所预设的道德实践与象山的那种把对家族的爱、哀、敬钦之心扩大于世界宇宙有所不同,"朱子则凝视家族、村落、国家、世界的一切矛盾,为了解决其矛盾起见,而产生主知的穷理学。"[31]

第三,所谓"格物"包含"即物"、"穷理"和"至极"三个方面,这一为学次第以"穷理"为中心。朱熹认为理与气是宇宙和人类的要素,如果理是一种内在的本质和条理的话,那么,所谓"气"则是构成物理的物质和人类的感性存在(感情、感觉、欲望等)。朱子发展了二程的"理一分殊"思想,认为天下万事万物均有一般与个别的理一分殊关系("天下之理万殊"),这种"分殊"不仅指事物的共时性关系,而且指历史的变化和事物的多样性。"一物不理会,这里便缺此一物之理",人心自然之知不等于

---

[28] 朱熹:《答赵民表》,《朱子文集》卷六十四,页3220—3221。
[29] 朱熹:《答陈齐仲》,《朱子文集》卷三九,页1649。
[30] 钱穆说:"朱子所论格物工夫,仍属一种心工夫,乃从人心已知之理推广到未知境域中去"。人心已知之理如慈孝、不忍之心、礼乐制度、治平之道,以至宇宙造化,种种物理现象均包括在内,所谓"理一分殊"也含万物皆属一理的道理,理不离事,亦不离心,理在物中,而皆为吾心所能明。(钱穆:《朱子新学案》(上),巴蜀书社,1986,页93。)钱穆有《朱子心学略》一文,详尽讨论朱子心学的若干命题及其与陆王心学的关系。见《中国学术思想史论丛》(五),页131—158。
[31] 赤冢忠、金谷治、福永光司、山井涌:《中国思想史》,张昭译,台北:儒林图书公司,1981,页247。

穷理之后的知;"理有未穷,知有不尽",非经即物穷理而至其极的切实功夫,不为透底彻骨之真知。正由于此,朱子高度重视"今日格一件,明日又格一件,积习既多,然后脱然自有贯通处"的"次第工程"。[32]"格物之论,伊川意虽谓眼前无非是'物',然其格之也,亦须有缓急先后之序,岂遽以为存心于一草木器用之间而忽然悬悟也哉?!"[33]他在知识上特别强调对"理一"的认识必须经过经验知识的积累和体验,在伦理方面又注意必须经由特殊的具体规范上升到普通的道德原理。因此,尽管"穷理"的最终目的是把握天理,但这一过程本身却广泛地涉及具体事物的性质和规律;"为学次第"中的"即物"是格物致知的不可或缺的环节。

第四,如果我们把即物穷理与理一分殊等范畴综合起来考虑,那么,"格物"的要义就在于把握具体事物的特殊的"理"。所谓"豁然贯通",指的不仅是心之知与物之理的合一,而且也是对事物之理与理本体的合一状态的洞察。理学的认知方式并不是以一种明确的分类学方式把握具体事物在宇宙秩序中的位置,但它承认分殊之性和豁然贯通,也就必然包含一种有关世界的秩序关系的理解。因此,一方面,朱子的事物概念是"分殊"之性,所谓"分得愈见不同,愈见得理大",[34]另一方面,他的自然范畴则是一种品类的存在,一种通过各自的"理"或"性"而呈现出不齐、不和、不平、不同的秩序。这个呈现过程就是理自己与自己的结合。格物论及其程序性所包含的认知的方面是无法否认的,它要求通过对于事物的分类研究来确定宇宙、自然以至社会的秩序总体,就这一点而言,它与作为分类的知识谱系的科学概念并没有那么大的差异。[35]

按照上述分析,格物致知论就是推导应然秩序的方法论。格物致知

---

[32] 《河南程氏遗书》卷十八,《二程集》,中华书局,1981,页188。
[33] 朱熹:《答陈齐仲》,《朱子文集》卷三九,页1649。
[34] 朱熹:《朱子语类》卷六,北京:中华书局,1986,页102。
[35] 但格物之零细功夫最终关注的不是事物的个别性,而是通过致知得到总体。朱子在回答"格物以观当然之理"时说:"格物所以明此心。"(《朱子语类》卷一一八,北京:中华书局,1986,页2856—2857)这当然表明格物的目的不是追求对经验世界的客观了解,但无论是格物的程序,还是明心见性的目的,都是和那种神秘的、主宰性的天观相冲突的。

论在朱子学中的关键地位具有重要的含义。首先,它表明道德评价的客观基础不是现实的秩序——哪怕是相当形式化的秩序,而是宇宙的存在原理。其次,它表明宇宙的存在原理不能离开现实世界和人自身来求得,相反,"理"只有通过"物"与"人"的世界才能呈现。"即物穷理"的命题意味着:天理是一种内在于"物"的"合当如此"的"自然"或"条理"。"理"与"物"的关系没有发展出近代自我概念所预设的与外部世界的截然分离和对立。例如,就理事关系而言,朱子提出"未有这事,先有这理","未有天地之先,毕竟也只是理",但同时又明确地指出他所谈论的理事关系仅仅是一种存在论意义上的逻辑关系,而不是理事之间的实际关系。[36] 二程认为,物即事,而事与理的差别没有大到完全无关的程度,相反,它们存在着内在的一致性。[37]《二程语录》中有"冲漠无朕,万象森然已具",以及"艮卦只明使万物各有止,止分便定"等语,显然把对一理的关注落实在万物的秩序和分位之上。[38] 在这个意义上,"合理"的过程并不需要超越"物"自身,毋宁是回到"物"自身的"合当如此"的自然之中。[39]

---

[36] 《朱子语类》卷九五、卷一,北京:中华书局,1986,页2436,1。朱子又说:"今以事言者,固以为有是理而后有是事,彼以理言者,亦非以为无是事而徒有是理也。但其言之不备,有以启后学之疑,不若直以事言,而理在其中之为尽耳。"《中庸或问》卷上,《朱子全书》,第6册,页560。
[37] 《二程语录》中有:"物则事也;凡事上穷极其理,则无不通";"随事观理,而天下之理得矣。""至显者莫如事,至微者莫如理,而事理一致,微显一源。"(《河南程氏遗书》卷一五、卷二十五,《二程集》第一册,页143,316,323。)程朱之学受到华严宗的"理事说"之影响,而华严宗的理事观并没有把事的分位差别与理的无分限对立起来。如谓:"能遍之理,性无分限,所遍之事,分位差别,一一事中,理皆全遍。何以故?以彼真理不可分故。是故一一纤尘,皆摄无边真理,无不圆足";"能遍之事,是有分限;所遍之理,要无分限,此有分限之事于无分限之理,全同非同。何以故?以事无体,还如理故。"《华严发菩提心章》,《大正藏》卷四五,页653。
[38] 《二程语录》卷九、卷六,《二程集》,页108,68。
[39] 这就是当代学者用"内在超越"(以区别于基督教文化的外在超越)来描述儒学的道德方式的根据,也是理学与礼教能够在某种历史条件下(如果它被看作是"合当如此"的话)融合为一的理论前提,尽管乍看起来这两个方面(超越性与礼教)并不相互兼容。

作为一种新的道德认知方式,格物致知论坚持透过(而不是按照)实际的秩序追究道德的法则。在这一过程中,程朱提出了一系列微妙的概念——如"止"、"尽"、"合当"等等——重新界定礼乐制度及其分位。这些概念的确切含义是:只有处于"止"、"尽"和"合当"状态之下的君臣、父子、夫妇、友朋等关系才是道德的关系。一方面,这些概念证明现实的礼序关系不是真正的或自然的礼序关系;另一方面,在恰当状态下的君臣、父子、夫妇、友朋等关系即道德关系。这是理学家在天理观的构架内对于礼乐的道德论证方式的恢复,我们从中可以体会到一点与孔子以仁释礼的努力相似的取向:如果人君不能止于仁、人臣不能止于敬,他们就不能承担君臣之义,也不应担当君臣之名。正值高宗内禅,孝宗即位,金势日盛,国事日非之时,朱子对孝宗说:"帝王之学,必先格物致知,以极夫事物之变,使义理所存,纤悉毕照,则自然意诚心正,而可以应天下之务。"作为帝王之学的格物致知与"现实政治及功利态度"确乎截然对立。[40]

朱熹的格物致知论的重心不在物本身,也不在心本身,而在把物和心综合为一的"格"的程序。这个程序为呈现道德和伦理的法则提供了必由之路。朱子学的二重性首先表现为它是以"理"或"穷理"为目标,这个"理"既可能成为现实秩序的根据,但也可能成为现实秩序的否定物。在朱熹的世界里,"性"或"理"表现为事物秩序的一种"合当"的状态,而不是现实的状态。"格物,是穷得这事当如此、那事当如彼,如为人君,便当止于仁;为人臣,便当止于敬。"[41]穷理的关键在于"须穷极事物之理,到尽处便有一个是、一个非,是底便行,非底便不行。"[42]致知的要义在于

----

[40] 例如戊申(淳熙十五年,一一八八),有人劝朱子不要讲正心诚意之论去烦渎上听,他的回答是:"吾生平所学惟此四字,岂可隐默以欺君乎?"刘述先有关"朱子与现实政治及功利态度之对立"的讨论,记录了朱子对皇帝的诤谏若干条,这些诤谏不是议论国是,就是讨论人君如何正心术以立纲纪,一再地说明了朱子的天理概念与现实之间的紧张关系。刘述先:《朱子思想的发展与完成》,台北:学生书局,1982,页356—359。

[41] 朱熹:《朱子语类》卷一五,中华书局,1986,页284。

[42] 同上,卷一五,页284。

"如父子君臣夫妇朋友,合是如何区处?"[43]朱子思想中的"止于"、"当止"、"尽处"等等是极为重要的概念,它不仅是格物的目标,而且也是万物之合于天理的状态。[44]在这里,不是具体的事物(如君臣、父子、夫妇、朋友),而是"合是"、"尽处"、"底"、"止"成为格物致知的中心词。打个不恰当的比喻,朱子追究的最终目标不是存在物,而是存在本身,但这些表达存在的概念本身又将天理放置在一种动态的过程之中,从而清楚地显示出存在(理)离不开存在物(事)的判断。格物致知对事物多样性及其具体语境的理解就是建立在这种理/事、理/物关系之上的。

《大学》及其格物致知论成为朱子之后有关道德论证的焦点和理学的中心论题。对格物致知论的诠释既包含了对存在之理或至善之道的预设,又点明了通过探求各别"事实"抵达天理的途径;如果道德评价不是起源于对于"礼"的实践,而是起源于对于天理的体认,那么,如何认识天理、抵达天理,进而与天理合一就成为理学的中心问题。正由于此,"自宋以后,几乎有一家宗旨,就有一家的格物说"。[45]《论语》、《孟子》、《中庸》、《易传》与《大学》被宋儒划为孔子传统中内圣之学的代表,而在伊川、特别是朱子讲论《大学》之后,《大学》被推为"四书"之首,成为展示新儒学之系统的关键环节。朱子思想以"集大成"为特色,它的各个部分似乎并没有多少独到之处。劳思光因此断言"朱说实是将'天道观'与'本性论'相连而成",也就是把濂溪、横渠和二程之说综合而为一个统一的体系。[46]但是,这只是就宋代理学内部的关系来看是如此。如果从儒学发展的纵贯轴来看,恰恰是伊川和朱子的"格物致知"论(它是天道观和本性论相连的产物)突破了"先秦儒学原有之义","转成另一系统",并以《大学》为中心展开天、理、性、物的相互关系。所以牟宗三

---

[43] 朱熹:《朱子语类》卷一八,同前,页400。
[44] 朱子说:"所以谓之'止其所'。止所当止,如'人君止于仁,人臣止于敬',全是天理,更无人欲,则内不见己,外不见人,只见有理。"《朱子语类》卷九四,页2413。
[45] 嵇文甫:《晚明思想史论》,北京:东方出版社,1996,页175。
[46] 劳思光:《新编中国哲学史》(三上),页315。

说:"宋明儒学中有新的意义而可称为'新儒学'者实只在伊川、朱子之系统。"[47]为什么呢?因为在一定程度上,格物致知论开创了从认知的途径求证道德的方式,而这一认知途径正是天理观的道德评价方式的最为重要的特点。

如果以天理观的成立为标志讨论儒学道德评价方式的转变,那么,我们又如何理解理学家们对于"礼"的研究、恢复和实践?例如,朱子的《仪礼经传通解》对家礼、乡礼、学礼、邦国礼、王朝礼等类型进行整理,并以家族、村落、文化、国家各共同体为基础来解析古代礼制,礼显然仍然居于理学家关注的中心。理学家对礼的热衷与孔子之礼学的差别究竟何在?正如孔子的看法一样,朱熹认为作为道德与礼仪关系之前提的礼乐制度早已衰败;但不同的是:孔子以述而不作和以仁释礼的方式阐释礼乐制度及其伦理关系,而朱熹认为礼现在只能作为一种形而上学的本质("理")而存在,从而恢复礼乐的努力必须通过求证天理或"复性"的次第工程才能达到。按照"性即理"的逻辑,"仁义礼智乃未发之性",[48]它们不是外在的规约,而是"内在的"品质。"理"既超越又制约着具体的礼,或者说,具体的礼是(必须)以"理"为根据的。为什么需要用内在的或遍在的理来规约"礼"呢?因为礼乐本身以及对礼的理解已经外在化了,如同《新唐书》所谓"礼乐为虚名",无法揭示真正的礼乐关系。正由于此,理学家要求从宇宙秩序(天理)中引申出道德秩序,而作为对于宇宙秩序的认知(或实践)方式的格物致知也就成为沟通具体伦理规则与天理的唯一途径。宋明儒学在《大学》问题上的分歧,与其说源于对文献的不断编排和再解释,不如说源于"天理"概念的特质及其预设的论证程序。作为事实范畴的"物"概念对礼制/道德的论述框架形成了冲击,进而也提升了作为"物"的认识者的主体的地位。

---

[47] 牟宗三:《心体与性体》,页16。
[48] 朱熹:《朱子语类》卷六,同前,页104。

第三节 "性即理"与物之自然

朱子强调存在而不是存在物,主要的理由已如上述。这一将存在与存在物相互分离的论述方式直接地渊源于儒学内部对于礼乐的"真实性"的理解。宋代社会处于一个转换的历史时期,而理学家们认为这是一个宗法秩序和谱牒之学遭到严重破坏、从而存在着深刻的道德危机的时代。在理学家的视野中,现实世界及其秩序不能提供道德的基础,道德的基础在于人们对于天理的认知与实践。格物致知的工夫理论要求人们通过在礼序中的实践和内省,超越自己的现实性,以达到与自己的本质合一的目的。在这个意义上,"物"概念的转变只有放在一种道德制度发生变化的条件下才能得到理解。

正由于此,后人对朱子的格物致知论的理解总是这样那样地与道德制度和政治制度发生关系。侯外庐说:"朱熹所谓'格物致知'是'无人身的理性'本身的复归,'物'既非客观事物,'知'也不是对客观事物的认识,其体系是一种狡猾的僧侣哲学,……""这一套农奴制的人生哲学都是由'格物致知'即封建主义的'定理'导出的结论。"[49]按照这一看法,朱子的格物致知仅仅是推导天理概念的方法论,并不具有认知的意义,而天理才是礼仪秩序的合法性根据。与此完全相反,刘述先截出若干朱子语录,一一论证朱子之圣学及其天理观与科举、功利和皇权的对立,认为朱子以内圣之学为本的政治意识为清流的舆论力量提供了理论源泉;[50]沟口雄三说:"……从来的看法,认为朱子的自然法完全是君臣的自然法,但朱子以理的名义批判了以皇帝为首的统治者集团,或以理使他提出来的规范秩序得到体系化,有关这些能动的理念……应从别的方面重新

---

[49] 侯外庐:《中国思想通史》第四卷下册,页647。
[50] 刘述先:《朱子思想的发展与完成》,台湾:学生书局印行,1982,页355,362。该书第七章即讨论"朱子与现实政治以及功利态度之对立",对朱子的政治观及其现实际遇详加考订,论证朱子及其思想的批判意义。见该书页355—393。

予以评价。"[51]如果朱子的格物致知论仅仅是推导等级伦理的方法论，那么，如何理解朱子与现实政治之间的那种紧张，又如何理解格物致知论与自然之学的关系呢？这里首先说明第一个问题。

如果把理学、特别是朱子学与社会体制的关系看作是一个流动的、随着社会整体结构的变化而变化的关系，那么，我们也就不难理解为什么新儒家把南宋的朱子奉为圣人，而"五四"人物却认为朱子学是封建法规的集大成者。天理概念包含了一种等级化的秩序观和道德观，但这种道德意识与以皇权为中心的现实政治秩序之间的关系并不是一种稳定的关系。根据上文的分析，汉唐以降礼乐与制度的分化（以及关于这一分化的想像或者对于三代的想像），特别是宋代政治制度自身的演变和发展，改变了礼乐制度与道德评价的统一关系。在这一背景条件下，宋明理学试图超越制度/道德的同一关系，以天理为中心重建新的道德评价方式，实质上是在制度评价之外重建道德谱系。因此，天理观与现实政治及其制度实践的关系包含了内在的紧张。从总体上说，理学家们期待的是一种皇权与民间权力（以地主士绅为中心、以乡约为纽带的乡村自治）达到某种平衡的德治或王道，一种在郡县条件下容纳封建价值的社会秩序。

让我们从分析"性即理"的命题开始讨论理学与历史之间的关系及其转化。汉代宇宙论和北宋天道观碰到的难题之一是如何处理宇宙万物与伦理的关系：假定"物"不再是一个规范性的范畴，而仅仅是事实范畴，那么，我们如何能够从对"物"的陈述中体会我们应该遵循的道德法则呢？天理之成立、理气二元论以及"性即理"的命题就是为了克服这一困难而产生的。[52]程颐说："性即理也。所谓理，性是也"。[53]"性"与"理"

---

[51] 沟口雄三：《中国前近代思想的演变》，页323—324。
[52] 这一命题导源于张载，而后由程朱加以发挥和系统化。张载把宇宙存在区分为作为"万物之一源"的"天地之性"与由"气"形成的、感性的、经验的、包含着"人欲"的"气质之性"，从而为人欲/天理的对立提供了理论前提。承此对立，二程的"性即理"把"理"界定为一种已然本有而又有待实现的存在，从而在逻辑上区分了事物世界与理的世界，这就是理气二元论的产生。
[53] 《河南程氏遗书》卷二十二，《二程集》，页108。

是与现实之等级世界相对立的普遍之性与普遍之理,既无分老幼男女、门第阶级(所谓"理则自尧舜至于途人,一也"),[54]也无分天、地、人、物(所谓"在天为命,在义为理,在人为性,主于身为心,其实一也")。[55]这一命题的双重含义是:通过区别现实世界与天理世界,道德和伦理被描述为超越的世界,完全独立于我们的地位、态度、偏爱和感情,亦即我们的现实存在("气"的世界)。但这里所谓"超越"和"独立"并非超离的意思,因为"理"又内在于我们和我们生存的世界,从而通达应然世界的唯一途径是修身的实践,即在一套完整的程序中获得对天理的体悟与印证。[56]

"性即理"的命题以"复性"取代先秦之"复礼",重建了一种人性的目的论。程朱的性概念在宇宙论或天理观的构架内将己性、人性和物性统合在一起,而不再如孟子那样仅仅涉及人性。用程颢的话说:"圣人之喜,以物之当喜;圣人之怒,以物之当怒。是圣人之喜怒,不系于心,而系于物也。"[57]这里的"心"不是抽象的本质,而是为现实的计虑所困扰的"心";这里的"物"不是经验的事物,而是"物"之自然或"物"之本质。心/物的对立正好论证了"天理"的超验性和客观性。人与物都在性的范畴之内,从而"物"(之自然或本质)能够成为人性的目的。[58]在这个意义上,"性即理"的命题强化了"天"或"理"的内在性和先验性,扬弃了天道概念内含的超越的、命运的和宇宙论的特质。朱熹说:"且如这个扇

---

[54] 《河南程氏遗书》卷十八,《二程集》,页204。
[55] 同上,页204。
[56] 从道德判断的角度看,这种理气二元论可以概括为:我在任何时刻的感受和现实位置并不代表我的本性,从而不能为我提供必须如何生活的指导,但我必须如何生活的问题只能通过我对自己的本性的实现来解决。"存天理,去人欲"的逻辑起初包含了平等主义的因素,因为现实世界的分位并不代表道德的高低,相反,"自尧舜至于途人"都内在地包含了性或理,也都具有抵达天理境界的可能性。
[57] 《河南程氏遗书》卷二,《二程集》,页461。
[58] 钱穆述及程朱与张载的天道观时说:"要之当时程门高第弟子,固未尝无识透西铭理论之脉络者,既主万物一体,乃谓性外无物,又说:性即理也。伊川晦翁见解之背后,莫非有西铭天地万物一体之见解为之撑搭。故朱子大学格物补传,修齐治平明属人事,而须即凡天下之物而格,正为万物与我一体耳。"《辨性》,《中国学术思想史论丛》(五),页252。

子,此物也,便有个扇子底道理。扇子是如此做,合当如此用,此便是形而上之理。……形而下之器中,便各自有个道理,此便是形而上之道。"[59] 通过形而上与形而下的分别,物与理的关系变得清晰了。作为一种自然秩序,理是一种内在于物的、"合当如此"的秩序。

"性即理"的命题还包含了另一特点,即"性"可以区分为普遍的性和殊别的性。按照程颢的看法,性既是道(宇宙的普遍本质),也是气(万物都呈现着性),还是殊别之性(万物各自的独特之性)。[60] "性即气"的命题来自张载,它在一定程度上解释了世界的构成,解释了为什么宇宙以性道为先,却又可能呈现出恶的现象。[61] 如果万物存在着各自类别的"性",那么,天理也就可能包含着"分理"的含义。程颢说:"天地万物之理,无独必有对。"[62] 又说:"圣人致公,心尽天地万物之理,各当其分。"[63] "无独必有对"暗示了事物是在一个各各相对的秩序之中,而"各当其分"则明确地挑明了道德实现与分位观念的内在相关性。这里的"分"较之礼制中的分位有所差别,它要求的是天地万物在"合当如此"的自然秩序

---

[59] 朱熹:《朱子语类》卷六二,页1496。

[60] 关于性即道,明道云:"道即性也;若道外寻性,性外寻道,便不是。"又说:"盖生之谓性,人生而静以上不容说。才说性时,便已不是性也。"(《河南程氏遗书》卷一,《二程集》,页1,10)。"人生而静以上"一语点出性在万有之前即已存在。关于性即气,明道说:"生之谓性。性即气,气即性,生之谓也。人生气禀,理有善恶。然不是性中元有此两物相对而生也。有自幼而善,有自幼而恶,是气禀有然也。善固性也,然恶亦不可不谓之性也。"(同前,页10)关于殊别之性,明道说:"告子云生之谓性,则可。凡天地所生之物,须是谓之性。皆谓之性则可,于中却须分别牛之性,马之性。是他便只道一般。如释氏说,蠢动含灵,皆有佛性,如此则不可。'天命之谓性,率性之谓道'者,天降是于下,万物流形,各正性命者,是所谓性也。循其性而不失,所谓道也。此亦通人物而言。循性者,马则为马之性,又不做牛底性;牛则为牛之性,又不为马底性。此所谓率性也。"《河南程氏遗书》卷二上,《二程集》,页29—30。

[61] 如谓:"凡人说性,只是说:继之者善也。孟子言人性善是也。夫所谓继之者善也者,犹水流而就下也。皆水也,有流而至海,终无所污,此何烦人力之为也;有流而未远,固已渐浊;有出而甚远,方有所浊;有浊之多者,有浊之少者;清浊虽不同,然不可以浊者不为水也。"《河南程氏遗书》卷一,《二程集》,页10—11。

[62] 《河南程氏遗书》卷十一,《二程集》,页121。

[63] 《河南程氏遗书》卷十四,《二程集》,页142。

中占据"合当如此"的位置,亦即"物"回归到自己的"性"。因此,一方面,程颐认为"天下物皆可以理照",另一方面,他又说"有物必有则,一物须有一理",[64]主张尽穷天下万物之理,通过积累而后获得天理。从性之分别到理之分别,不仅穷理尽性的命题已经呼之欲出,而且"理"序的等级性又在形而上学的层面呈现出来了。这就是"理"概念的分类学含义的新形式,也是朱子格物致知论的理论前提。

如果说天道观在进行道德论证的时候,没有能够把现实世界与天道清楚地区分开来,那么,天理概念、特别是"性即理"命题实现了这种分离。"天理"的宇宙图式不单纯是一种由上而下的垂直的体系,而是事物按照各自的理被编织在一起的秩序。"天"、"理"和"性"在朱子的叙述中具有密切的、不可分离的和合一的关系,它们之间的先后至多是一种叙述逻辑上的先后关系。朱子说:"性即理也,天以阴阳五行化生万物,气以成形而理亦附焉,犹命令也",似乎"性"/"理"是具有自己意志的、能发布命令的主宰。但这里的"命令"之前冠以"犹",表示"犹如"、"就像"的意思,而不是说这些范畴真的像上帝那样具有人格和意志。所以朱子接着"犹命令也"之后说:"于是人物之生因各得其所赋之理,以为健顺五常之德,所谓性也。"[65]又说:"五行之生也,各一其性。……太极之全体无不具于一物之中……性即太极之全体",[66]"性只是理,以其在人所禀,故谓之性。"[67]按照这一逻辑,天理(太极)是宇宙万物的根源和依据,而

---

[64] 《河南程氏遗书》卷十八,《二程集》,页193。

[65] 朱熹:《中庸章句》,《四书章句集注》,新编诸子集成,中华书局,1983,页17。朱子在《"太极图说"章句》中还说:"太极,理也;阴阳,气也。气之所以能动静者,理为之宰也。"但这里所谓"理为之宰"仍然是说现象世界的变化受制于内在于它们的规律。

[66] 《晦庵先生朱文公文集》卷六十一,《朱子全书》第23册,页2960。不过,按劳思光的分析,朱子虽宗伊川"性即理"之说,但朱子的看法稍异于程子,"而认为'性'字只同于殊别意义之'理','太极'或共同意义之'理'则不可称为'性'。"劳氏的根据是《朱子语类》卷九十四的一段话:"问:先生说太极有是性则有阴阳五行云云,此说性是如何?曰:想是某旧说;近思量又不然。此性字为禀于天者言。若太极只当说理。"劳思光:《中国哲学史》三上,页276。

[67] 朱熹:《答陈卫道》,《朱子文集》,页2899。

万物(由"气"构成)和人又内在地包含了"天理"。所谓"理者天之体,命者理之用。是则不仅无帝在作主,亦复无天之存在。只有一理遂谓之天耳。"[68] 如果天理是主宰性和创生性的主体,那么,为什么朱子要把"格物致知"置于如此重要的地位呢?

按照宋儒的理解,在先秦礼乐文化中,道德评价与人在礼制秩序中的分位完全一致,从而不存在所谓事实与价值、实然与应然的区别问题。然而,在日益发达的行政制度、选官制度、土地制度的背景下,朱子等理学家认为无法通过现实的人伦关系或制度结构来进行道德评价,他们的"明德"、"明命"等命题所针对的正是人之明德为物欲所蔽的状况。格物致知的目的是通过一定的程序澄明父子之亲、君臣之义、夫妇之别、长幼之序、朋友之信,这里所谓亲、义、别、序、信有别于现实制度或礼乐秩序,毋宁是朱子反复论证的"尽处"、"底"、"止"或者"合当"的关系——一种与现实秩序处于紧张关系之中的、有待实现的秩序。因此,仁、义、礼、智虽然为明德所本有,但却需要格物的程序才能呈现。人君、人臣的身份不能代表君之仁、臣之敬,从而君臣的"合当"的关系不仅构成了一种理想的秩序,而且也是对现实之君臣关系的一种批判性的规范。这就是朱子的理气二元论的社会内涵。

第四节 乡约、宗法与朱子学

那么,应该如何从社会生活史的方面理解天理概念及其格物致知论的这种特点呢?这里首先提出两点解释:第一,在科举制和其他政治制度空前发展的背景下,朱子学把制度评价与道德评价区分开来,却又力图在另一层面重建"秩序"(或曰"理序")与道德评价的统一关系,从而此一秩序与彼一秩序之间存在批判性的紧张。第二,朱熹致力于乡约、宗法和

---

[68] 钱穆:《程朱与孔孟》,见氏著:《中国学术思想史论丛》(五),页207。

私学的发展,格物致知不仅是为了论证礼制秩序的必要性,而且也在实践的层面为这种以血缘、地缘和人情为纽带的共同体提供道德的依据。朱子说:"宇宙之间一理而已,天得之而为天,地得之而为地,而凡生于天地之间者,又各得之以为性,其张之为三纲,其纪之为五常,盖皆此理之流行,无所适而不在。"[69]理序不是单纯地由上而下的垂直秩序,而是按照自然/应然的关系建立起来的互补性的等级关系。这是一种广泛的伦理结构。既然朱子的道德论与重建宗法、血缘和地缘关系的努力密切相关,那么,他的道德主张与现实政治的关系在很大程度上也就依赖于宗法、乡约和私学等社会组织及其规则与皇权国家的平衡关系。

但是,这种平衡关系从来就不是稳定的。首先,理学家们的道德学说与他们倡导的"乡约"实践存在内在的联系,而乡约与唐宋以来的制度改革的关系却一直在经历变化。朱子在《开阡陌辨》中肯定杨炎两税法及其土地制度遏制了土地兼并,但认为这种自上而下的法规化的制度不再具有道德意义。他以恢复三代之制相号召,并不是简单地要求恢复古制,而是考虑当下的实践问题:以地主士绅为中心、通过"乡约"和宗法,重建道德、经济和政治相互统一的社会基础。朱熹亲自编写《古今家祭礼》、《家礼》二书,详细设计和制定家族礼义和节序,并论证祠堂和族田的必要性。在恢复宗法和礼仪的背景下,他补充修订了北宋吕氏兄弟在故乡蓝田制定的乡约而成《增损吕氏乡约》。在"德业相劝、过失相规、礼俗相交、患难相恤"的四大纲目之下,乡约公推年长有德者为"约正",再举学有所长、品行方正的二人为辅,每月轮流当值。[70]与这一乡约相互配合,朱熹的祭祀对象不仅是祖先,而且也包括地方先贤。

在宋代,这一乡约构想与以皇权为中心的郡县政治之间存在一种批判性的关系,而到王阳明发起制定并实行"南赣乡约"的时代,乡约法、保甲法的主要功能已经是维持地方之治安,它的道德含义也许是在其次了。

---

[69] 朱熹:《读大纪》,《朱子文集》卷七十,页3500。
[70] 朱熹:《朱子文集》,页3739—3750。

"乡约"是一种以血缘、地缘和人情为纽带建立起来的基层社会关系,而不是单纯在皇权之下由行政官僚实施的法规秩序。狄百瑞(Wm. Theodore de Bary)说:乡约是"地方自治团体的基本'宪章'……它指的是一种契约,由团体中的会员签订以相互保护。这种契约带有强调个人人格的特征,……因为它强烈地强调对于人的需求及欲望的相互尊重,远过于重视产权或物质交换中斤斤计较的利害关系。"[71]这些论述带有强烈的理想色彩,未必能够体现实际的历史关系。日本学者寺田浩明在新近发表的报告《明清时期法秩序中"约"的性质》中归纳说:"所谓的'乡约',一方面从'乡里制约'或'犯约'等语也可看出属于规定了一定范围内成员在伦理上相互督促和生活上相互扶助等义务的规范、规约;同时在另一方面,从'情愿入约'、'同约之人'和'出约'等关于成员资格的三种典型状态看来,乡约也指有领袖、有成员名单、有内外之分的一种具体组织。将两方面合起来看,则可以说乡约的实体就是由集结在一定的规范之下、愿意遵守该规范的人们所构成的一种集团或组织。"无论是战国秦汉时期的军事性的"约",还是宋代之后的乡约,"约"都是以种种努力来形成或达到共通行为规范的社会存在的总体形态。[72]"约"与成文法典的差异是:刑法由国家在广阔范围内强制实施,其实践依赖于形式化的、制度化的权力系统;"约"则带有民间相互交往而形成的特质和情感性的特点,其实践过程依赖于地域或血缘共同体的联系。

朱熹设想通过地方社区在国家干预与家庭利益之间发挥调节作用,从而乡约的自主性含义是分享政府的权威。这是在宋代政府扩张的背景下产生的社会思想。唐代后期、五代到宋代,土地所有制从均田制转向私人土地所有制,在税制方面则是从租庸调制转向两税法。这个变化可以概括为"支配对象的变化,即从专制权力对单丁个人的人身支配转向对户的支配。……宋王朝对农民的统治是通过户等制而实现的",也就是

---

[71] 狄百瑞:《中国的自由传统》,李弘祺译,香港:中文大学出版社,1983,页29—30。
[72] 寺田浩明:《明清时期法秩序中"约"的性质》,见滋贺秀三等著:《明清时期的民事审判与民间契约》,北京:法律出版社,1998,页153。

"以占有土地多少为基础,把农民编成户等,构筑一个阶层,依据这个阶层来贯彻对乡村的统治。"[73]宋代的官僚(官户)大多产生于科举,其主体部分来自本非仕宦之家的地方豪族(形势户),他们享有以免役为主的各种特权。根据周藤吉之的研究,所谓宋代的大土地占有,其实就是形势户和官户的土地占有的发展。"北宋时,不论是华北还是江南,私人的土地占有都有所发展,自北宋末到南宋末,江南的大土地占有大为发展,而且占有者还在大土地上经营庄园。"[74]对于新式官户的形成,那些重视谱牒和身份的北宋理学家当然不会喜欢。

乡约的自治含义是在均田制向私人土地所有制、租庸调制向两税法转变的过程中产生出来的,从而其核心问题是按照什么原则规划新的社会经济制度(特别是地制),而不在于是否承认皇权的权威。在朱熹生活的南宋时代,乡约的构想包含了两个方面的社会内涵:一方面,乡约体制是以世家大族式家族制度的瓦解为前提的社会体制,它与皇权中心的郡县体制有着密切的关系;另一方面,乡约的社会构想与唐宋以来以皇权为中心的政治、经济和文化制度存在着紧张关系,除了前面提及的道德评价方式的冲突之外,这种紧张关系还体现在以什么为根据组织乡村、分配土地,以及如何评价地主士绅阶级的社会地位等方面。朱子和其他理学家赞成士绅地主制,反对以皇权/官僚体制来组织乡村社会。他们试图以"德治"为原则、通过"乡约"的形式和宗族制度建立地方社区秩序,从而与以皇权为主导的由上至下的秩序观存在着利益冲突。

宗法地主制既包含了平等主义的诉求,也包含了等级制的伦理,地主制与皇权中心的国家体制的冲突关系不是持久不变的关系。例如,家庙、祠堂的含义随时代的演变而变化,它们与皇权及其政治制度的某些紧张

---

[73] 柳田节子:《宋代乡村的户等制》,《日本学者研究中国史论著选译》(五),北京:中华书局,1993,页189。
[74] 周藤吉之:《宋代的官僚制和大土地占有》,《日本学者研究中国史论著选译》(五),北京:中华书局,1993,页166。

关系日益缓解，以致相互协调，共同为新的等级秩序的社会基础创造了条件。[75] 北宋之前，家庙仅仅是官僚贵族士大夫的特权，普通百姓（包括中小地主士绅）通常在正厅祭祀。张载开始把这种庶人祭祀用的正厅也称为"庙"，"凡人家正厅，似所谓庙也，犹天子之受正朔之殿，人不可常居，以为祭祀、吉凶、冠婚之事于此行之。"[76] 程颐是"历史上第一个正式提出不分贵族士大夫和庶人都建立家庙，并对家庙的规制、陈设提出具体设想的人。"[77] 他说："收合人心，无如宗庙。……系人心，合离散之道，无大于此"，[78] 要求士大夫之家必须选择洁静之地在房宅之外另建家庙。[79] 朱熹借用祭祀乡贤名士的"祠堂"一词，把张、程设想的家庙改称"祠堂"，以之为家族祭祀祖先、团聚族人的中心，提出了设置祭田以保证祭祀的实行和在物质上吸引族人的设想。他倡导"君子将营宫室，先立祠堂于正寝之东，为四龛以奉先世神主"，[80] 并从祠堂、族田、祭祀、家法、族长、家族礼仪和各种繁文缛节等方面详细地设计了家族制度。从此之后，士大夫的家庙和庶人的正寝逐渐衰废，祠堂代之而起。[81] 朱熹还兴建藏书阁，编写劝俗文字，目的是"强调相互依存，互为奥援，而不以权威或法律的威力来作为推动公众事务的基础。"[82] 爱伦·内斯卡（Ellen Neskar）论证说：祠堂建筑兴衰的一项重要因素是与朝廷的关系。在宋代，地方祠堂既不是学术界也不是朝廷的专属特权。事实上，供奉宋代乡贤最好的地方是官学。到了南宋晚期，当道学被尊为朝廷正统时，独立的祠堂建筑立即衰落下来，而朝廷官员对于乡贤祠堂获得更直接的管辖。这实际上是

---

[75] 明清思想家如李贽对礼教和乡约（特别是乡禁约）、戴震对天理和自然之说的激烈批判，从另一方面揭示了这些宗法制度及其伦理对普通人民、特别是妇女的摧残。在"五四"时代的思想视野中，乡村地主制与皇权完全是相互配合的关系。
[76] 张载：《经学理窟·祭祀》，《张载集》，页295。
[77] 徐扬杰：《宋明家族制度史论》，北京：中华书局，1995，页468。
[78] 程颐：《周易程氏传》卷四《涣》，《二程集》，页1002页。
[79] 程颐：《河南程氏外书》卷一，《二程集》，页352。
[80] 朱子《家礼》卷一《通礼·祠堂》，《朱子全书》，第7册，页875。
[81] 徐扬杰：《宋明家族制度史论》，北京：中华书局，1995，页475。
[82] 狄百瑞：《中国的自由传统》，页29。

对朝廷主动权的肯定,也是中央政府控制祠堂的第一步。[83]

阳明学的勃兴与乡村地主制度的发展存在历史的联系。沟口雄三认为,明末的"公"观念、"天理"观念与主张富民分治的君主论互为表里,对于"私"和"欲"的肯定包含着极为具体的经济/政治内容。[84]从前述分析来看,士绅地主制度与皇权的关系存在着更为基本的、相互配合的一面。当道学,特别是朱子学被尊为朝廷正统时,即使要维持朱子的理想,也不再能够简单地重复朱子之所为,例如用修筑墟墓宗庙和追慕先贤的方式建立道德的规范。恰恰相反,只有打破这些变质了的传统方式,才能够达到"正心诚意"的道德目标。这对于理解阳明学及其在明代后期的发展具有重要的意义,因为这一思想脉络中包含的"无人无己"、"赤子之心"等观念和狂狷精神是对繁文缛节和正统礼制秩序的拒绝——在一定意义上,正是这种对于朱子学的反叛恢复了初期宋学所包含的那种平等主义和批判性。在明清时代,地主制和以祠堂族长为特征的宗法制日益成为与上层政治制度相匹配的基层社会体制,地主士绅的权益要求与乡村体制已经被吸纳到王朝体制的轨道之中。"国有律例,民有私约",这一俗语暗含着一种双重的社会结构方式:一方面是以皇帝为权威来源、以官僚为执行机构对民间恶行进行惩戒的成文法典,另一方面则是"在皇帝'一君万民'式的一元性同等支配下,同时又通过相互合意结成种种社会关系的人民以及他们以契约为媒介而形成的经济生活空间"。[85]士绅地主阶级在这两者之间扮演着愈益重要的角色。

明清之际,这种特殊的历史关系已经相当稳固,几乎不再可能用官或

---

[83] 参见 Ellen Neskar 的博士论文《先贤的祭祀》(*The Cult of Worthies*, Columbia PhD. Dissertation, 1993)。根据她的研究,尽管供奉乡贤的祠堂最晚于汉朝时即已开始,但在1163—1190 年之间,以及1210—1241 年之间,兴起了一股兴建或重修祠堂的风潮。转见田浩(Hoyt Cleveland Tillman):《80 年代中叶以来美国的宋代思想史研究》,《中国文哲研究通讯》(台北),第三卷,第四期,页65。
[84] 沟口雄三:《中国公私概念的发展》,《国外社会科学》,1998 年第1 期,页64。
[85] 寺田浩明:《明清时期法秩序中"约"的性质》,见《明清时期的民事判判与民间契约》,页142。

民、国家或社会这样的两极对应模式来加以分析。寺田浩明从两个方面指出了这一点。首先,从"约"的施行来说,这些表面看来相互合意订立的契约,实质上带有权势力量针对该地域其他居民单方发布命令的性质,从而人们可以从中辨识出"自上而下的命令(约束)"与"基于相互合意的合约"这两种契约的混合状态。其次,在郡县体制业已完成的情况下,民间契约不再具有春秋战国时代那些权力主体之间政治性盟约的意义。因此,明末以后,以乡约为中心的伦理规定为《太祖六谕》、《圣谕广训》等皇帝下达的谕旨所取代,乡约组织也渐与保甲制结合,所谓"乡约保甲制"成为主流。清代的乡约成为地方官指导下覆盖所有地区的国家制度,例如雍正朝实行的"摊丁入亩"制就是乡绅和官僚联合施行的。在这种情况下,"乡约"已经成为横跨官、民两大领域的现象,从而很难在朱熹假定的意义上来说明了。[86] 在这一历史脉络下,朱子学所倡导的"乡约"及其伦理成为宗法制度的理论根据,我们也很难发现其道德评价与制度评价的对立关系。当纲常名教("礼教")成为维系基层社会秩序和上层政治制度的意识形态之时,礼乐与制度之间一度出现的那种分化的、紧张的关系重新获得了统一。这一统一当然无法产生宋明儒者想像的三代之德治,因为现实的礼教无法改变它的外在化的特征。了解了这一历史脉络,我们才能理解为什么明末以降的理学思想中蕴含了一种反礼教的倾向(例如李贽对乡约、特别是"乡禁约"深恶痛绝,戴震对天理杀人的严正抗议)——"乡约"与国家制度的内在紧张已经转化为相互配合的关系,它曾经包含的批判性不仅已经蜕化为宗法教条,而且与严密的里甲制度相互配合。

现代中国思想所批判和反对的不仅是朱熹的理论,而且是(主要是)在朱子学影响下形成的宗法教条及其制度基础。因此,对朱子学的批判意味着一种新的社会秩序及其合法性的形成。"五四"新文化运动是在帝制已经瓦解的语境中进行的反帝制运动和共和运动,这个运动的直接目标不再是帝制,而是帝制的社会基础及其意识形态,是士绅地主主导的

---

[86] 寺田浩明:《明清时期法秩序中"约"的性质》,同前,页154。

社会秩序及其道德基础。在伦理上,它要求的是把个人从宗法、家族甚至社区的伦理和政治关系中解放出来,组织成为现代国家法律中的个人主体。这个个体是国家的公民,也是法律的私人主体。以原子论为内核的现代实证主义把人理解为原子式的社会个体,并在个人的名义之下对宗族、家族、地缘和血缘共同体进行解构和批判,从而构筑了以个人主义和科学主义为基本取向和框架的意识形态。

第五节 朱子学的转变与心学

关于乡约与皇权制度的关系的讨论为我们重新理解程朱理学与心学的关系提供了具体的背景。朱熹重订《家礼》、《古今家祭礼》以及《童蒙须知》,力主家族礼仪和祠堂,他的道德论证方式似乎正在回到先秦儒学的礼制论的形态之中。但是,当二程、朱熹把天理概念看作是最高的概念的时候,他们已经远离了那种以礼乐制度作为客观依据的道德论证方式,从而恰恰是恢复礼乐的努力改变了礼乐的道德评价方式。宋儒重视墟墓宗庙,以之为德性实践提供某种媒质,但从根本上说,不是墟墓宗庙及其实践,而是天理构成了德性的依据和起源。宋学的正统是重视人生问题和德性问题,并把关于德性的追寻放置在天理的范畴之中,在这一点上,理学与心学并无差别。它们之间的真正差别在于:心学把道德的实践抽离开外在的认知和程序,从而更深刻地包含了良知与现实的紧张关系。朱子的天理观与他的礼制论虽然在实践上一以贯之,但在理论逻辑上却存在着矛盾:一方面,当他在天理与格物致知论的逻辑关系中追寻道德根据之时,朱熹已经远离了那种礼制论的道德论证方式,从而为心学及其流变提供了根据;另一方面,朱子的天理观必须落实于具体的家族礼法和礼仪实践,从而理的抽象性和超越性又不断地为礼制的具体性和外在性所纠缠。理学与心学的发展在后果上其实是极为相似的,即瓦解了主体经验与客观世界之间的有效的对话关系,最终无法提供道德评价的客观基础。

在朱熹的世界里,格物致知、乡约和礼仪的实践包含着与官僚制度之间的矛盾,而在明清时代,朱子学已经成为官学制度的内在要素。这一现象说明:与乡约的演变相似,理学与科举的关系是观察理学与社会体制的关系的一个重要视角。宋代理学发达的背景条件之一是私学的发展,而私学与官学的关系却不像人们想像的那样清晰明了。早期的私学产生于汉代习经之风,在很大程度上是汉代政府要求未来的官吏应修习五经的结果。聚徒讲学需要经济的资助,而九品中正制下的门阀士族制度正好为私学的发展创造了条件。但是,按李弘祺的研究,魏晋之际的官私学在内容上没有多少区分。在隋唐时代,科举制度兴起,而贵族制度瓦解,大规模的私人讲学反而不可能了。代之而起的,是在佛教精舍训练影响之下的书院制度的形成。宋代早期的地方教育体制中并无任何官方兴办的学校的例子,只是在真宗和仁宗时代(11世纪早期至中期),一些地方长吏开始建立学校并给予财政支持。这些学校拥有由官府刻印和赠送的儒家经典,接受政府拨给的学田(通常是五到十顷),兼有校舍,修建孔庙。[87]"官府拨给学田之举更具有特殊的意义,因为此种做法后来便成为中国地方教育的永久的特点,地方教育自后通常自给自足,开支大致由学田租赋支付。"王安石变法和蔡京执政时期,改革者甚至要求将选官取士与地方教育结合起来,此即所谓"天下取士悉由学校升贡"。在这一条件下,科举考试的应举者来源于地方官学的情况发展为常制,从而"使地方官学的目的变得含混不清。"[88]这样的情况一直延续到清末新的学校制度的兴起。

上述背景为理学、特别是朱子学与官学的关系提供了说明。朱熹的乡约不仅是一种乡村自治的构想,而且也是一种大众教育的工具,因为它能够通过地方教育中的普及教育补充官学的社教功能,如书院中的乡约

---

[87] 关于学田地租问题,最为详尽的研究见李文治《明清时代封建土地关系的松解》一书第四篇《明清时代的学田地租》,北京:中国社会科学出版社,1993,页402—442。

[88] 李弘祺:《宋代官学教育与科举》,台北:联经出版公司,1994,页24—25。

讲会制度就受到朱熹的热情肯定和支持。乡学、社学在后代大为流行,影响所及不亚于书院。书院教育的功能之一是调节国家强制与百姓的道德培养之间的紧张关系。元仁宗皇庆二年(1313)诏行科举,按其条例,第一场为明经经疑二问,自四书内出题,用朱熹章句、集注为标准,从此四书和朱子著作取代汉唐之五经成为后世科举考试的标准读本。[89]明太祖时,严格规定经义的题材,考试制度以八股为去取的标准,形成了所谓科目。洪武二年(1369),朱元璋以"治国以教化为先,教化以学校为本"为由,下诏举办各级学校,各府、州、县都办起了学校及闾里私塾。[90]至永乐帝(1402—1424)编撰《四书大全》、《五经大全》、《性理大全》,朱子学的官学地位愈加稳固,直至清末没有改变。由于理学被纳入了它曾经反对和抗拒的科举取士制度之中,从而这一思想体系与制度论之间的紧张关系彻底消失了。在明清时代,朝廷经常通过理学以及民间教育机制——学校、宗族组织、甚至行会——来推动意识形态的统一。清康熙时期,皇帝既重朱子学,也重经学考据,力图合道统与治统于一身。这在早期的理学家固然是始料未及,但他们的思想前提不能不说已经预设了这种后果。

概括地说,一方面,北宋道学和朱子学都包含了科举取士制度及其评价标准的批判态度,但随着朱子学成为科举考试的标准读本,它所含蕴的反对功利及其制度依托的意义瓦解了;另一方面,由于乡约和宗法伦理日益成为与上层政治制度相互匹配的基层社会体制,朱子学所关注的地主乡绅体制不再具有针对由上至下的皇权一统体制的批判含义。如果说理学的产生一定程度上可以解释成为天理、天道从制度评价体系中分化出来的过程,那么,理学的道德评价方式与制度评价的关系也伴随朱子学成为科举考试的钦定范本而发生了历史性的变化。在理学指导下的礼教与皇权制度互为依托构成了明清时代的重要社会特征。只有在这一背景之

---

[89] 经义一道,各治一经,《诗》以朱熹为主,《尚书》以蔡沈为主,《周易》以程颐朱熹为主,《春秋》用三传及胡安国传,《礼记》用古注。
[90] 关于科目、办学、学校的内容,请参见《明史》卷六九《选举志》,卷七十《选举志》二,卷六二《学校志》。

下,我们才能理解阳明学对朱子学的批判和扬弃,也才能理解为什么"五四"以降朱子学及其格物致知论会被理解为一种宗法等级伦理的方法论。因此,如果要保留朱子学所具有的那些批判的遗产,后世的儒者就不能不以更为尖锐的、反朱子学的方式来考虑问题,从而与官学划清界限。这一变化在概念的层次势必导致理、心、性、物以及格物致知等范畴的重要转化。

心学的"格心"之说以一种内在的道德实践排斥一切外在的程序和物质的设计,并以心一元论对抗理气二元论,确立了心的本体地位。[91] 心学包含了一种否定"物"的实在性的价值取向,但与其说这是反对知识的取向,毋宁说是反对南宋之后科举考试的"知识取向"。朱熹博学多识,对于宋代的自然之学有着浓厚的兴趣,他的格物致知论预设了"物"的概念,无意之间为博物学者提供了一个理论上的出发点。南宋后期和元代初期是自然知识(特别是天文、数学等)的黄金时代,在这一知识氛围中,朱子的格物致知论与自然知识产生关联是完全可以理解的。例如,宋元时代流传的《物类相感志》、《格物麤谈》中的"物"概念就明显地指称自然界的事物,而金元间四大医学流派的代表人物之一、朱子的五传弟子朱震亨(1281—1358)的医学著作《格致余论》直接地将"格致"概念用于医学的范畴。这些例子表明格物致知与自然知识之间存在着某些可能的联系。明代思想的主流拒绝用认知的取向谈

---

[91] 钱穆看到了朱陆之间的相似性,因而另辟蹊径,认为晦庵、象山之别的关键不是一般所谓"道问学"与"尊德性",而在是否承认德性的实践需要外在的形式和礼仪:"象山只注重在此心之哀与敬,却不注意到墟墓宗庙如何兴起之具体事实上。……如此心之哀与敬,是德性问题,是直接性的。但修墟墓,建宗庙,此等像是间接性的。工匠之修建,似乎只是一种技,似乎不要哀与敬。但没有墟墓宗庙,此哀敬之心,如何兴起,如何著落。这里却是道问学处要多了些。讨究朱陆异同者,此等处亦宜注意到。"(钱穆:《象山龙川水心》,《中国学术思想史论丛》(五),页265—266)钱穆的观察超越了纯粹观念论的说明,但仍缺少更为具体的历史脉络。这种解释能够说明朱子与象山的差别,却难以诠释整个理学与心学的关系。在我看来,是否重视或反对修建墟墓宗庙和祠堂的问题还应该置于历史的脉络之中加以分析,即墟墓宗庙和祠堂的修建与皇权主导下的制度建设的关系究竟如何?这些宗法建设所提供的道德评价和培养的方式与科举、田制、官制提供的道德评价和培养方式的关系如何?

论道德问题,这一方式历来被看作是对自然知识发展的阻碍。但根据艾尔曼的研究,在南宋和元代之后,"'自然之学'作为官员必备的'博学'之一部分,其地位却得到提高,且得到皇上的支持。另外,经学的普遍性与实学的特殊性间的分野并不成问题。但天文历法之学等等在这官方的三场考试中作为策问必备内容而渗入科考之中。"[92]在朱子之后,"自然之学"已经与朱子学一道成为科举考试的必备内容,在这个意义上的"自然之学"不是一般的关于自然的知识,而是一种体制化的知识。因此,正如存在着两种不同的理学一样,也存在着两种不同的自然之学,即人们对于自然的探究和认识与作为考试制度的特定内容的自然之学。明代学者对科举以及朱子学进行了尖锐的批判,从而也影响了他们对自然之学的看法,但这些看法是对作为一种体制化知识的自然之学的批判。尽管王学及其演变构成了明代思想史的重要内容,但朱子学作为一种官学意识形态的地位始终是稳固的。除了八股取士制度之外,由胡广(1370—1418)奉敕撰写的《性理大全》计70卷成为官方的钦定文本,在这个意义上,所谓理学已经是皇帝的理学,而不是"士"之理学。心学的取向既不能说明心学已经代表了明代主导的意识形态,也不能证明自然之学的衰败。

"自然之学"在科举考试和策问中的地位逐渐下降,与其说这是宋明理学的结果,不如说是受到清代考据学的影响。艾尔曼说:"18世纪晚期,由考据派学者提倡的由'道学'向经史研究的转变,反映了清代社会和科考科目中广泛的教育变化,这种变化使应考者再也不必回答'自然之学'问题。"[93]明代科举的标志正是新儒学与"自然之学"的成功调适,只是到1680年以后,这一特点才逐渐消失。这一研究成果否定了那种习以为常的见解,即认为宋明儒学与科学无法调和,而清代考据学则是现代科学的先声。从心学的内在逻辑来看,它对内在世界的关注强化了

---

[92] 艾尔曼:《晚明儒学科举策问中的"自然之学"》,雷颐译,《中国文化》第十三期,页133。
[93] 同上书,页137。

"心"的内在性和绝对性,从而为把有关自然和社会的知识从道德论的范畴中分化出来提供了可能性。值得注意的是:欧洲近代认识论的确立有赖于主体地位的确立,强调道德自律的近代伦理学与强调对客观世界进行认知的近代认识论之间存在着一种内在的历史关系,亦即没有自律的道德主体就无法建立对于外部世界的客观认知关系。这个逻辑对于理解心学与自然之学的关系也许不是没有启发的。例如,宋濂是明洪武年间诏修元史的总裁官,深于制度典章文物之学,历来被看作是朱学的传人。但他在反复研析天人之理之后却深以"我"之为学问的根基:"世求圣人于人,求圣人之道于经,斯远已。我可圣人也,我言可经也,弗之思耳。""天下之事,或小或大,或简或繁,或亏或盈,或同或异,难一矣。君子以方寸心摄之,了然不见其有余。"[94]他以博学的朱学者而为"后来心学一派的先声。"[95]

在上述意义上,恰恰是阳明学及其后裔对朱子学的批判承续和恢复了朱子学曾经包含的那些批判力量,从而它们不能简单地被看作是与朱子学截然相反的思想。明代思想正是在这种特定的历史关系中与朱子学对话,重新结构思想的方式并循此发现经典的根据。[96]心学没有改变良知和天理的实践内容,它在理论上一直在寻找从内在的心转向社会道德实践的途径。因此,"格心"的实践包含"经世"的内涵可谓势所必至,追

---

[94] 罗月霞主编,《宋濂全集》第1册,《潜溪集·潜溪前集》卷四,《萝山杂言》,浙江古籍出版社,1999,页52。
[95] 容肇祖:《明代思想史》,齐鲁书社,1992,页8—9。
[96] 例如,阳明学重视本心,但为了论证良知说,阳明不得不在历史中找根据,以致像朱子一样重定大学古本。这就与儒家原始经典发生了纠缠。余英时说:"一涉及经典整理,偏重'道问学'一派的儒者便有了用武之地。宋明以来儒学中不绝如线的智识主义遂因此而得了发展的机会。……从这个观点看,清学便不能是宋明儒学的反命题,而是近世儒学复兴中的第三个阶段。……清学正是在'尊德性'与'道问学'两派争执不决的情形下,儒学发展的必然归趋,即义理的是非取决于经典。但是这一发展的结果,不仅儒家的智识主义得到了实践的机会,因而从伏流转变为主流,并且传统的朱陆之争也随之而起了一种根本的变化。"余英时:《从宋明儒学的发展论清代思想史》,《中国思想传统的现代诠释》,南京:江苏人民出版社,1991,页194—195。

求本体的努力也不能简化为否定有关外部世界的知识。[97]

心学对内在性的强调包含了与现实秩序的紧张关系,但在理论逻辑上却消除了由于区分内/外、心/物而产生的二元性的矛盾。朱子的格物理论否定现实秩序与天理的直接对应关系,要求每一个人在具体的格物实践中求证天理,这不仅在知识上包含了新的生机,而且也在现实中包含了批判性因素。即物穷理的程序预设了事实与价值之间的沟通,从而最终否定认知过程建立在事实与价值的分离的前提之上。但是,朱子学的官学化过程把这一理论中内含的儒学教条与现实秩序吻合起来,从而消解了这一理论的批判性。消解格物致知过程的反思因素只能产生一个结果,那就是通过"物"的绝对化来肯定现实秩序的合法性。因此,如果要恢复朱子学中曾经包含的那些批判性的因素,就必须剔除这个理论中内含的对于事实的崇拜,恢复致知过程的主体性。正是在这个意义上,心学的兴起不能视为对理学的否定,毋宁说是理的内在逻辑的深化和展开。[98]在这里,"理"成为推动理学转化的内在的动力,因为"理"拒绝把自己看作是现存秩序的实体化。但"理"也不是经验之外的超越观念,而是经验过程的内在要素。理学与心学在明清时代的消长和融合很大程度上来源于一种需求,即拒绝把理实

---

[97] 钱穆在论阳明的良知概念时就注意到这一概念的两重性:"第一,阳明论良知,并不偏重在心上,而把心和事,内外交融,铸成一片。第二,阳明论良知,并不偏重在人心之同然上,而把人尽其性,分工合作,来完成天下一家万物一体的境界。"见氏著《阳明良知学述评》,《中国学术思想史论丛》(七),台北:东大图书公司,1979,页77—78。

[98] 沟口雄三认为,理学与心学的对立称谓含有把从宋学到阳明学的流变作一个历史割断的危险。它容易导致规矩准绳(理)和人性(心),以及外在的规范和内在的权威(心)相互对立的误解。"从性即理向心即理这一论题的展开,不是从性向心而是从宋代理观向明代理观的展开,也就是从理向理的展开,理的质的展开。……与其说阳明的理学……是对宋代理学的逆反,倒不如说……它是以摸索和创造真正适应明代的理观为宗旨。"沟口雄三:《中国前近代思想的演变》,页62。自1980年代起,陈荣捷(Wing-tsit Chan)、狄百瑞(Wm. Theodore de Bary)等人开始扩大宋代思想研究的范围。狄百瑞在《新儒学正统与心性之学》*Neo-Confucian Orthodoxy and the Learning of the Mind-and-Heart* (New York: Columbia University Press, 1981),以及《新儒学中心的含义》*The Message of the Mind in Neo-Confucianism* (New York: Columbia University Press, 1989) 等著述中,放弃了心学源于陆象山、王阳明的看法,转而认为心学源于朱熹及其系统。

化、超验化、外在化，而不是否定理本身。心学认为本体就是道德实践中之本体、工夫就是道德实践中之工夫，不存在一个外在于道德实践的性体或天理。因此，格物致知不是即物而穷其理，而是回到本心。这就是"心即理"的基本含义。为了反对官方朱学将"物"绝对化的倾向，心学发展的结果是把"心"绝对化。这一转变在"物"概念的层面产生了重要的后果，这就是消解"物"的实在性，把它理解为"此物"，亦即"心"。

第六节　此物与物

理气二元论的建立为此后儒学提供了发展和挣脱的方向，而元代之后朱子学的正统地位更为此提供了政治性的动力。在整个明朝时期，思想家们的主要努力方向就是攻击、批判和摆脱程朱的理气二元论，从心和物（气）这两个不同的方向追求心一元论或气一元论，以弥合理与气的分离。从14世纪到16世纪，心一元论成为更具吸引力的思想范式，并由此产生了心学与理学的对峙、抗衡和相互渗透。但是，理学与心学的分化并不是在时间关系中展开的自然演化过程，朱子时代的思想论辩和分歧已经为以后的发展提供了某些依据。在南宋时代，朱子之理（尽处、底、止、合当）和陆象山（1139—1193）之心（此物、此知）都预设了天理概念，也都包含了与现实状态之间的某种紧张关系；作为朱子的同时代人，象山明确地以心一元论为其世界观的出发点，以对抗朱子的二元论及其知识方法。在他的思想世界里，天理不仅是自我存在的，而且也是自我展示的，世界万物及其存在秩序本身就是理的展现。因此，天理不是等着被观察、理解和学习的客体，而是心的自我展开。象山主张"先立其大"，直接从"正心"开始，通过对古典之礼的实践贯彻宇宙的道理。他的心概念不能视为一种"内在"的心（如现代自我概念所预设的心），而是将整个世界包容在其中的广阔领域。象山声称"心即理"，从而所谓"先立其大"或"正心"涉及的也是普遍秩序——亦即"理"——的问题。心学的确立并不在于它提出了一种不同于理的秩序观,而在于它发展了一种能够将宇宙万物囊括在内在性概念之中的修辞和论述方式,并以此克服程朱的理气二元论。

陆象山的若干社会观点与程朱非常接近,但评判的方式和出发点有所不同。例如,对于科举制度及其陋习,象山进行了激烈批评,断言"科举之习"证明了"此道不行"和"此道不明"的状态。这一姿态与程、朱没有多少差别。因此,将"心即理"的命题与"性即理"的命题放置在批判科举制度所蕴含的评价方式的语境中,它们之间的相似之处远远超过了相互之间的分歧。但象山用"内在性的"修辞切入问题,论述角度与朱子之"性即理"已经不尽相同。从他的视野出发,在科举制下,即使是宋儒推崇的《诗》、《书》、《论》、《孟》,也一样会成为"科举之文",从而断然拒绝由经书之学习而知仁义的致知途径。"内"的含义是通过拒绝将"知"的范畴放置在一种认识程序之中展现出来的。陆氏的看法构成了对朱子学的历史命运的精确预见。象山慨叹周道之衰,转而将"正理"寄托于"人心",而不是外在的制度和经典之文。这是另一种思想逻辑。但就试图重新赋予礼仪、制度和知识以一种神圣性的内涵(神圣性在这里并不与日常性相对立)而言,程朱发明天理与象山发明本心的宗旨其实如出一辙。

那么,象山之学能否摆脱朱子学的命运呢?在《与李宰》中,他说:

> 周道之衰,文貌日胜。良心正理,日就芜没。其为吾道害者,岂特声色货利而已哉?……故正理在人心,乃所谓固有。易而易知,简而易从,初非甚高难行之事。然自失正者言之,必由正学,以克其私,而后可言也。此心未正,此理未明,而曰平心,不知所平者何心也?《大学》言"欲正其心者先诚其意,欲诚其意者先致其知,致知在格物。"物果已格,则知自至。所知既至,则意自诚。意诚则心自正。必然之势,非强致也。……自周衰,此道不行;孟子没,此道不明。今天下士皆溺于科举之习。观其言,往往称道《诗》、《书》、《论》、《孟》,综其实,特借以为科举之文耳。[99]

----

[99] 《陆象山全集》,卷十一,中国书店,1992,页95—96。

象山力图辨明心之邪正，对外在事物不感兴趣，这与朱子用"尽处"、"合当"等词来诠释事物之理是完全一致的。但是，朱子析心与性、人心与道心为二，主张"心统性情"，通过研读、磨炼把握天理；而象山的心是心理合一之心，他所强调的是顺从内心之天理，而不是琐细的格物功夫。他的心不是感性的心，而是千古圣人之心，由心即理的方式体现的是一种内在而又客观的秩序。说它是内在的，是因为这一方式拒绝外在的程序，要求人们审视自己的内心；说它是客观的，是因为这一方式暗示顺从内心同时意味着我们必须超出自身之外，进而发现一种心与理合一的眼光或者视野。在这里，最为重要的不是心与性的实质性区别，而是心这一与内在性更为相关的表述范畴与性这一与客观性更为相关的表述范畴的区别。这一区别背后隐含的是心一元论与理气二元论的对立。这一内在性的语言方式预设了一种抵达天理的内在道路，从而不再需要在理/气、心/物的对立关系之中展开一种认知的实践。在《武陵县学记》中，象山解释"格物致知"说：

> 所谓"格物致知"者，格此物，致此知也，故能明明德于天下。易之穷理，穷此理也，故能尽性至命。孟子之尽心，尽此心也。故能知性知天。[100]

"此物"即此心此理，亦即彝伦良知，从而"格此物"、"致此知"是以"心即理"为前提的。"格物致知"所以需要直指本心，是因为知为"此知"，物为"此物"，它们都不是外在于人的道德实践的事物。象山的"此物"概念消除了朱子"物"概念所包含的"事事物物"的外在性的客观含义，消除了由于心/物范畴容易导致的内外二元论。当"格物致知"转向了格"此物"的时候，这一命题便将认知与内省合二而一了。在这个前提下，为学次第变得叠床架屋、支离破碎，毫无必要。

象山将格物归结为格心，否定了致知活动的外在性程序，但他的学术

---

[100]《陆象山全集》，卷十九，页152。

的另一面恰恰是对仪式、制度等中介性程序的重视。仪式、制度等中介性程序是实践的展开形式。象山既把"尽心"作为抵达天理的唯一方式,又十分重视冠婚葬祭之仪式、礼法、政教制度在道德实践中的作用,较之程朱在理气关系中展开的认知实践,他的方式更接近于巫史的传统。"心即理"的命题是把宇宙万物包容在心的范畴内部,并用心这一范畴所内含的秩序观重新弥合由于礼乐制度的异化而产生出的价值与物质的分离。因此,仪式、制度体现的是一种实践的结构,一种将心与生活世界的秩序内在地关联起来的中介,一种如同孔子以仁释礼那样将主体经验与礼制秩序结合起来的努力。就重视仪式、礼法等中介性的事物而言,象山之学近乎欧洲宗教对于仪式的依赖,但不同的是:宗教的仪式性贬低世俗生活的地位,而将生活的意义和价值归于上帝或高于日常生活的实体;对象山来说,仪式、制度、程序与修身的实践本身是现世生活的一部分,是家庭生活和礼仪的一个内在的部分,是回到内在于我们的自然的道路,也是回归天意、天命和天理的法门。在儒学世界中,神圣与世俗的区分是多余的,我们可以将之归纳为以神圣为世俗或以世俗为神圣。在这一语境中,"尽心"的范畴与欧洲宗教的信仰概念不是一个东西。这里的关键是:现实的制度——如科举等——已经成为一种与内在的秩序或自然的秩序构成紧张关系的外在规范,并在仪式、礼法和政教与"心"及其预设的天理之间构筑了屏障,从而按照天理的普遍精神重新确立仪式、礼法和政教制度才是心物合一的必由之路。

因此,心这一范畴与外在体制之间的紧张或对立实际上体现的是经由心这一范畴而内在化的仪式、礼法、制度与现实的仪式、礼法和制度的紧张或对立,后者代表了一种与价值、精神或内在秩序分离的物质性现实。如果说朱子之格物致知重视对外物的观察,那么,象山更在意国家法规之外的仪式性的生活规范。在他的世界里,源发自内心的"行为"不是一个纯粹的内在行为,而是一个在一定的彝伦关系中的行为,是心物合一的实践,但这个彝伦关系不能等同于郡县制国家确立的礼乐制度。在他所指涉的彝伦关系中,内在与外在的区分没有意义,内在性的语言并没有产生一种内在化的道德理论。象山之"心"不能被简单地理解为"内在性",他讨论的仪式、制度等等又不能被简单地理解为"外在性"——在周道之衰后,必须通过"正理"、"正学"的实践将内在于"心"的仪式、礼法、制度等延伸到日常生活之中。因此,象山心学预设了两种礼仪制度的对立,即形式化的礼乐制度与包含着封建价值的礼乐制度的对立。在这个意义上,象山的"心"不是对于礼乐制度及其评价方式的拒绝,他的实践主义包含着对于"本心"与礼仪规范之间的同一关系的理解。从取消内外之别的意义上,这一实践主义更接近于先秦儒学的道德评价方式,不同的是:先儒没有用"心"这一修辞来作为一种统摄性的范畴取代能够体现天意的礼乐。

象山之学被视为明代心学的起源或先声,陆王心学的提法就是一个例子。但"起源"或"先声"不能解释一切,更为完整地了解阳明学得以发生的动力还需要别的系谱。王守仁(字伯安,别号阳明,浙江余姚人,1472—1529)上承象山的"心即理",但对此做了更为复杂的诠释。由元至明,朱子学在科举制度中获得正统地位。明代心学的若干命题虽然可以上溯至象山对心的阐发,但这一思潮的兴盛与明代士大夫对在科举体制中获得了正统地位的朱子学的批判运动有着极深的渊源。阳明学是在与朱子学的对抗关系中展开的,但这两者的关系远不只是批判、反抗等否定性的概念所能概括。阳明关注的问题与朱子学的关系极为密切。余英时认为阳明的良知之说可以视为与朱子奋斗的结果,挑明了阳明"心中最大的问题之一还是如何对待知识,如何处理知识",[101]也预示了心学向史学和经学等儒学形态转化的内在动力。阳明对"心"的重视与朱子之格物论之间有着内在的对话关系:他们均预设天理这一普遍的至善的秩序,都关心知识能否达到天理这一根本问题,分歧在于抵达天理的途径和方法。

著名的龙场顿悟起于阳明对格物发生了新解,他突然意识到:只要把格物的物字认作心中之物,一切困难都没有了。《传习录》卷中《答顾东

---

[101] 余英时:《清代思想史的一个新解释》,《中国思想传统的现代诠释》,南京:江苏人民出版社,1991,页215。

桥书》中的这段话甚为出名：

> 所谓致知格物者,致吾心之良知于事事物物也。吾心之良知,即所谓天理也。致吾心良知之天理于事事物物,则事事物物皆得其理矣。致吾心之良知者,致知也。事事物物皆得其理者,格物也。是合心与理而为一者也。

致知格物不是"以吾心而求理于事事物物之中,析'心'与'理'而为二"（即对于事事物物的认识）,[102]而是把"吾心之良知"推广到事事物物上。在这里,阳明的心概念从"人心"转向"吾心",与象山的圣人千古之心相比,这一心概念突出了个人的经验和主体性。知即良知,所谓"得其理"不是让客观事物符合它自身的具体规律性,而是符合于"良知之天理"。在这个意义上,格物是一种为善去恶的道德实践,而不是通过良知的认知活动来接近事物的方式,因为良知之天理不是外在于良知的天理,而是良知自身。"吾心之良知"这一概念强调良知与个人实践的密切关系,但这一关系并不暗示良知或致良知的实践是一种外在于社会的实践——在阳明的语境中,不存在原子论的个人概念,人永远处于关系之中,也是关系自身,从而人可以通过自身之良知而建立与世界的内在联系。

也正由于此,"致良知"的命题正是"经世"命题的根源。阳明说：

> 盖"知天"之"知",如"知州"、"知县"之"知",知州则一州之事皆己事也,知县则一县之事皆己事也,是与天为一者也。[103]

如果"知天"之"知"等同于"知州"、"知县"之"知",那么,良知或心就不

---

[102] 王阳明:《传习录》卷中《答顾东桥书》,《王阳明全集》(上),上海古籍出版社,1992,页45。
[103] 同上书,页43。

能被理解为一种内在的事物。如果拒绝外在于日常实践之上的规范、价值或尺度构成了肯定日常生活实践及其价值的动力,那么,为了抗衡这一外在规范或尺度的神圣性和权威性,就必须赋予日常生活实践以神圣性——日常生活是天理这一最高秩序的唯一的呈现者。执着于具体的实践不能等同于执着于个别的目标,恰恰相反,它要求的是按照天理的普遍精神来从事具体的实践,并从具体的实践中达成与天理这一概念所体现的宇宙秩序的协调一致。阳明从心学的逻辑出发重新界定"经世"的含义,这与象山主要在宗法仪式上理解礼乐实践的意义已经有所不同。在象山那里,宗法仪轨与政治制度之间存在着鸿沟,我们可以从这一鸿沟的存在发现宋儒的思想世界中深刻烙印着的封建与郡县、礼乐与制度之间的对立。但是,阳明将"心"从邵雍、象山的本心引申到"吾心"的范畴之下,同时又将"经世"概念与郡县体制下的官僚责任密切关联起来,表明阳明已经重构了个人与制度性实践的内在联系。象山之心一元论以心与郡县体制之外的礼乐实践的合一为前提,而阳明的心一元论则以郡县体制作为实践的制度性基础——礼乐实践已经被收摄于郡县制度的范畴之内了。

在这一逻辑的推动之下,阳明思想中指涉日常生活的"事"概念被置于一系列概念的锁链之中,成为抵达、呈现和实践天理的途径。阳明强调在事上磨炼,反对以读书穷理作为致知的途径,进而否定作为认知方法的格物程序。他说:

> 然欲致其良知,亦岂影响恍惚而悬空无实之谓乎?是必有其事矣。故致知必在于格物。物者,事也,凡意之所发必有其事,意所在之事谓之物。格者,正也,正其不正以归于正之谓也。正其不正者,去恶之谓也。归于正者,为善之谓也。夫是之谓格。[104]

---

[104] 王阳明:《大学问》,《全书》卷二六,《王阳明全集》(下),上海古籍出版社,1992,页972。

训"格"为"正",即以良知之天理来正物或以天理之普遍精神从事具体的实践("在事上磨炼")。这一命题否定的是在心与物之间建立起来的认知关系。在"正物"的诠释中,"物"概念本身发生了重要的转变:作为"事",它是人的活动;作为"物",它是意之所在或意之呈现,"正物"亦即"正念头"。"事"的一个基本特点是将内在与外在综合在一个关系之中,从而在"事"的范畴内,内在与外在的区分反而无法理解了。

如果致知是致吾良心之知于事事物物,那么,致知即依照天理的普遍精神从事具体的实践;如果事和物的范畴与心和意的范畴之间存在直接的连续关系,那么,事、物与心、意的二分法就显得过分僵硬。在心学的视野内,"事"不是一个客观的、可以通过认知的方法加以理解的范畴,而是主体活动的延伸,但这个主体活动不是主体的随意活动,而是与制度性实践活动相关的、能够呈现天理的活动。因此,阳明将"事"与"意"密切地联系起来:

> 意之所用,必有其物,物即事也。如意用于事亲,即事亲为一物;意用于治民,即治民为一物;意用于读书,即读书为一物;意用于听讼,即听讼为一物;凡意之所用无有无物者。有是意即有是物。无是意即无是物矣。物非意之用乎?[105]

把"物"定义为"事"是从主体的道德实践方面说的,而与"事"密切相关的"意"也不能等同于个人的意志,因为"意"与"归于正者"或"为善"的普遍意志和秩序是内在相关的。因此,意、物、事等范畴的内在联系产生于一个更为基本的预设,即世界秩序由至善的理所构成。所谓"事事物物皆得其理",这既是说每做一事需要符合"物"之正理,而不必去追究经书的教条,又是说事事物物之为事事物物是由于它们是天理这一至善秩序的呈现。朱子学与阳明学都预设了天理这一至善的秩序,但当阳明拆除朱子学的那些以与天理合一为目的的认知程序时,事事物物本身的重

---

[105] 王阳明:《传习录》卷中《答顾东桥书》,《王阳明全集》(上),页47。

要性削弱了天理概念的目的论特征。"在事上磨炼"即对当下性的关注，这个当下性以"事"在礼乐制度之中的状态为前提。牟宗三反复论证说：阳明之物包含了超出事的意义，他不仅是从"意之所在"言"物"，而且也从"明觉之感应"言"物"，从而承认"物"作为一种自在的存在。[106]在这个意义上，阳明的"物"概念包含了"行为物"和"知识物"的双重含义。然而，从上述引证来看，心学之"格物"说以践履概念为中心，它所力图破除的正是内部与外部、主体与客体的两分法，如果仍然要以"知识物"来定义阳明的"物"概念的话，那就必须重新定义知识本身。"行为物"与"知识物"的二分法需要仔细地加以界定。

阳明对"物"的解说密切地联系着身、心、意、知等概念，他所强调的是"物"与身、心、意、知的一体性：

> 先生曰："……只要知身心意知物是一件。"九川疑曰："物在外，如何与身心意知是一件？"先生曰："耳目口鼻四肢，身也，非心安能视听言动？心欲视听言动，无耳目口鼻四肢亦不能。故无心则无身，无身则无心。但指其充塞处言之谓之身，指其主宰处言之谓之心，指心之发动处谓之意，指意之灵明处谓之知，指意之涉着处谓之物，只是一件。意未有悬空的，必着事物，故欲诚意，则随意所在某事而格之，去其人欲而归于天理，则良知之在此事者无蔽而得致矣。此便是诚意的工夫。"[107]

"物"首先被解释为"意之涉着处"，即物不是天下万物，而是作为道德实践的"事物"，从而无法离开实践的动机和实践的过程来讨论"物"。如果"良知"既不依附于外在的事物，也不依托于圣人之言和日常习俗，那么，"物"的实在性（如外在事物或道德知识）也就消解了。"良知"概念包含了对既定知识和秩序的拒绝，从而它对当下性的强调包含了某种思想解

---

[106] 牟宗三：《从陆象山到刘蕺山》，上海：上海古籍出版社，2001，页163—172。
[107] 王阳明：《传习录》卷下，《王阳明全集》(上)，页90—91。

放的作用。

消解物的实在性是为了把仁之本心置于事亲、治民、读书、听讼等具体实践之中,但这不是说事亲、治民、读书、听讼等等事物构成了实践的目的。在这个意义上,"良知说"既拒斥物与理的两分法,以及由此派生出的格物程序,又反对用事物的具体性淹没"理"这一概念所代表的秩序。阳明在一体性的构架内论述身、心、意、知、物的关系正是为了克服这一双重错误。万物一体、心理合一的观念预设了特殊的"事"的分类法和依此而起的德目,从而"在事上磨炼"本身预设着一种秩序。所谓"盖'知'天之'知',如'知州'、'知县'之'知'"者,除了强调知州、知县之事"皆己事也"之外(即理在事中),还暗示出人之事天需要在具体的、各不相同的"事"的实践中进行,从而也就将"知州"、"知县"等制度和官职纳入道德实践内部。阳明倾心体用兼备、教养合一的社会体制,但在社会内涵上不仅与孔孟对礼乐的理解相距遥远,而且也与宋儒对郡县制度的怀疑有着相当距离。

一旦存在事与德目的分类,那么,一种学问的方法和机制也就必不可少。在这个意义上,阳明与朱子的差别不在是否承认知识("学"),而在于如何理解知识("学")。阳明论圣人之教以"克其私,去其蔽,以复其心体之同然"为宗旨,但他并不否定具体的"事"之分类和德目:

> 其教之大端则尧舜禹之相授受,所谓"道心惟微,惟精惟一,允执厥中"。而其节目则舜之命契,所谓"父子有亲,君臣有义,夫妇有别,长幼有序,朋友有信"五者而已。唐、虞、三代之世,教者惟以此为教,而学者惟以此为学。当是之时,人无异见,家无异习,安此者谓之圣,勉此者谓之贤,而背此者虽其启明如朱亦谓之不肖。下至闾井、田野、农、工、商、贾之贱,莫不皆有是学,而惟以成其德行为务。[108]

阳明从一种道德的分类转向一种社会分工的分类,并强调每一社会分工

---

[108] 王阳明:《传习录》卷中《答顾东桥书》,《王阳明全集》(上),页54。

本身都蕴含了"学"。在这个意义上,道德实践并不需要一种抽象的或专门化的道德实践形式,因为人类社会活动及其分工形式内部包含了一种内在超越的品质。一个人无论从事何种职业,处于何种地位,都能够通过"在事上磨炼"而成圣、成德。这一逻辑既在社会分工的范围内预设了一种从"以成德行为务"的最终目的出发的平等主义,又把这一目的转化为在社会分工条件下的日常实践的伦理。阳明把道德目标放置在一种带有分工性质的实践之中,从而提供了职业行为的道德基础——当然,他强调的并不是职业伦理问题,而是"知行合一"和日常生活本身的道德化,阳明曰:"学、问、思、辨、行,皆所以为学,未有学而不行者也"。[109] 知识的方法论与实践过程本身具有同一性,从而实践论也可以被理解为知识论。

以成天下所同德为目的、以具体事为之分类为基础、以知行合一的实践为途径,这就构成了阳明的理想社会的模式:这是一个犹如人的机体一般的学校,各人按照自己的才能气质分工合作,并在各自的具体实践之中归于统一的理想。在这个意义上,学校是一个按照普遍的分类法进行分类的分工系统,它承认个体才能的短长,却不承认具体的风俗习惯的独特性,不承认由于历史条件而形成的善恶的标准,因为所有功能性差异均隶属于同一个有机体。在这个意义上,阳明把克服历史、时代和习俗的特性以归于天下所同之德视为"学"的目标。他说:

> 学校之中,惟以成德为事,而才能之异或有长于礼乐,长于政教,长于水土播植者,则就其成德,而因使益精其能于学校之中。迨夫举德而任,则使之终身居其职而不易,用之者惟知同心一德,以共安天下之民,视才之称否,而不以崇卑为轻重,劳逸为美恶;效用者亦惟知同心一德,以共安天下之民,苟当其能,则终身处于烦剧而不以为劳,安于卑琐而不以为贱。当是之时,天下之人熙熙皞皞,皆相视如一家之亲。其才质之下者,则安其农、工、商、贾之分,各勤其业以相生相养,而无有乎希高慕外之心。其才能之异若皋、夔、稷、契者,则出而

---

[109] 王阳明:《传习录》卷中《答顾东桥书》,《王阳明全集》(上),页45。

各效其能,若一家之务,或营其衣食,或通其有无,或备其器用,集谋并力,以求遂其仰事俯育之愿,唯恐当其事者之或怠而重己之累也。故稷勤其稼,而不耻其不知教,视契之善教,即己之善教也;夔司其乐,而不耻于不明礼,视夷之通礼,即己之通礼也。盖其心学纯明,而有以全其万物一体之仁,故其精神流贯,志气通达,而无有乎人己之分,物我之间。譬之一人之身,目视、耳听、手持、足行,以济一身之用。……此圣人之学所以至易至简,……〔110〕

阳明"学校"的分工合作和组织方式已经无从得知,但可以确定:他的学校构想就是带有自治性质的社会本身,从而与他的乡约实践的方向完全一致。因此,我们可以从他的乡约实践猜摸出一点他的学校构想的微意。在著名的《南赣乡约》中,阳明认为民俗之善恶无不由于积习使然,乡民之愚顽完全是"我有司治之无道,教之无方"的结果,因此,设立乡约、协和乡民的目的是"死丧相助,患难相恤,善相劝勉,恶相告戒,息讼罢争,讲信修睦,务为良善之民,共成仁厚之俗。"〔111〕乡约虽然以养成"仁厚之俗"为目的,但具体的操作需要一定的程序、义务和权利关系,例如公推约长,约众必须赴会,约长协调约众以解决民事争讼,约长参照公意彰否人物,等等。我们可以从深受阳明影响的黄宗羲(1610—1695)的《明夷待访录》中发现类似的普遍秩序,在这个秩序中,伦理、政治和经济的关系可以视为天理在具体事物关系上的直接呈现。这种将宇宙秩序、政治关系、伦理行为综合在一种普遍的模型之中的儒学政治论述的根源之一,就是阳明学所体现的心、物、知行和制度的那种联系方式。如果把阳明的心的概念、知的概念与乡约、学校和"知州"、"知县"等制度性的存在联系起来,我们能否说:道德实践与制度的关系已经以一种隐约的方式呈现在心一元论的框架里了?我们能否预见:这种以知行关系连接起来的心性与礼乐制度的联系将再度引导出考证古制的经学潮流呢?

---

〔110〕 王阳明:《传习录》卷二《答顾东桥书》,《王阳明全集》(上),页54—55。
〔111〕 王阳明:《南赣乡约》,《王阳明全集》(上),页599—600。

第七节 无、有与经世

阳明后学在致知格物问题上的意见分歧杂陈，但无论左派还是右派，消解"物"的实在性却是相近的取向。所谓"物"的实在性不仅指客观世界的实在性，而且也指经书所指的各项规范的权威性，从而这一对实在性的排斥又可以被解释为对外在性的拒绝，或者说，是对道德实践和认知过程的任何中介物的拒绝。如果人的行为仅仅依赖于人彼时彼地的良知正理的判断，那么，外在规范（包括祖法遗制、经书教条）的权威性就会遭到怀疑。聂豹（字文蔚，号双江，永丰人）之主"归寂"、刘文敏（字宜充，号两峰，吉之安福人）之"以虚为宗"、罗洪先（字达夫，别号念庵，吉永人，1504—1564）之"收摄保聚"、刘邦采（字君亮，号师泉，吉之安福人）之"悟性修命"，均藐视见闻之知、象著之物、动静之心，认为未发之理才是性，进而以主静无欲为宗旨，为学专求"未发一机"（"以未发统已发"）。在批判朱子学正统的氛围中，他们强调本心就是良知，不仅否定了理学内部的知识取向，而且也反对在事上磨炼的工夫理论。聂豹批评学者囿于"道理障"、"格式障"和"知识障"，把"多学而识"、"考索记诵"作为成圣的方式，[112] 对于王畿（龙溪）的"格物是致知日可见之行，随事致此良知使不至于昏蔽也"的主张表示全盘拒绝。他有一段话对此作了明确的说明：

> 今日格物是致知日可见之行，随在致此良知，周乎物而不过，是以推而行之为政，全属人为，终日与物作对，能免牵己而从之乎？[113]

---
[112] 聂豹：《困辨录》，见《明儒学案》，《黄宗羲全集》第七册，浙江古籍出版社，页442—443。
[113] 聂豹：《致知议辩》，《王龙溪全集》卷六，页12b—13a，台北华文书局1970年影印道光（1822）刊本。下同。（《致知议辩》为聂豹与王畿的对话，故收入《王龙溪全集》。）

他从阳明的良知说出发,却反对通过事物(行为物)抵达良知的观点,从而否定了阳明格以正物的工夫理论:"感上求寂,和上求中,事上求止,万上求一,只因格物之误,蔓延至此。"[114]

聂豹的论述深受佛教和道教的影响,但在宋学传统内部也有其根源,如周敦颐《通书》中所阐发的"主静"和"无欲"之说。按照聂豹的看法,良知本寂,从而只能通过归寂才能发现未发之寂体。知是心之体,这个心之体是虚灵不昧的,因此"致知"就是"充满其虚灵之本体"(所谓"致中")。致知就是归寂。"寂然不动,先天而天弗违者也。格物者,致知之功用,物各付物,感而遂通天下之故。……格其不正以归于正,乃是先师为下学反正之渐,故为是不得已之词。所谓不正者,亦指夫意之所及者言,非本体有所不正也。"[115] 从本体上看,朱子所谓的格物工夫毫无根据。聂双江说:

> 良知本寂,感于物而后有知。知其发也,不可遂以知发为良知,而忘其发之所自也。心主乎内,应于外,而后有外。外其影也,不可以其外应者为心,而遂求心于外也。故学者求道,自其主乎内之寂然者求之,使之寂而常定。[116]

"知"是"天之明命"和"性体",并不包含"以此知彼"的含义。在这里,寂静主义包含了两个方面的含义:一方面,"归寂"意味着"知"与外在世界毫无关联,另一方面,以"归寂"为"致良知"的方式必须以世界秩序由至善构成这一思想为前提。

---

[114] 聂豹:《答邹西渠》,见《明儒学案》卷十七,《黄宗羲全集》第七册,页435。
[115] 聂豹:《答亢子益》,见《明儒学案》卷十七,《黄宗羲全集》第七册,页430—431。
[116] 聂豹:《答欧阳南野(三)》《双江聂先生全集》卷八,书一,明嘉靖刻本。(又见《明儒学案》卷十七,《黄宗羲全集》第七册,浙江古籍出版社,页429)。深受聂双江影响的王时槐(字子植,号塘南,吉之安福人)更为直接地定义"知"的含义说:"知者先天之发窍也。谓之发窍,则已属后天矣。虽属后天,而形气不足以干之。故知之一字,内不倚于空寂,外不堕于形气,此孔门之所谓中也。末世学者往往以堕于形气之灵识为知,此圣学之所以晦也。"见王塘南:《答朱易庵》,《明儒学案》卷二十,《黄宗羲全集》第七册,页542。

以"归寂"拒绝认知与道德实践的外在性留有佛教的深刻印记，它很可能导致对于现世生活本身的否定。那么，如何协调"归寂"与肯定现世生活的儒学立场之间的矛盾？正是从这一问题出发，王畿（字汝中，别号龙溪，浙之山阴人）、陈九川（字惟濬，号明水，临川人）、邹守益（字谦之，号东廓，江西安福人，1491—1562）等分别从道之不离、道之无分动静和心事合一等三个方面反对聂双江的观点。对于"归寂"的批判的积极后果是：对符合天理的生活的肯定必须在人的日常生活中寻找。王门后学中除了罗洪先之外大多非难聂双江的看法，但他们又都否认从知识入手求证良知的观点。因此，聂豹与其他王门后学之间的分歧并不在于是否承认"物"的实在性这一点上。这里以王龙溪为例，他的学说在当时和后世中引起的争论集中于《天泉证道纪》中的四无说。龙溪用"无善无恶"界定心、意、知、物，呼唤从"无"上立根，善恶双泯、尧桀两忘。但四无说不是四大皆空，随顺现实，而是以根本的"无"来对抗各种现实的有，其中包含着极为现实的批判锋芒。我们看龙溪对格物致知的解说：

> 格物者，《大学》到头，实下手处，故曰"致知在格物"。若曰格物无工夫，则《大学》为赘词，师门为剿说，求之于心，实所为解。理一而已，性则理之凝聚，心则凝聚之主宰，意则主宰之发动，知则其明觉之体，而物则应感之用也。天下无性外之理，岂复有性外之物乎？公见吾人为格致之学者，认知识为良知，不能入微，致其自然之觉，终日在应迹上执泥有象，安排凑泊，以求其是当，故苦口拈出虚寂话头，以救学者之弊，固非欲求异于师门也。然因此遂斩然谓格物无工夫，虽以不肖"随在致此良知，周乎物而不过"之说，亦以为全属人为，终日与物作对，牵己而从之，恐亦不免于惩羹吹齑之过耳。寂是心之本体，不可以时言，时有动静，寂则无分于动静。……良知如镜之明，格物如镜之照，镜之在匣在台，可以言动静，镜体之明无时不照，无分于在匣在台也。故吾儒格物之功无间于动静……[117]

―――――――――
〔117〕 王畿：《致知议辩》，见《王龙溪全集》卷六，页12b—13a。

龙溪以阳明的"身心意知物是一件"的看法为据肯定格物说。他把"格"字解释为"天然之格式"或"天则",带有老庄顺从天则之自然的味道。"天生烝民,有物有则。良知是天然之则,物是伦物所感应之迹。……物者因感而有,意之所用为物。意到动处,便是易流于欲,故须在应迹上用寡欲工夫。寡之又寡,以至于无,是之谓格物,非即以物为欲也。"[118]天下无性外之理,故亦无性外之物;无性外之物,也就不存在单纯的以知识为良知的那种"格物"工夫。"物是伦物所感应之迹",从而由物而探寻良知亦非通常所谓认知了。所谓"本体即功夫",否定了通过外在于本体的实践来抵达本体的工夫理论。"致知"的实践只需随顺天则之自然,既不需要"闭关静坐,养成无欲之体",也不必读经穷理,"由文字学道"。一方面,用自然、无欲重新解释阳明的良知说为彻底地摆脱道德实践与外在规范性的关系提供了条件,另一方面,把无欲等世俗生活中君子的德性标准归于至善的世界秩序又为一种日常生活中的好的生活标准提供了积极的论述——后者渊源于一种君子或士大夫的生活伦理。在这个意义上,自然、无欲和虚的观念构成了工夫论和经世思想的基础。这是上述两重伦理的结合,即由宋学宇宙论延伸而来的秩序观与生活世界中的士大夫或君子伦理的合二而一。

自然、无欲和虚无的取向与经世的结合实质上是将拒斥"物"的实在性的取向与肯定世界的取向综合起来,从而提供了一种尊重内在主体及其意志的逻辑。经世观念的风行与日趋严重的社会政治危机密切相关,以致人们把经世观念看成一种应对时事的策略性的或功利性的思想。"经世"一词源于葛洪(284—364)《抱朴子·审举》所谓"故披《洪范》而知箕子有经世之器,览《九术》而见范生怀治国之略。"在清代以后的理解中,经世观念与实学的关系更为密切,也常与《易·系辞下》中所谓"精义入神,以致用也"中的"致用"一词连用。1825年,魏源开始编辑《皇朝经世文编》,批评"玄虚之理"、"心性迂谈"等等,进而把民瘼、吏治、边防、国

---

[118] 王畿:《新安斗山书院会语》,《王龙溪全集》卷七。(又见《明儒学案》卷十二,《黄宗羲全集》第7册,页283,文字略有出入。)

第二章 物的转变:理学与心学

用、农桑、政事等置于经世之学的中心地位。经世致用从此成为上承东林、反对王学及其末流的思想运动。但是,经世观念不但发端于鸦片战争之前,说不上是对西方挑战的回应,而且本身就是儒学的基本命题之一。它是理学家和实学家的想法,[119]也是阳明后学的宗旨,那种把经世与王学,特别是阳明后学对立起来的看法其实不过是东林及后人根据自己的历史情境作出的判断。

从心学的脉络看,经世观念与区分儒释有着密切的关系。陆象山《与王顺伯》云:

> 某尝以义利二字判儒释。又曰公私,其实即义利也。儒者以人生天地之间,灵于万物,贵于万物,与天地并而为三极。天有天道,地有地道,人有人道。人而不尽人道,不足与天地并。人有五官,官有其事。于是有是非得失,于是有教有学。其教之所从立者如此,如曰义曰公。释氏以人生天地间,有生死,有轮回,有烦恼,以为甚苦,而求所以免之。……故其言曰:生死事大。……其教之所从立者如此,故曰利曰私。惟义惟公故经世;惟利为私故出世。儒者虽至于无声无臭,无方无体,皆主于经世。释氏虽尽未来际普度之,皆主于出世。[120]

象山之学以心为宇宙全体,从而为学的方式即去除心之蔽进而恢复其本体。不识不知,一任自然,此心就可以应物无穷。以经世区分儒释,这是在入世的前提下谈论"无"了。王龙溪兼四无说与经世观念为一身,多少承续了象山的精神,说明经世的出发点是立足于"无"之上的。"格物"的逻辑前提是"知"的实践性,"闭关静坐"的错误就在这种求道的方式离开了经世的实践,从而如同读书穷理一样,丧失了格物致知的真正要义。知外无物,物外无知,如果脱离悦亲、信友、获上、治民的实践,即无明善用力

---

[119] 关于朱子的经世致用之学,参见汤福勤:《朱熹的史学思想》,页35—43。
[120] 陆象山:《与王顺伯书》,《象山全集》卷二,页1—2。

处。因此,明善与获上、治民、悦亲、信友之功不能分成两截来叙述,格物与践履成为一件事的两种表达。换言之,只有强调知的实践性、否定喜静厌动的归寂,才有可能把致知的实践与经世的目的关联起来、把"反己"的实践与人生的世俗性质统一起来、把理的秩序观与事件的具体情境联系起来。也正由于此,对物的实在性的否定是对致知过程的任何中介或外在性的否定,但恰恰是这一否定本身内含着一种导向现世生活和相对于内在"寂体"而言的外倾的倾向。

在这个意义上,推动"经世"观念复兴的内在根据仍然是阳明的万物一体、知行合一。龙溪说:

> ……若谓格物有工夫,何以曰尽于致知?若谓格物无工夫,何以曰在于格物?物是天下国家之实事,由良知感应而始有。致知在格物,犹云欲致良知,在天下国家实事上致之云尔。
>
> …………
>
> 圣人之学主于经世,原与世界不相离。古者教人只言藏修游息,未尝专说闭关静坐。若日日应感,时时收摄,精神和畅充周,不动于欲,便与静坐一般。若以见在感应不得力,必待闭关静坐,养成无欲之体,始为了手,不惟蹉却见在工夫,未免喜静厌动,与世间已无交涉,如何复经得世?……[121]

一般而言,心学偏重本体、本心,而忽略气的运行,对于时代的演变、情境的变化和制度性的问题缺乏深入的历史思考。但在作出这一判断时至少应该提出两点补充。第一,这种反历史的思想以本心、童心、赤子之心、本体、此物、虚无来对抗那些以历史陈规和经典教条为法则的权威体制,从而在具体的情境中发挥了尖锐的批判作用。在这个意义上,反历史的思考形式本身具有历史性。第二,对于外在性的拒绝(如龙溪对"无"的重视)表达的是重新建立道德与行为关系的内在连续性,而不是为了否定

---

[121] 王畿:《三山丽泽录》卷一。见《王龙溪全集》卷一《语录》,页11b,12a—13b。

任何现实的制度及其实践,[122]在这个意义上,回到本心、童心、自然和无的取向并不意味着对于任何制度性的实践的否定。因此,一方面,从王阳明到阳明后学(尤其是李卓吾),六经皆史的思想绵延不绝——通过史的观念将经书相对化,进而构成对朱子学正统的批判;另一方面,本心、童心以及自然等等范畴把道德的基础抽离开现实的等级关系,并为情、欲的领域提供了理论的前提。黄宗羲在总结泰州学派健将颜山农(钧)的行为、宗旨时说:"率性所行,纯任自然,便谓之道。……凡儒先见闻,道理格式,皆足以障道",[123]强调立足于纯粹的自然状态以求道,从而将先儒教导、礼仪制度、法律和政治的方式与道、自然、理等最高范畴区分开来。

无论是聂双江的归寂,还是王龙溪的无欲、自然或本体即功夫,都是在特定范围内对等级化的、教条化的伦理关系的否定,他们从不同的方向上要求恢复道德与现实的同一关系。所谓"经世"的观念正是建立在他们对道德与现实的关系的理解之上的。但究竟什么才是真正的现实呢?各自的理解并不相同。在聂双江,这个现实是寂体,在龙溪,这个现实是自然——经世的实践与复归自然的思想存在着紧密的、内在的关联,这是因为自然在这里是作为现实秩序的对立物而存在的,它要求现实秩序恢复到自己的自然之中去。在本体、工夫、自然等问题上,王龙溪、聂双江、李卓吾,以及左派王学的其他人物的看法不一,但他们的批判性都表现为把自然、心性、良知和欲望提升为真正的现实,并以之与现实秩序相对抗。在这个意义上,恢复道德评价与自然的统一关系并不是对孔子的那种君

---

[122] 在修改本章时,读到周昌龙的论文《良知与经世——从王龙溪良知经世思想看晚明王学的真貌》,大旨与我关于阳明后学之经世论的论述相近,但更为系统和专门。在这篇文章中,作者提及龙溪将礼刑等量齐观的一段话,颇可佐证:"出礼而入刑,刑所以弼教而兴化也。先正云:'一部《大明律》,其义精于《大学》一书。……《大学》圣贤精微之蕴,乃以听讼次于其间,其旨深矣。……慈和则能爱人,明允则能折狱。素明于礼,已得用刑之本。"(王畿:《王龙溪全集·赠周见源赴黄州司理序》,台北:华文出版社,1970年影印清道光2年重刻明万历刻本,卷14,页965—966)他还论述了李贽游走于无为与有为之间,对兵、食二政的阐述。周昌龙:《良知与经世——从王龙溪良知经世思想看晚明王学的真貌》,《张以仁先生七秩寿庆论文集》,页967—969。

[123] 黄宗羲:《明儒学案》卷三十二,《黄宗羲全集》第七册,页822。

子儒的评价方式的恢复,因为后者要求按照礼制把一个人的行为与他的实际身份、在礼仪关系中的位置,以致走路、吃饭、穿着的形式直接地联系起来。毋宁说,王门后学的批判力量恰恰来自对这一套方式的拒绝。

正是在这一点上,泰州派祖师王艮(字汝止,泰州安丰场人,人称心斋先生,1483—1541)的学说显示出独特性。他力图以《孝经》、《论语》和《大学》为范本,在实践层面恢复孔子的那种君子儒的道德理想。心斋没有像龙溪、双江那样以无反有,而是以有反有。他的"淮南格物"理论注重"百姓日用之学",颇有点东林人物顾宪成(1550—1612)、史孟麟(字际明,号玉池,常州宜兴人)指责的那种"饥来吃饭困来眠"的"当下自然"的味道。[124] 但较之于李贽所谓"穿衣吃饭,即是人伦物理;除却穿衣吃饭,无伦物矣"[125]的说法,心斋的"自然"和"日用条理"的含义并不相同。李贽蔑视"仁义礼乐"、"刑名法术",融入了更多的佛教和老庄的思想,"自然"概念在他那里是对欲的肯定。按照这一逻辑,自然不仅存在于衣与饭之中,而且就是衣与饭自身,除了衣与饭没有什么特别的自然和条理。心斋的思想较为单纯,学问局限于《孝经》和四书,他的批判力量来自儒学内部的另一个方向,这就是把"物"与"物之所"区分开来,多少有点接近于朱子的"自然"、"尽处"、"合当"的味道。例如他说:

> 夫仁者以天地万物为一体,一物不获其所,即己之不获其所也,务使获所而后己。是故人人君子,比屋可封,天地位而万物育,此予之志也。[126]

---

[124] 顾宪成:《顾端文公遗书》卷一四《当下绎》。又,史玉池《论学》云:"今时讲学主教者,率以当下指点学人,此是最亲切语。及叩其所以,却说饥来吃饭困来眠,都是自自然然的,全不费功夫,学者遂欣然以为有得,见学者用功夫,便说多了,本体原不如此,却一味任其自然,任情从欲去了,是当下反是陷人的深坑。不知本体功夫分不开的,有本体自有功夫,无功夫即无本体。",见《明儒学案》卷六十,《黄宗羲全集》第八册,页843—844。

[125] 李贽:《续焚书》卷一《答邓石阳》,《焚书·续焚书》,北京:中华书局,1975,页49。

[126] 王艮《王心斋全集》卷四《杂著》之《勉仁方》,页7b,台北广文书局1975年影印日本嘉永元年(1846)和刻本。

万物一体的平等观是建立在"物"与"其所"的关系之中的。在这个意义上,仁不是对"当下自然"的肯定,而是物归其所的结果。"其所"是一种理想的状态,它不同于当下的"物"。

但心斋师法阳明,把修身置于核心地位,阐明平等的思想,没有依循朱子通过即物穷理把握"其所"或物之理的旧路。他的格物概念与齐治平的经世目标存在着紧密的联系。在他的思想世界里,"齐治平"不是帝王的特权,而是每一个人修身的产物。如果说龙溪的经世思想建立在他的"无"之上,那么,心斋的经世却是以"有"为前提的。在平等参与政治的意义上,这实在是顾炎武"天下兴亡,匹夫有责"的先声,却没有顾炎武的那种士大夫的特殊使命感和悲剧气氛。"物"在这里被放置在本末范畴的关系之中:

> 物有本末,故物格而后知本也。知本,知之至也。知至,知止也。"自天子"至此,谓知之至也,乃是释格物致知之义。身与天下国家一物也。惟一物而有本末之谓。格,絜度也。絜度于本末之间,而知本乱而末治者否矣。此格物也。物格,知本也,知本,知之至也。故曰"自天子以至于庶人,一是皆以修身为本也。"修身,立本也;立本,安身也。……〔127〕

世界万物均为一物,从而是无差别的。但同为一物而又有本末,从而"格物"的要义在于分清物之本末。心斋以身为本,家国天下为末,从而本末范畴构成了对于家国天下的伦理优先性的否定。尽管"反己"也包含了"齐治平"的目的论,但"己"的优先性的确含有个体主义的因子。这种个体主义当然不是原子论个人主义,因为心斋的论述同样是以理这一至善的宇宙秩序为前提和目的的。

对于心斋来说,经世的要诀在修身,修身的关键在反己,他的"格物"

---

〔127〕 王艮:《明哲保身论》,《明儒学案》卷三十二,《黄宗羲全集》第七册,页833。(和刻本卷三的文字与此处引文有出入,此引学案。)

说绕过了认知的环节。心斋把"格"理解为"格式"之"格",那么,格物亦即赋予物以某种格式:

> 问:"格字之义"。曰:"格如格式之格,即絜矩之谓。吾身是个矩,天下国家是个方,絜矩则知方之不正,由矩之不正也。是以只去正矩,却不在方上求。矩正则方正矣,方正则成格矣,故曰物格。吾身对上下前后左右是物,絜矩是格也。……格物,知本也,立本,安身也,安身以安家而家齐,安身以安国而国治,安身以安天下而天下平也。……"[128]

心斋把依照古制行动作为修身的途径,力图恢复道德评价与道德实现过程中的行动、身份与礼制的同一关系。但他没有像阳明、龙溪那样反复研磨诚意、正心、致知、格物的抽象的应有状态,也没有像耿定理、李贽那样力求自我心性上的自得,以致渐趋离经叛道。在道德评价的方式上,他更接近于君子儒的方式,即不是把心性抽象化。在他看来,古代的理想寄存于古代的典制之中,要恢复古代的理想就必须恢复古代的典制,如果一方面以自然、童心否定典制,另一方面又要恢复儒家的道德,那就无异于缘木求鱼。心斋的平等主义虽然直接来自《大学》"修身"条目所谓"自天子至于庶人,壹是皆以修身为本",但他并不认为这种平等主义是对礼仪秩序的超越,相反,平等的特点仅仅在于人必须以修身为本,而修身的实践却离不开古制。[129]因此,他的思想归宿是所谓"乐学"之境,是礼乐的世界。这个"学"不是静坐归寂,不是独善其身,而是安身之法,即在恢复古代典范和礼制的前提下,"学为师也,学为长也,学为君也"。心斋严格按照《孝经》所谓"非先王之法服不敢服,非先王之法言不敢道,非先王之德

---

[128] 《王心斋全集》卷三,《语录下》,页3ab,和刻本,同前。
[129] 心斋说:"身与道原是一件,……尊身不尊道,不谓之尊身;尊道不尊身,不谓之尊道。"(王艮:《王心斋全集》卷三,《语录下》,页6a,和刻本,同上。)对于他而言,"没有良知之外知"的意思不是独重本心,而是将安身、致知与依古典行事看作是同一件事情。(《王心斋全集》卷四,《杂著》,《次文成答人问良知》,页14b,和刻本,同上。)

行不敢行"行事,[130]认为道德实践和道德言论只能存在于道德的形式之中,声称"言尧之言,行尧之行,而不服尧之服可乎?"他依照《礼经》制作五常冠、深衣、大带,古服启行,执笏而坐;又仿制孔子辙环车制,自创蒲轮,招摇道路。[131]心斋不顾历史演变,以盐丁出身而公然复归古儒礼制,反而凸显了儒家道德与现实世界的反讽关系。例如,他要求恢复井田使无游民、要求不以文而以德取人,这种毫无实践可能性的复古主义表达的是对当世的否定态度。当他的"原教旨主义"被斥为异端的时候,还有什么能比这更有力地表达以儒学道统自命的世界对儒的彻底背叛呢? 心斋拒绝在历史的变迁和社会制度的演化中理解道德实践的含义,力图把修身实践与古制的关系作为一种孤立的关系来理解,从而与那种把道德实践扩展为在变迁的社会情境中重构礼制秩序的努力的取向背道而驰。

  针对阳明后学的修正运动并不仅仅是义理之争的结果,而且也是严酷的政治斗争的产物。东林党以名节相砥砺,视王学末流为洪水猛兽。[132]他们激烈批判"无善无恶"、"万物一体"观念,反对为着"一体不容已之情"而置身体名誉名教以至节操于度外。王学左派与东林都有经世的取向,但前者地位较为边缘(有些则属市民阶层),多以反政治的方式来表达自己的政治性,而后者则从士大夫立场出发直接进入政治斗争。因此,王学左派与东林党人虽然均以经世为目标,但社会政治取向并不相同。顾宪成(字叔时,别号泾阳先生,常之无锡人)、高攀龙(字存之,别号景逸,常州之无锡人,1562—1626)关注"性善"与"持敬"(或谓"小心"),[133]后世

---

[130] 黄宗羲:《明儒学案》卷三十二,同上,页832。
[131] 黄宗羲:《明儒学案》卷三十二,同上,页829—830。
[132] 梁启超认为王学修正运动包含了两个阶段,他说:"王学在万历、天启间,几已与禅宗打成一片。东林领袖顾泾阳(宪成)、高景逸(攀龙)提倡格物,以救空谈之弊,算是第一次修正。刘蕺山(宗周)晚出,提倡慎独,以救放纵之弊,算是第二次修正。"《梁启超论清学史二种》,上海:复旦大学出版社,1985,页138。
[133] 与戴震同时的清代学者彭绍升(1740—1796)的学术近于陆王一派,直接渊源是高攀龙。他评论高说:"高子之言格物,以性善为宗;言主敬,以胸中无丝毫事为本。其善发程、朱之蕴以契思、孟之传者与。"见《读高子书》,《二林居集》,光绪辛巳季春刊本,卷二,页4。

学者常把他们与李材(字孟诚,别号见罗,丰城人)、许孚远(字孟仲,号敬庵,浙之德清人,1600—1665)、邹元标(字尔瞻,别号南皋,豫之吉水人,1551—1624)、冯从吾(字仲好,号少墟,陕之长安人,1556—1627)以及清初的孙奇逢(夏峰,1583—1675)、黄梨洲、李二曲(1627—1705)一并视为"王学修正派"。[134]顾泾阳自己在解释东林与左派的相似与差别时说:"详释龙溪之旨,总是要人断名根。这原是吾人立脚第一义。……龙溪乃曰:'打破毁誉关,即被恶名埋没一世,不得出头,亦无分毫挂带',则险矣。这便是为无忌惮之中庸立了一个赤帜。……且人不特患有名根,又患有利根。……若利根不断,漫说要断名根,吾恐名根愈死,则利根愈活,个中包裹藏伏有不可胜言者。"[135]根除名根、利根,就必须先改变"无忌惮"的状态。因此,随之而来的问题就是:如何改变呢?

东林的经世之实学重视名教、节义,倡导格物,已经带有由王返朱的倾向。明清之际思想变化的契机即隐藏于此:首先是把"仁"与"义礼智信"重新关联起来,恢复礼乐制度的严肃性;[136]其次则是恢复闻见之知、躬行实践的重要性,在理论上反对空谈良知,进而重返格物的旧途径。高景逸云:"姚江之弊,始也扫闻见以明心耳,究且任心而废学,于是乎诗书礼乐轻而士鲜实悟,始也扫善恶以空念耳,究且任空而废行,于是乎名节忠义轻而士鲜实修。"[137]"学"和"行"不是随意当下的学和行,而是在诗书礼乐、名节忠义的具体关系中的"学"和"行";要想探究诗书礼乐、名节忠义的真义就离不开格物的工夫。因此,重新建立致知与格物的内在联系就变得不可避免了:

---

[134] 嵇文甫:《晚明思想史论》,北京:东方出版社,1996,页100。
[135] 顾宪成:《南岳商语》,转引自《晚明思想史论》,页82—83。
[136] 顾宪成云:"程伯子曰:'仁者浑然与物同体',只此一语已尽,何以又云:'义礼智信皆仁也'?始颇疑其为赘,及观世之号识仁者,往往务为圆融活泼,以外媚流俗而内济其私;甚而蔑弃廉耻,决裂绳墨,闪烁回互,诳己诳人,曾不省义礼智信为何物,犹偃然自命曰仁也,然后知伯子之意远矣。"顾宪成《小心斋劄记》,卷一,页4b—5a,冯从吾、高攀龙校,光绪丁丑重刊泾里宗祠藏版。台北广文书局1975年影印。
[137] 高攀龙:《崇文会语序》,《高子遗书》,(明)高攀龙撰,陈龙正编,文渊阁四库全书,第1292册,页551。

> 谈良知者，致知不在格物，故虚灵之用，多为情识，而非天则之自然，去至善远矣。吾辈格物，格至善也，以善为宗，不以知为宗也。故致知在格物一语，而儒禅判矣。[138]

归寂、空无都不是天则之自然，至善存在于格物的实践之中。在这里，重申"物"的实在性正是转变的契机。

明代心学在心物、理气等问题上的分歧与变化是和心学家们的政治立场密切相关的。在上层政治制度方面，阳明主张改革和充实学校制度，冲破身份门第的界限，注重经世的实践，从而为革新腐败政治提供人才资源。学校的构想是恢复礼制秩序的一部分，它与宋代理学家对科举的批判一脉相承。阳明对朱子学的批判与朱子学在科举制度中的正统地位具有内在的历史联系。在基层社会制度方面，阳明重视乡约和保甲制度的设计和形成，认为乡约、宗法等社会关系不能简单地通过国家制度来实施，进而力图形成一种以宗族、血缘、地缘和感情关系为纽带的基层社会体制，而后者需要道德伦理的实践来加以维系。心学的实践为这种社会体制提供了道德的基础和实践的方式，从而良知说必须落实在仁、义、礼、智的具体实践之上。宋明理学是在与佛老二氏的冲突中发展起来的，当佛老的"外部"冲击动摇了正统学术的某些方面时，理学的"内部"批评就开始在承续正统的基本价值的前提下吸纳这些外部冲击。阳明学与禅宗、道教的关系如此，明代后期阳明学的变化也是如此。

在王学左派那里，有关归寂、自然和童心的论述在道德实践的层面提出了个人的自主性问题，他们批判和逃避的对象不仅是科举、官僚制度，而且也包含以乡绅—宗族为核心组织起来的基层社会体制及其道德实践。李贽（号卓吾，又号笃吾，泉州晋江人，1527—1602）力倡童心说，把自然范畴与"吾之条理"、"德礼政刑"彻底分离开来。在他看来，格物就是无物，致知即是使无知，"无学无术者，其兹孔子之学欤"，[139]这一对

---

[138] 高攀龙：《答王仪寰二守》，见《高子遗书》卷八上，文渊阁四库全书本。
[139] 李贽：《答耿中丞》，《焚书·续焚书》，北京：中华书局，1975，页17。

义理知识的否定亦即对当下之自然(如欲望、情感等)的肯定。对欲望的肯定是对内在性的一种确认,即内在于我们的自然的一切都是正当的,从而一切学术教条、制度刑政和宗法仪轨全部可以被置于审判席上。这是以欲望的概念重新定义自然,进而重新定义天理。这里的逻辑是:如果天理和自然被视为一种最终的根源,顺从天理和自然也就可以被视为他律的或尊崇外在规范的。这一逻辑可以导出两个截然不同的取向:一方面,把欲望上升为我们应该尊崇的自然可能导致打破任何外在规范并毫无自律地沉溺于欲望之中,从而对欲望的顺从变成了一种内在于我们身体的他律;另一方面,肯定欲望本身还意味着创造欲望得以实现的条件,从而欲望成为现实地考虑理财、兵政、食政、赋税等等问题的动力。从后一方面看,对当下自然、欲望、情感和日常生活的肯定恰恰成为经世之学的动力。李贽对朱子格物说的否定不仅归于"自然"之说,[140]而且还包含着转向经世之学的可能性。然而,当经世说在这个意义上被解释之时,心学的逻辑就开始逸出天理的范畴了。李贽漂泊一生,迁徙和城市生活对于他的价值观的形成有着重要影响。他对凝固的社群及其伦理关系表现出了极为强烈的反感。因此,李贽的思想不能在理学——包括王学——的范畴内加以解释,因为理学和心学说到底是与乡村性的地方社群密切相关的。他的"私"的范畴与明末清初黄宗羲诸人的"私"的讨论也大异其趣,后者是以地主—士绅阶级的契约关系和伦理关系为中心建立起来的所有权关系,而这正是李贽欲加摆脱和抵制的士绅—宗法关系。

个体欲望与宗法以及乡约关系的冲突(李贽对乡约、特别是乡禁约持激烈批评的态度)表明这些基层社会关系已经不再具备朱子时代的批

---

[140] 李贽说:"天下无一人不生知,无一物不生知,亦无一刻不生知者。……虽牛马驴驼等,当其深愁痛苦之时,无不可告以生知、语以佛乘也。……且既自谓不能成佛矣,亦可自谓此生不能成人乎? 吾不知何以自立于天地之间也? 既无以自立,则无以自安。无以自安,则在家无以安家,在乡无以安乡,在朝廷无以安朝廷。吾又不知何以度日、何以面于人也? 吾恐纵谦让,决不肯自谓我不成人也审矣。既成人矣,又何佛不成,而更等待他日乎? 天下宁有人外之佛、佛外之人乎?"(见《焚书》卷一答周西岩书,《焚书·续焚书》,页1—2。)在《四书评·大学》中,李贽认为朱子格物补传,纯属无谓。

判性及其与制度的抗衡力。更为重要的是,明清时代出现了所谓士商互动的局面,促成了城市工商业的发展、人口的较大规模流动和货币交换关系的发达。这些新的社会关系与乡约和宗法的伦理之间存在着内在的矛盾。如果乡约、宗法等伦理制度提供了阳明心学的道德实践及其天理观的制度前提,那么,阳明后学在心学的脉络中对这种基层社会关系和伦理关系的批判就必然包含逸出上述社会伦理的特定的联系模式的趋向。在这个意义上,从社会功能的角度说,心学的危机来源于心学与它的制度基础的关系的动摇;从儒学知识的内部关系说,心学的危机则来源于对心学预设的天理与特定伦理模式的那种自然的连续关系的质疑。因此,如果要让心学回到它的"正轨",就必须重新确立心学与制度实践的内在关联,从而将新的伦理规则纳入理学或心学所预设的至善的天理秩序之中。在这里,核心的问题不是让道德评价屈从于制度评价,而是以道德评价为中心重新思考制度的改革和重组,从而使之成为一种与理学秩序观相互吻合的、合乎道德的制度。对于阳明及其追随者而言,道德的制度不是功能性的设置(制度),而是一种合乎天理的秩序,从而无法通过现实制度来加以论证。这一逻辑预示着新制度论的到来和心学的终结。

第八节　新制度论、物的世界与理学的终结

1. 心学的转变与新制度论

重新确立道德的法则及其与制度的关系必须在理论上确立气的中心地位。在经历了气一元论(如张载)、理/气二元论(程朱)和心一元论(陆王)之后,一种试图综合上述各种取向的理气一元论正在形成。王学的转变是以重申"物"的实在性为关键环节的,而正是这一环节使得王学的内部

转变与朱学的关系变得含混了。事实上,重申"物"的实在性不但不是清学的发明,甚至也不是明末气学的创见,几乎在阳明学批判朱子学正统的同时,罗钦顺(字允升,号整庵,吉之泰和人,1465—1547)、王廷相(字子衡,号浚川,河南仪封人,1475—1544)的气学就已经颠倒了朱子学的理气关系,把气视为存在的根源。阳明学的批判力来源于他否认"物"的实在性,把天理与心直接地关联起来;而罗整庵、王廷相则坚持"物"的实在性和有效性,试图从客观的方面为"理"提供基础,以致认为义理之是非需要取证于经书,预言了明末清初儒学的重要转向(顾炎武于明代学者中特别推尊罗整庵)。[141]他们坚持"物"的实在性(以及天理的客观性),认为像阳明那样训格为正、训物为念头之发的说法无法成立,因为这一解释既会使得《大学》的文义陷入同义反复的境地,又无法为判定"念头之正"提供根据。王廷相在《慎言》、《雅述》、《横渠理气辩》、《答何柏斋造化论十四篇》等著作中,反复论证气外无物(指主宰者之物)、无理、无道、无性,其背后的主张就是以理为气。

罗整庵、王廷相的理气一元论直接针对的是阳明的心一元论,但它们又都反对程朱的理气二元论,从而我们不能用宗朱或宗陆的差异来界定他们的看法。在这里,气和心的对立是次要的,一元论与二元论的对立才更为根本。王廷相之成为一位天文学家和博物学家,不是为了以气来替换理,而是为了重申理的客观性。罗、王的努力不是孤立的现象。阳明的朋友湛若水(字元明,号甘泉,广东增城人)就曾说:释老之虚无,杨朱之为我,墨子之兼爱,无一不自以为"正",我们究竟根据什么来判断其邪正呢?[142]为了追究判断标准,湛甘泉训格为"至其理",并重新解释格物致知的含义说:"至其理云者,体认天理也。体认天理云者,兼知行合内外言之也,天理无内外也。"[143]"物"不是什么"意之所在",而是需要知行并进才能抵达的天理,从而天理有其客观性和实在性。湛氏的批评也许有失阳明原意,但值得注意的是:他的老师陈白沙"是明代学者从朱转陆

---

[141] 罗整庵云:"学而不证于经书,一切师心自用,未有不自误者也。"见《整庵先生困知记》,丛书集成本,卷二,页13。
[142] 湛甘泉:《答阳明论格物》,《明儒学案》三十七,《黄宗羲全集》第8册,页151。
[143] 湛甘泉:《答阳明论格物》,同上,页152—153。

的第一人，……甘泉却依凭师说，作为朱学事实上的支柱，而反抗进一步的革新潮流了。更妙的是，甘泉之学，一传而为何吉阳、唐一庵，再传而为许敬庵，三传而为刘蕺山，从调和湛王，渐变而为王学修正派，以挽救王学末流之弊，而开辟思想史上另一个新的局面……"[144]在这个意义上，心学与理学的通常划分已经无法描述明代思想的复杂性了。

刘宗周（字起东，号念台，越之山阴人，1578—1645）是明末思想之殿军。他以为盈天地间皆心、皆道、皆气，否定理先气后的观点，赞成"气即理"的说法，断言理气心性均为一元。[145]在理气一元的预设之上，蕺山以本末关系取代龙溪的有无之说。在这种本末关系中，经世不是一种道德学说的目的，而是致知诚意的后果。蕺山说："意也者，至善栖真之地，知在此，物亦在此。"与王艮一样，这里所谓"物"是"物有本末"之物，天下、国、家、身、心、意六项都是"物"。在这六项当中，蕺山强调"意"为本，其余为末。为什么"意"为本呢？在他的语境中，"意"不是《大学》中的那个从属于"心"的"意"，而是宇宙本原自身，是"心之所存"或"心之主宰"。如果人心道心只是一心，气质义理只是一性，心一性一工夫亦一，那么作为"心之主宰"的"意"不就是根本之物吗？以意为本不是否定外向的实践，也不单是说在实践论上经世与诚意具有内在的关联，而是说"意"是宇宙的本原。蕺山中年谈"慎独"之学，晚年转而论"诚意为本"，但"独之外别无本体，慎独之外别无工夫"的慎独之学与"诚意"之说并没有根本的冲突。[146]

在理气一元论的框架内，格物致知一方面包含外向的经世实践，另一方面又不把这一外向性归结为对外物的认知。慎独之学回到了"在事上磨炼"的格物工夫。[147]刘蕺山认为"格知诚意之为本，而正、修、齐、治、平

---

[144] 嵇文甫：《晚明思想史论》，北京：东方出版社，1996，页176。
[145] 刘蕺山：《子刘子学言》卷二，《黄宗羲全集》第1册，页304。
[146] 刘蕺山：《中庸首章说》，《刘蕺山集》，文渊阁四库全书，第1294册，页510。
[147] 刘蕺山《证人社语录》云："陶石梁每提认识二字，果未经认识，如何讨下手？乃门下便欲认识个什么，转落影响边事，愈求愈远，堕入坑堑。《中庸》言道不远人，其要归之子臣弟友。学者乃欲远人以为道乎？"又说："吾儒自心而推之意与知，其工夫实地却在格物，所以心与天通。"《明儒学案》卷六十二，《黄宗羲全集》第八册，页922。

之为末。"为什么在"格六物"的过程中,"诚意"的主观心性活动能够转化为经世的实践呢？蕺山云：

> 身者天下国家之统体,而心又其体也。意则心之所以为心也。知则意之所以为意也。物则知之所以为知也,体而体者也。物无体,又即天下国家身心意知以为体。是之谓体用一源,显微无间。[148]

在这里,"物无体,又即天下国家身心意知以为体"是一个关键环节。按照这一逻辑,格物致知的关键是知本。只要意诚,则心自正、身自修、家自齐、国自治,而天下太平。"《大学》之教,只要人知本。天下、国、家之本在身,身之本在心,心之本在意。意者,至善之所止也。而工夫则从格致始。……格致者,诚意之功。功夫结在主意中,方是真功夫。如离却意根一步,亦更无格致可言。故格致与诚意、二而一、一而二者也。"[149]把"意"作为知与物的根本,不仅把"物"限制在前述六物的范围内,而且也从根本上否定了格物致知概念的认知意义。[150]在蕺山的"致知"范畴中,"物"概念不再具有天地万物之物的含义,而是"本物",按照这一"本物"的概念,甚至阳明的"良知"概念也成为多余。[151]

蕺山之本物与末物的关系是对凌空蹈虚的王学末流的纠正,它为确立个人的认同、判断是非的标准和经世实践的途径提供了前提。《子刘子学言》卷一释"心"云：

---

[148] 刘蕺山：《学言上》,引自牟宗三：《从陆象山到刘蕺山》,页331。
[149] 刘蕺山：《子刘子学言》卷一,《黄宗羲全集》第一册,页286—287。
[150] 刘蕺山说："且《大学》所谓致知,亦只是致其'知止'之知。……知在止中,良因止见。故言知止,则不必更言良知。若以良知之知知止,又以良知之知先而知本,岂不架屋叠床之甚乎?"见《良知说》,《刘蕺山集》卷十一,文渊阁四库全书,第1294册,页520。
[151] 刘蕺山说："合心意知物,乃见心之全体;更合身与家国天下,乃见心知全量。"(《学言中》,《刘子全书》卷十一。)牟宗三评注此条说："案'合心意知物'之物即指意根独体言,即本物也。非天地万物之物。此物字无实义。"见《从陆象山到刘蕺山》,页356。

只此一心，自然能方、能圆、能平、能直。……四者立而天下之道冒是矣。际而为天，蟠而为地，运而不已，是为四气；处而不坏，是为四方；生而不穷，是为万类；建而有常，是为五常；革而不悖，是为三统；治而有宪，是为五礼、六乐、八征、九伐。阴阳之为《易》，政事之为《书》，性情之为《诗》，刑赏之为《春秋》，节文之为《礼》，升降之为黄帝王伯，皆是也。只此一心，散为万化，万化复归一心。[152]

蕺山不仅把"心"扩展为万物，而且还把万物之统序归入六经的范畴，不仅回应了阳明"六经者非他，吾心之常道也"的命题，而且也为实践提供了经学的根据。[153]
　　黄宗羲追随蕺山，认为"盈天地间，一气而已矣"，[154]要求恢复"意"的主宰作用，进而为是非判断和自身行为提供根据和约束。《明儒学案·自序》云："盈天地皆心也，变化不测，不能不万殊。心无本体，工夫所至，即其本体。故穷理者，穷此心之万殊，非穷万物之万殊也。"[155]"盈天地皆心"的命题与"盈天地皆气"的命题看似对立，实则相辅相成，因为：第一，它们都以一元论为前提；第二，蕺山、梨洲之心不是一己之心，而是天地之间的一切，气与心并没有根本的差别。[156]这表明对于王学的修正既不是简单抛弃王学，也不是简单地回到朱子学，毋宁是在对朱子学正统和王学末流的双重批判的基础上重构理学世界观。对于黄宗羲而言，

---

[152]　《子刘子学言》卷一，《黄宗羲全集》第一册，页263。
[153]　王阳明：《王阳明全集》（上），同前，页254。王汎森依据蕺山《读书说示儿》认为他已经将阳明的思想颠倒过来，把重心落在了尊经即吾心之常道上。见氏著《清初的讲经会》，《中央研究院历史语言研究所集刊》第六十八本，第三分，1997年9月，页530。
[154]　黄宗羲：《明儒学案·蕺山学案》，《黄宗羲全集》第八册，页899。
[155]　黄宗羲：《明儒学案·自序》，《黄宗羲全集》第七册，页3。
[156]　蕺山说："一心也，统而言之，则曰心，析而言之，则曰天下、国、家、身、心、意、知、物。惟心精之合意、知、物；粗之合天下、国、家与身，而后成其为心。若单言心，则心亦一物而已。"又说："心以物为体，离物无知，今欲离物以求知，是程朱所谓反镜索照也，然则物有时而离心乎？曰：无时非心。心在外乎？曰：惟心无外。"《子刘子学言》，见《黄宗羲全集》第一册，页286，278。

"盈天地皆心"的表述建立在历史研究的基础之上,是对学术史研究的概括。这从上引蕺山之学的观点看也并不突兀。循此逻辑,黄宗羲不是抽象地空谈心性,而是从具体的情境寻找世界的真相和统序,强调每一个人均能通过具体的实践而获得对于万事万物的把握。

心物范畴本身不能证明知行的正确性问题,如果没有一套有关政治经济制度的理论,儒者很难为知行提供客观的根据。在明末清初"天崩地解"的严酷形势中,政治问题和认同问题密切地纠缠在一起,慎独的道德态度并不足以应对复杂的现实。刘蕺山用物的实在性和工夫的必要性重新解释知行合一的意义,又把万物之秩序与六经之统系联系起来,从而暗示了道德判断的客观基础可以六经为准。王汎森认为蕺山"是受东林学派影响,从外面回到浙中的学者,他带回来的思想气质正好处处与当地浙中王学传统相矛盾",所指就是蕺山思想中已经蕴含了经学的因子。那么,究竟哪些思想与王学相矛盾呢?蕺山的"心外无物"和以"意"为本对王学有所发展,但说不上处处矛盾。他高度重视工夫(本体即工夫)透露了一些对后起王学的不满,而"理即心"的命题其实早已经为高攀龙发明了。但最为不同的,恐怕还是王汎森提及的蕺山思想的第三个特点,即他的两篇《读书说》改变了阳明学中"心"与"六经"之关系:"心不再优先于六经,心的内容反而是应该由六经所决定。"[157] 在这个意义上,刘蕺山的理论内部已经蕴含了经史之学的因子了。

那么,这种经史的取向是从哪里来的呢?王汎森详尽地研究了明末讲经会的活动,发现他们的活动多与研读经史有关。除了在学术上反对当时的学风(王学末流、禅学和古文)之外,刘氏的学术转向与经世济民的关怀有关。"刘宗周与黄宗羲强调工夫,强调礼教名节,强调有用之学,他们逐渐觉得不能不在思想体系中为六经三史安排一个位子。"[158] 在这个意义上,经学的起源不必单纯地追溯于朱子之格物致知论,心学关

---

[157] 王汎森:《清初的讲经会》,《中央研究院历史语言研究所集刊》第六十八本,第三分,1997年9月,页515。
[158] 同上,页524。

于道德实践的思考也是经学发生的动因之一。从刘蕺山到黄宗羲,其间的师承影响关系不仅在心学之传承,还包含了经史之学的萌芽,而这种经史之学的理论前提在蕺山的理气一元论中已透露了一点消息。从理学源流看,理气一元论既是与朱子学搏斗的结果,又脱胎于阳明之心一元论。钱穆论及清代经学之源流时,一面把顾炎武"以复古者为反宋,以经学之训诂破宋明之语录"看作是吴学之远源,另一面又承章学诚的看法,认为浙东学术与阳明学一脉相承。黄宗羲兄弟驳《易图》、陈乾初疑《大学》、毛西河盛推《大学古本》,力辨朱子,"其动机在争程朱陆王之旧案,而结果所得,则与亭林有殊途同归之巧,使学者晓然于古经籍之与宋学,未必为一物。"[159]

经史之学再度出现不仅因应了现实政治的需要,而且也是对儒学内部的一个长期困惑——如何处理个人的道德实践与经世之业的关系——的解决。从阳明后学重建实践与自然的统一关系,到心斋重建行为与仪礼的统一关系,再到明末清初儒者重建道德与经世致用的统一关系,道德实践的方式和基础发生了重要的转变,但追究道德实践及其前提的努力却一以贯之。黄宗羲弟子万斯同(1638—1702)表述说:

> 今之儒者皆为自私之学,而无克当天心者耳。吾窃不自揆,常欲讲求经世之学,苦无与我同志者……夫吾之所为经世者,非因时补救如今所谓经济云尔也。将尽取古今经国之大猷,而一一详究其始末,斟酌其确当,定为一代之规模,使今日坐而言者,他日可以作而行耳。若谓儒者自有切身之学,而经济非所务,彼将以治国平天下之业非圣贤学问中事哉!……吾窃怪今之学者,其下者既溺志于诗文,而不知经济为何事;其稍知振拔者,则以古文为极轨,而未尝以天下为念;其为圣贤之学者,又往往疏于经世,见以为粗迹而不知为。于是学术与经济遂判然分为两途,而天下始无真儒矣,而天下始无善治矣。[160]

---

[159] 钱穆:《中国近三百年学术史》,上册,北京:中华书局,1986,页320。
[160] 万斯同:《与从子贞一书》,转引自杨向奎著《清儒学案新编》(一),济南:齐鲁书社,1985,页214—215。

万斯同的问题是从个人实践的角度看待经世与修己的问题,他的视野束缚在理学的框架内。蕺山提示了经学的路径,但他的提示还是循着理学的实践论的路径提出的。王汎森认为"这一个重大的困惑后来逐渐被黄宗羲所转手的蕺山理学所解决",显然是因为蕺山之学虽已蕴含了返诸六经的取向,但如果没有黄宗羲的阐发恐怕还很难由隐至显。[161]

新的方向要等到黄宗羲(字太冲,号南雷,人称梨洲先生,浙江余姚人,1610—1695)的新制度论和亭林的经史之学才能确定:梨洲、亭林之学不是简单地返诸六经,而是以礼乐秩序及其演变为基础,重构一套以"社会政治制度"为内在结构的实践论。这一理论的构筑方式改变了理学家们从心性理论出发的内圣外王模式,把道德实践看成是一套社会的、政治的和经济的行为。在明末清初的历史语境中,有关社会、政治和经济的知识在儒学中获得了新的地位和新的价值。政治知识、经济知识和其他知识侧重于人类生活的一些具有自身规律的领域,它们在知识的形态上不同于有关道德和伦理实践的知识。然而,对于这些领域的关注,以及在探讨这类问题时对于原有的伦理和道德实践(如心性问题)问题的疏离,并非源于一种知识领域上的差别和分离。在儒学的视野内,道德和伦理判断与人类生活领域的各个方面具有内在的联系,它们都可以被归纳在礼乐或"事"的范畴之内。由于宋明心性之学以天理、本性、本心等范畴为中心,道德实践与其他社会实践的关系产生了分离,从而构成了理学与心学内部的持久焦虑:究竟应该以何为中心、以何种方式重新建立道德评价与制度性实践的内在联系?在这个意义上,与其说黄宗羲的新制度论是一个儒学发展中的创新或发明,毋宁是儒学道德评价方式的自我回归,它要求将最高的价值赋予人类生活及其制度条件本身,而不是抽象的天理或本心。至少从思想形态上看,从蕺山到黄宗羲,儒学的发展过程隐含着一个难以截然划分却十分明确的转变,这就是从心性论向"社会理论"或"政治理论"的转变;在顾炎武那里,这一转变甚至与"经济理论"联系了

---

[161] 王汎森:《清初的讲经会》,《中央研究院历史语言研究所集刊》第六十八本,第三分,1997年9月,页536—539。

起来。正是由于儒学形式的上述变化，"返诸六经"成为儒者的普遍看法，考据名物制度成为为学之正道，而理学和心学的形式在有清一代遭到了前所未有的质疑和攻击。

黄宗羲的经史之学不仅是一种道德实践论，而且还是一套社会理论，礼制秩序再次构成了儒学思想的内在结构。在明清之际，他既需要对有明一代的政治危机作出深入的分析，又需要通过追溯文化的正统性以对抗异族的统治（以制度论形式隐含的民族思想在王夫之、顾炎武那里更为明显）。在一定的意义上，经史之学是对一个社会群体的存在根据的历史性说明或对这个社会群体的文化根据的确认。因此，新制度论是以特定社会群体及其传统为中心的社会思想，它对个人道德实践的理解是建立在典章、文物、语言、制度等社会共同体的构成条件（群之为群）之上的。在这一儒学形态中，没有对于这些社会构成条件的理解就无法谈论道德实践的问题。在清朝的少数民族专政之下，以恢复三代之治的形式重构社会行为和个人实践的基础，无疑是将道德实践的根据建立在文化和制度的关系之中。当实践的问题变成了社会构成问题的时候，社会构成的方式也就变成了一个实践问题，一个与实践问题密切相关的文化、制度及其正统性的问题。

由此，在《明夷待访录》中，宋明理学内含的三代理想终于能够从一种隐含在理学中的理想转化为明确的分析构架。这一框架的转变是极为重要的，它表明黄宗羲意识到专注于个人道德实践的心性之学无法确立广泛的制度条件，也没有能力提供道德实践的制度前提，从而也就无从提供群之为群的系统解释。他把对气和物的重视转化为一种完整的制度论的思考：作为传统的物质形式，先王之制既是批判腐败政治的尺度，也是构想新的社会的根据。制度论是一种对于文化传统及其制度形式的建构，在异族统治的形势下，它为社会成员提供认同的资源。黄宗羲的新制度论探讨的并不是一种单纯的制度，毋宁是一种新的礼乐体系，它不仅能够通过对社会结构的叙述建立道德评判的根据，而且也能够将对社会结构的叙述转化为道德行为的叙述。章太炎用否定的语调说，梨洲之学"其言有治法无治人者"实与韩非、孙卿相近，"韩非任法，而孙卿亦故隆礼,礼与法则异名耳",[162]从反面道出了《明夷待访录》的特点。新制度论重新确立了社会结构与道德实践的同一关系,但这种同一关系的前提是:这一社会结构不是现实的社会结构。

从理论形式上看,新制度论在各种专门制度之间建立起内在的、相互渗透的关系,显然是综合了郡县与封建的混合制度模型。在这个模型中,我们不能确定其中的任何一种制度或关系——如政治关系、经济关系或道德关系——是这个制度的决定因素,因为它们是联系在一起的整体。《明夷待访录》计十三篇,囊括君、臣、法、相、学校、取士、建都、方镇、田制、兵制、财计、胥吏和奄宦等传统制度的各个方面。在清末社会运动中,"梁启超、谭嗣同辈倡民权共和之说,则将其书节钞印数万本,秘密散布,于晚清思想之骤变,极有力焉",[163]其中尤以原君、原臣、学校、原法和田制各篇影响深远,以致一些学者用现代民权、法律和议会的观念解释黄宗羲"原君"、"原法"和"学校"等等思想,认为他"提出的经济政治法制等方面的原则,与而后西方启蒙主义者所提的原则,几乎如出一辙。"[164]黄宗羲的讨论不仅建立在传统儒学有关三代的想像之上,而且也利用了孟子"民贵君轻"的基本原则和《礼运》之天下为公的社会理想。他没有从程朱或者陆王的门派出发提出问题,而是从他们的思想内部发掘先儒制度的痕迹,并以此为理论依据,建构一套新的共和理想。这部著作与王阳明在《答顾东桥书》中描述的"学校"之制及《南赣乡约》中的具体措施有相近之处:它们都试图把一个社会的内部分工、秩序、义务和权利关系的理解组织在一套生活实践的程序之中。《原君》一篇以"天下之大公"为判准,肯定天下之人的利益,揭露"以为天下利害之权皆出于我"的君主之大私;[165]《原臣》一篇要求臣为天下工作,而"非为一姓也。"[166]这里

---

[162] 章太炎:《非黄》,《太炎文录初编·文录卷一》,《章太炎全集》(四),页125。
[163] 梁启超:《清代学术概论》,《梁启超论清学史二种》,上海:复旦大学出版社,1985,页15。
[164] 沈善洪:《黄宗羲全集序》,《黄宗羲全集》第一册,页12。
[165] 黄宗羲:《明夷待访录·原君》,同上,页2。
[166] 黄宗羲:《明夷待访录·原臣》,同上,页4。

的评判标准不是一般所谓政治制度,而是按照三代的理想设想出来的君臣的"职分",即君臣必须完成自己的"职分",而衡量"职分"是否完善的根据是天下人民的利害。梨洲重视"私"的合理性,但它同样是建立在每一个人的职分的合理性之上的。"职分"观念包含了对于制度的理解,它不是诉诸宋明儒学的天理、心性等概念对君臣进行道德评判,而是以制度性实践作为道德评价的客观依据。在黄宗羲所构筑的道德语境中,制度的含义更接近于礼乐,从而其道德评价方式也比较接近于孔子之礼乐论。因此,这里所谓制度不是从礼乐关系中分化出来的制度,而是包含了道德目标和潜能的礼乐制度。由于存在这样的道德根据,不能尽职的君必须被推翻,不能尽职的臣应该被罢免,合乎职分的私应予保护。这里所谓"职"是分工意义上的职务,但也是以天下人的利益为目的的社会秩序中的应然的职分。道德评判在于"职分"的具体功能,从而一种关于道德根据的制度论与一种对于具体社会分工的研究完全吻合。在这个意义上,儒学的道德理论的转变引导着一种对于社会分工和结构的全新理解。

黄宗羲的新制度论建立在三代与其后历朝的对立关系之上,它在情绪上与宋明以降追慕远古、批评三代以下"天地亦是架漏过时,而人心亦是牵补度日"[167]的说法相互呼应。梨洲的独特性在于把三代之治作为一种完整的社会体制重新加以诠释,并直接地运用于当世,从而三代不仅是批判和想像的源泉,而且还是现实制度的改造原则和一个社会得以成立的构成条件。例如,他在"置相"的名义下讨论了内阁制的原则,在"政事堂"的名义下研究了行政权力机关的内部结构,在"学校"的名义下说明了立法与监督的必要性,在"兵制"的名义下说明了征兵制的必要性,等等。所有这一切都需要一种"法"的精神。《原法》篇云:

> 三代以上有法,三代以下无法。何以言之?二帝、三王知天下之不可无养也,为之授田以耕之;知天下之不可无衣也,为之授地以桑

---

[167] 见陈亮著,邓广铭点校:《陈亮集》(增订本),《壬寅答朱元晦秘书·又申辰秋书》,北京:中华书局,1987,页340。陈亮本人不以此种言辞为然。

麻之;知天下之不可无教也,为之学校以兴之,为之婚姻之礼以防其淫,为之卒乘之赋以防其乱。此三代以上之法也,因未尝为一己而立也。后之人主,既得天下,唯恐其祚命之不长也,子孙之不能保有也,思患于未然以为之法。然则其所谓法者,一家之法,而非天下之法也。……夫非法之法,前王不胜其利欲之私以创之;后王或不胜其利欲之私以坏之,坏之者固足以害天下,其创之者,亦未始非害天下者也。乃必欲周旋于此胶彼漆之中,以博宪章之余名,此俗儒之剿说也。即论者谓天下之治乱,不系于法之存亡。夫古今之变至秦而一尽,至元而又一尽。经此二尽之后,故圣王之所恻隐爱人而经营者,荡然无具;苟非为之远思深览,一一通变,以复井田、封建、学校、卒乘之旧,虽小小更革,生民之戚戚终无已时也,即论者谓有治人无治法,吾以谓有治法而后有治人。[168]

三代之法与后世之"非法之法"的区别不在于是否存在法的制度形式及其复杂程度,而在于法的目的以及按此目的衡量所得的效果。例如,三代之学校与太学、书院、科举的区别在于前者以天下为公而能使人各得其养,而后者则以朝廷之势利为依归,完全不能"公其非是于学校。"[169] 黄宗羲要求恢复井田,目的是在土地和赋税制度上取消特权,"将使田既井而后,人民繁庶"。[170] 明之盗贼起于重税是清代知识界的共识。"《张太岳集》明税只有二百三十万,至万历间四百万,崇祯八百万。"[171] 在《田制三》中,黄宗羲重复了朱子《开阡陌辨》中对租庸调制和杨炎两税法的批评,进而对有明一代的一条鞭法大加抨击。在这里值得注意的仍然是他的在三代与后世之间构成对比的抨击方式:"古者井田养民,其田皆上之田也。自秦而后,民所自有之田也。上既不能养民,使民自养,又从而赋

---

[168] 黄宗羲:《明夷待访录·原法》,《黄宗羲全集》第一册,页6—7。
[169] 黄宗羲:《明夷待访录·学校》,同上,页10。
[170] 黄宗羲:《明夷待访录·田制二》,同上,页25。
[171] 康有为:《南海师承记》卷二,《康有为全集》(二),上海:上海古籍出版社,1990,页515。

之,虽三十而税一,较之于古亦未尝为轻也。"[172]

在儒学的范畴内,复古形式的制度论不能等同于单纯的政治学和经济学。政治学和经济学是一种以制度的功能为中心展开的理论,而儒学的制度论首先是一种道德理论。黄宗羲的新制度论处处涉及利害的问题,并不以狭隘的道德为囿限,但礼乐制度的道德依据本来包含着利害关系,从而谈论利害并不影响它的道德意义。新制度论追求的是在客观制度的基础上确立道德评价的前提,从而把道德批评与功利关系连接起来。鉴于宋明儒者大多疏于经籍制度、独重义理之学,黄宗羲试图在新制度论的构架内重建经史、义理与制度的内在联系。道德评价与德治原则建立在制度性实践的条件下,不必诉诸抽象的天理原则。在恢复古制的形式之下,道德与制度的关系重新获得了生机。这就是《明夷待访录》一书的特殊意义。全祖望论黄宗羲云:"先生始谓学必原本于经术,而后不为蹈虚,必证明于史籍,而后足以应务。元元本本,可据可依",[173]准确地印证了黄宗羲"理学不本之经术,非矜集注为秘录,则援作用为轲传"[174]的要旨。

黄宗羲经历了明末残酷的政治斗争和清兵入关后的艰苦的武装反抗,最终转向学术研究,以王学的训练而直接进入制度层面的创造性诠释,开创了一套规模宏大、见解深刻的政治和经济理论。所谓"原本于经术"和"证明于史籍"包含了新的思想方式,即判断的标准不仅在于个人的慎独,而且在于经史之实践内容。尽管黄宗羲仍然尊奉理学和心学的一些基本概念和价值(特别是慎独、诚意与知行合一),但他的理论方式正在或已经远离了理学的旧路。在此后的漫长岁月中,作为一种朝廷钦定的意识形态,理学仍然占据着支配性的地位,也有许多儒者仍然沿用程朱陆王的思想方式。但是,作为一种理论形态,理学在黄宗羲这里终结了,因为正是在他的理论探讨中,作为理学的基本特征的宇宙论、本体论

---

[172] 黄宗羲:《明夷待访录·田制一》,《黄宗羲全集》第一册,页23。
[173] 全祖望:《鲒埼亭集外编》卷十六《甬上证人书院记》,《鲒埼亭文集选注》,黄云眉选注,济南:齐鲁书社,1982,页347。
[174] 黄宗羲:《陈夔献五十寿序》,《黄宗羲全集》第十册,页661。

和心性论最终让位于一种能将义理与经术、道德和制度构筑在有机关系之中的新制度论。道德评价的客观性由此再度确立起来。这里所谓"终结"一词同时意味着一种完成,因为宋明儒者以追慕三代的方式批评当世,其宇宙论和心性论的主要目标就是追求实然与应然的统一关系。然而,恰恰是宇宙论和心性论的形式本身创造了超越于制度的内在本质,从而导致了道德评价与制度评价的深刻分离。因此,宋明理学需要以自我否定的形式来完成实然与应然的合一。在这个意义上,新制度论重新建立的不仅是道德评价与制度的统一关系,而且也是儒学的一种新的理论形式。在这一新的理论形式中,理学的复古基调最终得以完成。换言之,"终结"并不意味着对理学的简单否定,恰恰相反,"终结"表明理学的内在目标获得了完成。

黄宗羲的新制度论和学术史研究包含了一种对于情境与道德评价的关系的理解,即道德评价总是在特定的制度、特定的情境和特定的知识状况中实现的,从而对于道德的理解必须首先转化为对于历史情境和人对这种情境的态度的理解。清学不是起源于对知识的分类原则或实证方法的变化(如理学、经学和史学的区别和考据的方法)的探究,而是起源于寻求道德评价和规范的客观基础的努力。在《答万充宗论格物书》中,梨洲引瞿汝稷云:"射有三耦,耦凡二人,上耦则止于上耦之物,中耦则止于中耦之物,下耦则止于下耦之物。画地而定三耦应止之所,名之物也。故《大学》言物是应止之所也。格,至也。格物也者,至于所应止之所也。……仁、义、礼、智,后起之名,故不曰理而曰物。"[175] 在这一学术的新方式中,"礼"与"物"占据着中心的地位,并构成经学和史学的目标。梨洲弟子万斯大以经学知名,深通三礼,辨"周官"之伪,开怀疑"礼"经之先河。他主张"非通诸经不能通一经,非悟传注之失,则不能通经;非以经释经,则亦无由悟传注之失",[176] 深得黄宗羲赞许。戴震、阮元诸人的训诂注疏都是以怀疑传注为前提的,从而梨洲学风正是经学之先导。梨

---

[175] 黄宗羲:《答万充宗论格物书》,《黄宗羲全集》第十册,页193—194。
[176] 黄宗羲:《万充宗墓志铭》,《黄宗羲全集》第十册,页405。

洲的另一个弟子万斯同以史学知名,他的方法论下开章学诚《文史通义》之端绪,从而梨洲之学又不能不说有功于清代史学的复兴。清代汉学的重心在经史之考证与诠释并不是偶然的,清初大儒的经世之学及其影响起着极大的作用。

2. 物的世界及其社会分工

新制度论不是一种静态的社会理论,其中包含了对制度性实践的探讨。颜元(字浑然,号习斋,河北博野人,1635—1704)在重申三代之制的道德目标时,不仅揭露了程朱陆王的虚妄,而且也把清代的考证学及其方法论视为伪儒学。在他的视野里,考证学的深入发展伴随其最初目标的消失,最终陷入为考据而考据的境地。颜元以三代经世之法、大学之制为判准,对佛老二氏、程朱陆王以及所谓汉学一概坚决否定:

> 两宋及今,五百年学人尚行禹益孔颜之实事否? 徒空言相续,纸上加纸,而静坐语录中有学,小学、大学中无学矣;书卷两庑中有儒,小学、大学中无儒矣。[177]

与黄宗羲一样,颜元的实学不同于广读经史之学问,它要求的是将古儒圣学运用于当世的实践。在给钱煌的信中,颜元暗斥李塨(1659—1702)受了阎若璩、毛奇龄等汉学家的影响,明确指出离开"经济"的实践无以为儒者:

> 离此(经济)一路,幼而读书,长而解书,老而著书,莫道讹伪,即另著一种《四书》、《五经》,一字不差,终书生也,非儒也。……故仆谓古来《诗》、《书》,不过习行经济之谱,但得其路径,真伪可无问也,

---

[177] 颜元:《大学辨业序》,《习斋记余》卷一,《颜元集》,北京:中华书局,1987,页396。

即伪亦无妨也。[178]

对三代之制的追究不是一种知识的行为,而是一种实践的行为,制度的意义在于它为行为的合理性提供客观的基础。晚年的万斯同读到李塨的《大学辨业》时,感于经史之学与躬行实践的距离,竟"下拜曰:吾自误六十余年矣。"[179]年届八十的段玉裁对王石臞说:"今日之弊,在不当行政事,而尚剿说,汉学亦与河患同。然则理学不可不讲,先生其有意乎?"[180]又幡然悔悟说:"喜言训诂考核,寻其枝叶,略其根本,老大无成,追悔已晚。"[181]这些虽是后话,但足以证明颜元的批评并非空穴来风。

谈论颜李之学重实行的著作已经很多,但明确指出他们的实践观以新制度论为前提的却未之见。颜元的《王道论》(后更名《存治篇》)纵论井田、封建、学校、乡举、里选、田赋、阵法,明显是以三代为法;他的《存学篇》直追孔门圣学,以礼、乐、兵、农、心、意、身、世为正学。[182]从考证学的角度看,颜元的格物说和三物观有些牵强附会,但根本的指向却极为清楚。章太炎曾概括说:"明之衰,为程朱者痿弛而不用,为陆王者奇觚而不恒,诵数冥坐与致良知者既不可任,故颜元返道于'地官',以乡三物者,德行艺也,斯之谓格物。"[183]在颜元的实学及其物的世界那里,新制

---

[178] 颜元:《寄桐乡钱生晓城》,《习斋记余》卷三,《颜元集》,页440—441。
[179] 陈训慈、方祖猷:《万斯同年谱》,香港:香港中文大学,1991,页210。
[180] 段玉裁:《与王石臞书》,转引自钱穆《中国近三百年学术史》,北京:中华书局,1986,页366。
[181] 段玉裁:《朱子小学跋》,转引自同上,页367。
[182] 颜元的学术一般认为渊源于胡瑗和张载。《存学编卷一·明亲》云:"宋儒惟胡子立经义、治事斋,虽分析已差,而其事颇实矣;张子教人以礼而期行井田,虽未举用,而其志可尚矣。"(《清儒学案》(一),同前,页310。)又云:"宋儒胡子外,惟横渠之志井田,教人以礼,为得孔孟正宗。"《存学编》卷二《性理评》,《颜元集》上,页60。
[183] 章太炎:《检论》卷四《正颜》,《章太炎全集》(三),上海:上海人民出版社,1984,页469。太炎详细辨析和驳斥颜元对于三物、六艺的解释,在训诂学的意义上,章氏的批评大抵是站得住的。章氏自注云:"以习行三物为学,无为傅会格物。古之言物,犹今之言事、言件。乡三物者,谓乡学之三件。此为普遍之名,非乡学之专名也。"同上,页469。

第二章 物的转变:理学与心学

度论的确立与理学的终结有着直接的关联。

那么,制度怎样才能为行为提供合理性呢?像黄宗羲一样,颜元把三代之井田、学校和封建置于他的政治思想的中心,但他所谓井田、学校和封建不仅是一种制度,而且是古代礼乐的关键内容,从而回归三代的第一步就是重建礼乐。颜李学派的实践观念是与社会分工的思想密切相关的,颜氏认为两千年来的世界是一个"文"的世界(即章句浮文、虚文道文时文、训诂、清谈、禅宗、乡愿的世界),因为这些文的形式不能在一种明确的分工形式中为行为及其功用提供道德的客观基础。由此出发,他从三代之井田、封建和学校中获得灵感,要求恢复"物"的世界——这个物不是宇宙中的客观事实,而是所谓"六府"、"三事"、"三物"、"四教"。[184]因此,这是尊奉礼乐制度、彻底实践躬行之实学。在这个意义上,践履不是按照良知冲动而发生的行为,而是在特定的制度形式之中的实践,是把三代之制充实、发挥于自己的时代,进而促进天下的福利、平等、欲望和社会分工的践履。颜元把尧舜六府、周公孔子六艺理解为一个在技术上分工的社会原理,从而在社会分工、知识分类和实践之间构筑了制度的基础。正由于此,他将自己的践履概括为"习行经济"。

分工的社会不是以单纯的功能和效率为重心的社会,在制度与分工过程中建立起来的道德理想是对孔子之"君子儒"的道德理想的恢复。古儒之职分的观念在这里直接地展现为技术的或职能的分工:

> 夫儒者学为君相百职,为生民造命,为气运主机者也。即如唐虞之世,莫道五臣、十六相、四岳、群牧,是大人之学、君子之儒,虽司空之一吏,后稷之一掾,九州牧下之一倅,凡与于三事之中者,皆大人学、君子儒也。夏商周之世,莫道伯益、靡、仍、伊、莱、傅说,十乱诸公,是大人学,君子儒,虽其一吏、一掾、一倅,凡与于三物之中者,皆

---

[184] 六府、三事典出《尚书·大禹谟》及《左传》(文公七年),前者指水、火、金、木、土、谷。后者指正德、利用、厚生。三物典出《周礼》,内容已如前述。四教是文、行、忠、信,源自《论语·述而》。颜元把六府、三事、三物、四教视为古圣人之教,把躬行实践落实到技术、技能的层面,并对各种时文加以彻底的否定。

> 大人学、君子儒也。孔子之门,莫道颜、曾、七十贤是大人学、君子儒,虽二千九百二十八徒众,但习行一德、一行、一艺,皆大人学、君子儒也。儒之处也惟习行,……儒之出也惟经济。……离此一路,……即另著一种《四书》、《五经》,一字不差,终书生也,非儒也。……此义一明,则三事、三物之学可复,而诸为儒祸者自熄。[185]

大人学、君子儒把人的德行、名分与社会分工中的功能结合起来,其前提是把社会转变成为一个各尽其才的物的世界。颜元深信"本原之地"不在朝廷,而在古典学校,[186]这里与朝廷对举的大学不是作为教育场所的学校,而是"物"的世界自身,亦即古典礼乐意义上的学校。由于物的世界是一个分工的世界,因而伦理的关系建立在一定程度的功利关系之上。这个世界肯定人的品质、感情、欲望和劳动,否定出世、归隐的禅宗道教以及内佛老而外儒学的心性之学。如果说李贽等人是以反叛的形式表达对欲望的肯定,那么,颜元则把欲望、感情、风俗与其他生活要素一并归入物的世界。"六行尤在人情、物理用功。离人情、物理则无所用功,离人情、物理用功则非儒。"[187]物的世界同时就是人情的世界,分工的原则是物的世界的一个部分;知识、技术和感情不是一些客观的领域,而是生生不已、存存不息的宇宙和人类的内在要素。

大人学、君子儒与社会分工的思想联系在一起,道德中心的践履就会向分类的知识转化。这直接体现在颜元的教育构想及其分科原则之中。在《漳南书院记》里,他的文的世界和物的世界的对立直接表现为两种不同的知识及其课程的对立,此即"理学斋"、"帖括斋"与"习讲堂"的对立。"习讲堂"分四斋:"文事",课礼、乐、书、数、天文、地理等科;"武备",课黄帝、太公,以及孙吴五子兵法并攻守、营阵、陆水诸战法、射御、技击等科;"经史",课十三经、历代史、诰制、章奏、诗文等科;"艺能",课水学、火

---

[185] 颜元:《寄桐乡钱生晓城书》,《习斋记余》卷三,《颜元集》,北京:中华书局,页440—441。
[186] 颜元:《送王允德教谕清苑序》,《习斋记余》卷一,同上,页403。
[187] 颜元:《与高阳孙夷渊书》,《习斋记余》卷四,同上,页456。

学、工学、象数等科;而"理学斋"和"帖括斋"(设于院门内)则课静坐和八股举业。按照理学家的观点,习斋的思想是一种技能、技艺的世界观,而从君子儒观点看,这种注重技艺、技能和分科知识的世界观来自三代之德治,从而分工的世界观是从伦理关系的基础上发展而来的。

从黄宗羲到颜元,新制度论的基础是一个以礼乐为形式的"群"的世界。在这个世界中,"私"和"人情物理"得到了肯定,但这一肯定的前提不是原子论的个人概念,而是天下之公。天下之公以肯定天下之私为前提,而天下之私又以天下之公为目的。梁启超、胡适等人把颜元视为清代反理学的实用主义思想家,但颜元恪守儒学正统,个人行为也拘守礼仪,他的学术源于王学和儒学事功派,他对理学和心学的攻击是否能够被归结为反理学还有待深入的研究,原因是:第一,颜元对于程朱陆王的批判建立在他的取今复古的世界观之上,他对先秦礼乐的恢复是内在于理学和心学的基调的。在这个意义上,"物的世界"既是对理学的否定,又是沿着理学的内在逻辑对儒学道统的重新确认;第二,他的所谓"手格猛兽之格"完全不是建立在原子论的实证主义的基础之上,而是建立在对于原始儒学关于礼乐的理解之上,从而包含丰富的道德含义。

颜元思想的特征是一种面向当世、现实和生命本身的复古主义。他界定其格物说云:

> 故吾断以为物即三物之物,格即手格猛兽之格。[188]

又云:

> 按格物之格,王门训正,朱门训至,汉儒训来,似皆未稳。窃闻未窥圣人之行者,宜证之圣人之言,未解圣人之言者,宜证诸圣人之行。但观圣门如何用功,便定格物之训矣。元谓当如史书手格猛兽之格、手格杀之之格,乃犯手捶打搓弄之义,即孔门六艺之教是也。如欲知

---

[188] 颜元:《四书正误》卷一《大学》,《颜元集》,页159。

礼,凭人悬空思悟,口读耳听,不如跪拜起居,周旋进退,捧玉帛,陈笾豆,所谓致知乎礼者,斯确在乎是矣;如欲知乐,凭人悬空思悟,口读耳听,不如手舞足蹈,搏拊考击,把吹竹,口歌诗,所谓致知乎乐者,斯确在乎是矣。推之万理皆然,似稽文义、质圣学为不谬,而汉儒朱陆三家失孔子学宗者,亦从可知矣。[189]

理解"手格猛兽之格"的关键是"物"的含义:格物之物不是作为自然中的万事万物,而是"三物"之物,亦即六德、六行、六艺。"手格猛兽之格"是对天理、良知的悬空思悟、口读耳听的拒绝,更是对孔门六艺之教的恢复。这个恢复不是在想像关系中的恢复,而是在人情物理的现实之中的恢复。物具有实在性。这是内在于礼乐、内在于物的世界的知行合一。颜元的格物说揭示了理学的谬误,但并不能在近代实证主义科学观的视野内用"'实征'的知识论"的范畴给予解释。侯外庐认为颜元之学是墨子学术的复活,因为他把礼乐还原为制度与艺术。[190]但把礼乐还原为制度与艺术不正包含着这样一层意思,即制度与艺术必须具有与礼乐一样的道德意义么?颜元说:"思周、孔似逆知后世有离事物以为道,舍事物以为学者,故德、行、艺总名曰物。明乎六艺固事物之功,即德行亦在事物内。《大学》明亲之功何等大,而始事祇曰'在格物'。空寂静悟,书册讲著,焉可溷载!"[191]

自宋代以来,三代想像是各派儒学的内在基调,也是儒学内部发生变化和革新的内在动力。汉唐以降的制度革新迫使理学家们另辟蹊径,他们要求恢复三代理想的努力只能在天理、心性等范畴中才能呈现。黄宗羲、颜元的新制度论的特点既不在于对三代的追慕,也不在于重建实然与应然的统一关系,因为这些思想方式是宋明理学的一贯特色。梨洲、习斋的特点在于他们把时代的内容充实到制度的形式之中,把三代之礼治从

---

[189] 颜元:《阅张氏王学质疑评》,《习斋记余》卷六,《颜元集》,页491—492。
[190] 侯外庐主编:《中国思想通史》,第5卷,北京:人民出版社,1956,页374。
[191] 见李塨:《颜习斋先生年谱》卷上,《颜元年谱》,李塨撰、王源订,陈祖武校,北京:中华书局,1992,页55。

理学大厦的内部召唤到外部,从阴暗的背景推至明亮的前台,从零散的制度批评转化为理论的基本结构,从而完成了理学没有完成的任务。从这一视野回望理学内部的争论和转化的历史,我们发现:理学对自身的否定远较它对所处时代的批判更为激进,它的每一次自我更新好像都是对前一次努力的嘲笑和否定。心性之学用天理、心性及其变化无穷的变体批判当世之制度和文化关系,探讨寻找道德实践的根据,但结果却总是导致自身的转型和变化。黄宗羲、颜元以不同的方式将三代想像展现为制度性的关系,进而发现这个世界其实不是人们想像的远古世界,而恰恰是被压抑的、人情物理的当下世界。他们把强烈的复古取向与现实关怀投注在重构礼乐制度的努力之中,其复古主义从未表现为一种凭吊三代或六经的世界的怀旧式情调,而是展现为一种将三代、六经作为从未死亡的精神和普遍价值落实在礼乐/制度的实践之中的努力。[192]正由于此,三代、六经不但昭示着一个理想的世界,而且提供了一种把握人情物理的当下世界的完整视野。在历史的新场面中,一旦三代之制、六经之旨被推到前台,为现实实践提供灵感,那么,对于三代之制、六经之旨的怀疑也就不可避免出现了。疑古的历史潮流正是从考古的现实需求中演化而来的。

---

[192] 下面这段引文出自朱子《答陈师德书》,从中我们可以得出的结论是:明清之际之实学与朱子学之间的距离并不像人们想像得那样遥远。朱子云:"程夫子曰:涵养须是敬,进学则在致知。此二言者,实学者立身进步之要。而二者之功,盖未尝不交相发也。然夫子教人持敬,不过以整衣冠、齐容貌为先,而所谓致知者,又不过读书史、应事物之间,求其理之所在而已。皆非如近世荒诞怪谲、不近人情之说也。……抑读书之法,要当循序而有常,致一而不懈,从容乎句读文义之间,而体验乎操存践履之实,然后心静理明,渐见意味。不然,则虽广求博取,日诵五车,亦奚益于学哉?"见《朱子文集》卷五十六,台北:允晨,2000,页2707,2703。

第三章

经与史(一)

> 行己有耻,博学于文。
> 封建之失,其专在下;郡县之失,其专在上。
> ——顾炎武

第一节　新礼乐论与经学之成立

1. "礼"和"文"的世界

新制度论恢复了道德评价与制度的内在关联,但这一恢复不是单纯地将制度及其关系视为道德评价的根据,而是将制度纳入道德范畴内部,即在儒学的框架内重新恢复礼乐与制度的一致性。因此,顾炎武(字宁人,学者称亭林先生,江苏昆山人,1613—1682)、黄宗羲关心的是:究竟什么样的制度才包含道德的精义、才能运用于经世的目标呢?考据、训诂和历史的方法在有清一代蓬勃发展,它的初衷就是为了通过追究经义以理解三代之治的典范,从而完成经世的目的。顾炎武之经学与黄宗羲之制度论有着一种内在的连续性,他们都把典章制度、礼乐习俗置于思考的中心,"意在拨乱涤污,法古用夏,启多闻于来学,待一治于后王"。[1]在思

---

[1]　顾炎武:《亭林文集》卷六《与杨雪臣》,《顾亭林诗文集》,北京:中华书局,1983,页139。

想史的脉络中,这一新制度论是以重构礼乐秩序的方式批判独尊内心的晚明学风。江藩的《汉学师承记》严分汉宋,以阎若璩、胡渭为开端论清代汉学师承关系,认为黄宗羲、顾炎武均深入宋儒之室,并非汉学宗主,因此将他们仅列之于附录。但该书卷八论亭林之学末尾录客之对话,还是点出了顾、黄之学所导致的历史转变:"自梨洲起而振其颓波,亭林继之,于是承学之士知习古经义矣。"[2]"待一治于后王"意味着他们对于清朝的合法性完全不予承认,也意味着他们对明亡的批判是在宋明民族传统中建立起来的批判;而"习古经义"则将未来之治寄托在由六经所体现的礼乐刑政之上。

清兵入关后在扬州、嘉定等地残暴屠杀,而以八旗制度和旗民之分为标志的族群等级制成为清代社会制度的主要特点之一。在这一背景下,黄宗羲、顾炎武等以遗民身份进行了艰苦卓绝的抗战,在他们的思想和学术中贯注着以"夷夏之辨"范畴表述的族群思想。但是,族群意识或夷夏之辨不足以概括顾炎武、黄宗羲的批判性思想的特征。这里有两个值得考虑的因素:首先,他们的抗清斗争和思想实践同时表现为对明亡的历史进行深刻反省;其次,满清征服中原和建立大清王朝的过程包含极其复杂的历史因素,例如汉人降将和军队参与了征服中原和西南的过程,明朝内部的分崩离析和农民起义构成了明朝迅速覆灭的内部原因。因此,对这一过程的思考不可能简单地用"民族意识"或"夷夏之辨"来加以界定。明代晚期集中展现的社会危机为全面检讨政治、经济和文化关系提供了可能性,也为儒学者摆脱宋代以来逐渐形成的思想方式提供了可能性。顾炎武、黄宗羲、王夫之(字而农,湖南衡阳人,1619—1692)等人把道德冲动转化为经世之学的研究,并在制度论或礼制论的框架中探讨道德或规范的含义,以之与现实制度相对立。如前所述,宋明儒者也讨论乡约、宗法、田制、税法等制度问题,但宋明理学的中心部分是以天理作为道德的源泉,从而他们的制度批评无法呈现为一套完整的制度构想。清代儒者的努力恰好相反,他们在制度论和礼乐论的架构中探讨道德的根据,并以此作为制度批评的出发点。在他们

---

[2] 江藩:《汉学师承记》,见钱锺书主编、朱维铮执行主编、徐洪兴编校的江藩、方东树《汉学师承记(外二种)》,北京:三联书店,1998,页158。

的思考中,宋明时代盛行的天理、心性学说逐渐退居次要地位。

在晚清民族浪潮中,反清、反满或反清复明的口号成为革命动员的重要因素,从而将满清界定为外族、外来王朝的历史观开始占据主导地位。这一新的内外夷夏观的出现与其简单地被归因于儒学原则本身,毋宁视为对于西方民族主义的回应。正是在这一语境中,人们对顾炎武思想的研究集中于"民族"或"种族"意识之上,反而多少忽略了他的思想的更为复杂的方面。章太炎对以制度论为中心的经世之学多有发挥,进而揭示出隐含在孔子之教、典章文物与经史之学内部的民族主义:

> 故仆以为民族主义如稼穑然,要以史籍所载人物、制度、地理、风俗之类为之灌溉,则蔚然以兴矣。不然,徒知主义之可贵,而不知民族之可爱,吾恐其渐就萎黄也。孔氏之教,本以历史为宗,宗孔氏者,当沙汰其干禄致用之术,惟取前王成迹可以感怀者,流连弗替。《春秋》而上,则有六经,固孔氏历史之学也。《春秋》而下,则有《史记》、《汉书》以至历代书志、纪传,亦孔氏历史之学也。[3]

章太炎的诠释侧重清初经史之学的"民族"方面,并没有特别地追问为什么"民族"思想必须寄托在孔子之教、典章文物与历史之学之上。对于顾炎武而言,经史之学包含对政治、经济和文化关系的全面的检讨,一方面有利于族群的认同,但另一方面又包含了更为广泛的反思性的和批判性的内容。

清初经学的学术和思想的意义并不限于族群思想或者经史之学本身。顾炎武把族群思想和反抗运动转化为一种反思的契机,明确地区分了"保国"问题与"天下"观念,把重建"天下"作为政治与道德实践的基本目标,从而超越了恢复明朝、反对异族统治的范畴。他以极为严谨的方式探讨历史中的人物、制度、地理、风俗,但这类研究不能被看作是一般的经验的研究,因为作者以特殊的方式赋予这类经验研究以普遍的和规范

---

[3] 章太炎:《答铁铮》,载《民报》第十四号,收入《太炎文录初编》,《别录》卷二,《章太炎全集》(四),页371。

的价值和意义。这是理解其经世之学的关键。在深入研究顾炎武的诸多思想和学术命题之前,首先厘清其著述中的"天下"概念与"国"、"君"等概念是极为必要的。顾炎武说:

> 有亡国,有亡天下。亡国与亡天下奚辨?曰:易姓改号,谓之亡国。仁义充塞,而至于率兽食人,人将相食,谓之亡天下。……是故知保天下,然后知保其国。保国者,其君其臣肉食者谋之。保天下者,匹夫之贱,与有责焉耳矣。[4]

天下与国的区分并不以地域范围的大小为判准,也并不以是否存在政治结构为前提。这两个概念表达了两种不同的社会状态:"国"是以一种政治制度维系的社会状态(如一家一姓之国),而天下却是将社会的同一性建立在德治条件下的状态(如超越一家一姓之"国"的礼仪之邦),亦即通过礼乐实践保留着人与天之间的内在联系的礼乐共同体。"天下"与"国"的区分建立在礼乐与王权制度的区分之上。天下概念试图恢复以礼乐实践沟通天人关系的方式,而这一方式正是在礼乐实践向王权过渡的过程中逐渐丧失的。从礼乐共同体的视野出发,在"仁义充塞,而至于率兽食人,人将相食"的条件下,即使"国"(以王权为中心的政治制度)仍然存在,它也不是具有道德一致性的人类共同体,因为这个制度已经失去了与天意的内在联系。天下与国的区别渊源于极为古老的天命观念:远古先民通过祭祀等仪式沟通天人,氏族首领亦即掌控巫术仪式的巫师;随着早期国家的出现,这一沟通天人关系的中介者角色逐渐从巫师、巫君(氏族首领)转化为根据一定制度和礼仪治理国家的君王;正由于此,君王作为天的代表的角色必须以践履礼乐、服从民意为前提,因为礼乐和民意即天命、天意的人间显示。所谓"制礼作乐",即天之礼乐化或天人关系的礼乐化;所谓治道合一,即指制度、秩序和关系都能体现道德含义

---

[4] 顾炎武:《日知录》卷十三《正始》条,顾炎武著、黄汝成集释:《日知录集释(外七种)》,上海:上海古籍出版社,1985,页1015。

（天意）的社会；所谓礼乐共同体，即指政治实践并不外在于道德实践而道德实践又不外在于礼乐制度的社会。如果君王不能真正沟通天人，而只是依靠权力、制度（法律）结构和功能关系维系自己的统治，那么，这个社会就一定是一个缺乏道德一致性的政治共同体，即以外在的强制关系维系的共同体。在这个意义上，"天下"概念不是对政治共同体的拒绝，而是对治道合一的共同体形式的向往。王朝溃灭，而礼仪尚在，则天下不会真正地沦亡；王朝消沉，若礼仪亦随之消亡，则天下沦没。德治状态指能够承载道德意义、道德价值并指导人们的日常实践的政治状态。在抵抗外来侵略的历史情境之中，仍然固守"天下"与"国"的区别意在提出一种道德的观念：国家的政治必须服从于礼仪德性，任何将礼仪德性降低为政治手段的观念都会导致仁义自身的贬值和天下的真正沦亡。以天下与国之区分为前提讨论严酷的政治的和社会的危机，其目的是为士大夫的思想实践提供规范，即号召人们超越"肉食者谋之"的君臣关系，超越单纯的保国观念，而致力于以个人日常生活为基础的礼仪实践，并将"中国"建构为一个礼乐共同体。

　　关于经学考证与经世致用的关系已经谈得很多，这里存而不论。我的问题是：在顾炎武和他的追随者这里，道德论证的基本方式为什么从格物与格心的修身实践转向了考文知音以追究古制源流的"知识"实践？道德论证的前提为什么从天理转向了制度与风俗？顾炎武的"天下"观与他的学术方式的关系如何？礼乐的要义是把外在的制度与个人的行为密切地关联起来，即外在制度的内在化和人的情感、欲望、道德需求与礼仪制度之间的和谐合拍。这是在礼乐论的框架中重建制度与道德之间内在关系的尝试。段玉裁后来说："自古圣人制作之大，皆精审乎天地民物之理，得其情实，综其始终，举其纲以俟其目，兴以利而防其弊，故能奠安万世。"[5] 段

---

[5] 这段话原是段玉裁用以解说戴震关于义理、考证、文章三者关系时的话。他接着这段引文说："夫圣人之道在六经，不于六经求之，则无以得圣人所求之义理，以行于家国天下，而文词之不工，又其末也。先生之经凡故训、音声、算数、天文、地理、制度、名物、人事之善恶是非，以及阴阳、气化、道德、性命，莫不究乎其实。盖由考覈以通乎性与天道。既通乎性与天道矣，而考覈益精，文章益盛，用则施政利民，舍则垂世立教而无弊。"段玉裁：《戴东原集序》，见《戴震全集》（六），页3458—3459。

氏以考证学知名,经世致用的气息已经非常淡薄,他认为以考证方法"以尽天地民物之理"是儒者的根本之道,多少有些为乾嘉时代考证学辩解的意思,但还是从一个方面承续了顾炎武的学术宗旨,揭示了寓含在经学内部的思想前提,即通过考证训诂理解圣王典制的精义("大经大法"),以达到"拨乱世而返之正"的目的。与黄宗羲一样,顾炎武相信经世之道存在于一种制度性的实践之中,但无论是经世之道,还是制度性实践均需要仔细界定:所谓经世之道并不是与个人的道德实践无关的政治、经济或军事事务,所谓制度性的实践也不是按照已有的典制而不考虑具体的情境教条地行事。在新制度论和经学的范畴内,政治、经济、军事和个人的道德实践都被编织在礼制关系及其流变之中。顾炎武的考证学与明道经世的内在关系是通过追究礼制及其变迁表达出来的。他在关中论学时说:"诸君,关学之余也。横渠、蓝田之教,以礼为先;孔子尝言'博我以文,约之以礼';而刘康公亦云'民受天地之中以生,所谓命也;是以有动作礼义威仪之则以定命';然则君子为学,舍礼何由?近来讲学之师,专以聚徒立帜为心,而其教不肃,方将赋《茅鸱》之不暇,何问其余哉!"[6]对他而言,典章制度不是一套僵固的教条和单纯的功能体系,而是存在于日常生活和历史实践之中的规范和秩序,是通过人的具体实践才能完整呈现的、规定着生活的价值的礼制。

顾炎武的经学考证遍及礼乐、制度、典章、风俗、传统、人物、语言、自然等等各个方面,但并非散乱无章的杂凑,它展现的是"礼"与"文"的世界。在他的著作中,"礼"与"文"具有互文关系。这是理解"行己有耻,博学于文"这一著名论题的关键。顾炎武说:

> 君子博学于文,自身而至于家国天下,制之为度数,发之为音容,莫非文也。品节斯斯之谓礼。……传曰:文明以止,人文也。观乎人文以化成天下。故曰:文王既没,文不在兹乎!而谥法经纬天地曰

---

[6] 引自江藩:《汉学师承记》,页156。

文。与弟子之学诗书六艺之文有深浅之不同矣。[7]

"文"不是指文字,不是指文章,而是一种内在的规则、一种合乎礼仪的行动中自然呈现出的条理。"文"的概念与周代的礼仪规范(所谓"周文")有着历史的联系,但顾炎武更强调"文"的内在性,与孔子"以仁释礼"有着相似的意蕴:"制之为度数,发之为音容,莫非文也",举手投足,"文"在其中。"君子为学,舍礼何由"之礼不是狭义的仪礼秩序,而是内在地规范我们的生活的自然/必然的秩序,因此,"文与弟子之学诗书六艺之文有深浅之不同,"尽管也常常以文章的形式出现,但它更像是"观乎人文以化成天下"之"文"。顾炎武曰:

> 文之不可绝于天地间者,曰明道也,纪政事也,察民隐也,乐道人之善也。若此者,有益于天下,有益于将来,多一篇,多一篇之益矣。若夫怪力乱神之事,无稽之言,剿袭之说,谀佞之文。若此者,有损于己,无益于人,多一篇,多一篇之损矣。[8]

这里的大义不仅是文以载道,而且是"文"所以能载道时体现出的那种契合于自然的条理,没有这一前提,"文"之多少是无关重要的。戴震曾经以"条理"说"理":"礼者,天地之条理也;言乎条理之极,非知天不足以尽之。即仪文度数,亦圣人见于天地之条理,定之以为万世法。礼之所设,所以治天下之情,或裁其过,或勉其不及,示之中而已矣。"[9]这与顾炎武讨论文与礼的方式是相近的,稍有区别的地方在于:戴震的"条理"概念与"自然"范畴密切相关,多少带有一种抽象性和超离的意味,而顾炎武把"文"与"礼"这两个观念结合起来,泛指所有的礼乐制度和秩序。也正是为此,他把"考文"的范围扩大到了日常生活实践的所有规范之

---

[7] 顾炎武:《日知录》卷七《博学于文》条,见顾炎武著、黄汝成集释《日知录集释(外七种)》,上,上海:上海古籍出版社,1985,页539—540。
[8] 顾炎武:《日知录》卷十九《文须有益于天下》,《日知录集释(外七种)》,中,页1439。
[9] 戴震:《绪言》卷中,《戴震全集》(一),页94。

中:不单详考六经,而且博通诸子;不单研究九州风俗,而且推敲外国风俗。[10]他不把自己束缚于六经,而是从六经起始旁及其他,甚至引用"外国风俗"或"夷俗"对中国的繁文缛节、重文轻质的风尚给予尖锐的针砭,进而获得知识的解放。为什么如此呢?六经为三代礼制之记载,时移世异,封建变而为郡县,郡县变而为帝国,如果满足于泥古,不但无法完成经世的目标,而且对于所欲"经"之"世"也无从把握了。"博学于文"的主张就是以这种独特的、不断演化的礼制秩序的概念为前提的,它不是对于学者的要求,而是对于"君子"的期待。

因此,"行己有耻,博学于文"作为做人为学的宗旨,关系极为紧密,不能分割开来孤立地讨论。为什么"行己有耻"的道德方式需要"博学于文"加以补充呢?这是因为人的日常生活实践包罗万象,礼乐与制度的范围无比宽广,没有"博学于文"的努力就无法知耻,从而也谈不上真正的"行己有耻"。那么,又为什么"博学于文"主要表现为对经书的考证呢?这是因为礼崩乐坏日久,惟有儒学经籍能够"拨乱反正,移风易俗,以驯致乎治平之用,而无益者不谈。"[11]在这里,最重要的问题在于:道德行为的尺度不是来自单纯的心性实践,而是以具体的礼乐制度作为前提、以特定的历史情境作为参考的尺度。在这个意义上,不能"博学于文"就谈不上"行己有耻",因为我们怎么才能知道"有耻"的根据呢?没有"行己有耻"作为宗旨,"博学于文"就会由于丧失目标而变得毫无意义。[12]

---

[10] 顾炎武:《日知录》卷二十九《外国风俗》条,《日知录集释(外七种)》,中,页2175。
[11] 顾炎武:《亭林文集》卷六《答友人论学书》,《顾亭林诗文集》,北京:中华书局,1983,页135。
[12] 王阳明从礼理关系出发对"博之于文"、"约之以礼"的解释也可参照。《传习录》卷上云:"礼字即是理字。理之发见,可见者谓之文;文之隐微,不可见者谓之理:只是一物。约礼只是要此心纯是一个天理。要此心纯是天理,须就理之发见处用功。如发见于事亲时,就在事亲上学存此天理;发见于事君时,就在事君上学存此天理;发见于处富贵贫贱时,就在处富贵贫贱上学存此天理;发见于处患难夷狄时,就在处患难夷狄上学存此天理;至于作止语默,无处不然随他发见处,即就那上面学个存天理。这便是博学之于文,便是约礼的功夫。'博文'即是'惟精','约礼'即是'惟一'。"《王阳明全集》,上,上海:上海古籍出版社,1992,页6—7。

在这个意义上,黄、顾之学既是一种新制度论,更是一种新礼乐论,而经学和史学就是这种新礼乐论的表达形式。在对理学,尤其是心学的批判之中,这一新礼乐论带有强烈的制度论的取向,因为顾、黄等人认为理学及其主要范畴模糊了道德实践与制度/礼乐的内在关系。顾炎武的关注重心不仅是家国之制,而且还包括日常行为、社会风俗的演变以及天文、地理和自然环境的差异。从某些方面看,这些说法看似与阳明等人并无轩轾,但亭林强调的是:制度设置的根据不是某种心性论或制度论,而是风俗、习惯和历史变迁本身;礼治秩序必须由下至上地形成,制度的改革必须"自正风俗始"。这一点使得他所设想的礼乐共同体与王阳明以心之同然为标的的"学校",甚至黄宗羲以分工、权利、义务、法律、制度为基本结构的社会模型有了重要的区分。简言之,他不是单纯地讨论制度的设计,而是把风俗的转变视为问题的关键,因为在他的理解中,"天下"是一个礼乐共同体,既不是一个以政治制度和法律体系为框架的结构/功能系统,也不是一个产生于共同意志的"心共同体"。《日知录》卷十三就是范围广泛的风俗论,作者纵论周末、两汉、宋世以及后代的风俗,举凡婚姻、田制、人材、道德、迷信、产业、清议等等无不涉及,从而把制度文化等历史内容包容在风俗、习惯等范畴内。"目击世趋,方知治乱之关必在人心风俗,而所以转移人心整顿风俗,则教化纪纲为不可阙矣。"[13]这生动地表明了他对包含着一切文化和政治的秩序的礼与文的理解。顾炎武反对宋明以来空谈心性之风,认为天、道、性、心等等无非存在于礼乐、制度和风俗之中,存在于人的日常生活实践之中。正由于此,训诂、考证之学必须深入所有生活领域,而不单限于六经。著名的《与友人论学书》曰:"窃叹夫百余年以来之为学者,往往言心言性,而茫乎不得其解也。命与仁,夫子之所罕言也;性与天道,子贡之所未得闻也;性命之理,著之《易传》,未尝数以语人。"[14]他所追求的是习六艺之文、考百王之典、综当代

---

[13] 顾炎武:《亭林文集》卷四《与人书》九,《顾亭林诗文集》,页93。
[14] 顾炎武:《亭林文集》卷三《与友人论学书》,同上,页40。

之务,重新追究孔子论学论政之大端,即修己治人之实学。[15] 所有这一切都体现在他的《日知录》和《音学五书》之中。

2. 经学考证与"物"概念的回归

顾炎武认为理学的方式无法达成经世目标。"心不待传也。流行天地间,贯彻古今而无不同者,理也。理具于吾心而验于事物。心者,所以统宗此理而别白其是非。人之贤否,事之得失,天下之治乱,皆于此乎判,此圣人所以致察于危微精一之间,而相传以执中之道,使无一事之不合于理,而无有过不及之偏者也。禅学以理为障而独指其心曰不立文字单传心印。圣贤之学,自一心而达之天下国家之用,无非至理之流行……"[16] 心、理、物、学密切相连,那种将心视为一种孤立的、绝对性的存在的看法无法达成道德判断和经世的目标。这就是顾炎武从宋明义理之学转向制度论或礼乐论的基本根据:心、性、道、理与历史地变化着的礼乐、制度和风俗联系在一起。

顾炎武不是一般地否定理学,而是与方以智所谓"藏理学于经学"的观点一脉相承,把理学纳入经学的范畴之中。将理学转化为经史之学,其实质是要处理普遍绝对之天理与历史演变的关系,其中间环节则是对"经"的理解:经是普遍之理,还是在特定历史语境中产生的对"理"的理解?对于经的追问最终涉及对"理"的理解:普遍的理是永恒不变、超越时间的,还是总是存在于特定的语境之中?如果普遍的理存在于特定的语境,亦即特定的礼乐、制度和其他关系之中,那么,我们如何才能把握这个理?如果理与特定的社会关系密切相关,而这种社会关系的恰当表达是礼,那么,理与礼是什么关系?经学的要义就是通过考证经义获得对于

---

[15] 参看顾炎武:《日知录》卷七《夫子之言性与天道》条,《日知录集释(外七种)》,上,页538。在另一处他又说:"自宋以下,一二贤智之徒病汉人训诂之学,得其粗迹,务矫之以归于内,而达道达德九经三重之事置之不论,此真所谓告子未尝知义也。"见《日知录》卷七《行吾敬故谓之内也》条,同前,页575。

[16] 顾炎武:《日知录》卷十八《心学》条,《日知录集释(外七种)》,中,页1397—1398。

古制和古风的理解,从这一古制和古风的历史演变中勾稽圣人的精义,从而将对普遍之天理的探讨落实在礼乐关系的范畴之内。这是沿着黄宗羲的新制度论的同一路线向前推进。新制度论是在经世的动力之下对于先秦礼乐论的恢复,它在形态上与理学的区别并不证明完全背离了理学的内在目标。如果不理解黄宗羲的新制度论(或新礼乐论)与理学的关系,不理解顾炎武考古学的核心在于究明制度或礼乐的真义,也就不可能了解考据学的兴起及其与理学的关系。在礼乐与制度分化的条件下,理学家们认为无法以制度作为道德论证的客观依托,并转而以天道论和心性论作为道德评价的出发点。在明末清初经世致用的思想氛围中,黄宗羲、顾炎武摒弃天道论与心性论的方式,力图恢复礼乐与制度的同一关系,重建道德评价与制度的内在联系,他们的理论方式开始向新制度论或经学转变。正是这一转变为经学的某种史学方向提供了契机:如果经不是圣人对天理的直接表述,而是对特定礼乐制度及其道德评价方式的记载,那么,对于特定礼乐制度的历史探讨就必然是理解"天理"的重要途径。正由于此,无论是黄宗羲对于制度的阐发,还是顾炎武对于古制的考原竟委,均不再把心性置于思考的中心,也不再把抽象的天理看作是道德的最高源泉。在新制度论和新礼乐论的框架内,道德必须是一种关系(制度、礼乐、风俗)的产物,依赖于人在特定礼仪关系中的道德抉择。因此,任何放弃对经典、历史和风俗的研究而凭空构筑道德体系的做法都与新礼乐论的宗旨相背离。

顾炎武所谓"理学,经学也"的命题是对理学、新制度论与考证学的关系的高度概括,它通过经学考证的方法把义理与制度作为一种具有内在联系的、合一的对象加以考究。离开了礼乐论的内在结构,我们无法读懂他的著作。《亭林文集》卷三《与施愚山书》云:

> 理学之传,自是君家弓冶。然愚独以为理学之名自宋人始有之。古之所谓理学,经学也,非数十年不能通也。故曰:"君子之于《春秋》,没身而已矣。"今之所谓理学,禅学也,不取之五经,而但资之语录,校诸帖括之文而尤易也。又曰:"《论语》,圣人之语录也。"舍圣

人之语录而从事于后儒,此之谓不知本矣![17]

为什么"君子之于《春秋》没身而已矣"?这不仅因为经学之范围极其广阔,没有"没身"其中的功夫无法精通,而且还因为《春秋》包含着礼乐之精义,"没身"于中即没身于特定的礼乐关系之中。也只是在这个意义上,顾炎武才能说"古之所谓理学,经学也",这是对孔子以六经为教的准确阐释:六经记载先王礼仪、制度、行为、品格,而理与义只能通过理解和恢复先王礼仪、制度、行为品格才能获得。《日知录》卷七《夫子之言性与天道》条谈及"动容周旋中礼者,盛德之至也",正可对此作注解。顾炎武说:

> 夫子之文章,莫大乎《春秋》,《春秋》之义,尊天王,攘戎翟,诛乱臣贼子,皆性也,皆天道也。故胡氏以《春秋》为圣人性命之文,而子如不言,则小子其何述乎![18]

性与天道是在政治性的实践之中达成的。这段话不但揭示了道德实践与礼乐的内在的关联,而且改变了单纯从良知来谈论实践的方式。理学与经学的方法论差别至为明显,人们因此多把理学与经学的分别看成是两种知识的形式,以致认为"理学,经学也"的命题"不是说理学等于经学,而是说理学为经学的一部分……"[19]这是对顾炎武命题的重大误解。在这方面,全祖望的"经学即理学也"[20]的命题仍值得考虑:理学与经学之间的关系不是互相隶属的关系,而是同一的关系。从顾炎武的角度看,所谓不存在超越于经学的理学并不是说理学从属于经学,而是说经学的各个部分都以完成理学的内在目标为职志;或者说,没有经学的形

---

[17] 顾炎武:《亭林文集》卷三《与施愚山书》,《顾亭林诗文集》,页58。
[18] 顾炎武:《日知录》卷七《夫子之言性与天道》,《日知录集释(外七种)》,上,页536。
[19] 侯外庐主编:《中国思想通史》第5卷,页206。
[20] "自有舍经学以言理学者,而邪说以起,不知舍经学则其所谓理学者禅学也。"全祖望:《鲒埼亭集》卷十二《亭林先生神道表》,《鲒埼亭文集选注》,同前,页114。

式也谈不上理学的目标。这个内在目标即儒之礼制。"自一身以至于天下国家,皆学之事也;自子臣弟友以至出入往来辞受取与之间,皆有耻之事也。……"[21]对于历史制度、风俗习惯和社会变迁的考察,正是理学的真正事业,它关注的不仅是外在的制度,而且是每一个人的出入往来辞受取与的行为方式和行为动机。在这个意义上,正如不存在经学形式之外的理学,也不存在理学之外的经学考证。理概念与礼概念的互换关系在这里重新出现了。[22]黄宗羲的新制度论是一种非理学的理学形式,顾炎武之经学又何尝不是如此?对他而言,理学不应该是经学的一部分,它就应该是经学。

顾炎武批评晚明学风舍多学而识而求一贯之方、置四海穷困不言而终日讲危微精一,几近深恶痛绝。[23]他也不喜欢象山"自立一说,以排千五百年之学者"的作风。[24]在朱子晚年定论等问题上,顾氏批驳陆王,又有明确推崇朱子的言论,所以学术史上把亭林之学归入朱学者代不乏人。章学诚、龚自珍视亭林之学为朱子五代之传,江藩则说:"梨洲乃蕺山之学,矫'良知'之弊,以实践为主;亭林乃文清之裔,辨陆、王之非,以朱子为宗。故两家之学,皆深入宋儒之室,但以汉学为不可废耳。……"[25]这些看法在近代思想家和学术史家那里得到了呼应:一方面,严复、胡适等人从朱子的格物穷理出发理解近代实证主义和归纳方法,又把重视经验、证据的朴学方法等同于科学方法论;另一方面,钱穆、余英时更注意学

---

[21] 顾炎武:《亭林文集》卷三《与友人论学书》,《顾亭林诗文集》,页41。
[22] 明确提出以礼代理的命题的是凌廷堪(1757—1809),但作为一种思想的取向,这一命题反映的毋宁是清代思想区别于宋明礼学的基本方面。关于凌廷堪及其"以礼代理"说,请参见张寿安:《以礼代理——清中叶儒学思想之转变》,石家庄:河北教育出版社,2001。
[23] 顾炎武《日知录》卷十八《朱子晚年定论》条指责王学末流云:"不学,借一贯之言以文其陋;无行,则逃之性命之乡以使人不可诘。"《日知录集释(外七种)》,中,页1421。
[24] 顾炎武:《亭林文集》卷六《下学指南序》,《顾亭林诗文集》,页131。
[25] 江藩:《汉学师承记》,见钱锺书主编、朱维铮执行主编的江藩、方东树《汉学师承记(外二种)》,北京:三联书店,1998,页158。

第三章 经与史(一)

术史发展的内在理路,深信清代汉学是宋学内部争论的结果。就源头而言,这些看法的始作俑者还是章学诚——主要是《文史通义》内篇二《朱陆》。早在乾嘉时代,章学诚批评清儒各争门户的陋见,认为清代"薄朱氏之学者,即朱氏之数传而后起者也",并以顾炎武、黄宗羲并峙为例,说明清代学术之源流兼有程朱陆王。虽然"世推亭林氏为开国儒宗",但梨洲之学"上宗王刘,下开二万,较之顾氏,渊远而流长矣。"在这个意义上,清学之源于宋学者何止一条路线![26]

汉宋之间存在联系并无疑问,"经学即理学"的命题就印证了这一点。但问题在于如何理解这种联系。持上述观点的学者大多从知识主义的视野看待朱子学与亭林之学的相似性,以为二者在格物致知和训诂考证方面一脉相承。[27]但如果只是从某些因素观察亭林之学与前代思想的关系,那么,我们为什么不说他的实践观念上承阳明(他也把道德问题理解为出处辞让取予之间),经学乃上承心学呢?在作出这类判断时,关键是要辨明一些更为微妙但却极为重要的差别:知识问题在天理世界观中的意义与在礼制论范畴中的意义是否一样?实践问题在良知范畴中的意义与在礼乐风俗关系中的意义是否相同?经学成立的前提是把礼制作为道德评价和道德实践的客观前提,这与高悬天理和良知的朱子学和阳明学在宗旨和方式上都难以混为一谈。朱子重视四书,而顾炎武突出五经的地位;[28]朱子的格物致知以求得天理为宗旨,而亭林的训诂考证则以求得经义为目的。这不仅是重视考证与注重义理的方法论区别,而且更是他们各自所格之"物"的差别。

---

[26] 章学诚:《文史通义》内篇二《浙东学术》,《章学诚遗书》,北京:文物出版社,1985,页15。

[27] 考证学始自唐人,宋学更为发展,章学诚因此追根溯源,把顾、戴等人纳入朱子学的系谱之中。《文史通义》内篇二《朱陆》,《章学诚遗书》卷二,页15。

[28] 心学兴起之后,《大学》的地位已经下降,而在明末清初之际,《四书集注》的地位也开始下降。张岱的《四书遇》、毛奇龄的《四书改错》都是攻驳《四书集注》的例子,以致清初《四书》作为一个总名是否应该成立也逐渐遭到怀疑。在这个背景下,五经与四书的优先顺序发生了改变。请参见王汎森:《清初思想中形上玄远之学的没落》,《中央研究院历史语言研究所集刊》,第六十九本,第三分,页564—572。

如前所述,不了解"天下"观念的内涵,我们就不可能了解亭林对于经史的考证中透露出的精深的含义:这是士大夫在制度条件全然丧失的情境中保持道德自尊的根据。在晚清以降的思想氛围中,这一含义最易为人忽略。例如,梁启超认为清学开山之祖舍顾炎武无第二人,评价不可谓不高。但他的判断大体从明清思想的转变着眼,一方面以顾炎武对心学和理学的批判作为标准,把孙夏峰、黄梨洲、李二曲划为"明学余波",另一方面又以顾炎武的经学方法论为尺度,抑制反明学的王船山、朱舜水。[29] 经学考证重视广泛地搜求证据,举一反三,通过闻见之知获得经义的理解,以致梁启超、胡适之从他的考证学中发现了科学的方法,却又抱怨考证学主要以古代经籍为对象,不涉及广泛的自然知识,从而未能发展真正的科学研究。这种从科学方法论证亭林独特地位的观点不但无法说明考证方法所要追究的典章制度和礼乐风俗的意义,而且也以一种功利主义的和实用主义的价值抹去了顾炎武思想的核心价值。顾炎武与梁启超、胡适处于两种截然相反的政治/道德的世界之中。无论后者如何评价顾炎武的"科学方法"及其与理学的对立(胡适视顾炎武为三百年来第一位反理学的思想家),他们都有意无意地忽略一个基本的事实:清代经学以反理学相标榜,但它本身也正是儒学的一种特殊的形式。这种科学的或科学方法的现代视野不能理解经学考证的基本出发点:作为考证学对象的"物"既非心学之此物(即"心"),也非理学天道观之宇宙万物("格物穷理"之"物"),既不能被简化为事实的概念,也绝不能在实证主义的范畴中加以理解;毋宁说,经学或新礼乐论之物所要克服的正是这种作为事实的物——亦即从宋学格物致知论和科学方法论所引申出的万物。无论是黄宗羲的新制度论,还是顾炎武的经学考证学,"物"都具有规范、规则的意义,它仅仅存在于礼制秩序之中。"物"概念的规范含义需要与"礼"、"文"等范畴互相印证,它们都是在礼乐论或新制度论的理

---

[29] 梁启超说:"亭林一面指斥纯主观的王学不足为学问,一面指点出客观方面许多学问途径来。于是学界空气一变,二三百年间跟着他所带的路走去。亭林在清代学术史所以有特殊地位者在此。"《中国近代三百年学术史》,上海:复旦大学出版社,1985,页153,157。

论形式中建立起来的,或者说是以礼乐论或制度论为前提才得以建立的。在这个意义上,程朱之物与近代科学的关系还更为接近一些。按照艾尔曼的研究,心学的发展并没有妨碍自然之学的发展,而注重考证方法的清代经学的发展却与自然之学的衰败相伴随。为什么重视经验、归纳和互证的方法论的考证学反而与自然之学的衰败联系在一起呢?"物"概念的转变为此提供了一些解释:考据方法的精密无助于自然之学的发展,这是因为这种方法并不以事实概念为前提,而是以规范、价值、秩序和制度为目的。

这里不妨把顾炎武对"天生烝民,有物有则"的解说与上文曾经提及的程颢以"万物"解"物"作一对比。他说:

> 《诗》曰:"天生烝民,有物有则。"孟子曰:"舜明于庶物,察于人伦。"昔者武王之访,箕子之陈,曾子、子游之问,孔子之答,皆是"物"也。故曰:"万物皆备于我矣!"惟君子为能体天下之物,故《易》曰:"君子以言有物而行有恒。"《记》曰:"仁人不过乎物,孝子不过乎物。"[30]

"物"不是事实意义上的"万物",而是道德行为的前提和规范,即古典自然(亦即天)意义上的"万物",从而与"文"的概念或"礼"的概念直接相通。这一"物"概念是清代经史学者的普遍认识,它表达了对程朱格物说的拒绝,也是对先秦"三物"概念的恢复。万斯同(1638—1702)明确地说:"后之儒者,不知物为《大学》之三物,或以为穷理,或以为正事,或以为扞格外诱,或以为格通人我,纷纷之论,虽析之极精,终无当乎《大学》之正训。……将古庠序教人之常法,当时初学尽知者,索之于渺茫之域,而终不得其指归,使有志于明亲者,究苦于无所从入,则以不知物之即三物也。"[31]如果"物"为"三物"之"物",那么,这一"物"概念的转变势必改变致知的含义。亭林云:

---

[30] 顾炎武:《日知录》卷六《致知》条,《日知录集释(外七种)》,上,页511—512。
[31] 陈训慈、方祖猷:《万斯同年谱》,页211。

> 致知者,知止也。知止者何?……"为人君止于仁,为人臣止于敬,为人子止于孝,为人父止于慈,与国人交止于信",是之谓"止",知止然后谓之知至,君臣父子国人之交,以至于礼仪三百,威仪三千,是之谓"物"。……以格物为多识于鸟兽草木之名,则末矣。知者无不知也,当务之为急。[32]

只有将"物"概念恢复为在礼乐、人文和古典的自然范畴(即能够将应然与实然统合在"本然"之中的自然范畴)中建立起来的规范本身,求知的实践才不会与道德实践分离,因为求知的最终目的在于知"止"。"止"不是任何具体的规范,但必须通过各种具体性的规范才能呈现;"止"可以被理解为这些规范的存在根据。与"礼"和"文"的概念一样,"物"的概念必须在最为广泛的意义上理解:"物"存在于"礼"和"文"的世界里,存在于世界的一切礼仪、规范和秩序之中。"物"的世界是一个(古典的)自然秩序的世界,而(古典的)自然秩序的世界就是一个礼与文的世界。离开了新制度论或新礼乐论的背景,我们很难理解这一内在的转变。因此,从表面看,经学考证方法首先是通过对经书的考证恢复经书所记载的圣王典制的神圣性,但它所神圣化的与其说是典制本身,毋宁说是由典制所体现出的人与物(礼乐、制度、规范等等)之间的内在的一致性。在这个意义上,与实证主义对于神学宇宙观的解构完全不同,重视证据和方法的考证学不但没有把世界从传统的神圣性中解放出来,转化成为不具有价值含义的一堆冷冰冰的事实,恰恰相反,它是要建立世界的神圣性或道德本质,进而将事实(物)价值化或价值事实化(物)。经学对于"物"概念的重构因此可以视为对于理学所构筑的忽明忽暗的理(价值)/气(事实)二元论的克服。

"物"概念的恢复与亭林对于实践的理解相互支撑:没有什么专门的道德实践,而只有日常生活的实践,即在特定的规范、制度和形式条件下的实践。他不避各种琐细的工夫,非难理学家的一贯之道,正是为了通过

---

[32] 顾炎武:《日知录》卷六《致知》条,《日知录集释(外七种)》,上,511—512。

这一工作呈现这一制度性或礼仪性实践的历史条件。然而,正如上文所说,知的最终目的不是某种礼仪、规范或行为,而是隐含在人们按照一定的礼仪、规范行动和思考时体现出的"止"的状态。"止"是在动态的过程中体现出来的,如同远古时代的巫师在祭祀过程之中呈现"天意"或"天命"一般。因此,考文知音的实践不是单纯地求知,主张好古敏求、多见而识并不排斥"会通"与"一贯"的重要性:

> 好古敏求,多见而识,夫子之所自道也。然有进乎是者。六爻之义至赜也,而曰知者观其"象辞",则思过半矣。三百之《诗》至泛也,而曰一言以蔽之曰思无邪。三千三百之仪至多也,而曰礼与其奢也宁俭。十世之事至远也,而曰殷因于夏礼,周因于殷礼,虽百世可知。百王之治至殊也,而曰道二,仁与不仁而已矣。此所谓予一以贯之者也。其教门人也,必先叩其两端,而使之以三隅反。……岂非天下之理殊途而同归,大人之学举本以该末乎?彼章句之士既不足以观其会通,而高明之君子又或语德性而遗问学,均失圣人之指矣。[33]

为什么必须将会通的观点贯注考证实践之中呢?作为规则或规范的"物"不是僵死的教条,而是随着时代和风俗的变化而不断变易的范畴,因此,认知的实践必须置于一种"史"的观点之中。"史"是一种情境的变化,而不是一种预设目的的过程(如同西方近代的历史观念),它所强调的是人的活动与风俗、习惯和制度的演变之间的内在联系。因此,"会通"即在变化的情境、具体的事件和人物与义理之间进行权衡,从而能够具体地把握、坚守和践履义理。在经史的视野中,没有离开认知的道德实践,没有离开道德实践的认知过程,也没有离开礼乐、风俗和情境变迁的认知/实践形式。所谓"行己有耻,博学于文"的根据即在此。

音学是清代考证学的核心,而顾炎武以此为经世致用的途径。我们不妨问一问:考文知音的方法是如何与礼乐之制关联起来的呢?为什么

---

[33] 顾炎武:《日知录》卷七《予一以贯之》条,《日知录集释(外七种)》上,页549—550。

"读九经自考文始,考文自知音始,以至诸子百家之书,亦莫不然"呢? 这是单纯的方法,还是另有内在的目标?[34]在讨论顾氏的看法之前,需要对音学与礼乐的关系略作分析。按孔子的看法,周礼的衰废始于乐微,以音律为节,又为郑、卫所乱,所谓"礼崩乐坏"即礼制秩序的紊乱。《礼记·乐记》将宫、商、角、徵、羽五音与君、臣、民、事、物之礼序对应起来,认为"五者不乱,则无怗懘之音矣。"[35]"是故先王之制礼乐也,非以极口腹耳目之欲也,将以教民平好恶而反人道之正也。"[36]考音的出发点是追寻原初的礼乐制度的本意,即正音或正声所代表的礼乐宗旨。《史记·孔子世家》云:

> 孔子之时,周室微而礼乐废,《诗》《书》缺。追迹三代之礼,序《书》《传》,上纪唐虞之际,下至秦缪,编次其事。曰:"夏礼吾能言之,杞不足徵也。殷礼吾能言之,宋不足徵也。足,则吾能徵之矣。"观殷夏所损益,曰:"后虽百世可知耶,以一文一质。周监二代,郁郁乎文哉。吾从周。"故《书传》、《礼记》自孔氏。孔子语鲁太师:"乐其可知也。始作翕如;纵之纯如,皦如,绎如也,以成。""吾自卫反鲁,然后乐正,《雅》《颂》各得其所。"古者《诗》三千余篇,及至孔子去其重,取可施于礼义。……三百五篇,孔子皆弦歌之,以求合《韶武》《雅颂》之音。礼乐自此可得而述,以备王道,成六艺。[37]

很清楚,考音的目的在正礼乐。孔子弦歌诗三百五篇,使得礼乐能够"得而述",而音又与乐有着直接的关系。"乐"在古代典制中具有至高地位,起着沟通天人、和合内外、协调上下的作用,并与礼、刑、政等一同构成"王道"的四大支柱。《礼记·乐记》:"是故先王之制礼乐,人为之节。衰

---

[34] 顾炎武:《亭林文集》卷四《答李子德书》,《顾亭林诗文集》,页73。
[35] 《礼记集解》,页978。
[36] 同上书,页982—983。
[37] 司马迁:《史记》卷四十七《孔子世家》第十七,《史记》(六),北京:中华书局,1982,页1935—1937。

麻哭泣,所以节丧纪也。钟鼓干戚,所以和安乐也。昏姻冠笄,所以别男女也。射乡食飨,所以正交接也。礼节民心,乐和民声,政以行之,刑以防之。礼、乐、刑、政,四达而不悖,则王道备矣。"[38]声音与地域、风俗、好恶的多样性密切相关,声音的变化标志着地域、风俗、制度、好恶的变化或歧异性,而声音转化为乐也即将多样、歧异的声音组织在一种和谐的关系之中。《诗》之风源自各国民歌,孔子弦歌而能使之合于礼乐,则是一个正音的过程。"乐者为同,礼者别异。同则相亲,异则相敬。……礼义立,则贵贱等矣。乐文同,则上下和矣。"[39]此即礼乐与王制之内在的联系。所谓因地制宜、所谓从俗从宜,不但道出了古代礼乐内部的多样性,而且说明了礼乐能够将这种多样性和差异性组织在礼乐关系之中。孔子删诗、正音意在通过分辨音之邪正,论定夷夏文野之别,从而达到"克己复礼"、"天下归仁"的目的。但这里所谓区分邪正、辨别文野并不排斥由于地、俗等原因而产生的多样性,恰恰相反,礼乐的要义即在将这种多样性和差异性纳入一种和谐但并不排斥差异的关系之中。在这个意义上,制礼作乐即以礼别异、以乐主和,达到"乐至则无怨,礼至则不争……合父子之亲,明长幼之序,以敬四海之内"的状态。[40]

然则,何为音之"正"？按司马迁的提示,鲁乐、韶武、雅颂即为正音,但鲁乐、韶武、雅颂之为"正音"并非由于这是鲁之声(相对于郑声、卫乐或其他声音)、宫廷之乐或祭祀之音,而是因为这些音乐体现了"正"本身——"正"或"正音"虽然落实在鲁音、韶武、雅颂之中,但它并不等同于任何一种具体的音乐,"正"指的是音乐的本然状态——由于天的本然秩序体现为礼乐秩序本身,从而这一本然状态必须落实在一种具体的、多样的礼乐关系、礼乐形式之中才能获得表达。《礼记·乐记》云:"凡音之起,由人心生也。人心之动,物使之然也,感于物而动,故形于声。声相应,故生变,变成方,谓之音。比音而乐之,及干戚、羽旄,谓之乐。"[41]乐

---

[38] 《礼记·乐记》,见《礼记集解》下,页985—986。
[39] 同上书,页986—987。
[40] 同上书,页987。
[41] 同上书,页976。

由音生,而音又是"人心之感于物"、"形于声"的结果。这个"物"不只是外物,而是在古典自然的范畴中(亦即文与礼的世界或天本身)被界定的"物",否则怎么能够说"礼、乐、刑、政,其极一也,所以同民心而出治道"呢?[42]由对这样的"物"的反应而产生的"声"即是乐的最初元素,而"声"的变化构成了"音","比音而乐之"则声音最终转化为"乐"。因此,考音离不开具体的声和音,即必须在不同的声和音之间作出辨别,而据以辨别和判断的根据则是音之正,即那个落实在音乐之中的本然的音乐,一种能够超越地方性、差异性而又落实在地方性和差异性之中的存在。根据上述,考音、考字的实践背后一方面隐含着政治/道德的命题,如对礼乐与制度、封建与郡县、多元与一统等问题的探索,另一方面又是对于最高之礼乐(亦即与天共存的"文"与"礼")的追究:前者是对王制的探索,后者是对王制之为王制的根据的政治/美学的理解。

让我们从《音学五书》来理解考证、会通的方法与顾炎武所思考的礼乐的关系,观察格物过程之中发生的"物"的变化。首先,顾炎武自谓"某自五十以后,笃志经史,其于音学,深有所得。"他以考文知音的方式发现礼乐、制度和风俗的真义,"以续《三百篇》以来久绝之传",[43]这既是对宋明学风的批评,也是对秦汉以来的历史的针砭。[44]顾炎武音学上承陈第《毛诗古音考》,不但在音学上的成就远在陈氏之上,而且也赋予了音学以礼乐论的含义。《音学五书序》云:

记曰:声成文谓之音。夫有文斯有音。比音而为诗,诗成然后

---

[42] 《礼记·乐记》,见《礼记集解》下,页977。
[43] 顾炎武:《亭林文集》卷四《与人书》二十五,同上,页98。在《亭林文集》卷四《答李子德书》中他更明确地指出:音韵学宗旨就是澄明古义、考证古制,而非为考据而考据。同上,页69—73。
[44] 故钱穆论考证学之兴起云:"故治音韵为通经之钥,而通经为明道之资。明道即所以救世。亭林之意如是。乾嘉考证学,即本此推衍,以考文知音之工夫治经,即以治经工夫为明道,诚可谓得亭林宗旨。"亭林音学的目标为通经不错,但通经则以致用为本,因此,在考文知音的过程中所展现的思想世界与乾嘉诸子有着重要的差别。钱穆:《中国近三百年学术史》,上册,北京:中华书局,1986,页134。

第三章 经与史(一)

被之乐,此皆出于天而非人之所能为也。三代之时,其文皆本于六书,其人皆出于族党庠序,其性皆驯化于中和,而发之为音,无不协于正。[45]

由声到文,由文到音,由音到诗,由诗而入乐,这个过程虽然由人所创制,但在最根本的意义上既不取决于个人,也不取决于任何其他的人为力量,而是一个自然的(本然的)过程,故云"此皆出于天而非人之所能为也"。声成文才能构成音,比音而为诗,从而考音不能离开文字了。六经所体现的言语和声音皆有一定的规则或规律,那是先人根据六书并在族党庠序——亦即礼制关系——中产生出来的。在这样一种礼乐的关系之中,无论如何发音,"无不协于正"。在这个意义上,"正"的根据不在音,而在礼乐关系本身。正是考虑到这一点,顾炎武把对声音的考证视为通达礼乐真义的根本通道,而考证声音的根据又是"文"本身,因为声转化为文才构成了音,没有文也就无从知音。

其次,顾炎武的音论建立在一种历史演化的观念之上:一方面,音及其与文字的关系不断地经历传播、混杂、流变的自然过程,从古代而至秦汉,从秦汉而至隋唐,声音的窜改与文字的稳定性构成了经学研究中的最大的困难,后代学者往往对此不察,以后人的音韵释读古代的文字,从而丧失了古人的精义。另一方面,后代的音又往往提供了了解古代音的某些因素或线索,从而考证方法的途径之一是逐层递进地发现转变的环节,最终恢复古代的音。所谓"考文知音"是穿越历史迷津的通道,但"穿越迷津"本身也即意味着"正音"的求得不可能离开变化的历史过程(迷津)而凭空建构。亭林云:

> 三百五篇,古人之音书也。魏晋以下,去古日远,辞赋日繁而后名之曰韵,至宋周颙、梁沈约,而四声之谱作,然自秦汉之文,其音已渐戾于古,至东京益甚。而休文作谱(四声谱),乃不能上据雅南,旁

---

[45] 顾炎武:《音学五书序》,见《音学五书》,北京:中华书局,1982,页2。

撼《骚》《子》，以成不刊之典，而仅按班张以下诸人之赋，曹刘以下诸人之诗所用之音，撰为定本，于是今音行而古音亡，为音学之一变。下及唐代，以诗赋取士，其书一以陆法言"切韵"为准，虽有独用同用之注，而其分部未尝改也。至宋景佑之际，微有更定。理宗末年，平水刘渊始并二百六韵为一百七。元黄公绍作"韵会"因之，以迄于今，于是宋韵行而唐韵亡，为音学之再变。世日远而传日讹，此道之亡盖二千有余岁矣。炎武潜心有年，既得《广韵》之书，乃始发悟于中，而旁通其说。于是据唐人以正宋人之失，据古经以正沈氏唐人之失，而三代以上之音部分秩如，至赜而不可乱，乃列古今音之变，而究其所以不同。……自是而六经之文乃可读，其他诸子之书，离合有之，而不甚远也。天之未丧，斯文必有呈……[46]

诗为古人的音书，但秦汉时代之音已经逐渐背离古代，至魏晋以降由于辞赋的发展而转化为韵；后人的声学以汉魏时代的赋和诗所用之音为标准，导致古音衰亡和今音流行的格局。唐代之后诗赋取士，以陆法言的切韵为准，此后宋元之际又有新的变化，导致唐韵衰亡、宋韵流行的局面。顾炎武断言：由于时间的久远而声音讹传，古人之道衰亡已经有两千余年。从这一历史逐层演化的视野出发，顾炎武确立了一种方法论的原则，即以唐人正宋人之失，以古经正沈约和唐人之失，从而逐渐恢复古音之秩序。亭林特别提及声音的变化与制度之间的关系（如唐代以诗赋取士），从而考文知音离不开对社会流动、制度改革与风俗演变的考察。在正音已失、典籍窜改、难寻真谛的局面下，"三代六经……多后人所不能通，以其不能通而辄以今世之音改之，"于是乎有改经之病。[47]从而考证学成为"通经之钥"和"明道之资"的根本途径。魏源云：

---

[46] 顾炎武：《音学五书序》，《音学五书》，页2—3。
[47] 亭林又说："始自唐明皇改《尚书》，而后人往往效之。然犹曰旧为某今改为某，……至于近日，……凡先秦以下之书率臆径改，不复言其旧为某，则古人之音亡而文亦亡。"顾炎武：《亭林文集》卷四《答李子德书》，《顾亭林诗文集》，同前，页69。

第三章 经与史（一）

> 盖自四始之例明而后周公制礼作乐之情得，明乎礼乐而后可以读《雅》、《颂》；自迹熄《诗》亡之谊明而后夫子《春秋》继《诗》之谊章，明乎《春秋》而后可以读《国风》。……礼乐者，治平防乱，自质而之文；《春秋》者，拨乱返治，由文而返质。故《诗》之道，必上明乎礼乐，下明乎《春秋》，而后古圣忧患天下来世之心，不绝于天下。[48]

文与质、礼乐与春秋构成了儒学对变化中的理想政治的理解。这段话虽出自公羊家之口，但也符合清代朴学家们的基本看法。试读戴震《尔雅文字考序》，于此不言自明。[49]考音的目的是通过阐明《诗》所蕴含的风俗、礼乐，通六经之文，恢复古制的真义，以之为经世实践的根据。若在这个意义上理解"格物"之"物"，那么，"物"显然不是一般的自然对象（包括声音），而是礼乐教化本身。礼乐教化与天道自然是完全合一的。

考音体现了一种经学考古学的视野，非独研究《诗经》一经的方法；除了音与文的关系之外，言语与书写的关系也是经典研究中的重要问题。所谓"文章至孔子后始成也"，说明古代以言语（声音）为重，而文字（书写）则在其后，因为言语更接近于"自然"。从经学研究的角度看，人们不能不追问一个问题：既然言语（声音）均以文字的方式流布，那么，言语和文字的内在区别何在呢？《论语》曰："为命，裨谌草创之。"《左传》："子产有辞；仲尼曰：'言之无文，行之不远'"。这是在传播的视野中谈论言对文的依赖。古代经传所记，除了那些书信、檄文之外，其余君臣论政，敌邻聘问，朋友赠对，师弟问答，均为面对面的对话的记录，因此，言在流传过程中对文的依赖并不能抹杀言与文的区别。康有为对此曾有精彩辨析："自六经为文言，此外虽《论语》亦语录耳。庄子曰：'辨士无谈说则不乐。'又曰：'子之言者似辨士。'于是纵横家流，如仪、秦、陈轸牴掌说时主，皆以言语。谈天衍，雕龙奭，

---

[48] 魏源：《诗古微·序》，《魏源集》，北京：中华书局，1976，页120。
[49] 戴震云："夫援《尔雅》以释《诗》、《书》，据《诗》、《书》以证《尔雅》，由是旁及先秦已上，凡古籍之存者，综覈条贯，而又本之六书、音声，确然于故训之原，庶几可与于是学……"《戴东原集》卷三《尔雅文字考序》，《戴震全集》（五），北京：清华大学出版社，1997，页2181。

坐稷下谈者千余人,皆以言语。惠施、公孙龙陈坚白,谕马指,皆以言语。宋钘、墨翟游说人国以言语,今考其辞气,皆可按也。"[50]在这个意义上,诸子百家均为书写下来的言语或口语。在言语转化为文字形式的过程之中,为了适应各种关系和需要,人们在书写过程中添加了许多修饰和变化,以致仅仅根据书写本身并不能了解圣王之本义——言语、声音等与礼乐的关系更为直接,而书写过程中的增饰最易掩盖的恰恰是言语、声音等与礼乐制度之间的这种直接关系。例如,《戴记》、《国语》中所载文词繁复,为后人增饰的结果,只有那些简括的文字仍然保留了言语的特点。因此,理解经典中的文字的含义的必要途径是破除后代的各种文字上的增饰而"知音"。《诗经》是各国诗歌的总汇,其声韵、词汇以及音乐体现了各国风俗的特点,如果不知其音而只按文字来理解,也就无从了解《诗经》蕴含的古代风俗以及孔子删诗所包含的礼乐精义(正音)了。

　　从文字记载方面看,三代之文包含了由礼乐所确定的"定体"和"定名"。定名即在礼乐范畴内加以界定的名分位次,而"言语之定体"则是指按照一定的礼仪规则形成固定的言语格式,例如祝告、加冠、相见、祝贺、盟词、使词等均有一定的格式和修辞,一字不改,天下公行,如后来的帖式之类,这是从远古巫术祭祀的仪式中转化而来的。这些言语的体式至今仍有留存(如在某些书信体中),但后人多误以为文体,不了解对古人来说它们是与仪式、音乐、声调、舞蹈密切相关的语体。如《孝经》:"曾子避席曰:'参不敏,何足以知之?'"《礼记哀公问》:"'寡人固不固,焉得闻此言也?'"《乐记》曰:"乙,贱工也,何足以问所宜?抑诵所闻,而吾子自执焉。"这是辞让而对之体。这些定体因具体情境的流动而有所调整,但基本形式没有变化,从而定体本身保留了"声"、"音"和"乐"的内涵。由于古代言语的地位非常高,从而必须有专门的学问与之配合。《书》:"辞尚体要。"孔子曰:"不学诗,无以言。"换言之,与定名一样,言语之定体也不是人为制造的"体",而是依礼乐而起之"体"。正由于此,我们才

---

[50] 康有为:《教学通义》之《言语第二十九》,《康有为全集》(一),上海:上海古籍出版社,1987,页155。

能理解:"盖古之于言也,礼以定其体,乐以和其气,博依以致其喻,专师以致其精,其行于学者既如此,所以施于民者必不大异。天下同风,无有隔阂之患,无有无用之学,其容貌辞气,其文足观也,其实足既也。言者宣也,上下相宣而无有不治矣。"[51] 在这个意义上,"定体"与"定名"体现的是礼乐的体与名,亦即"博学于文"之"文"。亭林云:

> 周礼大行人之职,九岁属瞽史,谕书名,听声音,所以一道德而同风俗者,又不敢略也。是以诗三百五篇,上自商颂,下逮陈灵,以十五国之远,千数百年之久,而其音未尝有异。帝舜之歌,皋陶之庚,箕子之陈,文王、周公之繫,无弗同者,故三百五篇,古人之音书也。[52]

古代各地方言不同、个人习惯不一,以言语为用的前提是言语依一定的体和名来加以表达,否则对话、劝说和交流均无可能。体和名不仅以礼乐为根据,而且就是从礼乐的实践中产生出来的,从而所谓定体和定名并不排斥表述的多样性(声音、文字等等)。

如前所述,亭林之学以复归礼乐为宗旨,而考文知音构成了复归礼乐的基本途径;又由于历史迁流,礼乐的要义不再是自明的,它必须通过一定的形式才能呈现出来,在这个意义上,考文知音的核心在于理解礼乐真谛与历史变迁之间的关系。例如,从语音和文字的变化来看,如何界定言语之"正"?随着言语定名,士大夫朝夕论学,相互比试文词,争相尚雅,出现了雅俗的分野。孔子曰:"言之无文,行之不远。"又曰:"修辞立其诚。"曾子曰:"出辞气,斯远鄙倍矣。"这里所谓"文"、"修"和"远鄙",都是雅的意思,但对于孔子而言,"立其诚"才是真正的雅。后人以为之、乎、者、矣、焉是文章的助词,而古人以之作为言语的助词,但这些词都经过了修辞处理,与口语中的实际语气是不一样的,因为后者被认为太"俗"了。在这个意义上,修辞的发展常常掩盖了礼乐之定名、定体和"声

---

[51] 同上,页157。
[52] 顾炎武:《音学五书序》,《音学五书》,页2。

音",从而形式上的雅俗分殊并不能构成"正"的标准。孔子所谓"修辞立其诚"将"诚"在构成礼乐关系的过程中的意义和作用突显出来,这与他"以仁释礼"是完全一致的。在这个意义上,我们可以理解为什么顾炎武力图破除后代辞赋和音韵而造成的变乱,力图追究古人的正音的内在动力。

上述辨别雅俗邪正的方式是以一定的政治观为前提的。亭林既不相信秦汉之音,也不相信魏晋之音,对于唐宋时代的音韵同样不能信任。秦汉之音相对统一,而魏晋时代则变化繁多,但两者均不构成"正"的标准。顾炎武力图恢复的是周代的音,亦即包含在《诗经》之中而又经过孔子弦歌而入礼乐之音。我们可以从分与合两个方面来发挥这一音学的潜在的意义。从分的方面看,春秋以降,诸侯鼎立,战国时代,七国纷争;学术上百家争鸣,政治上地域分歧,语言上则是"言语异声,文字异形",拨乱反正的要求应运而生。"分"显然并不代表"正"。孔子以言说为主,但却极为重视"正名",他针对的正是春秋时代礼崩乐坏的分裂局面,用礼乐的概念来概括,他要求的即所谓"刑名从商,爵名从周,散名从诸夏之成俗曲期。"由于礼崩乐坏的形势,所谓"正"不可能指现实存在的具体言语文字的存在,而必须是指能够体现礼乐(亦即"文"的世界)意义的言语和文字。从合的方面说,"正名"、"正音"、拨乱反正之"正"不能够等同于按照一定的政治统治对名、音加以统一化,因为"正"只能在顾炎武之"文"与"礼"的范畴中、在乐以主同而礼以别异的氛围中进行理解。例如,秦、汉以后,言语衰落而文字统一,文章昌盛而体制纷纭,加之字句钩棘,"统一"本身非但没有构成"正"的条件,相反却产生了文与文之间的差异(如诗赋与词曲不同,散文与骈文不同,公牍与书札不同,民间通用文字与士人之文、官中之牍不同)和言与文的分野(如各地方言与书写文字不同,士大夫文与市井文不同,文人文与官吏文也不同)。这种制度性的差异不同于礼以别异、乐以主同的局面,包含了内在的断裂和隔绝。在这个意义上,"书同文"亦不意味着得其"正"。在顾炎武的礼乐论中包含了封建的政治价值,它暗示"正音"、"正名"本身能够包容声音、语言、风俗、习惯的多样性。如果将正音之"正"完全归结于一个中心,则此"正"与"官"便合为一体,从而将封建之一统混同于郡县之一统了。下引康有为的这段话正是郡县一统的政治观在音学上的体现,他把正音等同于官话,把不齐之齐等同于用一个规则统合各种规则,实际上与顾炎武对于"音"的理解正好背道而驰:

> 后儒传学,名归于一,故知方言之书,非治国所宜有也。治者所以治不齐者,而使之齐也。具言达名,施行听受,使天下一齐,则周行九州莫不通晓。譬如今所谓正音,官话也。天下皆依于正音之名,而绝其方言,则莫不通矣。[53]

从对"音"、"方言"的不同理解,我们可以看到亭林与南海的政治/礼乐观的深刻区别:亭林之"正"是礼乐论的,它能够包容、甚至鼓励各种不同的地方性的、风俗性的、习惯性的内容,并从"正"的视野来理解这一杂多性,而南海之"正"是制度论的,它要求取消地方性的、风俗性的、习惯性的内容,并使之从属于一种至高的单一性。在顾炎武看来,礼乐是一种自然的秩序,"声成文,谓之音,夫有文斯有音"中的"文"并不是指文字符号,而是指这一文字符号所体现的宇宙之自然或礼乐之精义。没有这一层意思就说不上"发之为音,而无不协于正"。因此,知音考文的目的是了解蕴含在古代经籍内部的那些定体和定名,它们构成先王政教的内涵,同时也体现了孔子删《诗》《书》、定礼乐的宗旨。考文知音在这个意义上成为经世之学的必要内容。[54]

---

[53] 康有为:《教学通义》,《康有为全集》(一),页156。

[54] 正是由于言语负载的上述功能,言语在古代四科(音乐、语言、政事、文学)中居于政事和文学之上,而音乐又在言语之上。这是一种真正的声音中心主义。为什么乐正教国子言语必本于乐德?原因是古代以能够宣扬德行为言语。如阴饴甥之盟国人,国人皆泣;臧洪登坛读盟词,辞气慷慨,观者感动。"古者遒人以木铎徇于道,官师相规,工执艺事以谏,皆言行也。至于先圣垂训,贤师论道,若《戴记》所载,诸子所记,圣为天口,贤为圣译,则言德行,皆言之可贵也。至于治事,上下相ярь,官民相通,讯讼狱,问疾苦,宣上德,达下情,必言语同声,名号同系,然后能交喻也。若夫敷教读法,苗蛮山谷咸使解悉,言语之用,犹为要矣。"参看康有为《教学通义》,《康有为全集》(一),页157。

3. 经学考证、三代之制与社会思想

有关顾炎武的社会思想,许多学者作了详细的、富于创见的研究。我在此不再一一重复。我的问题是:如果把这些思想放在"政治思想"或通常所谓"制度论"的范畴中,又怎么能够解释他的"物"、"礼"和"文"的观念呢? 政治、经济思想对于功利关系的检讨如何能够被纳入道德的范畴内部呢?《日知录》上篇经术,中篇治道,下篇博闻,共三十余卷,在因原竟委、考证得失的过程中,处处流露经世致用的苦心。他的门人称之为:"综贯百家,上下千载,详考其得失之故,而断之于心,笔之于书,朝章国典民风土俗,元元本本,无不洞悉,其术足以匡时,其言足以救世,是谓通儒之学。"[55]《日知录集释》的作者黄汝成更是看到了考证方式与礼制的内在关系:

> 其言经史,微文大义,良法善政,务推礼乐德刑之本,以达质文否泰之迁嬗,错综其理,会通其旨。至于赋税、田亩、职官、选举、钱币、权量、水利、河渠、漕运、盐铁、人材、军旅,凡关家国之制,皆洞悉其所由盛衰利弊,而慨然著其化裁通变之道……[56]

亭林之学的各项内容服从于"务推礼乐德刑之本,以达质文否泰之迁嬗"的宗旨,因而政治、经济、军事和道德的历史变迁必须置于礼乐德刑的背景中才能获得理解。这也是理解他所谓"行己有耻,博学于文"的关键:道德实践不是单纯的道德行为,而是所有的日常生活实践,因为并不存在超越于土地、税法、官职、选举、风俗和政治制度的道德实践,也不存在远离日常生活实践的经世之大业。顾炎武在"文"与"礼"的框架内详考各

---

[55] 潘耒:《日知录·原序》,见《日知录集释(外七种)》,上,页23。
[56] 黄汝成:《"日知录"叙录》,见顾炎武著、黄汝成集释:《日知录集释(外七种)》,上,页7—8。

种礼仪、制度、文物、典章、风俗及其演变,揭示了一个社会得以构成、运动以及运动的指向的实质性的解释。这一方式本身至今不失为一种重要的启示:现代社会理论家们一直在寻找一种实质性的社会理论的可能性,但他们的所有努力——包括对于历史性的发现——都不足以使他们达到这一目标。社会理论始终局限于一种规范式的理论方式之中。

顾炎武在经学的范畴内讨论各种政治和社会问题,这一学术形式不能简单地被看作是"复古的外衣"。没有经学的形式,就不能理解为什么君主论、田制论、清议论、郡县论、保举论、生员论、钱粮论等等能够被理解为礼或文的范畴,为什么他对这些具体的政治、经济和社会问题的考证不是对于一般的事实的研究,而是关于"物"(规范、仪则和礼制)的探讨。理论形式的转变是一种世界观转变的后果,而把理论形式仅仅看作是"外衣"就不能理解世界观转变的真正意义。在我看来,不这样提出问题,就不能理解顾炎武的总体的理论构思,以及他的理论形式发生转化的内在的原因。在这个意义上,我们需要追问:当他逐条分析政治、经济、军事、治学、山川、风俗、疾苦、利病、人伦关系等具体知识时,是否存在内在的结构呢?

顾炎武以考证的方式逐条分析各项事务,他的著作没有表面看来的那种完整结构。这为有些学者将亭林思想放在经济、政治和教育的范畴中分析提供了方便,却同时让他们忘却了这些思想方面是以一种礼制的完整构想相互关联在一起的。阮元说,"世之推亭林者以为经济胜于经史",是把经史与经济分作两截来说,没有挑明亭林之经世之学与经史之学的内在关系。近世学者更越过这层关系,断言亭林好像一位公法学者,"凡公法学上的问题,国家组织、行政系统、公权行使和民意机关,都有一番'援古筹今'的计划。……他对于君主的解释也相当于近代的虚君思想。他主张人民应有公权……"[57] 顾炎武确乎是一位社会思想家,但这些社会思想必须置于礼制的结构中才能得到真正的理解,否则他就不属于他的时代,也说不上是一位大儒。我们以新制度论名梨洲之学而以经

---

[57] 侯外庐:《中国思想通史》第5卷,页243,245。

学或新礼乐论名亭林之学者以此。上面的说法是否有些武断呢？

我们不妨从顾炎武与黄宗羲的异同说起。顾氏接读《明夷待访录》之后致信黄宗羲，在表达钦佩之情的同时，说自己的研究同于《待访录》者"十之六七"。仔细观察，《日知录》及他的其他著作均围绕着"复起百王之敝，徐还三代之盛"的宗旨，逐条考据的形式掩盖不了内在的礼制结构：三代礼制的基本原则是考虑现实问题和制度改革的基本原则和内在架构。[58] 换言之，正如《明夷待访录》一样，三代之礼制——尤其是井田、封建、学校——构成了亭林之学的内在结构，他对于田制和赋税、郡县与封建、选举和官制的讨论必须被纳入这个结构才能完全把握。例如顾炎武倡导清议、反对科举、主张选举，与北宋诸儒以三代之制对抗科举略为仿佛。"取士之制，其荐之也，略用古人乡举里选之意。"[59] 他引用司马光为相时关于选举的若干标准，反复论述"明主劳于求贤而逸于任人"的道理："善乎子夏之告樊迟也，曰：舜有天下，选于众，举皋陶，不仁者远矣。汤有天下，选于众，举伊尹，不仁者远矣。"[60]

但是，较之黄宗羲的制度论，顾炎武更为注重制度、风俗、学风的渊源流变，他的逐条考证的方法包含着一种对于道德实践与具体情境的关系的理解，而不单单把实践与制度关联起来。如果说黄宗羲的制度论带有一种明显的理想模型的色彩，注重一个社会的内部的结构和机制，那么，顾炎武则更注重风俗和制度的演变。他对田制与税法、郡县与封建、选举与官制的主张无不渗透着一种变与不变的辩证法，绝非泥古不化的礼制论。这种有关"变"的辩证法不是否定圣王之制的意义，而是要求把圣王之制看作是一种适应时代变迁的制度，反对将之视为僵死的教条。例如，他的《生员论》及《生员额数》等文对于科举培养的生员深加指斥，列举乱政、困民、结门户、坏人材四大弊端，认为"废天下之生员而官府之政清，

---

[58] 亭林说明自己致力于"圣贤《六经》之指、国家治乱之原、生民根本之计"探究，目的与梨洲一样都在"复起百王之敝"、"徐还三代之盛"。引自黄宗羲《思旧录·顾炎武》，《黄宗羲全集》第一册，页390—391。

[59] 顾炎武：《亭林文集》卷一《郡县论》九，《顾亭林诗文集》，同前，页17。

[60] 顾炎武：《日知录》卷九《保举》，《日知录集释（外七种）》，上，页692。

废天下之生员而百姓之困苏,废天下之生员而门户之习除,废天下之生员而用世之材出。"[61]但他并不立刻要求尽废生员,而是另外寻找补救的方法,如重建推荐之法另辟出身之路,开人材之路;在生员之外另立"保身家"之爵,听民得买,以使士流不杂;改良科举,限制名额,讲求实学,保证生员不滥,等等。[62]因此,在古今流变的关系中,他反对简单地"借古":

> 以今日之地为不古,而借古地名;以今日之官为不古,而借古官名;舍今日恒用之字而借古字之通用者,皆文人所以自盖其俚浅也……官职郡邑之建置,代有沿革,今必用前代名号而称之,后将何所考焉? 此所谓于理无取,而事复有碍者也。[63]

地名、官职、郡邑的建置是不断变化的,从而固守旧章说不上对"理"的尊重,更有碍于事物本身的发展。察乎时变并不是对经书的背叛,《春秋》不正寓含着时事变迁之意吗? 清朝是一个新的、不同于明朝的帝国,它的疆域、官制和政治架构有着与前朝极为不同的设置。[64]把顾炎武的这段话放在清代初期的历史语境中,我们可以触摸到他对新的制度、疆域和官职的宽

---

[61] 顾炎武:《亭林文集》一《生员论》中,《顾亭林诗文集》,页22。
[62] 萧公权论及亭林之生员论时比较亭林与梨洲的异同之处,我觉得应予注意。"梨洲重视士人,欲令天下政事之是非,决于京师郡县学校之公论。今亭林痛斥生员而欲加以缩减废除。其主张不啻与梨洲背道而驰。然而……梨洲所欲倚为天下正论之机关者非寻常场屋中之生员,而为曾经改革之学校。亭林所斥责者乃乱政败俗之生员,而非士大夫之清言正议。一注目于理想中学校之功用,一致意于事实上生员之缺点。非两家对于士大夫在政治上之地位,有根本不同之见解也。"(见氏著《中国政治思想史》(二),沈阳:辽宁教育出版社,1998,页576—577。)但是,梨洲、亭林在政治见解上的一致性不足以说明他们在理论方式上的差异。梨洲之"学校"和他的整个制度论是按照理想的方式建构起来的,从学术渊源而言,更接近于阳明所谓"学校"。而亭林则注重历史的流变,关心如何通过具体的办法、包括补偏救弊的办法,改良现实的状况。他的理想是通过对现实的直接针砭而呈现的,而在实践上又往往考虑因俗而治。
[63] 顾炎武:《日知录》卷十九《文人求古之病》,《日知录集释(外七种)》,中,页1469—1470。
[64] 关于清代官职的设立,参见 Charles Hucker, *A Dictionary of Official Titles in Imperial China* (Stanford: Stanford University Press, 1985)。

容态度。在这里,"民族思想",尤其是汉民族思想,无法概括他对历史变化的理解。这段话含蓄地表达了一种与新的政治现实之间的对话关系。

黄宗羲关注制度的功用和价值,以考证古制精义为目的的亭林之学更为关注实践的情境。顾炎武内心里反对科举、主张选举,但审时度势,仍然建议"用辟举之法,而并存生儒之制"。[65]他把国势衰微归咎于"'小雅'废而中国微,风俗衰而叛乱作矣",颇有怀古的味道,但其实并不贬低后世的有效实践。《日知录》卷十三《两汉风俗》条就是例证:他对东汉之清议颇为推崇,认为"三代以下风俗之美,无尚于东京者。"[66]学风也是风俗的一部分,因而也离不开"变"的观点。顾炎武论学曰:"经学自有源流,自汉而六朝,而唐,而宋,必一一考究,而后及于近儒之所著,然后可以知其异同离合之指。"[67]学有源流,制度又怎能不如此呢?"法不变不可以救今。已居不得不变之势,而犹讳其变之实而姑守其不变之名,必至于大弊。"[68]他的《钱粮论》虽然还打着"先王之制,赋必取其地之所有"的旗号,但具体的征税办法却非古制所能范围。顾炎武一面批评都市与货币,另一面又主张较为自由的经济关系和私有恒产,以致有人说他的经济政策的要点是农业再生产。这哪里还有一点井田之制的味道呢?

顾炎武对于郡县与封建的观点最为知名,他以三代之追慕者而赞成郡县,在制度论的层面明显地带有"混合制度"的特点。"中国"的观念与封建礼仪关系中的内外之别紧密相关,从而郡县体制的形成本身就是对

---

[65] 顾炎武:《亭林文集》卷一《生员论》下,《顾亭林诗文集》,页24。
[66] 顾炎武:《日知录》卷十三《两汉风俗》,《日知录集释(外七种)》,上,页1009。《两汉风俗》条贬斥魏晋,崇仰东汉,实质是排斥玄学,推尊经学。亭林因此说:"汉自孝武表章六经之后,师儒虽盛而大义未明,故新莽居摄,颂德献符遍于天下,光武有鉴于此,故尊崇节义,敦厉名实,所举用者莫非经明行修之人,而风俗为之一变。至其末,朝政昏浊,国事日非,而党锢之流,独行之辈,依仁蹈义,舍命不渝,风雨如晦,鸡鸣不已,三代以下,风俗之淳美,无尚于东京者。……至正始之际,而一二浮诞之徒,骋其智识,蔑周、孔之书,习老、庄之教,风俗又为之一变。夫以经术之治,节义之防,光武、明、章数世为之而未足,毁方败常之俗,孟德一人变之而有余,后之人君,将树之风声,纳之轨物,以善俗而作人。不可不察乎此矣。"
[67] 顾炎武:《亭林文集》卷四《与人书》四,《顾亭林诗文集》,页91。
[68] 顾炎武:《亭林文集》卷六《军制论》,《顾亭林诗文集》,页122。

"中国"的再定义。顾炎武的"封建/郡县混合论"不是产生于对于某种理想制度的形式的考虑,而是产生于他对时代变迁的敏感和对传统、风俗的重视。他的历史视野极为开阔:上至三代,下迄当朝,详考九州风俗,远眺外国风俗,并断言"历九州之风俗,考前代之史书,中国之不如外国者有之矣。"通过将"外国风俗"引入经学考察的视野,顾炎武显然正在超越宋学重夷夏之辨的传统,从而实质性地扩展他的"中国"视野。在儒学的视野中,内外之别是礼乐得以成立的前提,而文野之辨则是"中国"范畴得以确立的前提。因此,承认"中国之不如外国者有之"不但意味着打破内外的严格分野,而且也动摇了文野之别的确定界限。这是清代中期"夷夏相对化"、"内外无别论"的先声。顾炎武引《辽史》,称赞契丹"不见纷华异物而迁"的风俗;引《金史》,说明满洲旧俗"祭天地,敬亲戚,尊耆老,接宾客,信朋友,礼意款曲,皆出自然";引《邵氏闻见录》,表彰"回纥风俗淳厚,君臣之等不甚异,故众志专一,劲健无敌";引《史记》,称道匈奴之轻刑狱、敏于事。对于外国风俗的征引均是对"中国"风俗颓败的批判,也从另一侧面说明清朝的礼仪制度虽然大量地继承了儒学传统和中国之制,但也包含了其他民族的价值和体制。通过对契丹风俗之素朴、满洲礼仪之自然、回纥习俗之平等专一、匈奴制度之自由敏捷,顾炎武展示了对于风俗、制度的正面的、具体的看法。[69]

寓封建于郡县之中的制度构想显然考虑到了历史的演变和各地风俗的差异。这种强烈的变化的意识与疆域、风俗和制度的视野构成了一种内在的关联,与其说这是一种简单的族群思想,毋宁说是对新的超越汉民族观念的帝国体制的思想回应。满洲统一蒙古,入主中原,建立了规模浩大的多民族帝国。面对复杂的内外关系,清王朝因俗施政,针对内地、蒙古、西藏和西南等地区的不同的族群、风俗、政治—法律传统及其他方面的差异,不断调整政策,形成了以中央王权为中心的、以法律和制度的多元主义为特点的帝国体制。清朝帝国在内地实行郡县体制,但在西北和西南则实行了多样化的制度形式,带有鲜明的封建色彩。这一政治现实

---

[69] 顾炎武:《日知录》卷二十九《外国风俗》条,《日知录(外七种)》,中,页2175。

反过来对于中央权力结构产生了重大影响,如理藩院就是清代独特的治边机构。帝国扩张过程从统治的需要内部提出了封建的必要性,满蒙八旗、西南土司、和藩/朝贡/回赐制度与中央/行省体制相并存。顾炎武在《日知录》中所考察的"外国"拥有了王朝体制内的自治权力,它们以特定的、多样的政治形式隶属于中央王朝的政治架构内,其统治模式和臣属关系不但与汉族地区的行省制度有极大差别,而且相互之间也并不一样。"封建"在这里表达的是在与中央王朝关系中的自治形式。作为遗民,亭林没有明确地发表对于清朝帝国及其内外政策的看法,但他如此重视历史流变和内外风俗的差异,反对因循旧制和命名,很难设想他的用夏变夷的主张与正在发生的历史变化无关。

上述关于天下与国的范畴的明确区分表明,顾炎武不是那种单纯以族群认同作为政治和文化的唯一资源的狭隘儒生,但也不能认同于现实的政治体制。因此,天下观念及其内含的礼乐秩序构成了与强制性的、外在性的政治体制的对立。亭林看到了郡县的弊端,但并不赞成僵固地采用封建之制,而是要求把封建的精神注入到郡县制度之中,从而以一种独特"混合"方式把古制精义与历史情境联系起来。他说:

> 封建之废非一日之故也,虽圣人起,亦将变而为郡县。方今郡县之敝已极,而无圣人出焉,尚一一仍其故事。此民生之所以日贫,中国之所以日弱而益趋于乱也。[70]
>
> ……知封建之所以变而为郡县,则知郡县之敝而将复变。然则将复变而为封建乎?曰不能。有圣人起,寓封建之意于郡县之中,而天下治矣。……封建之失,其专在下;郡县之失,其专在上。[71]

顾炎武没有采用理学家的那种对于封建的理想化的看法,他对封建的态度是一种注重演变和情境的历史的态度。从政治制度的具体作用来衡

---

[70] 顾炎武:《亭林文集》卷六《郡县论》一,《顾亭林诗文集》,页12。
[71] 同上。

量,顾炎武认为封建、郡县各有利弊,只有因势利导,权衡得失,才能形成一套有效的体制。因此,应该创造一种高度自治但并非分裂的政治制度,既保持中央权力的统一,又保存地方权力的自主。这一构想在理论上接近于郭象的那种皇权与大族的"共治状态",但具体的历史内容绝不相同,因为顾炎武对贵族制度并无好感。他在郡县制度和士绅—地主土地制度的前提之下理解地方自治,要求的是一种反贵族制的经济关系。从《日知录》九《封驳》条可知,顾炎武认为士族若能在承平之时不受天子之专制,那么,丧乱之际,他们就能够承担护卫天子和天下的重担。"混合制度"的构想或多或少接近于共和制的政治制度,其核心是以分权为基础(如以县制县、以乡制乡、以保制甲等等)维持天下的共治。

寓"封建"的精神于郡县体制之中的关键是必须以"保民"为政治体制的宗旨。圣人之治以"人道"为起点,包含了变与不变两个方面:制度、典章和礼仪都必须随着"民"的变化而变化,但三代所奠定的礼的精神却是变迁之中的永恒法则。所谓"保民"即需要按照历史的变迁来体现礼乐的基本精神与原则。顾炎武说:

> 圣人南面而治天下,必自人道始矣。立权度量,考文章,改正朔,易服色,殊徽号,异器械,别衣服,此其所得与民变革者也。其不可得变革者,则有矣。亲亲也,尊尊也,长长也,男女有别,此其不可得与民变革者也。自春秋之并为七国,七国之并为秦而大变先王之礼。然其所以辨上下,别亲疏,决嫌疑,定是非,则固未尝有异乎三王也。……自古帝王相传之统至秦而大变。然而秦之所以亡,汉之所以兴,则亦不待谶纬而识之矣。不仁而得天下,未之有也,此百世可知者也。保民而王,莫之能御也,此百世可知者也。[72]

制度因革是在"保民"的前提下顺应历史变化的结果。那么,"保民"的内含又包括哪些方面呢?这可以从民和君两个方面来说。从民的方面看,

---

[72] 顾炎武:《日知录》卷七《子张问十世》条,《日知录集释(外七种)》,上,页528。

"保民"即保护"天下之私":"天下之人各怀其家,各私其子,其常情也。为天子为百姓之心,必不如其自为。……圣人者,因而用之,用天下之私,以成一人之公而天下治。"[73]换言之,顾炎武认为封建/郡县的混合关系首先体现为尊重"民"的私人权利,并在这种"民"的私人权利之上建立"公"的合法性。从君的方面看,"保民"要求一种分权的政治形式:"所谓天子者,执天下之大权者也。其执大权奈何?以天下之权寄之天下之人,而权乃归之天子。自公卿大夫至于百姓之宰、一命之官,莫不分天子之权,以各治其事,而天子之权乃益尊。后世有不善治者出焉,尽天下一切之权而收之在上,而万几之广,固非一人之所能操也。"[74]这两个方面合起来就是在郡县制内部寓含封建之意,即在政治组织形式上把宗法组织与县令单位制结合起来,[75]前者保证基层社会的自治,后者则是郡县制国家的政治形式。在这两重关系中被否定掉的不仅是门阀贵族制度和诸侯封建的政治格局,而且也是皇帝一人专制的格局。权力在这里被理解为一种基于普遍"大众"的权力。

在经世致用的动力之下,亭林把经学考证运用于当世的实践与判断,从而不得不在相当大的程度上把经典相对化。经学和新制度论是理学脱魅的结果,但这一过程是通过将经典神圣化才达到的。在经学的范畴内,三代之治与历代名物、典章、制度以及风俗成为道德的根源,因而考证学的任务是追究先王精义,恢复道德实践与礼乐风俗的同一关系。然而,当顾炎武在经学的形式里为当世实践提供对策的时候,经典的意义就不可避免地相对化了。如果说经学把天道、天理落实于具体的制度和礼乐,从而导致了理学的脱魅,那么,在用世的实践中(作为一种对策论的时候),经学自身也面临着脱魅。

---

[73] 顾炎武:《亭林文集》卷一《郡县论》五,《顾亭林诗文集》,页14。
[74] 顾炎武:《日知录》卷九《守令》,《日知录集释(外七种)》,上,页718。
[75] 用侯外庐的话说,"他主张的县令单位制和他拥护的宗法组织是相关联的。这颇像魁奈的'经济表'(重农学派的经济理论)把资本的流通放在封建农村的框子里去发挥,其内容是市民的要求。炎武则把地方自治的理想放在过时的宗法组织框子里去发挥。……"侯外庐:《中国思想通史》,第5卷,页243。

第二节　经学之转变

1. 经学考证与经学之脱魅

亭林之学以礼制论为内在的结构，又以考证方法和"变"的观点为观察经史的基本方法。这一方法论原则是对理学的义理观的批判，构成了清代汉学的基本前提。戴震在总结惠栋学术时说：

> 言者辄曰：有汉儒经学，有宋儒经学，一主于故训，一主于理义。此诚震之大不解也者。夫所谓理义，苟可以舍经而空凭胸臆，将人人凿空得之，奚有于经学之云乎哉？……故训明则古经明，古经明则贤人圣人之理义明，而我心之所同然者乃因之而明。贤人圣人之理义非它，存乎典章制度者是也。松崖先生之为经也，欲学者事于汉经师之故训，以博稽三古典章制度，由是推求理义，确有据依。[76]

在这里，黄宗羲、顾炎武的预设与戴震的看法之间存在着明显的连续性，他们都强调义理、制度与六经之间的相互依存关系。但在这种连续性的表象下也存在微妙的差别：新制度论及亭林之学完全以制度作为实践的根据，而戴震的观点则具有更为强烈的方法论意识，他反复说明的是理义离不开对于经书及其体现的典章制度的训诂考证。戴震是乾嘉学者中的特殊人物，他重视训诂考证，但又不满于单纯的训诂考证，而强调理义与

---

[76] 戴震：《戴东原集》卷十一《题惠定宇先生授经图》，《戴震全集》（五），页2614—2615。一般认为，戴震此文是在他的学术第二期即乾隆丁丑游扬州晤惠栋之后的文字，更能体现考据学的宗旨。

故训之间的内在联系。从顾、黄之学到乾嘉学术,方法论日益精密,经学自身正在成为一套专门化的知识,它与现实之间的紧张关系日益消失。我想探讨的是:经学自身的转变究竟是在怎样的条件下出现的呢?

对于这一问题,学术史家的回答分为两个方面。较早的看法可以梁启超为代表,他把乾嘉学术及其与现实的关系看成是清代文字狱的结果,认为有清一代的异族统治压抑了清代儒者的思想能力,在学术专业化的氛围中,考证学得以大规模地发展。后起的看法则以余英时为代表,他强调明清学术思想的转向不能用外在的压力来简单地给予解释,这一转向存在着一种内在的理路。我在这里不能一一分析他们的论证,而只想指出如下事实:考证学兴起的时代并不那么单纯。例如颜李之学的兴盛与阎若璩等人的崛起同在一个时代,我们怎能用一个简单的外在条件就把这些复杂的现象概括了呢?在进一步分析清代社会的政治经济条件与经学的关系之前,让我首先从经学的方法论内部来观察这样一些问题:经学的内在结构与它的方法之间是否存在相互解构的关系?考证的方法会不会改变经学得以确立的基本前提?经学之格物会不会转变为对于某种古代事实的研究,而不再具有道德实践及其规范的含义?

首先,顾炎武倡导的经学的内在结构是"礼"与"文",这两个概念把人、制度、礼仪、风俗和宇宙百物编织在一个复杂而变动的网络里,实际上是要通过礼乐文化沟通天人关系,从而为社会及其成员的实践提供内在于日常礼仪实践的道德目标。考文知音的目的在于为道德实践提供客观条件,即把道德实践与"礼"和"文"的世界密切地关联起来,而不是仅仅从主体心性的角度谈论道德行为和道德判断。在这个意义上,经学考证的对象之"物"不是一件事实,而是道德的规范,但这个规范不是抽象的教条,而是依存于"文"与"礼"的世界。道德的规范内在于风俗、礼乐和认知的行为,却外在于现实的、占据统治地位的制度。"文"和"礼"内在于世界本身,但同时却是一种应然的秩序。因此,"博学于文"不仅是一种知识实践,而且还是一种道德实践,因为这一实践建立在对于现实政治合法性的完全拒绝之上。

然而,考证方法必须预设一种最终正确或真实的存在为前提,从而处处以客观的精神和严密的论证相标榜。无论经学的目的如何,在考证过程中,作为礼制风俗之"物"必须被看作是一种真实的存在或客观的事实,从而"物"概念正在从规范义向事实义蜕变。在这个意义上,经世致用之目的、礼制秩序之内在结构、考文知音之基本手段之间存在着内在的困难和相互矛盾。梁启超曾经举出阎若璩的《潜丘札记》、王引之的《经传释词》、《经义述闻》、陈澧的《东塾读书记》与顾炎武的研究相比较,认为这些经学著作与《日知录》没有可比之处。他的判断标准是亭林著作各条多相衔接,含有意义,而这些经学著作多为随手札记,性质属于原料或粗制品。[77]但这样的说法是相当粗陋的,因为乾嘉学者与顾炎武的区别并不在考证之精密程度和连贯性上。在许多乾嘉学者那里,经学不再具有顾炎武所谓"理学"("理学,经学也")的道德冲动,他们所考的对象虽然还是三代之制(吴派)或名物典章制度(皖派),但考证方法所预设的研究对象——"物"——的性质已经发生了变化。它不是顾炎武、黄宗羲意义上的"物",而是具体的事实——即使这些事实是礼仪、规则或规范。在朴学和史学的视野中,礼仪、规范以及某些儒学的教条都是特定历史情境中出现的"事实",而不是一套普遍的价值。"物"与"事实"的这一区分只有着眼于基本的理论动机才能被理解,从一般方法论的角度是不可能得出这一结论的。按照上文的分析,这一作为"事实"范畴的"物"其实内在于考证方法本身,也内在于黄宗羲与顾炎武的基本学术方式。这表明经学考证方法本身包含着对于礼乐论或制度论的内在结构的解构。

其次,顾炎武把古代典制的意义用于经世的实践,作为"理学"的经学不免带有一些对策论的意义。"变"的历史观来自用世的动机,它包含着对圣王典制的神圣性的破坏。对他而言,"变"包含了两重观点:一方面历史迁流,圣王典制的真义逐渐淹没,经世之学必须越过历史的重重厚障,发掘经典的真义;另一方面,圣王典制的真义并不是一种不变的本质,它存在于特定的历史风俗及其流变之中,因此,经世之学并不以在文字上考出经典的古义为满足,还需要观察历史过程中风俗的演变。前一方面

---

[77] 梁启超:《中国近三百年学术史》,《梁启超论清学史二种》,页162。

为经学之源,后一方面为史学之源。在这个意义上,经学与史学的关系无法截然区分:经学用怀古的方式揭示后世衰败的原因并暗示正确的方向,史学则用面向当世和未来的方式消解圣王典制的绝对权威和儒学的教条主义。这一重视实际效果的方法论势必改变经学追究经典之真义和典制之精微的表面目的,最终导致经典和制度的相对化。

总之,考证方法与"变"的历史观都隐含着"经"之"脱魅"的可能性。从理论的形态上看,这一"脱魅"的过程即经学从一种新礼乐论向历史学的转变。黄宗羲的弟子万斯同论及史学的方法,径直以"实录为指归":

> 盖实录者,直载其事与言,而无所增饰者也。因其世以考其事,核其言而平心察之,则其人之本末十得其八九矣。……凡实录之难详者,吾以它书证之,它书之诬且滥者,吾以所得于实录者裁之,虽不敢谓具可信,而是非之枉于人者鲜矣![78]

"实录"的效果来自"直载其事"的实证方法,而"因其世以考其事"则源于经学的"变"的观点。如果说考证的方法和"变"的历史观均以恢复圣王典制以用于当世为目的,那么汉学实践的结果却是把古代还给古代。章学诚在理论上为这种"实录"找到了一点理论的根据,他说:"三代学术,知有史而不知有经,切人事也;后人贵经术,以其即三代之史耳。近儒谈经,似于人事之外,别有所谓义理矣。浙东之学言性命者必究于史,此其所以卓也。"[79]三代的意义仍在,但已经是史学的对象,这比顾炎武的"变"的观点更为激进,有些接近于法家所谓"五帝不相复,三代不相袭,各以其治,时变异也"的历史观了。章太炎后来总结说:

> 抑自周孔以逮今兹,载祀数千,政俗迭变,凡诸法式,岂可施于輓

---

[78] 转引自钱大昕:《潜研堂文集》卷三十八《万先生斯同传》,上海:上海古籍出版社,1989,页682。
[79] 章学诚:《文史通义》内篇二《浙东学术》,《章学诚遗书》,页15。

> 近？故说经者，所以存古，非以是适今也。先人手泽，贻之子孙，虽污垢佇劣者，犹见宝贵，若曰尽善，则非也。《礼经》一十七篇，守之贵族，不下庶人，皇汉迄今，政在专制，当代不行之礼，于今无用之仪，而欲肆之郡国，渐及乡遂，何异宁人欲变今时之语，返诸三代古音乎？《毛诗》、《春秋》、《论语》、荀卿之录，经纪人伦，平章百姓，训辞深厚，宜为典常。然人事百端，变易未艾，或非或韪，积久渐明，岂可定一尊于先圣？……故知通经致用，特汉儒所以干禄，过崇前圣，推为万能，则适为桎梏矣。[80]

以变的观点打破经典的教条主义，这本是亭林旧旨。但是，太炎看到的是圣王典制对于今人的束缚，而顾炎武关心的是如果没有一种典制的形式，道德实践即无所依傍。我们不禁要问：当三代典制仅仅是史学的对象而不再具有规范的意义时，如何解决道德评价的问题呢？晚清时代，太炎以一经师而倡导建立宗教解决道德问题，从亭林之学的视野来看，实在超出想像的范围：难道我们需要在经学之外、在礼乐刑政之外别立一个特定的领域（宗教）来管理、协调和维持我们的道德吗？我认为诉诸宗教这一现象本身正是经学脱魅的结果——经学已经不再能够成为道德的客观根据，因而建立宗教才会作为一种道德的诉求提上议事日程。从清初到清末，即使对于经师们而言，圣王典制与道德评价的关系也已经发生了根本性的变化，其间经与史、经与理以及经学不同派别的错综关系发挥了重要作用。

2. "治道合一"与经学的困境

经学的转变有其方法论上的根据，但也离不开政治条件，特别是人们对于这些政治条件所作的反应。黄、顾以新制度论或新礼乐论对抗理学或心学的道德论证方式，力图恢复道德实践与礼乐制度的内在关联。以

---

[80] 章太炎：《与人论朴学报书》，《太炎文录初编》，《文录》卷二，《章太炎全集》（四），页153—154。

礼制作为学术的内在结构可能包含两种截然相反的结果:第一,在否定现实制度的前提下,为道德实践和道德评价提供制度和礼乐的根据;第二,在肯定现实制度的前提下,把制度本身视为道德的制度,从而以道德评价与制度的同一关系为现实政治提供合法性论证。当然也还有第三种结果,就是对现实制度既肯定又否定,从而在学术方式上陷入礼制论与反礼制论的纠缠。换言之,新制度论或新礼乐论的批判性前提是它与现存制度的紧张关系,一旦这种紧张关系消失或缓解,制度论或礼乐论就会转而成为现实制度的合法性论证。这里所谓"紧张关系消失或缓解"包含两层意思:经学学者与现实制度的紧张关系的缓解;现实制度的变革包容了新制度论或新礼乐论的内容,从而消解了它们的批判前提。让我们来看看是否存在着这种可能性。

清朝为一少数民族政权,又是一个多民族帝国。这一帝国带有少数民族贵族统治的明确特点,但同时又不得不把帝国的专制控制与文化上的宽容和制度上的灵活性结合起来。为了维系王朝统治,清政府重建儒学正统,以文化而不是种族作为王朝统治的合法性基础。这是在少数民族贵族统治之下形成的多元民族的帝国体制,它不同于宋明时代带有某种准民族国家性质的郡县制国家。在晚清时代,体制内的改革派用文化的同一性对抗种族的民族主义,他们的某些依据就埋藏在清朝帝国的上述特点之中。作为一个征服王朝,清朝必须将自己合法化为"中国"王朝,而要做到这一点,它必须在制度上和文化上重构自己的历史关系。康熙在这方面的贡献最为显著,他废除满洲法律,承继明朝制度,恢复科举,使用汉文,汲取明末士大夫对于明朝历史的反省和总结,促进土地和其他制度的改革,并在儒学的指导下,将治统与道统的合一作为自己的政治理想和治国方针。康熙初登大位时,弘文院侍读熊赐履上书言政,要求皇上考六经之文,鉴历代之迹,体诸身心,以之为敷政出治之本。康熙深以为然,认为"帝王之学以明理为先,格物致知,必资讲论",特别希望把义理讲章印证于经史精义。[81]他大肆扩张孔庙仪礼,论四书云:"道统在是,

---

[81]《东华录》,台北:文海出版社,影印本,康熙朝,卷四,页9。

治统亦在是",决心集文治武工于一身。康熙于九年(1670)十一月举行经筵大典,三年(1673)之后,他又将翰林院讲官们的隔日进讲改为每日一讲。在实施有效的经济政治改革的同时,康熙于十七年(1678)诏开"博学鸿词科",广揽天下学子。至于朱子升祀殿上,程朱之学极盛一时,诏修《明史》自承统序,安抚遗民,更是成功的文化政策。

康熙时代的朱学复兴与明亡以来士大夫对王学的反省相呼应,在朝有熊赐履、李光地、张伯行、于成龙、陆陇其、杨名时、朱轼等人,在野有陆世仪、张履祥、吕留良、朱用纯诸儒。在野在朝的分别自然会影响学术的思想倾向和政治观点,但有清一代程朱思潮遍及朝野却是清楚的事实,他们的共同特点是排斥明儒之空说心性,而把经世致用作为理学的目标。[82] 熊赐履与康熙探讨治道、仁政和解除民瘼的办法。李光地不仅精于理学,而且也参与政事。康熙二十二年福建水师提督施琅攻克澎湖、统一台湾,而建议任命施琅、攻克台湾的就是李光地。李绂为出名的诤臣,他对康熙极为崇仰,说出了"功德至隆,咸五帝,登三皇"这样的颂词,这类看法也同时出自魏象枢、陈廷敬等名臣之口。黄宗羲为反清大儒,但在晚年(1686)却感叹"古今儒者遭遇之隆,盖未有两;五百年名世,于今见之。"[83] 与倡导朱学相匹配,康乾时代"上方崇奖实学,命大臣举经术之儒",[84] 先后有《图书集成》和《四库全书》之编撰。这些举措最初来自康熙本人

---

[82] 陆宝千说:"清代朱学虽由于圣祖之提倡,成为学术之重心,称盛一时。然在朝人士但以抨击王学为尊朱之表现,门户之见甚深而朱学之理论水准不高……"与此相较,"康熙时代民间之朱学,大体与'王学化'之朱学,即彼等心目中之朱学,乃自'王学透镜'中所见之朱学,非朱学之真也。"参见陆宝千著《清代思想史》第三章《康熙时代之朱学》,台北:广文书局,1983,页119—158。

[83] 黄宗羲:《与徐乾学书》,《黄宗羲南雷杂著稿真迹》,杭州:浙江古籍出版社,1987,页278。相关论述参见黄进兴:《清初政权意识形态之探究:政治化的"道统观"》,见《优入圣域:权力、信仰与正当性》,台北:允晨文化实业股份有限公司,1994,页91—96。黄氏著作对有清一代之治教合一作了详细的考察,除了我在这里引用的文章外,与此问题直接相关的还有《权力与信仰:孔庙祭祀制度的形成》、《学术与信仰:论孔庙从祀制与儒家道统意识》及《孔庙的解构与重组:转化传统文化所衍生的困境》等篇,均见同上书。关于雍正、乾隆时代之"文治",黄著亦有详细讨论,这里不再重复。

[84] 戴震:《戴东原集》卷十二《江慎修先生事略状》,《戴震全集》(五),页2608。

对于经史之学的认识,他说:"治天下之道莫详于经,治天下之事莫备于史","经以明道,史以徵事,二者相为表里而后郅隆可期。"[85]

康熙、乾隆都曾御纂经学著作,其中康熙所纂多为李光地代笔。李光地(字晋卿,号厚庵,福建安溪人,1642—1718)扬朱抑王,撰有性理论著不下五十数种之多。作为御用经学的撰述人,李氏明确地把道统与治统的合一作为评论当世的标准。下面这段话为不止一位学者所引用:

> 臣观道统之与治统,古者出于一,后世出于二。孟子序尧舜以来至于文王,率五百年而统一续,此道与治出于一者也。自孔子后五百年而至建武,建武五百年而至贞观,贞观五百年而至南渡。夫东汉风俗一变至道,贞观治效几于成康,然律以纯王不能无愧。……孔子之生东迁,朱子之在南渡,天盖付以斯道,而时不逢,此道与治之出于二者也。自朱子而来,至我皇上,又五百岁,应王者之期,躬圣贤之学,天其殆将复启尧舜之运,而道与治之统复合乎![86]

李光地以"道与治之统复合"为清朝政治提供道德的论证,实际上重复了康熙本人的看法。[87]他的论证恰恰用了经学的方式,即以三代之制作为楷模,把道德判断、道德实践看作是与政治制度完全统一的过程。李氏视道与治的区分为一种历史的区分,这一观点汲取了清初学者对于理学的批判成果:理学(朱子学)的问题在于道德判断与制度的分离,而这种分离本身不过是特定历史条件下的产物。因此,在经学实践中恢复道德判断、道德实践与制度的统一关系恰好为清朝政治提供了合法性。

李光地利用经学的方式为清代政治提供合法性论证,这一事实迫使

---

[85] 康熙:《御制文集》第一集,卷十九,页3下。
[86] 李光地:《榕村全书》(1829)卷十《进读书笔录及论说序记杂文序》,页3上—3下。
[87] 康熙自己就说:"自古治道盛于唐虞,而其所以为治之道,即其所以为学之功。"又说:"朕惟天生圣贤作君作师。万世道统之传,即万世治统之所系也。自尧舜禹汤文武之后而有孔子曾子子思孟子……盖有四子而后二帝三王之道传,有四子之书而后五经之道备。"《御制文集》第一集,卷十九,页3下—4上,1上—2下。

第三章 经与史(一)

我们重新考察清代政治与顾、黄之学的关系。我在上文已经谈及,新制度论和新礼乐论本身包含了反抗异族统治的民族意识,它们对于古代典制及其与道德评价的关系的恢复建立在对于现实政治的否定之上。但是,随着清朝统治的稳固和合法化,士大夫与现实制度的关系相应地发生了变化,他们中的许多人是在进入合法体制的前提下从事经学的实践。像李光地这样"以大儒为名臣"(江藩语),身任兵部侍郎和提督顺天学政,与康熙帝过从如此之深的人固然不多,但有清一代为学而徙倚官私之间者不在少数。[88]撇开政治的内涵不言,康熙通经明道的宗旨与经学的初衷在表述上几无差别,这一文化政策及其延续对乾嘉时代的学者产生了巨大影响,他们把精力集中于经书真伪和礼仪制度的探究,而淡化了清初经学中典章文物、语言文字所具有的鲜明的政治含义。

在这一情境中,编辑、考证和研究工作已经消解了经学与现实制度之间的紧张和对立关系,从而完全不同于顾炎武、黄宗羲之学内含的那种批判性和实践性。在"五四"新文化运动的历史视野中,戴震曾被视为反叛性的学者,但他并没有拒绝清代科举和官方经史之学的编撰工作。1773年,东原应召任四库纂修官,所校官书为《水经注》、《九章算术》、《海岛算经》、《周髀算经》、《孙子算经》、《仪礼识误》、《仪礼释宫》、《仪礼集释》、《大戴礼》、《方言》等等。在这一时代,编辑儒学礼仪文献成为官方和私人学者的共同追求。例如,1753年,秦蕙田(1702—1764)的《五礼通考》出版,其中包含了王鸣盛(1722—1798)、钱大昕(1728—1804)和戴震(1724—1777)等人的研究成果。1736年开始、1756年完成的《大清通礼》和1763年刊出的《大清会典》都是在许多经学大师参与下编撰而成。阮元身为乾嘉学派的殿军而又为封疆大吏,扬汉抑宋,又试图在训诂与道义之间两是其说。在考证学的氛围中,他一面对于宋学的性命之说给予深刻的历史分析,[89]另一面又以经学家的身份赞扬朱子,用礼理合一取

---

[88] 参见王锺翰:《李光地生平研究中的问题》,《燕京学报》第1期,北京:北京大学出版社,1995,页111—126。

[89] 参见阮元:《研经室一集》卷十《性命古训》、《研经室续集》卷三《复性辨》、《塔性说》等,见《研经室集》,北京:中华书局,1993,页211—236、1061、1059—1060。

代治道合一,得出的结论竟与崇尚朱学的李光地相差无几:"朱子……晚年讲礼,尤耐繁难,诚有见乎理必出于礼也。古今所以治天下者,礼也。五伦皆礼,故宜忠宜孝即理也。"〔90〕阮元肯定清朝"崇道学之性道,而以汉儒实之",以学风上的道德义理与礼仪制度的合一为清朝及其文化政策作张本。这种礼理合一、治道合一与道器一体的经学观念相互配合,一方面反映了批判宋学的学术氛围和思想方法,另一方面也开创了研究钟鼎和古文以明礼制(道器合一说)的史学。阮元说:

> 形上谓道,形下谓器。商周二代之道,存于今者有九经焉,若器则罕有存者,所存者铜器钟鼎之属耳。古铜器有铭,铭之文为古人篆迹,……其重与九经同之。……今之所传者,使古圣贤见之,安知不载入经传也?器者,所以藏礼,故孔子曰:"唯器与名不可以假人。"先王之制器也,齐其度量,同其文字,别其尊卑,用之于朝觐燕飨,则见天子之尊,锡命之宠;……然则器者,先王所以驯天下尊王敬祖之心,教天下习礼博文之学,商祚六百,周祚八百,道与器皆不坠也。……先王使用其才与力与礼与文于器之中,礼明而文达,位定而王尊,愚慢狂暴好作乱者鲜矣!……吾谓欲观三代以上之道与器,九经之外,舍钟鼎之属,曷由观之!〔91〕

阮元的这一观点后来为王国维所发展,但大多数学者只能看到他们在金石与文史互证的历史方法上的连续性和史学贡献,却不再关心这一方法论背后隐含的道器不离和礼藏于器的信仰。对于阮元而言,史学方法的确立是以礼制的内在结构为前提的,这里所谓史学是经史之学,是以史证经的努力。但他最终的贡献不在通经致用,而是以精密的考证为近代史学的发展开创了道路。以他对于商周铜器、周公制礼和殷礼的考证为例,它们作为一种道德理论的含义已经如此稀薄,人们只能把这些考证看作

---

[90] 阮元:《研经室续集》卷三《书东莞陈氏"学蔀通辨"后》,《研经室集》,页1062。
[91] 阮元:《研经室三集》卷三《商周铜器说》上,《研经室集》,页632—633。

是单纯的历史研究了。换言之,"治道合一"在知识上的结果之一是经学的"脱魅"或者经学向近代史学(专门的、客观的和实证的)的转变,而这在当时是和"治道合一"的合法化论述相互配合的。

"理学,经学也"的力量来源于它所内含的义理与礼制的合一观,但恰恰是这一观念本身摧毁了"理学即经学"命题的批判性。在顾、黄那里,礼乐与制度、礼制与理义、治统与道统的内在联系是批判性的来源,此后经学的发展并没有在方法论上改变这一内在联系,但缓解了它与现实制度的紧张关系。问题是:乾嘉诸子对宋学的批判在方法论上难道不是内在于顾炎武、黄宗羲之学的吗?清代"道治合一"观不仅是统治者的观念,而且也有其士大夫方面的基础,这是因为清代思想的兴起本身就是建立在对宋明理学道统观的批判之上的。[92]比照康熙关于理学与经学关系的论述,阮元的说法没有任何特别之处,略有不同的是,他以臣的身份而谈论忠孝之道,而康熙却以为理学和经学为治道之根基。[93]追究治道合一其实是宋明理学的一个内在的主题,但这一主题所以是"内在的",是因为理学家和心学家们试图用天理、心性的观念建立对于现实政治之紧张关系。在"治道合一"成为一种现实制度的合法性论证的时候,如果还要保持经学对于现实制度的批判精神,它自身的变化就不可避免了。王夫之的《读通鉴论》中有许多对于清朝所谓治道合一的讥讽,今天读来好像是对清代经学发展的预言。我在这里想要追问的是:除了清朝统治者的文化政策之外,清代政治本身的发展是否为经学与政治的关系的改变提供了社会基础?康熙时代的治绩和有清一代文人的赞美为此提供了若干的例证,有的学者据此承认清朝(特别是康熙)成功实现了道治合一,以致认为清朝的少数民族政权是以"东林派所依据的基盘全部地作为自己的基盘",断言黄宗羲的新制度论"是在清朝政权下站在体制内的

---

[92] 我在上文中谈及的阮元是一个例子,在此之前,费经虞(1599—1671)、费密(1625—1701)父子对以儒生为中心的道统观给予激烈批判,则是另一个证明。
[93] 康熙:"自宋儒起而有理学之名,至于朱子能扩而充之,方为理明道备,后人虽杂出议论,总不能破万古之正理。"《御制文集》第四集,卷二十一,页1下—2上。

立场。"[94]那么,亭林、梨洲之学的实践内容在有清一代的政治和经济实践中究竟居于何种地位?

首先,贯穿《明夷待访录》和《日知录》的政治观念之一,是以士绅—宗法关系为基础重建礼制秩序。这一主张的确为清代统治者所吸纳,其中部分的原因在于清朝是一个少数民族统治的王朝,它在社会构造上重构了贵族制度。在这一背景下,皇权与汉族地主士绅的矛盾也经常让位于它们与贵族阶级的冲突。明末士大夫期望依赖士绅—宗法关系进行地方自治,他们要求重新分配官田的新的权利意识与反君主的政治主张存在密切的联系。黄宗羲用"民土"概念与"王土"概念相对抗,把朝廷的私产(如以官庄形式经营的屯田)视为大私,甚至得出无君的结论。他们的"封建论"(梨洲)、"郡县论"(亭林)和田制论直接体现了地主士绅阶级对皇权的土地扩张的抵制,反映了地主和自耕农阶级以及城市工商业者的权益。士绅阶级的分权要求不是全新的事物,但它与反君主立场的结合却是明末特殊的政治结构的产物。汉代以降,中国专制国家通过特殊的乡村统治形式组织社会,形成了汉代的里制、隋唐的乡里制、宋代的保甲制和明代的里甲制。这些乡村组织的主要功能是征税、维持治安以及组织徭役体系进行大规模的工程开发。但自宋代以来,士大夫阶级对于乡约和宗法制度特别推崇,他们试图以此为基础重建礼乐制度,抗衡皇权的过度扩张。阳明的乡约实践就是最为明确的例证。明朝前期,中央政府经过普遍的户口调查、编制黄册、丈量土地,开始实行里甲制和关津制。[95]明朝中叶,随着土地兼并的加剧,皇公贵族和官宦所占庄田超越往代,而地方士绅和官僚占地情况也同样严重。以下统计可以简略地让我们看到

---

[94] 沟口雄三氏断言"客观地说黄宗羲是在清朝政权下站在体制内的立场。反过来说,清朝的少数民族政权,如无视以黄宗羲为代表的上述的所谓历史之声(正是自私自利的民之声),就不能成立;在汲取明朝政权崩溃的教训下,不以东林派所依据的基盘全部地作为自己的基盘,政权就不能稳固。这也可说是黄宗羲一方的胜利,但胜利的果实却被异族摘取了。"《中国前近代思想的演变》,页248。
[95] 里甲以一百一十户为一里,一里又分为十甲,里设里长,甲设甲长;里甲内的人们互相知保,避免隐藏户口和随意迁徙。关津制则是在各关口设置巡检司盘查行人。

土地兼并和户口状况的急剧变化:明朝初年,全国土地数额为八百五十余万顷,而天顺七年(1463)只余四百二十九万余顷,弘治十五年(1502)实额仅四百二十二万余顷,较之明初,仅有一半。明初全国户口数额为一千六百多万户,永乐间增至二千万户,到弘治四年(1491)仅余九百余万户,不及永乐时的一半。地主隐占户口、农民辗转流亡导致了明万历年里甲制的危机。万历六年,张居正下令清丈土地,共丈出土地七百余万顷,一些勋戚豪强和军官阴占的庄田、屯田也被清查出来。[96]万历九年,张居正开始推行嘉靖初年已在福建、浙江等地实行的一条鞭法,改按户、丁派役为按丁、粮派役,试图均平赋役。[97]上述改革为缓解社会冲突、改善农民处境和地主制的兴起提供了新的历史机遇。然而,到明末,土地兼并再度达到空前程度,农民丧失土地,王公勋戚占田至巨。以此为背景,东林党人代表地方乡绅地主阶层的舆论力量,以"公论"为依托,围绕矿税、庄田问题,对抗中央权力,谋求以士绅—村社共同体作为乡村秩序的基础。[98]

---

[96] 据翦伯赞主编:《中国史纲要》(北京:人民出版社,1979)的说法,这一田亩数额由于各地官吏都改用小弓丈量,有一定的夸张,但毕竟有计划地清出了大批土地。参见该书页186,196。

[97] 《明史》七八《食货》二:"一条鞭法者,总括一州县之赋役,量地计丁,丁粮毕输于官。一岁之役为金募,力差则计其工食之费,量为增减;银差则计其交纳之费,加以赠耗。凡额办、派办、京库岁需、存留、供亿储费,以及土贡方物悉并为一条,皆计亩征银,折办于官,故谓之一条鞭。""嘉隆后行一条鞭法,通计一省丁粮,均派一省徭役,于是均徭、里甲与两税为一,小民得无扰而事亦易集。"

[98] 沟口雄三论及顾炎武《郡县论》中的"天下之私"概念时说:"他所说的'天下之私',不仅是保全富民层的土地,而且还包括富民层在本地的统治权这一阶级的权益。这表明作为士大夫的经世意图,是以保全包括农民层在内的生存权利为目的的。也就是说,对于过去的君——官——民这一以官为君的家产官僚的皇帝一元专制体制,他提出了承认富民层在本地的统治权、并以此构成新的专制体制的主张,他的'合天下之私以成天下之公'就是这个意思。黄宗羲批判皇帝的'以我之大私为天下之大公'和以'王土'为'民土'的主张,其论据可以看作是和顾炎武的相同。""地主层打破了一君万民的或所谓个别人身支配的里甲制框架,对下面,他们和佃户、奴仆之间结成新的秩序关系,对地主制结构进行再编和补强;对上面,他们和清朝权力妥协,使这一新的秩序关系作为事实上地主阶级的权力而得到相互补足。总之,他们强化了处于专制权力之下的对本地的统治权。"沟口雄三:《中国前近代思想的演变》,页15—16。

如果说北魏至隋唐时期的均田制旨在打击豪右地主，废除土地的品位等级占有制，体现了皇权与庶族地主相互支持和利用的历史关系；那么，明末的土地改革思想则反对专制国家和王公勋戚的土地兼并，试图在里甲制崩溃的情境下推行乡村地主制。黄宗羲、顾炎武等上承东林党的主张，提出了系统的社会改革方案，其中对于皇权、贵族和国家体制的批判尤为引人注目。

在清代初期的改革过程中，清朝统治者已经在很大程度上把黄宗羲、顾炎武在土地制度、宗法关系和礼仪系统方面的反叛思想转化为一种合法的制度和政策，从而瓦解了乡村自治思想中的反君主意识。康熙八年（1669），清政府下令停止圈地，并要求该年所圈旗地全部归还汉民，另由别处旷土换补。康熙、雍正时代，朝廷下令禁止满洲贵族和汉族地主"增租夺佃"；到乾隆时代，有些长工和雇主"共坐同食"、"平等相称"，并"不立文契"，"无主仆之分"。[99]清朝入关后即宣布以明代一条鞭法征派赋役；康熙五十一年（1712），朝廷又针对一条鞭法施行过程中的流弊，宣布以五十年（1711）全国的丁银额为准，以后额外添丁，不再多征，"圣世滋丁，永不加赋。"[100]这条政策和雍正时代施行的地丁合一、摊丁入亩的办法都是明代一条鞭法的继续和发展。乡村地区的某种程度的"自治"是传统帝国制度，尤其是清代社会体制的有机部分。在这个意义上，一方面，清代乡绅的特殊作用的确是以明代里甲制等乡村统治组织的解体和明末乡村自治的思想为前提的，另一方面，与明末地主制对于皇权的解构作用有所不同，清代乡绅恰恰构成皇权在社会基层（特别是乡村）的统治基石。李文治把清代前期的土地关系的变化概括为三个方面：首先是地权分配的变化，即封建所有制有所削弱，农民所有制有所增长；其次是农民阶级和地主阶级相互关系的变化，即官绅地主的权势相对削弱，广大奴仆雇工和佃农或获得解放，或社会地位有所改善；第三则是贵族地主和缙

---

[99] 见《刑部档钞》，《中国近代农业史资料》，页113。
[100] 《清圣祖实录》卷二四九，康熙五十一年二月。参见翦伯赞《中国史纲要》第三册，页264—265。

绅地主的衰落和庶民经营地主的发展。[101]通过"承认垦民产权"的政策，清王朝重新建立被农民战争打乱的户籍制，把农民编制在一定地区之内，纳入该地都图里甲村社，藉以保证赋税征收。经济史家们认为，清初实行的"更名法"和垦荒政策虽然旨在重新实现农民和土地的结合，以恢复赋役剥削，但其客观后果则是使相当大一部分农民得到土地，从而农民土地所有制获得发展。[102]康熙、雍正、乾隆三朝废除了旧有的人口税，"摊丁入亩"等改革减轻了农民对朝廷的人身依附。这是皇权、族权与绅权以及国有制、地主所有制和农民所有制达到某种不稳定的平衡的结果。[103]

---

[101] 关于明末清初土地关系的变化以及社会关系的相对松懈，特别是清朝土地制度的形成，请参见李文治：《明清时代封建土地关系的松懈》，北京：中国社会科学出版社，1993。在该书第七篇《论清代前期土地关系的变化及庶民地主的发展》一章中，作者特别指出：清代前期，地主身份地位的变化是：庄田贵族地主逐渐衰落；缙绅地主虽然死灰复燃，相对明代而言，已度过他的极盛时代。更值得注意的是庶民地主的发展。其中又有两种类型，一是以商业发家的庶民地主，一是专事地租剥削乃至直接从事农业生产的庶民地主。他还特别指出，清代的庄田旗地地主是一种世袭特权地主，这种土地占有形式在清初建制不久即开始发生变化。就分布在直隶的旗地而论，土地面积逐渐缩小。这和明代庄田逐渐扩大，由明代前期的数百万亩，到后期扩展为数千万亩，其发展趋势截然不同。参见该书，页513—540。

[102] 同上，页542。清代土地制度的变化不仅表现在地主制的形成，而且还包括农民所有制的出现。因此，经济关系中的矛盾正在从士绅地主阶级与皇权的紧张转向地主所有制与农民阶级的矛盾。关于这一点，请参见史志宏：《清代前期的小农经济》，北京：中国社会科学出版社，1994。

[103] 沟口雄三在分析明末对皇权的批判为什么消失时，显然汲取了清代经济史研究的成果。他指出："清朝不同于明朝，它承认地主阶层的权益从而确立了自己的政权。清政权把江南许多明朝的皇庄与王府解放而成民田，除确保自己的北方八旗子弟的被称为旗地的屯田之外，不增加朝廷的私有地。最能说明问题的是雍正年间施行的地丁银制，它将丁税并入地税而形成税制的一体化，这其实是废止了丁税。丁税是古代以来的徭役形态，系指成年男子承担的人头税。这种人头税的废止，意味着放弃了一直延续到明代的一君万民原理，即全体人民都由皇帝统治的原理。于是，代之以土地税的一体化之后，地主想雇几个佃农，可一切都不论而只是个土地所有的问题。这意味着承认地主的土地私有权与地主在私有土地上对农民的统治。""就是说，清朝事实上是承认了地主对乡村的统治从而建立在这一基础之上的皇帝地主联合政权。在这一点上，它与宋至明的王朝具有决定性的区别。""入清后君主批判的销声匿迹，表现了担任明末舆论先锋的乡绅阶层、与同样出身地主阶层而与其共鸣的官僚阶层对清政权政策的基本赞同。"《中国的思想》，页103—104。

谈论清代的专制政治无法回避的是其统治模式的多样性。即使在汉人地区,城市地区总是无法达到乡村地区的自治程度。在明末乡村统治组织解体之后,清代社会形成了自己的统治特色:在满清少数民族专政的上层结构之下,乡绅地主和宗法秩序扮演着愈益重要的角色。清史专家们谈及的士绅阶级和地方宗族力量与皇权的互动关系正是清朝政治结构的特点。换言之,清朝政府在通过八旗制度加强异族统治的同时,也把明末社会的结构性变化吸纳到维护新的王朝体制的轨道之中。概括地说,清代统治的特征除了八旗制度之外,还有两个相关的条件:第一,地方势力,特别是以宗族/村社为纽带的绅权已经日渐强大;第二,王朝的合法性(及其脆弱性)不仅建立在族群等级之上,而且也建立在乡绅权力的基础之上。如果说地主土地所有制和农民所有制的发展是宋明社会变化的延续,那么,这些新的发展在清朝统治结构中则直接地联系着少数民族统治的特点:满清贵族(作为入主中原的少数民族)不得不依赖汉族地主和士绅来维持其在基层的社会统治;清廷出于国家利益不得不在汉族士绅和官员与王公贵族之间获取某种平衡。[104] 在这个意义上,随着清朝的土地制度改革,以士绅地主和自耕农为核心的土地制度逐渐成为清朝政治/经济结构的统治基础,富民阶级的权益要求所包含的反君权内含反而弱化了。顾炎武、黄宗羲对于乡村自主权的要求在清朝已经成为一种制度化的实践,这一历史转化使得地主乡绅在基层社会的统治及其调节作用不再具有反君权的特征,相反,他们倡导的礼制秩序本身已经成为政治合法性的根源。在这一历史情境中,许多士大夫(包括黄宗羲本人在内)对于康熙之治的态度变得复杂起来,其中的一些人不但承认清代政治的合法性,而且入朝做官,甚至挑起新的党争,例如,顺治时代的南人北人之争、康熙时代的南人南人之争就是例证。李光地、徐乾学、熊赐履、高士奇等理学名臣都曾为了自己的名利地位而深陷党争,他们倡言理学,高谈性

---

[104] 顺治、康熙时代,不但起用汉人,而且逐渐地形成了制度。顺治时,范文程、金之俊、洪承畴都入了内阁,到康熙九年以后,改内三院为内阁,满汉大臣都可以入阁做大学士。参见谢国桢:《明清之际党社运动考》,北京:中华书局,1982,页98。

理,而行不践言。明清之际,士林人心之不可恃,令人齿寒。[105]士林政治态度的转变削弱甚至取消了新制度论和新礼乐论的批判性,而清廷在理学名臣的建议之下以治道合一相标榜,更使得梨洲、亭林等人倡导的新制度论和新礼乐论的批判前提在清朝政治中变得含混而暧昧。

但是,我们能否就此认为清朝的少数民族政权是以"东林派所依据的基盘全部地作为自己的基盘",以致黄宗羲的新制度论已经"是在清朝政权下站在体制内的立场"了呢?对此需要具体分析。首先,亭林、梨洲之学是一种广泛的社会理论而不是具体的策论。他们虽然支持土地改革和乡村地主制,但其政治、经济思想并不限于此。事实上,在"封建"、"郡县"等名义下提出的分权思想不能等同于士绅—宗族制度的构想,也不能用"乡约"加以说明。"封建论"和"郡县论"是南宋叶适以来有关分权政治的制度构想的延续,其中心论题是如何用地方分权的形式改进中央集权的弊端,而不仅是以士绅地主为中心的乡村自治。因此,封建论和郡县论并不是一般地谈论乡绅地主和田制问题,而是在国家制度的层面讨论税制、官制、兵制、司法、监督等制度的结构。[106]这也是梨洲、亭林之学的关键内容。其次,清代是满洲贵族统治和疆域扩张的时期,统治者根据少数民族统治和多民族国家的特点实行了一种有利于中央集权的少数民族的贵族专政。在政治、经济、军事和司法等制度形式上,清代特别重视社会的向心力和权力的集中。清朝政府以明制为基础,创立了军机处制、密折制、秘密建储制等,全面推行总督巡抚制,其中央集权的程度远高于

---

[105] 谢国桢:《清初顺治康熙间之党争》,见《明清之际党社运动考》,页96—118。
[106] 分权的思想不一定就是反君权的,例如郭象的思想就包含了一种"共治"的观念。另一方面,中央集权与皇帝专制也是两个相互联系但却不同的政治概念。前者指中央与地方的关系,后者指皇帝与臣僚的关系,但这两个方面时常纠缠在一起。南宋的叶适就说:"今自边徼犬牙万里之远,皆上所自制命……故万里之远,嚬呻动息,上皆知之,是纪纲之专也。虽然,无所分画则无所寄任,天下泛泛焉而已。百年之忧,一朝之患,皆上所独当,而群臣不与也。夫万里之远,皆上所制命,则上诚利矣;百年之忧,一朝之患,皆上所独当,而其害如之何!"(叶适:《叶适集》,《水心别集》卷10《实谋》,《叶适集》,北京:中华书局,1983,页768。)关于中央集权与皇帝专制问题,参看李治安主编《唐宋元明清中央与地方关系研究》,天津:南开大学出版社,1996,页442。

宋明时代。因此,重视分权政治的梨洲、亭林之学很难被纳入"体制内"的框架中理解。康熙十七年(1678)开设博学鸿儒科,朱彝尊、汪琬、毛奇龄、施闰章等均来京应选,但顾炎武、黄宗羲等拒不出山,这与他们思想中内含的特殊的政治认同意识密切相关。

中央集权的概念容易产生一种印象,似乎集权与分权是完全对立的政治形式。但是,历史中的许多集权体制建立在不同形式的分权制的基础之上,很难称之为绝对的集权形式。魏特夫(Wittfogel)等人用"东方专制主义"概念描述中国的传统国家结构,从而将官僚制国家等同于高度中央集权的社会,但"阶级分化社会中只有少数人在城市居住,这表明传统国家对其臣民所实施的行政控制能力是相当有限的。……如果将这类社会与现代国家作对比,那么这一预设根本就是错误的。"[107]这还只是就城市与乡村在帝国结构中的不同位置展开的论述,事实上传统帝国政治结构的多样性不只存在于城市与乡村的差别之中。艾森斯塔德(Eisenstadt)曾经将城邦、封建制、世袭帝国、游牧或征服帝国同"中央集权的历史性官僚帝国"区分开来,[108]并将在汉代开始演化、自唐朝以降定型的"帝制中国政治体制的基本特点"概括为:"自治政治中心的定型化以及皇帝—士大夫联盟在内的统治地位;军队扮演一种重要的角色,其在稳定时期则趋于变成较为次要的;儒教—法家意识形态在中心内的统治地位;还有伴随次属诸取向,尤其是道教取向和佛教取向的一种强有力的混合物。"艾氏的研究是对帝国体制的一种比较类型研究,他强调中国帝制的整体性和稳定性,在这个框架内,他观察到的现象是中国社会是一个阶层自治、自治组织以及任何阶层进入中心的能力都较为薄弱的社会。[109]

---

[107] 安东尼·吉登斯(Anthony Giddens):《民族—国家与暴力》(*Nation—State and Violence*, vol. II of *A Contemporary Criticism of Historical Materialism*, Berkeley: UC Press, 1990),北京:三联书店,1998,页47。
[108] 艾森斯塔德(S. N. Eisenstadt):《帝国的政治体制》(*The Political Systems of Empires*, New Brunswick & London: Transaction Publishers, 1993),沈原、张旅平译,南昌:江西人民出版社,1992。
[109] 引自艾森斯塔德为其著作的中文译本所写的序言,《帝国的政治体制》,页9—11。

如果从历史的变化来说,我们仍然可以发现"帝制中国"的体制包含着极为重要的演变,以致用"帝制中国"这一范畴概括中国的政治文化面临着许多困难。以清朝为例,首先,上述帝国分类至多只具有形式的意义,因为清帝国体制内部几乎包括了除城邦之外的所有类型,即这一中央集权的历史性官僚帝国内部包含了封建制、郡县制、世袭帝国、游牧或征服帝国等诸多因素;其次,艾氏将中国的分层体制概括为四个方面,即(1)作为分层体制的核心焦点的中心的发展,(2)界定身份的政治—文学标准的显著地位以及文士和官员在官方体制中的有限地位,(3)贵族的相对削弱和乡绅地位的增长,以及(4)建构社会等级的若干次属模式的演化。这些描述从总体上揭示了中国帝制的一般特点,但在接受这一基本描述的前提下还需要考虑如下两点:第一,藩镇制度和分封制度是帝国体制中的长久的(而不是偶然的)历史现象,清代的贵族势力与这些制度存在着依存关系;第二,乡绅地位的日渐增长是一个重要的历史现象,但乡绅—宗法体制与政权的关系并不始终是相互加强的关系。在后面(以及第四章和第五章)的讨论中,我们还会再次涉及这两个问题。

　　清朝对于汉民族的统治基本上承续了明朝的制度,即顾炎武等人激烈批判的郡县制度。有关这一体制的中央与地方的关系模式,中国学者作出了长期的研究。我在此根据相关的研究概要地作一点归纳。第一,行政制度。清代在明省级三司并立的基础上,精简司,总督巡抚统领藩、臬二司综制一省或数省完全固定化,从而形成了督抚承上旨综制封疆,藩臬辖府县分掌政刑的行政统属体制。除此之外,清廷还发展了关于出身、官缺、分层掌铨选、任职回避、皇帝引见等制度和措施,加强朝廷、特别是皇帝对地方官任用铨调的严密控制。"清代中央对地方大吏的行政统属,是以皇帝个人控驭而出现的,故带有中央集权和皇帝专制的双重性质。"[110] 但从官制的形式方面看,中央官制与地方官制处于并列的关系,如总督、巡抚与中央官厅处于平等地位而非隶属关系。第二,财政权力分配。清代财政上的集权性和专制性达到了最高峰。明代中央与地方的财

---

[110] 李治安主编:《唐宋元明清中央与地方关系研究》,页368—369。

赋分配大体是采用集权制和包干制相结合的原则,即在保障朝廷规定的起运、存留比例数额的前提下,各地用存留的财赋安排当地经费支出,存留以外或盈余的部分,全部由地方自行解决,朝廷一般不再干预。而在清代,州县存留的大幅度减少,"悉数解司"和户部严格的"奏销"制度,不仅使汉唐国家财政上的某些区域性或割据性因素荡然无存(如两汉郡守掌财和唐后期两税三分法之类财政区域性或割据性因素),而且连明代的部分包干政策也被砍掉了,致使州县赋税收入(除按额留存等项外),"一丝一粒,无不陆续解送京师"。[111]第三,司法权力。清代地方司法的特色是:"督、臬、道、府逐级复审,'一切恩威皆出自上'"。"逐级审转复核的总体效应是地方审判不专,最终有利于中央和皇帝对多数司法权的集中或专制。"[112]第四,军事制度。朝廷对八旗兵实行直接统辖、督抚提镇对绿营兵实行分辖节制,少数民族专政的特点在军事体制上也有清晰的体现。太平天国以后,清代军事制度和财政制度发生了重大的变化,最终成为晚清地方权力增长并促成清朝灭亡的根本原因,但这一事实恰恰从反面证明了有清一代高度集中的中央权力。清代中央与地方的各类权力分配中总督、巡抚是关键。李治安将清代中央集权的特征概括为"督抚分寄制",它是在传统的郡县制中央集权的基础上,朝廷将控制地方的职责和代表朝廷行使行政、财政、军事、司法等权力,委付给各省总督、巡抚,通过总督、巡抚的"分工性地方分权",达到高度中央集权的目标。[113]

　　清代政治的发展过程与它作为一个扩张性的帝国的特点密切相关。满人入关之前曾以大明的"外藩"、"看边"自许,这一历史为其提供了经营边疆的特殊经验。有清一朝成为多民族统一国家的扩张时期,它对边

---

[111] 语见《清圣祖实录》卷240,康熙四十八年十一月丙子。地方官府财赋支出收入,统统受朝廷户部的指挥号令,布政使以下的地方官府开支动辄,必须禀报和听命于户部,不能有任何独立行事、任意安排的权力。参见李三谋《明清财经史新探》,山西经济出版社,1990,页280,296;又见李治安:《唐宋元明清中央与地方关系研究》,页376—383。

[112] 李治安主编:《唐宋元明清中央与地方关系研究》,页406。

[113] 同上书,页428。

疆的经营在历代王朝中最为成功,其统治模式与内地行政制度的建立有着极大的差异。13世纪末,成吉思汗创造的蒙古内部的统一状况瓦解,蒙古各部的竞争重新展开。17世纪初满洲崛起,皇太极在30年代击溃了察哈尔蒙古林丹汗,形成了对内蒙古的统治权,并建立了蒙古八旗制度。在1644年清兵入关之后,清朝先后平定了喀尔喀蒙古、新疆准格尔的反抗。在1696年平定噶尔丹反叛之后,清朝不仅建立了对新疆的统治权,而且打击了16世纪以来形成的蒙古贵族与西藏达赖喇嘛之间的历史联系,为清朝控制蒙古和西藏提供了条件。尽管此后有过反复,但这一时期的战争和征服为乾隆时代在西藏设立噶厦制度提供了历史基础。17世纪80年代,清朝在西南地区平定三藩反叛(1673—1681),实行改土归流,并攻占为明遗民郑成功势力控制的台湾,清朝的帝国体制大致形成。[114]在西北地区,中央政府以理藩院为协调管理机构,不是以设置边防的统一方式,而是根据各地具体情况,或派兵戍守,或设置军府,或派将军、大臣、都统就地监督和管领。所有的方法都围绕着加强边疆民族与中央政府的统属关系。

  以宋、明时代的政治关系与清朝作一粗略对比,我们可以得出一个基本的结论:宋、明时代产生于民族冲突的历史关系之中,郡县制帝国带有准民族国家的特点,而清朝则是建立在少数民族贵族专政的基础之上的多民族帝国。明清两朝与蒙古、西藏等地区均存在朝贡关系,但这一关系的性质却极为不同。明朝与蒙古的朝贡关系并不包含监督蒙古头领、制定统治规则(包括抽税和刑法)等责任。从政治制度的角度看,清帝国的集权式的政治模式不得不采用某种封建或分封的形式,用以协调和管理不同民族之间的关系;从意识形态方面看,它以儒家"文化"作为统一帝国的伦理基础,同时尊崇佛教和其他宗教,拒绝将"族群"作为政治同一性的前提。汉人的儒学因此成为少数民族统治的合法性依据。清代的集权与分权关系是在皇权、满人贵族、蒙古及其他少数民族、汉人官僚和基

---

[114] 关于西南土司制度问题,参见 John E. Herman, "Empire in the Southwest: Early Qing Reforms to the Native Chieftain System," *Journal of Asian Studies* 56 (1997):47-74。

层社会组织等多重复杂的关系中形成的。在一个层面上的分权形式,很可能在另一个层面是集权;在一个层面上的集权,在另一个层面很可能是分权。例如,清代初期的政治制度建立在八旗制的基础之上,太祖时代所定的八家干国与共同选汗的方法与此存在密切的关系。清太祖的政权带有贵族分权政治的特点,它可以追溯到以八旗制度为基础形成的合议政治体制:"诸子侄既分领部众,各有人户,旗间地位,又平权并列,为了维护这一体制,当然必须有一个能共同接受的领袖,领导协同相处。也可以说有了八旗制度的特殊组织,而后有八家干国的合议政体;八家合议干国的政体,以维系八旗共事分权的组织。"[115] 清初的行政体制虽然承自明制,但在内阁之外,别设议政王大臣会议(又称"国议"),议政王大臣会议全部由满洲贵族担任,权力在内阁、六部之上。因此,从清朝统治的内部来看,八旗制带有分权政治的特点,但这一分权政治恰恰是对汉人的少数民族的贵族专政。八家干国体制最终让位于一种更为集权的行政管理机构,即天聪五年设立的六部。太宗时代的中央集权主要是限制大贝勒的权力,[116] 这与我们通常所说的入关之后的清代中央与地方关系有所不同。蒙古八旗制度将满洲八旗军政合一、兵民合一的组织形式推广至蒙古各部,但在内容与形式上均与满洲八旗相区别,它的主要目的是将蒙古各旗限制在固定的旗界之内,防止蒙古各部形成统一的力量。在这一分权结构下,蒙古八旗成为满洲八旗的辅助力量。[117] 这一分权政策与此后清朝推崇班禅、树立四大活佛系统等措施一样,均以维护安定和帝国的统一为目的。我们很难在集权与分权的对立模式内谈论这一分权措施的意义。

由于存在族群特权,清代的集权与分权问题包含了不同的层面和含义,这一点经常为学者们忽略。在入关之后,清代初期的中央集权问题不

---

[115] 陈文石:《清太宗时代的重要政治措施》,台湾"中央研究院"史语所《历史语言研究所集刊》第40本上册,页299—300。

[116] 参见李宗侗:《清代中央政权形态的演变》,《历史语言研究所集刊》,第37本上册,页101。

[117] 关于蒙古旗制及其内部规则的设立,详见袁森坡:《康雍乾经营与开发北疆》,北京:中国社会科学出版社,1991,页260—286。

能仅仅在中央与地方的关系之中讨论，还需要考虑皇权、八旗、三藩、汉人官员和普通百姓之间的权力关系。那种仅仅以中央与地方关系作为衡量社会关系及专制程度的看法，主要源自现代社会理论对于民族—国家内部关系的研究。这一视野无法揭示多民族帝国的复杂的内部关系，更无法说明少数民族征服王朝的权力关系。玄烨（康熙）亲政时，三北地区动荡不宁，蒙古、准噶尔等贵族势力以割据之势抗拒清朝的统治，闽、粤、云、贵的三藩集团形成了尾大不掉之势。在朝廷内部，辅政大臣鳌拜把持大权，圈地运动和逃人法均在实施，普通农民生活无着，主奴关系极为残酷，满汉矛盾日益深化。上述边疆危机、封建弊端和贵族专政为康熙躬亲大政、独断乾纲提供了背景条件，他以中央集权政策打击和平定蒙古、西藏、新疆的部落势力，为此他笼络汉族官员，缓和满汉矛盾。无论是平定三藩之乱，还是禁止圈占土地和放宽逃人法，都在限制地方封建和八旗贵族势力的同时，缓解了汉人农民和奴仆的处境。在这个意义上，清朝在加强对地方、边疆的控制的同时，缓解了少数民族贵族统治与汉人之间的矛盾，却又为清代后期边疆少数民族与汉族的矛盾（如云南穆斯林与汉人的冲突）预伏了历史的前提。

中央集权的行政体制的形成过程还伴随着皇权与满洲贵族的斗争，它主要表现在削弱八旗贵族的力量。雍正时代军机处的设立就是为了削弱八旗议政的力量，这一事件是清代集权政治最终获得成功的标志。[118] 为了削弱满洲贵族的权力，皇帝必须借助于汉人官僚的力量，从而导致汉人在政治结构中的地位的上升。在这个意义上，集权的方式本身又在某种程度上包含着汉族与满洲贵族之间的分权关系的形成。但这一分权关系没有真正动摇清朝少数民族贵族制度的基本特点。以清朝颁行科举为例，考试的方式实行了一律平等的制度，但建立在考试制度之上的封爵和

---

[118] 参见李宗侗：《办理军机处略考》，载《幼狮学报》第1卷第2期。关于军机处的功能，也有不同的看法，如庄吉发说，"世宗设立军需房的原因是为了用兵西陲而密办军需，并不是为贯彻中央集权，削减政王大臣的职权，就雍正年间而言，军机处的设立，与独裁政治的背景及发展，不宜过分强调。"庄吉发：《清世宗与办理军机处的设立》，载《食货月刊》第6卷，第12期，页23。

任官制度却仍然包含世袭和身份因素。[119] 清代中期太平天国运动促成了汉族地方武装势力的发展,汉族官僚的地位也随之明显上升。若从清代中央集权的形成过程来看,这一趋势一直可以追溯到清初皇权与八旗贵族的权力平衡关系之中。朝廷通过制度改革重建皇权与汉族士绅——地主阶级的关系,其权力上的平衡关系与隋唐时代皇权为了平衡贵族阶级的势力而与庶族地主结盟颇有相近之处。

大多数学者都承认有清一朝在实行"从俗从宜"、"各安其习"、"不易其俗"、笼络上层、恩威并重等方面最为成功。清代帝国的扩张使得它不得不在蒙古、西藏和新疆等边疆地区采取更接近于封建的制度形式。多民族帝国与民族—国家的基本政策存在着重要的差别,它的特点一方面是军事和政治的征服和控制,另一方面又挪用《礼记·王制》所谓"修其教不易其俗,齐其政不易其宜"的观念,在西北地区以帝国框架为基本前提实行地方自治性质的制度。与中原地区实行的行省制度不同,边疆区域或少数民族区域的自治制度与皇权的关系并不采取直接的统属模式。在军事征服之后,清朝没有按照内地行政制度对西北社会结构加以改造,而是对地方力量进行分割或平衡,让他们在中央监督之下进行自治管理。内外蒙古的盟旗制度融合了满洲八旗制度、蒙古草原部落领地制及会盟习俗,又按归附先后和对清廷的顺逆情况实行外藩蒙古和内属蒙古的不同的统治方式。[120] 蒙古的蒙旗制度虽然仿自满洲八旗,但其性质与满八

---

[119] 参见晏子有:《清朝宗室封爵制度初探》,《河北学刊》,1991年第5期,页67—74;赖惠敏:《清代皇族的封爵与任官研究》,《第二届明清之际中国文化的转变与延续学术研讨会论文集》,台北:中央大学共同学科主编,文史哲出版社,1993,页427—460。

[120] 蒙古地方素因自然关系,分为漠南漠北。前汉匈奴之有左右贤王,后汉匈奴之有南北单于,以及其后之东胡西胡,东突厥,西突厥,大致均以瀚海为界,清时分为外蒙古、内蒙古、厄鲁特蒙古。清代初期讨平察哈尔林丹汉及准噶尔之乱,大漠南北俱入版图,于是仿满洲八旗制度,分内外蒙古为179旗。蒙旗制下的旗是蒙古军事、刑政合一的政权组织。按照学者们的研究,清统治者在征服蒙古诸部的过程中,使蒙古诸部接受了清政权的法令制度,由清廷划定游牧边界和编审户口、任命官员,进而将满洲八旗制度推行于蒙古社会,演变为蒙旗制。参见赵云田:《清代蒙古政教制度》,北京:中华书局,1989,页74;李治安:《唐宋元明清中央与地方关系研究》,页421—422。

旗不同。满清以八旗统治全国,所谓"以旗统兵",但旗无一定治区,满人只有旗籍而没有地方籍。这种旗制是以军事组织的法则规范整个社会一切生活,其特点是军事和民事浑然不分。蒙古之蒙旗制度则不然:第一,蒙旗系以一个部落或一个部落之一部为单位而组成,下辖土地和人民;第二,蒙古之部落虽改旗制,但仅就原有部落加以封建,分封王公,各治一旗,而一旗之中所封王公又不止一人,通过清代之新式的封建,这些原为统治阶级的闲散王公成为蒙古社会之中的贵族等级,享有清廷之封爵俸禄婚姻世职等种种优待;第三,蒙古之部落改旗之后,人民失去部落时代择主之自由,及逐水草而居的流动性,蒙古社会组织及其经济活动的机动性也因此改变。[121]无论是旗制的划分,还是盟长对于各旗的监督,蒙旗制度都是在维护安全、分而治之的原则下实施的。在盟旗制下,清朝派驻将军、库伦边事大臣、参赞大臣等满洲官员,调节外蒙对俄贸易,限制蒙古佛教的势力。[122]但在盟旗制度之下,各旗内部规则的制定遵循着亲族原则、地域原则,尽可能地保持了原有的社会结构。

上述基本原则在西藏、新疆和西南各有不同的表现方式。满洲早在入关前即与内蒙古各部达成了联盟或臣服关系,而蒙古与西藏,尤其是黄教有着复杂的历史关系。满洲在入关前就开始担心蒙古与西藏的宗教—政治联盟构成对自身权威的威胁,从而开始涉猎西藏事务。清朝的西藏政策沿袭了元、明两朝的若干遗产,即采用当地宗教力量管理西藏事务,朝廷扮演庇护人的角色。1652年,在达赖喇嘛访问之后,顺治皇帝承认西藏的蒙古统治者,但同时任命了清朝的行政官员。1717年准噶尔因达赖继承问题入侵西藏,1720年,康熙以支持真正的达赖为由派兵入驻西藏,驱逐准噶尔占领者,西藏从此正式成为清朝的藩属。[123]1723年雍正召回军队后,西藏内

---

[121] 参看陶道南:《边疆政治制度史》,台北:中华丛书编审委员会,1966,页7—40。
[122] 关于清朝在蒙古地区的行政体制及其形成,参见 Nicola Di Cosmo, "Qing Colonial Administration in Inner Asia," *The International History Review* 20, no.2 (June 1998):287—309。
[123] 清朝皇帝与达赖喇嘛的关系极为复杂和暧昧,在互表尊重的同时,又把自己放置在对方之上。See James P. Hevia, *Cherishing Men from Afar*, chapter 2 (Durham, NC: Duke University Press, 1995)。

部发生反叛,雍正遂于 1727 年设立了驻藏大臣制度。乾隆十五年(1750),清廷废除了西藏君王的封授,取消西藏地方行政长官第巴制,改由噶厦长官庶政,实行了政教合一、达赖与驻藏大臣协同管理的噶厦体制。这一政策重新确立了达赖作为最高统治者的地位。[124] 1760 年清朝征服新疆地区,根据蒙古、汉族和维吾尔族等不同聚居区的情况,朝廷实行了蒙旗制、郡县制和伯克制(即任命维吾尔族封建主为各类官员,管理南疆各城、村事务),后者是将维吾尔制度纳入理藩院设置的制度内。[125] 新疆东部的乌鲁木齐、吐鲁番、哈密等地由乌鲁木齐都统管辖,下分州县,归理藩院管理。土鲁番、哈密等城市由当地精英进行行政管理。天山以北设立了农垦区,为驻防军队提供经济支持,多数士兵和军队来自新疆内部,但也有少数来自内地的户屯。[126] 在四川、云南、贵州、西康、青海等西南和西北各省,清朝则实行了土司制度,当地官员的官职品位待遇较高,中央政府除了要求按期朝贡和在土司、土官交替之际按规定通报朝廷之外,并不干预它们的内部事务。[127] 雍正时代对西南地区实行"改土归流",中央行政权力对这些地区的控制和渗透

---

[124] 噶厦由三名贵族和一名喇嘛组成。清统治者沿用元代吐藩政教合一的传统,规定达赖喇嘛和班禅额尔德尼既为最高宗教首领,又执掌行政大权。乾隆五十八年(1793),清政府颁布了《钦定西藏章程》,在噶厦体制的基础上,进一步规定驻藏大臣督办藏内事务,具有与达赖、班禅同等的地位。这些措施显然加强了中央权力对西藏的管治。(参见张羽新:《清前期的边疆政策》,见《中国古代边疆政策研究》,北京:中国社会科学出版社,1990;李治安:《唐宋元明清中央与地方关系研究》,页 423—424;陶道南:《边疆政治制度史》,页 98—136。)清朝正式设置驻藏大臣办事衙门是在雍正六年(1728)时代,但早在康熙五十三年,由于藏族内部发生了所谓真假达赖之争,青海诸台吉与拉藏汗几致兵戎相见,康熙乃命户部侍郎赫寿入藏,协助拉藏汗管理西藏事务。这是清朝设置助藏大臣的前奏。(参见《清圣祖实录》卷 236,康熙四十八年正月乙亥;袁森坡:《康雍乾经营与开发北疆》,北京:中国社会科学出版社,1991,页 131。)又,西方学者的有关著作参见 Luciano Petech, *China and Tibet in the Early XVIIIth Century* (Leiden,1972)。
[125] 参见袁森坡:《康雍乾经营与开发北疆》,北京:中国社会科学出版社,1991,页 207—208。
[126] See Nicola Di Cosmo, "Qing Colonial Administration in Inner Asia," p. 298; Waley-Cohen, *Exile in Mid-Qing China: Banishment to Xinjiang* (1758-1820) (New Haven,1991), pp. 24-32; Dorothy V. Borei, Economic Implications of Empire-Building: The Case of Xinjiang, *Central and Inner Asian Studies*, v,1991, pp. 22-37.
[127] 参看余贻泽:《中国土司制度》,中国边疆学会,1947。

持续加强,但从基层来看,西南少数民族地区与内地的统治方式仍然存在重大的差异,清朝对于贵州、云南的少数民族的镇压(尤其是云南穆斯林的镇压)和统治更为严酷。[128]这是一个多民族帝国的政治模式,它综合"从俗从宜"(即尊重民族文化和地方风俗)的策略与暴力手段的威胁,将地方自治与强大的中央集权集合在一起,构成了一个郡县与封建相互融合的帝国制度模式。这种规模宏大的帝国体制将古代帝国甸、服制度的构想与宋明成熟的郡县制度结合在一起,完成了清朝对内地、西北和西南的征服、扩张和统治。

上述制度的形成和变化经历了长期的发展过程,有些一直延伸到乾隆时代和更晚的时期。但在顾炎武、黄宗羲的时代,清朝政治的上述特点已经显露雏形和基本格局,早已存在的满、蒙旗制获得了新的发展。有清一代在土地制度和文教制度方面的改革与它的高度集权的政治联系在一起,造成了一种复杂的历史格局。由于满清王朝是一个少数民族政权,身为明遗民的黄宗羲、顾炎武不可能认可这个王朝实行的等级制的民族政策和制度设置,他们的新制度论和新礼乐论把复古与变革融为一体,从两个不同的方向上透露了正统论与反满思想的内在联系。他们的学术思想与异族专制的对立没有获得缓解,他们的总体的政治构想和社会理论也不可能展现为一种政治现实。但是,随着清王朝的较为成功的制度革新,他们的若干政治、经济甚至文化主张却在一种特殊的历史情境中获得了部分的实现,如何面

---

[128] Laura Hostetler 通过查阅贵州地方档案,对18世纪贵州苗族地区的民族史(ethnography)和制图学(cartography)进行研究,认为这些文献对苗民地区的描述显示了中央对非汉族少数民族地区的行政控制的扩大,并称之为"清殖民主义"。(参见 Laura Hostetler, "Qing Connections to the Early Modern World: Ethnography and Cartography in Eighteenth-Century China," *Modern Asian Studies* 34, no. 3 (2000):623-662)清代在三藩之乱后加强了对西南的行政控制,改土归流是最为明显的例证,随着流官的设立和移民的增加,西南地区与内地在制度上的区别明显地缩小了。但在这里有必要提及两点:作者追随有关清代西北的同类研究,将"殖民主义"概念用之于西南,但显然忽略了两个基本事实:第一,从满洲对明朝的征服过程来看,西南问题不能独立于内地问题来讨论;第二,西南地区隶属于明朝版图,清承明制,其对西南的政策与对西北的政策有着明显的差异。此外,在西南地区,清朝对苗民的控制超过对其他民族,而在大凉山的彝族地区以及川西藏区,仍然保留了自治特点,地方风俗得到尊重和保存。

对这一新的变化,成为一代士大夫面临的困局。《日知录》卷二十九除了前面引用过的《外国风俗》条之外,还有《徙戎》、《楼烦》、《吐蕃回纥》、《西域天文》、《三韩》、《大秦》、《干陀利》等条。这些条目一方面对于异族遣史来京,洞悉中国内情,最终形成边患的历史加以提醒,另一面对于历朝处理突厥、鞑靼(中亚)、吐蕃(土鲁番与回部,即新疆、宁夏一带)、西域(西藏、尼泊尔、印度)、三韩(东北和朝鲜半岛)、海南诸夷(东南亚各国)的朝贡关系的经验进行总结。[129]这些篇章呼应着清代开国以来的历史实践。

对于清朝政治合法性的暧昧态度也势必渗透到其他生活实践中来。黄宗羲、孙奇逢等人以遗民身份没有入仕,但他们的弟子却成为朝廷重用的大臣,这些日常生活中的变化必定引起深刻的认同危机,儒士们必须在理论上和心理上给出适当的解释。时移事易,降至乾嘉时代,士大夫和学者面对的情境已经与遗民学者有所不同。对钱大昕、戴震等辈而言,黄宗羲、顾炎武作为遗民身份所产生的那种与现实制度整体对立的情境业已消失,专业化的经学研究也逐渐丧失新制度论和新礼乐论的那种理论完整性及其内含的批判力量。经学的专门化、朝廷对经学的倡导,特别是经学学者与体制的关系的改变,共同造成了一种情境:经学实践要么在道与治合一的幻象之下成为现实政治的合法性论证,要么沦为为考证而考证的专门化的研究工作。在这个意义上,能够坚守实事求是的原则从事具体的考证工作已经是学者难得的品质。章太炎非常体察地说:"近世为朴学者,其善三,明徵定保,远于欺诈;先难后得,远于徼幸;习劳思善,远于婾惰,故其学不应世,尚多悃愊寡尤之士也。"[130]朴学之"善"只能在被动的或消极的意义上才能体现:拒绝"谐媚为疏附,窃仁义于侯之门",以"学隐"的姿态从事朴学的工作。

经学礼制论的内在结构不再可能扮演梨洲、亭林之学的那种尖锐的、深刻的批判作用了。因此,当戴震、章学诚和此后的魏源、龚自珍们要对现实制度及其伦理规则进行质疑和变革的时候,他们就必须另辟蹊径,反

----

[129] 顾炎武:《日志录》卷二十九,见《日知录集释》(中),页2175—2201。
[130] 章太炎:《检论》卷四《学隐》,《章太炎全集》(三),页481。

其道而行之,在某种程度上打破礼仪制度与道德评价、治与道的统一关系。然而,在汉学官私合流、蔚为大观的时代,对汉学的批判本身也不得不顾及汉学的形式。戴震、章学诚和后起的今文经学者必须在经史之学内部发掘冲击和打破经史之学的方式,用以表达反叛的思想。经学的形式和冲破这形式的冲突成为这一时代最具批判性的学者的共同特点。清代学术的那些前提是千年来儒学内部不断挣扎和变革的结果,即使是最为反叛的人物也无意轻率地抛弃这些前提。章学诚的下面这段针对清代亦官亦私之汉学的抗议,把世俗学风之下多少带有反叛性的人物的困厄表露无遗:

> 学诚从事于文史校雠,盖将有所发明。然辨论之间,颇乖时人好恶。故不欲多为人知。所上散帛,乞勿为外人道也。……惟世俗风尚,必有所偏,达人显贵之所主持,聪明才隽之所奔赴,其中流弊,必不在小。载笔之士,不思救挽,无为贵著述矣。苟欲有所救挽,则必逆于时趋。时趋可畏,甚于刑曹之法令也。戴东原尝于筵间偶议秀水朱氏,犇石宗伯至于终身切齿,可为寒心。韩退之《报张司业书》,谓释老之学,王公贵人,方且崇奉,吾岂敢昌言排之。乃知原道诸篇,当日未尝昭揭众目。……[131]

在这一条件下,礼仪制度与道德评价、道统与治统合一的经学形式不再是一种解放的力量,而成为束缚人们的思想能力、压制人们的批判锋芒、维护现存政治制度的形式了。无论在政治上,还是在学术风气上,"治道合一"、"礼理合一"之说形成了空前强大的力量,他们究竟是重新回到理气二元论从主体方面获取批判的资源,还是对"合一"本身重新加以解说,使对"合一"的解释与追求统一性的权力意志区分开来?总之,那些不安分的头脑不得不面对这一迫切的问题:在经学的形式尚未失去其合理性与合法性的时候,批判的思想应该采用怎样的形式呢?

---

[131] 章学诚:《上辛楣宫詹书》,《外集》卷二,《章学诚遗书》卷二十九,北京:文物出版社,1985,页332。

第四章

经与史(二)

> 六经即其器之可见者也。后人不见先王,当据可守之器,而思不可见之道。
>
> ——章学诚:《原道中》

第一节　辟宋与清代朱学的兴衰

戴震(字东原,安徽休宁人,1723—1777)是乾嘉学术的代表人物。说他是代表人物,不但因为他的学术代表了乾嘉考证学的方法论精髓和最高成就,而且还因为他也体现了考证学的内在困境和矛盾,预示了乾嘉学派的终结。这么说并不是附和许多学术史家的旧说。晚清以来,科学方法及其世界观成为新时代的思想标志,梁启超、胡适等追溯清代考证学的成就,认为它是现代科学方法和近代知识主义的先导。胡适对戴东原哲学的评论尤其醒目,他认为东原上承清代"注重实用"(颜李)、"注重经学"(顾炎武)的学术传统,创造了"清学学术全盛时代的哲学",成为继亭林、习斋之后又一位"反理学"思想家。胡适的哲学概念植根于实用主义的科学方法论,他关心的不是形而上学问题,而是(实用的)知识和(实验的)方法问题,更准确地说,是在知识论和科学方法的基础上重建世界观的问题。[1]在"五四"

---

[1] 例如,他评论东原批评程朱"详于论敬而略于论学"曰:"这九个字的控诉是向来没有人敢提起的。也只有清朝学问极盛的时代可以产生这样大胆的控诉。陆、王嫌程、(转下页)

反儒学的视野内,戴震的知识取向、考据方法与《孟子字义疏证》对"以理杀人"的批判桴鼓相应,都是对宋明理学的严正抗议。因此,胡适对戴震的评价是从建立反理学的科学世界观的角度作出的,实证方法与科学世界观是这一评价的两个中心支柱。

清儒的知识主义是以治道合一、理礼合一、以经史之精义印证理学的讲章为前提的,而这也正是康熙、乾隆皇帝亲自倡导圣学的理论前提。考证学对宋明理学的批判源远流长,但它否定宋学的理气二分以及从心求理的致知方法,基本上遵循的还是治道、理礼、礼器合一的儒学正统,在清代统治者也以治道合一相标榜的语境中,这一预设难以构成意识形态上的批判意义。换言之,一旦离开顾炎武、黄宗羲的那种精深的理解和明确的政治取向,考证学的理论前提与清代朱学并无根本差别,那么,我们应该怎样理解它的知识取向和方法论所具有的反理学意义呢? 值得注意的是,在乾嘉时代,非议戴震的包括两种人,一种是宋学的门徒,他们对于戴震非议程朱极为痛恨;[2]而另一种人则是乾嘉考证学的代表人物,他们对于戴震的考证学推崇备至,却对《原善》、《绪言》和《孟子字义疏证》大表冷淡。至少从后者的视野看,非议戴震不是因为他在书中提出的"以理杀人"的反理学命题,也不是因为他背离了理礼合一、治道合一、理气(器)一元的经学或清代朱学的命题,而是因为它在方法上和形式上背离了考证学的传统。换句话说,不是反理学,而是某种程度的反汉学或接近于理学,戴震才受到乾嘉学者的"另眼相看"。在这个意义上,他的方式本身包含了一种暧昧性,即以理学的方式反讽汉学,又以汉学的方式批评理学,从而"反理学"一语恐怕

(接上页)朱论学太多,而戴氏却嫌他们论学太略!""这才是用穷理致知的学说来反攻程朱……所以能摧破五六百年推崇的旧说,而建立他的新理学。戴震的哲学,从历史上看来,可说是宋明理学的根本革命,也可以说是新理学的建设——哲学的中兴。"在他的视野中,东原用带有科学方法性质的考证学反对形而上学的理学,创造了一种带有革命性质的新理学。参见胡适:《戴东原的哲学》,上海:商务印书馆,1927,页80—82。

[2] 如翁方纲《复初斋文集》卷七《理说》云:"近日休宁戴氏,一生毕力于名物象数之学,博且勤矣,实亦考订之一端耳! 乃其人不甘以考订为事,而欲谈性道,以立异于程朱。"姚鼐:《惜抱轩尺牍》(北京:中国书店影印版,1986)卷六云:"戴东原言考证岂不佳,而欲言义理,以夺洛闽之席,可谓愚妄不自量矣。"

难以揭示戴震思想的特点。

经学与理学的关系绝非截然对立已如前述。顾炎武的"理学,经学也"是对理学的批判,却不是对理学的全盘抛弃。朱子学重格物致知,本来有以经书收摄人心、体认义理的倾向,他说:"汉魏诸儒,正音读,通训诂,考制度,辨名物,其功博矣。学者苟不先涉其流,则亦何以用其力于此。"[3]清初以降,许多学者以遗民自任,总结明亡教训,反对空谈心性,朱学复兴与经史之学的兴起可以说是同一潮流的产物。章学诚针砭朴学经师说:

> 今人有薄朱氏之学者,即朱氏之数传而后起者也。……性命之说,易入虚无,朱子求一贯于多学而识,寓约礼于博文,其事繁而密,其功实而难,虽朱子之所求,未敢必谓无失也。然沿其学者,一传而为勉斋(黄幹)、九峰(蔡沈);再传而为西山(真德秀)、鹤山(魏了翁)、东发(黄震)、厚斋(王应麟);三传而为仁山(金履祥)、白云(许谦);四传而为潜溪(宋濂)、义乌(王祎);五传而为宁人(顾炎武)、百诗(阎若璩)。则皆服古通经,学求其是,而非专己守残,空言性命之流也。……[4]

清初朱学与经学一样上承朱子学传统,批评王学"六经为我注脚"。但需要说明的是,自明末以来,对王学的批评并不意味着完全背离王学传统,而是调停朱陆,在注重格物致知的同时,特别重视格物、良知、实践和经世致用。章学诚对浙东之学的评论从另一面为此提供了例证,他认为黄宗羲、万氏兄弟和全祖望等经史学者"多宗江西陆氏,而通经服古,绝不空言德性,故不悖于朱子之教",说明朱陆之辨、理学与经史之分均难以说

---

[3] 朱熹:《语孟集义序》,《朱熹集》,成都:四川教育出版社,1996,页3945。
[4] 章学诚:《朱陆》,《文史通义》内篇二,《章学诚遗书》卷二,页15—16。张舜徽张大实斋之说,以为有清一代学术,无不赖有宋贤开其先。举凡小学、经学、史部考订无不渊源于两宋。参看《史学三书平议》,北京:中华书局,1983,页190—191。

明清代思想学术的实际面貌。[5]清代朱学者如陆世仪、吕留良、张履祥等把躬行实践、经世致用看作是理学的命脉,对于礼法、刑政、学校和田制等经世之学有深入的研究,[6]对于他们而言,三代之制和先儒之言正是民族认同的资源。清初朱学重视民族气节,不但与经学存在联系,而且也在批判王学的同时汲取王学的精髓,在躬行实践的视野内严真假程朱之辨。这是经学与理学之间的纠缠关系。

　　清初朱学的上述特点与朝廷隆礼尊朱的局面既相对立,又相呼应。正如士林朱学与经学并行不悖一样,官方朱学以反王学相标榜,不但与钦定经学互通声气,而且也在某些方面形成了与顾炎武、吕留良等人的相似取向。这一格局与顾、黄、吕等人的思想实践构成了一种反讽的关系:双方的政治取向截然相反,而某些理论预设却近乎一致。张烈的《王学质疑》是官方朱学的例证,它围绕"心即理"、"格物致知"和"知行合一"三大主题展开抨击,要求格致穷理,返归六经,虽然理论上极为粗疏,但颇能看出清代朱学的一般取向。[7]有清一代反王学蔚成风气,降至乾嘉时代,学者们标榜考文知音而通经明道,处处以亭林的"理学,经学也"相标榜,但他们的考证训诂却距离经世致用的宗旨越来越远,专讲如何以实证虚或以虚证实,在这个意义上,汉宋之分并不足以显示清代思想内部的分化。例如,王夫之历来被视为宋学余波,但也著有《书经稗疏》、《尚书引义》等著作,其中不少部分——如《稗疏》对《禹贡》的分析——稽考周详,即使《四库全书总目》这样的官方著作也承认"是编诠释经文,亦多出新意……驳苏轼传及蔡传之失,则大抵辞有根据,不同游谈。虽醇疵互见,而可取者较多焉。"[8]尽管学术方式不同于顾炎武,但他

---

[5]　章学诚:《浙东学术》,《文史通义》内篇二,《章学诚遗书》卷二,页14—15。
[6]　陆世仪:《思辨录辑要》(丛书集成本)中有关官制、军事、司法、封建、井田、学校等部分,吕留良:《天盖楼四书语录》(周在延编,康熙二十三年刊)、《十二科程墨观略》(天盖楼偶评,康熙刊本)等。参见陆宝千:《清代思想史》第3章《康熙时代之朱学》,台北:广文书局有限公司,1983,页147—158。
[7]　参见张烈:《王学质疑》,同治五年福州正谊书局刊本。
[8]　《四库全书总目》卷一二,经部,书类二,上册,北京:中华书局,1965,页101。

的考证《尚书》也同样并非为考证而考证,而是引《尚书》以推论其大义,"多取后世事为之纠正",对于历朝之失、尤其是明代之弊端,反复致意。"如论《尧典》钦明,则以辟王氏良知。论《舜典》元德,则以辟老氏玄旨。论依永和声,斥宋濂詹同用九宫填郊庙乐章之陋。……论甲胄起戎,见秦汉以后制置之失。论知之非艰,行之维艰,诋朱陆学术之短……"对于其中若干政治性判断,《四库全书总目》则斥为"益涉于权术作用,不可训矣。"[9]

一旦离开了清初经世致用的特定氛围和顾、黄、王的遗民之志,考证诸家对宋明理学的否定势必完全陷在方法与知识的考究之中,不复有经世致用和知行合一的政治关怀和道德意味。[10]以亭林《日知录》与阎若璩《潜邱札记》有关"武王伐纣"的驳论为例,"亭林本条重在'取天下者无灭国'之义,乃对清之覆明而言。潜邱所驳者,乃在宋商称谓之互易;可谓昧于微言矣。"[11]阎若璩的《古文尚书疏证》和胡渭的《易图明辨》也可以看作是反理学的著作:由于《古文尚书疏证》,宋儒视为尧、舜、禹相传的所谓"十六字心传"——即"人心惟危,道心惟艰,惟精惟一,允执其中"——被证明出自伪书(《古文尚书·大禹谟》);"易图"是宋儒性理之学的出发点之一,而《易图明辨》却通过考证将之归为五代道士陈抟伪造的赝品。这种追根寻源的考证并不是清代考证学的独创,毋宁是宋明理学内部即已存在的潜流的发展。但是,宋代的陆象山兄弟、清初的黄宗羲兄弟对于河图洛书的考证旨在批判朱学的形而上学宇宙论,恢复躬行实践的经世意趣,而在清儒这里,上述"辟宋"的例证不过是汉学的知识主义的表现。这种倾向在戴震这样具有义理关怀的人物身上也有所反映,他主要以考据学之方法排诋宋儒,而不敢公然地以躬行实践的义理与宋学相对抗。章学诚对戴氏的理解或有偏颇,但我们不妨视之为对一时风气的批评:"戴氏力辟宋人,而自度践履万不能及,乃并诋其躬行实践,

---

[9] 同上,页114。
[10] 关于清代《尚书》的辨伪问题,可参见刘起釪《尚书学史》,北京:中华书局,1989,页334—421。
[11] 陆宝千:《清代思想史》,同前,页182—183。

第四章 经与史(二)

以为释老所同,是宋儒流弊,尚恐有伪君子,而戴亦反,直甘为真小人矣。"〔12〕朱学与经学一道排诋陆王,却因此丧失了躬行实践的精神。在这个意义上,清儒辟宋是绵延不绝的潮流,但以训诂考证菲薄宋学是否具有批判性却是大有疑问的。〔13〕

在上述背景上观察东原与宋学的关系,我们的结论与胡适自然不同。东原长于考证,学归实事求是,他年轻时曾从婺源江慎修(永)游。江氏深于三礼,立志继承朱子之志完成礼乐的著述。在他的影响下,东原早期学术毫无反朱学的痕迹。用钱穆的话说,他"以义理推宋,以制数尊汉……汉宋并举,无所轩轾。"〔14〕《与是仲明论学书》是戴震彼时论学宗旨,该书一面重申以字通词、以词通经、以经通道的经学旧旨,一面以"道问学"指斥陆王之"尊德性",却无一词及于程、朱,足见他的考证学与朱学互为表里:

> 经之至者道也,所以明道者其词也,所以成词者字也。由字以通其词,由词以通其道,必有渐。求所谓字,考诸篆书,得许氏《说文解字》,三年知其节目,渐睹古圣人制作本始。又疑许氏于故训未能尽,从友人假《十三经注疏》读之,则知一字之义,当贯群经、本六书,然后为定。……宋之陆、明之陈、王,废讲习讨论之学,假所谓"尊德性"以美其名,然舍夫"道问学",则恶可命之"尊德性"乎?〔15〕

---

〔12〕 章学诚:《与史余村》,《章学诚遗书·佚篇》,页644。
〔13〕 方东树指责乾嘉汉学分工过细,无关"身心性命、国计民生、学术之大",我以为击中了要害:"汉学诸人,坚称义理存乎训诂、典章、制度,……物有本末,是何足以臧也? 以荀子'法后王'之语推之,则冕服、车制、禄田、赋役等,虽古圣之制,亦尘饭木樽耳! 何者? 三统之建,忠质之尚,井田、礼乐诸大端,三代圣人,已不沿袭,又何论后世,而欲追古圣乎!"方东树:《汉学商兑》卷下,见钱锺书主编、朱维铮执行主编《汉学师承记(外二种)》,北京:三联书店,1998,页405。
〔14〕 钱穆:《中国近三百年学术史》,上册,页308,317。钱穆这句话其实源自戴震的《与方希原书》:"圣人之道在六经。汉儒得其制数,失其义理;宋儒得其义理,失其制数……"见《戴震全集》(五),页2590。
〔15〕 戴震:《与是仲明书》,《戴震全集》(五),页2587—2588。

差异是存在的:朱子格物之物遍及天下万物,而东原的格物说的对象却是六经之名物,虽然他本人对于数学等自然之学有精深的研究。钱大昕总结他的成就说:戴震"讲贯《礼经》制度名物及推步天象,皆洞彻其原本,既乃研精汉儒《传注》及《方言》、《说文》诸书,由声音、文字以求训诂,由训诂以寻义理"。[16]这是考据学的路数。

经学的形式本身就是对理学的一种批判,但如果把《与是仲明论学书》与顾炎武、段玉裁的观点逐一排出,我们可以发现顾炎武肇其端,惠、戴畅其流,至段、王而大成的经学线索与理学的关系颇有互为表里之处。顾炎武《仪礼郑注句读序》云:"后之君子,因句读以辨其文,因文以识其义,因其义以通制作之原,则夫子所谓以承天之道而治人之情者,可以追三代之英,而辛有之叹,不发于伊川矣。如稷若者,其不为后世太平之先倡乎。"[17]这不是与《与是仲明论学书》前后呼应吗?段玉裁的《戴东原集序》对于顾炎武、戴震因文识义的理解则更深一层,因为他直接把考据训诂的根据溯源于宋儒推重的《中庸》。在他看来,经学的根据在于圣人不能凭空蹈虚而心通义理,如果不能像《中庸》说的那样"本诸身,徵诸庶民,考诸三王而不缪,建诸天地而不悖,质诸鬼神而无疑,百世以俟圣人而不惑",圣人也无法"尽天地民物之理"。因此,他问道:既然考据为"君子之道",那么,义理难道不是考据的极致么?玉裁云:

> 夫圣人之道在《六经》,不于《六经》求之,则无以得圣人所求之义理,以行于家国天下,而文词之不工,又其末也。先生之治经,凡故训、音声、算数、天文、地理、制度、名物、人事之善恶是非,以及阴阳、气化、道德、性命,莫不究乎其实,盖由考覈以通乎性与天道。既通乎性与天道矣,而考覈益精,文章益盛,用则施政利民,舍则垂世立教而无弊。……先生之言曰:"六书、九数等事,如轿夫然,所以异轿中人也。以六书、九数等事尽我,是犹误以轿夫为轿中人也。又尝与玉裁

---

[16] 钱大昕:《戴先生震传》,《戴震全集》(六),页3429。
[17] 顾炎武:《亭林文集》卷二《仪礼郑注句读序》,《顾亭林诗文集》,页32—33。

第四章 经与史(二)

书曰："仆生平著述之大,以《孟子字义疏证》为第一,所以正人心也。"噫!是可以知先生矣![18]

玉裁批评义理、考据、文章的截然区分,从儒家一贯之道批评后儒强分之为不同领域的做法,不但确切地体现了东原本人的思想,而且也与偏重理学的方东树非汉尊宋的观点十分接近。[19]段玉裁与方东树,一左一右,共同揭示出考据与义理非但不居于对立的地位,毋宁相互支撑,宋学或可视为汉学的导师。

宋明理学本有程朱、陆王之争,明末清初的儒者在论战中各取所需,逐渐引向了经史之学的路途。学术史家习惯于追溯学术发展的内在理路,进而把不同时代的思想因子组织成为一个绵延不绝的线索。钱穆论及吴学的反理学特点时说:

> 亭林为《音学五书》,大意在据唐以正宋、据古经以正唐,即以复古者为反宋,以经学之训诂破宋明之语录,其风流被三吴,是即吴学之远源也。而浙东姚江旧乡,阳明之精神尚在,如梨洲兄弟驳《易图》,陈乾初疑《大学》,毛西河盛推《大学古本》,力辨朱子,其动机在争程朱陆王之旧案,而结果所得,则与亭林有殊途同归之巧,使学者晓然于古经籍之与宋学,未必为一物。其次如阎百诗辨《古文尚书》,其意固犹尊朱,而结果所得,亦使人知通经端在溯古,晋唐以下已可疑,更无论宋明也。……[20]

自康熙崇朱学以后,朱学与经学之间的紧张逐渐消失。理学家的治道合

---

[18] 段玉裁:《戴东原集序》,《戴震全集》(六),页3458—3459。
[19] 戴震:《与方希原书》(1755)说:"古今学问之途,其大致有三:或事于理义,或事于制数,或事于文章。事于文章者,等而末者也。……足下好道而肆力古文,必将求其本。求其本,更有所谓大本。大本既得矣,然后曰:'是道也,非艺也。'"暗示了义理之学的优先地位。《戴震全集》(五),页2589—2590。
[20] 钱穆:《中国近三百年学术史》,上册,页320。

一、理礼合一与经学家的"道器一体"同根同源,如果这个基本预设没有动摇,他们之间就不会出现截然对立的格局。因此,江永、戴震之经学以述朱起脚,朱筠等乾嘉学者仍然推尊程朱。

惠栋(定宇)、戴震分别被看作是吴学与徽学的领袖,也是乾嘉时代辟宋的代表人物。王鸣盛认为"方今学者断推两先生,惠君之治经求其古,戴君求其是,究之,舍古亦无以为是。"[21] 钱穆进而分析他们的差异说:

> 徽学原于述朱而为格物,其精在《三礼》,所治天文律算、水地、音韵、名物诸端,其用心常在会诸经而求其通。吴学则希心复古,以辨后起之伪说,其所治如《周易》,如《尚书》,其用心常在溯之古而得其原。故吴学进于专家,而徽学达于征实。

又说:

> 至苏州惠氏出而怀疑之精神变为笃信,辨伪之工夫转向求真,其还归汉儒者,乃自蔑弃唐宋而然。故以徽学与吴学较,则吴学实为急进,为趋新,走先一步,带有革命之气度,而徽学……大体仍袭东林遗绪,初志尚在阐宋,尚在述朱,并不如吴学高瞻远瞩,划分汉宋,若冀越之不同道也。[22]

惠、戴"蔑弃唐宋"、返归汉儒是清楚的事实,但如何理解他们与宋学的关系还需要仔细分析。既然徽学初志尚在阐宋,辟宋自吴学始,那么,我们先看惠栋如何辟宋归汉。

1756年,惠栋重刊南宋王应麟的《郑氏周易》,以汉儒学说为基础,批判王弼以降参入易传中的道家学说。这一学术取向本身与宋儒的道统说

---

[21] 见洪榜:《戴先生行状》,《戴震全集》(六),页3383。
[22] 钱穆:《中国近三百年学术史》,上册,北京:中华书局,1986,页324,320—321。

相互对立,暗含对于宋学中的二氏因素的抵制。《易汉学·自序》云:"六经定于孔子,毁于秦,传于汉。汉学之亡久矣,独《诗》、《礼》、《公羊》三经犹存毛、郑、何三家。《春秋》为杜氏所乱,《尚书》为伪孔氏所乱,《易经》为王氏所乱……。汉学虽亡,而未尽亡也。惟王辅嗣以假象说《易》,根本黄老,而汉经师之义,荡然无复有存者矣。"[23]根据杨向奎的梳理,惠栋辟宋包含两个方面,一是揭露河图洛书之虚妄,二是重新解说"理"观念。他以经学考证的方式对宋儒之"先天"、"无极"的宇宙论给予激烈的批评,揭露《先天图》、《无极图》以及《河图》、《洛书》之伪出。以下两例已为杨向奎所举出。《易例上》破"先天"之说云:

> 《序卦》曰:"有天地然后万物生焉"。干宝注云:物有先天而生者矣,今正取始于天地,天地之先,圣人弗之论也,故其所法象必自天地而还。……[24]

《周易述·易微言上·无》破"无极"之说云:

> 六经无有以"无"言道者,唯《中庸》引《诗》"上天之载,无声无臭。"……无通为元,故元为道之本。……知元之为道本,则后世先天无极之说,皆不可用。[25]

宋元以降,理学纷争,为了颠覆朱学的根基,陆王学者以考据的方式揭露太极图说的虚妄,对于此后经史之学的发展作出了重要的贡献。惠栋对

---

[23] 惠栋:《易汉学·自序》,页1a,丛书集成初编影印经训堂丛书本。文渊阁四库全书本《易汉学·原序》与此略有出入,言"独《诗》、《礼》二经犹存"时未及公羊。《易汉学·原序》原文为:"六经定于孔子,毁于秦,传于汉。汉学之亡久矣,独《诗》、《礼》二经犹存毛、郑两家,《春秋》为杜氏所乱,《尚书》为伪孔氏所乱,《易经》为王氏所乱……汉学虽亡,而未尽亡也。惟王辅嗣以假象说《易》,根本黄老,而汉经师之义,荡然无复有存者矣。"页1a。文渊阁四库全书本。
[24] 惠栋:《易例上》,引自杨向奎:《清儒学案新编》(三),济南:齐鲁书社,1994,页120。
[25] 惠栋:《周易述·易微言上·无》,见《清儒学案新编》(三),页161。

河图洛书的批评其实正是这一传统的继续。他又以考据方法说"理",从管子等著述中引申出"兼两"的含义,进而认定天理兼容阴阳、柔刚、仁义、好恶。这种以训诂方式解构"以天人、理欲为对待"和"天即理"命题的方式,[26]为戴震的理欲之辨铺平了道路。惠栋说理本法家著述,戴震说理则以荀子作底本,都有以人与礼法的关系来解说理的倾向。这是从他们的义理和考证著作中透露出的新制度论的痕迹。

但惠氏之学与宋学的关系远非反理学可以概括。皮锡瑞论及惠栋、戴震等经学大师尽弃宋诠、独标汉帜时特别补充说:

> 惠氏红豆山斋楹帖云:"六经宗孔孟,百行法程朱",是惠氏之学未尝薄宋儒也。戴震……其学本出江永,称永学自汉经师康成后,罕其俦匹。永尝注朱子《近思录》,所著《礼经纲目》亦本朱子《仪礼经传通解》。戴震作《原善》、《孟子字义疏证》,虽与朱子说经牴牾,亦只是争辨一理字。……段玉裁受学于震,议以震配享朱子祠,又跋朱子《小学》,……段以极精小学之人,而不以汉人小学薄朱子小学。是江戴段之学未尝薄宋儒也。[27]

皮氏出身于今文学阵营,他对惠学的判断不只是从红豆山斋楹帖中得出的,还包含今文经学家的敏感。[28]杨向奎说"惠栋治《易》,喜以所谓古字易俗字,尊古文经的体系,却又采取今文家说,多阴阳谶纬之学,因之也谈

---

[26] 惠栋:《周易述·易微言下·理》,见《清儒学案新编》(三),页121。
[27] 皮锡瑞:《经学历史》,北京:中华书局,1989,页313。
[28] 江藩的《汉学师承记》严分汉宋,但他的《宋学渊源记》却与皮锡瑞之《经学历史》同引惠栋楹帖说明清学内部的汉宋纠缠。江藩说:"近今汉学昌明,遍于寰宇,有一知半解者,无不痛诋宋学。然本朝为汉学者,始于元和惠氏红豆山房半农人手书楹帖云:'六经尊服郑,百法行程朱。'不以以为非且以为法,为汉学者背其师承,何哉?藩为是记,实本师说。"楹联文字稍有不同,一为"六经宗孔孟",一为"六经尊服郑",或多或少也显示了江藩与皮锡瑞的侧重点。《国朝宋学渊源记》,见钱锺书主编、朱维铮执行主编《汉学师承记(外二种)》,页187。

'天人之道'。可以说,惠栋治经,纯宗'汉儒'……"[29],正好印证了皮锡瑞的看法。在这里,如何理解"纯宗汉儒"还可以推敲:惠栋在文字训诂方面尊古文经体系(以古字易俗字),但在考据背后的义理方面却关心天人之道,取今文家说。他在五十以后专心经术,尤精于《易》。《周易述》、《易例》、《易汉学》及《九经古义》中有关《易经》的论述是清代易学中的重要作品,备受学术史家的称赞。[30]

宋代理学以辟二氏为旗帜,但它的宇宙论和心性论与佛、道二氏的关系极为密切。惠栋抨击河图洛书,以复兴汉学为己任,认为宋儒的先天后天之说渊源于王弼对《易经》的曲解,掺杂了许多老庄的因素,但他又以反宋归汉的方式重构"天人之学",暗通释老之说。在这里,沟通经学与理学的桥梁是汉代今文经和谶纬之学及其道教因子。惠栋公开引用《参同契》,以为可以继绝学、承微言。在《周易述》中,他力攻朱子,但在解释《易》时却多引《阴符经》,这是朱熹极为欣赏并曾加以考订的著作。《阴符经》所谓"天地之道浸,故阴阳胜"深得朱子之心,而惠栋在《易例上》中则说:"阳长阴消,皆以积渐而成。《文言》曰,'其所由来渐矣',故曰,'浸,渐也。'《阴符经》曰,'天地之道浸,故阴阳胜。'《遯》《象传》曰,'小利贞浸而长也',此谓阴阳浸而长也。"杨向奎据此判断说:"汉学发展本来与理学对立,在这一点上,两者又通过《阴符经》结合起来。"[31]惠栋从天象的乖异、卦爻之混乱、阴阳失调和灾异流行观察人事之"失道妄行",完全依循汉儒之天人相关和天人相类的旧说。他的汉学重在易学,又特重阴阳灾异之说,复归汉学与暗通道教并行不悖。这是他在辟宋的同时又能以"天人"之学与宋学对话的主要原因。[32]惠氏易学沟通《易》与

---

[29] 杨向奎:《绎史斋学术文集》,上海:上海人民出版社,1983,页514—515。
[30] 江藩《汉学师承记》说他"年五十后,专心经术,尤邃于《易》。""《周易述》一编,专宗虞仲翔,参以荀、郑诸家之义,约其旨为注,演其说为疏,汉学之绝者,千有五百余年,至是而粲然复章矣。"《汉学师承记(外二种)》,页30。
[31] 杨向奎:《清儒学案新编》(三),页120。
[32] 同上,页7—121。

《春秋》,前者为天学,后者为人事,合之而为天人之学,[33]这种模式与此后公羊学中的天人之学有许多呼应之处。具体地说,"在《易例上·太极生次》中他以为天地万物的发生发展即《易》的发生发展。万物的发展是宇宙的实体,而《易》是宇宙实体的表德。《春秋》纪事,效法于《易》,历代以纪'元'开始,即效法《易》以太极为首。"[34]惠栋追随汉儒将宇宙现象配合于六十四卦之中,[35]又一一分论道、元、诚、性命等等命题,明显地呼应了宋学所谓穷理尽性、天道理气之说。这种合天人于一体的易学宇宙论也是理学的主要来源之一。他在经学的形式下回归了易学宇宙论,不但在古文经学内部开今文经学之先河,而且也为观察人事提供了一个宇宙论视野。[36]

戴震、钱大昕均曾问学于惠栋,又随之辟宋甚烈,汉宋之别在乾嘉学

---

[33] 如《周易述·易微言下》"性命"条云:"《文言》曰:乾道变化,各正性命,保合太和乃利贞。《说卦》曰:穷理尽性,以至于命。虞注云:乾为性。《诗·烝民》曰:'天生烝民,有物有则,民之秉彝,好是懿德。'郑笺曰:天之生众民,其性有物象,谓五行仁义礼智信也。其性有所法,能喜怒哀乐好恶也。然而民所执持有常道,莫不好有美德之人。《大戴·本命》曰:分于道谓之命,形于一谓之性。……化于阴阳,象形而发,谓之生。……"见杨向奎:《清儒学案新编》(三),页176。

[34] 杨向奎:《清儒学案新编》(三),页118。他还指出,惠栋"天人之学"结合了《易经》、《春秋》与《中庸》,以发挥"前圣"、"后圣"赞天地化育事。他以《春秋公羊》三世理论配合《易·象传》"云雷屯君子以经纶"的虞氏注解,以为"经纶大经,以中和之本而赞化育",指文王演《易》,得《既济》而致天下太平。《中庸》说孔子"祖述尧舜,宪章文武",是子思知孔子之道,上绍尧舜文武,删《诗》,述《书》,定《礼》,理《乐》,制作《春秋》,亦所以明《既济》之功,而"文致太平"。这些说法是阴阳灾异说的变相提法,是"天人之学"的新理论。(同前,页119。)参见《周易述·易微言上·元》,见同上书,页157—161。

[35] 这种以某一卦配合某一自然现象和社会现象的方式是典型的今文学派的方式,即汉《易》所谓"配"的问题。如《京氏易传》卷二《乾》云:"乾,纯阳用事,象配天,属金与坤飞伏居世。……配于人首为首,为君父;于类为马为龙。"见杨向奎:《清儒学案新编》(三),页117。

[36] 为什么易学中的古文经学派也会与今文经学派如此相似呢?这是因为在诸经之中,《易经》的今、古之别有所不同,"一是《易》未遭秦火,文字与师说都可以留传,没有章句训诂上显著不同。二来《易》乃卜筮书,多阴阳灾异,而此乃西汉今文经师所擅长,就此而论《易》学各派都属今文。"杨向奎:《清儒学案新编》(三),页116。

术中势如水火。但如果从学术史的相互传承渗透来看,问题就要复杂很多。戴震之《原善》是经学家最不乐闻的理学著作,但按钱穆说法,却出自惠栋之汉学家法。"东原深推松崖,谓舍故训无以明理义,《原善》三卷,即本此精神而成书。故曰:'天人之道,经之大训萃焉',则东原论学著书,其受松崖之影响,居可见矣。"[37]我们读章太炎《康成子雍为宋明心学导师说》,他的汉宋观实为钱穆此论之先导:

> 汉人短名理,故经儒言道亦不如晚周精至。然其高义傥见,杂在常论中者,遂为宋明心学导师。郑康成说致知在格物,曰格来也,物犹事也。其知于善深,则来善物。其知于恶深,则来恶物。言事缘人所好来也。是乃本于孔子之言我欲仁斯仁至矣。从是推之,我欲不仁,斯不仁至矣。其后王伯安为知行合一之说,则曰知之笃实处即行,行之精明处即知,其于郑义无所异也。王子雍伪作《古文尚书》及《孔丛子》,《古文尚书》所云"人心惟危,道心惟微,惟精惟一,允执厥中"者,乃改治孙卿所引道经之文,而宋儒悉奉以为准,然尚非其至者。《孔丛子》言心之精神是谓圣,微特于儒言为超迈,虽西海圣人何以加是?故杨敬仲终身诵之,以为不刊之论。前有谢显道,后有王伯安,皆云心即理,亦于此相会焉。[38]

这个看法对于清代汉学与理学的关系也颇适用,但需要反其言,即朱子学、阳明学以及易经、道教和谶纬之说也是清代汉学的导师。惠栋在经学内部发掘天人之学的义理,戴震在《法象论》中谈论以易理窥测人事,[39]不都证明了这一点吗?在这一背景下,戴震究竟如何辟宋也就成了一个问题。

---

[37] 钱穆:《中国近三百年学术史》,上册,页327。
[38] 章太炎:《康成子雍为宋明心学导师说》,《太炎文录续编》,《章太炎全集》(五),页63。
[39] 戴震说:"《易》曰:'法象莫大乎天地。'又曰:'成象之谓乾,效法之谓坤。'又曰:'仰则观象于天,俯则观法于地。'夫道无远欲,能以尽于人伦者反身求之,则靡不尽也,……天所以成象,地所以成形,圣人所以立极,一也,道之至也。"《法象论》,《戴震全集》(一),页1—2。

这里还有一个更为重要的疑问:康熙崇朱,一时公卿硕儒趋之若鹜,如果朱学仍为清朝官学,为什么身居京师的乾嘉诸子敢于以辟宋相标榜?为什么惠栋评《毛诗注疏》时所谓"宋儒之祸,甚于秦灰"的激烈言论竟然深得四库馆臣之心?在分析戴震辟宋与吴学的关系之前,有必要从政治与学术的关系略说朱学在清代的命运和变化。梁启超曾将考证学的兴起归诸清代文字狱,这一观点已有不少学者与之驳难,钱穆的上述概括就是例证。但是,文字狱与清代学风变化的关系不容忽视。文字狱首先祸及清代理学,特别是朱子学,间接影响经学家与朱学的关系,他们不得不重新定位自己与朱学的关系。[40]降至雍、乾时代,理学名儒相继凋零,圣学虽然位居正统,但地位已经开始发生微妙变化。在这里起着关键作用的,是官方朱学与朋党的关系,以及民间朱学与民族观念的内在联系,陆宝千《清代思想史》对此有扼要但清晰的叙述。雍正一朝大兴文字狱,先有打击"科甲朋党"的案子,李绂因与田文镜互参案获罪入狱。李绂是一代名臣,为学宗陆而又平分朱陆,是以治道合一称颂康熙朝政的重要人物。科甲朋党案尚未完全结束,1728年,雍正又因湖南秀才曾静上书川陕总督岳钟琪案牵连出影响广泛的吕留良案。吕氏(1629—1683)严守华夷大防,有所谓"苟全始识谭何易,饿死今知事最微"等诗句,为出名的理学家。他在顺治十年中秀才,但后来削发为僧,拒绝应召博学鸿词科和出仕。曾静及其门弟子张熙对吕留良十分崇敬,他们本诸治道合一的宗旨,严守华夷大防,认为皇帝应该由"吾学中儒者做",例如春秋时的孔子、战国时的孟子,秦以后的程朱,而明末的皇帝则应该由吕晚村担任,足见清代朱学者的遭难与民族问题关系密切。[41]吕留良及其弟子推尊程朱本有严辨程朱真伪之意趣,矛头所向,直指康熙利用程朱收拾人心,以及陆陇其、李光地等朱学者颂扬清圣祖治道合一的"文治"。这是以治道合一对抗治道合一。曾静案发后,雍正不但命搜查吕晚村及其弟子严鸿逵、再

---

[40] 雷梦辰:《清代各省禁书汇考》,北京:北京图书馆出版社,1989,页4。
[41] 中国社会科学院历史研究所清史研究室:《清史资料》(第四辑),《大义觉迷录》卷2,北京:中华书局,1983,页48。

传弟子曾严等人的著作,而且特命大学士朱轼等批驳吕留良的《四书讲义》、语录。吕氏及其子遭戮尸,他的后人、弟子均遭杀害或发配,诛及九族。

朋党案和吕留良案对于乾嘉时代的政治以及朱子学的地位具有深远影响。[42]从朋党问题看,乾隆上承雍正的观点,对于朋党、门户极为警觉,他在高压之外,也力图通过御纂、钦定诸书兼用汉、宋,从理论的层面扫除门户、朋党的前提,这在《清高宗纯皇帝实录》中有着鲜明的印记。例如1758(乾隆二十三年)御纂的《春秋集解》"御制序"讲论《春秋》而言及今文家爱谈的"属辞比事"、"微言大义",并不拘守古文家言;[43]1782年(乾隆四十七年)"仲春经筵"之时,针对德保、曹秀先讲论《论语》之"知者乐,仁者寿",乾隆以"仁者知之体,知者仁之用"批评朱子"不兼仁知而言",认为他未得孔子精微。[44]因此,乾嘉时代之辟宋潮流与雍乾时代反对门户、朋党而造成的朱学衰落存在着呼应的关系。从民族问题看,清初民间朱学利用孔孟、六经宣扬族群观念,在夷夏之辨的框架内表达反清的宗旨,王夫之、吕留良都是重要的例证。吕氏极端崇信程朱,贬斥陆王为"阳儒阴释",[45]含有用朱子学正统排斥夷狄的用心。《四书讲义》利用四书讲论气节问题,例如在解释"微管仲,吾其被发左衽矣"一句时,吕留良说:"君臣之义,域中第一事,人伦之至大,此节一失,虽有勋业作为,无足以赎其罪者。""看微管仲句,一部《春秋》大义,尤有大于君臣之论,为域中第一事者,故管仲可以不死耳。原是论节义之大小,不是重功名也。"[46]他从三代封建的视野出发,判定秦汉之后的许多(郡县)制度本诸自私自利之心,完全失去了三代之制的精神。"三代以上圣人制产

---

[42] 有关清代朱学与朋党案的关系,参见陆宝千的《清代思想史》(台北:广文书局有限公司,1983),该书对朱学在清代的浮沉与朋党案的关系有扼要但准确的叙述,我在这里的叙述受到陆书相关讨论的启发。
[43] 《清高宗纯皇帝实录》卷五六第二二叶。
[44] 《清高宗纯皇帝实录》卷一一五〇第四—五叶。
[45] 吕留良:《吕晚村先生四书讲义》卷三五《孟子六·滕文公下》,页9a。
[46] 吕留良:《吕晚村先生四书讲义》卷十七《论语十四·宪问》,页9a。

明伦以及封建兵刑许多布置"均按诸天下后世的利益,而"不曾有一事一法从自己富贵及子孙世业上起一点永远占定,怕人夺取之心"。[47]吕氏循理学旧路,批判郡县一统,追慕三代封建井田之制,认为"封建、井田之废,势也,非理也;乱也,非治也",谴责后世君相"因循苟且以养成其私利之心,故不能复返三代。"[48]这是把三代之制看作衡量治乱的根据,暗含对当世的贬斥。雍正在驳斥曾静时批判晚村思想,除了华夷之辨外,也牵涉宋明理学的君臣纲常之说,以及理学家津津乐道的三代之封建。雍正时代因理学得罪的还有谢济世、陆生枏等,前者的罪名是注释《大学》,诽谤程朱;后者的罪名是写《通鉴论》,主张分封,反对郡县。吕留良案之后,雍正不再尊朱,转而多刻佛经,亲选语录,自称圆明居士,以天子之尊,而居一山之主,开堂授徒,程朱之学渐失先前的力量。[49]这与康熙辟佛崇儒形成了尖锐的对比。[50]查阅雷梦辰著《清代各省禁书汇考》,乾隆年间各省奏缴的禁书中仍有许多与吕留良、戴名世等有关的理学著作,如《带田有四书文》(戴名世著)、《天盖楼四书文》(吕留良评选)、《四书讲义攀龙集》(陈美发集,多引晚村解说)、《四书绎注》(王锬辑,多引晚村评语)等等,我们可以由此推想雍乾之际士林朱学的境况。

在上述背景下,如何估价考证学家们的排诋宋学,是一个需要重新思考的问题。如果没有雍乾之际对于朋党的打击、吕留良案后朝廷对于朱学态度的变化,我们很难想像位居四库馆臣的经学家们敢于公然辟宋。在笃信治道合一、理礼合一的儒学观念方面,经学家与清代朱学者本来并

---

[47]　吕留良:《吕晚村先生四书讲义》卷二九《中庸六》页10a。
[48]　吕留良:《吕晚村先生四书讲义》卷三四《孟子五·滕文公上》页10a。
[49]　陆宝千:《清代思想史》,页158。陆著注意到吕留良案与清代朱学的变化,为我们理解这一时代乾嘉学者对宋学的批评提供了线索。我对戴震思想的诠释也是建立在这一背景之上的。
[50]　满清对于佛教的拒斥与他们对于蒙古在黄教影响下国运衰微的总结有关。皇太极说:"蒙古诸贝子自弃蒙古语,名号俱学喇嘛,卒致国运衰微。"(《清太宗实录》卷18,天聪八年四月辛酉)康熙自幼习儒学,1673年,他对熊赐履等人说:"朕十岁时,一喇嘛来朝,提起西方佛法,朕即面辟其谬,彼竟语塞。盖朕生来便厌闻此种也。"(《康熙起居注》,十二年八月二十六日)

无二致,经史之学蔚为大观与朝廷对于理学的态度的微妙变化恰巧发生在同一时期,训诂考证不仅成为普遍认可的知识形式,而且排诋宋学也成为一时风气,两者之间不能说毫无联系。在这个意义上,与其说经学的兴盛是文字狱的结果,不如说经学的反理学倾向受到了朱学失宠的影响,因此,是否反理学并不是评判清儒的批判性的标准。[51]在这一氛围中,治道合一、理礼合一的经学前提并未改变,改变了的是梨洲、亭林、晚村等人在这一前提下建立起来的与异族统治分庭抗礼的政治意识。排诋宋儒主要集中于为学的方法方面,并不是对治道合一、理礼合一、礼器合一等清代儒学(包括朱子学)普遍认可的观念和预设的否定。考证学把治道合一、礼理合一的内在理想建构成为一种学术方式,而清朝朱学则以此为皇帝提供合法性论证,它们从"合一"的角度共同否定程朱的理气、治道、礼理二元论,又从礼理、治道、道器的关系出发否定陆王之从心言理,从而扬弃了宋学传统中的那种内与外、理与气、道与器的内在紧张。在这两个方面,考证学与清代朱学之间的差别是有限的。宋儒以天理与现实秩序相对立,从而显示出一个礼乐与制度、身份地位与道德状态相互分离的世界;对他们来说,天理与现实世界的对立恰恰是批判的源泉。顾炎武、黄宗羲用理礼合一、治道合一来否定理气、理欲二元论,用新制度论和新礼乐论重构先儒风俗制度、批判明儒之虚妄,在对抗清朝统治的同时提供道德/政治实践的思想资源和行动指南。当戴震等乾嘉学者重申这些命题的时候,他们既不能像宋儒那样以天理与制度相抗衡,也早已没有亭林、梨洲的那种与现实制度整体对立的情怀。那么,这些命题到底还有多少

---

[51] 降至19世纪,魏源以今文家的身份抨击包括戴震在内的汉学家的考证工作,同时也讥评他们在四库馆内抨击宋学的态度。魏源是在变法改制的时代要求下作出他的判断的,反而以今文家的路数接近了亭林之学的宗旨。他本人对于宋学也有许多批评,但对四库馆臣辟宋的态度却颇为不满。《书"宋名臣言行录"后》抨击纪昀曰:"乾隆中修《四库书》,纪文达公以侍读学士总纂。文达故不喜宋儒,其《总目》多所发挥,然未有如《宋名臣言行录》之甚者也。……昌言抨辟,讫再讫四,昭昭国门可悬,南山不易矣!虽然,吾未知文达所见何本也。"(魏源:《书"宋名臣言行录"后》,《魏源集》上册,北京:中华书局,1976,页217。)这些例证足以说明,仅仅在反理学的意义上谈论东原思想的意义,是没有击中要害的。

批判的意义？戴震辟宋的主要动机和目的是什么？这是检验辟宋反朱的潮流是否具有胡适期待的批判意义的关键。

第二节　经学、理学与反理学

戴震于乾隆丁丑(1757)南游扬州，晤惠栋，学术为之一变：原先"戴学从尊朱述朱起脚，而惠学则自反宋复古而来"，但此后"乾嘉以往诋宋之风，自东原起而愈甚，而东原论学之尊汉抑宋，则实有闻于苏州惠氏之风而起也。"[52]作于乾隆乙酉(1765)的《题惠定宇先生授经图》及后四年为惠栋弟子余萧客《古经解钩沉》所作的序，历来被看作是东原辟宋的宣言。前者曰："所谓理义，苟可以舍经而空凭胸臆，将人人凿空得之，奚有于经学之云乎哉？……圣人贤人之理义非它，存乎典章制度者是也。"[53]后者谓："经之至者道也，所以明道者其词也，所以成词者，未有能外小学文字者也。由文字以通乎语言，由语言以通乎古圣贤之心志，譬之适堂坛之必循其阶，而不可以躐等。"[54]颇有将宋儒义理之学一笔抹杀的味道。

《绪言》和《孟子字义疏证》非议宋儒的"理"观，但在理论形式上却像《原善》一样力图突破经学考证，重新回到理学的道器、理气、理欲、天人、心性、自然/必然等较为抽象的范畴。[55]在这方面，戴震比惠栋走得更远。惠栋述九经古义说："汉人通经有家法，故有五经师。训诂之学皆师所口授，其后乃著竹帛，所以汉经师之说立于学官，与经并行。五经出于屋壁，多古字古言，非经师不能辨。经之义存乎训，识字审音乃知其义。

---

[52] 钱穆：《中国近三百年学术史》，上册，页320—322。
[53] 戴震：《题惠定宇先生授经图》，《戴震全集》(五)，页2614—2615。
[54] 戴震：《古经解钩沉序》，《戴震全集》(五)，页2631。
[55] 翁方纲批评说："近日休宁戴震一生毕力于名物象数之学，博且勤矣，实亦考订之一端耳。乃其人不甘以考订为事，而欲谈性道以立异于程、朱。"翁方纲：《理说驳戴震作》，《复初斋文集》第一册，卷七，台北：文海出版社影印本，1966，页321。

是故训不可改也,经师不可废也。"[56]《周易述》等著作以古文经的家法阐述易理,未尝离开考据的方式直接言道。东原《孟子字义疏证》力图以"疏证"的方式掩人耳目,但义理之学的形式已经昭然若揭。我们比较《原善》及其改本、参看《读孟子论性》与《孟子字义疏证》,义理与考证的关系十分清晰。在《原善》改本的小序中,戴震坦陈:

> 余始为《原善》之书三章,惧学者蔽以异趣也,复援据经言疏通证明之,而以三章者分为建首,次成上、中、下卷。比类合义,灿然端委毕著矣,天人之道,经之大训萃焉。以今之去古圣哲既远,治经之士,莫能综贯,习所见闻,积非成是,余言恐未足以振兹坠绪也。藏之家塾,以待能者发之。[57]

这里明说改本之作是为了担心学者的偏见,所以"据经言疏通证明之"。那么,经言背后是什么呢?我们看《原善》初本开头一节,命题及论述的方式与宋儒言天言理言性的旧路若相枘鼓:

> 善:曰仁,曰礼,曰义,斯三者,天下之大本也。显之为天之明谓之命,实之为化之顺谓之道,循之而分治有常谓之理。命,言乎天地之中昭明以信也;道,言乎化之不已也;理,言乎其详至也。善,言乎无淆杂也;性,言乎本于天,徵为事能也。……[58]

戴震辟宋的主调是以经学考据的方式取代宋儒的义理之学,但他对宋学的最为尖锐的批判恰恰来自《原善》、《绪言》和《疏证》等著作中所讨论的理欲之辨和自然/必然之辨。那么,这些著作与他的考据学真的那么矛盾和对立吗?

---

[56] 惠栋:《九经古义述首》,《皇清经解》,册77,卷359,页1a。
[57] 戴震:《原善》上,《戴震全集》(一),页9。
[58] 同上书,页3。

段玉裁认为戴震对宋学言性言理等等的批判与其经学立场完全一致。他说：

> 盖先生《原善》三篇、《论性》二篇既成，又以宋儒言性，言理，言道，言才，言诚，言明，言权，言仁义礼智，言智仁勇，皆非六经孔孟之言，而以异学之言糅之，故就《孟子》字义开示，使人知"人欲尽净尽，天理流行"之语病。所谓理者，必求诸人情之无憾而后即安，不得谓性为理。[59]

戴震本人的看法又如何呢？在《疏证》中，戴震不但批评二氏之说，还谴责程朱在理气二分的基础上论学，致使"详于论敬而略于论学"。[60]因此，他的方法绝不是重述义理之学，而是以考据家的办法还各家为各家的位置：[61]

> 仆自十七岁时，有志闻道，谓非求之六经孔孟不得，非从事于字义、制度、名物，无由以通其语言。为之三十余年，灼然知古今治乱之源在是。古人曰理解者，即寻其腠理而析之也。曰天理者，如庄周言依乎天理，即所谓"彼节者有间"也。古贤人圣人以体民之情、遂民之欲为得理，今人以己之意见不出于私为理，是以意见杀人，咸自信为理矣。此犹舍字义制度名物，去语言训诂，而欲得圣人之道于遗经也。[62]

---

[59] 段玉裁：《戴东原先生年谱》，《戴震全集》（六），页3403。据钱穆考证，段玉裁于乾隆丙戌（三十一年）所闻并非《孟子字义疏证》，因为《疏证》成书尚晚。懋堂所见应该是《原善》三篇之扩大本。参见钱穆：《中国近三百年学术史》，上册，页326—327。
[60] 戴震：《孟子字义疏证》卷上，《戴震全集》（一），页166。
[61] 焦循说："循读东原戴氏之书，最心服其《孟子字义疏证》。说者分别汉学宋学，以义理归之宋。宋之义理诚详于汉，然训故明乃能识羲文周孔之义理。宋之义理，仍当以孔之义理衡之，未容以宋之义理即定为孔子之义理也。"焦循：《雕菰楼集》卷十三《寄朱休承学士书》。
[62] 戴震：《与段玉裁书》，见段玉裁：《戴东原先生年谱》，《戴震全集》（六），页3417。

但这里仍有若干疑问。如果批判宋学与汉学的原则完全一致,为什么戴震不循训诂学的旧路却又复归于宋学的命题和形式?为什么戴震在批评宋学理欲观的时候,必须复归理学的本体论和心性论的框架?戴震对宋学义理的具体批评与汉学的前提并无差别,但却以反汉学的形式来表达,这一事实值得我们思考。

我们不妨从章学诚对戴震的评论出发来做些分析。在《书朱陆篇后》、《答邵二云书》及《又与朱少白书》等文中,章氏认为"戴君所学,深通训诂,究于名物制度,而得其所以然,将以明道也。……戴著《论性》《原善》诸篇,于天人理气,实有发前人所未发者……"[63] 推定戴震之学上承顾炎武、阎若璩,与朱子家法实有所渊源。章学诚对戴震的天人理气论推崇有加,而最不满于戴震慑于学风时尚和个人位置,心口不一,两是其说,缺乏躬行实践和诚敬的勇气,以致在"不薄朱子,则不得为通人"的潮流中,排诋宋儒唯恐不烈。[64] 后世治戴学者大多继承了章学诚把学术分野与心理分析(心术不纯)相结合的思路,但更注重义理、考证的形式差异,很少涉及形式差异背后隐含的思想矛盾及其根源。余英时《戴震与章学诚》一书立论的基调就从章学诚的讨论而来。该书以学术史的分野为背景,从心理角度描述戴震的学术与性格的二重性,生动而流畅。作者在戴震与章学诚的交往关系中论述乾嘉的学术氛围,指出:"在考证学

---

[63]　章学诚:《书朱陆篇后》,《章学诚遗书》,页16。

[64]　章学诚还说:"戴氏之言,因人因地因时,各有变化,权欺术御,何必言之由中","其学问心术,实有瑕瑜不容掩者。"(《答邵二云书》,《章学诚遗书》,页645)。在《又与朱少白书》中,他又说:"戴东原训诂解经,得古人之大体,众所推尊。其《原善》诸篇,虽先夫子(按指少白父朱筠)亦所不取。其实精微醇邃,实有古人未发之旨,鄙不以为非也。戴君之误,误在诋宋儒之躬行实践,而置己身于功过之外。至于校正宋儒之讹误可也,并一切抹杀,横肆诋诃,至今休、歙之间,少年英俊,不骂程朱,不得谓之通人,则真罪过,戴氏实为作俑。其实初听其说,似乎高明,而细核之,则直为忘年耳。夫空谈性理,孤陋寡闻,一无所知,乃是宋学末流之大弊。然通经服古,由博反约,即是朱子之教。一传为蔡九峰、黄勉斋,再传而为真西山、魏鹤山,三传而为黄东发、王伯厚。……至国初而顾亭林、黄梨洲、阎百诗皆俎豆相承,甚于汉之经师谱系。戴氏亦从此数公入手,而痛斥朱学,此饮水而忘其源也。然戴实有所得力处,故《原善》诸篇,文不容没。"章学诚:《又与朱少白书》,见《章学诚遗书》,页611。

432　　现代中国思想的兴起

风鼎盛的乾、嘉时代,义理工作最得不到一般学者的同情。而且当时考证学家之鄙薄义理,并不完全因为义理是宋学而然。他们根本不惯于系统性的抽象思考。所以考证与义理之争基本上是源于两种不同形态的认知活动的对立,所谓汉、宋之争不过是其中一个特殊的环节而已。"[65]余英时据此认为戴震以一"刺猬"型的人物而在乾嘉时代成为"群狐之首",遂成就了他在学术上和心理上的一种分裂的人格。章学诚正好相反,他在"狐狸"成群的地方备尝"刺猬"的孤独和艰辛,清楚地看到了戴震的内在本质(刺猬)与外在形象(狐狸)的矛盾,于是一面引以为知己,一面责之为贰臣。

　　义理/考证的矛盾能否说明戴震的思想特点及其与章学诚的关系?在回答这一问题之前,我想指出一个基本事实:"义之学"的范畴比理学更为宽泛,但结合章学诚所谓戴震的贡献不在训诂考据,而在"于天人理气实有发先人所未发"的判断,东原得罪于汉学者的还是他与理学的接近。[66]但是,从学术方法的角度说,章氏学说并不近于宋明理学,毋宁是以承认经学的基本预设(如礼藏于器,治道合一,理礼合一)为前提。他在经学家们面前为戴震辩护,并不是为了说明戴震在"天人理气"方面的贡献。岛田虔次将"六经皆史说"表述为"超越考证学的哲学,同时又是考证学的哲学",[67]大致点出了章学诚学术思想的特点。朱筠、钱大昕对戴震的非议来自经学内部的一种紧张,因为戴震毕竟是考证学之栋梁,而他的《原善》、《疏证》诸书又披着由字通训、由词通道的经学外衣。换句话说,不是戴震的反理学,而是他在形式上对理学的复归,让考证家们感到不安。如果他们真的漠视戴震的《疏证》等书,章学诚、洪榜又何

---

[65]　余英时:《戴震与章学诚》,台北:华世出版社,1977,页86—87。
[66]　章学诚说:"凡戴君所学,深通训诂,究于名物制度,而得其所以然,将以明道也。时人方贵博雅考订,见其训诂名物有合时好,以谓戴之绝诣在此;及戴著《论性》、《原善》诸篇,于天人理气实有发前人所未发者,时人则谓空说义理,可以无作,是固不知戴学者矣!"见《书朱陆篇后》,《文史通义》内篇二,《章学诚遗书》卷二,页16。
[67]　岛田虔次:《六经皆史说》,《日本学者研究中国史论著选译》七,北京:中华书局,1993,页185。

必为之力辩？如果戴震真的回到了宋学的窠臼，而章学诚又全心认为宋明义理之学就是学术的指归，那么，他又有什么必要在经学家们面前为之辩护呢？辩护的基本理由是消除误解，而消除误解的意思不就是说双方其实并不那么对立，或者双方还是存在某些共同的前提么？从章学诚一面说，戴震并没有彻底回归宋学，他毋宁是在经学的形式之中恢复儒学闻道的一贯宗旨，因此也才有一辩的必要性。没有这一面，我们也就无法解释他在朱筠面前为戴震辩护的理由。[68]

章学诚注重"求道"和通变，反对泥古于六经，他的基本理论是"六经皆史"。这个理论是建立在道器一体、理礼合一的前提之上的，在这方面，他与经学家的看法并没有根本的差别。"义理"问题对于一般经学家而言是一个方法论问题，而对章学诚、戴震来说却更是一个儒学的基本取向的问题。章氏对东原之学的兴趣有一个基本前提，即戴震的理学趣味是内在于经学的理学趣味，而他的经学思想的内核又深受义理之学的影响。因此，戴震与理学的纠缠是在经学的形式内部进行的，而理学的因素则表明他在一定程度上希望突破经学的藩篱。章学诚对戴学的分析采用了义理与考据的区分，但如果全面地观察他的学术主张，我们可以发现正是章学诚本人把这一区分视为经学堕落的根源。他要求在经史之学的形式中恢复理气心性和践履问题的讨论，纠正经学强分义理与考证、自陷琐碎支离的学风，但这并不表示他认同理学的形式。在这个意义上，章学诚对东原的批评是在复杂的学术格局、历史脉络和他个人的学术观点中展开的，若我们单以"刺猬"指义理，以"狐狸"指考证有可能落入了严分汉宋（义理、考证）的形式主义。我们需要继续追问的

---

[68] 章学诚《答邵二云书》云："丙戌春夏之交，仆因郑诚斋太史之言，往见戴氏休宁馆舍，询其所学，戴为粗言崖略，仆即疑郑太史言不足以尽戴君。时在朱先生门，得见一时通人，虽大扩生平闻见，而求能深识古人大体，进窥天地之纯，惟戴氏可与几此。而当时中朝荐绅负重望者，大兴朱氏，嘉定钱氏，实为一时巨擘。其推重戴氏，亦但云训诂名物，六书九数，用功深细而已，及举《原善》诸篇，则群惜其有用精神耗于无用之地。仆于当时，力争朱先生前，以谓此说似买椟而还珠。而人微言轻，不足以动诸公之听。"《章学诚遗书》，页645。

是:戴震学术思想上的纠缠到底是如何产生的？该怎样解释他的内在矛盾和思想特点？

戴震思想的多重取向是在复杂的思想氛围中形成的,他批判的对象不仅是宋学,而且是佛、道,尤其是释氏。由于清朝皇帝与喇嘛教的特殊关系,戴震置身的思想情境也有与宋儒颇相似之处,即处于儒释之间的微妙的对抗关系之中。不同的是,一,清代经学的发展已经从根本上瓦解了理学的前提,容不得戴震在理气二元论的前提下或在宇宙论的范畴内重新阐释天理的概念了;二,在清代多元帝国体制内,儒学的至尊地位是以其包容性为前提的,试图像宋儒那样以辟佛的方式建立儒学道统难以获得承认。在这个意义上,戴震的思想情境又比宋儒更为复杂:他要批判的二氏已经不只是单纯的二氏,而且也是渗透在理学中的二氏;他据以批判的儒学传统也不是单纯的汉学传统,而是对汉学有所批判的儒学传统。《孟子字义疏证》卷上有云:"程子、朱子其出入于老释,皆以求道也,使见其道为是,虽人以为非而不顾。其初非背六经、孔、孟而信彼也,……"这是指陈理学与二氏的关系;但他同时又说:"程子、朱子见于六经、孔、孟之言理义,归于必然不可易,非老、庄、释氏所能及",[69]对于二氏与程朱还是有所分别。为什么如此？一方面,戴震所辟之宋学义理并非孔孟之说,而是"异学之言糅之"的结果(如段玉裁所暗示);另一方面,他对二氏的揭露不得不诉诸某些宋学的主题。辟宋就是辟以儒学形式出现之异学,从而恢复孔孟、六经的宗旨。那么,"异学之言"具体所指为何？"异学之言"所代表的学术风气又是什么？

前面提及的吕留良案与此大有关联。吕案之后,朱学受挫,经学大兴,风气所趋,学者自陷于琐碎的考证,义理心性之学在士人中渐受冷淡。吕留良严分华夷,他对名物制度和先儒义理的考证发挥与黄宗羲、顾炎武声气相通,都包含着通过儒学的研究表达正统观念的努力。但文字狱的残酷现实对那些沉迷理学的人构成了极深的抑制,他们既不能重申程朱陆王之学,又不甘于训诂考据,用世情怀不免与出世之趣有所牵连。彭绍

---

[69] 戴震:《孟子字义疏证》卷上,《戴震全集》(一),页168—169。

升、薛家三、汪缙、罗有高诸人转而以孔、孟、程、朱、陆、王之旨诠释释氏义理，锋芒所向，直指考据学。如彭绍升云：

> 近世学业之弊，在浮文日胜，不知反本。卑者溺帖括，靡曼既不足与言；其粗知从事于六经者，顾往往不求实得于己，而徒欲求取于人，求胜于人。夸多斗靡，党同伐异，虽白首铅椠，著书满家，难免玩物丧志之诮，大可惜也。[70]

他们沟通各家义理，泯灭儒佛之别，流风所被，许多汉学名家也返诸佛门求得心灵的慰藉。惠栋之易学暗通谶纬和道教，并为《太上感应篇》作笺注；程绵庄素闻颜李之学，以为古之害道出于儒之外，今之害道出于儒之中，对于理学曾有深切的批判，但却劝袁枚读楞严。项金门一言以蔽之曰："今士大夫靡不奉佛"，[71]点出了彼时士林风气。因此，所谓"异学之言"即指二氏，而且是杂入儒学义理之中的二氏。彭绍升等以此与考据学相对抗。他称赞戴震不同于时人俗儒的琐碎考证，颇有引为同道的意向，而戴震于彭绍升对考据学者"玩物丧志"的批评心有戚戚焉，但绝不认同彭氏的释氏立场。戴震的理学倾向是在经学内部的理学倾向，即建立在理礼合一、道器一体之上的义理倾向。他自称《疏证》等书以区别正邪为目的，辞锋所指，正是彭氏等人以释氏和道教之旨取代先儒宗旨的风气；他力图以考证与义理相结合，说明理礼合一、道器一体之不可易。对于儒学内部的这一"阐释的政治"，不但《绪言》、《疏证》处处点出其要害，而且洪榜、段玉裁也均有所涉及。

洪榜在《戴先生行状》中说："盖先生之为学，自其早岁稽古综核，博闻强识，而尤长于论述。晚益窥于性与天道之传，于老庄、释氏之说，入人心最深者，辞而辟之，使与六经孔孟之书，截然不可以相乱。"[72]他不但

---

[70] 彭绍升：《与汪大绅》，《二林居集》（光绪辛巳季春刊），卷三，页15。
[71] 袁枚：《答项金门》，《小仓山房尺牍》（随园三十种本），卷七，页8。关于这一时期佛学的状况，参见陆宝千《清代思想史》第5章《乾隆时代之士林佛学》，页197—219。
[72] 洪榜：《戴先生行状》，《戴震全集》（六），页3382。

认为《原善》之作完全是为了辟二氏，而且指出东原"晚益窥性与天道之传"，暗示其晚年著作宗旨是通过重述性与天道以明六经、孔、孟与老、释的区别。在《与朱筠书》中，洪榜进一步讨论东原的《与彭进士绍升书》及《原善》、《疏证》等书，论述扼要精详：

> 夫戴氏与彭进士书，非难程朱也，正陆王之失耳；非正陆王也，辟老释之邪说耳；非辟老释也，辟夫后之学者，实为老释而阳为儒书，援周孔之言入老释之教，以老释之似乱周孔之真；而皆附于程朱之学。[73]

戴氏辟宋、辟二氏非辟宋、辟二氏，而是辟以二氏入儒书。他的理论气魄自然不限于批驳彭绍升诸人。《疏证》等书对宋代以来的各种误解加以厘清，用东原自己的话说，"程子朱子就老、庄、释氏所指者，转其说以言夫理，非援儒而入释，误以释氏之言杂入于儒中；陆子静、王文成诸人就老、庄、释氏所指者，即以理实之，是乃援儒以入于释者也。"[74]洪榜以韩愈为例比喻东原之辟宋，因为后者正如韩愈"原道"一样，为学宗旨在于"使学者昭然知二氏之非"。考虑到吕留良案之后，朱学受挫、佛学渐起、儒释交错、甚至世宗本人也以居士自居的状况，戴震辟二氏的宗旨反而比他明面上的辟宋更有深意。

乾隆丁酉正月十四日，戴震致书玉裁云："仆生平著述最大者，为《孟子字义疏证》一书，此正人心之要。今人无论正邪，尽以意见误名之曰理，而祸斯民。故《疏证》不得不作。"[75]"无论正邪"的特点是"以意见误名之曰理"，这段话若与洪榜解释《原善》宗旨的一段话参照解读，那么，所谓"以意见误名之曰理"者，不但指理学家言，也指二氏之"私"与

---

[73] 洪榜：《与朱筠书》，见江藩《汉学师承记（外二种）》，页117。
[74] 戴震：《孟子字义疏证》卷上，《戴震全集》（一），页166。
[75] 戴震：《与段玉裁书》，见段玉裁《戴东原先生年谱》，《戴震全集》（六），页3418。

"蔽"。[76]我们再看戴震作于乾隆丁酉四月的《答彭进士绍升书》,亦可以与此互证。彭氏好释氏之学,以孔、孟、程、朱疏证释氏之言,认为孔、孟与佛、道无二,程、朱与陆、王、释氏无异致。[77]一时之间,如罗孝廉(有高)、汪明经(缙)倡和其说。[78]彭绍升《答沈立方》云:"道,一而已。在儒为儒,在释为释,在老为老,教有三而道之本不可得而三也。学者由教而入,莫先于知本。诚知本,则左之右之,无弗得也。"[79]又云:"经云:唯此一事实,余二则非真。于儒佛之间妄生分别,妄论短长,皆途说也。大丈夫所贵,知本耳。诚得其本,则一切差别法无不从此流出,又安肯寻枝摘叶,寄他人之篱下乎?"[80]在这一潮流之中,戴震特意将《原善》和《孟子字义疏证》二书送给彭绍升,其意在辨儒释。彭绍升接读二书之后,显然十分清楚戴震的用意,他在回信中先客套一番,接着说:"绍升憪于学问,于从人之途,不能无异,要其同然之理,即欲妄生分辨,安可得邪?顾亦有一二大端,不安于心者,敢质其说于左右。"[81]所谓"大端",一为天命问题,二为虚寂问题:关于前者,他批评戴震外天而言人的方式和以"分"释命的观点,关于后者,他力证无欲之说,而归根结底,彭氏不能同意的是东原对程朱和二氏的攻击。得彭绍升书后,东原以《原善》、《疏

---

[76] 东原认为二氏"自贵其神识,而儒者在善治事情。凡人之患二:曰私,曰蔽。私生于欲之失,而蔽生于知之失。异氏尚无欲,君子尚无蔽。异氏之学,主静以为至。君子强恕以去私而问学以去蔽,主以忠信而止于明善。……夫以理为学,以道为统,以心为宗,探之茫茫,索之冥冥,不若返求诸六经。此《原善》之书所以作也。"洪榜:《戴先生行状》,《戴震全集》(六),页3386—3387。

[77] 洪榜形容说:"而今学者束发受书,言理言道言心言性,所谓理道心性之云,则皆六经孔孟之辞;而其所以为理道心性之说者,往往杂乎老释之旨。使其说之果是,则将从而发明之矣;如其说之果非,则治经者固不可以默而已也。如使贾、马、服、郑生于是时,则亦不可以默而已也。"《与朱笥书》,见江藩:《汉学师承记(外二种)》,页119。

[78] 如汪大绅说:"缙之游乎儒释,实又见于我孔氏、释迦氏之道几乎若合符节也。其几乎若合符节者也,孔曰无思无为,释曰本无生;孔曰无方无体,释曰当生不生。"汪缙:《与罗台山书》,《汪子文录》,汪子遗集本,光绪八年刊,卷5,页11。

[79] 彭绍升:《一行居集》,卷四,民国十年金陵刻经处刊,页15。

[80] 彭绍升:《答王凤喈》,同上,卷四,页12。

[81] 彭绍升:《与戴东原书》,《戴震全书》七《附录之二》,合肥:黄山书社,1997,页134。

438　　　　　　　　　　　　　　　　　　　　现代中国思想的兴起

证》诸书示彭绍升,并答曰:

> 以六经、孔、孟之旨,还之六经、孔、孟,以程、朱之旨,还之程、朱,以陆、王、佛氏之旨,还之陆、王、佛氏,俾陆、王不得冒程、朱,释氏不得冒孔、孟。[82]

若以此书与《原善》、《疏证》互证对读,戴震辟释氏之旨趣甚明。他的重述义理与宋学之辟二氏相若,即为了破除二氏之本体论和心性论,不得不重构儒学的本体论和心性论。

戴震在《绪言》、《疏证》中严守考据学的理论前提是为了排诋宋学,而他的义理之学则起于辟二氏,以及杂入宋学之二氏。从彭绍升以《首楞严》之如来藏释《中庸》所谓"语大语小",[83]罗台山以周易论轮回、[84]以楞严论孟子之求放心,[85]等等,我们不难理解为什么东原著述要从理、天道、才、道、仁义礼智、权等等范畴讲起,为什么他要把字义疏证与义理解释结合起来。所谓以孔孟还之孔孟,以程朱陆王还之程朱陆王,以释氏还之释氏,在研究方法上就必须综合考证与义理,追溯儒学的"原初宗旨"。如果戴震仅仅本诸训诂考证,则无法与二氏之玄理相对抗;如果东原仅仅以义理之学对抗,则混同于程朱陆王,无法正本清源。戴震面对的问题显然比宋儒更为复杂:既然二氏隐藏在理学之中,那么,辟二氏势必就得同时辟理学,在六经、孔孟与程朱、陆王之间作出严格区分。这也是"字义疏证"的经学形式的理论根据。

从上述讨论,我们可以体会戴震学术和思想处境的复杂性:他几乎同时与宋学、经学中之琐碎考证的倾向和二氏作战。概括地说,他是以训诂考证辟宋,以天道性理辟二氏,以义理之学对抗俗儒之经学。每一面他都有所批判,每一面他又都有所承诺。难怪朱筠、钱大昕辈对于《原善》、

---

[82] 戴震:《答彭进士绍升书》,见段玉裁《戴东原先生年谱》,《戴震全集》(六),页3417。
[83] 彭绍升:《读中庸别》,《一行居集》卷二,页20。
[84] 罗台山:《醉榴轩集叙》,《尊闻居士集》卷二,光绪七年刊,页8。
[85] 罗台山:《与大绅论居士传评语,第六评》,同上,卷二,页21—22。

《疏证》诸书不以为然,以为"可不必载,性与天道不可得闻,何图更于程、朱之外复有论说乎?戴氏所可传者不在此",而洪榜却说"戴氏论性道,莫备于其论孟子之书,而所以名其书者,曰《孟子字义疏证》焉耳,然则非言性命之旨也,训故而已矣!度数而已矣!"[86]在这样复杂的处境中,戴震不得不发展出一套能够呼应各方而又有所取舍的学术形式,例如他以训诂考证辟宋,就不得不归于字义、名物和制度;他以天道性理辟二氏,就不得不发挥先儒之理义心性之说;他以义理之学对抗俗儒之琐碎考证,就不得不在考证之外谈论宋学的主题。从孟子入手,以字义疏证的形式表达,在义理上综合孔孟与荀子,我以为这是《孟子字义疏证》一书的基本特色。离开了戴震学术和思想的多面性,就不能理解他的理欲之辨和自然/必然的命题了。

戴震学术的理论形式偏于理学的论辩方式,但基本理论却建立在汉学的前提之上,并没有偏离反对理气、道器二元的经学立场。《绪言》开卷"问道之名义",从道器、阴阳、形上形下、太极两仪之辨推论理气先后,最后得出他的自然/必然之辨。"阴阳流行,其自然也;精言之,期于无憾,所谓理也。理非他,盖其必然也。……圣人而后尽乎人之理,尽乎人之理非他,人伦日用尽乎其必然而已矣。"[87]"必然为自然之极则,而归于必然适完其自然"说不上是全新的观点,[88]我们在刘蕺山、黄宗羲的"盈天地者皆心"和"盈天地者皆气"的命题中就已经体会了类似的意思。东原的特点在于不是笼统地谈论"气"的问题,而是从事物之"条理"或"分理"出发,认为只有依循事物之"自然"(即自然之条理或分理)才能把握"理",这为一种新的知识的分类学提供了依据,也为我们理解东原学术在自然之学方面的成就提供了一种认识论和宇宙论上的依据。"举凡天地、人物、事为,虚以明夫不易之则曰理。所谓则者,匪自我为之,求

---

[86] 他甚至说,"戴氏之学,其有功于六经、孔、孟之言甚大,使后之学者无驰心于高妙,而明察于人伦庶物之间,必自戴氏始也。"洪榜:《与朱筠书》,见江藩《汉学师承记(外二种)》,页117—119。

[87] 戴震:《绪言》,《戴震全集》(一),页67。

[88] 同上书,页83。

诸其物而已矣。"在解释《诗经》"天生烝民,有物有则"等句时,他把"理"从一般的事物扩展至人事,即"天下之民无日不秉持为经常者也"。[89]在这个意义上,否定私意、考虑事物之分理等命题就与体察民情、重视日常实践产生了内在的联系。

自然/必然之辨把"礼"和"理"视为不以个人意见为转移的、内在于人情物理的客观领域,这是荀子的礼制论与庄子的自然说的一种独特的结合。从自然方面说,仁义礼智均出自"性之自然",因此由学而知的礼义不能脱离自然之理,这是对二氏脱离现世谈论自然的批驳。从必然方面说,"礼者,天地之条理也;言乎条理之极,非知天不足以尽之。即仪文度数,亦圣人见于天地之条理,定之以为天下万世法。礼之设所以治天下之情,或裁其过,或勉其不及,俾知天地之中而已矣。"[90]礼为条理,人们就必须通过"学"来理解和接近它,这就是必然的意义。这为辟宋学的理欲二元论提供了理论前提,也为由"学"识礼提供了认识论基础。所谓"因其自然"即顺从"民之理"或事物之条理,而"归其必然"则是说需要通过学问工夫把握自然。[91]很明显,戴震的自然/必然之辨以反对二氏的自然之说和宋儒的理气二分的观点为宗旨,在他看来,理气二分本身来自老庄和释氏之自然之说,并非六经、孔孟的旧旨。如果"理"是"天下之民无日不秉持为经常者",那么,我们就不能从出世的角度(即老释之自

---

[89] 戴震:《绪言》,《戴震全集》(一),页69。如何判断意见与理的差别呢?《孟子字义疏证》说:"曰:心之所同然始谓之理,谓之义;则未至于同然,存乎其人之意见,非理也,非义也。凡一人以为然,天下万世皆曰'是不可易也',此之谓同然。"《戴震全集》(一),页153。

[90] 东原说:"夫人之异于物者,人能明于必然,百物之生各遂其自然也。"他担心的是,老庄、释氏、宋儒均信服道法自然,从而取消了"学"的必要性。戴震:《孟子字义疏证》卷下,《戴震全集》(一),页200。

[91] 东原还把性与命的观念引入对自然与必然的讨论,他说:"古人多言命,后人多言理,异名而同实。耳目百体之所欲,由于性之自然,明于其必然,斯协乎天地之中,以奉为限制而不敢踰,是故谓之命。命者非他,就性之自然,察之精,明之尽,归于必然,为一定之限制,是乃自然之极则。若任其自然而流于失,转丧其自然,而非自然也。故归于必然,适完其自然。如是斯'与天地合其德,鬼神合其吉凶'。"《绪言》,《戴震全集》(一),页82。

第四章 经与史(二)

然)谈论"理",而必须把"理"与"礼"看成内在于日常生活、欲望和情感的存在。[92]

从自然与必然的关系出发讨论理与礼的关系,也就把礼范畴从繁文缛节中区分出来,使之成为一个与事物的内在条理密切相关的观念。这就是顾炎武之"文"与"礼"的互文关系中的"礼",也是"学"的对象。[93]在这个意义上,"学"的意思不是机械地照搬教条,而是广泛地研究和效法自然之条理。戴震崇"礼"与有清一代发达的宗法制度和礼教并没有直接的关系,因为他的"礼"是一种自然的秩序,一种能够协调人的情感、欲望和日常的道德需求的秩序。他综合孟子和荀子的观点,把"礼义"放在自然/必然的范畴中理解,从而在成德问题上回到了礼义与性、理的统一关系之中。戴震说:

> 荀子知礼义为圣人之教,而不知礼义亦出于性;知礼义为明于其必然,而不知必然乃自然之极则,适所以完其自然也。就孟子之书观之,明礼义之为性,举仁义礼智以言性者,以为亦出于性之自然,人皆弗学而能,学以扩而充之耳。荀子重学也,无于内而取于外;孟子之重学也,有于内而资于外。[94]

---

[92] 东原说:"六经孔孟之书,不闻理气之分,而宋儒创言之,又以道属之理,实失道之名义也。"见《绪言》,《戴震全集》(一),页65,66。又,钱穆解释说,"《绪言》主要在辨理气之先后,而《疏证》则主在辨理欲之异同。《绪言》于宋儒程张朱三家尚未认为害道,而《疏证》始拈理欲一辨,力加呵斥。《绪言》开卷首论道之名义,由形上形下道器之辨而及于理气之先后,此在惠氏《易微言》已引韩非子书分说道理二字,谓宋儒说道与理同,只见得一偏,东原似从此点发挥。《原善》只言道与性,亦未及辨道与理也,至《疏证》则开卷即辨理字,全卷十五条均从理字阐述,第二卷始及天道及性,下卷旁及其他。观其目次之先后与文辞之繁省,即可见两书中心思想之转移。惟《原善》三卷中颇已及性情欲异同之辨,……"见氏著《中国近三百年学术史》,页353—354。

[93] 这是戴震重视荀子的原因之一。他说:"盖荀子之见,归重于学,而不知性之全体。其言出于尊圣人,出于重学崇礼义。首之以《劝学篇》……荀子之善言学如是。且所谓通于神明、参于天地者,又知礼义之极致,圣人与天地合其德在是,圣人复起,岂能易其言哉!"《孟子字义疏证》卷中,《戴震全集》(一),页183。

[94] 戴震:《绪言》,《戴震全集》(一),页86—87。

他以荀、孟互证,反击宋学的理气二元论、二氏的形神二元论,[95]并据此建立了理气、形神、礼义与性的内在联系。老庄、释氏的共同特点是"任自然,而不知礼义即自然之极则",[96]而张载、邵雍、程朱、陆王入室操戈的结果却是以释老的观念作为自己的前提。[97]这与"博文约礼"的经学宗旨相去甚远,也完全背离"始条理者,智之事也;终条理者,圣之事也"的孔孟遗教。东原视礼为自然之极则,从而把礼的外在性解释为事物内在的本质。但是,如果没有对自然的认识,就无法了解事物的条理究竟是什么。在这个意义上,礼又是一种衡量的标准。所以他认为可以用礼来检验忠信,而不能以忠信来检验礼。[98]这就是自然/必然之辨在礼义范畴中的体现。

钱穆说"《绪言》惟辨理气,《疏证》始辨理欲",[99]其实是不确的。

---

[95] 东原说:"荀子推崇礼义,宋儒推崇理,于圣人之教不害也,不知性耳。老聃、庄周、释氏,守己自足,不惟不知性而已,实害圣人之教者也。"同前,页111。

[96] "老聃、庄周、告子、释氏,其立说似参差,大致皆起于自私,皆以自然为宗……直据己见而已。"戴震:《绪言》,《戴震全集》(一),页99—101。

[97] 东原说:"邵子之学,深得于老庄,其书未尝自讳。以心为性之郭郭,谓人之神宅此郭郭之中也。朱子于其指神为道,指神为性者,皆转而以理当之。"又批评张载说:"释氏有见于自然,故以神为已足;张子有见于必然,故不徒曰'神'而曰'神有常',此其所见近于孔孟而异于释氏也。……然……其言合虚与气,虚指神而有常,气指游气纷扰,乃杂乎老释之见,未得性之实体也。"《绪言》,《戴震全集》(一),页102—103。

[98] 因为强调礼的重要性,"学"的问题才能如此突出。东原说:"忠信由于质美,圣贤论行,固以忠信忠恕为重,然如其质而见之行事,苟学不足,则失在知,而行因之谬,虽其心无弗忠弗信弗恕,而害道多矣。圣人'仁且智',其见之行事,无非仁也,无非礼义也,三者无憾,即《大学》所谓'止于至善'也。故仁与礼义,以之衡断乎事,是为知之尽;因而行之,则实之为德行,而忠信忠恕更不待言。在下学如其材质所及,一以忠信忠恕行之,至于知之极其精,斯无不协于仁义。"《绪言》,《戴震全集》(一),页95。

[99] 钱穆说:"在《绪言》惟以天地人物事为不易之则为理,至如何而始为天地人物事为不易之则,固未及也,《疏证》始以情欲遂达至于纤悉无憾者为理,而理字之界说遂显。故《绪言》惟辨理气,《疏证》始辨理欲。《绪言》以程朱崇理为无害于圣教,惟不知性耳,《疏证》则以程朱为不知理,同于释老,而大害于世道。故《绪言》尚道问学,重智,所以精察事物之理,而《疏证》则尚忠恕,主絜矩,使人自求之于情。……所谓忠恕反躬者,亦《绪言》所未及,而《疏证》所特详也。故以通情遂欲至于不爽失为理,以推己反躬忠恕絜情为得理之所由,实东原晚年最后思想所止,亦《孟子字义疏证》一书所为作也。"《中国近三百年学术史》,上册,页350—351。

第四章 经与史(二) 443

《绪言》卷下就有"循理者非别有一事,……于饮食男女之发乎情欲者分而为二也,即此饮食男女,其行之而是为循理,行之而非为悖理而已矣"等语。[100] 自然/必然之辨与理欲之辨之间存在密切的关系,它们是同一命题之两面:如果说自然/必然之辨意在辟老庄、释氏以及宋学的自然之说,那么,理欲之辨则辟二氏及理学的无欲说。[101] 让我们先来看看自然/必然之辨如何与理欲之辨联系在一起的。《疏证》卷上云:

> 圣人顺其血气之欲,则为相生养之道,于是视人犹己,则忠;以己推之,则恕;忧乐于人,则仁;出于正,不出于邪,则义;恭敬不侮慢,则礼;无差谬之失,则智……岂有他哉?……欲者,血气之自然,其好是懿德也,心知之自然,此孟子所以言性善。……由血气之自然,而审察之以知其必然,是之谓理义;自然之与必然,非二事也。……老、庄、释氏见常人任其血气之自然之不可,而静以养其心知之自然;于心知之自然谓之性,血气之自然谓之欲,说虽巧变,要不过分血气心知为二本。荀子见常人之心知,而以礼义为圣心;见常人任其血气心知之自然之不可,而进以礼义之必然;于血气心知之自然谓之性,于礼义之必然谓之教;合血气心知为一本矣,而不得礼义之本。[102]

戴震认为欲望即"血气之自然",必然或理义就在此自然之中,因为必然无非是自然之极则。老、庄、释氏、程、朱、陆、王都用一种返归自然的方法去除欲望,从而将欲望与心知、自然与必然截然分为二物。换言之,若将

---

[100] 戴震:《绪言》,《戴震全集》(一),页110。
[101] 东原说:"宋以来之言理欲也,徒以为正邪之辨而已矣,不出于邪而出于正,则谓以理应事矣。理与事分为二而与意见合为一,是以害事。……自老氏贵于'抱一',贵于'无欲',庄周书则曰:'圣人之静也,非曰静也。善,故静也;万物无足以挠心者,故静也。'……周子《通书》曰:……'……一者,无欲也;……'此即老、庄、释氏之说。……人知老、庄、释氏异于圣人,闻其无欲之说,犹未之信也;于宋儒,则信以为同于圣人;理欲之分,人人能言之。"戴震:《孟子字义疏证》卷上,《戴震全集》(一),页160—161。
[102] 戴震:《孟子字义疏证》卷上,《戴震全集》(一),页170—171。

自然与必然看作是对立的两极，那么，欲望与理义就是冲突的，而若将自然与必然看作是相通的，或者必然是对自然的认识而达到的"极则"，那么，人们就不能而且也不应离开欲望（血气心知或我们的现实存在）来谈论自然或必然（理义）。

按照这一逻辑，人们无法离开人的日常生活、离开血气心知来谈论理义。宋儒信奉理欲二分，他们所谓理义不是自然或必然，而仅仅是人的主观意见。戴震说："心之所同然，始谓之理，谓之义；则未至于同然，存乎其人之意见，非理也，非义也。"[103]这里所谓"心之所同然"不是说只要返归本心就能求得理义，而是说理义必须合乎普通人们共同的感觉和要求，否则理义就不过是一己之意见而已。"天地、人物、事为，不闻无可言之理者也，诗曰'有物有则'是也。物者，指其实体实事之名。则者，称其纯粹中正之名。实体实事，罔非自然，而归于必然，天地、人物、事为之理得矣。""心之所同然"必定是"纯粹中正"之"则"。[104]换言之，理义需要一种共同认可的形式加以判断，此论近于管子、韩非等法家的看法，与荀子之理论更是若合符契。管子、韩非认为君主、师长需要按照内在于事物又超越于具体的权力关系的"理"来进行管理或教育，东原则强调礼就是倚重内在于事物之自然而又对事物进行规范的存在。

戴震及其弟子凌廷堪等人都有以礼代理的想法，这是因为礼可以而且应该从日常生活的实践来把握，而"理"的观念由于经过二氏的淘洗已经变成了一个难以确证的"意见"的领域。如果无法用一种较为客观的标准或自然之则来衡量"意见"，那么，它的运用只能从属于权力的运作。较之管子、韩非的看法，戴震更多地从下层的立场观察理或礼的含义，肯定情与欲的正当性，带有强烈的批判意味：

> 故今之治人者，视古贤圣体民之情，遂民之欲，多出于鄙细隐曲，不措诸意，不足为怪；而及其责以理也，不难举旷世之高节，著于义而

---
[103] 戴震：《孟子字义疏证》卷上，《戴震全集》（一），页153。
[104] 同上书，页163。

罪之。尊者以理责卑,长者以理责幼,贵者以理责贱,虽失,谓之顺;卑者、幼者、贱者以理争之,虽得,谓之逆。于是下之人不能以天下之同情、天下所同欲达之于上;上以理责其下,而在下之罪,人人不胜指数。人死于法,犹有怜之者;死于理,其谁怜之?乌呼!杂乎老释之言以为言,其祸甚于申韩如是也!六经、孔、孟之书岂尝以理为如有物焉,外乎人之性之发为情欲者,而强制之也哉!……[105]

值得注意的是,有清一代礼教大盛,宗法力量极为强大。程朱理学除了在官方制度的运作中起作用,也在基层社会扮演极重要的角色。所谓"治道合一"不仅指朝廷政治,而且也是指基层社会关系能够在道德的范畴内运转。在这里需要把东原的理礼合一与清代社会的理与礼教的合一作出必要的区分。

近代学者常常把东原对"以理杀人"的抗议与对礼教的批判结合起来,原因是宗族、祠堂往往以朱熹制订的《家礼》为各族家典、族规,徽商会馆"专饲徽国文公",会馆房舍兼为"朱子堂"、"文公祠",而族长们又常常以理学教条说明礼教的合理性。那么,为什么戴震不是重构"理"的超越性或者"情"、"欲"的本体性以对抗礼教的泛滥,却要把理与礼重新关联起来?理礼合一难道不是礼教的前提么?这可分几层来说。首先,戴震把"理"看成"情之不爽失也,未有情不得而理得者也。"作为"自然之分理"的天理不是超越于"情"的范畴,而是"以我之情絜人之情,而无不得其平是也。"[106]他批评说,程朱与老、庄、释氏之分别无非是用理来替换自然的范畴,严于理欲之分,最终将情和欲排除出了理的范畴。[107]从这种情理合一、理欲一体的观念出发,东原不仅避免了程朱之理欲二分,

---

[105] 戴震:《孟子字义疏证》卷上,《戴震全集》(一),页161。

[106] 同上书,页152。

[107] "于是辨乎理欲之分,谓'不出于理则出于欲,不出于欲则出于理',虽视人之饥寒号呼,男女哀怨,以至垂死冀生,无非人欲,空指一绝情欲之感者为天理之本然,存之于心。……不幸而事情未明,执其意见,方自信天理非人欲,而小之一人受其祸,大之天下国家受其祸,徒以不出于欲,遂莫之或寤也。"《孟子字义疏证》,《戴震全集》(一),页204。

也排除了晚期王学中的以情为本体的观念。情、欲的范畴内在于理,而理的范畴内在于"礼"。这就是理礼合一的内涵。其次,如前所述,戴震之礼是在顾炎武所谓礼与文意义上的礼,它不是礼教的道德教条,而是宇宙自然、万世万物之条理。因此,理与礼的关联就是理与具体事物的内在规律或特性的关联,它包含了尊重情欲的含义。"礼者,天则之所止,行之乎人伦庶物而天下共安,于分无不尽,是故恕其属也。"这个意义上的"礼"承认"欲"的正当性,而不像程朱理欲二元论那样完全以理制欲。[108] 第三,戴震之"理"包含着一种对于"自然"的认识作用,它用一种以对象为依据的标准(即分理)建立对于事物的分类。这也为他的自然之学的研究提供了认识论的前提。[109] 他说:"举理,以见心能区分;举义,以见心能裁断。分之,各有其不易之则,名曰理;如斯之宜,名曰义。是故明理者,明其区分也;精义者,精其裁断也。不明,往往界于疑似而生惑;不精,往往杂于偏私而害道。求理义而智不足者也,故不可谓之理义。……人莫患乎蔽而自智,任其意见,执之为理义。吾惧求理义者以意见当之,孰知民

---

[108] 戴震:《原善》卷下,《戴震全集》(一),页21。
[109] 本文限于篇幅和论题,未能对戴震在自然之学方面的成就进行详细分析。但我认为东原的自然之学的研究与他的思想方式以及清代的政治语境存在密切的关系。我们很难把有关自然的各种探讨与有关古代制度的考证联系起来,即使这两种研究都需要诉诸某种归纳或演绎的方法论。在理学的传统中,"格物致知"的实践密切地联系着宇宙论的预设,"物"因而突破了古制或道德规范的范围,而转向了宇宙内部的各种事物及其相互关系。因此,自然之学与理学宇宙论存在着历史的联系。在这个意义上,戴震对自然之学的研究与他的经学内部隐含着的理学问题存在着逻辑的联系。另一方面,戴震对数学的研究也是他作为四库馆臣的分内工作。事实上,早在康熙时代,皇帝就优待传教士,对于历算学的推广和研究非常积极。这与康熙早年经历的新旧立法的讼案以及由于在上者缺乏历算知识而造成冤狱的经验或有关。他在晚年于宫中设立蒙养斋算学,又命专家编纂《数理精蕴》等书,选八旗子弟学习算法。算学馆设在畅春园,这是康熙帝时常驾幸之处,洋教士张诚、白晋等每随行,并住宿于此。这种做法与他早年在殿上祭祀朱子互相呼应。关于这方面的研究,请参见王萍:《清初的历算研究与教育》,载《近代史研究所集刊》(台湾"中央研究院")第3期,页365—369;陈受颐:《康熙几暇格物编的法文节译本》,载《历史语言研究所集刊》第28本,页847,等。

受其祸之所终极也哉！"[110]据此，戴震的宗旨并不是要否定理义，而是要求从自然/必然的内在联系出发重新建立对于理义的理解。老庄、释氏或理学家以求理或自然为名返诸空无的世界，戴震则要求在对事物的研究和理解中体现理义的精神。在这个意义上，他不但把理义与日常生活或人之常情联系在一起，而且要求通过"智"与"学"洞察具体事物的内在规律。因此，戴震的理欲之辨和自然/必然之辨是对"博文约礼"的经学宗旨的再确认。

戴震把法与理对立起来，一方面反对以理制欲，另一方面突出了"法"的问题。这些看法与孟子本义关系不大，而更近于老庄和法家，特别是荀子。[111]为什么他对以理制欲的批判把他引向"法"的问题？如何理解他的"人死于法，犹有怜之者；死于理，其谁怜之？呜呼！杂乎老释之言以为言，其祸甚于申韩如是也"？我们先从政治层面看。章太炎说：

> 戴震生雍正末，见其诏令谪人，不以法律，顾摭取雠、闽儒言以相稽，觇司隐微，罪及燕语。九服非不宽也，而迾之以丛棘，令士民摇手触禁，其盬伤深。震自幼为贾贩，转运千里，复具知民生隐曲，而上无一言之惠，故发愤著《原善》、《孟子字义疏证》，专务平恕，为臣民愬上天。明死于法可救，死于理即不可救。[112]

太炎所说在具体的政治行为，但如果我们考虑到这种行为发生在以治道合一相标榜的清朝，那么，以道德行为替代法律行为显然要比仅仅使用法

---

[110] 戴震：《孟子字义疏证》卷上，《戴震全集》（一），页153—154。
[111] 其实，东原的自然/必然之辨以及礼与情的关系的论述都与荀子有所联系。《荀子·正名》云："散名之在人者，生之所以然者谓之性。性之和所生，精合感应，不事而自然谓之性。性之好恶喜怒哀乐谓之情，情然而心为之择谓之虑，心虑而能为之动谓之伪。虑积焉、能习焉而后成谓之伪。"荀子的正名思想把性看作是生之所以然，性之好恶喜怒哀乐谓之情，对于情的选择谓之虑，虑积能习而为伪，礼义就从这个过程中产生了。此外，他的分理的概念也可能受到荀子《劝学篇》所谓"礼者，法之大分"的影响，但分理更强调事物内在的条理，而荀子更接近于法家的观念。
[112] 章太炎：《释戴》，《太炎文录初编·文录卷一》，《章太炎全集》（四），页122。

律行为更为严密和残酷。所谓治道合一,在政治上就是取消法的独立性,使之在道德的名义下运作。因此,取消法律并不是取消制裁和刑律的强制行为,而是取消超越于制裁行为之外的道德标准。如果需要重新恢复道德的自主性,那么,就必须首先恢复法律的自主性。换言之,在治道合一的情境中,戴震越是接近于法家的立场,他就越是接近于理学的态度,即要求有一种法律之外的道德判断。

我们需要从一种更为广泛的历史视野来理解戴震对于礼与法的复杂态度,其中宗法制度在清代的起伏变化构成了理解戴震上述观点的关键环节。经学的形式是对宋明天道论和心性论的反叛,它的核心在于把道德实践和道德评价与制度性的实践——尤其是宗法关系——重新联系起来。清初学术的中心问题是礼制,顾、黄、王对于先王政典和语言文字的研究无不以恢复礼乐的完整性为内在的目标,尤其重视宗族及其伦理。这一选择不仅是一种道德的选择,而且也是一种政治的选择,因为正是宗族力量成为清兵入关后持续抗战、支持亡明政权的主体。[113]顺治时代,江苏溧阳周氏宗族、江西永丰杨氏宗族、福建汀州杨氏宗族都曾因举兵抗清而遭到围剿。这是清初经学的礼制论内含的政治性。但是,经学的礼制论的含义随着宗族力量在清代社会中的地位的变化而变化。康熙以降,清代统治者逐渐改变了对于宗族的排拒和镇压态度,力图重建儒学权威和宗法制度,自觉地把宗族共同体作为维系社会秩序的基层组织。1770年,康熙颁行"上谕十六条":"敦孝弟以重人伦,笃宗族以昭雍睦,和乡党以息争讼,重农桑以足衣食,尚节俭以惜财用,隆学校以端士习,黜异端以崇正习,讲法律以教愚顽,明礼让以厚风俗,务本业以立民志,训子弟以禁非为,息争讼以全良善,诫窝逃以免株连,完钱粮以省催科,联保甲以弭盗贼,解仇忿以重身命。"[114]明确地将宗族作为政治统治的结构性的支柱。他不仅在六次南巡过程中多次登岸抚慰大族巨户,而且对宗族共

---

[113] 如明末遗臣所著《蒲变纪事》云:"国变以后,丁亥、戊子之乱,山海纠合,乡树一帜,家兴一旅,乡与城仇,南与北敌。"见《清史资料》第一辑,北京:中华书局,1980。

[114] 《古今图书集成》"交谊典"卷二十七"乡里部",陈梦雷编:《鼎文版古今图书集成》,中国学术类编整理本,台北:鼎文书局,1977。

同体的各要素(族产、族祠、族谱、族机构、族法,即后代)加以法律上的保护。这一倾向在雍正时代获得了新的发展,其基本方向就是政权与族权的高度结合,以法律形式明确规定宗族作为辅助地方政权、维持地方秩序的一级组织,与保甲制度并行。宋代以后宗族共同体普遍建立,但无论在宋元明时代,还是顺治、康熙两朝,宗族在政治结构中的这种法律地位均无先例。在这个意义上,宗族法不但是规范宗族成员的行为举止、维持宗族内部的社会秩序的基本原则,而且也获得了国家的法律保障。[115]在这一背景下,清代朱子学和经学展开的对礼制的大规模研究和倡导已经失去了清初学术内含的那种反叛性。

宗族力量的壮大意味着它的内聚力和外拒力同步提高,造成了复杂的局面。一方面,各地宗族置产立规,土地、产业的规模日渐扩大,并通过科举入仕等方式渗入国家机器,创造了一种官商密切关联的格局。戴震早年经商,对于徽州商人生活有亲切地体验。按唐力行的研究,徽州各姓均十分重视子弟读书做官,并列之为家典族规之首,清代各省状元数安徽列第三,计十九人,而徽州一府就占四人。[116]另一方面,宗族势力与商业的结合还造成了一种新的社会控制机制。例如,徽州聚族而居,极重宗法,而商人重视尊祖敬宗的原因"还在收族,即以宗子的身份来管理约束族众,并以血缘亲疏尊卑关系来维护等级森严的管理层次。""徽商还利用宗法制度,强化对从商佃仆的控制。""歧视、迫害佃仆,在徽州已成风俗。嘉靖《徽州府志·风俗》称:'其主仆名分尤极严肃而分别之。臧获辈即盛资富厚,终不得齿于宗族乡里。'康熙府志于此条后附注:'此俗至今犹然。若有稍紊主仆之分,则一人争之,一家争之,一族争之,并通国之人争

---

[115] 参见张晋藩主编:《清代法制史》,北京:法律出版社,1994,页498—505。
[116] 休宁:《茗洲吴氏家典》卷一云:"族中子弟有器宇不凡、资禀聪慧而无力从师者,当收而教之,或附之家塾,或助膏火,培植得一个两个好人,作将来模楷,此是族党之望,实祖宗之光,其关系匪小。"唐力行:《明清以来徽州区域社会经济研究》,合肥:安徽大学出版社,1999,页19。

之,不直不已。"[117]宗法和礼教的严酷性还体现在婚姻关系和妇女地位方面。明清之际,徽州商人四出经商,足迹遍及全国各地,往往在十六岁左右即出门做生意,而在出门之前,许多人即行订婚或结婚。但由于经商之艰难,大部分人经商失败,有家难回,以致"'新婚别'就外出经商,没有子嗣,客死他乡者更是不计其数。大凡徽商所到之地,都有徽人义冢。"[118]徽州商人有早婚和晚育的特点,夫妇间的年龄差,男子比女子平均高出7.9岁,[119]因男子远游他乡而造成的婚姻危机是可以想见的。但也恰恰是商业所导致的社会流动造成了宗族对于妇女贞节的更为严酷的规定。明清之际对于徽州风俗的记载中存有大量节妇及其行状的记载,例如《潭渡孝里黄氏宗谱》就记载了这个商贾之家在明代成化到清代雍正的二百七十年间的四十二个节烈之妇。[120]因此,将戴震"以理杀人"的命题和对情理关系的分析与清代商业的发展联系起来是有相当根据的。[121]

由于宗族与商业的结合,族内或族际因财产纠纷造成的冲突时常发生;又由于宗族规模和势力庞大,宗族与地方政权的关系也错综纠葛。宗族械斗事件频繁,影响了社会治安,宗族力量对司法过程的渗透也破坏了司法程序。雍乾之际以宗族法为核心,已经形成了一个一定程度上独立于国家法律之外的私罚体系。宗族机构不断强化宗族法的强制性力量,私设公堂,置办刑具;对于触犯宗族法的族人行使审理、判决、处罚权,以致各地不断出现宗族直接处死族人的事件。宗族与国家争夺案件审理权

---

[117] 《明清以来徽州区域社会经济研究》,页17,25—26。在该书所收《徽州方氏与社会变迁》一篇中,作者还记载了方氏家族在扑灭佃仆反抗时的残酷屠杀。见该书,页56。
[118] 同上书,页39。
[119] 同上书,页37—38。
[120] 同上书,页45—46。
[121] 吉田纯在《"阅微草堂笔记"小论》(《中国——社会与文化》,第四号,1989,页182—186)中也指出:戴震的论点是从徽州商人家庭的变故中发展出来的。由于丈夫外出经商,妇女更受到为严重的社会和道德压力。许多商人妻子就是因为被视为败德而走上了自杀之途。这一观点与中国学者对于李贽的妇女观的讨论其实有许多相似之处。参看艾尔曼:《经学、政治和宗族:中华帝国晚期常州今文学派研究》(*Classicism, politics, and kinship: the Chang-chou school of new text confucianism in late Imperial China*),赵刚译,南京:江苏人民出版社,1998,页7。

第四章 经与史(二)

的斗争日渐发展，从而宗族法与国家司法权之间构成了严重的冲突。[122] 1727年，乾隆根据各地宗族滥行族法、侵犯国家司法权的情况，议准条奏，明确指出"生杀乃朝廷之大权，如有不法，自应明正刑章，不宜假手族人，以开其隙"，[123]从而废除了雍正五年确立的"允许家法"条例，从法律上限制了宗族司法权。乾嘉时代，各地州县陆续处理了一大批族长或其他宗族首领越权处死、重伤族人的案件。清政权与宗族力量的斗争不仅表现在限制宗族法方面，而且也表现为毁散族产、削弱族长权等方面，但从根本上说，清朝统治者并不想彻底破坏宗族力量，它的目的是把宗族力量限制在稳定社会秩序、帮助地方政府进行管理的层次上，从而把中央集权体制与族权结合起来。

正是在这一背景条件之下，戴震、章学诚从各自不同的方面把道德实践、礼法以及史的观念看成是对知行合一之教的恢复，在他们的思想框架里，政典、刑法和彝伦关系都是礼乐的有机部分。戴震透过对理学的批判公然地批判宗法力量，认为以理杀人较之以法杀人更为残酷，并力图把对礼的解释与法的关系联系起来。他转而注重制度和法律，力图恢复道德评价与制度性实践的关系，这不仅是要在理论上平衡三代礼乐与郡县制国家的内在矛盾，而且也是在实践上寻找宗法礼制与国家法律之间的平衡。如果没有朝廷对于宗法在基层与地方政府争权的处理，戴震的上述看法的确切含义并不易于理解。但是，这并不意味着戴震与朝廷的立场完全一致。在戴震、章学诚那里，经学的批判力量植根于这一核心命题：制度与法律应该是内在于（而不是外在于）道德的存在。这一命题通过强调道德与制度的统一关系构成对理学和宗法关系的批判，同时又以强调制度的道德面向构成对于现实制度的批判。这种思想方式与清初学者以治道合一对抗治道合一的历史情境已经有所分离。清初学者拒绝承认现实制度和法律的合法性，并把追究古代典章文物、重建宗法秩序看作是建立道德基础和民族认同的途径；在他

---

[122] 张晋藩主编：《清代法制史》，页507。
[123] 《钦定大清会典事例》卷八——，《刑部·刑律》。

们那里,先王政典带有理想主义的鲜明印记:作为有待于后王发现和运用的德治原理,它们非但不能被理解为现实的制度论,而且是以对抗现实制度的形态存在的。与此形成对比的是,乾嘉学者对于宗法伦理的批判并不构成对于皇权的批判,恰恰相反,这一批判正好呼应了皇权抑制宗族的倾向。在戴震看来,顺乎人情之礼一方面是对法的补充、对宗族法的批判,另一方面又是对国家的法律关系的补充和限定,重建礼与法的内在联系。就此而言,在宗族法与国家法之间,戴震倾向于后者。从这个角度看,清初经学是以制度论或礼制论的形式出现的道德理论,而乾嘉制度论和礼论则是对于宗法力量与国家法律体系的一种平衡和综合。

在这一历史条件下,戴震坚守理礼合一、道器一体的汉学立场,他之辟宋、辟二氏以及返诸六经、孔孟,都是从这一儒学"正统主义"出发的。因此,他不可能直接回向理学的立场,用一个超越性的观念对合治道于一体的政治现实进行批评。他指出以理责人较之以法责人可能构成更为严酷的局面,从而暗示现实政治的弊端并不是严刑峻法的结果,而是以理代法的产物。从自然/必然、理/欲之辨出发,他要求重新回向一种新的礼的秩序,即兼容自然与必然、理与欲,既有规矩绳墨,又能合乎事物的内在规律和需求。从政治的角度说,这就是察于民情,实行王道,循"民之理"以建立法度。这一看法使得他与荀子的关系变得复杂起来。戴震反对荀子性恶论,而更接近于孟子的性善说。[124]但他重视后天知识(学),要求从必然而求其自然,这些观点使他自然地趋向于荀子的观点。一方面,他区分荀、孟,认为:"荀子知礼义为圣人之教,而不知礼义亦出于性;知礼义为明于其必然,而不知必然乃自然之极则,适完其自然也。……荀子之重学也,无于内而取于外;孟子之重学也,有于内而资于外";[125]另一方面,他又公然承认荀子的性恶论与性善说"不惟不相悖,而且若相发明。……

---

[124] "荀子举其小而遗其大也,孟子明其大而非舍其小也。"戴震:《绪言》,《戴震全集》(一),页87。
[125] 戴震:《孟子字义疏证》卷中,《戴震全集》(一),页183—184。

盖荀子之见，归重于学，而不知性之全体。其言出于尊圣人，出于重学崇礼义。"[126] 章太炎说：

> 极震所议，与孙卿若合符。以孙卿言性恶，与震意佛，故解而赴《原善》。夫任自然者，则莫上老聃矣。寄于儒名，更宾老聃，以孟轲为冢子，斯所谓寓言哉！……念在长民，顾以持法为讳。题旌其名，与《儒行》《曲礼》无别，令血气不柬者，得介以非修士，牵于性善无诘奸之术，而大臣得挟愚污之人，以渔厚资，货财上流而巧说者用，莫有议其非也。故庄子曰："唇竭则齿寒，鲁酒薄而邯郸围，圣人生而大盗起。"[127]

所谓自然/必然、理/欲之辨明显出自荀子之性论和《劝学篇》。钱穆断

---

[126] 戴震：《孟子字义疏证》卷中，《戴震全集》（一），页182—183。

[127] 章太炎举孙卿《正名》一首为证，说明戴震从欲言理出于荀子。其言曰："长民者，辅万物之自然，而不敢为稍欲割制，而去甚、去奢、去泰，始于道家。儒、法皆仰其流，虽有陕易，其致一也。虽然，以欲当为理者，莫察乎孙卿。《正名》曰：凡语治而待去欲者，无以道欲，而困于有欲者也。凡语治而待寡欲者，无以节欲，而困于多欲者也。有欲无欲，异类也，生死也，非治乱也。欲之多寡，异类也，情之数也，非治乱也。欲不待可得，而求者从所可。欲不待可得，所受乎天也。求者从所可，受乎心也。人之所欲生甚矣，人之所恶死甚矣。然而人有从生成死者，非不欲生而欲死也。故欲过之而动不及，心止之也。心之所可中理，欲虽多，奚伤于治？欲不及而动过之，心使之也。心之所可失理，欲虽寡，奚止于乱？故治乱在于心之所可，亡于情之所欲。不求之其所在，而求之其所亡，虽曰我得之，失之矣。性者，天之就也；情者，性之质也，欲者情之应也。以欲为可得而求之，情之所必不免也。以为可道之，知所必出也。故虽为守门，欲不可去，性之具也。虽为天子，欲不可尽，欲虽不可尽，可以近尽也。欲虽不可去，求可节也。所欲虽不可尽，求者犹近尽；欲虽不可去，所求不得，虑者，欲节求也。道者进则近尽，退则节求，天下莫之若也。"东原之言理欲与荀子的关系昭然矣。章太炎又批评"震书多姗议老、庄，不得要领，而以浮辞相难，弥以自陷，其失也。当是时，学者以老、庄、商、韩为忌，其势不能无废百家。"（《释戴》，《章太炎全集》（四），页123—124。）太炎是时正沉迷老庄和唯识学，他对戴震的批评不以为然。但是，他所谓学者以老、庄、商、韩为忌，至多对乾嘉考证学诸子如此，而对彭绍升辈却不适用。从为学与仕途的关系看，彭绍升、罗台山、薛家三等人均不得志。彭绍升阅历世途，自认不能适用于世，而薛、罗皆黜于礼部，汪则以诸生终。

言:晚周诸子之中,最善斥自然者莫过荀子。"东原即以其意排老释,而复以孟子性善之论移加于荀子"。他所谓"理者就人之情欲求之,使之纤悉无憾之谓理,正合荀卿进近尽退节求之旨。而荀子则要归于礼,曰,人生而有欲,欲而不得则不能无求,求而无度量分界则不能不争,争则乱,乱则穷。先王恶其乱也,故制礼义以分之,以养人之欲,给人之求,使欲必不穷乎物,物必不屈于欲,两者相持而长,是礼之所起也。戴学后起,亦靡勿以礼为说,此又两家思理之相通而至似者也。"[128]

在戴震与荀子的关系中,"学"与礼的关系显然是一个关键环节。[129]重建绳墨或礼义的关键是去私、去偏、去蔽,那么,如何才能达到呢?"人之患,有私有蔽;私出于情欲,蔽出于心知。无私,仁也;不蔽,智也;非绝情欲以为仁,去心知以为智也。是故圣贤之道,无私而非无欲;老、庄、释氏,无欲而非无私;彼以无欲成其自私者也;此以无私通天下之情,遂天下之欲者也。……圣贤之学,由博学、审问、慎思、明辨而后笃行,则行者,行其人伦日用之不蔽者也,非如彼之舍人伦日用,以无欲为能笃行也。"[130]只有通过圣智聪明去除私与蔽,礼义才能在人伦日用中呈现。因此,东原虽然在性恶/性善、理/气等问题上反对荀子和宋儒,却在学与礼的关系方面发挥荀子和程朱的观点。[131]这里的关键是:东原把"学"——即对事物之条理的理解,它势必体现为正名的知识实践——看作是通达理义或礼

---

[128] 钱穆:《中国近三百年学术史》,页357—358,359。
[129] 这并不是说东原混同孟子与荀子,相反,在性论问题上,他有明确的分疏:"荀子以理义生于圣心,常人学然后能明于理义,若顺其自然,则生争夺。弗学而能,乃属之性;学而后能,不得属之性,故谓性恶。而其于孟子言性善也辨之曰:'性善,则去圣王,息礼义矣;性恶,则兴圣王,贵礼义矣。'此又一说也。荀子习闻当时杂乎老、庄、告子之说者废学毁礼义,而不达孟子性善之旨,以礼义为圣人教天下制其性,使不至争夺,而不知礼义之所由名。老、庄、告子及后之释氏,乃言如荀子所谓'去圣王,息礼义'耳。……"戴震:《孟子字义疏证》卷上,《戴震全集》(一),页165—166。
[130] 戴震:《孟子字义疏证》卷下,《戴震全集》(一),页204—205。
[131] 程朱之即物穷理不是暗示了从事物之条理出发接近理吗?在东原看来,程朱在"学"的问题上更近于荀子,因此他对程朱与老释的态度有所差别。如说:"程子朱子于老、庄、释氏既入其室,操其矛矣,然改变其言,以为六经、孔孟如是,按诸荀子差近之,而非六经孔孟也。"《孟子字义疏证》卷中,《戴震全集》(一),页187。

义的必由之路。

戴震趋近荀子和程朱的另一原因由他批驳的对象所决定,此即任自然而菲薄后天学习的老、庄、释氏。彭绍升辈上承东林之学,重视本心而疏于问学,[132]而汪缙等人又从朱学汲取灵感,以为"朱子之学诚而已矣,心法之妙敬而已矣。诚,无为也,无思也,无事也,一理之命于天者也。敬,无为也,无思也,无事也,一理之具于吾心者也。……"[133]东原以此不得不详论"学"与"诚",把后天之"学"的问题提到首要的位置。戴震说:

> 古贤圣知人之材质有等差,是以重问学,贵扩充。老、庄、释氏谓有生皆同,故主于去情欲以勿害之,不必问学以扩充之。……荀子谓常人之性,学然后知礼义,其说亦足以伸。陆子静、王文成诸人同于老、庄、释氏,而改其毁訾仁义者,以为自然全乎仁义,巧于伸其说者也。程子、朱子尊理而以为天与我,犹荀子尊礼义以为圣人与我也。谓理为形气所污坏,是圣人而下形气皆大不美,即荀子性恶之说也;而其所谓理,别为凑泊附著之一物,……理既完全自足,难于言学以明理,故不得不分理气为二本而咎形气。盖其说杂糅傅合而成,……[134]

戴震在此批判理学的二元论,但显然对程朱与陆王有所分别。胡适激赏戴震"详于论敬略于论学"的大胆断言,但并不了解这一判断的锋芒也针

---

[132] 允初读杨慈湖书后说:"本心之学,直达而已矣。杨子问于陆子曰:如何是本心?陆子曰:适来断扇狱,是知其为是,非知其为非,即此是本心。杨子曰:如斯而已乎?陆子竦然厉声曰:更何有也!杨子言下廓然。杨子论学也,以绝四为宗,或者疑之曰:是知其为是,非知其为非,而能无意乎?知归子曰:直达而已矣,何意之有?子曰:吾有知乎哉,无知也。无知而无不知,是之谓绝四,是之谓本心。"《读杨子书》,见《二林居集》卷二,页3。
[133] 汪缙:《明尊朱之指》,《二录》,汪子遗书本,页5。
[134] 戴震:《孟子字义疏证》卷上,《戴震全集》(一),页167。

对着时人援释入儒的努力。[135]从后一方面看,戴震的观点不过是正统之中的异端,他要维持的还是理礼合一、道器一体的汉学前提或儒学正统。钱大昕说:"六经者,圣人之言,因其言以求其义,则必自训诂始。谓训诂之外别有义理,如桑门以不立文字为最上乘者非吾儒之学也。"[136]戴震之论距此可谓既远又近。

戴震是乾嘉时代的杰出人物,他的学问水准和思想能力代表了那个时代的最高水平,却也显示了那一时代的深刻的思想和道德困境。他身居京师,又是公认的学术重镇,对于来自四面八方的挑战和探寻,有着较之他人更为敏感和深切的体会。戴震在汉宋之间往返周旋,在儒释之间来回辨难,在道法之间依违其说,虽欲以儒归儒,以宋归宋,以释归释,以道归道,但最后却仍然在荀孟、汉宋之间调停其说,最后归于理礼合一、道器一体的儒学宗旨和经学教条。戴震的理欲之辨的批判力量建立在这个前提之上,而其限度也来自这一前提。我们从他对"人死于法,犹有怜之者;死于理,其谁怜之?"的呼唤中听到了一种微弱的暗示,这就是治道合一或理法合一构成了最为严重的压制。但暗示仅仅是暗示,那个在法之上能够表达对于死者的同情的超越性的范畴终于没有分离出来,如果那样的话,戴震就成了一个理学家。在他看来,道器一体、理礼合一和治道一致的儒学理想并没有错,问题是如何解释这些基本的原则。他的抗议的严峻性和立论上的正统性,恰恰表达了有清一代士大夫所面临的思想困境:理礼合一和治道合一是内在于儒学的基本命题,它是清代儒学经过艰苦探索得出的结论,从而也构筑了一种难以突破的思想前提;但恰恰是这一思想前提本身已经为他们置身的、试图加以批判的制度所利用。因

---

[135] 东原批评荀子之处多半是在批评程朱,例如他说:"彼荀子见学之不可以已,非本无,何待于学?而程子、朱子亦见学之不可以已,其本有者,何以又待于学?故谓'为气质所污坏',以便于言本有者之转而如本无也。于是性之名移而加之理,而气化生人生物,适以病性。性譬水之清,因地而污浊,……以受污而浊喻堕于形气中污坏,以澄之而清喻学。水静则能清,老庄、释氏之主于无欲,主于静寂是也。"《孟子字义疏证》卷中,《戴震全集》(一),页187。
[136] 钱大昕:《臧玉琳经义杂识序》,《潜研堂文集》,四部丛刊本,卷二十四,页218。

此，戴震的经学造诣越是深湛，他所感到的压力也就越是巨大；他的义理激情越是浓郁，他的内心的紧张就越是强烈；他对思想困境的洞察越是清晰，他回应这些思想挑战的方式也就越是复杂；他对不同门派和取向的理解越是具体和深切，他的激烈的批判声调就不能不带有更多的曲折迂回。这种思想的复杂性造成了一种心理上和道德上的暧昧，也许可以说戴震因其丰富而略显脆弱。我猜想，戴震不会认可任何一种来自单方面的谴责，他或许认为自己的理论和学术方式能够收摄各种矛盾。无论如何，戴震在几种思想力量之间闪转腾挪、纵横捭阖、各个击破，恰恰说明经学内部蕴含着自我怀疑的因素，它预示着新的变革将从经学内部发展出来。

第三节　六经皆史与经学考古学

1. 自然与不得不然

章学诚（字实斋，浙江会稽人，1738—1801）以"六经皆史"之说抨击训诂考证学的弊端，开疑经之端绪。他痛诋时人学风如骨鲠在喉，即使对戴震，下笔也毫不留情。这种尖锐的文风与章学诚对于学者人格和学术格调的追究造成了一种印象，似乎他的史观与经学完全处于对立的格局。章氏的学术态度极为鲜明，没有戴震心理和学术的那种曲折和分裂，但若仔细琢磨的话，也可以发现一些矛盾的东西。例如，他从学朱筠，认为程朱理学下启清代学术，但基本看法又不同于程朱；他反对空说义理，对阳明攻朱有所非议，同时又认为阳明学下启清代史学之端绪，俨然以浙东学术之殿军自居；他攻击考据学风甚烈，推尊义理之学，但仍然坚持道器一体、礼理合一的观念，距离经学的前提没有那么遥远，以致我们可以说他以批判考证学的方式提供了最为完整的考证学的理据。那么，这种看似矛盾的现象究竟是按照什么逻辑组织起来的呢？

在汉宋互诋、经学蔚为大潮的时代，章学诚重视由博返约，推尊程朱，会通义理，重新把学问的宗旨与求道、经世的宗旨联系起来，更使人觉得他的学术立场接近于理学。[137]但如果我们在讨论他的立论宗旨的同时，也考虑到戴震、焦循等经学家的看法，那么，这些批评既非空山绝响，也说不上与经学截然分途。[138]章学诚与经学家们的根本分歧不在义理与考据的关系，而在六经的位置：在经学家，道自六经出，非由文字训诂而不得门径；在章学诚，六经不足以尽道，他试图在史的范畴中另觅义理的途径。[139]他站在"义理"一边表彰戴震并不是推崇"空说"的宋学，而是看到了东原之学严于训诂考证而又不泥于家法。章氏对戴震的自然/必然之说心有戚戚焉，这一抽象的义理与他的史学的指导思想完全贯通。[140]

章学诚重视义理，但他的义理不是宋明儒学的义理，而是史的观念。

----

[137] 实斋循孔子"下学而上达"的宗旨，认为学于形而下之器能够抵达形而上之道。在他看来，仁义礼智之性即天德，君臣、父子、夫妇、兄弟、朋友之伦即天位，所谓"学"并非专于诵读，而在以"天德"而修"天位"。他这种谈论道德实践的方式很像阳明学的信徒，但若深究起来还是有很大的不同。其中最为重要的是实斋对"学"的演变给出了一个历史的解说。他从道器一体的观念出发，认为官师治教的分化构成了诸子百家出现和后世学术演变的最为重要的动力，也相应改变了学与行、学与思的关系。因此，后世学者已经不可能在三代之制的制度内部以知行合一的方式"学"了。关于这一点，我在下文中将作详细讨论。章学诚：《原学》上，《文史通义》卷二，《章学诚遗书》卷二，北京：文物出版社，1985，页12—13。

[138] 焦循在《与刘端临教谕书》中说："古学未兴，道在存其学。古学大兴，道在求其通。前之弊，患乎不学；后之弊，患乎不思。证之以实，而能运之于虚，庶几学经之道也。乃近来为学之士，忽设一考据之名目，循……反复辨此名目之非。"焦循：《雕菰楼集》卷十三《与刘端临教谕书》，页25ab，文学山房本。

[139] 凌廷堪总结乾嘉学术的方法论，正可与实斋的看法相互对照："昔间献王实事求是。夫实事在前，吾所谓是者，人不能强辞而非之，吾所谓非者，人不能强辞而是之也，如六书、九数、典章、制度之学是也。虚理在前，吾所谓是者，人既可别持一说以为非；吾所谓非者，人亦可别持一说以为是也。如理义之学是也。"凌廷堪：《戴东原先生事略状》，见《校礼堂文集》，卷三十五，北京：中华书局，1998，页317。

[140] 他说："戴君说经，不尽主郑氏说，而其与任幼植书，则戒以轻畔康成。人皆疑之，不知其皆是也。大约学者于古未能深究其所以然，必当墨守师说。及其学之既成，会通于群经与诸儒治经之言，而有以灼见前人之说之不可以据，于是始得古人大体，而进窥天地之纯。故学于郑，而不敢尽由于郑，乃谨严之至，好古之至，非蔑古也。……"《文史通义》外篇二《"郑学斋记"书后》，《章学诚遗书》卷八，页74。

在这里，史涉及的不是诸多人文学科中的一门学科，而是一种对于儒学传统的理解方式，即儒学的经典即是历史本身的呈现，儒学的道德实践也因而必须被视为一种历史的实践。在这个意义上，"六经皆史"的命题与王学之"知行合一"回答的是同一层次的问题。[141]在《浙东学术》中，章氏认为清代史学上承陆王学术，他对知行合一之教深为信服。但是，在他的史学视野内，知行的关系与制度形式的改变有着历史的联系，从而作为道德实践的知与行是在特定的历史制度和礼仪内部的知与行。仔细地阅读《文史通义》、《校雠通义》以及其他篇章，章学诚在各种不同的语境中反复谈及官师、政教的关系及其变化，他对经学、历史、道德和其他知识问题的讨论几乎均与此有关。在他看来，古代治教未分、官师合一，"司徒敷五教，典乐教胄子，以及三代之学校，皆见于制度，彼时从事于学者，入而申其占毕，出则即见政教典章之行事，是以学皆信而有徵，而非空言相为授受也。"[142]这是知行合一的时代。"官师分而诸子百家之言起。于是学始因人品诣以名矣。……学因人而异名，学斯舛矣。是非行之过而至于此也。出于思之过也。"[143]经学学而不思，诸子思而不学，科举制度以利禄劝儒术，孔子所谓"下学而上达"的宗旨遂完全丢失，从而知行由合而分。章氏把"知"的问题置于制度变化的条件下观察，其视野实际上也是从"礼乐/制度的分化"或"三代以上/三代以下"的儒学观中演化而来。

---

[141] 王学传统中以经为史的观点不绝如缕。王阳明《传习录》已有"五经皆史"的说法，王世贞《弇州四部稿·艺苑卮言》说："天地间无非史而已。六经，史之言理者也。"李贽《焚书·经史相为表里篇》云："《春秋》一经，春秋一时之史也；《诗经》、《书经》，二帝三王以来之史也；而《易经》则又示人以经之所自出，史之所从来，为道屡迁，变易匪常，不可以一定执也。故谓六经皆史可也。"张舜徽据此推论说："可知六经皆史之说，早已发于明人，不自章氏始也。推此数家之言，以观古代著述，则何一不可统之于史乎？龚自珍尝言：'史之外，无有文字焉。'（《古史钩沉论》）非过论也。……举凡六籍所言，可资考古，无裨致用。六艺经传以千万数，其在今日，皆当以史料目之。"（张舜徽：《史学三书平议》，北京：中华书局，1983，页180。）但是，张氏在这里将"六经皆史"命题中的"史"与"史料"相等同，对于"史"这一概念的儒学含义未加说明。"史"作为一种道德实践的根据的含义在这一实证史学观的框架中完全无法得到揭示。
[142] 章学诚：《原学》中，《文史通义》内篇二，《章学诚遗书》卷二，页13。
[143] 章学诚：《原学》中，《文史通义》内篇二，《章学诚遗书》卷二，页13。

他绝不认为像阳明那样谈论"知行合一"就能够恢复"下学而上达"的宗旨,因为"知行合一"不是个人的道德实践方式,而是一个社会的运转形式;它也不是一个简单的道德观念,而是一个历史的观念,是在特定制度条件下的"学"的方式。[144]

章学诚把道器一体、治道合一、理礼合一等命题从"经学"中解放出来,转化为史的范畴。从"史"的视野看待经,或以经为史,即把经视为对先王制度和实践的记录。在这个意义上,"史学"要求将经学放置在历史实践的关系中理解,从而是一种反思性的知识。"六经皆史"不但是对考据学的批判,而且也是对经学的否定,即对以经为经的态度与方法的否定。这一特点在他与戴震、焦循对考据学风的批评之间划出了界限。[145]那么,他是通过什么途径把经学的信念与疑经的史学倾向关联起来的呢?我们先来看看他在《原道上》中的一段话:

> 道有自然,圣人有不得不然,其事同乎?曰:不同。道无所为而自然,圣人有所见而不得不然也。故言圣人体道可也,言圣人与道同体不可也。圣人有所见,故不得不然。众人无所见,则不知其然而然。孰为近道?曰:不知其然而然,即道也。非无所见也,不可见也。不得不然者,圣人所以合乎道,非可即以为道也。……周公……适当积古留传道法大备之时,是以经纶制作,集千古之大成;则亦时会使然,非周公之圣智能使之然也。盖自古圣人,皆学于众人之不知其然而然,而周公又遍阅于自古圣人之不得不然而知其然也。……此非周公智力所能也,时会使然也。……君师分,而治教不能合于一,气数之出于天者也。周公集治统之成,而孔子明立教之极,皆事理之

---

[144] 参看章学诚《经解》上、中、下三篇,《文史通义》内篇一,《章学诚遗书》卷一,页8—9。
[145] 例如焦循说:"自周秦以至于汉,均谓之学,……无所谓考据也。……经学者,以经文为主,以百家子史、天文术算、阴阳五行、六书七音等为之辅,汇而通之,析而辨之,求其训故,核其制度,明其道义,……以己之性灵,合诸古圣之性灵,并贯通于千百家著书立言者之性灵。……无性灵不可以言经学。"焦循:《雕菰楼集》卷十三《与孙渊如观察论考据著作书》,页21b—23a。

不得不然,而非圣人故欲如是以求异于前人,此道法之出于天者也。……后人……盛推孔子过于尧舜,因之崇性命而薄事功,于是千圣之经纶,不足当儒生之坐论矣!……夫尊夫子者,莫若切近人情,不知其实,而但务推崇,则玄之又玄,圣人一神天之通号耳,世教何补焉?[146]

我们可以从三个层面对上面这段话进行分析。第一,学诚以"自然"言"道",反对道器(理气)二元论;他以"不得不然"言"学",反对空言性理。这是戴震之自然/必然之辨的另一表达。"事"有不同,"道"亦有所差别,这与戴震之"分理"说略近。但他们之间存在差别:章学诚偏重于"器"的一面,而戴震却偏重于内在的实质。在这里,他们对"事"的不同理解是一个关键环节。"理在事中"是他们的共同信念,但戴震之"事"侧重日常生活实践(所谓日用饮食),议论的中心是个人的道德实践,而学诚的"事"则是历史性的,他强调事情的变化与制度、言论之间的内在联系,主张透过事情的变化观察古代典制与儒者言论的关系。[147]"事有实据,而理无定形。故夫子之述六经,皆取先王典章,未尝离事而著理。后儒以圣师言行为世法,则亦命其书为经。此事理之当然也。然而以意尊之,则可以意僭之矣。盖自官师之分也,官有政,贱者必不敢强干之,以有据也。师有教,不肖者辄敢纷纷以自命,以无据也。孟子时,以杨墨为异端矣。杨氏无书,墨翟之书初不名经。"[148]换言之,义理和实践的形式与特定的制度形式密切相关:官师政教不分,知行合一就是一种制度性的知识论和实践论,而官师政教分离,义理之学就必须找到另外的方式来表达,诸子学和宋明理学就是例证。知识与制度具有如此内在的联系,六经皆史的观念才能得以成立。

第二,戴震从"自然"/"必然"之辨中引出了理/欲之辨,而章氏则在

---

[146] 章学诚:《原道》上,《文史通义》内篇二,《章学诚遗书》卷二,页10。
[147] 《书教》上云:"古人事见于言,言以为事,未尝分事言为二物也。"章学诚:《书教》上,《文史通义》内篇一,《章学诚遗书》卷一,页3。
[148] 章学诚:《经解》中,《文史通义》内篇一,《章学诚遗书》卷一,页8。

"自然"/"不得不然"之辨中把经学归入了史学的范畴。在这个范畴内,制度、礼乐和义理的形成并不是圣人智慧的成果,而是"时会"所致。"盖自古圣人,皆学于众人之不知其然而然,而周公又遍阅于自古圣人之不得不然,而知其然也。"在这个意义上,圣人"亦不自知其然也"。[149] 章氏从变化的观点观察制度、礼乐和行为,认为秩序本身就是随"事"变化而"不得不然"的结果。换句话说,秩序是人在特定条件下自由行动的结果,而不是规范所有行为的制度。在"自然"与"不得不然"的关系中谈论"道",这表示古代典制本身不是圣王个人作为的结果,而是日常生活变化的产物,由此产生的义理则是圣人对于这一自然过程的"不得不然"的认识。在这个意义上,古代制度并非有意的创制,而是各种合力的自然成果。这是一种典型的演化史观,人的有意志的行为仅仅是自然过程的内在要素,而历史中的秩序则是各种合力运动的产物。"人之生也,自有其道,人不自知,故未有形。"人是群体关系之中的存在,而群体的分工合作、各司其事乃是自然之势,"均平秩序"的义理就是这一自然秩序本身的反映。按照同样的逻辑,长幼尊卑、等级秩序以及各种社会制度都不是圣贤制定的规则,而是自然演化的结果:

> 又恐交委而互争焉,则必推年之长者持其平,亦不得不然之势也,而长幼尊卑之别形矣。至于什伍千百,部别班分,亦各长其什伍,而积至于千百,则人众而赖于干济,必推才之杰者理其繁,势纷而须于率俾,必推德之懋者司其化,是亦不得不然之势也;而作君作师,画野分州,井田、封建、学校之意著矣。故道者,非圣人智力之所能为,皆其事势自然,渐形渐著,不得已而出之,故曰天也。[150]

三代之制是顺其自然而不得不然,古代的典制如此,后世的变革也应顺乎自然,而不应该以个人的意见取代"自然之势"。这个看法与柳宗元以自

---

[149] 章学诚:《原道》上,《文史通义》内篇二,《章学诚遗书》卷二,页10。
[150] 同上。

然之势论证制度演变的观点一脉相承。章氏认为不存在脱离具体的制度和环境的"道",不存在永久不变的制度和环境,即使井田、封建、学校等三代制度也是时会所致。道器一体是看待历史中的知识、制度与历史变迁的方式,而不再是儒学的道德理想。

第三,章学诚把历史的变迁、社会的分化和制度的沿革看作是一个自然的过程,这一观点改变了经学家和理学家关于治道一体的观念。礼制秩序产生于"事"的变化,而"事"本身则是自然而然的产物。所谓"周公集治统之成,孔子明立教之极",他们的差别并非由于义理不同,而是因为面对的情境不一。圣人制礼作乐、发为文字,并非因为与道同体,宛若神明,而是因乎自然,从世界的阴阳变化之"迹"中体会"道"。在这个意义上,周公、孔子之学是对"自然"的认识,甚至他们对自然的认识行为本身也是自然过程的一部分。如果要体会他们的思想以及相互之间的差别,就必须理解他们的思想得以产生的历史关系。这是他们本人也并不自知其然的"自然之势"。

六经皆史的观念产生于反对离事言理的经学观念,但又反过来对经学的意义产生了疑问:经学把六经视为圣人的微言大义,而不了解"古人不著书,古人未尝离事言理。六经皆先王之政典也。"[151]即使是《周易》也是言治之书。"道器一体"的观念与"六经皆史"的命题互为表里,它们改变了"经"的意义。这有点像魏晋时代郭象等人的观点:六经非圣人之道,圣人之迹也。章学诚说:

> 《易》曰:形而上者谓之道,形而下者谓之器。道不离器,犹影不离形。后世服夫子之教者自六经,以谓六经载道之书也,而不知六经皆器也。易之为书,所以开物成务,掌于春官太卜,则固有官守而列于掌故矣。书在外史,诗领太师,礼自宗伯,乐有司成,春秋各有国史。三代以前,诗书六艺,未尝不以教人,非如后世尊奉六经,别为儒学一门,而专称为载道之书者。盖以学者所习,不出官司典守,国家

---

[151] 章学诚:《易教》上,《文史通义》内篇一,《章学诚遗书》卷二,页1。

政教，而其为用，亦不出于人伦日用之常，是以但见其为不得不然之事耳，未尝别见所载之道也。夫子述六经以训后世，亦谓先圣先王之道不可见。六经即其器之可见者也。后人不见先王，当据可守之器，而思不可见之道……[152]

若以此引文与《易教》（上、中、下）、《书教》（上、中、下）、《诗教》（上、下）、《礼教》、《经解》（上、中、下）诸篇互相参照发明，我们可以清楚地看到"六经皆史"的命题贯彻于对经学的各个分支的解说。章氏对经书的看法不只是简单说明六经皆王制，而且也是从史的观点解释制度与经、子之书的关系，从而为经、传、子、史及其义例、编类的形成提供一个系谱学的说明。

从系谱学的角度，"六经皆史"说对"经"作为一种知识的形成过程进行追问，它提出的问题是：为什么"经"能够从"史"中分离出来，为什么"道"逐渐地成为一种言说而不再是隐藏于"器"的存在？章学诚认为经史分离是在人们对演化过程的误解中发生的，若用今天的语言表达，就是知识的形成史亦即话语的建构过程。这可以从两个不同的层面来看。首先是"经"与"传"的关系。经典的概念始自战国时代《管子·戒篇》、《荀子·劝学篇》、《庄子·天道篇》等文，但这些篇什中所谓"经"也只是典籍的意思。[153]"经"作为一种知识或话语不是产生于周公制礼作乐、史官记述书写或孔子编撰删节，而是产生在另一个与经书内容没有直接关系的时刻：经学诞生于人们试图把先儒典籍（而不是实际生活过程）作为义理根源的时刻，如果参照《史记·儒林传》、《汉书·儒林传赞》对于汉武帝

---

[152] 章学诚：《原道》中，《文史通义》内篇二，《章学诚遗书》卷二，页11。
[153] 如《管子·戒篇》所谓"泽其四经"之"四经"即"四术"（诗、书、礼、乐），《荀子·劝学篇》所谓"学恶乎始？恶乎终？曰：其数则始乎诵经，终乎读礼其义则始乎为士，终乎为圣人"，这里所谓"经"即指典籍。《庄子·天道篇》的谈及"孔子繙十二经"之语，但《天道篇》为"外篇"，为后人所作，不能算作战国时代的看法。因此，学术史家们通常认为"把'经'作为中国儒家编著书籍的解释，应在战国以后"，尤其是在汉武帝罢黜百家、独尊儒术的时期。参见汤志钧：《近代经学与政治》，北京：中华书局，1989，页2—3。

时代立五经博士的记载,那么,这一时刻的法定性质是极为清晰的。章学诚从知识分类学的角度指出,这一时刻具体体现为以解经为目的的"传"的出现。何为传呢?孔子死后,微言大义一时将绝,他的弟子门人各以所见所闻记录成文,追踪大义,《左氏春秋》、《子夏丧服》诸篇都名"传"。"而前代逸文不出于六艺者,称述皆谓之传,如《孟子》所对汤、武及文王之囿是也。则因传而有经之名,犹之因子而立父之号矣。"[154]龚自珍《六经正名》深受实斋的影响,他说:"善夫汉刘向(应为刘歆)之为七略也,班固仍之,造艺文志。序六艺为九种,有经,有传,有记,有群书。传则附于经,群书颇关经,则附于经。何谓传? 书之有大小夏侯、欧阳,传也;诗之有齐、鲁、韩、毛,传也;春秋之有公羊、谷梁、左氏、邹、夹氏,亦传也。……"[155]"经"若没有"传"的对应关系即不存在,"传"若独立存在即无所谓"传",所以实斋说:"六经不言经,三传不言传,犹人各有我,而不容我其我也。依经而有传,对人而有我。是经传人我之名,起于势之不得已,而非其质本尔也。"[156]后人缺乏这种考古学视野,以传为经,追究圣人微言大义,再也不能理解古代所谓"经"乃是见于政教行事的典章制度。"经"从圣王典制的记述转化为一种知识话语。

其次是"经"与"子"的关系。在实斋看来,周公身逢"经纶治化,一出于道体之适然"、"帝全王备,因殷夏监,至于无可复加之际",因而才能够制作典章、以周道集古圣之成。所谓治道合一,即周公"以天纵生知之圣,而适当积古留传,道法大备之时,是以经纶制作,集千古之大成,则亦时会使然。"[157]孔子生于三代之衰、治教既分的东周,有德无位,无从得制作之权,缺乏治道合一之"时会"。他"于是取周公之典章,所以体天人之撰,而存治化之迹者,独与其徒相与申而明之,此六艺之所以虽失官守,而犹赖有师教

---

[154] 章学诚:《经解》上,《文史通义》内篇一,《章学诚遗书》卷一,页8。
[155] 龚自珍:《六经正名》,张舜徽编选:《文献学论著辑要》,西安:陕西人民出版社,1985,下同,页99。皮锡瑞说:"孔子所定谓之经;弟子所释谓之传,或谓之记;弟子辗转相授谓之说。"《经学历史》,北京:中华书局,1959,页67。
[156] 章学诚:《经解》上,《文史通义》内篇一,《章学诚遗书》卷一,页8
[157] 章学诚:《原道》上,《文史通义》内篇二,《章学诚遗书》卷二,页10。

也。然夫子之时,犹不名经也。"[158]孔子述而不作,并不自以为经,此为"事理之不得不然"。但此后诸子之学以私言的方式与六艺之公言相对,所谓"处士横议,诸子纷纷著书立说,而文字始有私家之言,不尽出于典章政教",[159]六艺之公言遂成为经书。因此,若无子学,亦无经学,经学与子学有一种共生关系。这种共生关系可以概括为:经学是子学形成过程的产物。[160]

"大道之隐也,不隐于庸愚,而隐于贤智之伦者,纷纷有见也。"沉默之时,道显而充实,言说之时,道隐而空虚。这是实斋对经、子的各自特征的概括。道藏于器即道藏于制度和日常实践本身,而不在言论口说之中。因此,"六经皆史"即六经皆先王政典,而所谓"史意"即从六经中所透露的帝王经世之大略而不是圣人的微言大义出发理解经典之意义。正由于此,章学诚要求学问应进于"古",区分出子学所内含的六艺精髓,而不是自陷于考订、义理、文辞的纠缠。但他并不是全盘否定子学的意义,因为从"时会"的观点看,诸子学的诞生也有"不得不然"在。从祖述王制到众议纷纭,这一转变并非撰述者主观意见使然,而是历史变化的一个有机部分。"君师分,而治教不能合于一,气数之出于天者也。"周公能够集羲、轩、尧、舜以来之道法,损益尽其美善,而孔子却必须尽周公之道法,"不得行而明其教",这是自然之势。[161]降至所谓"儒家者流,乃尊六艺而奉以为经,则又不独对传为名也。荀子曰:夫学始于诵经,终于习礼;庄子曰:孔子言治诗书礼乐易春秋六经,又曰繙十二经以见老子。"[162]这也是自然之势。诸子用先王政典章经纬天下,但六艺宗旨湮没不彰,势必需要经解疏别六经。[163]荀子、庄子皆出子夏门下,他们的言论证明六经之

---

[158] 章学诚:《经解》上,《文史通义》内篇一,《章学诚遗书》卷一,页8。
[159] 同上。
[160] 关于诸子之书,参看宋濂《诸子辨》,见张舜徽编选《文献学论著辑要》,页196—217。
[161] 章学诚:《原道》上,《文史通义》内篇二,《章学诚遗书》卷二,页11。
[162] 章学诚:《经解》上,《文史通义》内篇一,《章学诚遗书》卷一,页8。
[163] 章学诚在《言公》上中说:"诸子思以其学易天下,固将以其所谓道者,争天下之莫可加,而语言文字未尝私其所出也。……诸子之奋起,由于道术既裂,而各以聪明才力之所偏,每有得于大道之一端,而遂欲以之易天下,其持之有故,而言之成理者,故将推衍其学术,而传之其徒焉。"《文史通义》内篇四,《章学诚遗书》卷四,页29。

名起于孔门弟子。

章学诚批评诸子腾于口说,但仍然认为诸子出于六艺,他们的语言不能单纯地看作是私家的语言。在"时会"的意义上,经子之别的绝对界限是不存在的。诸子之起与政教、官师之分存在密切的联系,先王之道存在于众声喧哗之中。因此,站在实斋的考古学立场,若要探究先王之道就必须辨章学术、考竟源流,知道"战国之文,其源出于六艺","诸子之为书,其持之有故,而言之成理者,必有得于道体之一端,而后乃能恣肆其说,以成一家之言也。所谓一端者,无非六艺之所该,故推之而皆得其所本,非谓诸子果能服六艺之教,而出辞必衷于是也。……"[164]他因此特别重视《庄子·天下篇》以及《荀子·非十二子篇》:

> 《汉志》最重学术源流,似有得于太史《叙传》及庄周《天下篇》、荀卿《非十子》之意,此叙述著录所以有关于明道之要,而非后世仅计部目者之所及也。[165]

> 六艺之书与儒家之言,固当参观于《儒林列传》。道家名家墨家之书,则列传而外,又当参观于庄周《天下》之篇也。盖司马迁叙传所推六艺宗旨,尚未究其流别,而庄周《天下》一篇,实为诸家学术之权衡,著录诸家宜取法也。观其首章列叙旧法、世传之史,与《诗》、《书》六艺之文,则后世经史之大原也;其后叙及墨翟、禽滑厘之学,则墨支(墨翟弟子)、墨别(相里勤以下诸人)、墨言(禹湮洪水以下是也)、墨经(苦获、己齿、邓陵子之属皆诵《墨经》是也),具有经纬条贯,较之刘、班著录,源委尤为秩然,不啻《儒林列传》之于《六艺略》也;宋钘、尹文、田骈、慎到、关尹、老聃以至惠施、公孙龙之属,皆《诸子略》中道家名家所互见。然则古人著书,苟欲推明大道,未有不辨

---

[164] 章学诚:《诗教》上,《文史通义》内篇一,《章学诚遗书》卷一,页5。
[165] 章学诚:《补校汉艺文志第十》十之三,《校雠通义》内篇二,《章学诚遗书》卷十一,页99。章学诚以《非十二子》篇为《非十子》是据"韩婴诗传引荀子此篇无讥子思、孟子文",推断而得。

诸家学术源流。[166]

通过辨章学术、考竟源流，尽管诸子意见纷呈，我们仍然能够读出六艺之痕迹，读出隐含在知识的分化之中的历史的分化过程。道器一体或六经皆史的命题同样适用于理解诸子学和其他知识——如天文、地理、历算、法律等等——的兴起。在这个意义上，治道合一不是对政治现实的描述，而是观察知识形式的方式，它不但意味着知识的形式（典章制度、经传释辞、义理之言）产生于特定的历史关系，而且还阐明了看待典籍的一些史学原则或者说知识的考古学。如谓："形而上者谓之道，形而下者谓之器。善法具举，本末兼该，部次相从，有伦有脊，使求书者，可以即器而明道，会偏而得全，则任宏之校兵书，李柱国之校方技，庶几近之。……夫兵书略中孙吴诸书，与方技略中内外诸经，即诸子略中一家之言，所谓形而上之道也。兵书略中形势、阴阳、技巧三条，与方技略中经方、房中、神仙三条，皆著法术名数，所谓形而下之器也。"[167] 又如《补校汉艺文志第十》论法律之书说："后世法律之书甚多，……就诸子中掇取申韩议法家言，部于首条，所谓道也。其承用律令格式之属，附条别次，所谓器也。"[168] 几乎所有的知识领域，包括天文、地理、历算等等，都包含着这种道器关系。[169]

---

[166]　章学诚：《汉志诸子第十四》十四之二十三，《校雠通义》内篇三，《章学诚遗书》卷十二，页105。

[167]　章学诚：《补校汉艺文志第十》十之四，《校雠通义》内篇二，《章学诚遗书》卷十一，页99。

[168]　章学诚：《补校汉艺文志第十》十之八，《校雠通义》内篇二，《章学诚遗书》卷十一，页100。

[169]　实斋说："天文，则宣夜、周髀、浑天诸家，下逮安天之论、谈天之说，或正或奇，条而别之，辨明识职，所谓道也。《汉志》所录泰一、五残变星之属，附条别次，所谓器也。地理，则形家之言，专门立说，所谓道也。《汉志》所录《山海经》之属，附条别次，所谓器也。"《补校汉艺文志第十》十之六，《校雠通义》内篇二，《章学诚遗书》卷十一，页99。

第四章　经与史（二）

2. 道器一体与知识的分类

在对"六经皆史"说作了上述分析之后,我们可以对章学诚所谓道器一体的观念加以总结。这一观念的核心内容包含两个方面。第一,知识、义理和制度是"自然"的历史关系的产物,人们无法孤立地通过义理或道的体认来理解义理或道,也无法通过训诂考证在文义的层面达到对"道"的理解。"儒"是历史的一部分,而不是孔子个人著述的成果;治道关系的分与合也是历史的产物,而不是个人所能为。[170] 如果忽略历史的变迁,典章制度的沿革,而执着于文字训诂,又怎能懂得先儒的宗旨呢?[171] 第二,道器一体的观念不仅是一个本体论的观念,也不仅是一个史学的观念,而且是一种关于知识的理论,它一方面提供看待典籍的具体原则,另一方面也为知识的分类学做出新的说明。道器一体的核心在于区分周公与孔子,辨别学术与政典的关系。"故学孔子者,当学孔子之所学,不当学孔子之不得已。……以孔子之不得已而误谓孔子之本志,则虚尊道德文章,别为一物,大而经纬世宙,细而日用伦常,视为粗迹矣。故知道器合

---

[170] 实斋分析孔子与先王的关系说,"非夫子推尊先王,意存谦牧而不自作也。夫子本无可作也。有德无位,即无制作之权,空言不可以教人,所谓无徵不信也。教之为事,羲轩以来,盖已有之。观《易大传》之所称述,则知圣人即身示法,因事立教,而未尝于敷政出治之外,别有所谓教法也。虞廷之教,则有专官矣。司徒之所敬敷,典乐之所咨命,以至学校之设,通于四代,司成师保之职,详于周官。然既列于有司,则肄业存于掌故,其所习者,修齐治平之道,而所师者,守官典法之人,治教无二,官师合一,岂有空言以存其私说哉。儒家者流,尊奉孔子,若将私为儒者之宗师,则亦不知孔子矣。……贤士不遇明良之盛,不得位而大行,于是守先王之道,以待后之学者,出于势之无可如何尔。"又说:"秦人禁偶语《诗》、《书》,而云欲学法令,以吏为师。夫秦之悖于古者,禁《诗》、《书》耳。至云学法令者,以吏为师,则亦道器合一,而官师治教未尝分歧为二之至理也。"《原道》中,《文史通义》内篇二,《章学诚遗书》卷二,页11。

[171] 因此,章学诚自问自答道:"何以一言尽孔子? 则曰学周公而已矣。周公之外,别无所学乎? 曰:非有学而孔子有所不至。周公既集众圣之成,则周公之外,更无所谓学也。周公集群圣之大成,孔子学而尽周公之道,斯一言也,足以蔽孔子之全体矣。"章学诚:《原道》上,《文史通义》内篇二,《章学诚遗书》卷二,页10。

一,方可言学。道器合一之数,必求端于周、孔之分。此实古今学术之要旨……"[172]在章氏看来,后世能够看到的书不过是先儒的遗迹和历史的碎片,但被后人编辑为不同的部类。因此,如果不能辨章学术、考竟源流,厘清部次条别的根据,我们就只能迷失于片断的微言大义。所谓即器明道就是要从这些典籍内部寻找到一些线索,通过互证和分类,恢复古代制度和历史关系的内在结构和整体性。

按章学诚的看法,"后世文字必溯源于六艺,六艺非孔氏之书,乃周官之旧典也。"但是,自从官师政教分,诸子并起,后世学术不复为公家著述,而为私家之言。那么,如何才能找到隐含在这些著述之中的"道"呢?《校雠通义》反复运用即器明道的方法说明古书的内涵,在这种方法论的视野内,古代典籍无非是先王之"迹"而非经义本身,知识的分类是对浑然的历史的划分。因此,他遵循的是一条系谱学或考古学的路线,即把经籍分类看成是一种话语,进而对它们的分类法和内在结构进行系谱分析。在这里有一条最为重要的线索,即知识分类学的变化:先秦"六艺"演化为汉人之"七略",汉人之"七略"又演化为晋人及后代之"四部"。这种分类法不仅规范后代对于知识的认识,而且也成为一种钦定的制度化的知识。1772年,即乾隆三十七年,清政府下令在全国范围内征集书籍,次年开设四库馆,对各种典籍进行考证校刊、分类提要,编辑处理了60亿字,缮写1600万页,历时15年,与其事者3800多人。《四库全书》的编撰者多达360人,除了纪昀等学者,也包括三个皇子及大学士、尚书等,俨然是一浩大的国家工程。[173]考证学的兴盛、四库馆臣的地位均与此存在密切的关系。章学诚通过申论道器合一的宗旨,把知识分类学看作是一种历史关系的产物,一种知识的话语,不但动摇了经、史、子、集的严格分野,也包含了对于四库工程以及居于支配地位的考证学和宋学的理论前提的共同的颠覆。他在史学上是推崇刘歆、班固的,但仍然上承《史记·孔子

---

[172] 章学诚:《与陈鉴亭论学》,《文史通义》外篇三,《章学诚遗书》卷九,《章学诚遗书》卷九,页86。

[173] 参见戴逸:《四库全书和法国百科全书》,《乾隆帝及其时代》,北京:中国人民大学出版社,1992,页369—387。

世家》的观点,认为三代官守学业合一,《易》、《诗》、《书》、《礼》、《乐》、《春秋》无非"六艺",这一分类的根据是古代制度。章氏以秦人"以吏为师"比喻说,三代"礼以宗伯为师,乐以司乐为师,诗以太师为师,书以外史为师,三易、春秋亦若是则已矣"。[174] 以这种考古学方式讨论七略、四部等分类法,这些分类就不再是一种普遍的知识形式。因此,章氏关心的不是分类在目录学上的意义,而是分类本身能否体现一个社会的构造,以及知识的分类法与制度性的实践之间能否构成一种连贯的关系,能否透过知识的部类呈现出先王政典的精义。

"七略"分类始自汉代刘歆。他的父亲刘向应诏与任宏(负责兵书)、尹咸(负责数术)、李柱国(负责方技)一道,负责分校经传、诸子和诗赋,并总撰各书叙录。[175] 梁阮孝绪《七录序》说:"昔刘向校书,辄为一录,论其指归,辨其讹谬,随竟奏上,皆载在本书。时又别集众录,谓之《别录》,即今之《别录》是也。"[176] 可见刘向《别录》即纂集众书叙录而成。刘向死后,刘歆领校五经,集六艺群书,继承了父亲校理群书、分门别类的工作,最终完成《七略》,总百家之绪。所谓"七略"即辑略、六艺略、诸子略、诗赋略、兵书略、术数略、方技略。"七略"中除"辑略"为六篇之总最外,其余六大分类与刘向《别录》无异,只是刘向之"经传"变成了"六艺"。[177] 章

---

[174] 章学诚:《原道第一·一之二》,《校雠通义》内篇一,《章学诚遗书》卷十,页95。

[175] 《汉书·艺文志·总序》云:"昔仲尼没而微言绝,七十子丧而大义乖。故春秋分为五,诗分为四,易有数家之传。战国纵横,真伪分争,诸子之言,纷然淆乱。至秦患之,乃燔灭文章,以愚黔首。汉兴,改秦之败,大收篇籍,广开献书之路。迄孝武世,书缺简脱,礼坏乐崩,圣上喟然而称曰:'朕甚闵焉!'于是建藏书之策,置写书之官,下及诸子传说,皆充秘府。至成帝时,以书颇散亡,使谒者陈农求遗书于天下。诏光禄大夫刘向校经传、诸子、诗赋,步兵校尉任宏校兵书,太史令尹咸校数术,侍医李柱国校方技。每一书已,向辄条其篇目,撮其指意,录而奏之。会向卒,哀帝复使向子侍中奉车都尉歆,卒父业。歆于是总群书而奏其七略,故有辑略,有六艺略,有诸子略,有诗赋略,有兵书略,有术数略,有方技略。"见张舜徽编选:《文献学论著辑要》,西安:陕西人民出版社,1985,页23。

[176] 阮孝绪:《七录序》,张舜徽编选:《文献学论著辑要》,页26。

[177] 阮孝绪《七录序》说:"以向歆虽云七略,实有六条,故别立图谱一志,以全七限。其外又条七略及二汉艺文志中经簿所阙之书,并方外之经,佛经道经各为一录。虽继七志之后,而不在其数。"同上,页26。

学诚在《宗刘》中高度评价刘氏父子在目录学上的贡献,认为刘氏父子为后世学者提供了编类部次的目录学和文献学范例。[178]但更为重要的是,他认为知识的分类与古代制度之间应该有内在的呼应关系,写作的方式本身(如私人著述,还是公家著述,是著述还是编辑,是有所发挥,还是述而不作等等)也应该体现古代制度的特点。"七略"分类法的好处就在于"深明乎古人官师合一之道,而有以知乎私门初无著述之故也。"[179] "七略"以"六艺略"居首,反映的是经学的中心思想。章学诚从知识的分类学来观察官师合一之道和私门无著述的历史,是从另一角度重新叙述经学的前提。他说:

> 何则?其叙六艺而后次及诸子百家,必云某家者流,盖出古者某官之掌,其流而为某氏之学,失而为某氏之弊。其云某官之掌,即法具于官,官守其书之义也。其云流而为某家之学,即官司失职,而师弟传业之义也。其云失而为某氏之弊,即孟子所谓生心发政,作政害事,辨而别之。盖欲庶几于知言之学者也,由刘氏之旨以博求古今之载籍,则著录部次,辨章流别,将以折衷六艺,宣明大道,不徒为甲乙纪数之需,亦已明矣。[180]

知识的分类谱系本身是历史演变的结果,其中知识与制度的关系是这一变化的中心环节。

章氏追慕三代知行合一的制度,但无论在制度上,还是在知识分类方面,他都无意回到古代去。在他看来,知识及其分类法的演变是整个历史关系变动的结果,问题在于如何通过变化的知识分类观察历史变动的真

---

[178] 实斋说:"校雠之义,盖自刘向父子;部次条别,将以辨章学术,考镜源流,非深明于道术精微,群言得失之故者,不足与此……今为折衷诸家,究其源委,作《校雠通义》,总若干篇,勒成一家,庶于学术渊源,有所厘别。"章学诚:《"校雠通义"序》,《章学诚遗书》卷十,页95。
[179] 章学诚:《原道第一》一之三,《校雠通义》内篇一,《章学诚遗书》卷十,页95。
[180] 同上。

谛。他对"四部"分类有所批评不是因为"四部"分类改变了六艺或七略的分类，而是因为四部编类不能体现历史制度及其变迁的轨迹。四部分类起源于魏氏代汉的动荡时代。"魏秘书郎郑默始制中经，秘书监荀勖又因中经更著新簿。分为四部，总括群书。"但部类所分，并不精密，"至于作者之意，无所论辩。"[181]此后宋谢灵运作《四部目录》、王俭作《目录》并别撰《七志》，齐王亮、谢朏再造《四部目录》，梁任昉、殷钧亦有《四部目录》。至《隋书·经籍志》，经史子集四部分类（道经、佛经附于其后）得以确立，从此四部分类成为古代目录的正统和主流。[182]比照七略与四部的分类，主要的区别有如下几点：一，古无史名，七略不列史部，不能自别为类；而以太史公之褒贬严谨，史书可以列入《春秋》的序列；[183]二，七略不列集部，理由是古人为文严守专门之学，或为百家，或为九流，或为诗赋，而不像后人文集，难以定其流别；三，七略以兵书、方技、术数为三部，列于诸子之外，而后世皆列为子类，较为简括。从"七略"到"四部"，这一知识分类方式的变化是历史和知识变动的结果，章学诚对"四部"的批评并不是对于这一变动的批评，而是认为"四部"分类不像"七略"那样能够充分地反映和体现制度、知识和社会的变化。他总结说：

> 七略之流而为四部，如篆隶之流而为行楷，皆势之所不容已者也。史部日繁，不能悉隶以春秋家学，四部之不能返七略者一；名墨诸家，后世不复有其支别，四部之不能返七略者二；文集炽盛，不能定

---

[181] 长孙无忌：《隋书·经籍志·总序》，张舜徽编选：《文献学论著辑要》，页30—31。
[182] 关于四部之成立，另请参见张寿荣《八史经籍志序》、纪昀《四库全书总目提要序》、钱大昕《论经史子集四部之分》、金锡龄《七略与四部分合论》等。均见张舜徽编选：《文献学论著辑要》，页34—81。
[183] "《尚书》记言记事，《春秋》纪月编年，自古史册，未有评论者也。自左氏传经，既具事之始末，时复诠言明理，附于'君子'设辞，史迁因之，篇终别起，班氏因而作赞，范氏从而加论，踵事增华，遂以一定之科律矣。至于别为一书，讨论史事，其源出于《公》、《谷》，辨得是非得失，又本诸子名家，以谓辨正名物。自唐以前，犹存谆质，入宋以后，腾说遂多。又加科举程式之文，拟策进书之类。……"章学诚：《史考摘录》，《章学诚遗书·佚篇》，页655。

474　　　　　　　　　　　　　　　　　　　　　　　现代中国思想的兴起

百家九流之名目,四部之不能返七略者三;钞辑之体,既非丛书又非类书,四部之不能返七略者四;评点诗文,亦有似别集而实非别集,似总集而又非总集者,四部之不能返七略者五。凡一切古无今有、古有今无之书,其势判如霄壤,又安得执七略之成法,以部次今日之文章乎?然家法不明,著作之所以日下也;部次不精,学术之所以日散也。就四部之成法,而能讨论流别,以使之恍然于古人官师合一之故,则文章之病可以稍救,而七略之要旨,其亦可以有补于古人矣。[184]

七略重视考竟源流、辨章学术,它的分类法建立在专门之学的观念之上。专门之学的含义体现在七略或者四部的分类法上,也表现在每一具体的史学义例之中。"专门"的含义不仅是指知识的专门化,而且也是指知识的形成史,具体地说就是书的义例和形式本身的历史含义。章学诚论"私门无著述"曰:

> 理大物博,不可殚也,圣人为之立官分守,而文字亦从而纪焉。有官斯有法,故法具于官。有法斯有书,故官守其书。有书斯有学,故师传其学。有学斯有业,故弟子习其业。官守学业,皆出于一,而天下以同文为治,故私门无著述文字。[185]

六经的义例起于学官分守的制度,这表明史学的形式本身即是制度的产物。他进一步分析史的形式与政体的关系说:"分国之书,本于《国语》。古者国自为书,夫子作《春秋》,而子夏之徒求得百国宝书,亦未闻有会而合之者也。李巽岩谓'左氏将传《春秋》,先采各国之书,国别为语'。说虽未谛,然合众国而为一书,亦其最初者也。惟《周语》与诸国无别,岂夫子录王风于列国之意欤?抑《诗》亡作《春秋》而《书》亡为《国语》耶?"[186]

---

[184] 章学诚:《宗刘第二》,《校雠通义》内篇一,《章学诚遗书》卷十,页95—96。
[185] 章学诚:《原道第一》,《校雠通义》内篇一,《章学诚遗书》卷十,页95。
[186] 章学诚:《史考摘录》,《章学诚遗书》,页654。

在这样的视野内,章氏对于史书义例的质疑就不是一般的方法问题,而是考察史学的话语形式所掩盖的历史关系了。例如,诸侯争霸是封建之衰的表现,而割据之事则起于郡县,如果将两者混为一谈,别出霸史一门,就明显地违背了基本的历史关系。[187]在这里,封建、郡县之别成为理解史学分类法的一个重要依据。

章学诚的史学是对世界和知识的发展的一种历史叙述,它通过展示历史更替与知识形成史的关系说明知识和制度如何演变为现在的状态。因此,他关心的不仅是理学家们有关如何去知(格物还是格心,读书还是实践,归寂还是入世,等等)的问题,而且更是从制度、知识和道德关系内部说明为什么它们采取了现在的形式。这种对于知识分类法的研究产生了一系列方法论的思考。在章学诚看来,分类及其方法的要义在于适合史学写作所表述的制度和变迁的历史,从而在这一层次上达到"知行合一"。因此,他不相信普遍适用的方法。方法论是历史写作的产物,也必然伴随历史写作方式的演化而转变。例如,古代没有专门义例之学,书成而例自具,就如同文成而法自立一样。"左氏依经起义,举例为凡,亦就名类见端,随文著说,未有专篇讨论,自为一书者也。自东观以降,聚众修书,不得不宣明凡例,以杜参差,若干宝、邓粲诸家,见于《史通》所称述者是也。……"又如考订之学,古代也是没有的。"专门家学尊知行闻,一而已矣,何所容考订哉?官师失守,百家繁兴,述事而有真伪,诠理而有是非。学者生承其后,不得不有所辨别,以尊一是。而辨别又不可以空言胜也,则推此证彼,引事切理,而考订出焉。史迁所谓'载籍极博,尤考信于六艺'是也。顾古人以考订而成书,后人又即一书以为考订,则史学失传。"[188]正是由于古代知识的分类法和方法论产生于自身的历史关系,

---

[187] 章学诚:《史考摘录》,《章学诚遗书》,页655。
[188] 实斋具体解释说,"马班诸史,出入经传百家,非其亲指授者,末由得其笔削微意。音训解诂,附书而行,意在疏通证明,其于本书,犹臣仆也。考订辩论,别自为书,兼正文之得失,其于本书犹诤友也。求史学于音训解诂之外,考订在所必资。则若宋洪遵之订正《史记》真本凡例,金王若虚之《史记辨惑》,宋倪思之《班马异同》,吴缜之《新唐书纠谬》诸书,资益后人,岂浅鲜哉!"章学诚:《史考摘录》,《章学诚遗书》,页655。

因此，后世学者如果要真正了解经史的意义，就必须沟通各种义例和方法，从而达到对于历史、知识和人文流变的认识。这就是"通义"和"义旨"的含义。[189]

章学诚对于史学方法的检讨不仅涉及史家个人的"史德"、"史才"、"史识"，而且还涉及史学的制度问题。无论采用个人著述的方式，还是由史官执掌，史学写作都不是单纯个人的行为，因为个人化的写作方式本身就是由社会的分化过程所决定的。章学诚越过了以体裁为标准的史学分类法（如编年体和纪传体之分），重新区分出"撰述"与"记注"（或"比类"）两种史学：前者指通过去取史事而发明义例，而后者指史料的纂集排比，前者多一家著述，后者为馆局纂修。这两种方式都有自己的脉络渊源，并无高低之分。《书教》下云："古今之载籍，撰述欲其圆而神，记注欲其方以智也。夫智以藏往，神以知来。"[190]但章学诚的"史意"说明显地偏向一家著述的"撰述"及其史识，似乎偏离了他的"六经皆史"和书出六艺的观点。[191]为什么如此呢？我们需要从两个层面来看：

首先，章学诚高度重视历史写作中的"史意"。所谓"史意"问题的提出标志着这样一种努力，即在官师政教分离、政治制度由封建而转为郡县

---

[189] 实斋说："通者，所以通天下之不通也。读《易》如无《书》，读《书》如无《诗》，《尔雅》治训诂，小学明六书，通之谓也。古人离合撰著，不言而喻，汉人以通为标目，梁世以通入史裁，则其体例，盖有截然不可混合者矣。……夫通史，人文上下千年，然而义例所通，则隔代不嫌合撰。……"（《释通》，《文史通义》内篇四，《章学诚遗书》卷四，页37。）又说："今先生谓作者有'义旨'，……毋乃悖于夫子之教欤？……章子曰：天下之言，各有攸当，经传之言，亦若是而已矣。读古人之书，不能会通其旨，而徒执其疑似之说，以争胜于一隅，则一隅之言不可胜用也。……《易》曰：'不可为典要'，而《书》则偏言'辞尚提要'焉；读《诗》不以辞害志，而《春秋》则正以一言定是非焉。……若云好古敏求，文献征信，吾不谓往行前言，可以灭裂也；多闻而有所择，博学而要于约，其所取者有以自命，而不可概以成说相拘也。……"《答客问》中，《文史通义》内篇四，《章学诚遗书》卷四，页38。

[190] 章学诚：《书教》下，《文史通义》内篇一，《章学诚遗书》卷一，页4。

[191] 实斋云："道欲通方而业须专一……学必求其心得，业必贵于专精。"（《博约》下，《文史通义》内篇卷二，《章学诚遗书》卷二，页14）又云："史所贵者义也，而所具者事也，所凭者文也。……非识无以断其义，非才无以善其文，非学无以练其事。"章学诚：《史德》，《文史通义》内篇五，《章学诚遗书》卷五，页40。

第四章　经与史（二）　　477

的情境中,重新寻找政教官师合一的封建精神,并使之适应于新的历史形势。个人撰述与专家之体是官师政教分离的形式,史学的意义在于从这种道术分裂和文体分流的局面中追根寻源,从历史流变中钩稽出六艺之精义。章学诚对史学撰述方式的看法极大地依赖于他对史学体制与不断演变的社会体制之间的内在联系的理解。例如,《史记》和《汉书》确立了纪传体的传统,并分设本纪、表、志、列传等四个部分,但在东汉至隋代的十三部正史中仅有六部志,无一设表。成于唐代以后的九史均包括志,而七部设表。[192] 如何理解这些史学内部的体制与历史的关系是一个重要的问题,因为即使恢复早期史学的体制也未必能够体现早期史学体制的精义,因为史学体制的含义是在史学与社会体制的互动关系中形成的。在一个变化了的社会语境中承袭旧式的体制并不能保证史学的客观性和意义。我们不妨看一看章学诚对史学方法的论述:

> 三代以上之为史,与三代以下之为史,其同异之故可知也。三代以上,记注有成法,而撰述无定名。三代以下,撰述有定名,而记注无成法。
>
> 周官之法废而《书》亡,《书》亡而后《春秋》作,则言王章之不立也。可识《春秋》之体也。何谓《周官》之法废而《书》亡哉?盖官礼制密,而后记注有成法,记注有成法,而后撰述可以无定名。以谓纤悉委备,有司具有成书,而吾特举其重且大者,笔而著之,以示帝王经世之大略。……至官礼废,而注记不足备其全,《春秋》比事以属辞,而左氏不能不取百司之掌故,与夫百国之宝书,以备其事之始末,其势有然也。马班以下,演左氏而益畅其支焉,所谓记注无成法,而撰述不能不有定名也。故曰:王者迹息而《诗》亡,见《春秋》之用,《周官》法废而《书》亡,见《春秋》之体也。[193]

---

[192] 参见同上,页369—370。
[193] 章学诚:《书教》上,《文史通义》内篇一,《章学诚遗书》卷一,页2—3。

记注与撰述的差别不是一般的方法论的差别,而是官师政教的历史演变使然,即历史的差别。这两种方法本身并无大小之分,重要的是能否适应历史的变化而推明大道。因此,"变"是问题的关键。"至战国而文章之变尽,至战国而著述之事专,至战国而后世之文体备,故论文于战国,而升降盛衰之故可知也。战国之文,奇衺错出,而裂于道,人知之;其源皆出于六艺,人不知也。后世之文,其体皆备于战国,人不知;其源多出于诗教,人愈不知也。知文体备于战国,而始可与论后世之文;知诸家本于六艺,而后可与论战国之文;知战国多出于诗教,而后可与论六艺之文;可与论六艺之文,而后可与离文而见道;可与离文而见道,而后可与奉道而折诸家之文也。"[194]章氏显然认为史学方法的取舍不仅与个人的兴趣和才质有关,而且更是一种历史性的选择。

其次,清朝认可的二十四部正史中的绝大多数为官修正史(唯一的例外是欧阳修的《新五代史》)。杨联升对二十四史中的后九史进行总结,并归纳出这些正史的几个主要特征:一,官修正史均为后朝或更后朝代撰述或编纂的结果;二,修史工作由官方指定的史家组成的专门机构承担;三,这九部著作均为纪传体。[195]这三个特征又派生出官修正史在方法上的一些后果:官修前朝正史同时显示本朝的正统性,褒贬之间也受本朝的影响;官修正史大量依靠前朝皇帝在位时的《起居注》等材料。传统的史家为对后代负责而坚持如实记录的原则是中国编年史学中重要的传统,但这并不能扼止皇帝和宰相对纪实过程的干预,从而造成纪事过程中的讳饰。在18世纪,赵翼就曾在《二十二史劄记》中对正史中的隐讳现象进行批评,而唐代著名的史论家刘知几也在收录于《史通》中的一封信中阐述过官修正史的种种流弊。在这样的对比之下,司马迁所代表的个人修史传统反而突显了更大的可靠性。章学诚对个人修史的重视与上述史学思想有着内在的联系。

---

[194] 章学诚:《诗教》上,《文史通义》内篇一,《章学诚遗书》卷一,页5。
[195] 杨联升:《国史探微》,台北:联经出版事业公司,1983,页351—353。

章学诚对历史演变的理解在他的史学方法中留下了两个表面上相反而实际上相互补充的特征:第一,他推重一家之言、专门著作,反对开局设馆,对集众修书的纂辑比类不感兴趣。[196]第二,他从封建、郡县的历史演变出发,把古代史官的公家著述转化为地方志的撰述,因此要求基层政府建立编撰地方志的专门机构("志科")。历来学者重视章学诚与戴震等人在地方志问题上的分歧,即究竟地方志应为地理之书,还是独立的史学学科,不大关心实斋对个人撰述方法的重视与他对公家记述的地方志(记注)的关心之间究竟是什么关系。[197]在我看来,这两个不同的方面建立在一种历史理解之上:前者从官师政教的分离看史学的流变,后者从封建郡县的流变论记述之书的文类变化,两个方面都是以制度与史学写作之间的关系为中心的。章学诚所以强调"方志如古国史,本非地理专门",[198]要害就在"方志如古国史"这一句上。从国史到方志的转变反映了从封建到郡县的历史转变;但方志的编撰寓含在郡县体制下寄托封建之意则是清楚的。从史学的形式来看,方志的撰述可以追溯到被刘知几称为"郡书"的魏晋时代的地方人物传记集(如《汝南先贤传》、《襄阳耆旧传》等)和《洛阳记》、《吴郡记》、《汉水记》、《庐山记》、《华阳国志》、《洛阳伽蓝记》等。这些郡书和有关一方人、风物、史地的著作的出现与魏晋时代的封建割据局面和九品中正制的推行有着密切的关系。地方志以州县为单位,是郡县制下的产物,但记述方志的意义与古代的国史或魏晋时代的上述著作是相似的。

---

[196] 这并不表示他转向了诸子学或宋明理学的一家之言,而是上承《春秋》大义和史迁通识,在史学写作中通过个人对于历史的真知灼见通古今之变。实斋述《春秋》之意云:"嗟乎!道之不明久矣。六经皆史也,……孔子之作《春秋》也,盖曰'我欲托之空言,不如见诸行事之深切著明',然则典章事实,作者之所不敢忽,盖将即器而明道耳!……道不明而争于器,实不足而骛于文,……而世之溺者不察也!太史公曰:'好学深思,心知其意',当今之世,安得知意之人,而与论作述之旨哉?"章学诚:《答客问》上,《文史通义》内篇四,《章学诚遗书》卷四,页38。

[197] 参看《文史通义·释通》、《方志略例一·记与戴东原论修志》等文,《章学诚遗书》,页35—37,128,139。

[198] 章学诚:《记与戴东原论修志》,《方志略例》,《章学诚遗书》卷十四,页128。

《大名县志序》云:

> 郡县志乘,即封建时列国史官之遗,而近代修志诸家,误仿唐宋州郡图经而失之者也。《周官》外史"掌四方之志"。注:谓若晋之《乘》,楚之《梼杌》,鲁之《春秋》。是一国之史无所不载。乃可为一朝之史之所取裁。夫子作《春秋》,而必徵百国宝书,是其义矣。若夫图经之用,乃是地理专门。……方志之与图经,其体截然不同,……[199]

章学诚以封建时代的"一国之史"比之于郡县时代的地方志。因此,他在方志的体例上要求囊括人物传记、典章制度和文学记载。这是赓续《春秋》之意而在郡县条件下修缮"天下之史"。[200]如果对章学诚的史学方法、规模和制度加以某种归纳的话,我们可以说,他在史学的层面重申了顾炎武的观点,这就是在郡县的制度之中体现封建的精神。顾炎武的政治观具有混合的特色,而章学诚的史学也同样如此。他深信道存在于自然之势之中。

当我们在这样的规模上理解了章学诚"六经皆史"和"道器一体"的真正含义的时候,他对理学世界观和经学方法论的批评和否定的意义也就清楚了。[201]"道器一体"的观念是对理学的理气二元论的批评,但从另一个角度看又是对理学隐含的预设的肯定,即三代以降,礼乐与制度发生

---

[199] 章学诚:《为张吉甫司马撰大名县志序》,《方志略例一》,《章学诚遗书》卷十四,页129。

[200] 我们在理解这一点时,不妨参考他对"集史"与"通史"的关系看法。实斋说:"集史之书,体与通史相仿,而实有淄渑之分。通史远自古初,及乎作者之世,别出心裁,成其家学,前人纵有撰述,不复取以为资,如梁武不因史迁,郑樵不因梁武是也。集史则代有所限,合数代而称为一书,以继前人述作,为一家言,事与断代之史,约略相似。而断代又各自为书,体例不一,集史则就其所有诸体而画一之,使不至于参差足矣。事取因人,义求整齐,与通史之别出心裁,无所资藉,断代之各自为书者,又各不同也。"章学诚:《史考摘录》,《章学诚遗书》,页654。

[201] 如曰:"儒家者流,守其六籍,以谓是特载道之书耳。夫天下岂有离器言道,离形存影者哉?彼舍天下事物人伦日用,而守六籍以言道,则固不可与言夫道矣。"章学诚:《文史通义》内篇二《原道》中,《章学诚遗书》卷二,页11。

了分化,而道德评价不得不采用新的形式。在复杂变化的历史关系中,坚持礼制的形式主义是无用的,一味考据古制和经书的礼义也是不够的,重要的是通古今之变,从活生生的生活实践内部来理解世界,从"自然"之中理解"不得不然"。[202]这就是章学诚的历史观。"即事言理"与"离事言道"这两种知识形式是对官师、政教合一与分化的回应,不能简单地看作是圣人或后儒个人的选择。

如果诸子学和理学的论述方式也是历史变迁的结果,那么,"即器明道"的原则就绝不是对诸子学和理学的抛弃,相反,他要求从"后世之书源出六艺"这一基本信念出发,摆脱门户之见,在各种知识的关系之中洞察制度及其演变。[203]《浙东学术》论浙东经史之学与阳明学的关系,绝无贬斥朱学源流及浙西之学的意思,相反却把朱陆纷争放置在各自的历史关系和义理逻辑之中辨别真伪。[204]《朱陆》及《书朱陆篇后》等文批评考据学者对于朱陆的门户之见,但也不是要求回到理学的立场,而是认为朱陆的理论形式乃是特定历史条件的产物。在章学诚看来,服郑训诂,韩欧文辞,周程义理,出奴入主,不胜纷纷,其实均为道中一事,而当世学者各

---

[202] "《易》曰:知以藏往,神以知来。夫名物制度,繁文缛节,考订精详,记诵博洽,此藏往之学也。好学敏求,心知其意,神明变化,开发前蕴,此知来之学也。可以藏往,而不可以知来,治礼之尽于五端也。推其所治之礼,而折中后世之制度,断以今之所宜,则经济人伦,皆从此出,其为知来,功莫大也。学者不得具全,求其资之近而力能勉者,斯可矣。"章学诚:《礼教》,《文史通义》内篇一,《章学诚遗书》卷一,页7。

[203] 这一看法其实也不仅是实斋个人的看法,在汉宋互诋、考据大兴的时代,必然也会出现相反的潮流。例如焦循在这方面的观点几乎与实斋如出一辙:"作者之谓圣,述者之谓明。作述无等差,各当其时而已。人未知而己先知,人未觉而己先觉,因以所先知先觉者教人,俾人皆知之觉之,而天下之知觉自我始,是为作。已有知之觉之者,自我而损益之,……而作者之意复明,是之谓述。……孔子……非不作也,时不必作也。……宋元以来,……皆自以为述孔子,而甲诋乙为异端,乙斥甲为杨墨,……果能述孔子之所述乎?"焦循:《雕菰楼集》卷七《述难》二,百部丛书集成初编,上海:商务印书馆,1937,页103。

[204] "朱陆异同,干戈门户,千古桎梏之府,亦千古荆棘之林矣。究其所以纷纶,则惟腾空言而不切于人事耳。"实斋没有否定朱陆的性命之说,而是要求把性命问题的讨论放置在史学的框架内。章学诚:《浙东学术》,《文史通义》内篇二,《章学诚遗书》卷二,页15。

矜所见，互相诋毁，无非因为他们丧失了知来藏往的能力。[205]这是一种史的立场，一种把学术变化看成是自然之势的立场：

> 夫天浑然而无名者也，……不得已而强为之名，定趋向尔。后人不察其故，而徇于其名，……而纷纷有入主出奴之势焉。汉学宋学之交讥，训诂辞章之互诋，德性学问之纷争，是皆知其然而不知其所以然也。学业将以经世也，如治历者，尽人功以求合于天行而已矣。……周公承文武之后，而身为冢宰，故制作礼乐，为一代成宪。孔子生于衰世，有德无位，故述而不作，以明先王之大道。孟子当处士横议之时，故力距杨墨，以尊孔子之传述。韩子当佛老炽盛之时，故推明圣道，以正天下之学术。程朱当末学忘本之会，故辨明性理，以挽流俗之人心。其事与功，皆不相袭，而皆以言乎经世也。故学业者，所以辟风气也。风气未开，学业有以开之；风气既弊，学业有以挽之。人心风俗，不能历久而无弊，……非因其极而反之，不能得中正之宜也。[206]

我们从章学诚对于学术流变的分析中再一次看到了东原的"自然"/"必然"之辨的命题，看到了庄子自然之说与荀子礼制论的那种关联。"六经皆史"的命题把经学归于史学，而归于史学亦即归于经世的实践。章氏严守道器一体的观念，对于时学和学者人格有极为严峻的判断，但他的历史观念却在庄子之自然之说与礼制论之间构成了一种内在的联系，这两者之间的共同之处在于"公"的观念，连接的要点则是对如下问题的

---

[205] 实斋说："三代以还，官师政教不能合而为一，学业不得不随一时盛衰而为风气，当其盛也，盖世豪杰，竭才而不能测其有余；及其衰也，中下之资，抵掌而可以议其不足。大约服郑训诂，韩欧文辞，周程义理，出奴入主，不胜纷纷，君子观之，此皆道中之一事耳。未窥道之全量，而各趋一节以相主奴，是大道不可见，而学士所矜为见者，特其风气之著于循环者也。足下欲进于学，必先求端于道。道不远人，即万世万物之所以然也。……今之学者则不然，不问天质之所近，不求心性之所安，惟逐风气所趋而循当世之所尚，勉强为之，固已不若人矣。……"章学诚：《答沈枫墀论学》，《文史通义》外篇三，《章学诚遗书》卷九，页84—85。
[206] 章学诚：《文史通义》内篇六《天喻》，《章学诚遗书》卷六，页51。

回答：礼是一种外在的规范，还是自然的内在秩序？章学诚把礼视为一种内在的秩序，但所谓"内在"不是指事物或人的先天本质，而是指礼内在于历史关系的变动之中。"道器一体"的命题要求学者从典章制度和现实实践中求道，而"器"的观念则与清代学术关注的典章、礼制存在密切的关系，这些都是典型的儒学命题。在"六经皆史"的视野内，典章制度和学术风尚不是圣哲贤人的精心制作，而是自然之势的结果；道有自然，学有不得不然，不同的知识形式均有其合理性。[207]典章制度、经世实践都不是私人的作为，而是自然之势，六艺经传，多不知作者名，下逮七十子后学所记，也无从考证出于何人之手。这是一种"公"的状态。"古人之言，所以为公也，未尝矜于文辞，而私据为己有也。志期于道，言以明志，文以足言。"[208]在"言公"的观念之下，正统与异端、诸子百家与黎民百姓均有言说的权利。"《易》奇《诗》正，《礼》节《乐》和，以至《左》夸《庄》肆，《屈》幽《史》洁之文理，无所不包；天人性命，经济闳通，以及儒纷墨俭，名鈲法深之学术，无乎不备"，[209]以致那些托伪之书及天文、方技、兵书均可称经，[210]"经"的概念由此变成了一个可以随意使用的范畴。[211]

章学诚既没有将道器一体的历史观等同于治道合一的政治现实，也没有以理礼合一、道器一体的观念来简单地否定诸子之说和程朱陆王。

---

[207] "盖官师治教合，而天下聪明范于一，故即器存道，而人心无越思。官师治教分，而聪明才智不入于范围，则一阴一阳，入于受性之偏，而各以所见为固然，亦势也。夫礼司乐职，各守专官，虽有离娄之明，师旷之聪，不能不société其范而就律也。今云官守失传，而吾以道德明其教，则人人皆自以为道德矣。故夫子述而不作，而表章六艺，以存周公之旧典也。不敢舍器而言道也，而诸子纷纷，则已言道矣。……"章学诚：《原道》中，《文史通义》内篇二，《章学诚遗书》卷二，页11。
[208] 章学诚：《言公》上，《文史通义》内篇四，《章学诚遗书》卷四，页29。
[209] 章学诚：《言公》下，《文史通义》内篇四，《章学诚遗书》卷四，页32。
[210] 章学诚：《书教》中，《文史通义》内篇一，《章学诚遗书》卷一，页3。
[211] "至战国而羲农黄帝之书一时杂出焉，其书皆称古圣，如天文之《甘石星经》，方技之《灵》《素》《难经》，其类实繁，则犹匠祭鲁般，兵祭蚩尤，不必著书者果为圣人；而习是术者奉为依归，则亦不得不尊以为经言者也。""百家之学，多争托于三皇五帝之书矣，艺植托于神农，兵法医经托于黄帝，好事之徒，传为《三坟》之逸书。"章学诚：《经解》中，《文史通义》内篇一，《章学诚遗书》卷一，页9。

这里的关键是:他的史学把握住了儒学所要回答的基本问题,这就是何为道德的基础,或者说,怎样才能构成一个道德的行为? 对于实斋来说,史学的观念不是今人所谓历史学的观念,而是一种关于道德的观念:道德实践和道德的意义仅仅存在于具体的历史关系和经世实践之中,道德实践与历史变迁、道德评价与经世致用是同一件事情。[212] 六经皆史、道器一体、即器明道与知行合一可以看作是同一个命题的各种不同的表述。从局部来看,作为史学观念的道器一体,不再等同于官师合一、政教合一、治道合一的观念,它确立的是一种理解"经史"关系的方法论视野。在这个视野中,官师、政教和治道的关系不断地发生变化,但这些变化本身恰恰说明只有遵循道器一体的观念,才能理解先王之道的真正意义:它并不存在于经书之中,而存在于我们的经世实践之中。因此,从总体来看,这些命题所要解决的根本问题是:实践、知识与制度之间究竟是什么关系? 我在这里可以用几句话来概括"六经皆史"、"道器一体"命题的内在逻辑:知识应该与实践合一,实践总是内在于制度的实践,制度又总是存在于自然的过程之中;知识是对自然过程的认识,而认识过程又是自然过程的一部分。那么,为什么知识的形式必须超越理学和经学的模式,而采用史学的方式呢? 这是因为世界既是一个浑然一体的自然进程,又是一个由各种人、各种力量和各种规则相互作用的结果。自然的进程包含了"不得不然"的分化和组合(如官师政教的分化),从而对于这一自然过程的认识形式就必须包含演化或变的观念。正是这一观念使得史学与理学、经学区别开来,但它们所要回答的问题却是完全一致的。这里的核心问题是:章学诚重视贯通和义理,但他提出的这种史学观念同时是一种道德概念,它完全否定了通过个体或者其他形而上观念形成道德评价的可能性。戴震和章学诚从不同的层面把道德与自然的观念联系起来,但这个自然的观念既非庄子式的自然,也非荀子式的礼制,而是对它们的超越和综

---

[212] "天人性命之学,不可以空言讲也。故司马迁本董氏天人性命之说,而为经世之书……知史学之本于《春秋》,知《春秋》之将以经世……而讲学者必有事事,不特无门户可持,亦且无以持门户矣。"章学诚:《浙东学术》,《文史通义》内篇二,《章学诚遗书》卷二,页15。

合，即内在于礼乐制度和历史演变的自然。礼乐制度是历史演化的自然结果，从而也是内在于人情物理的规范。

综合上述，我们能够从章学诚对于理学和经学的批判和总结中得出一些什么结论呢？首先，理学、经学和史学都是对同一个问题的不同的回答方式，即道德的基础或根据是什么，以及如何才能达到道德的境界？理学家试图在本体论或宇宙论的构架内回答这一问题，而经学家却认为必须回到先儒的遗教。章学诚认为这两种方式都存在着问题，因为它们忘记了道德行为存在于一种实践的结构之中，而这个实践的结构依存于不断变动的制度。因此，实践是一个自然的进程，而这个自然的进程又是以制度及其演变的形式来表达的。在这个意义上，章学诚是较之经学家更接近于经学成立之前提的人。其次，从顾炎武到章学诚，他们对于道德行为的理解构成了一个理学的批判运动，他们都试图把理学（以及心学）的道德实践从形而上的观念中挽救出来，重新置于制度性的实践的框架内。但是，制度性的框架的意义是什么呢？它不能单纯地按照先儒的教义进行理解，也不是将现实的制度作为行动的根据。所谓制度是人的行为的自然结果，是随着自然进程而不断变化的富于弹性的秩序。因此，制度是历史的自然进程的一部分。制度是一种演化的、历史的秩序。顾炎武、黄宗羲、戴震和章学诚的道德观是一种古典主义的道德观，他们都拒绝纯粹自律的道德概念，即把自我或天理建构成为道德根据的道德概念。他们批判的对象当然不是现代的道德观，而是理学的天理概念，但我们从这种批判中不是反而看到了理学世界观与现代世界观之间的更为直接的联系吗？现代主义者把自我观念的形成看成是对于外在权威（如神的法律、自然目的论或等级制度）的摆脱，而对于这些儒者们而言，礼乐制度不是什么外在的权威，而是内在于我们行为的秩序。在章学诚看来，秩序的本质必须在时势与天理之间的平衡之间才能呈现。这是一个自然过程，而对于这一过程的认识行为甚至认识的形式又是这一自然过程的一部分，它以"不得不然"的方式在知识的层面呈现了自然过程的肌理。

这就是知行合一，这就是作为伦理与政治的反思的史学，这就是以史学形式出现的实践论。